MOEWIG DOKUMENTATION

Zum Buch

Als ein wesentliches Resultat seiner dreißigjährigen Forschungsarbeit führt Werner Maser in diesem Standardwerk zur Hitler-Forschung den Nachweis, daß Hitler zeit seines Lebens klaren Entscheidungen und Festlegungen ausgewichen ist, daß er niemals spontan und offensiv entschieden hat. Anhand zahlreicher Dokumente und Zeugenaussagen zeigt Maser, wie Hitler der „Führer" wurde, wie er tatsächlich führte und regierte und wie seine Weisungen, Anordnungen und „Führer-Befehle" zustande kamen. Hier wird an Beispielen deutlich, daß Hitler sich immer zu Entscheidungen zwingen und sich nahezu stets in Situationen hineinmanövrieren ließ, in denen er immer nur noch so entscheiden konnte, wie er es dann schließlich auch tat. Über Jahre wich Hitler Besprechungen mit Ministern und wichtigen Funktionsträgern aus, die in seinem Namen nach ihrem Willen entscheiden konnten. Niemals gab er klare Befehle. Er ließ sich verleugnen, scheute die Diskussion und Opposition und wartete darauf, daß die meisten Dinge sich „von selbst erledigten".
Werner Maser zeichnet mit dieser differenzierten Untersuchung der Führer-Anlagen Hitlers und Darstellung seiner Führungsmentalität ein wissenschaftlich fundiertes, entlarvendes Psychogramm und zeigt einen „Führer", wie er bisher noch niemals gesehen oder dargestellt wurde.
„Werner Maser, der Hitler-Forscher, hat sich durch sein Buch ‚Adolf Hitler – Das Ende der Führer-Legende' ein großes Verdienst erworben . . . Dieses Buch bringt neues Material, bringt viele Anregungen und erfordert Nachdenken. Die Demontierung des ‚Führers' ist einen weiten Schritt vorwärtsgekommen. Dafür müssen wir Werner Maser dankbar sein."
(Robert W. Kempner in der „Rheinpfalz")

Von Werner Maser liegt als Moewig-Sachbuch (zus. mit Harald Poelchau) vor: „Pfarrer am Schafott der Nazis" (Bd. 3155).

Werner Maser

Adolf Hitler

Das Ende der Führer-Legende

MOEWIG

MOEWIG Band Nr. 4325
Moewig Taschenbuchverlag Rastatt

3. Auflage

Lizenzausgabe mit Genehmigung des Econ Verlag GmbH
Umschlagfoto: Süddeutscher Verlag
Umschlagentwurf und -gestaltung: Franz Wöllzenmüller, München
Verkaufspreis inkl. gesetzl. Mehrwertsteuer
Auslieferung in Österreich:
Pressegroßvertrieb Salzburg, Niederalm 300, A-5081 Anif
Printed in Germany 1985
Druck und Bindung: Elsnerdruck, Berlin
ISBN 3-8118-4325-7

Meinem Vater zum 100. Geburtstag

Inhalt

Vorwort

Daß Hitler Staatsmänner und Politiker, Militärs und Diplomaten, seine Anhänger und Gegner getäuscht hat, weiß jedermann. Daß ganze Historiker- und Biographengenerationen auch nach seinem Tod noch irritiert und in verschiedener Hinsicht getäuscht worden sind, gehört dagegen zu den Erkenntnissen, die historischen Laien nur schwer verständlich erscheinen. Abertausende Bücher wurden über Hitler geschrieben; mehr als zweihunderttausend allein über den Zweiten Weltkrieg. Die Skala der Deutungen ist breit. Widersprüche heben einander auf. Phantasieprodukte ersetzen die Wirklichkeit. Schablonen verstellen sie.

Die Folgen seiner Herrschaft haben sowohl seine Zeitgenossen als auch die Nachwelt im In- und Ausland geblendet, erschreckt und angeekelt und ihn selbst so beispiellos sicher, rasch und skrupellos in seinen Entscheidungen erscheinen lassen, daß eine Untersuchung und Analyse seiner Mentalität, Entschlüsse und Entscheidungen zu treffen und Führungs- und Regierungsmaßnahmen zu veranlassen, als überflüssig angesehen wurde.

Nicht selten hat Hitler selbst, wenn meist auch verklausuliert, darauf hingewiesen, daß er für Entscheidungen und Festlegungen stets sehr viel Zeit brauchte. Und fast ebensooft hat er eingestanden, daß die Politik nicht eigentlich das Geschäft gewesen sei, von dem er geträumt habe. Daß er die Juden vernichten wollte, hat ihm im Laufe der Zeit jedermann glauben müssen. Die Vorstellung jedoch, daß er spontane und offensive Entscheidungen und Festlegungen scheute, Entscheidungen und Maßnahmen von Ministern und Funktionsträgern der Partei meist nur nachträglich legalisierte, Ereignisse treiben ließ und zögerte, bis er in Zwangslagen geriet, die ihn zuletzt nur noch so entscheiden ließen, wie er es jeweils getan hat, widersprach dem in diesem Punkt als absolut gesichert geltenden Hitler-Bild total. Daher war es nötig, an gravierenden Beispielen Prozesse anschaulich zu machen, Entscheidungen nachzuvollziehen und zu zeigen, wie bestimmte Maßnahmen in Gang gesetzt worden sind.

Wir, die Historiker und Biographen, haben uns bislang damit zufriedengegeben, Daten, Fakten, Einzelheiten und Zusammenhänge festzustellen und sie in den Rahmen einzuordnen, der Hitlers Erfolge, Fehler, Taten und Verbrechen umspannt. Die einen reduzierten die negativen Hinterlassenschaften ausschließlich auf Hitler, die anderen diffamierten seine proportionsgerechte Einordnung in die Zeitgeschichte als „Personalisierung der Geschichte" und ließen ihn als Kondottiere bestimmter Interessengruppen erscheinen, deren Geschäfte er besorgt habe. Psychologen und Psychiater suchten und „fanden" Motive, Ursachen und Anlässe für Handlungsweisen, ohne sie plausibel belegen zu können. Einhelligkeit herrschte sehr lange lediglich hinsichtlich der Beurteilung der Führer-Eigenschaften Hitlers, die daher nicht zum Gegenstand von Untersuchungen gemacht wurden. Inzwischen hat sich dies geändert.

Historiker und Biographen entdeckten Hitlers Festlegungs- und Entscheidungsscheu. Wie infolge des ursprünglich „gültigen" Gesamtbildes und der eingefahrenen Vorstellungen nicht anders zu erwarten, wurde nach Zäsuren und Ursachen gesucht. Einstige Funktionsträger aus Hitlers nächster Umgebung hatten Antworten parat, die schlüssig klingen, es jedoch nicht sind. So behauptet beispielsweise Albert Speer, daß Hitler „spätestens ab 1942" die „Fähigkeit . . . abhanden gekommen" sei, „kühne Entscheidungen zu treffen". Tatsache und zweifelsfrei nachweisbar ist hingegen: Hitlers Entscheidungs- und Festlegungsscheu waren nicht nur zeitweilige Erscheinungsformen seines Führungsstiles. Er hat niemals kühne Entscheidungen getroffen. Von seiner Schulbank an, und dies wird erstmals in diesem Buch nachgewiesen, war er ein Zauderer, der offensive Tatentscheidungen und klare Festlegungen scheute.

Die Frage, wie Hitler trotz seiner Führungsschwäche und Entscheidungsscheu der „Führer" werden konnte, der sich durchsetzte, sich gegenüber allen Konkurrenten auch in schwierigsten Situationen behauptete und schließlich einen bemerkenswerten Teil der Welt für sich und seine Ziele einzuspannen vermochte, verlangt jetzt nicht nach einer weiteren allgemeinen Hitler-Biographie. Nötig ist eine differenzierte Darstellung der Führer-Anlagen Hitlers, seiner Entscheidungsmentalität und Führungsweise und deren Konfrontation mit bestimmten zeitgeschichtlichen Ereignissen und ihren Abläufen.

Wie sehr eine derartige Darstellung – trotz der erfreulichen Quellenlage und des bemerkenswerten Forschungsstandes – bislang fehlte, beweisen vor allem die diversen Problemstellungen in Fachdiskussionen. So stellte selbst Alan Bullock, der britische Autor einer sehr bedeutenden Hitler-Biographie, Ende 1979 ratlos fest, daß er sich nicht erklären könne, wie es Hitler möglich gewesen sei, seine Umgebung noch in seinem Bann zu halten, als er bereits glücklose Politik trieb. „War es wirklich die Macht des Apparates, den Himmler und Bormann unabhängig von Hitler bedienen konnten?" fragte er und fuhr fort: „Oder war es immer noch die Macht Hitlers . . . Welche

Macht befähigte Hitler, alles weiter im Griff zu halten, auch dann noch, als er zu Boden ging? Für mich ist dies das größte Rätsel." Nicht nur dies Rätsel ist gelöst.

Hitler selbst tat, als wüßte er nicht einmal, wie er zu dem Titel „Führer" gekommen sei. Seine Bemerkung von Anfang 1942, „Ich weiß gar nicht, woher der Titel Führer kam", und seine Erklärung, „Er kam plötzlich auf im Volk, und langsam ist er zu einem Begriff geworden", waren durchsichtig. Was er, der lange schon an die Legende glaubte, die über ihn als Führer nicht nur im deutschen Volk lebte, mit dieser Feststellung zu suggerieren versuchte, war deutlich: ihm sei der „Titel" als Konsequenz seiner Führungsfähigkeiten vom Volk zuerkannt worden. Tatsächlich aber war der Führer-Begriff eine ihm von seinen alten Mitkämpfern vorgegebene Schablone, die er rund zweieinhalb Jahrzehnte hindurch auszufüllen sich bemühte. Wie er sich sein Leben lang meist immer nur offensiv entschied, wenn vollendete Tatsachen ihn dazu zwangen, so hat er es auch in diesem Zusammenhang getan. Diese Tatsache, bislang sowohl von der Forschung als auch von der Publizistik übersehen oder verkannt, ließ ein Hitler-Bild entstehen, das mit dem Führer, der nun aus den Dokumenten und Zeugenberichten heraustritt, nicht viel mehr als den Namen gemeinsam hat.

Werner Maser

Teil I

Der Führer, Reichskanzler und Oberste Befehlshaber der Wehrmacht

In Deutschland „kann man ja nachgerade machen, was man will. Die starke Hand fehlt“, schrieb Joseph Goebbels am 9. April 1945 in sein Tagebuch und folgerte: „Wenn ich der Führer wäre, dann wüßte ich, was jetzt zu tun ist.“[1] Und am 28. März 1945 hatte er sinniert: „Der Führer sieht . . . im Prinzip alles richtig; aber er zieht keine Schlüsse. Es ist ein wahrer Jammer, daß er keine Umgebung besitzt, die seine Erkenntnisse in Taten ummünzt. Heute ist es ja auch schon reichlich spät, um aus Erkenntnissen Taten zu machen; aber es wäre noch viel zu unternehmen, wenn die richtigen Männer an der richtigen Stelle stünden.“[2]

Was Goebbels am Ende, als auf deutscher Seite kaum noch etwas planmäßig ablief, insgeheim an Hitlers Führung kritisierte, mangelnde Entscheidungsfreudigkeit und abwartend-hinhaltende Personalpolitik in den obersten Etagen der Reichsführung, waren keine Folgen von Verschleißerscheinungen.

Seit 1926, seit Goebbels Hitler treu und ergeben diente, hat er ihn so erleben können, hätte er ihn so beurteilen müssen; denn Hitler führte 1945 im Prinzip nicht anders, als er es mehr als zwei Jahrzehnte hindurch immer getan hatte. Auch Goebbels' Bemerkung vom 28. März 1945, „man hat manchmal den Eindruck, als lebe“ Hitler „in den Wolken“, charakterisierte keinen Ausnahmezustand, keinen grundsätzlich neuen und in Hitlers Führungsweise sonst fremden Aspekt.

Hitler tat nicht, was Goebbels für notwendig hielt. „Er macht kein Personalrevirement, weder in der Reichsregierung noch in der Diplomatie", vertraute Goebbels seinem Tagebuch an und fuhr fort: „Göring bleibt, Ribbentrop bleibt. Alle Versager – abgesehen von der zweiten Garnitur – werden gehalten, und es wäre meines Erachtens doch so notwendig, gerade hier einen Personalwechsel vorzunehmen ... Ich dränge und dränge; aber ich kann den Führer nicht von der Notwendigkeit der von mir vorgeschlagenen Maßnahmen überzeugen."[3]

Goebbels, der zu der Zeit immer erneut und hartnäckig versuchte, Hitler zu klaren Vorwärtsentscheidungen im personellen Bereich anzuregen und zur Formulierung unmißverständlicher Befehle zu bewegen, erfuhr erst kurz vor Hitlers Selbstmord, unmittelbar nach dem Fall Stettins,* weshalb er dies erfolglos getan hatte. Hitler erklärte ihm, daß er es für richtig hielte, auch in schwierigen Situationen lieber wochenlang bestimmte Probleme zu umschreiben und zu erläutern, als augenblicklich und unmißverständlich zu befehlen, dieses oder jenes „so und nicht anders" zu tun. Hätten Generale sich nicht mit ihren Aufgaben identifiziert, würden sie die Befehle nicht nur „lau ausführen", sondern ihm nach einem Mißerfolg auch vorhalten: „Haben wir nicht immer gesagt, daß dies mißlingen muß?"[4] So blieben denn bis zum bitteren Ende nahezu alle führenden Positionen im militärischen Bereich, im Staatsapparat und in der Partei von denjenigen besetzt, die dank Hitlers Billigung dorthin gelangt waren. Führungs- und verwaltungsmäßige Schwierigkeiten, die aus kollegialen Querelen und Konkurrenzneid innerhalb der Führungsapparate und

* Stettin fiel am 24. 4. 1945 in russische Hand.

Instanzen erwuchsen, wurden von Hitler nicht nur toleriert, sondern waren meist auch gewollt.* Wie Goebbels die von Hitler eingesetzten „Großen“ des Reiches am Ende seines Lebens sah, überliefert sein Tagebuch. Rundum sah er Ergebnisse einer nach seiner Meinung falschen Führung Hitlers, überall ungeeignete Männer an den wichtigsten Schaltstellen. So notierte er über Martin Bormann, den „Sekretär des Führers“, der nicht nur Hitlers Personalpolitik erheblich beeinflußte: „Bormann ist im Augenblick ... nicht von bester Art. Er hat insbesondere in der Frage der Radikalisierung unseres Krieges nicht das gehalten, was ich mir eigentlich von ihm versprochen hatte ... es (handelt) sich bei diesen Leuten um halbe Bürger. Sie denken zwar, aber sie handeln nicht revolutionär. Jetzt aber müssen die Revolutionäre an die Führung gebracht werden. Ich betone das dem Führer gegenüber; aber der Führer sagt mir, er habe deren nur in geringem Umfange zur Verfügung.“[5] Albert Speer tadelte er: „Speer trägt mit die Schuld daran, daß wir diese alten und unbrauchbaren, technisch dem Feind nicht gewachsenen Maschinen weiter produziert haben, ohne daß wir daraus irgendwelchen Nutzen ziehen konnten.“[6]

Daß auch Hermann Göring nach Goebbels’ Meinung der falsche Mann an einigen der Plätze war, an die Hitler ihn gestellt hatte, kann infolge der geradezu feindlichen Beziehungen zwischen Göring und Goebbels nicht verwundern. „Die Krise in der Luftwaffe“, so heißt es in Goebbels’ Tagebuch, „ist ausgesprochen technischer Art, und Göring trägt daran die Schuld. Aber der Führer ist heute doch leichter geneigt, Göring etwas zu entlasten, weil Göring, wie er sagt, technisch nicht genügend vorgebildet sei, um diese Entwicklung rechtzeitig

* Vgl. 179f.

vorauszusehen. Er ist auch von seinem Generalstab nach Strich und Faden belogen worden. Jetzt versucht dieser Luftwaffengeneralstab, auch den Führer zu belügen, so z. B. in bezug auf die Schnelligkeit des neuen Jägers, wobei ihm ganz falsche Zahlen angegeben worden sind ... Der Führer ist ... jetzt eher geneigt, Göring eine gewisse Entschuldigung zuzubilligen. Ich halte das für absolut untunlich. Es ist geradezu lachhaft, einem Mann, der das Reich in eine derartig tödliche Krise gebracht hat, jetzt noch Verständnis entgegenzubringen.[7] ... Wenn einer wie Göring völlig aus der Reihe tanzt, dann muß er zur Raison gerufen werden. Ordenbehängte Narren und eitle, parfümierte Gecken gehören nicht an die Kriegsführung. Entweder ändern sie sich, oder sie müssen eliminiert werden ... Hoffentlich gelingt es nun dem Führer, aus Göring wieder einen Mann zu machen."[8]

Nicht viel besser kamen die meisten anderen Militärs bei Goebbels weg, der bedauerte: „Im Vorzimmer des Führers warten seine Generäle. Ein müder Verein, der geradezu deprimiert wirkt. Es ist beschämend, daß der Führer so wenige respektable militärische Mitarbeiter gefunden hat. In diesem Kreise ist er selbst nur die einzige überragende Persönlichkeit. Warum aber hat sich um ihn kein Kreis von Gneisenaus und Scharnhorsts gebildet ...[9] Es ist geradezu tragisch, den Führer, der ein Revolutionär größten Formats ist, von so mittelmäßigen Leuten umgeben zu sehen. Er hat sich eine militärische Umgebung ausgewählt, die unter jeder Kritik ist. Er bezeichnet jetzt selbst die Keitel und Jodl als Papis, die müde und verbraucht seien und in der gegenwärtigen Notlage keine Entschlüsse großen Formats zum Vortrag brächten."[10]

Goebbels bemängelte jedoch nicht erst gegen Ende des Krieges, daß Hitler sich bei entscheidenden Personalfragen nicht – oder nur sehr schwer – zu entsprechenden Maßnahmen habe durchringen können. So hatte er beispielsweise am 7. November 1943, als er sich bei seinen erfolglosen Bemühungen um die Übernahme der Wehrmachtspropaganda nicht proportionsgerecht von Hitler eingeordnet sah, in sein Tagebuch geschrieben: „Wenn doch der Führer endlich eine Entscheidung fällen wollte."[11] Nach Goebbels' Beobachtungen und persönlichen Erfahrungen stand spätestens seit 1943 fest, daß Hitlers Entscheidungsgewohnheiten nur sehr schlecht mit dem Propagandabild vom „stets blitzartig entscheidenden Führer" vereinbar waren. Seine Tagebucheintragung vom 28. März 1945, „Es wäre zu wünschen, daß der (von ihm nach wie vor bewunderte) Führer nicht nur richtige Erkenntnisse faßte und sie zum Vortrag brächte, sondern daß er daraus auch die richtigen Schlüsse zöge", paßt kontinuierlich zu seiner Konsequenz: „Man könnte . . . mit dem Führer immer sagen: ‚Ja, du hast recht. Alles ist richtig, was du sagst. Aber wo bleiben die Taten?'"[12]

Daß Hitler, zumal zu der Zeit, nicht zuletzt auch auf die „Volksmeinung" Rücksicht nehmen mußte, ignorierte Joseph Goebbels, obwohl auch ihm die Hitler nach dem 20. Juli 1944 vorgelegten SD-Berichte über die Stimmung in der Bevölkerung bekannt waren, in denen es unter anderem hieß: „Unverkennbar ist . . . die Genugtuung, die man darüber empfindet, ‚daß der Reichsmarschall wieder da ist und nicht etwa, wie verschiedentlich vermutet wurde, abseits steht oder abseits gestellt worden ist'."[13]

Die von Hitler geringschätzig als „Papis" bezeichneten Militärs Keitel und Jodl hatten zwar hohe Stellungen inne, aber sie verfügten nicht über entsprechende unmittelbare Befehlsbefugnisse. Wilhelm Keitel, der Chef des seit Februar 1938 als militärischer Stab Hitlers und als leitende Ministerialinstanz für die sich weitgehend selbst verwaltenden Wehrmachtsteile existierenden Oberkommandos der Wehrmacht (OKW),* fungierte als eine Art Chef de bureau Hitlers, des Obersten Befehlshabers der Wehrmacht. Alfred Jodl, der Chef des im August 1940 gebildeten Wehrmachtführungsstabes,** der die militärischen Operationen des OKW plante, besaß zwangsläufig noch weniger Vollmachten als Wilhelm Keitel. Wie Heinrich Lammers, der Chef der Reichskanzlei, als die einheitlich ausrichtende und koordinierende „Instanz" der ministeriellen Staatsverwaltung galt, so repräsentierte der auch im Range eines Reichsministers stehende Generalfeldmarschall Keitel als Chef des OKW die zum Kreis der Reichsministerien gehörende oberste Reichsbehörde der Deutschen Wehrmacht, die jedoch nur in wenigen Ressorts eigene Fachprojekte entwikkelte. Diese Aufgaben waren aus praktischen Erwägungen den Wehrmachtsteilen Heer, Marine und Luftwaffe zugeordnet, die jeweils über entsprechend qualifizierte Fachleute und personell angemessen besetzte Ämter und Abteilungen verfügten und die für sie nützlichen Arbeitsergebnisse der einzelnen OKW-Ressorts je nach Bedarf in Anspruch nehmen konnten. In entsprechender Weise oblag ihnen – von Fall zu Fall – befehlsmäßig auch entweder die federführende Vorbereitung von Vorschriften, Erlassen und Verordnungen, oder aber das OKW beauftragte sie, jeweils eigene Vorschläge als Diskussionsgrundlage für bestimmte Projekte auszuarbeiten. Kamen Übereinstimmungen nicht zustande, war es Keitels Aufgabe, einen Modus vivendi zu finden. Gelang auch ihm dies nicht, fällte Hitler als Führer, Oberster Befehlshaber der Wehrmacht und Oberbefehlshaber des Heeres die endgültigen Entscheidungen. Daß eine so organisierte Befehlsstruktur zur Exponie-

* Aus dem Wehrmachtsamt des aufgelösten Reichskriegsministeriums als kleiner Leitungsstab hervorgegangen.

** Vorher: Wehrmachts-Amt.

rung und nicht immer positiven Herausstellung des in seinen Vollmachten stark eingeengten Feldmarschalls Keitel führen mußte, war selbstverständlich.

Während unter Keitel die drei Wehrmachtsteile Luftwaffe, Marine und Heer ihre eigenen Interessen durchzusetzen versuchten, thronte über ihm der allmächtige Hitler, der seine Funktion als oberste und unanfechtbare Instanz in kritischen Situationen oft nicht gerade taktvoll wahrnahm. Er ließ zu, daß die Luftwaffe sich auf ihren Oberbefehlshaber Göring und dessen Befugnisse als Reichsminister und Beauftragter des Vierjahresplanes berief und sich damit nicht nur der Anerkennung auch anderer Gesichtspunkte, sondern auch dem traditionellen Grundsatz entzog, daß die Wehrmacht eine Einheit sei und kein Wehrmachtsteil ein Eigenleben für sich beanspruchen dürfe. Die Reichskriegsmarine schützte, wie Keitel noch in Nürnberg beklagte, „fast regelmäßig" Sonderverhältnisse mit der Begründung vor, daß bei ihr „nicht vergleichbare Bedingungen"[14] herrschten. Daß auch das Heer, der größte Wehrmachtsteil, schließlich ebenfalls nur seine Ansichten und Verhältnisse gelten lassen wollte und dabei auf seine langen Erfahrungen verwies, über die die Luftwaffe und Marine zwangsläufig nicht zurückblicken konnten, war eine der Folgen der im Grunde unmilitärischen Führungsweise des Feldherrn und Strategen Adolf Hitler.

Hitler akzeptierte nicht nur, sondern begrüßte zuweilen sogar, daß jeder Wehrmachtsteil das OKW zu umgehen und für sich vorweg seine Entscheidung zu bekommen trachtete, was bei seinem Führungsstil und bei seiner Mentalität manchmal nicht besonders schwer war. So mußte Keitel, der auf die Mitarbeit und Angaben von Abteilungsleitern und Referenten aller Wehrmachtsteile angewiesen war, unentwegt gegen spontane Entscheidungen Hitlers ankämpfen und versuchen, eine möglichst gleichmäßige Berücksichtigung der jeweiligen Wehrmachtsteile zu erreichen. Daß sich dadurch Differenzen besonderer Art ergeben mußten, lag auf der Hand; denn nicht selten operierten die Vertreter der jeweiligen Wehrmachtsteile gegenüber Hitler mit anderen Zahlen, Daten und Berichten* als gegenüber dem Nur-Soldaten Keitel, der formal für alle drei Wehrmachtsteile zuständig war und bei seinen Entscheidungen daher von Voraussetzungen ausgehen mußte, die der von politischen und militärischen Überlegungen ausgehende Feldherr und Stratege Hitler oft ignorierte.

Obwohl Hitler, der bereits im November 1940 verärgert erkannte, daß die Luftwaffe ihm mit falschen Zahlen zu imponieren versuchte,[15] einsah und anerkannte, daß Keitels koordinierende Arbeitsweise, seine Vorschläge und Entscheidungen für alle drei Wehrmachtsteile effektive Folgen hatten, blieb der an die preußische militärische Disziplin und Führungsweise gewöhnte Keitel als Führungsgehilfe verhältnismäßig chancenlos. Seine sachlich begründeten Versuche, Hitlers spontane Eingriffe und persönliche Anweisungen zu verhindern, verpufften gewöhnlich erfolglos. Zu alledem kam, daß Hitler als militärischer Führer die behördlich bürokratischen Arbeiten, ohne die eine so vielschichtige und differenzierte Organisation

* So war für Eingeweihte schon bald nach Beginn des Krieges kein Geheimnis mehr, daß die Luftwaffe gern ihre Erfolge (im Gegensatz zur Marine) aufbauschte und dadurch Falschmeldungen lancierte. Am 27. 9. 1939 meldete der Wehrmachtsbericht beispielsweise, daß in der mittleren Nordsee ein britischer Flugzeugträger von einem deutschen Bomber zerstört und ein Schlachtschiff durch „mehrere schwere Treffer" beschädigt worden sei, obwohl der Flugzeugführer (von Göring sofort vom Gefreiten zum Leutnant befördert) nur gemeldet hatte, daß die im Sturzflug ausgeklinkte Bombe unmittelbar neben der Bordwand des Schiffes in die Nordsee gefallen sei, ohne daß eine Wirkung zu erkennen gewesen wäre (vgl. dazu u. a.: Hümmelchen, Gerhard: „Der Einsatz deutscher Luftstreitkräfte über der Nordsee vom 3. 9. 1939 bis 9. 5. 1940", in: Marine-Rundschau, Heft 6/58, Frankfurt/Main, S. 301 ff.). Tatsächlich aber wurde der Flugzeugträger „Ark Royal", den der Wehrmachtsbericht zwar nicht genannt, die Presse jedoch bekanntgegeben hatte, erst im November 1941 von dem deutschen U-Boot „U 81" versenkt

wie das OKW nicht optimal geführt werden konnte, als eine nur schwer zumutbare Belästigung empfand. Rigoros bediente er sich bei seinen zahlreichen Eingriffen in die Belange des OKW seiner militärischen Adjutantur, was die traditionsbewußten, vor allem die aus dem Heer und aus der Marine kommenden hohen Militärs nicht nur als Geringschätzung ihrer Dienstlänge und Dienststellungen ansehen mußten.

Mißachtung von Zuständigkeiten. Nicht Befehle, sondern nur Dialoge und Monologe.

Hitler mißachtete während des Krieges, was allerdings keineswegs immer zum Nachteil der Truppe geschah,* sowohl die Zuständigkeit der jeweiligen Militärs als auch die unerläßliche Ressortarbeit der Juristen und Völkerrechtler. Er respektierte weder den bürokratischen Beamtenapparat noch Ratschläge und Entscheidungen und belohnte die „rücksichtslosen Willensmenschen", die sich unbekümmert über rechtliche Bedenken hinwegsetzten. Ihnen gestattete er, zum Beispiel als Generalbevollmächtigte, seine in bestimmten Fällen absichtlich „weitherzig" und zuweilen deutbaren Entscheidungen nach Bedarf auszulegen, sich des Beamtenapparates der Ministerien zu bedienen und ihre Maßnahmen ausschließlich durch den Erfolg bestimmen zu lassen. Daß ausgerechnet seine maßgeblichen Soldaten Keitel und Jodl für bestimmte Regeln und

* Nachdem er im Oktober 1942 beispielsweise in Film-Wochenschauen den Einsatz schwerer Infanteriegeschütze (SIG) in Stalingrad gesehen und den Eindruck gewonnen hatte, daß sie im Häuserkampf sehr erfolgreich eingesetzt werden könnten, entschloß er sich – ohne Rücksprache mit den zuständigen Militärs – sofort, die Produktion dieser kleinen und sehr beweglichen Geschütze steigern zu lassen. Vgl. Heeresadjutant bei Hitler 1938–1943. Aufzeichnungen des Majors Engel, Stuttgart 1974, S. 130. Fortan zitiert als Engel

Formen seiner militärischen Führungsweise kein Verständnis zeigten, erschien ihm unbegreiflich, und er hat es sie fühlen lassen. So mied er Jodl beispielsweise seit August 1942 bis Ende Januar 1943 – für die ganze Umgebung täglich spürbar – so demonstrativ, daß er ihm bei Begrüßungen nicht einmal die Hand gab. Im Zeugenstand in Nürnberg erklärte Jodl: „An jedem Vortrag über die Lage nahm von diesem Tage an ein Offizier der SS teil. Es wurden acht Stenographen gestellt, die von diesem Tag an jedes Wort mitschrieben. Der Führer gab mir überhaupt nicht mehr die Hand. Er grüßte mich nicht mehr oder kaum mehr, und dieser Zustand dauerte bis zum 30. Januar 1943. Er ließ mir durch den Feldmarschall Keitel sagen, er könne mit mir nicht mehr arbeiten ...“[16]

Geschehen war folgendes: Am 23. Juli 1942 hatte Hitler die Weisung* „Braunschweig“ endgültig formuliert, durch die noch vor Einbruch des Winters gravierende Erfolge an der Ostfront erzielt werden sollten. Als Fortsetzung der unter dem Decknamen „Operation Blau“ begonnenen Frühsommeroffensive der Heeresgruppe Süd sollten unter anderem die über den Don ausgewichenen russischen Kräfte südlich und südostwärts von Rostow vernichtet, die Bahnlinie Tichorezk–Stalingrad unterbunden und die gesamte Ostküste des Schwarzen Meeres in Besitz genommen werden. Ferner erwartete Hitler den Übergang über den Kuban, die Besetzung des Höhengeländes von Maikop und Armavir, den Gewinn des Raumes um Grossnyi, die Sperrung der Ossetischen und der Grusinischen Heerstraße, die Einnahme des Raumes um Baku und Stalingrad und die Sperrung der Landbrücke zwischen Don und Wolga und des Dons und der Wolga im Raum von Astra-

* Als „Weisung“ wird hier ein mit Befehlscharakter versehener und die Operationsabsichten vorausschauender Auftrag verstanden, der sich vom Befehl dadurch unterscheidet, daß er den untergeordneten Militärs, Dienststellen und Behörden weitgehend die Art der Ausführung überläßt.

chan.[17] Die vor allem von Hans Speidel, dem einstigen Chef des Stabes in Erwin Rommels Heeresgruppe und nachmaligen Oberbefehlshaber der alliierten Landstreitkräfte in Mitteleuropa, nachträglich als exzentrische Stalingrad- und Kaukasus-Operationen bezeichneten,[18] weitgesteckten Ziele wurden nicht erreicht. Zwar hatten deutsche Einheiten bis zum 6. September die Kertsch-Straße überschritten, die Taman-Halbinsel besetzt, den Terek überwunden, fast den Stadtkern von Stalingrad erreicht und Teile von Noworossisk genommen; aber Hitler, der die Russen über das Gebirge ans Meer hatte drängen wollen und Astrachan erreichen wollte, sah das von ihm konzipierte Plansoll nicht erfüllt. Er beschuldigte und beschimpfte die Militärs, seine Befehle nicht konsequent ausgeführt zu haben und unfähig zu sein, mit ihm Entscheidungen „auf Leben und Tod" zu treffen und durchzustehen.[19]

Alfred Jodl, der den Schwerpunkt der Operation nach Süden verlegt sehen wollte, traf sein ganzer Zorn. „Man wird hier", notierte Engel am 8. September 1942, „einfach nicht mehr schlau. Über den Krach F(ührer) Jodl komme ich einfach nicht hinweg ... Da ich durch Zufall Hörzeuge der ganzen Auseinandersetzung war, kann ich mir ein Bild machen, wie groß der Vertrauensriß ist. Man hatte den Eindruck, daß F(ührer) geradezu von Haß erfüllt war ... Es ist eine grausige Stimmung hier, und Wut und Erregung von F(ührer) liegen tiefer und nicht nur in den gegensätzlichen Meinungen wegen des Angriffes im Kaukasus Richtung Suchum. F(ührer) sieht in Rußland kein Ende mehr, nachdem sämtliche Ziele des Sommers 1942 nicht erreicht sind. Sagte selbst, wie furchtbar die Angst vor dem vor der Tür stehenden Winter sei. Andererseits will er nirgends zurück."[20]

Jodl, das Oberkommando des Heeres und Halder, der Chef des Generalstabes, die von Hitler wegen „mangelnder Initiative"[21] gerügten höheren Truppenführer und Führungsinstanzen, sahen sich einem unentschlossenen, ratlos zögernden und enttäuschten Führer gegenüber, der am 9. September zwar den Generalfeldmarschall Wilhelm List seines Postens enthoben und die Führung der Heeresgruppe selbst übernommen hatte, aber nicht konkret zu sagen vermochte, wie es weitergehen sollte. „Man merkt beim Führer", stellte Engel am 14. September besorgt fest, „die verhaltene Wut, aber auch die Unsicherheit: ‚Was nun?'"[22]

Unentschlossenheit und Ratlosigkeit in entscheidenden Situationen mit gravierenden Folgewirkungen, hier von einem Beobachter und Zeugen kritisch vermerkt, gehörten bei Hitler nicht zu den Ausnahmeerscheinungen, sondern waren wesentliche Elemente seiner Charakterstruktur, was er im engsten Kreis zuweilen auch durchblicken ließ. So hatte er beispielsweise am 22. November 1941, drei Tage nach seiner Entscheidung, 1942 den Kaukasus und die Südgrenze der UdSSR in Besitz zu nehmen, offen zugegeben, daß ihn „seit Monaten"[23] die Frage bewegte, wie es weitergehen solle. „Aus allem geht hervor", notierte Engel, „daß er (Hitler) noch nicht im klaren ist, was" er will. „Die ganze Situation bringt ihn zu Entschlüssen, die . . . abhängig sind von den Beeinflussungen, denen er unterworfen ist: Partei, alte Kämpfer, Staat und zuletzt Wehrmacht."[24]

Immer wieder mußten die Militärs die Lagebesprechungen ratlos und deprimiert verlassen. „Wieder eine unbefriedigende, unklare Lage", resignierte der Heeresadjutant beispielsweise am 24. November 1941 und fuhrt fort: „Auch F.(ührer) befiehlt nicht, gibt nur lange Dialoge und zum Schluß gehen" der Oberbefehlshaber des Heeres und der Chef des Generalstabes „nach Hause in dem Gefühl, daß sie machen könnten, was sie wollen – kommt inzwischen bei

F.(ührer) ein anderer Gedankengang, ist das, was war, alles nicht wahr".[25]

Die als halbherzig, lau und unentschlossen beschimpften und geringschätzig behandelten Generale blieben auf ihren Posten. Zur Ablösung Keitels und Jodls, die Hitler durch Albert Kesselring und Friedrich Paulus zu ersetzen erwog,[26] konnte er sich nicht durchringen, so sehr er dies auch für notwendig hielt. Nur Halder, dem er sich noch weniger als Keitel und Jodl verbunden fühlte, mußte schließlich gehen. Engel berichtet darüber: „F(ührer) entläßt Chef Gen.Stab unter beschämenden Umständen. Erst kurz vorher erfahre ich durch Schm(undt) davon und werde zu seiner Betreuung kommandiert. Ha(lder) ist völlig überrascht, bedankt sich unter Tränen bei mir, daß ich bei ihm bin, und sagt wörtlich zu mir: ‚Wenn Sie das erlebt hätten, was mir eben widerfuhr, würden Sie verstehen, wie ich empfinde, daß Sie bei mir sind.'"[27]

Der Generaloberst schämte sich, vergoß Tränen und räumte seinen Platz. Hitler, der 1925 erklärt hatte, daß für ihn als Führer persönliche Sympathien grundsätzlich keine Rolle spielten,[28] sah sich außerstande, mit Halder weiterhin zusammenzuarbeiten. Von Keitel dagegen und Jodl, der von sich aus gehen wollte, dies jedoch nicht durfte, trennte er sich nicht. Halder indes, der Hitlers Führungsstil offenbar verkannte, hatte nicht begriffen, daß von ihm erwartet wurde, er möge die Konsequenzen ziehen und selbst von seinem Posten zurücktreten. Bereits am 4. September 1942 hatte Hitler ihn in einer Weise behandelt, die unter „normalen Umständen" nur noch seinen sofortigen Rücktritt hätte zur Folge haben müssen.* Gerhard Engel notierte: „Vertrauen zu" Halder „ist hin. Dieser trägt erstmalig sehr massiv üb(er) Zustand der Truppe vor.

* So sagte Hitler am 19. 10. 1942 z. B., daß er „lange . . . gehofft" habe, daß Halder „von selbst die Konsequenzen ziehen würde". Zit. nach Engel, S. 131.

Chef (Hitler) unterbricht und beschimpft ihn wörtlich: ‚Was wollen Sie, Herr Halder, der Sie nur, auch im ersten Weltkrieg, auf demselben Drehschemel saßen, mir über Truppe erzählen, Sie, der Sie nicht einmal das schwarze Verw(undeten)abzeichen tragen?'* Peinlich. (Ich) sage zu Gen(eral) Heusinger,** Chef GenStb. müsse sich krank melden, das sei nicht zu reparieren. Am Abend versucht F(ührer), durch besondere Freundlichkeit zu Halder diesen Ausspruch zu verwischen."[29]

Wer bleiben will, darf bleiben. Personalauswahl im engsten Kreis.

Wer auf seinem Posten bleiben wollte, konnte dies gewöhnlich auch, wenn er nur ertrug, geringschätzig behandelt, zu werden. Nur sehr selten entließ Hitler persönlich jemanden.*** Und wenn er dies tat, geschah es meist auf Umwegen. Die gemaßregelten Militärs, Parteifunktionäre, Beamten und Angestellten erfuhren gewöhnlich von gleichgestellten Kameraden oder Kollegen, daß der Führer sie nicht mehr sehen wolle. Alfred Jodl, der zuletzt doch auf seinem Posten bleiben mußte, wurde es im Spätsommer 1942 von Wilhelm Keitel mitgeteilt.[30] Hubert Lanz, der General der Gebirgstruppen, der im Sommer 1942 an der Kaukasus-Offensive beteiligt gewesen war und im Februar 1943 Hitlers Befehl, Charkow unter allen Umständen

* Das schwarze Verwundetenabzeichen erhielten Soldaten nach ihrer ersten Verwundung.

** Adolf Heusinger war von Oktober 1940 bis Oktober 1944 Chef der Operationsabteilung des Generalstabs des Heeres.

*** Franz Halder, den Hitler am 24. 9. 1942 (unter „beschämenden Umständen") entließ, gehörte zu den wenigen Ausnahmen. Möglicherweise spielte bei ihm eine Rolle, daß er Hitlers Entschluß, an der Ostfront den operativen Schwerpunkt nach Süden zu verlagern, offen nicht gutgeheißen und Hitler zu belehren versucht hatte.

zu halten, eigenmächtig geändert hatte, wurde über seine Ablösung von seinem Nachfolger Werner Kempf informiert. Der am 17. August 1944 der Führung des Oberkommandos West und der Heeresgruppe B enthobene (am 18. August 1944 durch Selbstmord aus dem Leben geschiedene) Generalfeldmarschall Günther von Kluge erfuhr von seiner Entlassung von seinem Nachfolger Walter Model.[31] Hitlers österreichische Köchin Exner, die nach Feststellungen von Martin Bormann und Heinrich Himmler keine „reine Arierin", sondern „Halbjüdin" war, entließ er nicht, sondern schickte sie immer wieder in Urlaub, nur weil er ihr nicht ins Gesicht sagen wollte, daß sie nach Lage der Dinge nicht bei ihm bleiben könne.[32] Typisch für Hitlers diesbezügliches Verhalten ist folgendes Beispiel: Er kam mit seinem persönlichen Diener Eugen Bußmann nicht zurecht. Ständig ärgerte er sich über ihn und grollte; aber auf die Idee, ihn zu entlassen, mußte ihn erst Heinz Linge bringen, der Hitlers Murren und schlechte Laune nicht länger ertragen zu können meinte. „Gut", sagte Hitler zu Linge, „sagen Sie es ihm."[33]

Hans Speidels Feststellung, daß Hitler nicht den Mut gehabt habe, Hubert Lanz persönlich mitzuteilen, daß er ihn seines Postens enthebe,[34] ist eine reine Vermutung. An Mut gebrach es Hitler nicht. Direkte, persönlich mitgeteilte Entlassungen paßten nicht in sein Führungsprinzip. Diejenigen, die ihn oder seine unmittelbare Umgebung verlassen mußten, sollten dies von denen erfahren, die bleiben durften – oder ausharren mußten. Auf diese Weise, so meinte er, würde bei den „Ausgestoßenen" ein Schuldbewußtsein entwickelt, das die Betroffenen ganz besonders an ihn bände.

Zudem wählte er seine nächste Umgebung zum Teil nach Gesichtspunkten aus, die leicht die dahinterstehenden Motive und Überlegungen erkennen ließen. Julius Schaub, sein persönlicher Chefadjutant und von Hause aus Drogist, hatte – wie Joseph Goebbels – einen Klumpfuß und mußte für die ihm von Hitler zuteil gewordene Auszeichnung ganz besonders dankbar sein. Nicht umsonst sagte Hitler: „Schaub würde sich wie ein Hund vor meine Tür legen und bis zum letzten Atemzug für mich kämpfen."[35] Auch Bruno Gesche, der Chef des Führerbegleitkommandos, wäre unter normalen Verhältnissen als Offizier kaum denkbar gewesen. Er trank sehr gern und schielte, so daß Hitler meinte, er würde im Notfalle gar nicht schießen können. Sein Chauffeur Erich Kempka war mit einer ehemaligen Dirne verheiratet,* die auch während ihrer Ehe noch mit anderen Männern schlief und Kempka zuweilen in peinliche Situationen brachte. Alwin Albrecht, seit Juli 1939 Hitlers persönlicher Adjutant, hatte auf Erich Raeders Betreiben wegen nicht standesgemäßer Heirat am 30. Juni 1939 aus der Marine ausscheiden müssen.[36] Der Leibarzt Theo Morell wirkte abstoßend und roch meist so übel nach Schweiß, daß nicht nur Eva Braun sich vor ihm ekelte. Martin Bormann, Hitlers persönlicher Sekretär, und Heinrich Himmler, der Reichsführer SS, hatten – neben Kindern aus ihren Ehen – Kinder von anderen Frauen, mit denen sie bis zum Ende ihres Lebens regelmäßig zusammen waren. Auf Joseph Goebbels, der wie eine Karikatur aus Streichers „Stürmer" aussah, konzentrierten sich ironische Witze scharfzüngiger Spötter, die damit das ganze Regime in Mitleidenschaft zu ziehen geeignet waren. Hitler ließ zu, daß er (Goebbels) sich, sein Amt und schließlich sogar Hitler durch seine zum Teil kriminellen amourösen Abenteuer in Verlegenheit brachte,** zudem auch Spannun-

* Die Ehe wurde auf Hitlers Veranlassung annulliert.

** Fritz Wiedemann berichtete, daß Goebbels vor der Machtübernahme 30 000 Mark aus der Parteikasse unterschlagen und für eine seiner Freundinnen verwendet habe, was Hitler von der Gestapo bestätigt worden sei. Er habe Goebbels jedoch keinerlei Vorwürfe gemacht, die Unterlagen für sich behalten und so Goebbels „auf Gedeih

gen und Feindschaften innerhalb der engsten Mitarbeiter und Entscheidungshilfen Hitlers erzeugte. So trug Rosenberg beispielsweise am 6. Februar 1939 in sein Tagebuch ein: „Dann kam das Gespräch auf Dr. G.(oebbels). Wir waren einer Meinung, daß dieser die moralisch schwerste Belastung des N.(ational) S.(ozialismus) sei . . . Früher schimpften wir über die jüdischen Generaldirektoren, die ihre Angestellten sexuell zwangen. Heute tut es Dr. G.(oebbels) . . . Himmler (entgegnete, der Verf.): ‚Die Fälle sind Dutzende. Die Frauen geben jetzt nacheinander ihre Nötigungen zu Protokoll . . . Einige Protokolle habe ich dem Führer gegeben.'"[37]

Obwohl Hitler gedroht hatte, daß Vorgesetzte, die ihre Untergebenen zu sexuellen Handlungen zwängen, mit Zuchthaus bestraft würden, unternahm er (außer im Falle Goebbels–Lida Baarowa) nichts gegen Goebbels. Dieser durfte am 25. Februar 1939 im Kreise alter Kämpfer sogar ungestraft erklären, daß Hitler sich, wenn ihm sein (Goebbels) Leben nicht passe, dies hätte 1924 „überlegen sollen".[38] Er werde leben, wie es ihm gefalle. Goebbels blieb und wurde nach Hitlers Tod für ein paar Stunden formal sogar noch „Reichskanzler", wie Hitler es bestimmt hatte, obwohl er mit Goebbels nach Alfred Rosenbergs Angaben schon „innerlich . . . fertig"[39] gewesen ist, ihn nur noch „aus staatspolitischen Gründen gehalten" und „auf Kosten seines eigenen Aussehens"[40] gestützt und in seinen Ämtern und Stellungen belassen hatte. Gewöhnlich gehörte sehr viel dazu, von Hitler selbst kurzerhand davongejagt oder augenblicklich anderswie bestraft zu werden.

und Verderb" in der Hand gehabt. Vgl. Wiedemann, Fritz: Der Mann, der Feldherr werden wollte. Erlebnisse und Erfahrungen des Ersten Vorgesetzten Hitlers im Ersten Weltkrieg und seines späteren persönlichen Adjutanten, Velbert und Kettwig 1964, S. 197. Fortan zitiert als Wiedemann.

Als Göring im Frühjahr 1941 Hitler zu bewegen versuchte, den berüchtigten und in delikate kriminelle Vorfälle verwickelten „Stürmer"-Herausgeber Julius Streicher wegen Korruption und „Schädigung der Reichsverteidigung" vor ein Gericht zu stellen, lehnte Hitler dies brüsk ab und erklärte, daß er dem Weltjudentum den Gefallen nicht tun werde.* Er kannte die schwachen Punkte seiner Helfer und Helfershelfer und sagte dies auch, wann immer er es für angebracht hielt. Wie wenig seine unmittelbare Umgebung, soweit sie unbelastet war, allerdings damit zu beginnen wußte, zeigt exemplarisch Gerhard Engels Bemerkung: „Man steht vor einem Rätsel",[41] mit der er Hitlers Entscheidung im Falle Streicher kommentierte. Mit Dotationen kettete Hitler Minister, Militärs und alte Mitkämpfer an sich.

So gab er dem von ihm 1939 mit der Durchführung der Euthanasie beauftragten Reichsleiter Philipp Bouhler, der eine Hitler-Biographie geschrieben und mit ihr viel Geld verdient hatte, 100000 Mark, nachdem Bouhler sich bei ihm darüber beklagte, daß er die Steuern für sein Hitler-Buch nicht bezahlen könnte.[42] Otto Meißner bekam 100000 Mark,[43] Heinrich Lammers 600000 Mark.[44] Feldmarschälle erhielten Landgüter und Geld, und auch ihre Witwen konnten teilweise mit erheblichen Summen rechnen.**

Daß dennoch eine Reihe maßgeblicher Militärs, so unter anderem alle Oberbefehlshaber des Heeres (Kurt von Hammerstein, Werner von Fritsch und Walther von Brauchitsch),

* Vgl. Engel, S. 97f. Göring hatte Bodenschatz beauftragt, Hitler (am 20. 3. 1941) Unterlagen vorzulegen, die Streicher schwer belasteten. Hitler hob Streichers Verdienste für die Partei und seinen Kampf gegen das Judentum hervor und erklärte, daß die Sache „parteiintern" geregelt werde, was auch geschah.

** Nach den Angaben von Lammers betrugen die Aufwendungen für die Witwe des Feldmarschalls von Reichenau 1,2 Millionen Mark. Vgl. Kempner, Robert M. W.: SS im Kreuzverhör, München 1964, S. 209f.

sämtliche Chefs des Generalstabes* des Heeres (Ludwig Beck, Kurt Halder, Kurt Zeitzler und Heinz Guderian), elf von achtzehn Generalfeldmarschällen des Heeres,[45] einundzwanzig von siebenunddreißig Generalobersten[46] und (bis auf Ferdinand Schörner) alle Oberbefehlshaber der Heeresgruppe[47] Nord (Wilhelm von Leeb, Georg von Küchler, Georg Lindemann und Johannes Frießner), nach Differenzen mit ihrem Obersten Befehlshaber ihre Posten zur Verfügung stellen mußte, war primär eine Folge der Führungsmethoden und Führungsauffassungen Hitlers. Alte Differenzen wie im Fall Hammerstein,** Krankheiten wie bei Brauchitsch*** und „mangelnde Fähigkeiten" oder situationsbedingtes „Versagen in der Führung" wie bei Küchler und Guderian,**** um an dieser Stelle nur diese Differenzierung vorzunehmen, trugen ein übriges dazu bei. Wer Hitlers Gunst verloren hatte und spürte, daß es ratsam wäre, seinen Abschied einzureichen, konnte normalerweise auch damit rechnen, seinen Wunsch erfüllt zu bekommen. Normalerweise, das hieß, wenn der Blick des kranken und mit zunehmender Kriegsdauer immer häufiger mit seinem baldigen Ableben drohenden Hypochonders Hitler nicht durch krankhaft überzogenes Mißtrauen getrübt

* General Hans Krebs, der letzte Chef des Generalstabes des Heeres, nahm sich am Ende des Krieges in Berlin das Leben.

** Hammerstein, von 1930 bis 1934 Chef der Heeresleitung und einer der engsten Berater Schleichers, hatte den Reichspräsidenten von Hindenburg am 26. 1. 1933 vor Hitler gewarnt, was Hitler ihm nie verzieh. Hammerstein habe sich 1933, so sagte er beispielsweise am 21. 5. 1942, „nicht einmal entblödet", bei ihm (Hitler) anzurufen und ihm mitzuteilen, daß die Reichswehr seine Kanzlerschaft unter keinen Umständen billigen könne. Vgl. Picker, Henry: Hitlers Tischgespräche im Führerhauptquartier 1941–1942, Stuttgart 1963, S. 367. Fortan zitiert als Picker.

*** Brauchitsch, der den Oberbefehl am 19. 12. 1941 niederlegte, war schwer herzkrank. Hitler übernahm den Oberbefehl über das Heer selbst, nachdem er geäußert hatte, daß „das bißchen Organisationsführung . . . jeder machen" könne.

**** Küchler wurde am 14. 1. 1944 durch Walter Model, Guderian am 28. 3. 1945 durch Hans Krebs ersetzt.

war, seine Krankheiten ihn nicht übermäßig plagten, die Frontlage und die Berichte aus der Heimat ihm nicht den Schlaf raubten und der Kriegsgott ihm nicht seine Gunst entzog.

Keitel und Jodl, die im Laufe der Zeit beide hatten demissionieren wollen, mußten bleiben, obwohl Hitler auch in ihnen keine idealen Feldherren sah. Doch bessere, so meinte er, fände er nicht. Dem Generalfeldmarschall Fedor von Bock, der ihn im Herbst 1941 auf die Schwierigkeiten hinwies, die ein Angriff auf Moskau mit sich bringen würde, so daß es besser wäre, den Winter in befestigten Stellungen zu verbringen, erklärte er am 24. September 1941: „Als ich noch nicht Reichskanzler war, habe ich gemeint, der Generalstab gleiche einem Fleischerhund, den man fest am Halsband haben müsse, weil er sonst jeden anderen Menschen anzufallen drohe. Nachdem ich Reichskanzler geworden war, habe ich feststellen müssen, daß der deutsche Generalstab nichts weniger als ein Fleischerhund ist. Dieser Generalstab hat mich immer gehindert, das zu tun, was ich für nötig halte. Der Generalstab hat der Aufrüstung, der Rheinlandbesetzung, dem Einmarsch nach Österreich, der Besetzung der Tschechei und schließlich sogar dem Krieg gegen Polen widersprochen. Der Generalstab hat mir abgeraten, gegen Frankreich offensiv vorzugehen . . . Ich bin es, der diesen Fleischerhund immer erst antreiben muß.“[48]

Militärs: „Leider keine Fleischerhunde.“

Die „Fleischerhunde“, die der verbal beispiellos offensiv-aggressive Führer Hitler unter den höchsten Militärs suchte, gab es durchaus,* aber sie waren für die Stellungen, die Keitel

* Ferdinand Schörner war beispielsweise einer von ihnen.

und Jodl bekleideten, nicht geeignet. Die Erkenntnis, die „Fleischerhunde“ nicht zu haben, raubte Hitler die für einen Feldherrn und Strategen nötige Ruhe und Gelassenheit im Umgang mit seinen Marschällen, Generalobersten und Generalen. Immer wieder brauste er auf, verbarg er, wie die Aufzeichnungen seines Heeresadjutanten Engel es drastisch beweisen, nur mühsam seinen Zorn und seine Wut auf „die Herren im Feldgrau“. Hatte er die Militärs schon in Zeiten, in denen er noch körperlich gesund, psychisch flexibel und in jeder Hinsicht außerordentlich strapazierfähig gewesen war, nicht als Partner mit speziellen Kenntnissen sehen können, so hinderten ihn, besonders deutlich seit Ende 1942, nachdem der lange und sorgsam vorbereitete Kriegsplan abgespult und an seine Stelle die Phase der Reaktionen auf Aktionen der Feinde getreten war, die Mißerfolge an den Fronten und die Folgen der alliierten Bombenabwürfe auf das Reichsgebiet, seine frühe Vergreisung und starrsinnige Unbelehrbarkeit, sein krankhaftes Mißtrauen und die Folgen seiner Krankheiten daran, sie anzuerkennen und entsprechend zu behandeln. Seitdem ohne strategische Einfälle und ohne – nur noch ansatzweise vorhandenen – Kriegsplan führend, hielt er abwartend nach militärischen und nationalsozialistisch ausgerichteten Führern Ausschau, die bereit und fähig waren, Risiken auf sich zu nehmen, die Lage auf den Kriegsschauplätzen zu wenden und schließlich doch noch den Sieg zu erzwingen, an den er selbst nicht mehr glaubte.*

Was Hitler 1925, beim Beginn des Wiederaufbaus der 1923 zerschlagenen NSDAP, klug und lehrhaft formuliert hatte,** gehörte für den erfahrenen Führer der Vergangenheit an. Längst richteten seine Blicke sich nicht mehr vornehmlich dar-

* Nachweisbar seit 12. Dezember 1941.
** Vgl. die entsprechenden Ausführungen im II. Teil.

auf, was seine Mitarbeiter konnten und wozu sie unter seiner Führung fähig waren, sondern darauf, was sie nicht zu leisten vermochten. Daß diese Voraussetzungen in der Führungsspitze Unruhe und Unsicherheit produzieren mußten, wollte er nicht wahrhaben.

Solange Hitler überzeugt war, daß sich die an Schreibtischen ausgebrüteten Pläne realisieren ließen und seine Karten tatsächlich auch stachen, so lange dominierten nach außen hin auch in personeller Hinsicht gelassene Sicherheit und vertrauenerweckende Routine. Als Hitler dem japanischen Botschafter Graf Oshima am 15. Juli 1941 noch meinte versichern zu können, daß er nicht glaube, in Rußland „Mitte September noch kämpfen"[49] zu müssen, da „der russische Krieg ... gewonnen"[50] sei, sah er sich noch in der Lage des Führers, der über „Marschälle von geschichtlichem Format"[51] verfügte. Daß diese Überzeugung nur so lange vorhalten würde, wie kein Sand das Getriebe des Vollzugsapparates behinderte, ahnte damals kaum jemand. Der Sand, der die Mechanik des Apparates aus dem Gleichgewicht brachte, kam Ende Oktober 1941 mit der beginnenden Schlammperiode, die nicht nur die Operationen westlich von Moskau für vierzehn Tage lahmlegte,* sondern auch „außerplanmäßige" und flexibel schnelle Entscheidungen des Obersten Befehlshabers der Wehrmacht notwendig machte. Dazu aber war Hitler nicht in der Lage. Entgegen seiner Weisung vom 21. August 1941, die Einnahme Moskaus vor dem Beginn des Winters nicht als wichtigstes Ziel anzustreben, hatte er schon am 6. September unter Rückgriff auf das bestehende und von ihm zuvor abgelehnte Konzept des Oberkommandos des Heeres befohlen, alles auf die „Trumpfkarte Moskau" zu setzen und noch vor Wintereinbruch die vor Moskau stehenden russischen Ver-

* Am 15. 11. 1941 wurde der Vormarsch auf Moskau wieder fortgesetzt.

bände zu vernichten.* Es „ist zum Heulen ... und beschämend“, notierte Engel, „über allem steht die vernichtende Erkenntnis, daß F.(ührer) nicht klar genug zum Ausdruck bringt und begründet, was er will. Erfolg ist“, daß der Oberbefehlshaber des Heeres und der Chef des Generalstabes „resignieren und aus den Stellungnahmen von F.(ührer) machen, was sie für richtig halten“.** Goebbels' Vorwürfe von 1945 gegen die Führungsmethoden Hitlers hätten auch im Herbst 1941 formuliert sein können. Daß sie zwanzig Jahre zuvor schon berechtigt gewesen wären, wird hier nachgewiesen.***

Abwarten statt befehlen. Spontane Befehle und Weisungen nur in der Propaganda.

Wann immer Hitler Entscheidungen traf, hatten sie gewöhnlich bereits eine „Geschichte“, waren sie nicht im Augenblick in seinem Kopf entstanden, sondern hatten dort meist schon

* Vgl. Hitlers Weisungen für die Kriegführung 1939–1945. Dokumente des Oberkommandos der Wehrmacht, hrsg. von Walther Hubatsch, Frankfurt/Main 1962. In diesem Buch zitiert nach der Taschenbuch-Ausgabe, München 1965, S. 174ff. Zur Zeitplanung vgl. auch KTB OKW I, 1940–1941, S. 1056. Am 12. 10. 1941 legte Hitler erneut fest, daß eine eventuelle Kapitulation Moskaus nicht akzeptiert werden dürfe. Vgl. KTB OKW, Bd. I, S. 1070. Moskau und Leningrad, so erklärte er beispielsweise dem finnischen Außenminister Rudolf Winnig am 27. 11. 1941, müßten „untergehen“. Vgl. Hillgruber, Andreas: Staatsmänner und Diplomaten bei Hitler. Vertrauliche Aufzeichnungen über Unterredungen mit Vertretern des Auslands. Bd. I: 1939–1941, Frankfurt/Main 1967, S. 643 (Bd. II: 1942–1944, Frankfurt/Main 1970). Fortan zitiert als Hillgruber, Staatsmänner.

** Engel, S. 113 f. Entsprechend reagierte Engel nach der Lagebesprechung vom 24. 11. 1941. „Wieder eine unbefriedigende unklare Lage“, schrieb er (ebenda, S. 115) und fuhr fort: „Auch F.(ührer) befiehlt nicht, gibt nur lange Dialoge, und zum Schluß gehen ObdH und Gen. Stb. nach Hause in dem Gefühl, daß sie machen könnten, was sie wollen.“

*** Vgl. dazu die Ausführungen im II. Teil.

Wochen und länger rumort. Oder aber: Er griff auf fertige Konzepte oder Pläne zurück und modifizierte sie nur. Daß dies gelegentlich, besonders natürlich auf den Kriegsschauplätzen, auf denen sich die Verhältnisse oft rasch und entscheidend änderten, negative Folgen haben mußte, erkannte er nicht oder wollte er nicht akzeptieren. So hatte er am 6. September 1941, um dieses Beispiel hier noch einmal aufzugreifen, mangels rascher eigener strategischer und taktischer Einfälle mit situationsgerechtem Entscheidungscharakter auf das alte Konzept des Oberkommandos des Heeres zurückgegriffen, was infolge der vorausgegangenen Operationen und der Frontlage nicht die optimalste Lösung war, zumal er sich nicht dazu durchringen konnte, einen Schwerpunkt zu bilden.*

Während am 2. November 1942 die 8. britische Armee (Montgomery) zum Durchbruch durch die Stellungen der deutsch-italienischen „Panzerarmee Afrika" ansetzte, Erwin Rommel am 3. November die El-Alamein-Stellung aufzugeben begann, die britische 8. Armee am 6. November bekanntgab, seit der Schlacht bei El-Alamein 30 000 Gefangene gemacht, 350 Panzer und 400 Geschütze erbeutet zu haben, die Alliierten einen Tag später in Marokko und Algerien landeten und ein Schlag dem anderen folgte, bereitete Hitler sich auf dem Berghof auf eine Optimismus und Siegeszuversicht suggerierende Rede vor, die er vor alten Mitkämpfern im Münchener Löwenbräukeller halten wollte und am 8. November auch hielt.[52] Die Gegensätze zwischen der rhetorischen Leistung Hitlers, seinen aggressiven Formulierungen und seiner gespielten Zuversicht einerseits und seiner strategischen Kriegführung andererseits empfanden die verantwortlichen Militärs als

* Gegenüber Antonescu erklärte Hitler am 6. 8. 1941, daß er Moskau erst nach Erreichung seiner anderen Ziele (Leningrad und Erzgebiete im Süden Rußlands) einnehmen wolle. Vgl. Hillgruber, Staatsmänner, S. 619.

besorgniserregend.[53] Eine bewegliche Operationsführung auf längere Sicht und militärische Risiken gehörten immer weniger zu den von Hitler praktizierten militärischen Führungsprinzipien. Während er in München, die Tatsachen verzeichnend, den Ereignissen verbal weit vorauseilend und so den zuversichtlichen starken Führer „dokumentierend", vor aller Welt öffentlich behauptete, Stalingrad nahezu ganz erobert zu haben,* und sein Freund Mussolini bereits mit dem Gedanken spielte, ihm zu raten, Rußland aufzugeben, weil er dort nicht als Sieger hervorgehen könne,** erlebten die führenden Militärs in seiner Umgebung täglich, wie unsicher, ratlos und schwach er tatsächlich führte. Daß dies auch in Zusammenhängen geschah, in denen nicht militärische, sondern weltanschauliche Fragen dominierten, hatte sich beispielsweise bereits 1941 im Zusammenhang mit dem Kommissar-Befehl deutlich gezeigt.*** Obwohl Hitler in weltanschaulich bestimmten Fällen gewöhnlich nur aus einem umfassenden und tausendfach bewährten Fundus von Argumenten und Fall-Reservoires zu schöpfen brauchte, entschied er auch da grundsätzlich nicht so offensiv, daß den Entscheidungen sogleich auch die Tat folgen mußte. Zwar scheute er dabei vor risikoreichen Entscheidungen nicht zurück, zumal er sie nicht selbst in die Tat umzusetzen brauchte; aber er bezog die maß-

* „Ich wollte zur Wolga kommen", sagte er am 8. 11. 1942 auffällig ruhig, „und zwar an einer bestimmten Stelle, an einer bestimmten Stadt. Zufälligerweise trägt sie den Namen von Stalin selber. Aber denken Sie nur nicht, daß ich aus diesem Grunde dorthin marschiert bin ... Dort schneidet man nämlich 30 Millionen Tonnen Verkehr ab, darunter fast 9 Millionen Tonnen Ölverkehr. Dort floß der ganze Weizen aus diesen gewaltigen Gebieten der Ukraine, des Kubangebietes, zusammen, um nach Norden transportiert zu werden. Dort ist das Manganerz befördert worden; dort war ein gigantischer Umschlagplatz. Den wollte ich nehmen, und – wissen Sie – wir sind bescheiden, wir haben ihn nämlich. Es sind nur noch ein paar ganz kleine Plätzchen da." „Völkischer Beobachter" vom 10. 11. 1942.

** Hitler am 1. 12. 1942 von Mussolini erfolglos vorgetragen.

*** Vgl. S. 40ff.

gebliche Mitwirkung von Instanzen und Personen ein, die in seinem Namen zu handeln hatten.Sosehr Hitler sowohl als Staats- und Regierungschef als auch als Feldherr und Stratege maßgebliche offensive Entscheidungen immer wieder hinausschob, als Feldherr beispielsweise ab 1943 Nebenkriegsschauplätze und Nebenfronten nicht entblößte und eroberte Frontbereiche zugunsten entscheidender Kriegsschauplätze nicht freiwillig aufgab, wenn dies nach Lage der Dinge unbedingt nötig gewesen wäre, so wenig zögerte er in bestimmten Situationen, und dies wirkt auf den ersten Blick widersprüchlich,* ideologisch begründete Maßnahmen aggressiv in die Wege zu leiten, selbst wenn es sich um eindeutige Verbrechen handelte, deren Realisierung offene Opposition und heimlichen Widerstand hervorrufen mußten.**

Verzögerungen in der Ausführung von Befehlen, Weisungen und Anordnungen pflegte er – außer in weltanschaulichen Fragen – eine Zeitlang schweigend-mürrisch und manchmal sogar so lange zu beobachten, bis ähnliche Entscheidungen fällig waren. So hat er beispielsweise gewußt, daß die Militärs der Wehrmacht den berüchtigten und bereits vor dem Beginn des Rußlandkrieges erlassenen Kommissar-Befehl[54] „gar nicht (oder) nur zögernd"*** befolgten; aber zu disziplinarischen

* Vgl. dazu u. a. S. 219 ff.

** Ärgerlich erklärte er, als Jodl und andere Militärs sich gegen den Kommissar-Befehl aussprachen: „Ich kann nicht verlangen, daß meine Generale meine Befehle verstehen; aber ich verlange, daß sie sie befolgen." Vgl.: Verhandlungsniederschriften – Der Prozeß gegen die Hauptkriegsverbrecher vor dem Internationalen Militärgerichtshof, Nürnberg 1947, Bd. XV, S. 340. Fortan zitiert als IMT, Bd . . .

*** In ihm hieß es unter anderem: Die Kommissare sind, „wenn im Kampf oder Widerstand ergriffen, grundsätzlich sofort mit der Waffe zu erledigen . . . Diese Kommissare werden nicht als Soldaten anerkannt; der für Kriegsgefangene völkerrechtlich geltende Schutz findet auf sie keine Anwendung. Sie sind nach durchgeführter Absonderung zu erledigen." Zitiert nach Maser, Werner: Nürnberg. Tribunal der Sieger, Düsseldorf 1977, S. 295 f. Fortan zitiert als Maser, Nürnberg. Der Befehl

oder personellen Konsequenzen ist er nicht bereit oder nicht in der Lage gewesen. Erst im Oktober 1942, als er bei einer Debatte über den von ihm inszenierten Kommando-Befehl auf den Widerstand vor allem von Alfred Jodl stieß, der völkerrechtliche Bedenken ins Feld führte, warf er den Militärs vor, den seinerzeitigen Befehl boykottiert zu haben,[55] ohne jedoch irgend jemanden zur Rechenschaft zu ziehen.

Die Genesis beider Befehle zeigt einerseits exemplarisch, wie Hitler solche Maßnahmen in die Wege leitete und durchsetzte, und sie läßt andererseits erkennen, wie er die Verantwortungen delegierte und während der Befehlsvorbereitung so aufteilte, daß am Schluß weder eine Einzelperson noch eine Gruppe oder Instanz als verantwortlicher Urheber oder Autor bezeichnet werden konnte.

Hundert Tage für einen Befehl.

Doch selbst diese Befehle entstanden nicht auf die im militärischen Bereich allgemein übliche Weise. So vergingen beispielsweise rund hundert Tage von Hitlers erstem Anstoß bis zum Erlaß des sogenannten Kommissar-Befehls. Am 3. März 1941 erklärte er seinen Befehlshabern und Stabschefs im Rahmen der Erläuterungen über die „Richtlinien für die endgültige Fassung" der „Richtlinien auf Sondergebieten zur Weisung 21" (Fall „Barbarossa"), daß deutsche Militärgerichte mit der vor-

wurde am 5. 5. 1942 „zunächst versuchsweise" aufgehoben (vgl. Maser, Nürnberg, S. 315), um die Neigung der Kommissare zum Überlaufen und zur Kapitulation zu fördern. Vgl. das Kriegstagebuch des Oberkommandos der Wehrmacht (Wehrmachtführungsstab), zusammengestellt und erläutert von Andreas Hillgruber, Frankfurt/Main, Bd. II, 1, S. 341. Am 9. 10. 1942 wurden die Kommissare in der Roten Armee abgeschafft.

gesehenen Beseitigung von russischen Kommissaren durch die Geheime Feldpolizei nichts zu tun haben dürften. Dies werde, so belehrte er die Militärs, Sache der Truppe sein.[56] Vierzehn Tage später, am 17. März, faßte er nach und vertiefte den ersten Anstoß durch die Erklärung, daß im Krieg gegen Rußland brutale Gewalt nötig sein werde, da der Bolschewismus asoziales Verbrechertum darstelle, so daß der traditionelle Standpunkt des soldatischen Kameradentums in dem Kampf keinen Platz haben dürfe. Nach weiteren vierzehn Tagen wurde er präziser und erklärte, daß weder die politischen Funktionäre noch die Kommissare der Truppe als Soldaten oder als Kriegsgefangene zu behandeln seien.[57] Am 6. Juni 1941 endlich, fast zehn Wochen danach und 29 Tage nach dem Führer-Erlaß vom 14. Mai 1941 über die Ausübung der Kriegsgerichtsbarkeit im Gebiet „Barbarossa", brachte Walter Warlimont im Auftrage des Chefs des Oberkommandos der Wehrmacht den Kommissar-Befehl als Geheime Kommandosache in Umlauf, der nur bis zu den Oberbefehlshabern der Armeen und den Luftflottenchefs gelangte. Die Befehlshaber und Kommandeure durften von den Oberbefehlshabern über den Inhalt nur mündlich informiert werden.[58] „Im Kampf gegen den Bolschewismus", hieß es dort unter anderem, „ist mit einem Verhalten des Feindes nach den Grundsätzen der Menschlichkeit oder des Völkerrechts nicht zu rechnen. Insbesondere ist von den politischen Kommissaren aller Art als den eigentlichen Trägern des Widerstandes eine haßerfüllte, grausame und unmenschliche Behandlung unserer Gefangenen zu erwarten. In diesem Kampf ist Schonung und völkerrechtliche Rücksichtnahme diesen Elementen gegenüber falsch ... Die Urheber asiatischer Kampfmethoden sind die politischen Kommissare ... Sie sind daher, wenn im Kampf oder Widerstand ergriffen, grundsätzlich sofort mit der Waffe zu erledigen."[59]

Anfang März 1941 hatte Hitler begonnen, diesen Befehl mündlich vorzubereiten. Erst rund acht Wochen später, Anfang Mai, lag ein „Entwurf eines Erlasses des Oberbefehlshabers des Heeres“ vor, der von Hitler Ende März damit beauftragt worden war. Ihn leitete Eugen Müller, General und z. b. V. bei Walther von Brauchitsch, dem Oberbefehlshaber des Heeres, am 6. Mai an den Chef des Oberkommandos der Wehrmacht* mit der Bitte weiter, ihn nicht nur zur Kenntnis zu nehmen, sondern ihn auch „mitzuprüfen“.** Walther von Brauchitsch, Eugen Müller, Wilhelm Keitel, Alfred Jodl, Bernhard von Loßberg, Kurt von Tippelskirch, der Leiter der Quartiermeister-Gruppe der Abteilung L im Oberkommando der Wehrmacht, und Walter Warlimont als Chef der Abteilung L, sie und andere sahen sich, unterschiedlich gefordert, in den Apparat eingespannt, der den auf Hitlers Weisung am 6. Juni schließlich vom Oberkommando der Wehrmacht erlassenen Befehl zustande brachte.

Hundert Tage für den Entwurf eines Befehls und dessen Erlaß, das war selbst dem Zauderer Hitler zuviel. Die Genesis des Kommando-Befehls nahm daher einen anderen Verlauf. Genau sechzehn Monate nach dem Erlaß des Kommissar-Befehls, am 7. Oktober 1942, überraschte Hitler, der im Rußlandkrieg inzwischen ein gerüttelt Maß an Erfahrungen im Umgang mit den maßgeblichen Militärs gemacht hatte, den ihm gegenüber für den Text des täglichen Wehrmachtsberichtes*** verantwortlichen Generalobersten Jodl mit einem

* Müllers Schreiben (Geheime Kommandosache) war gerichtet: „An den Herrn Chef des Oberkommandos der Wehrmacht, z. Hdn. des Herrn General Warlimont oder Vertreter im Amt.“ Dok. zit. in Maser, Nürnberg, S. 302 ff.

** In Müllers (von ihm unterschriebener) Anlage (Geheime Kommandosache) zum Erlaß-Entwurf heißt es u. a.: „... mit der Bitte um Kenntnis und baldige Mitprüfung.“ Dok. zit. in Maser, Nürnberg, S. 302.

*** Durch ihn mußten sich auch die Feldmarschälle, Heeresgruppen- und Armeeoberbefehlshaber über die Kriegslage informieren. Weitergehend unterrichtet wurden sie von Hitler, wenn sie von ihm ins Führer-Hauptquartier befohlen wurden.

Zusatz zum Wehrmachtsbericht, der jenen erschreckte.* „Das Oberkommando der Wehrmacht sieht sich ... gezwungen, folgendes anzuordnen“, hatte Hitler formuliert und in Befehlsform angedroht: „In Zukunft werden sämtliche Terror- und Sabotagetrupps der Briten und ihrer Helfershelfer, die sich nicht wie Soldaten, sondern wie Banditen benehmen, von den deutschen Truppen auch als solche behandelt werden, und wo sie auch auftreten, rücksichtslos im Kampf niedergemacht werden.“[60] Vierzehn Tage danach erging Hitlers Weisung 46, der Kommando-Befehl. Vierzehn Tage, auch das war noch eine sehr lange Zeit für die Formulierung eines Befehls, den Hitler erpresserisch vorprellend bereits öffentlich über den Weg des weltweit gehörten Wehrmachtsberichtes angekündigt hatte.

Während des Nürnberger Prozesses gegen die Hauptkriegsverbrecher, in dem Jodl in Abwesenheit Hitlers seinen Kopf für den Kommando-Befehl hatte hinhalten müssen, waren die Ankläger und Richter zu dem Schluß gelangt, daß dies zu Recht geschehe. Doch dies war die Entscheidung eines Gerichts, das nicht die Führungsmethoden Hitlers und dessen jeweilige Schuldanteile an Verbrechen festzustellen hatte, sondern nach Schuldigen suchen mußte, die es auch verurteilen und bestrafen konnte. Am 4. Juni 1946 schilderte Jodl auf Fragen seines Verteidigers Franz Exner, wie der Befehl zustande gekommen war. Im Protokoll heißt es unter anderem:

„Jodl: Nachdem der Führer diesen ... Zusatz geschrieben hatte, wandte er sich an den Feldmarschall Keitel und an mich

* Seit dem erfolgreichen britischen Kommandounternehmen gegen das Glomfjorder Wasserkraftwerk in Norwegen mußten die Militärs zwar mit einer solchen oder ähnlichen Weisung Hitlers rechnen; aber als Hitler sie am 7. 10. 1942 androhte, waren sie doch zumindest betroffen. Zum Kommandobefehl vgl. auch: Kriegstagebuch des Oberkommandos der Wehrmacht, Frankfurt/Main 1963, Bd. II, 2, 1942, S. 852.

und forderte nun einen Ausführungsbefehl zu dieser allgemeinen Ankündigung im Wehrmachtsbericht. Er gab dabei gleichzeitig die Parole, ‚aber ich wünsche keine Kriegsgerichte'.

Prof. Dr. Exner: Haben Sie dann einen Entwurf gemacht?

Jodl: Ich hatte nun eine Menge von Zweifeln, die mir auch eine genaue Durchsicht der Haager Landkriegsordnung keineswegs beseitigen konnte. Weder der Feldmarschall Keitel noch ich haben einen derartigen Entwurf angefertigt; wohl aber hat mein Stab aus eigener Initiative von verschiedenen Dienststellen Entwürfe und deren Ansichten eingefordert. Und so entstand das Dokument . . . Mein Wunsch war nun ein ganz anderer . . . Ich erwartete eigentlich, daß auf die Ankündigung im Wehrmachtsbericht hin . . . das englische Kriegsministerium . . . erneut an uns herantreten würde . . . Damit hoffte ich, die ganze Angelegenheit auf die Ebene des Auswärtigen Amtes zu schieben. Das geschah aber nicht . . .

Inzwischen waren zehn Tage vergangen, und es war nichts geschehen. Da kam am 17. Oktober der Chefadjutant des Führers, General Schmundt, zu mir und sagte, der Führer verlangt den Ausführungsbefehl. Ich gab ihm wörtlich folgende Antwort: ‚Sagen Sie ihm einen schönen Gruß, einen solchen Befehl mache ich nicht.' Schmundt lachte daraufhin und sagte: ‚Das kann ich aber nicht sagen.' Darauf meine Antwort: ‚Gut, dann melden Sie dem Führer, ich wisse nicht, wie man einen solchen Befehl völkerrechtlich begründen solle.' Damit ging er. Ich hoffte, nun zum Führer bestellt zu werden, um endlich einmal wieder seit vielen Monaten persönlich mit ihm sprechen zu können . . . Ich wollte dadurch entweder die Möglichkeit erreichen, meine Bedenken vorzutragen oder hinausgeworfen zu werden . . . aber keines von beiden geschah. Nach wenigen Minuten rief mich Schmundt an und teilte mir mit, der Führer mache die Befehle selbst.

Am 18. Oktober brachte mir nun wieder Schmundt persönlich die beiden Befehle des Führers, den Befehl an die Truppe und die Begründung dazu für die Kommandeure."[61]

Den Kommando-Befehl, in dem Hitler – anders als beim Kommissar-Befehl – androhte, daß er „alle Kommandeure und Offiziere kriegsgerichtlich verantwortlich machen" werde, „die entweder ihre Pflicht der Belehrung der Truppen über diesen Befehl versäumt haben oder die in der Durchführung entgegen diesem Befehl handeln",* erhielt Jodl an dem Tag zur Weiterleitung auf den Tisch gelegt, an dem das Hüttenwerk „Roter Oktober" in Stalingrad in deutsche Hand fiel. Jodl, der die schleppende Entwicklung vieler Befehle und Weisungen Hitlers aus eigener Erfahrung sehr gut kannte und die Geheimhaltungsverfügung zum Kommando-Befehl unterschreiben mußte, mag an diesem Abend, an dem Hitler infolge der Einnahme des russischen Industriewerkes „Roter Oktober" in „gehobener Stimmung"[62] war, trotz seiner derzeit sehr schwachen Position gehofft haben, Hitler in letzter Minute doch noch einmal umstimmen zu können. Er wehrte „sich mit Händen und Füßen"[63] gegen Hitlers Weisungen, verwies auf die eventuellen Folgen für das vor allem für deutsche Kommandounternehmen zusammengestellte Regiment „Brandenburg"[64] und den SD[65] und argumentierte mit völkerrechtlichen Bedenken. Doch die Entscheidungen, die Hitler auch relativ lange hatte reifen lassen, waren nicht mehr rückgängig zu machen. Nichts nahm er zurück. Variationen ließ er nicht mehr zu, wollte er nicht prüfen, nachdem seine Weisung als endgül-

* IMT, Bd. XV, S. 348 ff. Im Kommando-Befehl vom 18. 10. 1942 wies Hitler noch einmal ausdrücklich auf die von ihm formulierte Androhung vom 7. 10. 1942 hin. Vgl. Hitlers Weisungen für die Kriegführung 1939 bis 1945, Frankfurt/Main 1962, S. 238. Fortan zitiert als Hitlers Weisungen für die Kriegführung.

tig formuliert worden war. Jodl begriff, daß er augenblicklich abgeführt worden wäre, wenn er Hitlers Befehle nicht ausgeführt hätte.*

Wieweit Hitler die Befolgung seiner Entscheidungen gelegentlich von eigenen Erfolgen oder Mißerfolgen abhängig machte, exemplifiziert sein Verhältnis zu Alfred Jodl besonders eindrucksvoll. Ihn, dem er seit der Kaukasus-Krise im Sommer 1942 nicht einmal mehr die Hand reichte, zwang er am 18. Oktober 1942, nach dem Fall des „Roten Oktober“ in Stalingrad, den völkerrechtswidrigen Kommando-Befehl auch mit seinem Namen zu decken. Ihm gab Hitler, nachdem Stalingrad verloren war, was er ausdrücklich auf seine eigene Kappe nahm, nicht nur wieder die Hand, sondern zeichnete ihn obendrein auch noch mit dem Goldenen Parteiabzeichen der NSDAP aus.

* Vgl. Jodls Aussage vom 4. 6. 1946, IMT, Bd. XV, S. 348 ff. Walter Warlimont stellt die Entstehung des Kommando-Befehls anders dar. Er behauptet, was von Frau Luise Jodl energisch bestritten wird (persönliche Mitteilungen Luise Jodls von Nov. und Dez. 1976), daß Jodl seinen Stab aufgefordert habe, einen Befehlsentwurf zu erarbeiten. Danach habe sein Stab mit dem Amt Canaris (Völkerrechtsgruppe) und der Rechtsabteilung der Wehrmacht über die Abgrenzung des Befehls im Rahmen des Kriegsrechts verhandelt. Nach „etwa 8–10 Tagen“ seien diese Bemühungen „auf Drängen Jodls“ abgebrochen und ihm auf sein Verlangen die „Vorlage einer Vortragsnotiz“ ausgehändigt worden, die er verworfen habe. Er, Jodl, habe danach selbst „5 neue Entwürfe“ verfaßt und mit „eigener Hand“ niedergeschrieben. Hitler habe diese Entwürfe jedoch nicht akzeptiert und einer seiner Sekretärinnen den endgültigen Befehl selbst diktiert. Vgl. Warlimont, Walter: Im Hauptquartier der deutschen Wehrmacht 1939–1945, Frankfurt/Main und Bonn 1964, S. 278. Fortan zit. als Warlimont, Im Hauptquartier der Wehrmacht. An dieser Stelle genügt der Hinweis, daß Warlimonts Behauptungen durch Dokumente und Zeugenaussagen nicht belegt werden können.

Versagen in der ersten militärischen Bewährungsprobe. Bruch mit der Tradition. Befehlsänderungen aus Unsicherheit.

Dreiunddreißig Monate zuvor, Ende April 1940, hatten deutsche Truppenverbände im Norwegenfeldzug bei Dombaas die Landverbindung zwischen Oslo und Drontheim hergestellt und damit die Entscheidung im „Fall Weserübung" herbeigeführt. „Führer ist außer sich vor Freude", schrieb Jodl am 30. April 1940 in sein Tagebuch und bemerkte: „Ich muß mittags neben ihm sitzen."[66] Auf diese Weise bedankte Hitler sich bei seinem Chef des Wehrmachtsführungsstabes dafür, daß er ihn vor einer empfindlichen Schlappe und Blamage als Führer bewahrt hatte. Während dieses Feldzuges, von eingeweihten Militärs als ausgesprochenes Abenteuer charakterisiert,[67] war Hitler nahe daran gewesen, den im Laufe von zwei Jahrzehnten systematisch stilisierten Führernimbus zunichte zu machen. Unbeachtet auf einem Stuhl sitzend und dumpf brütend vor sich hinstarrend, so sah Jodls Stellvertreter Walter Warlimont ihn während der unsicheren Phase des Feldzuges in einer Ecke neben dem Fernsprecher auf Nachrichten von der Front warten, „die er, um keinen Augenblick zu versäumen, gleich gemeinsam" mit Jodl „am Fernsprecher aufnehmen wollte".[68] Am 17. April, als das Schicksal der deutschen Truppen in Narvik besiegelt zu sein schien und Hitler, unsicher, nervös und ratlos, hatte aufgeben und dem Generalmajor Eduard Dietl den Übertritt nach Schweden freigeben wollen,[69] war Jodl es gewesen, der den Befehl: „Halten so lange wie möglich" durchsetzte und damit schließlich den Sieg möglich machte.*

* Nach einer Version des „Spiegel" vom 7.4.1980 (S. 84ff.: „Herr Hitler hat den Bus ver-

Schon die Vorbereitung des Feldzuges hatte unter Mängeln gelitten, für die Hitler verantwortlich gewesen war. Er hatte, was als ganz unorthodox und außergewöhnlich angesehen werden mußte, den Oberbefehlshaber des Heeres, den Chef des Generalstabes und die Operationsabteilung aus der Bereitstellung und Führung der Heeresverbände ausgeschaltet und den Wehrmachtsführungsstab und eigens eingerichtete Instanzen mit deren eigentlichen Aufgaben betraut. Daß dies sowohl zu Mißstimmungen unter den Militärs als auch zu einem empfindlichen Vertrauensverlust der Militärs ihm gegenüber und zu einer Zersetzung der organisatorischen Grundlagen des Hauptquartiers führen mußte, hätte ein großer Oberster Feldherr, der er zu sein meinte, vorausgesehen. Am 13. Dezember 1939 war von ihm die Anweisung ergangen, die Untersuchungen über die Frage, „wie man sich in den Besitz Norwegens" setzen könne, „mit kleinstem Stab"[70] zu führen, was bald durch die einschränkende Differenzierung ergänzt wurde, daß der „Fall Norwegen nicht aus der Hand"[71] gegeben werden dürfte. Dies bedeutete eine neue Zäsur in Hitlers Führer-Karriere. Er hatte seine Hände nach einem Ressort ausgestreckt, das in dem Ausmaß bis dahin nicht von ihm direkt geführt worden war. Unmißverständlich hatte er den Militärs am 27. Januar 1940 erklärt, daß die Studie Nord „unter seinem persönlichen und unmittelbaren Einfluß und im engsten Zusammenhang mit der Gesamtkriegführung weiter bearbeitet"* werden solle, was

paßt") gab von Loßberg, der Verbindungsoffizier des Heeres (OKH), den Hitler-Befehl, der Dietl freistellte, die schwedische Grenze zu überschreiten, gar nicht erst an die Funkstelle weiter. „... hinter Hitlers und Keitels Rücken", so heißt es dort (S. 91) weiter, habe Jodl Dietl per Funkspruch angewiesen, „Narvik so lange wie möglich zu halten." Und: „Später widerrief sogar Hitler seinen eigenen Befehl, ohne zu ahnen, daß er nie abgeschickt worden war."

* Vgl. „Der Spiegel" vom 7. 4. 1980, S. 86. Damit fiel der Auftrag wieder an den in dieser Hinsicht überforderten Wehrmachtsführungsstab zurück.

Jodls Absicht durchkreuzte, die Aktion von Göring und dessen Luftwaffe führen zu lassen.*

Mit der „Vorbereitung und Führung des Unternehmens gegen Dänemark und Norwegen beauftrage ich" befahl Hitler am 1. März 1940, „den General ... v. Falkenhorst ... Dieser untersteht mir in Führungsfragen unmittelbar. Der Stab ist aus den drei Wehrmachtsteilen zu ergänzen".[72] Die militärischen Ränge außer acht lassend, stützte er sich als Oberster Befehlshaber der Wehrmacht, vermutlich unter dem Einfluß seines Chefadjutanten und des Wehrmachtsführungsstabes, nicht auf das Oberkommando des Heeres, soweit es diesen Wehrmachtsteil anging, sondern eigentümlicherweise auf ein dem Kommandierenden General von Falkenhorst unterstehendes Generalkommando, das dem Oberkommando der Wehrmacht unterstand und die Gesamtführung übertragen bekommen hatte. Stark war seine Führung bei der Vorbereitung des Unternehmens ganz gewiß nicht. So konnte Göring, der gern die entscheidende Rolle in diesem Feldzug gespielt hätte und daher über die Behandlung der Luftwaffe durch Hitler verärgert war, seinen Vertreter nicht nur am 5. Februar 1940, als der von Hitler gewünschte Sonderstab erstmals zusammentrat, sondern auch danach noch ungestraft daran hindern,[73] an den Besprechungen des Sonderstabes teilzunehmen, dem Vertreter aller drei Wehrmachtsteile angehören sollten.

Seiner Persönlichkeitsstruktur und Mentalität folgend, ließ Hitler die Dinge in einer Weise laufen, die die Militärs nicht

* Der Marine, die in dem Feldzug eine größere Last als die Luftwaffe würde tragen müssen, konnte die Gesamtführung der gemischten Operation (Luftwaffe, Heer, Marine) infolge der Zusammensetzung ihres auf Seekriegsaufgaben eingestellten Oberkommandos nicht übertragen werden. Der Chef des Generalstabes des Heeres wurde bei den Vorbereitungen nicht nur nicht gehört und in Anspruch genommen, sondern er erfuhr auch erst in der zweiten Februar-Hälfte von Hitlers Plänen über die Besetzung Dänemarks und Norwegens. Tagebucheintrag Halders vom 20. 2. 1940. Vgl. Warlimont, Im Hauptquartier der Wehrmacht, S. 89.

guthießen. Sein Hauptquartier in Berlin, soweit infolge der räumlichen Trennung zu der Zeit überhaupt schon davon die Rede sein konnte, war zunächst so etwas wie ein Mittelding zwischen Reichskanzlei, Wiener Offizierskasino und militärischem Arbeitsstab, was seiner Neigung entgegenkam, mit wichtigen Führungsaufgaben betraute Personen mit zahlreichen Einfällen, oft weit ausschweifenden und scheinbar einander widersprechenden Gedanken, Fragen und Forderungen konfrontieren und sie von der Richtigkeit seiner Gedanken und Vorstellungen überzeugen zu wollen. Buchstäblich Tür an Tür mit ihm sitzend, sahen sich die Spitzen des Oberkommandos der Wehrmacht, das seinen Sitz in der Reichskanzlei hatte, machtlos solchen Konfrontationen ausgesetzt. Und Hitler, der den Oberbefehlshaber des Heeres durch die von ihm organisierte Befehlsstruktur bereits völlig beiseite geschoben hatte,* gewöhnte nicht nur sie daran.

Wie weit Hitler die militärische Führung bei der Vorbereitung des Norwegenfeldzuges durcheinanderbrachte und in „Erstaunen" versetzte, bezeugt auf drastische Weise auch die Tatsache, daß er die entscheidende Weisung zum „Fall Weserübung" änderte, nachdem er sie bereits unterschrieben hatte. Allen militärischen Führungsprinzipien und jeder militärischen Ordnung widersprechend, gab er nachträglichen Einwänden vor allem des Chefs der Marine** nach und änderte am 4. März die ergangene Weisung vom 1. März in einem wesentlichen Punkt, wie die hier folgende Gegenüberstellung der beiden Texte[74] es beweist:

* Bei der abschließenden Besprechung, die Hitler am 2. 4. 1940 mit den Oberbefehlshabern und General Nikolaus von Falkenhorst über das Unternehmen „Weserübung" führte, war Walther von Brauchitsch, der Oberbefehlshaber des Heeres, nicht mehr zugegen.

** Großadmiral Erich Raeder.

Text vom 1. März 1940:
Die für den „Fall Weserübung" zur Verfügung zu stellenden Kräfte werden gesondert befohlen.
Die Seestreitkräfte der Kriegsmarine und die von der Luftwaffe eingesetzten Kräfte bleiben dem Ob.d.M. bezw. Ob.d.L. unterstellt. Sie sind im engen Einvernehmen mit dem Befehlshaber der Gruppe XXI einzusetzen. Von dieser Regelung sind bei der Luftwaffe 1 Aufkl. Staffel (F) und 2 mot.gl. Flak-Abteilungen ausgenommen, die bis zur erfolgten Besetzung Dänemarks der Gruppe XXI unmittelbar unterstehen.*

Text vom 4. März 1940:
Die für den „Fall Weserübung" zur Verfügung zu stellenden Kräfte werden gesondert befohlen. Über sie darf für andere Kriegsschauplätze nicht verfügt werden.
Die Kräfte der Luftwaffe werden zur Durchführung der „Weserübung" der Gruppe XXI taktisch unterstellt. Sie treten nach Beendigung ihrer Aufgabe unter den Befehl des Ob.d.L. zurück.
Der Einsatz der von Kriegsmarine und Luftwaffe unmittelbar geführten Kräfte hat in engem Einvernehmen mit dem Befehlshaber der Gruppe XXI zu erfolgen.

Am 1. März hatte Hitler von Falkenhorst und am 2. März Göring, Raeder und von Falkenhorst empfangen. Zwei Tage später konnte Keitel die Änderung als „geheime Kommandosache Chefs" weiterleiten. Der Führer und Oberste Befehlshaber der Wehrmacht hatte nachgegeben und seine einmal getroffene Entscheidung korrigiert. Daß seit dem Anstoß, in Norwegen militärisch zu landen, und diesem Tag, an dem die Weisung ihre endgültige Fassung bekommen hatte, fast auf den Tag genau fünf Monate vergangen waren,** erscheint in diesem Zusammenhang ebenfalls erwähnenswert. Es bedurfte des mehrfachen Anstoßes von außen, ehe Hitler begriff, welche Bedeutung beispielsweise die schwedischen Bodenschätze und die skandinavischen Marine- und Luftwaffenstützpunkte

* Befehlshaber der Gruppe XXI war General von Falkenhorst. Ob.d.M. = Oberbefehlshaber der Marine, Ob.d.L. = Oberbefehlshaber der Luftwaffe.

** Den ersten Anstoß, den Hitler allerdings noch nicht zum Anlaß für konkrete Überlegungen nahm, gab Erich Raeder am 10. 10. 1939. Vgl. Raeder, Erich: Mein Leben, Tübingen 1951, S. 199 ff. Im Dezember 1939 sprach er darüber noch einmal am 8. mit Hitler, am 11. mit Vidkum Quisling (vgl. dazu Alfred Rosenbergs politisches Tagebuch: Das politische Tagebuch Alfred Rosenbergs 1933/34 und 1939/40, hrsg. von Hans-Günther Seraphim, Göttingen 1956 [Taschenbuch], S. 110) und am 12. wiederum mit Hitler.

für die deutsche Kriegführung im Hinblick auf eine Auseinandersetzung mit England haben mußten.

Carl von Clausewitz, auf den Hitler sich gern berief, erwartete von einem ausgezeichneten Führer im Kriege ein ideales Zusammenwirken von Gemüt und Verstand. Was immer ihn auch bedränge, so lehrte der einstige militärische Gehilfe Scharnhorsts, Generalstabschef des Generals von Gneisenau und später Direktor der allgemeinen Kriegschule und Inspekteur einer Artillerieinspektion, er dürfe das Gleichgewicht nicht verlieren und sich blinder Leidenschaft nicht unterordnen. Nur der Führer, der an seiner Überzeugung, gleichgültig ob sie das Resultat eigener oder fremder Einsichten sei, unbeirrt festhalte und Sicherheit ausstrahle, habe die Chance, im Kriege als Führer bestehen zu können.[75] Hitlers Verhalten wich während des Norwegenfeldzuges in bestürzender Weise davon ab. Am 9. April 1940, als Teile der 163. und 69. Infanteriedivision und der 3. Gebirgsjägerdivision in norwegischen Häfen landeten, strahlte Hitler und sah sich bereits als Führer des Großgermanischen Reiches. „Der Führer", notierte Rosenberg in seinem politischen Tagebuch, „sagte: ‚So wie aus dem Jahre 1866 das Reich Bismarcks entstand, so wird aus dem heutigen Tag das Großgermanische Reich entstehen.' "[76] Acht Tage später, am 17. April, nachdem britische Einheiten ebenfalls in Norwegen gelandet waren und die norwegische 6. Division so wirkungsvoll unterstützten, daß die Lage der eigenen Truppen in Narvik kritisch war, hatte Hitler allen Schwung und alle Sicherheit verloren. Ratlos, sichtlich deprimiert und gedrückt, bot er nicht nur keinen Halt für seine Umgebung, sondern untergrub auch noch die Festigkeit und das Beharrungsvermögen der ihm unterstellten militärischen Führer. Offensichtlich weit überfordert, wollte er aufgeben. Wäre Jodl nicht gelungen, dies zu verhindern, hätten Dietls

Einheiten Narvik geräumt und die norwegische Grenze nach Schweden überschritten. Und als die von Oslo nach Norden vordringende 196. und die von Drontheim nach Süden vorstoßende 181. Infanteriedivision sich am 30. April bei Dombaas die Hände reichten, war er „selig“, wie Rosenberg berichtet. „Der Führer spricht von der kommenden Autobahn nach Drontheim.“[77] Die Euphorie ging mit ihm durch, die Realität versank im Taumel des Gemüts.

Hitler, dem die geringschätzigen Reaktionen einiger nüchterner Militärs aus seiner Umgebung nicht verborgen blieben, hat aus der für ihn als Führer blamablen Episode jedoch nicht nur rasch gelernt, sondern als militärischer Führer auch an Format gewonnen, soweit es um Standhaftigkeit, Beharrlichkeit und Willensäußerungen ging. Im Winter 1941/42 haben die Militärs es in Rußland erstmals respektvoll anerkennen müssen. 1944, als sich der Durchbruch der Alliierten im Westen abzuzeichnen begann, hätte kaum jemand bestreiten können, was er in einer Lagebesprechung sagte. „Meine Aufgabe ist es“, so stellte er fest, „unter allen Umständen nicht die Nerven zu verlieren, sondern wenn irgendwo ein Zusammenbruch ist, immer Auswege und Hilfsmittel zu finden, um die Geschichte irgendwie zu reparieren.“[78] Unter Überbetonung seines im Laufe der Zeit mit einem pervertierten Sendungsbewußtsein und Eigensinn vermählten „ehernen Willens“,[79] dem er alles und jedes unterordnete, was zuweilen allerdings auf recht krummen Wegen geschah, mischte er sich nicht nur in operative Entscheidungen, sondern selbst auch in taktische Einzelheiten ein, die nicht seines Amtes waren. Er tat dies, „um durch einen unbändigen Willen zu erzwingen“, wie Jodl sich ausdrückte, „was nach seiner Meinung die Generale nicht begreifen wollten“.[80] Sie, die Generale, wurden mit diesem Willen erst konfrontiert, als die Zivilisten unter den Führern sich im zivilen Bereich längst mit ihm arrangiert hatten. Um so betroffener reagierten sie denn auch. Erich von Manstein beispielsweise erblickte in Hitlers Einordnung des Willens schließlich sogar „den entscheidenden Faktor" in seiner militärischen Führung,[81] und Heinz Guderian meinte, daß Hitler, zumal in der Endphase des Krieges, seine „ganze, gewichtige Willenskraft" an den Gedanken setzte, „der ihn vollständig beherrschte: niemals nachgeben . . ."[82]

Der „eiserne" Wille des Führers. Täuschungen und Lügen als Führungsmittel.

Es lohnt sich, diesen Willen einmal näher zu beleuchten und den scheinbar offensichtlichen Widerspruch zwischen dem starken Willen und der Entscheidungsschwäche aufzulösen. Leute aus Hitlers unmittelbarer Umgebung haben nicht selten bezeugt, daß der Wille des Führers ungehobelte, unbeherrschte und kindliche Züge getragen habe und zuweilen bar aller vernünftigen Antriebe gewesen sei. Wo beispielsweise Kompromisse oder neue Entscheidungen nötig gewesen wären, reagierte er gewöhnlich leidenschaftlich und wütend. Wutanfälle verdrängten Frustrationen. Leidenschaftliche, irrationale Impulse trieben Hitler seit seiner Jugend, Ziele zu fixieren, Modelle und Zukunftsvisionen zu entwerfen und ihre Realisierung anzustreben. In der Lage, schier unüberwindliche Hindernisse niederzureißen und Dämme zu sprengen, war er oft nicht Herr seines Willens. „Es" trieb ihn, wie er verschiedentlich selbst sagte, dies oder jenes zu tun oder tun zu lassen. Hitlers undisziplinierter, ungeduldiger und oft wirklichkeitsfremder Wille, an dem vernünftige Einwände, Argumente und

Widersprüche abprallen mußten, was vor allem die Machtverhältnisse unterstützte, trat ungewöhnlich stark in Erscheinung; sein rationaler Wille dagegen war schwach entwickelt, zu schwach für seine Position als Führer mit nahezu unbegrenzten Vollmachten. Wäre es anders gewesen, hätte er nicht immer gezaudert und gezögert, wenn es darum ging, Entscheidungen zu treffen. Zu „Hilfe" kamen ihm nicht selten die Zwangslagen, in die er sich durch seine offensiven propagandistischen Äußerungen gebracht hatte. Unfähig, den Rückzug aus solchen Situationen anzutreten, geriet er gewöhnlich in Lagen, die ihm schließlich Entscheidungen ersparten und ihn zwangen, so zu handeln, wie er es dann schließlich tat. Sein Entschluß war meist, wie Erich Fromm richtig feststellt, „die Unterwerfung unter ein unausweichliches Fait accompli, das er ... selbst herbeigeführt hatte".[83] Kaum eine seiner politischen und militärischen Entscheidungen hatte jemals eine andere Genesis und Geschichte.

Augenscheinlich vollzog sich zwischen April 1940 und Ende 1942 ein krasser Wandel des Kriegsherrn. Was die Militärs an ihrem Obersten Befehlshaber vermißt hatten, trat nun in einer Weise in Erscheinung, die sie irritierte. Die Tagebuchaufzeichnungen des Heeresadjutanten Gerhard Engel bezeugen dies besonders drastisch. So notierte er über eine Besprechung vom 21. November 1942: „Jodl schlägt vor, Wolgafront ... völlig zu entblößen ... Führer sagt nein." Drei Tage danach „protokollierte" er: „Große Diskussion über Funkspruch General Paulus ... Führer lehnt Vorschlag kraß ab, obwohl Zeitzler* ihn befürwortet ... betont immer wieder, daß Stalingrad auf keinen Fall aufgegeben werden dürfe", und so ging es weiter. Niemand konnte Hitler dazu bewegen, das zu befehlen, was er

* 1942–1944 Generalstabschef im Oberkommando des Heeres.

am 17. April 1940 von sich aus und vorschnell hatte tun wollen: ausweichen, zurückgehen oder aufgeben. Selbst der Generalfeldmarschall von Manstein, dessen operative Vorstellungen Hitler besonders schätzte, stieß auf eisige Ablehnung, als er dem Führer am 18. und 19. Dezember 1942 erneut und beschwörend vorschlug, die 6. Armee aus Stalingrad ausbrechen zu lassen. „Führer hat . . . Ausbruch abgelehnt", hieß es am 18. Dezember und „Führer ist unerbittlich" am 19. Dezember 1942.[84]

Bislang wurde jenes „Halten um jeden Preis" primär als Konsequenz der strategischen und taktischen Überlegungen Hitlers gedeutet. Daß dies falsch war, braucht hier nicht noch detailliert belegt zu werden. Die Tatsache, daß die zuerst im ersten Winter an der Ostfront erlassenen Befehle und Weisungen Hitlers zum „Halten um jeden Preis" auch aus dem Nachhinein als beste militärische Konsequenzen in der Lage angesehen werden müssen, verstellte den Blick auf die entscheidende Ursache: die statische Vorwärtsentscheidungen meidende Entscheidungsmentalität des Führers. Und Ausfluß ihres Charakters war auch das starrsinnige Beharren auf der einmal getroffenen Entscheidung, stehenzubleiben, die Fronten zu halten, sich „am Boden festzukrallen" und erst einmal abzuwarten, was während des Nürnberger Prozesses vor allem von den Militärs als besonderer Ausdruck des „ehernen Führerwillens" interpretiert wurde, der sich zuletzt immer und überall durchgesetzt habe.

In den meisten Fällen war es jedoch nicht der sogenannte „eiserne Wille des Führers", der die Militärs, Minister und Funktionsträger der Partei zwang, bis zum bitteren Ende zu funktionieren und mitzumachen, sondern Hitlers Fähigkeit, die Situation stets so überzeugend und zwingend in seinem Sinne darzustellen, daß an seinem eindringlichen Erfindungsreichtum alles abprallte, was anders klang. Zu den wesentlichsten Voraussetzungen, die es Hitler möglich machten, die Dinge im Griff zu behalten, gehörte seine Fähigkeit, bedenkenlos zu lügen und seine Umgebung beispiellos zu täuschen. Selbst seine nächsten Verwandten durchschauten ihn nicht. So war beispielsweise Angela, seine in Dresden mit Martin Hammitsch, dem Direktor der staatlichen Schule für Bauwesen, verheiratete und sechs Jahre ältere Halbschwester, noch kurz vor dem Beginn des Kriegs fest überzeugt, daß Hitler keinen Krieg wolle. Anläßlich eines seiner Besuche in Dresden hatte sie ihn besorgt darauf angesprochen und war von ihm in eindrucksvoller Weise beruhigt worden. Auf dem Sofa sitzend, hatte er eine Hand theatralisch auf das aus seinem Elternhaus stammende Sofakissen gelegt und geradezu beschwörend gesagt: „Was die aus mir machen, das bin ich gar nicht."* Angela, die vor ihrer Eheschließung seinen Haushalt auf dem Berghof geführt hatte, und ihr Mann, der nüchterne und als Menschenkenner geschätzte Techniker, der seinen Schwager besonders gut zu kennen meinte, sahen sich bald ebenso getäuscht wie Millionen anderer, die den Krieg nicht wollten. Selbst Eva Braun, die seit 1932 nahezu täglich mit Hitler sprach und rund zwölf Jahre lang seine Geliebte war, ließ sich noch 24 Stunden vor dem Überfall auf Polen von ihm weismachen, daß er an einen Krieg nicht denke.[85] Auch Heinz Linge, der von 1934 bis zum 30. April 1945 nahezu ständig persönlich mit Hitler zusammen war, erlebte immer erneut, wie vollkommen und überzeugend Hitler jedermann zu täuschen vermochte. „Er konnte", sagte Linge, „jemanden von einer Sache

* Persönliche Mitteilung des einstigen Piloten Franz Miech (11. 4. 1980), mit dem Frau Hammitsch vor dem Kriege gewöhnlich flog oder mit dem Auto unterwegs war. Ihm berichtete sie noch in den letzten Tagen vor dem Krieg, daß ihr Bruder, der Führer, alles tun werde, um einen Krieg zu verhindern.

überzeugen und einem anderen unmittelbar danach das Gegenteil als Wahrheit suggerieren, und beide glaubten am Schluß, daß sie ihn falsch verstanden hätten; denn daß er die Unwahrheit sprach, wollte niemand annehmen."[86]

Bestätigt wurden diese Anlagen und Fähigkeiten nicht zuletzt auch durch die Tatsache, daß Hitler aus dem aus Langeweile bei Eisenbahnfahrten von ihm, Heß, Goebbels, Bormann, Ernst Hanfstaengl und anderen Vertrauten gern gespielten sogenannten „Doktor-Steinschneider-Spiel" nahezu stets als unschlagbar hervorging.[87] Gewonnen hatte, wer eine Geschichte so überzeugend erfinden konnte, daß jeder Anwesende sie so lange als Tatsachenschilderung auffaßte, bis ihr Erfinder sie als Phantasiegebilde auswies. Selbst bei Geschichten, die er bereits in verschiedenen Variationen erzählt hatte, gelang es ihm meistens, seine Zuhörer zu narren. Kritische und mutige Militärs erlagen in hoffnungslosen Situationen noch am Ende des Krieges dem „Zauber" seines überzeugenden Erfindungsreichtums so vollständig, daß manches schier unfaßbar erscheint. Da kamen sie aus den vordersten Linien und wußten aus unmittelbarer Erfahrung, daß nichts mehr im Sinne Hitlers zu retten war. Sie hatten sich präpariert, ihm dies in aller Klarheit auch zu sagen. Und dann verließen sie ihn, vom „Endsieg" wieder fest überzeugt. Und nicht nur den Militärs erging es so. Auch die alten „gestandenen" Funktionäre kapitulierten immer wieder vor Hitlers verhängnisvoller Überzeugungskraft und suggestiven Überredungskunst. So berichtet eine seiner Sekretärinnen von einem „Damaskus" des nicht gerade zimperlichen Danziger Gauleiters Karl Forster, der im März 1945 im Führerhauptquartier erschien und Hitler angesichts der mehr als tausend russischen Panzer, denen in Danzig nur vier deutsche „Tiger"-Panzer mit unzureichenden Benzinvorräten gegenüberstanden, aus seiner irrealen Welt herausreißen und ihm einmal rückhaltlos „die Wahrheit“ sagen wollte. „Er kam durch mein Büro, völlig verzweifelt über die Ereignisse“, berichtete sie und fuhr fort: „Forster war entschlossen, mit seiner Auffassung nicht zurückzuhalten.“ Doch als er nach der Unterredung wieder ins Vorzimmer trat, erschien er so umgewandelt, daß die Sekretärin, die zwölf Jahre lang in Hitlers Diensten gestanden hatte, ihren Ohren nicht trauen wollte. „... groß war meine Überraschung“, schrieb sie. Forster offenbarte im Brustton voller Überzeugung: „Hitler hat mir erklärt, daß er Danzig retten wird, und da gibt's nichts mehr zu zweifeln.“[88]

Nicht der vielzitierte Wille des Führers war es, um das hier noch einmal zu wiederholen, der an ihnen diesen Wandel vollzog, sondern Hitlers Talent und Fähigkeit, sie noch in der „Hölle“ glauben zu machen, daß sie sich im „Paradies“ befänden. Auf der ungefähr gleichen Ebene lag, daß Hitler trotz der sklavisch erscheinenden Bindung an die nationalsozialistische Weltanschauung immer flexibel genug war, Gegenargumente zu entkräften und eigene Positionen selbst durch Argumente zu stützen, die seinen Auffassungen diametral entgegengesetzt waren. Wie er beispielsweise vor 1941 einerseits beschwörend vor der Stärke der Sowjetunion warnte und bei anderen Gelegenheiten behauptete, einen Krieg gegen die Russen infolge ihrer militärischen Schwäche wie ein Sandkastenspiel führen zu können, so konnte niemand sicher sein, von ihm nicht mit Argumenten konfrontiert zu werden, die eigentlich gar nicht in sein Prisma paßten.

So diffus Hitler die Kompetenzen und Abgrenzungen in den ministeriellen Bereichen zu halten pflegte, so eng beschränkte er die Militärs auf ihre jeweiligen Ressorts, in die er ständig als höchste Führungsinstanz eingriff. Eine Erklärung für diese Führungsweise, die leicht als Ausdruck einer Macht-, Führungs- und Entscheidungsgier verstanden werden konnte, was sie nicht war, ist einmal in der Tatsache zu suchen, daß Hitler überzeugt war, sich um die – ihm lästigen – innenpolitischen Belange nicht so intensiv kümmern zu brauchen wie um die Kriegführung, da sie von nationalsozialistischen und in seinem Sinne tätigen Ministern, Reichsstatthaltern, Gauleitern und anderen Funktionsträgern der NSDAP geregelt würden.* Hinzu kam, daß die Kriegführung Hitler mehr als „voll" in Anspruch nahm, zumal er, von Jahr zu Jahr kränker und siecher werdend und zunehmend physische Substanz einbüßend,[89] sich um Anliegen kümmerte, die normalerweise nicht zu den Aufgaben des obersten Feldherrn und Strategen gehörten. Wesentlichste Ursache jedoch war, daß er nur auf die von ihm praktizierte Weise maximal bewältigen konnte, wozu er fähig war. Hätte er den maßgeblichen Militärs übergreifende Entscheidungsvollmachten eingeräumt, wäre er sehr viel häufiger, als es der Fall gewesen ist, mit Situationen konfrontiert worden, die schnelle Entschlüsse gefordert hätten. So hielt er Überraschungen immerhin einigermaßen in Grenzen und brauchte seine meist schwerfällig, langsam und quälend zustande gekommenen Entscheidungen gewöhnlich nur im Rahmen seiner Richtlinien zu modifizieren. Zu dieser Führungsschwäche gesellte sich, daß Hitler total überlastet war und sich, obwohl er dies besser als jeder andere erkannte, zu Änderungen nicht entschließen konnte. Und nicht nur dies: Er duldete, daß eine Reihe von Funktionsträgern und Ministern mit Ämtern, Positionen und Verpflichtungen belastet wurden, die sie zeitweilig kaum mehr als nur dem Namen nach bewältigen konnten. Rudolf Heß, Heinrich Himmler, Joseph Goebbels, Robert Ley, Ernst Bohle, Bernhard Rust, Baldur von

* Vgl. S. 211.

Schirach und eine Reihe von Gauleitern waren als höchste Parteiführer zugleich auch Inhaber höchster Regierungsämter, was nicht zuletzt auch unnötige Konflikte und Rivalitäten auslösen mußte. Göring, der offiziell zweite Mann im Staat, war Reichsmarschall und Oberbefehlshaber der Luftwaffe, Luftfahrtminister, Ministerpräsident von Preußen, Präsident des Reichstages, Forstminister und Beauftragter für den Vierjahresplan, um an dieser Stelle nur seine wichtigsten Ämter zu nennen. Diese oft ineinandergreifenden Ämter- und Aufgabensummierungen hätten selbst einem entscheidungsfreudigen Führer unmöglich gemacht, stets zeitgerecht differenzierte Befehle, Weisungen und Anordnungen zu erteilen. Daß die Staats- und Regierungsgeschäfte dennoch „schlecht und recht" liefen und funktionierten, war der Tatsache zuzuschreiben, daß Hitler in den meisten Fällen sofort erkannte, was getan werden müsse, daß er darüber redete und seinen entscheidungsfreudigen Führungsgehilfen und Funktionsträgern auf die Weise Richtlinien an die Hand gab. Goebbels' Bemerkung vom April 1945: „Der Führer sieht . . . im Prinzip alles richtig; aber er zieht keine Schlüsse",* traf den Kern des Dilemmas.

Wie die schnellen Entscheidungen und tatsächlich rasch formulierten „Führer-Befehle" zweitrangiger Natur zustande kamen, verriet Heinrich Lammers während der Nürnberger Prozesse. Auf Kempners Frage, „wie denn eigentlich" bestimmte „Führer-Befehle entstanden" seien, berichtete der einstige Chef der Reichskanzlei, daß er sie in Abwesenheit Hitlers selbst formuliert und als authentische und verbindliche „Führer-Befehle" weitergegeben habe. Erschienen beispielsweise Rosenberg, Koch oder jemand anders mit dem Wunsch, eine Entscheidung des Führers in bestimmten Fragen herbei-

* Vgl. S. 14ff.

geführt zu sehen, erklärte er ihnen gewöhnlich, daß der Führer im Moment sehr beschäftigt sei und in absehbarer Zeit nicht gestört zu werden wünsche. Er wolle jedoch versuchen, zwischendurch eine Entscheidung herbeizuführen. Dann ging er in Hitlers Arbeitszimmer, hielt sich dort ein paar Minuten auf und formulierte einen „Führer-Befehl". So haben die in seinem Raum wartenden Minister oder Funktionsträger der NSDAP unmittelbar von ihm zu erfahren geglaubt, wie und was der Führer in ihrer Sache „soeben entschieden" oder „befohlen" habe.[90] Auf diese Weise wurden nicht selten in Hitlers Namen Aktionen und Maßnahmen ausgelöst oder fortgesetzt, die der vielfach zunächst ahnungslose Führer zwar deckte, nicht aber selbst befohlen hatte. Das System der Verantwortungsdelegation funktionierte. Die Legende, daß der Führer wenigstens manchmal „blitzschnell", differenziert und unmißverständlich entschiede, blieb gewahrt. Auch diejenigen, die infolge ihrer Tätigkeit immer wieder das Gegenteil erlebten, mußten an sie glauben. Lammers schwieg, bis alles vorbei – und Hitler tot war.

Führen ohne bindende Anordnungen. Diffuse Verantwortungsbereiche aus Prinzip.

Hitler selbst „gab nie bindende Anordnungen über irgendeine Angelegenheit. Sondern man mußte sich aus der Unterhaltung mit ihm und aus seinen gelegentlichen Ausführungen ... Anweisungen ... entnehmen",[91] erinnert sich der 1971 verstorbene ehemalige Generalstabsoffizier Otto Wagner, der 1929 und 1930 Stabschef der SA, 1931 und 1932 Leiter der Wirtschaftspolitischen Abteilung der Reichsleitung der

NSDAP, 1933 Leiter des Wirtschaftspolitischen Amtes der NSDAP und Reichskommissar für die Wirtschaft gewesen war, nachdem er Hitler vorübergehend im „Stabe des Führers" zur „besonderen Verfügung" gestanden hatte. Aufschlußreich ist Wagners Bericht über Hitlers Vorbereitung von Entschlüssen und Anordnungen. „Hitler hatte die Eigenart", heißt es dort, „nichts schriftlich zu entwerfen, niederzulegen oder zu unterschreiben, was nicht wirklich sein eigener letzter Entschluß oder später, was Gesetz war. Sein Schreibtisch war (1932/1933) stets leer. Gelegentlich malte er mit Blei- und Farbstiften, solange ein anderer sprach. Aber nie habe ich ihn schreiben sehen. Er entwarf, indem er sprach. Er durchdachte, indem er redete. Er verfolgte eine ihm gegebene Anregung oder eine aufgetauchte Frage mit Worten, die manchmal Vorträge, Reden wurden. Und trotzdem waren es nur Überlegungen, die er laut anstellte."[92]

Die Folgen, die diese Methoden gelegentlich haben konnten, wenn diejenigen, die Befehle und Weisungen weiterzugeben hatten, nicht mit Hitlers Eigenart vertraut waren, sind leicht vorstellbar. Wagner berichtete: „Dabei redete er (Hitler) aber auf mich ein, daß ich glaubte, er sei wirklich der Ansicht, die er darlegte. Wenn da jemand mit ihm zusammenarbeiten muß, der diese Eigenschaft von ihm nicht kennt, können große Mißverständnisse entstehen. Und wenn einer gar übereifrig ist und sofort handelt, wenn er einer solchen Deduktion beigewohnt hat, dann kann er im Glauben, die Ansicht Hitlers durchzuführen, vielleicht sogar genau das Gegenteil tun."[93]

Heinz Linge, der Hitler nach dem 20. Juli 1944 ständig begleitete, berichtet, in dieser Funktion immer wieder erlebt zu haben, daß Hitler lange und weit ausholende „Vorträge" hielt und jedermann nicht nur zu überzeugen, sondern auch mit vielerlei Argumenten vertraut zu machen versuchte, wenn es effektiver und weniger ermüdend gewesen wäre, präzise und knappe Befehle zu erteilen.[94] Zeit wurde vertan, Kraft vergeudet. Mißverständnisse und Verwirrungen führten zu Halbherzigkeiten und Unsicherheit. Daß Linge dies in den acht Jahren zuvor in der Umgebung des Führers nicht in dem Maße aufgefallen war, lag lediglich daran, daß er während der Zeit kaum Gelegenheit gehabt hatte, Zeuge solcher Situationen zu sein.

Von Otto Wagner vor der „Machtübernahme" auf die Gefahren angesprochen, die Anordnungen, Weisungen und Befehle infolge von Ungenauigkeiten und Vieldeutigkeiten prinzipiell in sich trügen, hatte Hitler verschwommen erklärt: „Sie mögen recht haben. Aber das ist nun einmal so. Ich ertappe mich sogar selbst bisweilen . . . daß nicht ich spreche, sondern daß es aus mir spricht. Dabei kommt es mir dann häufig vor, wie wenn in der menschlichen Logik ein Fehler wäre oder als wenn sie Grenzen hätte, deren sie sich aber nicht bewußt ist. Es kommen mir bisweilen Gedanken, Auffassungen, Anschauungen, die ich nirgends gelesen, nirgends gehört und nie vorher gedacht hatte, die ich auch logisch nicht begründen kann und die mir sogar nicht logisch begründbar erscheinen. Aber sie stellen sich später dann meistens doch als richtig heraus."[95] Daß Hitler solchen Eingebungen auch vor und bei wichtigen politischen und militärischen Entscheidungen sein Ohr lieh, hat er oft selbst bezeugt. Daß er dabei nicht selten die von ihm in den Bereich der biologischen Gedankenwelt eingeordnete „Vorsehung" im Munde führte und sie mit seiner geradezu mystischen Überzeugung verband, als Führer und Feldherr unfehlbar zu sein, paßt ins Bild. Nicht nur 1932 war Hitler der Auffassung, daß die „größten Erfolge in der Weltgeschichte . . . nicht auf menschlicher Logik, sondern auf Eingebungen des Augenblicks"[96] fußten.

Mit konkreten und differenzierten Weisungen konnte

gewöhnlich nur rechnen, wer Positives zu veranlassen hatte. Auch wer Aufgaben lösen mußte, deren Details Hitler irgendwie aus persönlicher Erfahrung kannte, durfte meist sicher sein, genau und unmißverständlich eingewiesen zu werden. So brauchte beispielsweise Reinhard Heydrich nicht über die Maßnahmen zu rätseln, die er als Stellvertretender Reichskommissar für Böhmen und Mähren zu treffen haben würde, als er anstelle Konstantin von Neuraths nach Prag gehen mußte.

Die Tschechen, die Hitler nach seinen Angaben seit seiner Schulzeit und Wiener Zeit bis 1913 „ganz genau“[97] kannte, sollten grundsätzlich anders als die unter Erich Kochs Tyrannei leidenden Ukrainer und Russen behandelt werden. Seine Weisungen an Heydrich, in Prag Politik zu machen, die Tschechen möglichst weitgehend zu befriedigen und sie gegen den Einfluß sowohl der Alliierten als auch der in England sitzenden und von Eduard Beneš zum Kampf gegen das von ihm geführte und repräsentierte Reich aufgerufenen Emigranten gefeit zu machen, waren zweifellos nicht mit den variabel auslegbaren Formulierungen vergleichbar, mit denen Koch und Rosenberg es in der Ukraine zu tun hatten. Selbst die Art und Weise der Beköstigung der Tschechen regelte er mehr als nur generell. „Der einzelne Tscheche ist fleißig“,[98] notierte Rosenbergs Referent Koeppen am 7. Oktober 1941 nach der Mittagstafel als Hitler-Äußerung. „In den Fabriken, die eine gute Arbeitsleistung erzielen und bei denen keine Sabotageakte vorkommen“, hatte Hitler gesagt, „erhalten die Arbeiter erhöhte Lebensmittelzuweisungen. Von der Einrichtung von Werksküchen muß man in der Tschechei Abstand nehmen, da die Arbeiter zu Hause trotz der geringen Zuteilung ein besseres Essen erhalten; denn die Tschechin ist für ihre Kochkünste bekannt.“[99] Heydrichs positive Maßnahmen, die Regelung der

Arbeitszeit, arbeitsfreie Tage, angemessene Verpflegung, Krankenfürsorge und andere soziale Einrichtungen, waren keineswegs, wie oft fälschlich behauptet wird,[100] Eigenmächtigkeiten des selbstbewußten Gestapochefs, sondern Folgen differenzierter Richtlinien, die Hitler ihm auf den Weg nach Prag mitgegeben hatte.

Gewollte Rivalitäten und Improvisationen. Erfolgreiche und „Sympathische" am langen Zügel.

Wie unscharf und unsicher Hitler die Kompetenzen in wesentlichen Verwaltungsbereichen abzugrenzen pflegte, zeigt folgender Fall. Im September 1941, drei Monate, nachdem die deutsche Wehrmacht in die Sowjetunion eingefallen war, gab es heftige Auseinandersetzungen zwischen Wilhelm Keitel, Erich Koch und Alfred Rosenberg. Rosenbergs persönlicher Referent Werner Koeppen, der von September bis November 1941 Hitlers Tischgespräche im Führer-Hauptquartier aufzeichnete, notierte am 23. September: „Oberstleutnant v. Tippelskirch* . . . teilte mir mit, daß es vor einigen Tagen bei der Unterredung von Gauleiter Koch beim Führer in Anwesenheit des Feldmarschalls zu lebhaften und sehr lauten Auseinandersetzungen zwischen Koch und Keitel gekommen wäre, da Koch der Militärverwaltung eine ungerechtfertigte Bevorzugung und falsche Behandlung der Ukrainer vorgeworfen hat, die nicht im Sinne des Führers läge. Die Wehrmacht wiederum beruft sich auf die von dem Reichsministerium für die besetzten Ostgebiete herausgegebenen Richtlinien über die Behand-

* Leiter der Quartiermeister-Gruppe der Abteilung L (Landesverteidigung) im OKW.

lung der Ukrainer, in der der Satz vorkommt, daß die Ukraine als gleichberechtigtes Mitglied in die europäische Völkerfamilie aufgenommen würde. Der Reichskommissar Koch hat vom Führer die Stellung von 20 000 Mann Gendarmerie und Polizeitruppen verlangt, da er wohl annimmt, daß die Ukrainer mit der von ihm beabsichtigten Politik nicht einverstanden sein werden. Die Frage, ob diese 20 000 Mann dem Höheren SS- und Polizeiführer oder dem Reichskommissar direkt unterstehen sollen, ist nach Meinung von Tippelskirch auch noch ungeklärt. Es handelt sich bei diesem Vorstoß um einen direkten Versuch eines Reichskommissars, über oder gegen die Anweisungen des Reichsministeriums zu regieren, denn das OKW ist ja nur ein vorgeschobener Gegner. Es muß nun auf alle Fälle auf das schnellste festgestellt werden, welche Ansicht der Führer in der Frage der Behandlung der Ukraine hat. Es handelt sich hier um eine ganz entscheidende Frage, die das Ansehen des Ministeriums sowohl gegenüber seinen nachgeordneten Dienststellen als auch gegenüber einer fremden Dienststelle (OKW) entscheidend und für die Dauer bestimmen wird. Auch die Dienststellen des OKW's halten einen möglichst baldigen Termin des Reichsministers beim Führer in dieser Frage für unerläßlich ...“[101]

Der würdelose Streit zwischen Koch und Keitel in Anwesenheit Hitlers und die protokollarisch überlieferte Formulierung, es „muß nun auf alle Fälle auf das schnellste festgestellt werden, welche Ansicht der Führer in der Frage hat“, bestätigt nicht nur, daß Hitler Machtbefugnisse und Ressortgrenzen nicht zweifelsfrei zu definieren pflegte, sondern auch, daß er selbst auf der Höhe seiner Macht nicht unmißverständlich regierte und als Führer nicht so führte, wie alle Welt es glauben sollte. Noch im Frühjahr 1943 hatte er diesen Fall, der schon im September 1941 einen belastenden Anachronismus darstellte, nicht entschieden. Alfred Rosenberg, der Reichsminister für die besetzten Ostgebiete, beklagte sich beispielsweise am 31. März 1943 über die immer noch fehlende Entscheidung Hitlers. Er wandte sich in einem 17 Seiten umfassenden Schreiben an den Chef der Reichskanzlei und schilderte ihm, wie hemmend die Probleme und Schwierigkeiten seien, mit denen er sich herumschlagen mußte.

Während die Einsatzstäbe der Wehrmacht sich bereits seit Anfang April 1941 auf ihre Aufgabe in Rußland vorbereitet hatten,[102] war im zivilen Sektor nichts Derartiges geschehen. Werner Koeppen, den Hitler am 20. April zu seinem „Beauftragten für die zentrale Bearbeitung der Fragen des osteuropäischen Raumes“ ernannt hatte, notierte am 19. September 1941 im Führerhauptquartier für seinen abwesenden Minister: „Es löste allgemeines Erstaunen aus, daß von höchster Stelle noch nicht einmal alle Reichskommissare fest bestimmt wären, geschweige denn die Generalkommissare, und daß es wohl sehr schwierig wäre, einen Stab zusammenzustellen, wenn die Personen weder bekannt sind noch zur Verfügung stehen. Die Wehrmacht hat ja von diesen Schwierigkeiten keine Ahnung; dort wird befohlen, und die Sache steht. Es dürfte empfehlenswert sein, der höchsten Stelle einmal einen Bericht über diese Schwierigkeiten und vor allem über den wirklichen Stand der Ausrüstung des zivilen Apparates zu geben, damit hier keine schiefen Vorstellungen entstehen.“[103]

Geradezu unglaublich ist, wie Hitler die Dinge außerhalb des rein militärischen Rahmens laufen ließ. Alfred Rosenberg, der „Reichsminister für die besetzten Ostgebiete“, wußte noch am 21. September 1941 nicht, wo beispielsweise die Ostgrenze des eroberten Bezirks Bialystok verlaufen sollte. Hitler hatte am 18. September 1941 zwar durch einen Ergänzungs-„Erlaß des Führers“ zum Ersten Erlaß vom 17. Juli 1941 über die Einführung der Zivilverwaltung in den neu besetzten Ostgebieten erklärt, daß der „genaue Verlauf . . . vom Reichsminister des Inneren im Einvernehmen mit dem Reichsminister für die besetzten Ostgebiete festgelegt“[104] werde; aber das stand nur auf dem Papier. Hermann Göring und Erich Koch, in Hitlers Erlaß gar nicht erwähnt, meldeten ihre Wünsche an. Da Hitler nicht einmal dem Chef der Reichskanzlei bedeutet hatte, wo er die Grenze wünschte, konnten sich die um Kompetenzen streitenden Parteien voll engagieren, ohne befürchten zu müssen, vom Führer gemaßregelt zu werden.*

Da der „Reichsminister Dr. Lammers sich (vom Führerhauptquartier aus) schon auf dem Wege nach Berlin befand, sprach ich“, protokollierte Rosenbergs Referent am 21. September 1941, „mit Reichskabinettsrat von Sutterheim“, der über Einzelheiten hätte informiert sein müssen. Doch es war nicht so. Was Koeppen erfuhr, nützt ihm wenig und brachte keine Klarheit. Die einzige Originalkarte nämlich, in die die vorgesehenen Grenzen eingetragen worden waren, befand sich nicht in den Händen derjenigen, die sich mit diesen Problemen auseinanderzusetzen hatten, sondern bei Göring. Mit der Bekanntgabe des Führer-Erlasses vom 18. September 1941 und der Versendung der kopierten Originalkarte, die die zuständigen Dienststellen dringend benötigten, mußte gewartet werden, bis Göring sich entschieden hatte. Er jedoch ließ sich Zeit und meldete darüber hinaus eigene Vorstellungen an. „Unklar ist die Grenze . . . in ihrem südlichen Teil, da . . . die vom Reichsmarschall vorgeschlagene Grenze nördlich der bisher gültigen Grenze . . . läuft“, notierte Koeppen. Und unklar blieb ferner, ob der Gebietssteil zwischen den beiden Grenzen nun von Ostpreußen an das Reichskommissariat Ostland

* Karte im Anhang abgebildet.

zurückgegeben, oder aber, ob sich Koch „hier nicht lieber (doch) an die alte vom Reichsministerium Ost gezogene Grenze“[105] halten würde.*

Eine auch nur einigermaßen zeitlich zu rechtfertigende Erledigung scheiterte an dem Kompetenzstreit, den Hitler sorgfältig beobachtete, trotz aller Auswüchse jedoch nicht unterband. „In Anbetracht der außerordentlich scharfen und bestimmten Ausführungen des Führers über die deutsche Siedlung und Germanisierung der besetzten Ostgebiete“, beklagte Koeppen, „erscheint eine genaue Abgrenzung und Festlegung der Kompetenzen des Reichsministers für die besetzten Ostgebiete und des Beauftragten zur Sicherung des deutschen Volkstums durch den Führer und (wie er infolge eigener Erfahrungen über die Entstehung von Führer-Befehlen vorsichtig ergänzte) Reichsminister Dr. Lammers in kürzester Zeit unumgänglich nötig. Sonst erfolgt . . . eine Unterhöhlung des Führerauftrages vom 17. 7. 1941, die das Reichsministerium für die besetzten Ostgebiete zu einer Nebensächlichkeit herabsinken läßt“.[106]

Überall versuchten offiziell verantwortliche Funktionsträger infolge der ungenauen Weisungen die Anordnungen zu ihren Gunsten auszulegen. Jeder kämpfte um Kompetenzen und Positionen. Mißtrauen und Argwohn waren die Folgen. So sorgte der Generalkommissar von Rentelen sich nach einer Unterredung zwischen Erich Koch und Dr. Lammers vom 8. Oktober 1941 um „den Memelbogen und (ein) gewisses ‚Hinterland‘ “,[107] das infolge eventueller Vereinbarungen zwischen Koch und Lammers möglicherweise an „den Gau Ost-

* Ausdrücklich war auf dem für die Grenzdiskussionen angefertigten Kartenentwurf handschriftlich vermerkt worden, daß über die „neue Zuständigkeit“ des schraffiert eingezeichneten Ostgebietes „in der Reichskanzlei keine Klarheit“ herrschte. Nationalarchiv Washington, EAP/105/44.

preußen abgetreten werden“[108] müßte. Einer, Koch, wollte noch 1941 Wolhyniendeutsche und deutschstämmige Bessarabier in Litauen ansiedeln und eine entsprechende Anzahl Litauer dafür aussiedeln; nur wußte er nicht, wohin er sie verpflanzen sollte. Lehrer höherer Schulen aus Posen gingen von sich aus nach Reval, um dort auf eigene Faust Schulen zu eröffnen. Als Hitlers Heeresadjutant Engel davon erfuhr, informierte er Rosenberg in der Absicht, die von Hitler unter gar keinen Umständen gewünschte „Rücksiedelung der Balten“ nicht nur zu unterbinden, sondern dies auch dem Führer zu melden, bevor er es von anderer Seite erfahre.[109]

Klar war allen unmittelbar Beteiligten lediglich, daß Hitler nicht daran dachte, die baltischen Staaten wiederherzustellen und der Ukraine Autonomie zu gewähren. Einheimische Beteiligung an der Verwaltung eroberter Gebiete duldete Hitler nicht. Nicht einmal seinen eigenen Landsleuten hatte er in Österreich Führungspositionen vorbehalten. Er hatte den pfälzischen Gauleiter Josef Bürckel nach Österreich geschickt, den Münchener Hans Frank nach Polen, den Essener Josef Terboven nach Norwegen und den Österreicher Arthur Seyß-Inquart nach Holland. Der ostpreußische Gauleiter Erich Koch mußte als Reichskommissar in die Ukraine gehen, und Hinrich Lohse, der Gauleiter und Oberpräsident von Schleswig-Holstein, hatte als Reichskommissar für das Ostland zu fungieren.

Überall mußten Kontakte abgebrochen, eingefahrene Schienen verlassen und Routinetätigkeiten unerfahrenen oder nicht eingeweihten Nachfolgern überlassen werden. Nirgendwo konnten sich „Kronprinzen“ auf ihre künftigen Ämter und Tätigkeiten vorbereiten. Niemand wußte, hinter welchem Schreibtisch er dereinst sitzen mußte, und niemand war in der Lage, sich auf seine spätere Tätigkeit vorzubereiten oder gar

„konspirative“ Pläne für den Tag zu schmieden, an dem er „berufen“ würde.

Sebastian Haffners Feststellung, daß Hitler den Staat von Anfang an „durch ein Chaos“ ersetzt habe, nur weil er „richtig“ erkannt hätte, daß „absolute Herrschaft nicht in einem intakten Staatswesen möglich“[110] sei, geht von völlig falschen Voraussetzungen aus. Hitler hat keineswegs das Chaos geplant, um unangefochten eine totale Herrschaft errichten und sichern zu können. Der NS-Staat war vielmehr das Ergebnis der Führungs- und Regierungsweise Hitlers, der auch als Politiker und Staatsmann blieb, was er einst gewesen war: ein improvisierender Künstler und Bohemien, der sich zögernd festlegte, drängen – und zu Entscheidungen meist erst zwingen ließ.

Am 8. November 1941 sagte er im Münchener Löwenbräukeller: „Ich habe überhaupt keine Experten. Bei mir genügt immer mein Kopf ganz allein. Ich habe keinen Gehirntrust zu meiner Unterstützung notwendig. Wenn also wirklich eine Veränderung irgendwo stattfinden soll, dann entsteht das zunächst in meinem Gehirn und nicht im Gehirn anderer, auch nicht in dem von Experten.“[111] So wenig dies stimmte, so sehr traf doch zu, daß die Ratschläge und Ideen der miteinander konkurrierenden und auf Hitlers Gunst angewiesenen Experten sein außergewöhnlich phantasiebegabtes Gehirn passieren mußten und – meist nach langwierigen Modifizierungsphasen – erst auf Umwegen realisiert werden konnten. Immer wieder sahen sich die normalerweise auf disziplinierte Tätigkcit angcwiesenen „Experten“ in der Position von Bittstellern und nicht selten auch von angeblichen Phantasten ohne Wirklichkeitssinn. Der Charakterstruktur und Mentalität Hitlers, den nicht nur Widerspruch, sondern selbst öffentliche Zustimmung irritierte und ihm das Gefühl suggerierte, Opposition vor sich zu haben,* standen gewöhnlich raschen, übersichtlichen und konsequenten Neuerungen im Wege. Daß dies selbst auch Festlegungen neuer Grenzen betraf, ließ sich bald nach seiner Machtübernahme aus den gescheiterten Reichsreformplänen herauslesen. Eine konsequente Identifizierung mit konkreten neuen Grenzen war Hitler meist immer erst nach langen Eingewöhnungs- und Erfahrungsphasen möglich. Er, der seit Sommer 1920 einem Raubkrieg gegen Rußland das Wort redete und die „Notwendigkeit" dieses Krieges zu einem der wesentlichsten Aspekte seiner Weltanschauung machte, war 1941 nach der ersten großen Okkupation nicht in der Lage, sich in angemessener Zeit festzulegen und klare Weisungen für die notwendigen Grenzziehungen zu erteilen.

In der Zwangslage werben um den „Erbfeind" Frankreich.

Auch der Sieg über Frankreich war für Hitler zu schnell gekommen. Auch da hatte sein Entscheidungstempo im politischen Bereich nicht mit den militärischen Ereignissen Schritt halten können. Es hinkte der Realität und den situationsbedingten Möglichkeiten zu ihrer positiven Umgestaltung so kraß hinterher, daß Sebastian Haffner behaupten konnte:

* Als er am 27. 1. 1944 in der „Wolfsschanze" den Generalfeldmarschällen und Generalen erklärte, er hoffe, falls es „jemals eine letzte Stunde" geben solle, seine Feldmarschälle „mit gezogenem Degen" bei sich zu sehen, pflichtete Erich von Manstein ihm mit der spontanen Wendung „Das wird auch der Fall sein, mein Führer" zu. Er reagierte zwar mit der Bemerkung: „Ich danke Ihnen, Feldmarschall von Manstein" (persönliche Auskunft von Heinz Linge vom 7. 1. 1979), aber er tat dies betont unwillig, und Manstein mußte sich später in Keitels Gegenwart scharf rügen lassen. Hitler verbat sich derartige „Bekundungen" und bezeichnete Mansteins Zustimmung als unzulässige „Unterbrechung". Vgl. Manstein, Erich von: Verlorene Siege, Bonn 1955, S. 579f.

„Frankreich ... zeigte sich mehr als friedensbereit, einige seiner jetzt regierenden Politiker waren sogar bündnisbereit. Was sie ausdrücklich anboten, tauften sie ‚Zusammenarbeit' – ‚Collaboration' ... Wenn Hitler nur gewollt hätte, hätte er im Sommer 1940 einen Frieden mit Frankreich jederzeit haben können, und wenn dieser Frieden einigermaßen generös ausgefallen wäre, hätte er ohne Zweifel alle die kleinen westeuropäischen Länder, die Hitler mit Krieg überzogen hatte, ebenfalls friedenshungrig gemacht. Ein Friedensschluß mit Frankreich und danach ein möglichst gemeinsam mit Frankreich einberufener europäischer Friedenskongreß, aus dem eine Art europäischer Staatenbund, mindestens eine Verteidigungs- und Wirtschaftsgemeinschaft hätte hervorgehen können: das alles lag im Sommer 1940 für einen deutschen Staatsmann in Hitlers Position in Reichweite. Es wäre ... auch das aussichtsreichste Mittel gewesen, England psychologisch zu entwaffnen und den Krieg mit England zum Absterben zu bringen ... Das Bemerkenswerte ist, daß diese Möglichkeiten in Hitlers Gedankengängen und Planungsentwürfen in den zwölf Monaten von Juni 1940 bis Juni 1941 ... nicht die geringste Rolle gespielt haben. Er zog sie nicht einmal in Erwägung, um sie dann zu verwerfen, sondern der Gedanke einer solchen Politik kam ihm überhaupt nicht."[112]

So verblüffend und überzeugend sich dies auch anhört, so unzutreffend ist es; denn Hitler gab sich nachweislich die größte Mühe, die Franzosen für seine Politik zu gewinnen. So empfing er, um hier nur einige der wesentlichen Stationen seiner diesbezüglichen Bemühungen zu erwähnen, am 22. Oktober 1940 den französischen Vizepräsidenten Pierre Laval, am 24. Oktober 1940 den Marschall und Chef des „État Français", Henri Philippe Pétain, und am 25. Dezember 1940 François Darlan, den Nachfolger Lavals. Wie die Protokolle über die Unterredungen bezeugen, ging es Hitler dabei stets um einen Frieden zwischen dem Reich und Frankreich. Laval erklärte er beispielsweise, daß „Deutschlands Zielsetzung auf dem Gebiet der materiellen Entschädigung . . . durch militärische und rein materielle Faktoren bedingt“[113] sei und daß Frankreich als das[114] „zuerst besiegte Land“ zunächst für die Kosten haftbar gemacht werden müßte. Deutschland suche, wie er betonte, „nicht einen Frieden aus Übermut oder Rachsucht, sondern handele unter dem harten Zwang der Notwendigkeit“.[115] Solange der Krieg nicht beendet wäre, sei „eine positive Gestaltung des deutsch-französischen Verhältnisses auf die eine oder andere Weise . . . nicht endgültig“[116] möglich, sagte er und wies noch einmal auf „die Kosten“ hin, die schließlich beglichen werden müßten. Niemand könne unter den gegebenen Umständen von ihm erwarten, setzte er Laval auseinander, daß er weiterkämpfe und „anderswo einen billigen Kompromiß“ schließe, „nur um Frankreich zu schonen“.[117] Er werde energisch weiterkämpfen und England in die Knie zwingen, wobei Frankreich allerdings so etwas wie eine partnerschaftliche Rolle spielen solle. Der „beste Friede zwischen Deutschland und Frankreich“, so versuchte er Laval einzureden, sei „zwangsläufig“ nur „auf Kosten Englands“ möglich. Daß Frankreich in dem Rahmen „bestimmte Interessen des Reiches in Europa und Afrika berücksichtigen“ müßte, sei selbstverständlich. Dauerte der Krieg jedoch länger und „würde Deutschland einen Kompromiß in anderer Richtung finden“, womit ein von Hitler immer noch erhoffter „Ausgleich“ mit England gemeint war, müßte „sich das Reich zwangsläufig auch auf anderem Wege schadlos halten“.* Hit-

* Hillgruber, Staatsmänner, S. 263. Hitler hob kurz danach (ebenda, S. 264) noch einmal hervor, daß das künftige deutsch-französische Verhältnis durch die derzeitige Politik Frankreichs bestimmt werde, was besonders für den Fall eines Ausgleichs mit England

ler riet Laval, sich bei der „allgemeinen Mobilisierung gegen England“ für eine „positive Haltung“[118] zu entschließen und so das künftige deutsch-französische Verhältnis maßgeblich mitzubestimmen.

Weder Laval noch Pétain waren bereit, Hitler sichtlich entgegenzukommen. Diplomatisch erklärte Pétain am 24. Oktober 1940 in Montoire-sur-le-Loir, wo Hitler ihn in seinem Führerzug empfing, daß es ihm nicht möglich sei, „bereits jetzt die genauen Grenzen der französischen Zusammenarbeit mit Deutschland festzulegen“.[119] Er könne sich, so betonte er hinhaltend, „lediglich für den Grundsatz einer solchen Zusammenarbeit aussprechen“.[120] Ohne Beratung mit seiner Regierung sei er nicht in der Lage, konkrete Bindungen einzugehen. Laval, der bei dem Gespräch zugegen war und dem Marschall assistierte, wies darauf hin, daß „man bei weiterem Vorgehen den Zustand der öffentlichen Meinung in Frankreich berücksichtigen[121] müsse und daß nur „mit Maß und Vorsicht“[122] vorgegangen werden könne. Die englischen Angriffe auf Dakar und Oran und die Versenkung eines Teiles der französischen Flotte in den Häfen von Mers-el-Kebir und Dakar, von Hitler als britische Aktionen gegen Frankreich interpretiert, standen im Hintergrund und ließen die Franzosen zusätzlich zurückhaltend sein.

Sicher, Hitler suchte ein Arrangement mit Frankreich erst, nachdem die Engländer sein Angebot zu einem „Ausgleich“ zurückgewiesen und wiederholt bekundet hatten, daß sie weiterhin kämpfen würden, doch dies beweist Haffners Behauptung nicht. Was sie beweist, ist die Tatsache, daß Hitler auch als siegreicher und ungewöhnlich erfolgreicher Stratege und

gelte. Engagiere Frankreich sich jetzt nicht eindeutig, könne es später auch nicht auf besondere Zugeständnisse hoffen. Abschließend betonte Hitler (ebenda, S. 265), daß der französische Rassenstolz „nur dann geschont werden könnte, wenn der Frieden auf Kosten Englands geschlossen würde“.

Feldherr zaudernd, schleppend und zögernd Entscheidungen traf. So hatte Churchill vorsorglich bereits am 1. Oktober 1939 gedroht: „Hitler konnte bestimmen, wann der Krieg beginnen sollte; aber es wird nicht ihm oder seinen Nachfolgern vorbehalten sein, zu bestimmen, wann er enden wird."[123] Und Chamberlain, mit dem Hitler ein Jahr zuvor noch zusammengetroffen war, hatte zwei Tage nach Churchill im Unterhaus festgestellt: „Schon jetzt . . . kann ich erklären, daß Frankreich und England durch keine Drohung je dazu gebracht werden, auf das Ziel zu verzichten, für das sie in diesem Kampf eingetreten sind. Wir sind nicht bereit, von der gegenwärtigen deutschen Regierung auch nur die kleinste Zusicherung entgegenzunehmen . . . Wenn . . . Vorschläge erfolgen, so werden wir sie allerdings prüfen, aber nach Maßgabe des eben Gesagten beurteilen."[124]

Neun Monate später, drei Tage vor der Unterzeichnung der Waffenstillstandsbedingungen im Wald von Compiègne, sagte Winston Churchill im Unterhaus: „Hitler weiß sehr wohl, daß er uns auf dieser Insel niederwerfen muß oder den Krieg verlieren wird . . . Rüsten wir uns daher zur Erfüllung unserer Pflicht."[125] Und als Hitler „als Sieger" am 19. Juli 1940 „noch einmal einen Appell an die Vernunft auch in England"[126] richtete und durch offene Drohungen Stimmung für seinen Vorschlag eines Ausgleichs zu machen versuchte, erhielt er vom englischen Außenminister postwendend eine offizielle Abfuhr. „Wir werden", sagte Lord Halifax am 22. Juli, „den Kampf durchführen, auch wenn er uns alles kosten mag."[127] Am 4. September reagierte Hitler, nach wie vor zögernd, mit der halbherzigen Drohung: „Ich habe dem englischen Volk so oft die Hand zur Verständigung gereicht . . . Ich ziehe jetzt vor zu kämpfen, bis endlich eine ganz klare Entscheidung herbeigeführt ist."[128] Wie sehr er immer noch auf die Erfüllung seines nach Lage der Dinge irrealen Wunsches hoffte, und wie sehr er noch um die Entscheidung rang, verriet seine Bemerkung, daß das Reich auf fünf Jahre Krieg vorbereitet sei und England „so oder so" niederbrechen[129] würde.

Seit Oktober 1939 war Hitler von offizieller englischer Seite immer wieder unmißverständlich erklärt worden, daß seine „Friedensangebote" zwecklos seien. Rund ein Jahr brauchte er, um sich damit abzufinden und sich für den Angriffskrieg gegen England zu entscheiden. Nachdem er endlich begriffen hatte, daß die Realität seinen Wunschvorstellungen widersprach, bemühte er sich, Frankreich ein Partnerschaftsangebot zu unterbreiten und es für ein Engagement im Rahmen eines von ihm geführten Kontinentalblocks gegen England zu gewinnen. Sein ursprünglicher und im Grundkonzept bereits zwanzig Jahre alter Plan, eine Übereinkunft mit England über Einfluß und Interessensphären zu erzielen, war gescheitert. Für die vom Konzept abweichende Entscheidung, Frankreich eine Position gegen England zuzuordnen, brauchte er angesichts der außenpolitischen Lage und der Situation im Rahmen seines Krieges viel zuviel Zeit. Er wehrte sich gegen alle Vernunft und hing unbeirrt seinen alten Wunschträumen nach, in denen er das von ihm geführte Reich neben England fechten und sich selbst die Welt aufteilen sah. Ob allerdings eine rasche Entscheidung für Frankreich als Partner gegen England zu einem anderen Ergebnis hinsichtlich des Krieges gegen England geführt hätte, ist eine Frage, die der Historiker nicht verbindlich zu beantworten vermag. Fest steht lediglich: Hitler wehrte sich gegen die Realität; er entschied sehr, sehr langsam und gab seine einmal gefaßte Absicht, in England zu landen, unsicher zögernd auf, obwohl Göring ihm gegenüber noch am 15. September 1940, zwei Tage vor seinem Entschluß, das

Unternehmen „Seelöwe" bis „auf weiteres" zu verschieben, die Auffassung verfochten hatte, daß die deutsche Luftwaffe „England in der Luft niederzwingen"[130] könnte.

Frankreich spielte Hitlers Karte nicht; aber Hitler hatte sich nach langen inneren Kämpfen zu einer Entscheidung durchgerungen, an der er nun eigensinnig festhielt. Und so befahl er am 12. November 1940 als Geheime Kommandosache: „Das Ziel meiner Politik gegenüber Frankreich ist, mit diesem Land in einer für die zukünftige Kriegführung gegen England möglichst wirkungsvollen Weise zusammenzuarbeiten. Frankreich wird dabei vorläufig die Rolle einer ‚nicht kriegführenden Macht' zufallen ... Vordringliche Aufgabe der Franzosen ist die defensive und offensive Sicherung ihrer afrikanischen Besitzungen (West- und Äquatorial-Afrika) gegen England und die de-Gaulle-Bewegung. Aus dieser Aufgabe kann sich die Teilnahme Frankreichs am Krieg gegen England in vollem Maße entwickeln."[131]

Doch nachdem Pétain am 13. Dezember 1940 seinen – zur Zusammenarbeit mit dem Reich bereiten – Stellvertreter Laval entlassen und vorübergehend sogar hatte verhaften lassen, verließ Hitler wieder die Straße der Diplomatie und kehrte zur Position des Siegers über Frankreich zurück. Schon drei Tage zuvor, am 10. Dezember, hatte er durch seine „Weisung Nr. 19" („Unternehmen Attila") Vorsorge für den Fall getroffen, daß sich „in den jetzt von General Weygand beherrschten Teilen des französischen Kolonialreiches eine Abfallbewegung abzeichnen sollte".[132] Die schnelle Besetzung des noch unbesetzten französischen Mutterlandes und die Sicherstellung der französischen Flotte und Luftwaffe mußten vorbereitet werden.[133] Daß es seit der zweiten Maihälfte 1941 wieder zu gemeinsamen militärischen Besprechungen kam, war nicht Hitlers Verdienst, sondern eine Folge der Bemühungen des

Laval-Nachfolgers Darlan und des deutschen Botschafters Otto Abetz.[134]

Der Frankreich-Feldzug war so schnell entschieden worden, daß Hitler infolge seiner schleppenden Entscheidungsweise weder die allgemeinpolitischen noch die wirtschaftspolitischen Konsequenzen dieses Sieges rechtzeitig in Weisungen zu kleiden vermocht hatte. Ja, er hatte sie offenbar nicht einmal hinreichend durchdacht. Noch am 22. Juli 1940, einen Monat nach dem Waffenstillstandsbeschluß, mußte der Reichswirtschaftsminister Walter Funk vor den Chefs der einzelnen Ressorts in einer Sitzung, in der er seine Vorstellungen über den europäischen „Großwirtschaftsraum" entwickelte, hilflos eingestehen, daß „die Ziele und Entscheidungen des Führers noch nicht bekannt"[135] seien. So kam es schließlich dazu, daß Ribbentrop als Reichsaußenminister und Göring als Beauftragter für den Vierjahresplan als Konkurrenten des Reichswirtschaftsministers auftraten und jeder auf seine Weise die Probleme zu lösen versuchte. Die Entwürfe des Auswärtigen Amtes ignorierend, beauftragte Göring den Reichswirtschaftsminister am 22. Juni 1940, in Zusammenarbeit mit sämtlichen Staats- und Parteidienststellen, den „Einbau der in das Reich eingegliederten und . . . besetzten Gebiete in die Großdeutsche Wirtschaft", die wirtschaftliche Auseinandersetzung mit den Feindstaaten und den „Neuaufbau der von Deutschland geführten kontinentalen Wirtschaft"[136] in die Hand zu nehmen. Deutsche Wirtschaftsgruppen und Konzerne, über die „Reichsgruppe Industrie" angesprochen, engagierten sich ebenfalls und lieferten Pläne zur Bewältigung der bis dahin vor allem durch Hitlers Regierungs- und Führungsstil entstandenen Probleme.

Hitler, der nach dem Sieg über Frankreich künstlerischen Träumen nachhing und seinen Architekten Hermann Giesler am 24. Juni im Pariser Invalidendom beauftragte, ihm dereinst eine Grabstätte zu errichten,[137] ließ alle gewähren und beobachtete gelassen den Prestigestreit zwischen Göring und Ribbentrop,[138] der Ende Juli formal als Sieger aus dem Kompetenzengerangele hervorging. Am 25. Juli unterrichtete er Walter Funk, daß er den Ministerialdirigenten Carl Clodius beauftragt habe, mit der Bearbeitung „der den Aufbau eines europäischen Großwirtschaftsraumes unter deutscher Führung betreffenden Fragen“[139] zu beginnen.

Adjutanten als bequemste Führungsgehilfen.

Wie Hitler seinem im Hauptmannsrang stehenden Adjutanten Fritz Wiedemann empfahl, dem Reichsminister Darré von sich aus vorzuhalten, daß er dem Staatschef falsche Informationen gegeben habe, so ließ er seine Befehle und Weisungen selbst an die ranghöchsten Militärs nicht selten von seinen Adjutanten übermitteln. Der SS-General Karl Wolff hatte manchmal den Eindruck, daß Hitler den Führungsstil seiner Regimentskommandeure aus der Zeit des Ersten Weltkrieges kopierte und auf alle Ebenen übertrug.[140] Was er beispielsweise einem General selbst hätte sagen müssen, ließ er – wie ein Regimentskommandeur im Felde durch Melder – durch Leutnante, Oberleutnante oder Hauptleute übermitteln. So wurde Hitlers „Kammerdiener“, der SS-Obersturmführer[141] Heinz Linge, denn auch nicht zufällig selbst vom Generalfeldmarschall Keitel wie eine „Instanz“ behandelt, die nicht schadlos ignoriert werden könnte. Wollte Hitler jemandem einen Befehl geben, informierte er oft Linge, der als einziger eine direkte Alarmverbindung zu ihm hatte. Linge oblag es, die Befehlsempfänger herbeizuholen oder aber die Befehle oder Weisungen des Führers mit dem Auftrag an Adjutanten weiterzugeben, sie den von Hitler bestimmten Empfängern zu übermitteln.[142]

Abgesehen davon, daß die Methode der Befehlsübermittlung überflüssige Fehlerquellen in sich barg, nahm sie den Weisungs- und Befehlsempfängern auch die Möglichkeit, bestimmte Maßnahmen mit Hitler vor ihrer Realisierung zu diskutieren. Dies kam jedoch nicht nur den Vorstellungen Hitlers entgegen, sondern entsprach ihnen auch in vollem Umfange. „Aug' in Aug' gegenüber“, sagte Heinz Linge, „konnte man beim Führer doch manches erreichen, was anders unmöglich war.“[143] Dies bekräftigte im Nürnberger Prozeß auch Konstantin von Neurath mit der Feststellung: „... wenn man ihm allein gegenüberstand (war er) ... jedenfalls in den ersten Jahren, vernünftigen Argumenten gegenüber durchaus zugänglich, und es ließ sich vieles im Sinne einer Mäßigung, einer Abschwächung radikaler Maßnahmen erreichen.“[144]

Daß es sich bei solchen Erfolgen gegenüber Hitler keineswegs um Nebensächlichkeiten handeln mußte, bestätigte Karl Dönitz überzeugend. Die Kriegsmarine hatte unter Erich Raeder als Oberbefehlshaber der Kriegsmarine „nicht rechtzeitig und nicht ausreichend die Mittel erhalten, die sie bei der Bedeutung ihrer Kampfaufgabe für den Kriegsablauf hätte erhalten müssen“, schrieb Dönitz, der sich zielstrebig bemühte, dies zu ändern. Infolge seiner Erfahrungen überzeugt, daß Denkschriften und Demarchen des Admirals, den die Kriegsmarine ins Führerhauptquartier abkommandiert hatte, auf Hitler nicht den Eindruck machten, der nach seiner Auffassung nötig war, suchte er als Oberbefehlshaber der Marine den unmittelbaren Kontakt zu Hitler. „Es war erfahrungsgemäß ... nicht ausreichend, nur für die Dauer eines kurzen Vortrages bei Hitler zu erscheinen, sondern es war notwendig, so lange zu bleiben, bis sich die etwaige Wirkung eines Vortrages genügend gefestigt hatte", berichtete er und fuhr fort: „Man mußte auf dem Sprung bleiben, um die späteren Gegenstöße anderer zu parieren, und man mußte, wenn notwendig, seine Auffassung manchmal wiederholt eindringlich zur Geltung bringen. Es erwies sich als zweckmäßig, seine Forderungen in freier, anschaulicher Darstellung vorzutragen, damit sie die lebhafte Phantasie und Vorstellungskraft Hitlers anregten und ihm nicht nur die Haut ritzten ... Ohne Vertrauen bestand überhaupt keine Möglichkeit, ausreichenden Einfluß zu gewinnen. Daß er mich kennenlernte, war nur zu erreichen, wenn ich öfter und bisweilen für einige Tage das Hauptquartier aufsuchte."

Am 8. Februar 1943 hatte Dönitz, seit einer Woche Oberbefehlshaber der Kriegsmarine, Hitler den von Erich Raeder vorbereiteten Plan für die von Hitler angeordnete Ausrangierung der großen Schiffe vorgelegt. Hitler war überzeugt, Material und Personal einsparen zu können, wenn die großen Schiffe „aus dem Verkehr" gezogen würden. Dönitz teilte diese Auffassung nicht.

„Am 26. Februar 1943 hielt ich Hitler", überlieferte er, „entsprechenden Vortrag. Ich erklärte ihm mit ... anschaulicher Begründung, daß ich seinen Befehl nicht billigen könne, und bat um seine Aufhebung. Er war peinlich überrascht ... (und) sehr ungehalten, aber er stimmte meiner Bitte schließlich grollend zu ... In der folgenden Zeit hatte ich Zweifel, ob meine Tage als Oberbefehlshaber ... nicht bereits gezählt seien. Ich merkte aber bald, daß die Wirkung meines Widerstandes auf Hitler eine ganz andere war. Er behandelte mich künftig mit auffallender Höflichkeit ... Nie redete er mich anders als betont korrekt mit meinem Dienstgrad an. In meiner Gegenwart hat er weder jemals die Form verletzt noch die Haltung verloren."[145]

Dönitz, der seinem Grundsatz treu bleiben und Hitler stets offen seine Auffassung mitteilen konnte, wurde von Hitler nicht einmal gerügt, als im Mai 1943 der deutsche U-Boot-Krieg zusammenbrach. Hitler akzeptierte sogar, daß Dönitz ihm einmal vor rund zwanzig Personen widersprach,[146] und er ließ zu, daß er Göring vor versammelter Mannschaft energisch ins Wort fiel, als dieser sich in Marinefragen einzumischen versuchte.[147] Hitler wehrte sich nicht, auch wenn er gelegentlich – gegen seine Absicht – zurückstecken mußte. So erschien die Weitergabe von Befehlen und Weisungen über Adjutanten ihm schließlich nicht nur als die bequemste Lösung, solange er auf die persönliche Begegnung mit den jeweiligen Befehlsempfängern verzichten konnte. Daß er die militärischen Ressortchefs gewöhnlich nur einzeln empfing,[148] mit ihnen grundsätzlich nur über Fragen ihrer Ressorts[149] sprach und Befehle und Weisungen nur äußerst ungern vor größerem Kreis erteilte, hing mit der – eine empfindliche Führungsschwäche offenbarenden – Tatsache zusammen, daß er dann unsicher war und, wie Konstantin von Neurath sich während des Nürnberger Prozesses ausdrückte, „den Komplex hatte", vor einer Opposition zu stehen.[150] In der Rolle des verkündenden Redners dagegen störte Opposition ihn nicht.

Wie Hitler von den einzelnen militärischen Ressortchefs, wenn er ihnen schon nicht ausweichen konnte, grundsätzlich keinerlei Ratschläge wünschte, die andere Wehrmachtsteile betrafen, so erwartete er ebenso konsequent auch von den besonders während des Krieges weitgehend auf sich selbst gestellten Reichsministern, daß sie sich ausschließlich auf Belange ihrer Ministerien beschränkten,[151] so daß sie nicht eigentlich „Reichs"-Minister, sondern lediglich „Fach"-Minister waren. Zu ihren Problemen durfte – nach Hitlers Auffassung – prinzipiell nicht gehören, sich auch mit Fragen zu beschäftigen, die ihre Ministerien nicht unmittelbar betrafen.

So zaudernd und schleppend Hitler seine Befehle und Weisungen in vielen Fällen auch „reifen“ und endgültige Formen annehmen ließ, so hartnäckig, rücksichtslos und konsequent entschlossen war er, wenn sie erst einmal auf den Tischen derjenigen lagen, die sie weiterzugeben, durchzusetzen und auszuführen hatten. Ihnen wollte er – auch bei Weisungen – nicht das Recht zugestehen, eigene straf-, völker- und kriegsvölkerrechtliche Überlegungen anzustellen und eventuell notwendige Änderungen – oder wenigstens sachlich bedingte Differenzierungen – vorzunehmen. Modifizierungen duldete er bestenfalls, wenn sie seinen Intensionen und Erwartungen entgegenkamen und besonders erfolgversprechend waren.

„Spontane Volksaktion“ als Führungshilfe: Die „Kristallnacht“.

Ein Einfluß auf Hitlers Entscheidungen war normalerweise bestenfalls bis zu dem Zeitpunkt möglich, in dem er sich der von ihm oft gebrauchten Formel bediente, „. . . habe ich mich nunmehr entschlossen“. Bis dahin pflegte er Argumente abzuwägen, ungenau zu bleiben, vielschichtig zu argumentieren, zu zögern und den Entschluß vor sich herzuschieben. Wer seine Äußerungen zu definieren verstand, konnte in bestimmten Fällen jedoch schon während der Entstehung des Befehls oder der Weisung herauslesen, welche Erwartungen er hegte, wo ein Ausbrechen, Vorprellen oder Boykottieren eventuell möglich oder gar ratsam erschien. Wer dann noch wußte, wo jeweils die

Grenzen der vollendeten Tatsachen lagen, die Hitler gewöhnlich nicht überschritt, weil er sich öffentlich zu eindeutig festgelegt hatte, konnte zuweilen noch weiter gehen und ihn sogar zu Entscheidungen hinführen, die er in bestimmten Situationen allein nicht zu fällen in der Lage war. Goebbels tat es im November 1938 im Zusammenhang mit dem Ereignis, dem die pointensichere Berliner Schlagfertigkeit den Namen „Kristallnacht" gegeben hat. Am 7. November hatte der emigrierte siebzehnjährige deutsche Jude Herschel Grünspan in Paris Ernst Eduard vom Rath, den Dritten Sekretär der Deutschen Botschaft in Paris, mit fünf Schüssen niedergeschossen. Goebbels nahm dies zum Anlaß, den Völkischen Beobachter am 8. November drohen zu lassen: „Es ist klar, daß das deutsche Volk aus dieser neuen Tat seine Folgerungen ziehen wird." Örtliche Parteiorganisationen in Kurhessen und Magdeburg reagierten rasch. Infolge der Tatsache, daß Hitler seit 1919 von der notwendigen „Entfernung" der Juden redete, verwüsteten sie jüdische Geschäfte, schlugen Fenster ein und bedrohten und belästigten die jüdischen Besitzer. Hitler schwieg.

Als er am 9. November im Münchener Alten Rathaus anläßlich der Feierstunde zur Erinnerung an seinen Putsch vom 8. und 9. November 1923 darauf wartete, vor seinen alten Mitkämpfern sprechen zu können, platzte der hessische Gauleiter Jakob Sprenger mit der Nachricht herein, vom Rath sei in einer französischen Klinik seinen Verletzungen erlegen, was vorauszusehen gewesen war. Während das Auditorium gespannt auf Hitler blickte oder erregt diskutierte, redete Goebbels auf Hitler ein, der sich schließlich verabschiedete und Goebbels die Festansprache halten ließ. Hitlers alte Kämpfer hörten von ihrem Führer nur noch dessen Antwort auf die an ihn gerichtete Goebbels-Frage, ob gegen anti-jüdische Pogrome vorgegangen werden solle, die in verschiedenen Ortschaften bereits ausgebrochen seien. „Gegen spontane Aktionen der Bevölkerung“, so sagte er, „sehe ich keinen Grund einzuschreiten; im Gegenteil, vielleicht gibt uns das den Anlaß, die Judenfrage ein für allemal zu erledigen.“[152]

Was darunter zu verstehen war, konnte sich jeder selbst aussuchen: Es war, schrieb Fritz Wiedemann, der mit Hitlers Befehlsgebung und Weisungserteilung seine Erfahrungen gemacht hatte, „echt Hitler. Er drückte sich . . . gern ungenau aus, deckte aber hinterher alle Übergriffe seiner Parteigenossen, aber hatte auf alle Fälle die Möglichkeit, zu sagen, so sei das nicht gemeint gewesen!“[153]

Wenn immer einer der Exponenten der NSDAP begriffsstutzig gewesen sein sollte, von Goebbels hörte er, was geschehen werde. Goebbels' Rede ist zwar nicht erhalten geblieben, da er sie aus dem Stegreif halten mußte; aber einstige Versammlungsteilnehmer haben weitgehend übereinstimmend überliefert, wie und worüber er redete. Selbst diejenigen, die ihn später in Schutz nehmen zu müssen meinten, waren überzeugt, daß er unmißverständlich Pogrome angeheizt habe. Sich an Hitlers Äußerung anlehnend, präzisierte er, was ihm vorschwebte: die Partei habe Aktionen weder vorzubereiten noch zu organisieren, brauche gegen spontane Ausschreitungen jedoch nicht einzuschreiten. Während er Fernschreiben an die Propagandadienststellen diktierte, informierten die Funktionäre ihre Organisationen im Lande und schürten den Aktivismus auf ihre Weise. Der Oberbürgermeister von Ingolstadt, um wenigstens einige Chronisten der ersten Stunden über die Ergebnisse des „spontanen“ Volkszorns berichten zu lassen, meldete am 1. Dezember: „Die Aktion gegen die Juden wurde rasch und ohne besondere Reibungen zum Abschluß gebracht. Im Verfolg dieser Maßnahme hat sich ein jüdisches Ehepaar in der Donau ertränkt.“[154] Die Schutzpolizei von Freising hatte bereits am 11. November berichtet: „Am 10. 11. 1938 fand in vier Sälen eine Protest-Kundgebung . . . statt. Veranstalter waren die vier Ortsgruppen der NSDAP . . . Es wurde auf die Rundfunkdurchsage von . . . Dr. Goebbels hingewiesen . . . Nach Beendigung . . . gingen . . . etwa 3000 Personen . . . durch die Straßen . . . und forderten durch Sprechchöre, daß die Juden aus Freising verschwinden sollten . . . Ein Trupp dieser Leute, vielleicht 200 Personen, zog vor das Haus des Juden Holzer, der bereits am Nachmittag festgenommen und nach München gebracht wurde. Sie forderten, daß die Tochter . . . herauskomme . . . Nun wurde sie auf der Straße, etwa 100 m weit, zum ‚Anschauen' herumgeführt."[155]

So und ähnlich wurden Goebbels' „Anregungen" im ganzen Reich umgesetzt. Und der Terror beschränkte sich nicht nur auf Juden. „Fast zur gleichen Zeit", am Vormittag des 10. 11. 1938, hieß es beispielsweise im Bericht der Freisinger Schutzpolizei vom 11. November, „wurde der arische Rechtsanwalt Max Lehner, der judenhörig ist und bei Geldeintreibungen Juden vor Gericht vertritt, mit Gewalt aus seiner Wohnung geholt . . . die Wohnungstür (wurde) eingedrückt . . . Es wurde ihm . . . (ein) Transparent ‚Juda verrecke' in die Hand gedrückt, das er eine längere Wegstrecke tragen mußte. In seiner Wohnung erhielt er ein paar Ohrfeigen."[156] Die Gestapo registrierte nach einem Schnellbrief Heydrichs vom 11. November an Göring, daß bis zu dem Zeitpunkt 815 Geschäfte zerstört, 29 Warenhäuser in Brand gesteckt und 171 Wohnhäuser durch Feuer oder auf andere Weise vernichtet worden seien. „Die . . . Ziffern . . . soweit es sich nicht um Brandlegungen handelt", hob er hervor, gäben jedoch „nur einen Teil der wirklich vorliegenden Zerstörungen wieder."[157] Zudem seien „191 Synagogen in Brand gesteckt, weitere 76 vollständig demoliert . . . 11 Gemeindehäuser, Friedhofskapellen und dergleichen in Brand gesetzt und weitere 3 völlig zerstört" worden. Festgenommen wurden innerhalb von zwei Tagen, so erfuhr Göring vom Gestapo-Chef, „20000 Juden . . . 7 Arier und 3 Ausländer". 36 Juden wurden umgebracht, 36 schwer verletzt.[158]

Diejenigen indes, denen Hitler die „Endlösung der Judenfrage" zugedacht hatte, Göring, Himmler und Heydrich, fanden sich von ihrem ungeliebten Konkurrenten Joseph Goebbels überrollt. Er, der Propagandaminister, hatte ihnen vorgemacht, wie einfach es war, die programmatischen Äußerungen des Führers an die Stelle von Gesetzen zu setzen. Zudem war keiner von ihnen am Schaltzentrum der Macht gewesen, als er vom Raths Tod zum Anlaß genommen hatte, die Macht des Wortes und den persönlichen Einfluß auf Hitler erstmals mit solchen Konsequenzen auszuprobieren. Göring befand sich im Nachtzug nach Berlin. Himmler bereitete sich auf die Vereidigung von SS-Rekruten vor, die am späten Abend vor Hitler und ihm an der Feldherrnhalle ihren Eid auf Hitler schwören sollten, und Heydrich saß mit Werner Best und anderen alten Kameraden im Münchener Hotel „Vier Jahreszeiten". Auf eine plötzlich brennende Synagoge in der Nähe des Hotels aufmerksam gemacht, erkundigte sich Heydrich telefonisch bei der Münchener Gestapoleitstelle, was geschehen sei. Auf die Antwort des Führers der Leitstelle, daß von der Gaupropagandaleitung München-Oberbayern soeben gemeldet worden sei, Pogrome seien befohlen worden, in die die Gestapo jedoch nicht eingreifen dürfe, schickte Heydrich Karl Wolff, den Chef des Persönlichen Stabes des Reichsführers SS, zu Himmler, der sich in Hitlers Privatwohnung aufhielt. Hitler, der zunächst so tat, als wüßte er gar nicht, um was es ginge, wies Wolff schließlich an, Heydrich darüber zu informieren, daß die Gestapo sich aus der Sache herauszuhalten habe. Ihre Aufgabe, so erfuhr Wolff, bestünde darin, jüdisches Eigentum sicherzustellen.[159] Wieder bei Heydrich im Hotel warteten Heydrich, Wolff, Best und die übrigen SS-Führer auf Himmlers Eintreffen und Entscheidungen. Erst nach Mitternacht trat Heydrich, den Hitler respektvoll als „Mann mit dem eisernen Herzen" charakterisierte, in Aktion. Um 1.20 Uhr gingen an alle Staatspolizeileit- und Staatspolizeistellen von ihm unterzeichnete Fernschreiben hinaus, in denen es – nach Absprache mit Heinrich Himmler – hieß, daß „Aufgrund des Attentats gegen ... vom Rath ... im ganzen Reich" mit „Demonstrationen gegen die Juden" zu rechnen sei. „Aufgrund des Attentats gegen den Leg.(ations-) Sekretär vom Rath in Paris", so begann das Fernschreiben, „sind im Laufe der heutigen Nacht – 9. auf 10. 11. 1938 – im ganzen Reich Demonstrationen gegen die Juden zu erwarten." Nachdem Goebbels in Erwartung des Todes von vom Rath seine Vorbereitungen getroffen, schnell geschaltet, Hitlers Wort als Tat genommen* und ungesetzliche Aktionen in die Wege geleitet hatte, sah Heydrich sich in die Lage versetzt, ihnen durch polizeiliche Anordnungen wenigstens den Anschein der Legalität zu verleihen. Er wies die Empfänger der Fernschreiben an, sofort die für die einzelnen Bezirke zuständigen Politischen Leitungen, die Gau- und Kreisleiter, telefonisch zu verständigen und sowohl mit ihnen als auch mit den jeweiligen Inspekteuren und Kommandeuren der Ordnungspolizei alle nötigen Einzelheiten über die Demonstrationen zu vereinbaren. Bei diesen Besprechungen

* Noch während des Parteitages im September hatte Hitler dem Gauleiter Julius Streicher angeblich vorgehalten, daß es in Nürnberg immer noch Synagogen gebe. Vgl. Domarus, Bd. I/2, S. 971. Am 7. 9. 1938 meldete der Regierungspräsident von Ober- und Mittelfranken, daß Nürnberg „am 10. 8. 1938 einen denkwürdigen Tag" erlebt habe: „Julius Streicher gab das Zeichen zum Abbruch der Hauptsynagoge ... Zehntausende von Volksgenossen wohnten der geschichtlichen Stunde bei." Bayern in der NS-Zeit, S. 469.

seien, so befahl er, die politischen Leitungen darüber zu belehren, daß sie ihre Maßnahmen „zweckmäßig" den Anordnungen „anzupassen" hätten, die „die Deutsche Polizei vom Reichsführer SS und Chef der Deutschen Polizei" soeben bekommen habe. In ihnen hieß es unter anderem: „Es dürfen nur solche Maßnahmen getroffen werden, die keine Gefährdung deutschen Lebens oder Eigentums mit sich bringen (z. B. Synagogenbrände nur, wenn keine Brandgefahr für die Umgebung vorhanden ist), Geschäfte und Wohnungen von Juden dürfen nur zerstört, nicht geplündert werden ... In Geschäftsstraßen ist besonders darauf zu achten, daß nichtjüdische Geschäfte unbedingt gegen Schäden gesichert werden. Ausländische Staatsangehörige dürfen – auch wenn sie Juden sind – nicht belästigt werden ... Sofort nach Eingang dieses Fernschreibens ist in allen Synagogen und Geschäftsräumen der Jüdischen Kultusgemeinden das vorhandene Archivmaterial polizeilich zu beschlagnahmen ... (und) an die zuständigen SD-Dienststellen abzugeben ... Sobald der Ablauf der Ereignisse dieser Nacht die Verwendung der eingesetzten Beamten hierfür zuläßt, sind in allen Bezirken so viele Juden – insbesondere wohlhabende – festzunehmen, als in den vorhandenen Hafträumen untergebracht werden können. Es sind zunächst nur gesunde männliche Juden nicht zu hohen Alters festzunehmen. Nach Durchführung der Festnahme ist unverzüglich mit den zuständigen Konzentrationslagern wegen schnellster Unterbringung der Juden in den Lagern Verbindung aufzunehmen."[160]

Von Hitler seit 1919 angedroht, von Goebbels in Gang gesetzt und von Himmler und Heydrich nachträglich in amtliche Bahnen gelenkt, war für Hitler, der sich als Staatsoberhaupt offiziell aus den antisemitischen Pogromen herausgehalten hatte,* der nächste Schritt vorbereitet. Am 12. November 1938, drei Tage nach der „Kristallnacht", erklärte Göring im Rahmen einer Sitzung, an der nicht nur Heydrich, Frick, Schwerin von Krosigk, Gürtner, Funk und Goebbels, sondern weit mehr als 100 Vertreter sämtlicher Ministerien[161] teilnahmen: „Meine Herren, die heutige Sitzung ist von entscheidender Bedeutung. Ich habe einen Brief bekommen, den mir der Stabsleiter des Stellvertreters des Führers (Martin) Bormann im Auftrag des Führers geschrieben hat, wonach die Judenfrage jetzt einheitlich zusammengefaßt werden soll und so zur Erledigung zu bringen ist. Durch telefonischen Anruf bin ich gestern vom Führer noch einmal darauf hingewiesen worden, jetzt die entscheidenden Schritte zentral zusammenzufassen."[162]

Quellen vieler Mißverständnisse. Angst als Autoritätsgrundlage.

Hitlers Prinzip, den Kreis der jeweils einzuweihenden Personen so klein wie nur irgend möglich zu halten und niemanden mehr wissen zu lassen, als bestimmte Aufgaben es unbedingt erforderten,** täuschte nicht nur auch diejenigen, die infolge

* Auch in seinem Telegramm vom 9. 11. 1938 an vom Raths Eltern ging Hitler mit keinem Wort auf den Juden als Attentäter ein. Sein Telegramm lautete: „Nehmen Sie zu dem schmerzlichen Verlust, der Sie durch den feigen Meuchelmord an Ihrem Sohn getroffen hat, meine aufrichtigste Teilnahme entgegen. Adolf Hitler." ‚Völkischer Beobachter' vom 11. 10. 1938

** So belehrte er am 23. 5. 1939 von Brauchitsch, Keitel, Milch, Halder, Bodenschatz, Schniewindt, Jeschonnek, Warlimont, Schmundt, Engel, Albrecht und Below in der Neuen Reichskanzlei: „Niemand ist zu beteiligen, der es nicht wissen muß. Niemand darf mehr erfahren, als er wissen muß. Wann muß der Betreffende es spätestens wissen? Niemand darf früher etwas wissen, als er es wissen muß." Handschriftliches Stichwortprotokoll von Oberstleutnant Schmundt vom 23. 5. 1939. Nationalarchiv Washington, EAP 105/16.

ihrer Tätigkeit bei Hitler glaubten, über alles informiert zu sein, sondern erwies sich nicht selten auch als Quelle für Mißverständnisse aller Art. Hinzu kam, daß die Minister, Reichsstatthalter, Gauleiter und anderen „Befehlsempfänger" gewöhnlich weder mitschrieben noch Notizen machten, wenn Hitler seine Pläne und Richtlinien vor ihnen entwickelte. Zwar lagen bei größeren Besprechungen Papier und Bleistift auf den Tischen bereit; aber nur selten machte jemand davon Gebrauch, weil Hitlers Erklärungen meistens zu lang, zu unübersichtlich und zu wenig präzise waren. So wirkte sich schließlich auch noch die mangelnde Zuverlässigkeit des Erinnerungsvermögens einzelner Leute bei Hitlers Weisungserteilung als zusätzliche Fehlerquelle aus. Bei eventuellen späteren Disputen über die Frage, wie Hitler dieses oder jenes gemeint hatte, mußte das letzte Wort Hitlers zwangsläufig stets entscheidend sein.

Hitler ärgerte sich zwar immer wieder, wenn er anders verstanden worden war, als er es in wichtigen Fällen gewollt hatte; aber er änderte seinen Führungsstil trotz ungezählter negativer Folgen auch in dieser Beziehung nicht. Auch die – seinem Ansehen als Führer schadende Tatsache, daß ihm nicht selten recht deutlich gesagt wurde, worauf die Mißverständnisse beruhten, bewirkte nichts. Als Alfred Rosenberg ihm beispielsweise am 6. September 1940 auf die verärgerte Bemerkung, daß „die Idioten des Auswärtigen Amtes" gegen seine „Instruktion gehandelt" hätten, zur Antwort gab: „Sie haben sich dabei aber gerade auf Sie berufen",[163] geschah nichts. „Den Führer wurmt es, daß die Sachen ... so gelaufen sind",[164] notierte Rosenberg, was beweist, daß Hitler sich mit den Folgen seines Mangels auseinandersetzte; aber er wäre nicht eben Adolf Hitler gewesen, wenn er entscheidende Konsequenzen daraus gezogen hätte. Handelte es sich bei Mißverständnissen um die Folge falscher oder vermeintlich falscher Auslegungen militärischer Befehle oder Weisungen, hatte Hitler die unmittelbare Möglichkeit zur nachträglichen Kontrolle seiner jeweiligen mündlichen Ausführung, da der besonders vereidigte stenographische Dienst sie seit Mitte September 1942 während der Lagebesprechungen mitschrieb. Nachträgliche Manipulationen waren ausgeschlossen. Weder Himmler noch Keitel oder Jodl durften ohne Hitlers Erlaubnis die Stenogramme einsehen. Selbst als Walter Warlimont während einer Lagebesprechung einmal statt Reichsführer SS „Reichsverführer SS“ gesagt hatte und nachträglich um die Korrektur dieser für ihn äußerst peinlichen Formulierung bat, durfte dies nicht geschehen.*

Wenn Mißverständnisse infolge unklarer und teilweise nahezu beliebig auslegbarer Anordnungen, Befehle und Weisungen schon unübersehbar negative Folgen im Zivilbereich der Staatsführung haben konnten, mußte dies auf militärischem Gebiet geradezu zwangsläufig geschehen. Ein bezeichnendes Beispiel: Ein Stichwortprotokoll, das eine Diskussion der Feldmarschälle Albert Kesselring und Erwin Rommel in einer entscheidenden Situation des Afrikafeldzuges überliefert, fand sich in Rommels nachgelassenen Papieren. Während Kesselring erklärte, daß er ein eben eingegangenes Blitzfunkgespräch Hitlers vom 3. November 1942 „nicht als bindenden Befehl“ betrachtete, erklärte Rommel entsetzt: „Ich betrachte die Führerweisung sehr wohl als einen bindenden Befehl“, was Kesselring wiederum zu der Entgegnung bewog: „Ich an Ihrer

* Persönliche Auskunft von Heinz Linge vom 8. 1. 1979. Keitel versuchte, Linge, der (wie Schaub auch) den Stenografenraum betreten durfte, auf Bitten Warlimonts dazu zu bewegen, die Korrektur durch die Stenografen zu veranlassen. Linge wagte dies jedoch nicht, weil Hitler Warlimonts Äußerung gehört hatte und, wie er sich ausdrückte, Wert darauf legte, „diesen Versprecher, der die tatsächliche Einstellung des Generals verriet, schwarz auf weiß“ bei den Akten zu haben.

Stelle würde so handeln, wie es die Lage erfordert . . . es kann auch nicht im Sinne des Führers sein . . .“[165] Dabei war Hitlers Telegrammtext in diesem Fall noch verhältnismäßig deutlich gewesen. „Mit mir“, so hatte er sich ausgedrückt, „verfolgt das deutsche Volk in gläubigem Vertrauen auf Ihre Führerpersönlichkeit und auf die Tapferkeit der Ihnen unterstellten deutschen und italienischen Truppen den heldenhaften Abwehrkampf in Ägypten. In der Lage, in der Sie sich befinden, kann es keinen anderen Gedanken geben, als auszuharren, keinen Schritt zu weichen und jede Waffe und jeden Kämpfer, die noch frei gemacht werden können, in die Schlacht zu werfen. Beträchtliche Verstärkungen an fliegenden Verbänden werden in diesen Tagen . . . zugeführt werden. Auch der Duce und das Comando Supremo werden die äußersten Anstrengungen unternehmen, um Ihnen die Mittel zur Fortführung des Kampfes zuzuführen. Es wäre nicht das erste Mal in der Geschichte, daß der stärkere Wille über die stärkeren Bataillone des Feindes triumphierte. Ihrer Truppe aber können Sie keinen anderen Weg zeigen als den zum Siege oder Tode.“[166] Daß ein Teil der traditionsgemäß an unmißverständliche Befehle gewöhnten Militärs sich mit Hitlers Führungsweise niemals abzufinden vermochte, überliefern nicht nur die Tagebuchaufzeichnungen Gerhard Engels. So notierte er am 8. August 1941: „Dauernd schwanken die Gedanken und Ziele“ Hitlers. „Aus den Lagebesprechungen geht man genauso schlau wieder heraus, wie man hereingekommen ist.“[167] Und am 12. November 1941 stellte er fest: „Es ist zum Heulen . . . Jetzt ist die Lage so, daß Moskau und Süd gemacht werden . . .* Über allem steht

* Entgegen seiner Weisung vom 21. 8. 1941, nicht die Einnahme Moskaus noch vor Wintereinbruch anzustreben, identifizierte Hitler sich seit seiner Weisung Nr. 35 vom 6. 9. 1941 unerwartet mit dem vom OKH vertretenen – und von ihm zuvor abgelehnten – Standpunkt, daß es wichtig sei, umgehend auf die sowjetische Hauptstadt („wird die Heeresmitte zur Verfolgung Richtung Moskau . . . anzutreten haben“) vorzugehen. Vgl. Hitlers Weisung für die Kriegführung, S. 174 ff.

die vernichtende Erkenntnis, daß (der) Führer nicht klar genug zum Ausdruck bringt und begründet, was er will. (Der) Erfolg ist, daß (der) ObdH (Oberbefehlshaber des Heeres) und Chef (des) Gen.Stb. (Generalstabes) resignieren und aus den unklaren Stellungnahmen von F. (vom Führer) machen, was sie für richtig halten."[168]

Infolge dieses Führungsstiles war sowohl im parteiamtlichen und ministeriellen als auch im militärischen Bereich eines eine logische Konsequenz: Angst vor schweren Strafen für totale Mißverständnisse bei der Ausführung unklarer Anordnungen, Befehle oder Weisungen. Die von Hitler einkalkulierte Angst machte die Exponenten an den jeweiligen Führungsstellen unsicher und erwies sich zuletzt auch bis unten hin als Sand im Getriebe. Göring, Himmler, Keitel und Jodl, um an dieser Stelle zunächst nur sie zu nennen, standen im Bann dieser Angst. Göring und Himmler, die als „alte Kämpfer" jahrelang durch Hitlers Schule gegangen waren, wußten damit zu leben.

Anders Keitel und Jodl. Sie sahen sich, obwohl bereits in hohen Stellungen, plötzlich und erst relativ spät mit der Persönlichkeit Hitlers konfrontiert, der sie hilflos ausgeliefert zu sein meinten. Als Soldaten gehorchten sie, selbst wenn Hitler sie nicht ranggemäß behandelte. Alfred Jodl versuchte dies, soweit es ihn betraf, in Nürnberg wie folgt zu erklären: „Hitler war", sagte er, „eine Führerpersönlichkeit von ungewöhnlichem Ausmaß. Sein Wissen und sein Intellekt, seine Rhetorik und sein Wille triumphierten letzten Endes bei jeder geistigen Auseinandersetzung gegenüber jedermann. In einer seltenen Weise mischte sich bei ihm Logik und Nüchternheit im Denken, Skepsis mit einer ausschweifenden Phantasie, die sehr oft das Kommende erahnte, aber auch sehr oft irreging. Geradezu bewundert habe ich ihn, als er im Winter 1941/42 mit seinem

Glauben und seiner Energie die wankende Ostfront zum Stehen brachte[169] ... Die Bescheidenheit in seiner Lebensführung war ‚imponierend'[170] ... Hitler war (in den Jahren 1933 bis 1938) kein Scharlatan, sondern eine gigantische Persönlichkeit, die letzten Endes allerdings zu einer infernalischen Größe geworden ist, aber eine Größe war er damals unbedingt ... eine gigantische Persönlichkeit mit gewissen Vorbehalten[171] ... mein Einfluß auf den Führer war leider nicht im geringsten so groß, wie er nach meiner Stellung eigentlich hätte sein können oder vielleicht auch hätte sein müssen. Der Grund liegt in der gewaltigen Persönlichkeit dieses Machtmenschen, der Berater überhaupt sehr schlecht vertrug."[172]

Doch es war nicht nur Hitlers „gigantische Persönlichkeit", die Jodl zwang, sich ihm auf Gedeih und Verderb auszuliefern. Nackte Angst war es, die ihn beispielsweise davon abhielt, im Oktober 1942 seine quälenden Bedenken gegen Hitlers Kommando-Befehl in offenem Ungehorsam münden zu lassen. Unmißverständlich erklärte er in Nürnberg: „... wenn ich die Weitergabe eines Befehls vom Führer persönlich verweigert hätte, wäre ich auf der Stelle abgeführt worden und ... mit Recht."[173] Daß Albert Speer nach seiner Weigerung,* Hitlers Führer-Befehl „Verbrannte Erde"** vom 19. März 1945

* Am 29. März 1945 sandte Speer (Reichsminister für Rüstung und Kriegsproduktion) von seinem Ausweichquartier ein Dankschreiben, in dem er Hitler erklärte: „Ich gehe ... nicht im einzelnen darauf ein, daß Ihr Zerstörungsbefehl vom 19. März 1945 durch voreilige Maßnahmen die letzten industriellen Möglichkeiten nehmen muß und daß sein Bekanntwerden in der Bevölkerung große Bestürzung auslöst ... Ich kann mit voller Arbeitskraft nicht wirken und das notwendige Vertrauen nicht ausstrahlen, wenn gleichzeitig mit meiner Aufforderung an die Arbeiter zum höchsten Einsatz die Zerstörung ihrer Lebensbasis von uns vorbereitet wird." Kriegstagebuch des Oberkommandos der Wehrmacht (Wehrmachtführungsstab), Bd. IV, 2. Halbband. Frankfurt/M. 1961, S. 1583. Fortan zit. als Kriegstagebuch der Wehrmacht.

** Ebenda, S. 1580f. Dort hieß es u.a.: „Alle militärischen Verkehrs-, Nachrichten-, Industrie- und Versorgungsanlagen sowie Sachwerte innerhalb des Reichsgebietes, die sich der Feind für die Fortsetzung seines Kampfes irgendwie sofort oder in absehbarer Zeit nutzbar machen kann, sind zu zerstören. Verantwortlich für die Durchfüh-

durchzusetzen, mit dem Leben davonkam, hing nicht nur damit zusammen, daß das Ende des Krieges unmittelbar bevorstand und der Befehlsapparat nicht mehr wie zuvor funktionierte. Speer wußte genau, wie er seinen Führer in dieser Situation ansprechen mußte, zumal Martin Bormann buchstäblich darauf lauerte, seinen „Konkurrenten" Speer endlich ausschalten zu können. „Ich bin ein Künstler und als solcher", so hatte Speer Hitler unter deutlicher Anspielung auf dessen häufige Bekundungen, von ganzem Herzen nicht eigentlich Politiker, sondern Künstler zu sein, „an eine mir völlig fremde und schwierige Aufgabe gestellt worden. Ich habe viel für Deutschland erreicht. Ohne meine Arbeit wäre der Krieg vielleicht 1942/43 verloren gewesen. Ich habe diese Aufgabe nicht mit Fachwissen gemeistert, sondern mit den Eigenschaften, die einem Künstler eigen sein müssen: mit dem Glauben an seine Aufgabe und an den Erfolg, mit dem Instinkt für das Richtige, mit dem Sinn für großzügige Lösungen und mit der inneren Anständigkeit, ohne die ein Künstler keine sauberen Lösungen schaffen kann."[174]

Anfällig gegen persönliche Sympathien und defensiv bei Zivilcourage.

Das Verhältnis Hitlers zu Albert Speer, der lange Jahre hindurch mehr als nur die vollen Sympathien des Führers genoß, hatten auch Martin Bormanns Intrigen nur unerheblich zu trü-

rung dieser Zerstörungen sind: die militärischen Kommandobehörden für alle militärischen Objekte (einschließlich der Verkehrs- und Nachrichtenanlagen), die Gauleiter und Reichsverteidigungskommissare für alle Industrie- und Versorgungsanlagen sowie sonstige Sachwerte. Den Gauleitern und Reichsverteidigungskommissaren ist bei der Durchführung ihrer Aufgabe durch die Truppe die notwendige Hilfe zu leisten."

ben vermocht. Zwar war es Bormann zwischen Frühjahr 1942 und Herbst 1944 gelungen, die Befugnisse des Todt-Nachfolgers Speer empfindlich zu beschneiden; aber ihn ganz auszuschalten oder gar zu liquidieren, das hat er nicht vermocht. Noch am 24. März 1945 notierte Goebbels in sein Tagebuch: „Die Partei stellt sich bereit ... helfend einzugreifen, und wehrt sich dagegen, daß Speer Hunderttausende untätiger Menschen im Westen herumsitzen hat, die auf feindliche Luftangriffe warten sollen, um die Verkehrsschäden wieder zu beheben."[175] Die von Bormann dirigierten Parteistellen entzogen Speer die Arbeitskräfte und Materialien und nahmen ihm die Möglichkeit, die Erfolge zu erreichen, die er nach seiner Meinung hätte erzielen können, wenn Bormann nicht sein Gegner gewesen wäre. Auf Betreiben Bormanns war auch Speers Versuch vom 21. September 1944 fehlgeschlagen, Hitler durch eine Denkschrift zu bewegen, die hinderlichen Parteimaßnahmen zu unterbinden und ihm, Speer, neue Vollmachten zu geben. Bormann hatte erreicht, daß Speer, der Reichsminister für Bewaffnung und Munition, sich ihm und Goebbels unterordnen mußte. Gauleiter brachten Speers Planungen durcheinander, stoppten Kohlenzüge und leiteten sie um. Auf Hitler konnte Speer zu der Zeit nur bedingt zählen. Ihn erreichten seine Klagen und Bitten nur noch, wenn Bormann dies zuließ, doch total abschirmen konnte er Hitler nicht, der Speer trotz aller Querelen mit Bormann nicht ganz „abgeschrieben" hatte. Zwar frohlockte Goebbels am 28. März 1945: „Der Führer hat die Absicht, Speer im Laufe des Nachmittags zu sich kommen zu lassen und ihn vor eine ernste Alternative zu stellen ... Ich glaube, daß Speer bei ihm in den nächsten Tagen kein leichtes Spiel haben wird",[176] aber Bormann und Goebbels hatten sich über ihren vermeintlichen Sieg zu früh gefreut. Der Sekretär des Führers konnte bis zum Schluß nicht wagen, Speer von sich aus „ans Messer zu liefern". Wer Hitlers Gunst einmal gewonnen hatte, verlor sie nur sehr schwer, was Bormann auch in einigen anderen Fällen feststellen mußte. So war es ihm beispielsweise auch nicht gelungen, Hitlers langjährigen Chauffeur Erich Kempka, den Bormann nicht ausstehen konnte, weil auch er wie Linge jederzeit zum Führer durfte, ohne dafür Bormanns Erlaubnis einholen zu müssen, aus Hitlers Nähe zu entfernen. Kempka, der sich, der Bormannschen Anfeindungen müde geworden, zur Front gemeldet hatte, erfuhr von Hitler, daß er ihn als Fahrer brauche und ihm damit sein Leben anvertraue, was schließlich wichtiger sei als „die fortwährenden Anfeindungen des Herrn Bormann".[177] Auch Bormanns Versuch, Hitlers Leibfotografen Heinrich Hoffmann, der sich einer jahrelangen und ungebrochenen „Freundschaft" des Führers rühmen konnte, aus der Umgebung seines Chefs zu eliminieren, war nur ein vorübergehender Erfolg beschieden. Obwohl Bormann es im Herbst 1944 geschafft hatte, den von Hitler zum Professor ernannten Fotografen als angeblichen „Paratyphus-Ausscheider", wovor der kranke Hypochonder Hitler sich geradezu panisch fürchtete, aus dem Hauptquartier zu entfernen, empfing Hitler den ehemaligen Chef Eva Brauns Anfang April 1945 wieder sehr herzlich im Bunker der Reichskanzlei und bat ihn, doch wenigstens noch einen Tag sein Gast zu sein.[178]

Am 18. April 1945 war Karl Wolff ein ähnliches Wagnis wie Albert Speer eingegangen. Er hatte, von seinem Intimfeind Ernst Kaltenbrunner und Heinrich Himmler wegen seiner von Hitler nicht gewünschten „Beziehungen" zum Vatikan,* zu

* Am 10. Mai 1944 war Wolff, der die Befreiung einiger Italiener aus Gestapo-Haft veranlaßt hatte, von Papst Pius XII. in Privataudienz empfangen worden, was nicht geheim bleiben konnte. Persönliche Auskunft von Karl Wolff vom 9. 2. 1979. Vgl. auch „Il Tempo" vom 14. 2. 1951 und Dulles/Gaevernitz, Unternehmen ‚Sunrise', Düsseldorf 1967, S. 81, 104 und 118.

den Kardinälen von Mailand, Turin und Venedig und zu einer Reihe von Bischöfen Norditaliens in die Enge getrieben und zum Rapport befohlen, alles auf eine Karte gesetzt und Hitler am 18. April in Berlin gestanden, heimlich mit alliierten Generalen und Allan Dulles, dem zentraleuropäischen Chef des amerikanischen Geheimdienstes O.S.S., in der Schweiz über eine Beendigung des Krieges in Italien verhandelt zu haben*. Anstatt nun, wie Wolff nach seinem Geständnis befürchten mußte, sofort an die Wand gestellt und „erschossen zu werden", honorierte Hitler in Kaltenbrunners und Fegeleins Gegenwart sein Engagement „für die Zukunft des Reiches und Volkes", seinen Mut und seine Ehrlichkeit. Zwar warf er ihm „halb ungnädig, halb väterlich" vor, sich eigenmächtig und ohne Kenntnis der Gesamtzusammenhänge in höchste Führungskompetenzen eingemischt zu haben; aber er ließ ihn nicht nur wieder als höchsten SS- und Polizeiführer nach Italien zurückkehren, sondern wünschte ihm auch Erfolg für seine weitere Tätigkeit.[179] Wolffs zweckoptimistische Erklärung, daß „die Türen zu Roosevelt und Churchill nun offen" stünden, hat Hitler nicht bewogen, über Wolff den Stab zu brechen, sondern ihm spontan die anerkennende Frage zu stellen: „Wie haben Sie denn das gemacht?"[180] Heinrich Himmler dagegen, der Hitler über seine geheimen Friedensfühler nicht

* Wolff glaubte bis Anfang 1945 an die Möglichkeit eines Kompromißfriedens. Nachdem die von Hitler versprochenen „Wunderwaffen" nicht kamen und von einer deutschen Luftwaffe kaum noch die Rede sein konnte, fühlte er sich von Hitler belogen, was er ihm auch sagen wollte. Himmler, dem Wolff dies vortrug, warnte vor einem solchen Schritt. Wolff fand während seines Aufenthalts in Berlin (6. 2. 1945) nicht die Möglichkeit, Hitler unter vier Augen zu sprechen. Dann traf er sich (im März 1945) erstmals mit Allan Dulles, dem amerikanischen General Lyman J. Lemnitzer und Terence S. Airey aus dem Stab des britischen Feldmarschalls Alexander. Persönliche Auskunft von Karl Wolff vom 9. 2. 1979. Vgl. auch Dulles/Gaevernitz, Unternehmen ‚Sunrise', S. 111 ff. Die am 12. 3. 1945 vom US-Botschafter über die Dulles-Wolff-Verhandlungen informierten Russen forderten die Teilnahme auch sowjetischer Militärs, was die Amerikaner am 16. 3. 1945 ablehnten. Vgl. Besymenski, Lew: Die letzten Notizen von Martin Bormann, Stuttgart 1974, S. 124 ff.

informierte, wurde wegen seiner „Verhandlungen mit dem Feinde“[181] und wegen seiner Treulosigkeit gegenüber (Hitlers) . . . Person“[182] elf Tage später aus der Partei und aus allen Staatsämtern ausgestoßen.[183] Speer hatte der Ungehorsam, wie Hitler Speers Befehlsboykott ansah, lediglich den „Verlust“ seines Ministerpostens und seiner Ämter eingetragen. In Hitlers politischem Testament vom 29. April 1945 wurde er nicht mehr erwähnt.[184]

Speer und Wolff, zwei typische Beispiele, die zeigen, daß ein persönlicher Kontakt zwischen Hitler und Mitarbeitern, die er besonders schätzte, Voraussetzungen schaffen konnte, die Gesetzestexte und Paragraphen zu toten Buchstaben machten, die nicht unbedingt befolgt zu werden brauchten. Hatte Hitler einmal Vertrauen gefaßt, war es durchaus möglich, ihn zu beeinflussen und ihm negative Überraschungen zuzumuten. Zwar versuchte er prinzipiell auch dann seinen Führer-Stil zu wahren und Einwände zu ignorieren; aber er gab doch nach, „wenn es nicht anders ging“.[185] Wie dies im „alltäglichen Umgang“ aussehen konnte, erlebte Wolff im November 1944. Hitler hatte erfahren, daß Wolff einem Generalstäbler des kurz zuvor auf Veranlassung seines Obersten Befehlshabers durch Selbstmord aus dem Leben geschiedenen Feldmarschalls Erwin Rommel sein Ehrenwort gegeben hatte, über eine bestimmte Angelegenheit auch gegenüber dem Führer zu schweigen. Hitler bestand jedoch energisch und beharrlich darauf, von Wolff erfahren zu müssen, um was „es dabei“ gegangen sei. Als der so bedrängte SS-General erneut auf sein Ehrenwort verwies, erklärte Hitler ihm kurzerhand, daß er ihn von diesem Ehrenwort entbinde, was der dem alten preußischen Offiziersgeist verschworene SS-Führer nicht akzeptieren konnte. Erst als Wolff erklärte, daß er sich erschießen müsse, wenn er sein Ehrenwort breche, war Hitler bereit, die Angelegenheit als erledigt anzusehen. Er klopfte Wolff auf die Schulter und sagte: „In Ordnung, Wolff, erledigt."[186]

Jeder, der längere Zeit auf verantwortlichem Posten eingesetzt war, wußte aus eigenen Erfahrungen, daß es durchaus Möglichkeiten gab, bestimmte Hitler-Weisungen nicht nur lasch und halbherzig auszuführen, sondern sie bis zu einem gewissen Grade auch zu sabotieren oder „anders aufzufassen", als sie von Hitler gemeint waren. Wie und wie lange dies zuweilen möglich war, bewies Werner Best in Dänemark. Nachdem er am 25. November 1942 auf Ribbentrops Betreiben zum „Reichsbevollmächtigten in Dänemark" ernannt und nach Kopenhagen mit dem Auftrag gegangen war, zuerst die Einsetzung einer neuen Regierung vorzubereiten, in die drei dänische Nationalsozialisten einbezogen werden sollten, wagte er, Rastenburg* und Berlin „weit weg" sein zu lassen. Er teilte seinem Chef von Ribbentrop mit, daß er den von ihm erhaltenen Auftrag nicht legal erfüllen könne und daher darauf verzichte, Anstrengungen in dieser Richtung zu unternehmen. Weder Hitler noch Ribbentrop reagierten darauf.[187] Und später, als Bests Dänemark-Politik von bestimmten Leuten um Hitler als „zu lasch" und „zu wenig siegerhaft" diskreditiert wurde, gelang es Best, sich Anfang Juli 1943 der Unterstützung Himmlers zu versichern. Ihm gegenüber beteuerte er, daß die dänische Regierung Soavenius den besten Willen zeige, und redete ihm auch noch ein, daß sich in den Widerstandshandlungen der Dänen gegenüber der deutschen Besatzungsmacht germanischer Geist offenbare, was Himmler akzeptierte. Er meldete Hitler, „daß Dänemark sicherheitsmäßig das beste von allen besetzten Ländern"[188] sei, was nicht stimmte. Ob Hitler diese Auffassung teilte, ist nicht feststellbar. Er schritt erst

* Am 1. 11. 1942 war Hitlers Führerhauptquartier von Winniza in der Ukraine nach Rastenburg in Ostpreußen verlegt worden.

gegen Bests Politik ein, nachdem ihm ein aus Jütland zurückgekehrter Kriegsberichterstatter, ein Luftwaffen-Oberleutnant namens Frentz, in der Nacht vom 25. zum 26. August 1943 in Anwesenheit unter anderem von Morell, Schmundt, Bormann und Hewel[189] in Übertreibung der Tatsachen berichtet hatte, daß der Widerstand in Dänemark beängstigende Formen angenommen habe. Er zitierte, ohne Best zum Rapport zu befehlen, am 26. August dessen Chef von Ribbentrop zur Lagebesprechung zu sich[190] und machte ihm – nach Gesprächen mit Göring, Schmundt und Jodl[191] – offenbar Vorhaltungen. Zu gravierenden militärischen Maßnahmen konnte er sich jedoch erst entscheiden, nachdem die dänische Regierung die deutsche Forderung zurückgewiesen hatte, den Ausnahmezustand zu verhängen, Schnellgerichte einzurichten und Saboteure mit dem Tod zu bestrafen. Am 29. August ließ er nach Gesprächen mit von Manstein und von Ribbentrop,[192] von Kluge, Zeitzler, Dönitz, Keitel, Himmler und Hewel[193] den militärischen Ausnahmezustand in Dänemark verhängen und das dänische Heer durch die deutschen Besatzungstruppen entwaffnen. Die dänische Regierung trat zurück, die Flotte versenkte ihre Schiffe. Streiks brachen aus. Best jedoch, den er seit Dezember 1931 persönlich kannte, wollte er, nachdem er sich zu diesen Gewaltmaßnahmen entschieden hatte, weder sehen noch zu einem Rechenschaftsbericht empfangen, obwohl dieser sich, vom Reichsaußenminister rasch herbeizitiert, im Führerhauptquartier befand.[194]

Richtigstellungen, Korrekturen, oppositionelle Einwände und womöglich „Belehrungen“ empfand Hitler – und dies gar zu Zeiten, in denen er mit Entscheidungen und Festlegungen rang – als eine Zumutung, die er nicht auf sich nehmen wollte. Lieber traf er, mit einem geradezu kindlich irrationalen Willen behaftet, Entscheidungen mit negativen Folgen für sich selbst.

Himmler, der sich offenbar „mitschuldig“ fühlte, drängte Hitler, die Deportation der rund 6500 Juden aus Dänemark anzuordnen und die internierten dänischen Soldaten ins Reich bringen zu lassen, wo sie zur freiwilligen Teilnahme am Krieg gegen Rußland ermuntert werden sollten, was wiederum Best und der SS-Gruppenführer Gottlob Berger verhindern konnten.[195] Best, dem Hitler bei seiner Berufung zum Reichsbevollmächtigten lediglich befohlen hatte, das dänische Königshaus zu ignorieren,[196] telegrafierte an das Auswärtige Amt und erklärte, daß der König und der dänische Reichstag im Falle der Evakuierung der Juden aufhören würden, an der Regierung des Landes mitzuwirken. Generalstreiks würden eine weitere negative Folge sein. Vierzehn Tage später, am 18. September, nachdem er erfahren hatte, daß Hitler und Himmler bei ihrer Entscheidung blieben, warnte er Ribbentrop noch einmal eindringlich davor, die Juden aus Dänemark abzutransportieren, was den Außenminister so beeindruckte, daß er bei Hitler vorstellig wurde. Hitlers Reaktion, von Hewel, dem Vertreter Ribbentrops beim Führer, überliefert, lautete knapp: „Der Führer bezweifelt, daß die Aktion diese Folgen haben wird.“[197] Hitlers Entschluß blieb gültig. Überzeugt, sich trotz seines nach seiner Auffassung wackelnden Stuhles nicht verkriechen zu müssen, setzte Best bei Hitler nicht nur die Entscheidung durch, die internierten dänischen Soldaten wieder zu entlassen, sondern ließ nach dem Eintreffen des Dampfers „Wartheland“, der die Juden an Bord nehmen sollte, über den ihm attachierten Schiffahrtssachverständigen Georg Ferdinand Duckwitz auch die Juden warnen, die sich – bis auf 477 Personen – Ende September in Sicherheit bringen konnten und so der in der Nacht vom 1. zum 2. Oktober gestarteten Aktion entgingen.*

* Diese 477 Juden kamen auf Betreiben Bests in das sogenannte ‚Alters-KZ‘ Theresienstadt, wo fast alle das Ende des Krieges überlebten.

Um sich ein Alibi zu schaffen, meldete Best nach Berlin: „1. Die Judenaktion in Dänemark ist in der Nacht vom 1. zum 2. 10. 43 ohne Zwischenfälle durchgeführt worden. 2. Vom heutigen Tage an kann Dänemark als entjudet angesehen werden."[198] Himmler, eifrig bestrebt, des Führers Unwillen wieder zu glätten, vergaß seine alte „Absprache" mit Best und reihte Dänemark in das Verfahrensschema ein, das er für die übrigen besetzten Länder entwickelt hatte. Um von dem weiterhin amtierenden Reichsbevollmächtigten nicht noch einmal in eine solche Lage gebracht werden zu können, veranlaßte er Hitler, in Dänemark einen höheren SS- und Polizeiführer einzusetzen, der Best nicht unterstellt wurde. Auf weitere Loyalität bedacht, schrieb er Best nach dem 6. Oktober 1943, nach der Aufhebung des militärischen Ausnahmezustandes: „Haben Sie die Größe, nicht darüber traurig zu sein, daß ich Ihnen (Günther) Pancke nicht unterstellt habe. Es ist so die bessere Organisation."[199]

Erst nachdem sich herausstellte, daß die Deportation der Juden, der Einsatz der Deutschen Polizei und deren Maßnahmen gegen Saboteure und Terroristen nicht die von Hitler erwarteten Folgen zeitigten, sondern den Widerstand noch mehr anheizten, entschloß sich Hitler zum Gegenterror. Der Höhere SS- und Polizeiführer Pancke erhielt von Himmler den Befehl, „jeden Mord und jede Sabotage des Gegners mit genau entsprechenden Handlungen gegen Personen und Objekte der Gegenseite zu vergelten".[200] Best gelang es jedoch, die Ausführung dieses Befehls zu verhindern. Die Folge war: Er, Pancke und General von Hanneken, der deutsche Wehrmachtsbefehlshaber in Dänemark, wurden Ende Dezember nach Ostpreußen zu Hitler befohlen, der sie sprechen wollte. Best, noch Himmlers freundschaftliche Äußerungen von Anfang Juli 1943 im Ohr, suchte am Tage zuvor Himmler auf, um zu erfahren, wie „dick die Luft“ im Führerhauptquartier sei. Vom Reichsführer SS als Vertreter des Auswärtigen Amtes zwar respektiert, aber doch recht ungnädig empfangen, erfuhr Best, daß Hitler äußerst ungehalten sei, weil er, Best, seine Befehle boykottiert habe. Anstatt sich mit Bests Argumenten auseinanderzusetzen, berief Himmler sich nur auf den „Willen des Führers“ und wich jeder Diskussion aus.

Am 30. Dezember, einem Donnerstag, empfing Hitler neben Best, Pancke und von Hanneken zugleich auch Kaltenbrunner, Keitel, Jodl und Himmler. Bests Chef, von Ribbentrop, hatte sich krank gemeldet. Zwar ließ Hitler Best vortragen, wie er die Dinge sehe, doch kümmerte er sich um dessen Vorschläge nicht. Für einen Deutschen fünf Dänen als Gegenterror, lautete seine Entscheidung. Best, der auf Himmlers Unterstützung und dessen Deckung eines Gegenterrors im Verhältnis eins zu eins hoffte, hörte anstelle einer solchen Zusicherung nach der Besprechung von Himmler nur: „Haben Sie jetzt eingesehen, daß dieses Genie immer recht hat?“[201] Wieder nach Dänemark zurückgekehrt, entschlossen sich Best und Pancke (zusammen mit Bovensiepen, dem Befehlshaber der Sicherheitspolizei), Hitlers Befehl zu ignorieren und bei der alten Regelung „eins zu eins“ zu bleiben, was bis Juni 1944 „gutging“ und weder von Hitler noch von Himmler beanstandet wurde. Doch im Juni befahl Himmler sowohl Best als auch Pancke telegrafisch, im Auftrage des Führers sofort brutalste Maßnahmen gegen Saboteure zu ergreifen, was er im Herbst auf dem Wege über das Auswärtige Amt noch einmal tat.[202] Öffentlich im Zusammenhang mit der deutschen Politik in Dänemark nicht so festgelegt, daß Best um eines intakten Bildes willen längst hätte zur Rechenschaft gezogen werden müssen, ließ Hitler den Reichsbevollmächtigten gewähren und duldete die Boykottierung seiner Befehle und Weisungen. Als die dänische Polizei im September 1944 aufgelöst und teilweise interniert wurde, geschah es auf Himmlers Intervention ohne vorherige Information Bests, der sich brüskiert fühlte und Hitler um seine Abberufung bat.[203] Doch Hitler ließ ihn nicht gehen.

Es ist müßig, zu fragen, wie etwa Peter der Große, Friedrich der Große, Napoleon I. und Josef Stalin, mit denen Hitler sich gern verglich, an seiner Stelle in diesen Fällen gehandelt hätten. Die Geschichte kennt genügend Konfliktbeispiele solcher Art, und sie hält auch die einander oft widersprechendsten Antworten auf die Reaktionen historischer Gestalten bereit. Im Zusammenhang mit Hitler erscheint am wesentlichsten, daß emotionale Bindungen an bestimmte Führungsexponenten ihn davon abhalten konnten, Entscheidungen zu treffen, die um der Sache willen unbedingt hätten gefällt werden müssen. Er nahm gelegentlich schwerwiegende Nachteile auf Kosten seiner zum Erfolg verurteilten Führungsverpflichtung in Kauf, weil es ihm schwerfiel, persönliche Gefühle von Realitäten zu trennen.

Stalin war nicht einmal bereit, nach der Schlacht von Stalingrad auf Hitlers Angebot einzugehen, seinen in deutscher Gefangenschaft befindlichen Sohn Jakob gegen den in Stalingrad in russische Gefangenschaft geratenen Hitler-Neffen Leo Raubal auszutauschen.* Daß Hitler seine diesbezügliche persönliche Schwäche kannte, muß als sicher gelten. Nicht ohne Grund wehrte er sich, eigene Verwandte irgendwie durch

* Stalins Tochter Swetlana schrieb 1967 (vgl. Allilujewa, Swetlana: 20 Briefe an einen Freund, Wien 1967, S. 232): „Im Winter 1943/44, also nach dem Sieg bei Stalingrad, sagte mir Vater gelegentlich einer unserer schon so seltenen Begegnungen: ‚Die Deutschen haben den Vorschlag gemacht, Jascha (russischer Kosename für Jakob, der Verf.) gegen irgendeinen der Ihrigen auszutauschen . . . Soll ich mich auf einen solchen Handel mit ihnen einlassen? Nein – Krieg ist Krieg.' " Bei dem „Ihrigen" handelte es sich, was Swetlana nicht wußte, um Leo Raubal.

Ämter auszuzeichnen und hervorzuheben. Selbst sein Lieblingsneffe Leo Raubal, der sicherlich die Voraussetzungen für ein höheres Staatsamt mitbrachte, mußte als Lehrer arbeiten und unbekannt bleiben. Einem – als Unteroffizier in Rußland gefallenen – Sohn seines Halbbruders Alois hatte er verboten, Berufsoffizier zu werden, weil er eine „Namens-Karriere mit all den Konsequenzen" befürchtete, die „sich aus der Verwandtschaft (mit ihm) ergeben könnten".[204]

Fehler, wie Napoleon I. sie gemacht hatte, sollten ihm nicht unterlaufen. Ihm warf er nicht nur vor, als Kaiser seinen menschlichen Schwächen nachgegeben und seine Brüder und Schwestern zu Stellungen verholfen zu haben, in denen sie versagten, sondern auch, sie nicht aus ihren Positionen entfernt zu haben, nachdem „ihre Unfähigkeit längst"[205] erwiesen gewesen sei. Den ersten Fehler Napoleons, die Vetternwirtschaft mit „Schwäche und Untergang"[206] als Folge, vermied er konsequent, beim zweiten jedoch übertraf er ihn bei weitem.

Die höchsten Militärs, die nicht erst während des Nürnberger Prozesses beklagten, von ihrem Obersten Befehlshaber nicht verstanden und falsch behandelt worden zu sein, hätten sich auf einer Basis, wie Speer sie wählte, sehr viel besser mit Hitler „verstanden", als es der Fall war. Daß er sie wie die Gauleiter der NSDAP führen zu müssen meinte, hat er sie schon früh spüren lassen. Einen Teil des Mißtrauens, das er ihnen entgegenbrachte, hatten sie sich selbst zuzuschreiben. So berichtete einer von ihnen* Hitler im Oktober 1939, daß eine Kompanie am Westwall meutere, weil sie – wie ein Großteil der Generale – den Krieg nicht wolle. Hitler, zu der Zeit ob des von ihm angestrebten Westfeldzuges zwar ungeduldig, gegenüber den Generalen jedoch noch sehr beherrscht, ließ sofort

* Heinz Linge glaubt sich zu erinnern, daß es von Brauchitsch gewesen sei. Persönliche Auskunft von Heinz Linge vom 7. 1. 1979.

einen seiner militärischen Adjutanten die Kompanie aufsuchen, was bei einigen Militärs offensichtliche Betroffenheit auslöste. Die Meldung des Inspizienten, daß von Ungehorsam oder Meuterei überhaupt nicht die Rede sein könne, nahm Hitler mit eisigem Schweigen entgegen. „Seitdem", so erinnert sich Hitlers „Kammerdiener" Heinz Linge, „hatte ich manchmal den Eindruck, daß der Führer sich die Hand waschen wollte, die er dem einen oder anderen General gegeben hatte."[207]

Führungsapparat NSDAP in Bormanns Händen

Wie intensiv die NSDAP als Führungsinstrument Bormanns in den Führungsapparat einbezogen war, bezeugt nicht zuletzt ein als Geheime Reichssache deklariertes Rundschreiben Martin Bormanns vom 31. Mai 1944, in dem es – angesichts der bevorstehenden Invasion – unter anderem hieß: „In dem reibungslosen Zusammenspiel aller deutschen Abwehrkräfte, in der Beseitigung aller Zuständigkeitskonflikte liegt die Gewähr für schnelles, wirkungsvolles Handeln und damit für den Erfolg. Zwei Führererlasse über die ‚Befehlsgewalt in einem Operationsgebiet innerhalb des Reiches' für Partei und staatliche Verwaltung werden die Befugnisse der Gauleiter und Reichsverteidigungskommissare in ihrem Verhältnis zur Wehrmacht bestimmen."

Bormann wies die Gauleiter an, „alle notwendigen Vorbereitungen (zu) treffen, um für den Ernstfall gerüstet zu sein". Zwar stellte er fest, daß seine Anweisungen lediglich als „Rahmen" für die von den einzelnen Gauleitern jeweils zu treffenden Maßnahmen anzusehen seien; aber seine Diktion und der

Stil seiner Weisungen waren unmißverständlich darauf angelegt, der Partei als dem Träger der nationalsozialistischen Weltanschauung nicht nur formal eine maßgebliche Rolle im Rahmen der Führungsstruktur des Reiches zuzuordnen. Als wichtigste Aufgabe sah er in der Phase des Krieges die Regelung des „außerberuflichen Menscheneinsatzes im Heimatkriegsgebiet“ an, in dem die NSDAP sowohl der Wehrmacht als auch der Polizei die benötigten Kräfte zur Verfügung zu stellen hätte.

Die Wehrmacht, die Polizei und die Organisationen der NSDAP als geschlossene Einheit darstellend, sprach Bormann von der nötigen sachlichen „Aufgabenverteilung zwischen Wehrmacht, Polizei und Parteiformationen“ und forderte den eventuellen Einsatz von Frauen. „In den unmittelbar betroffenen Gauen“, dekretierte er, „wird es sich vielleicht als notwendig erweisen, in Sonderfällen Frauen zu Hilfsdiensten, u. a. zu Schanz- und Planierungsarbeiten, heranzuziehen ... Auf alle Fälle muß ... sichergestellt werden, daß ... die Erfassung und die Führung im Einsatz durch die Partei erfolgen.“ Einsatzübungen, die Ausbildung der Männer an der Waffe, die Überprüfung der Ausrüstung und Aufmärsche sollten, rechtzeitig und nachdrücklich politisch-propagandistisch beeinflußt, „die Stärke der Heimatfront vor dem eigenen Volk und vor den fremdländischen Arbeitskräften ... demonstrieren“.

Obwohl die Funktionsträger wußten, nach welchen Kriterien die Führungspositionen zu besetzen waren, wies Bormann sie noch einmal ausdrücklich an, die „Führerstellen der nichtmilitärischen Abwehrformationen mit zuverlässigen Nationalsozialisten“ zu besetzen. Um die Parteifunktionäre nicht unnötig mit Wehrmachts- und Polizeistellen kollidieren und seiner Position Schaden zufügen zu lassen, differenzierte er zwar, daß die Rückführung von Industrie- und Landwirtschaftsgütern, von ausländischen Arbeitern und Gefangenen aus dem Operationsgebiet und die „Zerstörung kriegswichtiger Anlagen“ ausschließlich Aufgabe der Wehrmacht und der Polizei seien, doch er machte auch darauf aufmerksam, daß die Partei die mit einer Evakuierung der deutschen Zivilbevölkerung zusammenhängenden Probleme zu bewältigen habe. Dafür, daß seine Kader und die Machtbasis Partei, auf die er sich stützte, intakt blieben und vor Dezimierungen geschützt wurden, sorgte er. „Da gemäß Führerbefehl im Fall einer feindlichen Landung alle wehrfähigen Männer des Operationsgebietes sofort mit der Waffe einzusetzen sind“, wies er seine obersten Führungsgehilfen an, „bedarf es einer eingehenden Vorplanung, um die führenden Kräfte der Partei freistellen zu lassen.“[208]

Der Parteiapparat lief stets auf vollen Touren und war auf Hitler als Führer fixiert. Auch wenn durch die durch seine Führungsweise geförderten Kompetenzenrangeleien unter den Parteiführern, Parteiorganisationen und Parteistellen, durch die konkurrierenden Aufgabenüberschneidungen und durch Rivalitäteninitiativen viel Stoßkraft verbraucht wurde, über Bormann hatte Hitler mit ihm ein Instrument in der Hand, neben dem die Staatsbürokratie blaß aussah, obwohl sie von Nationalsozialisten nicht nur nominell durchsetzt war.

Militärs verstanden und dennoch falsch behandelt.

In Preußen gehörten der NSDAP schon 1937 86 % und im übrigen Reich 63 % der Beamten an, von denen in Preußen 48 % und im weiteren Reich 11 % alte Parteigenossen waren. Auf diese Kader seit Jahr und Tag eingestellt und herkunfts-, bildungs- und auffassungsmäßig gegen die anders strukturierte Wehrmachtsführung festgelegt, warf Hitler der Generalität und dem höheren Offizierskorps vor, im Grunde kriegsfeindlich, politisch naiv, konservativ und dünkelhaft zu sein und dem Nationalsozialismus fernzustehen. Dennoch war es ihm unmöglich, seinen Führungsstil darauf einzustellen. Er, der die Welt erobern wollte, versagte als Führer im Umgang mit den Führern des Instruments, ohne das er seine Pläne nicht verwirklichen konnte. Am liebsten hätte er Gauleitern Armeen gegeben, sagte er schon am 10. September 1938 und erklärte, daß seine Politischen Leiter mit Fallschirmen auf der Zeppelinwiese abspringen würden, wenn er dies wollte. „Dort sei eben Glaube und in der Generalität des Heeres nicht.“[209]

Nachdem Hitler Mitte Februar 1945 eine längere Zeit hindurch mit Martin Bormann gesprochen hatte und Bormann wieder gegangen war, monologisierte er über die Erschießung Ernst Röhms im Juni 1934 und fragte sich dabei, ob er nicht doch einen Fehler begangen habe, als er Röhm erschießen ließ; denn wäre Röhms Plan realisiert worden, hätten „wir vielleicht doch noch rechtzeitig ein bis oben hin nationalsozialistisch ausgerichtetes Offizierskorps bekommen . . . Stalin hat es 1937 richtig gemacht, als er Tuchatschewski und mit ihm zusammen die Marschälle, Armeebefehlshaber, Admirale, Kommandierenden Generale, Kommandeure, Verteidigungskommissare, den Obersten Kriegsrat und über 30 000 Offiziere liquidierte, auf die er sich nicht verlassen konnte.“*

* Persönliche Mitteilung von Heinz Linge vom 6. 1. 1979. Offensichtlich schloß dieser Monolog Hitlers Äußerungen gegenüber Martin Bormann, der am 14. 2. 1945 als Hitler-Feststellungen u. a. notierte: „ . . . im Hinblick auf unsere moralische Rüstung (kam der Krieg) . . . viel zu früh. Es ist mir keine Zeit geblieben, die Menschen für meine Politik heranzubilden . . . In Ermangelung einer Elite, wie sie uns vorschwebte, mußten wir uns mit dem vorhandenen Menschenmaterial begnügen. Das Ergebnis sieht danach aus . . . Unsere Generäle und unsere Diplomaten sind mit wenigen Ausnahmen Männer von gestern, die den Krieg ebenso wie . . . die Politik einer überlebten Zeit führen.“

Doch Hitler hatte nicht getan, was nicht nur nach seiner Ansicht richtig und erfolgversprechend gewesen wäre. Er hatte weder Röhms Pläne* unterstützt noch den Gauleitern militärische Armeen gegeben. So war er gezwungen, mit dem vorhandenen „Material" zu regieren und zu führen, was bei seiner Entscheidungsschwäche und den kontroversen Intentionen von Partei- und Staatsinstanzen zu Ergebnissen führen mußte, die ihm nicht als Ziele vorschwebten. Keitels Feststellung, daß der Ursprung allen Unheils in Hitlers unüberwindlichem Mißtrauen gegenüber führenden Persönlichkeiten mit „kaiserlich-republikanischer Vergangenheit"[210] gelegen habe, trifft den Sachverhalt weitaus besser als die in jüngster Zeit phantasiereich ausgemalten Hypothesen über ein in Hitler angelegtes Bedürfnis, zerstören zu wollen und zerstören zu müssen.[211] Tatsache ist: Hitler war nicht in der Lage, in der ihm zur Verfügung stehenden Zeit genügend geeignete Persönlichkeiten für die Führung im Staat und in der Wehrmacht aus seinen eigenen Reihen heranzubilden.

Mehr als ein Jahrzehnt hatte er sich programmatisch mit theoretischen Sandkastenspielen über innen- und außenpolitische Probleme der Zukunft beschäftigt und mit seiner Partei und deren Organisationen „exerziert"; aber als er seine Prophezeiungen und „Verheißungen" in die Tat umsetzen sollte, fehlten ihm die Kader, die er zur Bewältigung der übernommenen Aufgaben gebraucht hätte. Zwar schwärmten Tausende Parteifunktionäre über die Schaltstellen im Staat aus,** doch

* Vgl. S. 385 ff.

** Welche Ausmaße dabei die Neubesetzungen von Behördenstellen durch NSDAP-Mitglieder zuweilen einnahmen, bezeugt beispielsweise ein Bericht des Amtsblattes der Stadt Nürnberg vom 27.2.1936. Danach waren vom 30.1.1933 bis Ende Februar 1936 von 786 Mitgliedern der NSDAP, der SA, SS, HJ, des BDM, der NS-Frauenschaft und des NS-Studentenbundes Posten neu besetzt worden. Davon hatten am 30.1.1933 bereits 486 Personen der Partei und den genannten Organisationen angehört, die übrigen 300 waren in der Zwischenzeit eingetreten.

infolge der Hitlerschen Führungsweise, der Führungsstruktur der NSDAP, der illegalen Aktionen der Parteistellen und NS-Organisationen und der Maßnahmen der Hitler-Papen-Regierung kam es zu Schwierigkeiten, die Hitler nicht vorausgesehen hatte. Es entwickelte sich ein Parteibonzentum, das den Staat zu usurpieren und zum Parteieigentum zu machen versuchte und weltanschauliche Kriterien und ideologische Wunschvorstellungen an die Stelle von Gesetz und Recht setzte.

Schon kurz nach Hindenburgs Tod hatten alte Kämpfer knapp die Hälfte aller Stadtverwaltungsposten besetzt. 30 % von ihnen war der Sprung auf Landratsposten gelungen. 31 % der 827 Kreisleiter und 19 % der rund 21 000 Ortsgruppenleiter hatten staatliche und kommunale Führungsposten inne. Fast 60 % dieser Kreisleiter mit Staatsposten fungierten als Bürgermeister in Städten und die jeweiligen Ortsgruppenleiter als Bürgermeister in kleineren Orten.[212] Zwei Jahre vor Kriegsbeginn überstieg die Anzahl der Politischen Leiter 700 000, während 86 % der preußischen Beamten und 63 % der Beamten des übrigen Reiches Mitglieder der NSDAP waren.[213] Zwei Millionen politische Führungspositionen befanden sich während des Krieges in den Händen von Parteigenossen, die ihre Kompetenzen je nach Fähigkeiten, Erfahrungen und Möglichkeiten nutzten und die Ministerien zu erheblichen Mehrausgaben zwangen.*

Infolge der Diskrepanz zwischen Hitlers Vorstellungen und Erwartungen und seiner Unfähigkeit, stets rasch und offensiv zu entscheiden, mußte er schließlich scheitern. Er hätte, wie Keitel erkannte, „entweder Vertrauen schenken und sich des fachlich vorgebildeten Führerkorps ohne Vorbehalt bedienen“ oder aber „den vorgefundenen Führerapparat sofort

* 170 % waren es bereits zwischen 1934 und 1939.

beseitigen müssen, wie Stalin es getan hat".[214] Er aber hat seine Unterführer Politik treiben lassen, gezaudert, gehofft, gewartet und alles vor sich hergeschoben. Mit seinen gelegentlichen impulsiven Entscheidungen und unduldsamen Augenblicksentschlüssen, die zuweilen weder auf das Gesetz noch auf das Recht Rücksicht nahmen und nicht selten aus der im Unterbewußtsein vorhandenen Erkenntnis resultierten, mit normalen Mitteln nicht ans Ziel zu kommen, konnte er die entscheidenden Mängel nicht aus der Welt schaffen. Seine Führungsschwächen und die jeweilige „Gunst der Stunde" nutzend, gelang es entscheidungsfreudigen Spitzenfunktionären wie Goebbels, Bormann und Himmler – um nur diejenigen aufzuzählen, die Keitel als die „bösesten Geister"[215] und „anonymen ... Treiber der Partei"[216] hinter Hitler bezeichnete – eigene Entscheidungen durchzusetzen. Daß sich diese durchaus nicht immer mit Hitlers Vorstellungen und Erwartungen zu decken brauchten, beweisen genügend Beispiele. Wer daraus allerdings folgern zu müssen meint, die „bösen Geister" und „anonymen Treiber" seien es gewesen, die Hitler bewogen oder gar gezwungen hätten, verbrecherische Befehle und Weisungen zu erlassen, täuscht sich. Eindeutig stellte der einstige Chef des Oberkommandos der Wehrmacht während des Nürnberger Prozesses im Zusammenhang mit der Vernichtung der Juden fest, daß auch Himmler und die SS den Befehlen Hitlers nicht so zu gehorchen[217] hatten wie die Wehrmacht. Grundsätzlich, schrieb Keitel am 23. Februar 1946, erhielt Himmler seine Befehle „unter vier Augen"[218] von Hitler, der einen „Schleier ... über diese Seite der Kriegsführung vor der Wehrmacht so lange bereitete, bis den Ermächtigungen (Himmlers) die Taten folgten".[219] Allerdings: Taten derer, die in seinem Sinne handelten, konnten durchaus als Zwang hinter seinen Entscheidungen stehen, die zuweilen erst legalisierten und deckten, was bereits geschehen war oder gerade geschah. „Wäre der gesamte Komplex, der sich aus der Ermächtigung Himmlers für die SS im Osten entwickelte", beteuerte Keitel 1946 rückschauend, „vorher bekannt gewesen, so hätte in diesem Falle erstmalig die führende Generalität Protest erhoben. Das ist mein Glaube."[220] Was er mit dem „Komplex" meinte, sagte er im selben Zusammenhang deutlich: Ausrottung der Juden, Massenhinrichtungen, Verschleppungen in Konzentrationslager[221] und Völkermord.

Jahrelang duldete Hitler führende Militärs um sich, arbeitete und lebte mit ihnen – wie mit Keitel und Jodl – zusammen auf engstem Raum; aber zu tatsächlichen persönlichen Kontakten hat er es niemals kommen lassen. Nach außen hin wurde der Eindruck suggeriert, er hielte betont Distanz, um als Führer nicht womöglich anfällig für Schmeicheleien und Vetternwirtschaft oder gar für Zugeständnisse aus persönlicher Sympathie zu werden. Die Wahrheit war dies nicht. Mißtrauen gegenüber jedermann, Geringschätzung von Kenntnissen, Erfahrungen, Fähigkeiten, Meinungen und Gefühle anderer und nicht zuletzt auch Angst vor Opposition, die durch intime persönliche Beziehungen erleichtert werden könnte, waren die Motive. Selbst Hermann Göring mußte – nach einer Überlieferung von Nevile Henderson – eingestehen, daß sie alle, wenn sie vor Hitler gestanden haben, sich vorgekommen seien wie jemand, der nicht mehr wert gewesen sei als die Steinplatten, auf denen er sich gerade befand.[222]

Da es persönliche Gespräche zwischen verantwortlichen militärischen Führern und Hitler nicht geben durfte, das Vorgesetztenverhältnis streng gewahrt werden mußte und Gedankenhintergründe und Entscheidungsvorsätze so weder abgetastet noch ausgelotet werden konnten, blieben Hitlers Führungsschwächen weithin „unangetastet". Hitler „verkehrte“ mit seinen maßgeblichen Führern stets so, daß die Gefahr, in Verlegenheit geraten zu können, nahezu völlig ausgeschaltet war. „Ein über den dienstlichen täglichen Umgang hinausgehender persönlicher Kontakt“, schrieb Keitel am 26. Dezember 1945, „ist niemals eingetreten! Trotz der äußerlich meist höflichen und kavaliersmäßigen Formen blieb die Distanz gewahrt! Persönlich bin ich dem Führer trotz der ständigen Berührung niemals näher gekommen! Ich war oft sein offizieller, aber nie sein persönlicher Gast.“

Hitler pflegte zu seiner Entspannung Gastfreundschaften in seinem Haus auf dem Obersalzberg, in München und Berlin und in seinen Hauptquartieren. Er umgab sich mit einem bestimmten Kreis von Leuten, die gewöhnlich nahezu uneingeschränkt Zugang zu ihm hatten. Außerhalb der Hauptquartiere, so zum Beispiel auf dem Obersalzberg, waren auch Familien dabei! „Ich habe“, erklärte Keitel, „diesem Kreise niemals angehört und wäre (meinem Empfinden nach) auch Fremdkörper gewesen und geblieben . . . ich (wurde) vielleicht zwei oder drei Mal im Jahre zu den allabendlichen Teestunden gebeten . . . Eine Beziehung zu meiner Familie ist nie eingetreten. Meine Kinder hat der Führer nie begrüßt, meine Frau nur bei offiziellen Empfängen gesehen . . . Mein privates Leben ist niemals Gegenstand der Nachfrage gewesen. Ich war der ‚General‘ und der Führer mein militärischer Vorgesetzter. Ein vertrauliches Gespräch, eine Unterhaltung rein menschlicher und persönlicher Art, ein Versuch, mir außerdienstlich näher zu kommen, ist nie gemacht worden . . . Daß der Führer eine persönliche und offenherzige, vertraute Aussprache mit mir . . . nicht wollte, bewies die Anwesenheit der Stenographen, die das von selbst verhinderte . . . Ich habe diese Behandlung als inneres Mißtrauen empfunden!“[223]

Die Einstellung der Generalstäbler brachte vor allem die

Untersuchungen des Stauffenberg-Attentats an den Tag. Aufschlußreich ist ein schriftlicher Bericht des Oberleutnants Günther Smend, der seit 1943 Adjutant des Chefs des Generalstabes des Heeres (Kurt Zeitzler) war, am 14. August 1944 aus der Wehrmacht ausgestoßen und am 30. August 1944 zum Tode durch den Strang verurteilt wurde. Am 1. August 1944 schilderte er die „psychologische Entwicklung der Dinge bis zum 20. 7. 1944",[224] wie er sie sah. „Bedrückt von den Tagesereignissen an der Front einerseits" und von dem seit Stalingrad „erstmals (klar) werdenden Zwiespalt zwischen den Vorschlägen des Generalstabes und der Entschlußfassung des Führers andererseits", schrieb er, „konnte eine bewußt positive Grundhaltung nicht Platz greifen. Die veranlaßte erstmalig zu einer starken Kritik am Führer, die praktisch vom ganzen Offizierskorps der Operationsabteilung geübt wurde und nie von einem Vorgesetzten gehindert wurde. So kam man ganz von selbst . . . in seiner Einstellung zum Führer und seinen militärischen Maßnahmen ins Gleiten . . . wir richteten unsere Kritik am Führer und seinen Maßnahmen an der der Vorgesetzten aus . . . Vor den morgendlichen Lagebesprechungen trafen sich in meinem Zimmer die Generale (Eduard) Wagner, (Adolf) Heusinger, (Erich) Fellgiebel, (Helmuth) Stieff und Gerke, und schon hier begann die Kritik am Führer . . . oft in scharfer Form . . . Sie wurde während der Lage (jedoch) nicht geübt . . .* Ein Wechsel in den maßgeblichen Chefeinstellungen (Abteilungschefs) wäre unbedingt nötig und von Nutzen gewesen . . . Auch das ist . . . mehrfach vorgeschlagen worden, teils wurde es vom Führer abgelehnt (wie im Fall General Gerke), teils schienen es die Ereignisse an den Fronten nicht zuzulassen . . . Ein positives Wort, eine vernünftige Ausspra-

* Smend meinte natürlich nicht die Lagebesprechungen im Führerhauptquartier.

che hätte (noch Ende Juni 1944) genügt, die steuerlos dahintreibenden Generalstabsoffiziere einzufangen und auf den richtigen Weg zu setzen . . ."[225]

Hatten die – keineswegs einheitlich denkenden und handelnden – Militärs Hitlers Geringschätzung spätestens seit August 1942 nicht immer nur versteckt zu spüren bekommen, so geschah dies seit dem Attentat vom 20. Juli 1944 meist offen und in zuweilen sogar ostentativ drohender Weise. Hitler unterließ es, taktisch flexibel auf die Gegebenheiten einzugehen und die – von ihm falsch angefaßten – Soldaten so zu führen, wie es zu seinem Vorteil nötig gewesen wäre. Mehrfach sah sich selbst Wilhelm Keitel, der als Mittler zwischen der Generalität und Hitler fungierte, in der Rolle eines subalternen Angestellten, der gelegentlich froh war, mit Heinz Linges Hilfe außerhalb der Lagebesprechungen von Hitler empfangen zu werden.[226] Gegenüber Hans Kehrl, von 1943 bis Kriegsende Chef des Rohstoffamtes in Speers Ministerium und Leiter des Planungsamtes des „Vierjahresplans", äußerte Keitel kurz vor der Einschließung Stalingrads durch die Rote Armee: „Der Führer befindet sich . . . im Zustand hochgradiger Erregung, und wenn das der Fall ist, dann will oder muß er jemanden anbrüllen, um nicht zu explodieren. Und er brüllt nun einmal mich lieber an als irgendeinen anderen im Hauptquartier, und zwar deswegen, weil er von mir weiß, daß ich es ihm nicht übelnehme und nachtrage. Als Blitzableiter bin ich praktisch unersetzlich."[227]

Die Antwort auf die Frage, was Wilhelm Keitel, den konservativen Generalfeldmarschall und Chef des Oberkommandos der Wehrmacht, dazu bewog oder zwang, sich Hitler derartig unterzuordnen und sich von ihm zuweilen wie ein Feldwebel auf dem Kasernenhof herumkommandieren zu lassen, schließt zugleich ein Urteil über Hitler als Obersten Führer der

Wehrmacht ein. Keitels nachgelassener Bericht vom 25. Januar 1946, von ihm als freimütige Schilderung seines Weges „neben dem Führer und in seinem Bann“ verstanden, erklärt nicht nur die wesentliche Problematik seines Lebens, sondern läßt auch die Voraussetzungen deutlich werden, die es Hitler möglich machten, die Militärs in „seinen Bann“ zu ziehen und sie sich unterzuordnen. „Als Nur-Soldat der besten alten Schule der königlich-preußischen Armee“, schrieb Keitel während seiner Haft in Nürnberg, „sah ich nach 1933 meine Lebensaufgabe nicht im Streit um die neue politische Ordnung im Innern und nicht in Plänen für eine neue Weltordnung in Europa. Ich war ein Soldat, der sein höchstes Ziel darin sah, wieder eine von allen Fesseln des Versailler Vertrages befreite Wehrmacht zu organisieren und begründen zu helfen, ohne allerdings mir lange den Kopf zu zerbrechen, welches der Weg sei, die politischen Hemmnisse abzuschütteln. Aber das wollte ich noch erleben. An mehr habe ich damals nicht gedacht.“[228]

Wäre es nur dies gewesen, die weithin unpolitischen Militärs, für die der exponierte Generalfeldmarschall sprach, hätten von ihrem Obersten militärischen Führer nach Hindenburgs Tod nicht gerade viel erwartet. Doch ganz so einfach, wie dieses Bekenntnis es als möglich erscheinen lassen könnte, lagen die Dinge für Hitler als Führer nicht. Auch Keitels Aufzeichnungen beweisen es. „Mehr noch als für das deutsche Volk“, schrieb er am 15. November 1945, „ist es für die Welt ein schwer verständlicher Vorgang, daß der Gefreite des (Ersten) Weltkrieges . . . nicht nur Oberster Kriegsherr – in seiner Eigenschaft als Staatsoberhaupt –, sondern zugleich (auch) Oberster Befehlshaber der deutschen Wehrmacht wurde“; denn „das Offizierskorps der alten Armee, repräsentiert durch die Generalität, hat die militärische Führung stets nur einem aus ihren Reihen hervorgegangenen Fachmann anvertraut . . .

Nicht die Reichswehrminister der Republik, Noske und Geißler, etwaige Oberbefehlshaber, waren für die Reichswehr die tatsächlichen militärischen Führer, sondern der allverehrte Reichspräsident Feldmarschall von Hindenburg mit General von Seeckt."[229]

Das Offizierskorps der Reichswehr, das hinter seinen jeweiligen Oberbefehlshabern von Blomberg, von Fritsch und Raeder stand und zur Zeit der Weimarer Republik selbst dem Reichswehrminister Groener keine militärische Kommandogewalt hatte zubilligen wollen, obwohl er General war, mußte für Hitler ein unüberwindbares Hindernis sein. Es sei denn, es gelang ihm, grundsätzlich neue Verhältnisse und damit die Voraussetzungen zu schaffen, die einen Obersten Befehlshaber Hitler möglich machen konnten. Positiv wirkte sich für ihn aus, daß es der NS-Propaganda gelang, die Röhm-Affäre als eine dank seines Eingreifens gescheiterte Anti-Reichswehraktion darzustellen. „Viele der noch abwartenden" Soldaten, schrieb Keitel, „wurden durch die Niederschlagung des ‚Röhm-Putsches' im Juli 1934, der sich ausschließlich und unmittelbar gegen den Bestand der Wehrmacht richtete, zu Anhängern der Regierung".[230] Hindenburgs Tod am 2. August 1934 und die Vereidigung der Wehrmacht auf Hitler, dem bei der Gelegenheit nur zwei maßgebliche Militärs die Gefolgschaft verweigerten, bewirkten ein übriges, ebenso wie das, was Keitel wie folgt beschrieb: „Dem Offizierskorps blieb nicht verborgen, daß die von Hitler geführte Reichsregierung den Nöten der alten Kameraden und vielen Tausenden von Versorgungsanwärtern (ehemalige Unteroffiziere), aber auch dem Ansehen und den materiellen Bedürfnissen der Armee ihre ganze Fürsorge zuwendete."[231] Hinzu kamen „die vielfachen soldatischen Analogien, die Ableitung zahlreicher, besonders immer politischer Zielsetzungen aus dem Fronterleben und dem Geiste der Weltkriegskämpfer. Das Soldatische in der Ideologie übte fast unbewußt Anziehungskraft aus[232] . . . Gleichzeitig setzte sich immer mehr die Erkenntnis durch, daß der Weg zur Beseitigung der militärischen Beschränkungen durch den Versailler Vertrag mit Beharrlichkeit verfolgt wurde. Der Austritt aus der Abrüstungskonferenz, die Besetzung der entmilitarisierten Rheinlandzone" am 7. März 1936, „die (Proklamation der) Souveränität des Reiches" vom selben Tag und „die Erklärung der . . . allgemeinen Wehrpflicht" vom 16. März 1936 wurden „von jedem Offizier und Soldaten begrüßt, weil sie der Wehrmacht ihre Aufgabe und Existenzberechtigung zurückgaben".[233]

Diese Maßnahmen und Ereignisse wurden schließlich auch von den Militärs begrüßt, die Hitlers optimistisch stimmende Versprechungen vom 3. März vor den Befehlshabern der Reichswehr und vom 8. März 1933 vor dem Kabinett, der Wehrmacht und deren Rüstung sein besonderes Augenmerk widmen zu wollen, mit skeptischem Vorbehalt aufgenommen hatten.

Gemessen an den Möglichkeiten, die der Reichswehr vom Ende des Kaiserreiches bis zu diesen Aktionen geboten worden waren, ihre Existenz zu rechtfertigen und ein akzeptables Selbstgefühl zu entwickeln, bot Hitler schon jetzt erheblich mehr als alle seine Vorgänger. Grund genug für das Offizierskorps, ihm wenigstens nach außen hin die klein- bis mittelbürgerliche österreichische Herkunft nachzusehen und ihm zu „verzeihen", während des Ersten Weltkrieges nur dem Mannschaftsstand angehört zu haben. Aber als seinen Führer und Obersten Befehlshaber mit Kommandogewalt hat es sich ihn anfänglich weder vorstellen wollen noch können. Noch im November 1937, als er von Blomberg, von Fritsch, Raeder, Göring und dem Reichsaußenminister von Neurath in Anlehnung an „Mein Kampf" erklärte, wohin er steuere,* hielten die Militärs ihn für einen Tagträumer ohne angemessenen Wirklichkeitssinn. Seine „Gedankenflüge . . . wurden als Fantasien eines politischen Traumbildes angesehen", so schilderte der einstige OKW-Chef 1945 die Meinungen der Militärs und ergänzte: „Die Soldaten nahmen solche Pläne nicht ernst, weil sie das geringe Maß der militärischen Kraft im zweiten Jahre des Aufbauplanes vor Augen hatten . . . Die Generale hielten damals solche Pläne für Utopien . . . Man ging darüber deshalb zur Tagesordnung über und machte sich höchstens Gedanken, wie man den Führer auf den Boden der Wirklichkeit werde zurückführen können."[234]

Hitler, dem dies nicht verborgen blieb, gab nicht auf. Sowenig er fähig war, offensive Vorwärtsentscheidungen zu treffen, sowenig war er gewöhnlich imstande, ohne Zwang Positionen zu räumen. Er knüpfte an seine früheren theoretischen Beschäftigungen mit militärischen Fragen an, die ihm schon vor dem Ersten Weltkrieg Anlaß zu autodidaktischen Studien geboten hatten.[235]

Keitel beobachtete: Hitler „hielt sich in den ersten Jahren zurück und studierte Geschichte, Organisation, Geist, Leistungen und Traditionen der preußischen Armee. Er wußte, wo der Hebel anzusetzen war, um fehlendes Vertrauen mehr und mehr für sich zu gewinnen. Zahlreiche große und kleine Beweise wirkten in dieser Richtung immer wieder gewinnend und . . . versöhnlich. Verbot der Parteipolitik in der Wehrmacht, Anknüpfung an die besten Traditionen der alten Armee, Ehrungen ihrer großen Männer, Hebung der wirtschaftlichen Lage der Berufssoldaten und der ehemaligen Angehörigen der alten Armee sind solche Beispiele."[236]

* Vgl. S. 131 ff.

Gravierende Zäsuren durch Zufälle.

Doch dann kam es zu einem Bruch in der Entwicklung, den niemand hätte voraussagen können, zumal Hitler an dieser Zäsur seiner Führer-Laufbahn zunächst nur eine Nebenrolle spielte. Der Reichskriegsminister Werner von Blomberg heiratete am 12. Januar 1938 seine Stenotypistin Erna Gruhn, eine ehemalige Prostituierte und Pornodarstellerin, wie die Polizei unmittelbar nach der Hochzeit nachwies.* Hitler, der zusammen mit Göring Trauzeuge war, sah sich getäuscht und möglicherweise sogar vorsätzlich bloßgestellt. Er fürchtete um sein sorgsam gehütetes Prestige, wußte aber zunächst nicht, was er tun sollte. Unschlüssig, so berichtete sein Adjutant Fritz Wiedemann, ging er, die Hände auf dem Rücken verschränkt, ratlos in seinem Zimmer auf und ab und murmelte kopfschüttelnd: „Wenn ein deutscher Feldmarschall eine Hure heiratet, dann ist auf der Welt alles möglich.“[237] Nicht anders erlebte ihn General Gerd von Rundstedt, der später versicherte, Hitler „in einer (so) fürchterlichen Aufregung“ vorgefunden zu haben, „wie . . . (er) ihn noch nie gesehen hatte“.[238]

Erst nachdem das Offizierskorps entschieden hatte, keinen Reichskriegsminister zu dulden, dessen Frau eine Dirne gewesen war, und Werner von Fritsch, der Oberbefehlshaber des Heeres, dies dem Führer und Reichskanzler mitteilen sollte, rang sich Hitler zu einem Entschluß durch, der längst überfällig war: entweder Annullierung der Ehe oder Quittierung des

* Wie Fritz Wiedemann (S. 109 f.) berichtet, ist die Polizei durch einen Zufall auf die Vergangenheit der Frau Blombergs aufmerksam gemacht worden. Ein Polizeibeamter hörte auf der Straße beim Vorbeigehen, wie zwei kleine Mädchen über den „feinen Schwiegersohn“ der Massagesalon-Besitzerin Gruhn sprachen und dabei den Feldmarschall erwähnten. Hellhörig geworden, sah er in der Dienststelle in den einschlägigen Akten nach und entdeckte, daß Erna Gruhn eine eingetragene Prostituierte gewesen war. Die Angelegenheit nahm – über den Berliner Polizeipräsidenten Graf Helldorf – ihren Lauf. Helldorf ging zu Göring, der Hitler informierte.

Ministeramtes. John Tolands Darstellung, daß Hitler Göring beauftragt habe, den Generalfeldmarschall über die Vergangenheit seiner Frau aufzuklären,[239] ist ein Märchen. Wie so vieles, so geschah auch dies auf eine Weise, die der Tradition widersprach und Hitlers Führungsstil exemplarisch kennzeichnete: Hitlers Adjutant Wiedemann verschaffte seinem Kameraden von Wangenheim, dem Adjutanten Blombergs, „einige Devisen", ließ ihn seinem auf der Hochzeitsreise befindlichen Chef nach Rom nachreisen und ihn dort über seine Frau aufklären.[240] Blomberg entschied sich für das Ausscheiden aus dem Amt, was Hitler zwang, einen neuen Reichskriegsminister zu ernennen. Göring strebte den Posten an. Und auch das war eine typische Konsequenz der Führungsweise Hitlers: Göring, der stets auf seinen Dienstrang und auf seine „guten Beziehungen zum Führer" pochende Generaloberst, nahm Wiedemann zur Seite und bat ihn, der nur Hauptmann war, sich bei Hitler für seine Ambitionen zu engagieren. „Sie können es doch gut mit dem Führer", sprach er ihn „kameradschaftlich" an und „riet" ihm: „Sagen Sie ihm, er soll mich zum Feldmarschall machen . . . Und er soll mir das Heer geben. Ich gebe dann den Vierjahresplan ab."[241] Wiedemann, Hitlers Vorgesetzter im Ersten Weltkrieg, der seinem „Kameraden" Göring zu helfen versuchte, scheiterte an Hitlers Ablehnung. „Kommt gar nicht in Frage", antwortete Hitler ihm auf seinen „Antrag" für Göring und begründete diese Entscheidung wie folgt: der „versteht ja nicht einmal etwas von der Luftwaffe. Er kann ja nicht einmal eine Besichtigung abhalten. Da verstehe ich ja mehr davon."[242] Blomberg-Nachfolger hätte logischerweise Werner von Fritsch werden müssen, der Hitler vor allem auch von seinem Chefadjutanten Friedrich Hoßbach empfohlene Oberbefehlshaber des Heeres. Doch dessen negative Haltung gegenüber der NS-Politik ließ Hitler verhältnismäßig zurückhaltend reagieren und skeptisch bleiben. Zudem hatte Göring Hitler mit einem von Heydrich manipulierten Dossier vertraut gemacht, das Generaloberst Fritsch der Homosexualität bezichtigte,[243] was dessen Karriere als Militär zwangsläufig beenden mußte. Auch wenn die Anschuldigungen frei erfunden waren, Fritsch konnte weder seine Stellung halten noch Reichskriegsminister werden. Ob diese – für den Generaloberst tragische – Affäre Hitler tatsächlich so gelegen gekommen ist, wie nach wie vor behauptet wird,[244] ist mehr als nur unsicher. Wäre Hitler über den Skandal froh gewesen, den er zu der Zeit keineswegs brauchen konnte, hätte er gewiß nicht erwogen, die Angelegenheit persönlich zu klären und Fritsch in seinen Amtsräumen mit den Strichjungen zu konfrontieren,[245] die mit dem Generaloberst angeblich homosexuell verkehrt hatten.

Daß es zu dieser Konfrontation nicht kam, war wiederum eine Folge der Hitlerschen Führungsweise. Offenbar überzeugt, den zu ihm abkommandierten Adjutanten der drei Wehrmachtsteile* ebenso unbedingt vertrauen zu können wie seinen SS-Adjutanten, hatte er den Heeresadjutanten Oberst Hoßbach eingeweiht und ihm befohlen, Fritsch nicht über seine Absicht zu informieren. Dieser aber war überzeugt, seinem Dienstvorgesetzten mehr Loyalität schuldig zu sein und Hitlers Befehl nicht unbedingt ernst nehmen zu müssen. Jedenfalls eilte er sofort zu Fritsch in das Wehrministerium und bereitete ihn auf die von Hitler vorgesehene Konfrontation vor.** Das Ergebnis: Nachdem Hoßbach Hitler seinen Ver-

* Vgl. S. 160.

** So wurden die beiden Ganoven dem zwar vorbereiteten, aber sehr ungeschickt reagierenden Generaloberst in Hitlers Anwesenheit gegenübergestellt. Während einer von ihnen bei seiner Behauptung blieb (einer „fiel um“), beharrte von Fritsch auf seiner (zweifellos zutreffenden) Versicherung, das Opfer von Verwechslungen oder Intrigen zu sein. Vgl. Wiedemann, S. 118.

stoß gegen dessen Befehl gemeldet hatte und eine Bestrafung erwartete, mußte er feststellen, daß Hitler gar nichts tat. Auf Wiedemanns Frage an Hoßbach, wie der Führer denn reagiert habe, konnte er nur antworten: „Er war ganz ruhig. Er sagte nur, ich hätte ihm großen Schaden zugefügt, denn nun wäre der Überraschungsmoment dahin. Ich hatte erwartet, daß er mich wegen Übertretung seines Befehls bestrafen würde, aber es ist nichts erfolgt."[246] Erst später, nachdem Hitler genug Zeit gehabt hatte, über den „Fall" Hoßbach zu meditieren, ließ er ihn von seinem Posten als Chefadjutant entfernen. Und wie in nahezu allen Entlassungsfällen, so ließ er auch Hoßbach durch einen ihm unterstellten Generalstabsoffizier mitteilen, daß er abgelöst sei.*

Blomberg hatte sich für seine Frau entschieden, Freiherr von Fritsch war das Opfer einer Intrige geworden. Göring, der sich auf Blombergs Stuhl setzen wollte, erschien Hitler als zu faul und zu unfähig. Wen also sollte er wählen? Er fragte nicht nur seinen Chefadjutanten, sondern am 27. Januar 1938 ausgerechnet auch den Mann, der seinen Hut nehmen mußte: von Blomberg. Und dieser, nun in die Lage versetzt, sich an seinen „illoyalen" Kameraden zu rächen, entgegnete: „Sie, mein Führer!"** Hitler, ob überrascht oder nicht, schwieg und rang nach einem Entschluß. Es war kurz nach 16 Uhr. Am nächsten Tag war es soweit. Wilhelm Keitel, von Hitler zum Chef des Stabes in dem soeben zum Oberkommando der Wehrmacht umgewandelten Kriegsministerium gemacht, konnte erklären, daß der Führer von nun an auch Oberster Befehlshaber der Wehrmacht mit Kommandogewalt sein werde. Alfred Jodl, der Chef

* Vgl. Wiedemann, S. 120. Obwohl Hitler erklärt hatte, Hoßbach werde „nie mehr in den Generalstab" kommen, machte er ihn später zum Kommandierenden General. Vgl. Wiedemann, S. 121.

** Diese Wendung ist nicht hinreichend verbürgt. Jedenfalls war von Blomberg es, der Hitler vorschlug, doch das Amt des Reichskriegsministers zu übernehmen.

der Abteilung „Landesverteidigung" im Reichskriegsministerium, hatte zuvor schon treffend in sein Tagebuch geschrieben: „Welch einen Einfluß kann eine Frau, ohne daß sie es ahnt, auf die Geschichte eines Volkes und damit der Welt ausüben."[247]

Nicht dem sichtbaren Streben Hitlers verdankte die Wehrmacht schließlich, daß ihr Oberster Befehlshaber seit Februar 1938 Adolf Hitler hieß, sondern vor allem einer Frau, die einmal eine Dirne gewesen war, was Hjalmar Schacht nach der Angliederung Österreichs zu der Feststellung bewog: „Dieses Mädchen Eva Gruhn hat Weltgeschichte gemacht."[248]

Folgt man den Beobachtungen und Vermutungen des Hitler-Adjutanten Wiedemann, waren schon der Einmarsch in Hitlers Heimat Österreich (11. März 1938) und die Besetzung der Tschechoslowakei (1. Oktober 1938) den ursprünglichen Plänen aus Prestigegründen vorweggenommene Folgen der Blomberg-Heirat. Hitler habe, so war Wiedemann überzeugt, in dieser Situation der Welt zeigen wollen, „daß er noch der alte war",[249] was am wirkungsvollsten durch spektakuläre außenpolitische Erfolge geschehen sollte. Jedenfalls trifft zu, daß Hitler „das Rad ins Rollen"[250] brachte, ohne zuvor mit den zuständigen und „Blutvergießen" befürchtenden Militärs darüber auch nur geredet zu haben, wie Keitel in Nürnberg bezeugte. Daraus jedoch die Vermutung abzuleiten, Hitler sei einer spontanen Idee gefolgt und habe sich ebenso spontan entschieden, die Wehrmacht in Österreich einmarschieren zu lassen und diesen Teil der alten Donaumonarchie dem Reich anzugliedern,* hieße nicht nur, ihm eine Entscheidungsweise zuzutrauen, die seinem Wesen gänzlich widersprach, sondern auch, seine Österreich-Pläne zu ignorieren, die seit seiner

* So behauptet David Irving (Hitlers Weg zum Krieg, München 1979, S. 178) beispielsweise, Hitler habe sich erst während seines Aufenthaltes in Linz (am 13. März 1938) dazu entschieden, Österreich dem Reich einzuverleiben („Anschluß").

Machtübernahme besondere Formen angenommen hatten. Während er, um hier nur seine beiden ersten diesbezüglichen Aktivitäten als Reichskanzler anzuführen, die Österreich-Frage bis Herbst 1933 als innerdeutsche Angelegenheit betrachtete[251] und hoffte, mit seinem österreichischen Landesinspektor Theo Habicht das Problem auf friedliche Weise lösen zu können, fürchtete er im Hochsommer 1935, militärisch intervenieren und in seine alte Heimat einmarschieren zu müssen, weil „in Paris der Wunsch" nach der privaten Rückkehr der Habsburger und einer „kommenden Restauration" gehegt wurde.*

In Hitlers Umgebung blieben seine Gedanken** nicht allen verborgen. So äußerte sich Freiherr von Neurath, der als erster Außenminister des Dritten Reiches natürlich am ehesten die außenpolitischen Pläne und Erwartungen Hitlers kannte, während der Österreich-Aktion gegenüber Fritz Wiedemann: „Er träumt doch seit Jahren davon, an der Spitze einer Division in Österreich einziehen zu können. Lassen wir ihm doch das Vergnügen."[252] Neurath wußte aus eigenen Erfahrungen, daß Hitler nicht spontan zu entscheiden pflegte, und er wußte auch, daß er von einmal gefaßten Plänen nicht abzubringen war,[253] weil das gegebenenfalls wieder mit offensiven Entscheidungen verbunden gewesen wäre.

* Bundesarchiv Koblenz, R II/1479, Aufzeichnung Lammers' vom 5. 9. 1935. Von Papen, zu der Zeit deutscher Gesandter, hatte Hitler am 21. 8. 1935 schriftlich mitgeteilt, daß der jugoslawische Gesandte Nastasijewie ihn darüber informiert und erklärt habe, Jugoslawien würde gegebenenfalls gegen Österreich marschieren. Er (der Gesandte) empfehle, evtl. militärische Abmachungen mit Berlin vorzubereiten. Hitler ging darauf nicht ein.

** Die öffentlichen Erklärungen Hitlers liefen stets darauf hinaus, daß ein „Anschluß" gar nicht zur Debatte stünde. So erklärte er dem englischen Journalisten Ward Price beispielsweise im August 1934, daß die Unabhängigkeit Österreichs selbstverständlich sei, und am 23. 1. 1936 stellte er fest: „Die Anschlußfrage ist in Berlin nicht akut." Vgl. Jacobsen, Nationalsozialistische Außenpolitik, S. 341 f.

Variationen nur im alten Rahmen.

Seit Februar 1938 in eine Position hineinmanövriert, die Äußerungen über den Krieg und zum Kriegshandwerk ganz allgemein nicht nur legitimierte, sondern auch forderte, konnte Hitler den Militärs gegenüber an Überlegungen und Feststellungen anknüpfen, die ihn seit fast zwanzig Jahren beschäftigten. Als unbeschriebenes Blatt konnte er niemandem erscheinen, von niemandem so eingestuft werden. 1925 hatte er in „Mein Kampf" nicht nur wortreich erklärt, daß der auf Raumgewinn angelegte Angriffskrieg die zentrale Rolle in seiner Weltanschauung spiele, sondern auch, um welche Verbündeten sich das Reich bemühen müsse, wenn es seine Zukunft sichern wolle.

Daß die meisten (der ohnehin politisch uninteressierten) Militärs jene theoretischen Sandkastenspiele Hitlers mit Italien und England als deutschen Bündnispartnern, mit Frankreich als diplomatisch durch Bündnispolitik – notfalls auch durch Krieg – auszuschaltenden Feind Deutschlands und mit Rußland als dem Territorium, das nach seiner Unterwerfung die Zukunft des Reiches sichern sollte, nicht kannten,[254] kam Hitler zunächst zweifellos entgegen, wenn er dies anfänglich auch nicht erkannte.

Den maßgeblichen Soldaten, die keineswegs einem Angriffskrieg entgegenfieberten, wie Hitler anfänglich gedacht hatte, mußte er erst erklären, welche außenpolitischen Ziele er verfolgte und wie und wann er sie militärisch zu erreichen gedachte, als einige der über seine Weltanschauung gut informierten Parteigänger sich bereits ungeduldig zu fragen begannen, wann er seine diesbezüglichen alten Versprechungen wohl in die Tat umzusetzen beginnen werde. Zwar hatte er vor den Befehlshabern der Reichswehr bereits am 3. Februar

1933 in Übereinstimmung mit „Mein Kampf" in einer geheimgehaltenen Rede zum Ausdruck gebracht, daß der deutsche Lebensraum im Osten läge, und auch dem Kabinett am 8. Februar 1933 versichert, daß in den nächsten vier bis fünf Jahren alles für die Wehrmacht getan und der Aufrüstung sein Hauptaugenmerk geschenkt werde; aber seine öffentlichen Äußerungen ließen diese Intentionen nicht erkennen. Öffentlich hatte er von seiner Friedensliebe und von der Notwendigkeit einer allseitigen Abrüstung gesprochen, ein deutsches 300 000-Mann-Heer gefordert* und die internationale Gleichberechtigung des Reiches als Grundlage für eine friedliche Politik der Zukunft bezeichnet. Daß der Rußland-Ausschuß der Deutschen Wirtschaft der UdSSR Ende Februar 1933 einen Übergangskredit von 140 Millionen Mark gewähren konnte, mußte für viele weitere Zweifel nähren.

Am 5. November 1937 und am 23. Mai 1939, um hier nur diese beiden Daten zu nennen,** erfuhren die Soldaten jedoch noch vor dem Ausbruch des Krieges eindeutig von Hitler, daß er nicht den Frieden wahren, sondern sein vor Jahr und Tag schon in „Mein Kampf" prinzipiell entwickeltes Konzept in die Tat umzusetzen gedenke. Zwar waren 1939 bereits Werner von Blomberg und Werner Freiherr von Fritsch entlassen,

* Sportpalast-Rede vom 24. 10. 1933. In dieser Rede sagte Hitler u. a. auch: „Ich für meine Person erkläre, daß ich jederzeit lieber sterben würde, als daß ich etwas unterschriebe, was für das deutsche Volk meiner heiligsten Überzeugung nach nicht erträglich ist. Ich bitte das ganze deutsche Volk, wenn ich mich jemals hier irren würde oder wenn das Volk einmal glauben sollte, meine Handlungen nicht decken zu können, dann kann es mich hinrichten lassen: ich werde ruhig stillhalten." Wolffs Telegraphisches Büro vom 25. 10. 1933. Vgl. auch „Völkischer Beobachter" vom 26. 10. 1933 (Text der Rede jedoch nicht vollständig).

** Ansprachen vor den Führern der Wehrmacht hielt Hitler u. a. auch am 25. 5. 1938, 14. 8. und 22. 8. 1939. Vgl. dazu u. a. Baumgart, Winfried: Zur Ansprache Hitlers vor den Führern der Wehrmacht am 22. 8. 1939, in: Vierteljahreshefte für Zeitgeschichte 16 (1968), S. 120–149.

Walther von Brauchitsch zum neuen Oberbefehlshaber des Heeres ernannt und das Oberkommando der Wehrmacht unter Wilhelm Keitels Führung eingerichtet, Konstantin Freiherr von Neurath durch Joachim von Ribbentrop ersetzt, Österreich dem Reich „angegliedert", die sudetendeutschen Gebiete besetzt, das Reichsprotektorat Böhmen und Mähren geschaffen, Böhmen und Mähren in das Reich eingegliedert, das Memelgebiet besetzt und der sogenannte „Stahlpakt" mit Italien geschlossen worden; aber der Krieg, das eigentliche Geschäft der Soldaten, stand noch bevor.

Am 5. November 1937 waren Generalfeldmarschall von Blomberg, Generaloberst Freiherr von Fritsch, Generaladmiral Raeder, Generaloberst Göring, Oberst Hoßbach und der Außenminister Freiherr von Neurath in der Reichskanzlei erschienen, um von Hitler über seine Zielsetzungen und über das „Ergebnis eingehender Überlegungen und der Erfahrungen" aus seiner viereinhalbjährigen Regierungszeit informiert zu werden.

Das Grundkonzept hätten sie zwölf Jahre zuvor schon seinem Buch „Mein Kampf" entnehmen können: Sicherung und Vermehrung der – in ihrem „Rassenkern fest geschlossenen" – Volksmasse und „Lösung der Raumnot" im „unmittelbaren Anschluß an das Reich in Europa" durch „Brechen von Widerstand und unter Risiko" über „den Weg der Gewalt".[255]

Neu war auch nicht, wie Hitler die Voraussetzungen zur „Lösung der deutschen Lage" analysierte. Bedingte Autarkie, so erfuhren seine Zuhörer, sei bestenfalls auf dem Gebiet der Gewinnung von Rohprodukten aus Kohle, bei der Gewinnung von Eisen und Leichtmetall und bei der Produktion von Ernährungsfetten und Faserstoffen (vorübergehend) erreichbar, wogegen dies für Kupfer und Zinn und bei der Lebensmittelversorgung nicht der Fall sei. Einer ausgeweiteten Beteiligung an der Weltwirtschaft als Ausweg aus dem Dilemma seien Grenzen gesetzt, zumal der deutsche „Außenhandel über die durch England beherrschten Seegebiete“ führe, so daß als Lösung spätestens zwischen 1943 und 1945 nur der gewaltsame Gewinn eines größeren Raumes in Europa für landwirtschaftlich nutzbare Zwecke in Frage käme. Es sei, so belehrte er die Militärs, „eine ausgesprochene militärische Schwäche derjenigen Staaten, die ihre Existenz auf dem Außenhandel aufbauten“. Erstes Ziel zur Verbesserung der militärisch-politischen Lage des Reiches im Falle einer kriegerischen Verwirklichung müsse die gleichzeitige Niederwerfung der Tschechei und Österreichs sein. Sei „die Tschechei niedergeworfen, eine gemeinsame Grenze Deutschland-Ungarn gewonnen“, könne eher mit einem neutralen Verhalten Polens in einem eventuellen deutsch-französischen Konflikt gerechnet werden.*

Über die Frage, wie Hitler das Verhalten Frankreichs, Englands, Italiens, Polens und Rußlands im November 1937 im Hinblick auf seine Pläne für 1943 bis 1945 beurteilte, heißt es in den Aufzeichnungen vom 10. November 1937: „An sich glaube der Führer, daß mit hoher Wahrscheinlichkeit England, voraussichtlich aber auch Frankreich die Tschechei bereits im stillen abgeschrieben und sich damit abgefunden hätten, daß diese Frage eines Tages durch Deutschland bereinigt würde. Die Schwierigkeiten des Empire und die Aussicht, in einen lang währenden europäischen Krieg erneut verwickelt zu werden, seien bestimmt für eine Nichtbeteiligung Englands

* „Unsere Abmachungen mit Polen“, so hatte Adolf Hitler im Sinne seiner Vorstellung von Bündnissen als gegenseitigen Geschäften (vgl. Hitler, Mein Kampf, S. 154f. und 749; vgl. auch Hitlers Zweites Buch, S. 171) erklärt, hätten nur so lange Geltung, wie Deutschlands Stärke unerschüttert sei. Bei deutschen Rückschlägen müßte mit einem Vorgehen Polens gegen Ostpreußen und eventuell auch gegen Pommern und Schlesien gerechnet werden.

an einem Krieg gegen Deutschland.* Die englische Haltung werde gewiß nicht ohne Einfluß auf die Frankreichs sein. Ein Vorgehen Frankreichs ohne die englische Unterstützung und in der Voraussicht, daß seine Offensive an unseren Westbefestigungen sich festlaufe, sei wenig wahrscheinlich. Ohne die Hilfe Englands sei auch nicht mit einem Durchmarsch Frankreichs durch Belgien und Holland zu rechnen, der auch bei einem Konflikt mit Frankreich für uns außer Betracht bleiben müsse, da er in jedem Fall die Feindschaft Englands zur Folge haben müßte.** Naturgemäß sei eine Abriegelung im Westen in jedem Fall während der Durchführung unseres Angriffs gegen die Tschechei und Österreich notwendig ... Von der Seite Italiens seien gegen die Beseitigung der Tschechei keine Einwendungen zu erwarten, wie dagegen seine Haltung in der österreichischen Frage zu bewerten sei, entziehe sich der heutigen Beurteilung ... Das Maß der Überraschung und der Schnelligkeit unseres Handelns sei für die Stellungnahme Polens entscheidend. Gegen ein siegreiches Deutschland wird Polen – mit Rußland im Rücken – wenig Neigung haben, in den Krieg einzutreten. Einem militärischen Eingreifen Rußlands müsse durch die Schnelligkeit unserer Operationen begegnet werden."***

* Hitler ging (vgl. Hitler, S. 154 und 749; vgl. auch Hitlers Zweites Buch, S. 171) davon aus, daß das englische Mutterland nur im Bunde mit anderen Staaten noch in der Lage sei, seinen Kolonialbesitz zu verteidigen und daß das britische Weltreich infolge des irischen Strebens nach Selbständigkeit, der Verfassungskämpfe in Italien, der durch Japan geschwächten Position in Ostasien und des Gegensatzes zu Italien im Mittelmeer „machtpolitisch auf die Dauer nicht zu halten" sei.

** Nachdem England dem Reich infolge des deutschen Angriffs auf Polen am 3. September 1939 den Krieg erklärt und dieser Punkt der Überlegungen Hitlers gegenstandslos geworden war, ließ er bei der Eröffnung seines Feldzuges gegen Frankreich am 10. 5. 1940 die Niederlande, Luxemburg und Belgien angreifen, was er schon am 23. 5. 1939 als entsprechende Konsequenz im Falle eines englischen Kriegseintrittes bei einem deutsch-polnischen Krieg angekündigt hatte.

*** Ein Eingreifen Rußlands hielt Hitler zu der Zeit „angesichts der Haltung Japans" für fraglich.

Für den Fall, daß in Frankreich vor 1943 ein Bürgerkrieg ausbräche oder Frankreich durch einen Krieg gegen einen anderen Staat so „gefesselt" sei, daß es nicht gegen Deutschland vorgehen könne, seien sofort die Tschechei und Österreich anzugreifen. Gleiches gelte bei einem Krieg Italiens gegen Frankreich und England,* da England in der Lage nicht gegen das Reich antreten werde und ein Angriff Frankreichs ohne englische Unterstützung nicht zu erwarten sei.[256]

Für eine intensive Eindringlichkeit der Äußerungen Hitlers scheint zu sprechen, daß Generaloberst von Fritsch, zu der Zeit noch Oberbefehlshaber des Heeres, sofort in Erwägung zog, auf seinen Auslandsurlaub zu verzichten, dessen Beginn für den 10. November 1937 festgesetzt war.[257] Erst Hitlers Hinweis darauf, daß die Möglichkeit eines Konfliktes in so naher Zukunft noch nicht zu erwarten sei, scheint seinen Erklärungen den Charakter einer Plananalyse gegeben zu haben, die nicht unmittelbar auch zu einer Mobilmachung führen müßte.

Nachdem es bis Mai 1939** nicht zu dem 1937 von Hitler

* Hitler war zu der Zeit der Auffassung, daß es zu einem solchen Konflikt bereits 1938 kommen könnte.

** Am 18. 1. 1939 hatte Hitler in der Musikhalle der neuen Reichskanzlei vor Keitel, den drei Oberbefehlshabern und 3600 Leutnants der Wehrmacht, am 25. 1. 1939 (Reichskanzlei) vor sämtlichen Kommandierenden Generalen und Admiralen und 217 weiteren Offizieren und am 10. 2. 1939 (Krolloper) vor den Oberbefehlshabern und sämtlichen Obersten und Kapitänen im Kommandorang gesprochen. Am unverhülltesten offenbarte er seine Zielsetzungen und Erwartungen am 10. 2. 1939. Er bekundete seine Enttäuschung über die Haltung einiger Offiziere, die seine Maßnahmen von 1938 mißbilligt hätten, und verlangte, vom deutschen Offizier nicht im Stich gelassen zu werden, auch wenn dies „das ganze andere Volk" einmal tun sollte. Er habe sich vorgenommen, sagte er, das „deutsche Raumproblem zu lösen", und jeder Offizier müsse wissen, daß er, Hitler, immer handeln werde, wenn er glaube, „einen Schritt . . . vorwärts" kommen zu können; jeder Schritt werde immer vorher gründlich überlegt sein. „Wenn ich aber einmal den Entschluß verkünde", erklärte er, „das oder das durchzuführen, daß dieser Entschluß dann an sich ein unabänderlicher ist, daß ich ihn gegen jede Gewalt durchsetzen würde." Offen ließ er die Kommandeure nicht zuletzt auch wissen: „Der nächste Kampf wird ein reiner Weltanschauungskrieg sein, d. h., bewußt ein Volks- und Rassekrieg sein." Zit. der vollständigen Rede in Jost Dülffer/Jochen Thies und Josef Henke: Hitlers Städte, Baupolitik im Dritten Reich, Köln und Wien 1978, S. 289 ff.

Hitler (+) als Soldat im Ersten Weltkrieg: tapfer und mutig, aber „zum Vorgesetzten nicht geeignet“. *Foto: Bildarchiv Preußischer Kulturbesitz, Berlin*

Nach dem gescheiterten Putsch vom 8./9. November 1923. Hitler und General Ludendorff im Frühjahr 1924 während einer Gerichtspause im Hitler-Ludendorff-Prozeß. *Foto: Bildarchiv Preußischer Kulturbesitz, Berlin*

Sichtbarste Führer-Qualität: die große Rednergabe. Hitler Anfang 1923 während einer Rede auf dem Münchener „Marsfeld". Wer seit Ende 1919 nationalsozialistische Versammlungen und „Kundgebungen" besuchte, wollte vor allem ihn, den Führer der NSDAP, reden hören – und sehen.
Foto: Bildarchiv Preußischer Kulturbesitz, Berlin

1925 noch möglich und durchaus üblich: Selbst der Chauffeur Julius Schreck (2. v. l.) signierte neben dem Führer. *Foto: Bildarchiv Preußischer Kulturbesitz, Berlin*

Hitler in „kurzer Wichs“: am liebsten Zivilist und Bohemien. *Foto: Bildarchiv Preußischer Kulturbesitz, Berlin*

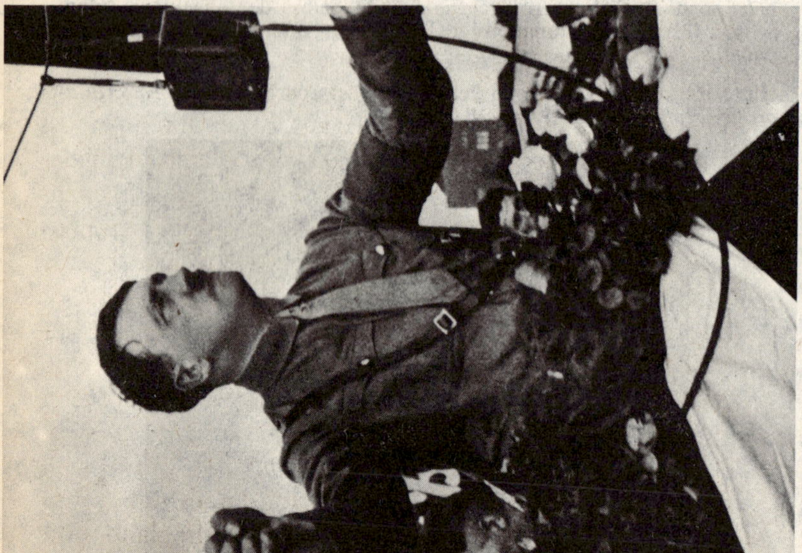

Szenen wie aus einem Schmierentheater: der Redner Hitler am Ende seiner Kräfte. Beginn des Schauspielunterrichts und der Sprechschulung bei dem Operntenor und Schauspieler Paul Devrient im April 1932. *Foto: Bildarchiv Preußischer Kulturbesitz, Berlin*

für möglich gehaltenen Konflikt zwischen Italien, Frankreich und England gekommen war und Hitler eine Reihe bedeutender außenpolitischer und innenpolitischer Erfolge erzielt, in der militärischen Führungsspitze eingreifende Veränderungen vorgenommen und das Problem „Tschechei und Österreich", das 1937 noch der Kernpunkt seiner Überlegungen gewesen war, ohne Krieg erledigt hatte, mußten die Militärs zwangsläufig mit einem anderen Plan vertraut gemacht werden.

Am 23. Mai 1939 empfing er in der Reichskanzlei nicht nur den Kreis der Militärs, die nun die Schaltstellen besetzt hatten, sondern auch deren zuständige Adjutanten: Göring, Raeder, von Brauchitsch, Keitel, Milch, Halder, Bodenschatz, Schniewindt, Jeschonnek, Warlimont, Schmundt, Engel, Albrecht und Below.[258] Sie hörten von Hitler, der gelegentlich wörtliche Formulierungen aus „Mein Kampf" wiederholte, daß trotz aller – und erst recht wegen der – bisherigen Erfolge mit der eigentlichen Sicherung der Zukunft des Reiches erst jetzt begonnen werden müsse.

„Es darf nicht der Grundsatz gelten", protokollierte Oberstleutnant Schmundt als Hitler-Erklärung, „sich durch Anpassung an die Umstände einer Lösung der Probleme zu entziehen. Es heißt vielmehr, die Umstände den Forderungen anzupassen. Ohne Einbruch in fremde Staaten oder Angreifen fremden Eigentums ist dies nicht möglich".[259] Welche fremde Staaten und welches fremde Eigentum er meinte, sagte er offen: Polen. Es „bleibt der Schluß", erklärte er, „bei erster passender Gelegenheit Polen anzugreifen"; denn an „eine Wiederholung der Tschechei ist nicht zu glauben. Es wird zum Kampf kommen."[260] Hitler, der überzeugt war, daß das „Problem Polen . . . von der Auseinandersetzung mit dem Westen nicht zu trennen" sei, setzte seine Hoffnung darauf, daß es ihm gelingen werde, durch „geschickte Politik" England und

Frankreich zumindest zunächst aus diesem Kampf herauszuhalten. „Ist das (jedoch) nicht möglich“, erläuterte er, „dann ist es besser, den Westen anzufallen und dabei Polen zu erledigen.“ Daß der Kampf gegen Frankreich und England, dem „Motor, der gegen Deutschland treibt“, sehr hart sein würde, galt für ihn als sicher; denn „der Krieg . . . wird ein Krieg auf Leben und Tod“.[261]

Wichtiger als Hitlers Ausführungen über die eigenen Absichten, jeweiligen möglichen Chancen und Machtkonstellationen, erscheint in diesem Zusammenhang die Tatsache, daß er unter Ignorierung aller Fakten* folgendes feststellte: „Jede Wehrmacht bzw. Staatsführung hat den kurzen Krieg anzustreben. Die Staatsführung hat sich dagegen jedoch auch auf den Krieg von 10- bis 15jähriger Dauer einzurichten . . . Es ist kein Zweifel, daß der überraschende Überfall zu einer schnellen Lösung führen kann. Es ist jedoch verbrecherisch, wenn die Staatsführung sich darauf verlassen sollte.“[262] Die maßgeblichen Soldaten hörten dies – und schwiegen, obwohl sie wußten, daß weder die Wehrmacht** noch die Industrie und Wirtschaft einen langen Krieg durchstehen konnten.

1939 war Deutschland auf einen längeren Krieg nicht vorbereitet, auf einen Angriffskrieg – selbst gegen eine vergleichsweise kleine Macht – schon gar nicht. Wie schlecht es – trotz

* Daß sich die Voraussetzungen mit dem Abschluß des Nichtangriffspaktes mit der Sowjetunion (23. 8. 1939) ändern würden, konnte er im Mai 1939 noch nicht wissen.

** Nach Hans Adolf Jacobsen (Nationalsozialistische Außenpolitik 1933–1938, Frankfurt/Main und Berlin 1968, S. 734) zählte die Wehrmacht 1935 = 31 Divisionen (davon 3 Panzerdivisionen), 1936 = 41 Divisionen (davon 3 Panzerdivisionen) und 1938 – mit rund einer Million Mann Kriegsheer – 52 Divisionen (davon 5 Panzerdivisionen), 1935 = 20, 1936 = 109, 1937 = 214 und 1938 = 243 Flugzeugstaffeln. Die Kriegsmarine verfügte 1938 über 2 Schlachtschiffe, 3 Panzerschiffe, 3 Schwere Kreuzer (1937 vom Stapel gelaufen), 6 Leichte Kreuzer, 34 Torpedo-Boote und 45 U-Boote. Vergleichsweise verfügten Frankreich 1935 über 3 448 000 weiße und rund 1 000 000 farbige, Rußland über 8 500 000 und Polen über 3 600 000 ausgebildete Reserven. Vgl. Jacobsen, ebenda, S. 732.

aller Anstrengungen – mit der deutschen Rüstung zu der Zeit bestellt war,[263] wußten 1939 allerdings weder die deutsche Öffentlichkeit noch der alliierte Geheimdienst.[264] Hitler hatte 1936 zwar gefordert, daß die Wehrmacht und die Wirtschaft 1940 einsatzfähig und auf einen Kriegsfall vorbereitet sein sollten,[265] aber das Rüstungsprogramm war – gemessen an der deutschen Industriekapazität – nur schwerfällig angelaufen. Bis September 1939 gab es in keinem deutschen Wirtschaftszweig eine Produktion, die unmittelbare Kriegsvorbereitungen verriet.*

Noch im Mai 1940, ein Jahr nach Hitlers Erklärungen in der Reichskanzlei, betrug der Anteil der Rüstungsindustrie an der gesamten Industrieproduktion weniger als 15 %, 1941 waren es 19 %, 1942 26 %, 1943 38 % und 1944 schließlich 50 %.[266] Nach Speer [267] stieg der Index für Sprengstofferzeugung von 103 für 1941 auf 131 für 1942, auf 191 für 1943 und auf 226 für 1944, der Index für Munitionserzeugung einschließlich Bomben dagegen von 102 für 1941 auf 106 für 1942, auf 247 für 1943 und auf 306 für 1944. Bis Mai 1940 wurden monatlich weniger als 40 Panzer hergestellt. Im Jahr 1944 waren es dagegen monatlich über 2000. Die deutsche Flugzeugproduktion, einschließlich der Zivilflugzeuge, Schulungsflugzeuge und Transporter, erreichte 1939 nicht einmal den Ausstoß von monatlich

* Vgl. Bullock, Second World War, S. 268. Frankreich dagegen verfügte bereits 1935 über Materialreserven für 100 Divisionen und entsprechende Heeres-, Armee- und Korpstruppen. Vgl. Jacobsen, Hans Adolf: Nationalsozialistische Außenpolitik 1933–1938, Frankfurt/Main und Berlin 1968, S. 732. Wilhelm Keitel ließ Generalstabschef Halder im Januar 1939 mitteilen, daß das Heer bis 1943 die Aufstellungen abzuschließen habe und keine Mobilmachungsvorbereitungen zu treffen brauche. Hitler ließ, einem Rat des OKW folgend, die Waffenproduktion für das Heer einstellen, um die Programme der Marine und der Luftwaffe mit intensiverem Aufwand vorantreiben zu können. Um 1944, so erwartete er, würden die drei Wehrmachtsteile dann rüstungsmäßig gleichauf liegen. Am 27. 1. 1939 ordnete er (nach Vorbereitung durch Raeder) durch Führerbefehl an, daß dem Aufbau der Marine absoluter Vorrang vor dem Aufbau von Heer und Luftwaffe einzuräumen sei und der Vierjahresplan diese Maßnahmen voll zu unterstützen habe.

1000 Maschinen, während 1944, nach langem Bombenkrieg mit starken Zerstörungen, im gleichen Zeitraum allein mehr als 4000 Jäger produziert wurden. Hitlers laute Behauptung vom 1. September 1939, daß er 90 Milliarden Mark für die Rüstung ausgegeben habe,[268] konnte nach Lage der Dinge nur Laien imponieren. Die führenden Militärs wußten, daß die Rohstoffvorräte bestenfalls für zwölf Wochen Krieg reichten, daß 25% Zink, 50% Blei, 65% Mineralöl, 70% Kupfer, 80% Kautschuk, 90% Zinn, 95% Nickel und 99% Bauxit aus dem Ausland eingeführt wurden.[269]

Während des Nürnberger Prozesses erklärte Alfred Jodl, der einstige Chef des Wehrmachtsführungsstabes, am 4. Juni 1946 auf Befragen seines Verteidigers Franz Exner: „Wir waren bis zum Jahre 1939 zwar in der Lage, Polen allein zu zerschlagen, aber wir waren niemals – weder 1938 noch 1939 – eigentlich in der Lage, einem konzentrischen Angriff dieser Staaten gemeinsam standzuhalten. Und wenn wir nicht schon im Jahre 1939 zusammenbrachen, so kommt das nur daher, daß die rund 110 französischen und englischen Divisionen im Westen sich während des Polenfeldzuges gegenüber den 23 deutschen Divisionen völlig untätig verhielten ...* Die wirkliche Aufrüstung wurde erst nach Kriegsbeginn durchgeführt. Wir traten in diesen Weltkrieg ein mit etwa 75 Divisionen. 60 % unserer gesamten wehrfähigen Bevölkerung waren unausgebildet, das Friedensheer war etwa 400000 Mann stark gegenüber fast 800000 Mann im Jahre 1914. Die Vorräte an Munition und an Bomben ... waren geradezu lächerlich ... (für) 10 bis 15 Kampftage hatten wir Munition."[270]

* Am 5. Juni 1946 erklärte Jodl: „Es gab nur einen Defensivaufmarsch im Westwall. Die Kräfte, die dort eingesetzt waren, waren so schwach, daß wir nicht einmal alle Bunker besetzen konnten." IMT, Bd. XV, S. 408. Vgl. dazu auch IMT, Bd. XV, S. 417.

Wieweit der Generalstab mit Hitlers Entscheidungsscheu im Hochsommer 1939 bereits vertraut war, kann nicht beurteilt werden. Daß die Militärs bis Ende August 1939 tatsächlich noch glaubten, Hitler strebe mit Polen trotz seiner Weisung „Fall Weiß“ vom 3. April 1939* und seinen aggressiven Äußerungen nicht nur vom 23. Mai 1939 eine politische Lösung – wie 1938 mit der Tschechoslowakei in Godesberg und München – an,[271] dürfte daraus resultieren, daß die Soldaten an die weiteren Erfolge der Erpressungspolitik des Führers zu glauben bereit waren; denn daß Hitler bei der Realisierung seiner Pläne durch Erpressung auch spätestens seit September 1938, seit der Münchener Hitler-Mussolini-Chamberlain-Daladier-Konferenz, durch die die Tschechoslowakei gezwungen wurde, die deutsch besiedelten Randgebiete Böhmens, Mährens und Schlesiens zu räumen und an das Reich abzutreten, einen Krieg in Kauf zu nehmen bereit war, mußte ihnen bekannt sein.**

Noch einmal, am 9. Oktober 1939, als Polen bereits niedergeworfen war und Hitler und seine Soldaten ihren ersten großen Sieg erfochten hatten, sah Hitler sich verpflichtet, die obersten Militärs über seine grundsätzlichen Vorstellungen und weiteren Ziele zu informieren. Er ließ sowohl die drei Oberbefehlshaber von Brauchitsch, Raeder und Göring als auch Keitel, den Chef des OKW, eine von ihm nach der Niederwerfung

* Der „Fall Weiß“ vom 3. 4. 1939 regelte eine militärische Aktion gegen Polen. Vgl. Hitlers Weisungen für die Kriegführung, S. 19 ff.

** Der im Nürnberger Wilhelmstraßen-Prozeß angeklagte Ernst Freiherr von Weizsäker (von 1938 bis 1943 Staatssekretär unter Joachim von Ribbentrop, danach Botschafter am Heiligen Stuhl) erklärte am 23. 8. 1947 im Verhör durch Robert M. W. Kempner, daß bereits (Ende September 1938) vor der Münchener Konferenz nicht nur mit Kriegshandlungen für den Fall gerechnet wurde, daß die Tschechoslowakei sich nicht erpressen lassen würde, sondern sogar Einzelheiten über ein Bombardement Prags festgelegt waren. Vgl. Kempner, Das Dritte Reich im Kreuzverhör, S. 215 f.

Polens verfaßte Denkschrift* studieren, in der er kategorisch feststellte, daß seine Abhandlung nicht etwa einer Beendigung des Krieges das Wort reden solle, sondern daß er sich in ihr „ausschließlich . . . mit der notwendigen Fortführung des Kampfes“ beschäftige. Wie er im Mai davon gesprochen hatte, daß die Staatsführung gegebenenfalls auf einen Krieg von fünfzehnjähriger Dauer gerüstet sein müßte, so warnte er hier aus strategischer Sicht eindringlich und überzeugend vor einem langen Krieg und wies darauf hin, daß die Zeit „nach Lage der Dinge . . . mit größerer Wahrscheinlichkeit als Verbündeter der Westmächte“ einkalkuliert werden müßte, so daß der „Zeitpunkt des (eigenen) Angriffes . . . unter allen Umständen – wenn nur irgend möglich – noch in diesen Herbst“ (1939) zu legen sei. Zwar behauptete er auch hier, daß die deutsche Wehrmacht nicht nur hervorragend ausgerüstet, sondern auch entsprechend mit Munition versorgt sei,** aber er ließ auch durchblicken, daß er sich nicht nur über die Zeit Sorgen bereitete, die ihm nach seiner Ansicht durch die Finger rann, wenn er den Krieg nicht möglichst rasch fortsetzen könnte.*** „Es ist . . . zu bedenken“, mahnte er, „daß in einem Krieg auch in der Zukunft unmöglich nach einem vierwöchentlichen Einsatz die Motorfahrzeuge 3 Monate lang ausfallen können. Ebenso ist die Restaurierung normaler Infanterie-

* 20 Seiten Maschinentext (Abschrift) mit einer zusätzlichen Seite, die die Verteiler (von Brauchitsch, Raeder, Göring, Keitel), das Datum (9. 10. 1939) und den Hinweis enthält: „Der Inhalt dieser Denkschrift ist nur zur persönlichen Kenntnisnahme der Oberbefehlshaber, sowie des Chefs des OKW bestimmt. Sie haften für die Geheimhaltung.“ Nationalarchiv Washington, EAP 105/41.

** So erklärte er beispielsweise, daß die Flak-Artillerie „in keinem Lande etwas Vergleichbares“ besäße und daß auch ihre „Munitionierung . . . überreichlich“ sei. „Die Luftwaffe ist“, heißt es an derselben Stelle, „die zahlenmäßig stärkste, die es in der Welt gibt.“

*** „Nach Lage der Dinge“, schrieb Hitler beispielsweise, „kann . . . die Zeit mit größerer Wahrscheinlichkeit als Verbündeter der Westmächte gelten, denn als Verbündete von uns.“ Nationalarchiv Washington, EAP 105/41.

Divisionen mit so geringen Verlusten, wie dies in Polen der Fall war, auf die denkbar kürzeste Zeit zu beschränken.

“Hitler, bis dahin vom Glück in beängstigender Weise verwöhnt, war bemüht, die Oberbefehlshaber der drei Wehrmachtsteile und Keitel davon zu überzeugen, daß seine Vorstellungen und militärischen Zielsetzungen weder einer Revision noch einer Korrektur bedürften. Diplomatisch geschickt hatte er eventuellen Einwänden der nicht zuletzt von operativen Überlegungen ausgehenden Oberbefehlshaber vorgebeugt und nach richtungsweisenden Feststellungen grundsätzlicher Art erklärt: „Es ist nicht möglich, einen Operationsplan weiter auszubauen bzw. die weiteren Ereignisse und die sich aus ihnen herauskristallisierenden Entschlüsse und Handlungen im vorhinein zu erkennen oder niederzulegen. Es ist aber möglich und notwendig, sich der großen Aufgabe von Anfang an bewußt zu sein, die nur auf die Vernichtung der lebendigen feindlichen Kraft* gerichtet sein darf. Sollte diese Vernichtung aus Gründen, die zur Zeit nicht zu übersehen sind, mißlingen, dann ist als zweites Ergebnis die Sicherung eines Raumes anzustreben, der die Voraussetzungen für eine erfolgreiche Kriegführung auch auf längere Sicht hin bietet und zwar – wenn möglich – nicht nur für die Luftwaffe, sondern auch für die U-Bootwaffe.“[272]

Um die auf die vertraglich geregelten deutsch-russischen Vereinbarungen vom August 1939 bauenden Militärs, die ebensowenig wie er eine zweite Front wünschen konnten, einstellungsmäßig flexibel zu halten, erklärte er vorbeugend, daß „durch keinen Vertrag und durch keine Abmachung . . . mit Bestimmtheit eine dauernde Neutralität Sowjet-Rußlands sichergestellt werden“[273] könne und daß zur Zeit alles dafür

* Im Gegensatz zu „toten Anlagen“ wie z. B. Festungen und Städte, deren aktive Bekämpfung nur sehr sparsam betrieben werden sollte. Ebenda.

spreche, daß Moskau bei passender Gelegenheit seine Neutralität aufgeben werde. Zwar deutete er an, daß dies „in 8 Monaten, in einem Jahr oder gar in mehr Jahren ... auch anders sein“[274] könne, aber er ließ keine Zweifel hinsichtlich seiner Bewertung vertraglicher Abmachungen offen. Ihre Bedeutung hat sich, stellte er lakonisch fest, „gerade in den letzten Jahren nach allen Seiten hin“[275] als nur gering erwiesen. Schon da hatte er für den Fall vorgebaut, daß er über kurz oder lang befehlen müßte, die Sowjetunion anzugreifen. Sie sollten nicht in der Lage sein, ihm eines Tages womöglich eine falsche Beurteilung der Lage und ein Verschweigen seiner Erkenntnisse vorwerfen zu können.

Ungewöhnlich lange hatte Hitler Glück, häuften sich die für seine Anhänger positiven Ereignisse und Fakten auf sein Habenkonto. Keitel registrierte aus der Rückschau: „Der ... Ablauf der Geschehnisse im Herbst 1938 und März 1939 gegen die Tschechoslowakei stärkte das Vertrauen in die Maßnahmen der Obersten Führung. Man wußte und erfuhr nicht, daß und welche internen Gegensätze in der Beurteilung der weiteren Pläne miteinander rangen. Wie überall im Leben, waren es schließlich die unbestreitbaren Erfolge, die auch die letzten Skeptiker zum Schweigen brachten. Selbst die, die auf keinen Fall einen Krieg wollten, wurden durch die Darlegungen des Führers* und den Nichtangriffspakt mit Rußland in ihrer Skepsis wankend und die Bedenken zerstreut. Allerdings rechnete man nicht mit einer Kriegserklärung Frankreichs. Der schnelle erfolgreiche Ausgang des Polen-Krieges und die Tat-

* Getilgt hat Keitel den Passus: „... und ihre Überzeugungskraft in seinem Bann gerissen, in der Zuversicht, daß die Oberste politische und militärische Leitung den rechten Weg führen werde. Der Nichtangriffspakt mit Rußland war dabei ebenso überraschend, wie er beifällig aufgenommen wurde und letzte Bedenken der Zögernden zerstreute. Wie ich aus Aussprachen mit amerikanischen Offizieren ...“

sache, daß alle sonstigen Voraussagen des Führers auch dieses Mal sich bestätigten, bewirkten eine Stärkung des Vertrauens zu ihrem Obersten Befehlshaber. Wie auch nach persönlicher Einstellung die so entstandene Lage damals beurteilt wurde, eines steht fest: So ernst die Haltung der führenden Generale auch war, sie wurde von Zuversicht getragen, die ihren Ursprung in einem Vertrauen zu Hitler als Obersten Befehlshaber hatte. Niemand hatte indessen einen so raschen erfolgreichen Ablauf dieses Feldzuges erwartet; jeder sah in dem maßvollen Waffenstillstand eine hohe Staatskunst, politische Klugheit und militärisches Können. Danach glaubte auch der größte Pessimist und Skeptiker nicht mehr an Adolf Hitlers politischer und militärischer Berufung zweifeln zu dürfen."[276]

Als „Tagträumer" mißverstanden.

Die unpolitischen Soldaten schlossen die Augen vor der Wirklichkeit, in die der Mann sie hineinmanövrierte, den sie 1937 noch als Tagträumer mit utopischen Fantasieplänen bezeichnet hatten.* Sie ärgerten sich über das penetrant „anmaßende Auftreten der Partei", waren (soweit informiert) bestürzt über die Verfolgung der Juden, beklagten die Angriffe gegen die Kirche, empfanden das Denuntiantentum als würdelos und „die Allmacht der Gestapo"[277] als widerwärtig und belastend. Daß die Wehrmacht aus all dem einigermaßen herausgehalten werden konnte und die Parteieingriffe von ihr verhältnismäßig lange wirkungsvoller und leichter als von der entsprechend permanent bedrängten Staatsbürokratie abgewehrt werden konnten, hat nicht wenige Militärs bewogen, sich schweigend,

* Vgl. u. a. S. 131 ff.

wenn insgeheim auch murrend, zumindest nach außen hin mit den Verhältnissen abzufinden. Registriert allerdings wurden die Schwächen des Führers, seine Führungsweise und das Führungssystem – synchron vor allem mit den zunehmend negativen Ereignissen auf den Kriegsschauplätzen.

Daß die Realität selbst bei obersten Parteifunktionären spätestens seit der verlorenen Schlacht um Stalingrad bestimmte Propaganda-Visionen verdrängte, bezeugen zahlreiche Beispiele. So sah Martin Bormann sich im November 1943 veranlaßt, die Parteifunktionäre aus erster Hand über die Situation an den Fronten informieren zu lassen und Alfred Jodl zu bitten, in München vor Reichsleitern und Gauleitern über die „strategische Lage am Anfang des 4. Kriegsjahres" zu sprechen.[278] Nachdem Jodl in Wahrnehmung seiner momentanen Helferrolle wider Willen vor den Funktionären einleitend festgestellt hatte, daß sich in den Gauen des Reiches alles konzentriere, was „an feindlicher Propaganda, an Kleinmut, an böswilligen Gerüchten sich im Volke breit zu machen" versuche, bekannte er: „Landauf, landab schreitet der Teufel der Zersetzung."[279] Die Reichsleiter und Gauleiter wußten dies so gut wie der Generaloberst, der am Schluß seiner Rede beschwor: „Meine tiefste Zuversicht gründet sich aber darauf, daß an der Spitze Deutschlands ein Mann steht, der nach . . . seinem Wollen und Streben vom Schicksal nur dazu ausersehen sein kann, unser Volk in eine hellere Zukunft zu führen. Allen gegenteiligen Meinungen zum Trotz muß ich hier zum Ausdruck bringen, daß er die Seele nicht nur der politischen, sondern auch der militärischen Kriegsführung ist und daß die Kraft seines Willens wie der schöpferische Reichtum seiner Gedanken in strategischer, organisatorischer und rüstungstechnischer Beziehung die ganze deutsche Wehrmacht durchpulst und zusammenhält. Ebenso ist die . . . Einheit von politischer und militärischer Führung bei ihm in einer Weise verkörpert, wie es seit Friedrich dem Großen nicht mehr der Fall gewesen war."[280] Dennoch verschwieg er nicht, daß die Gesamtlage schwierig sei. Geschickt deutete er an, daß wesentliche Tatsachen nicht mit den tagaus, tagein verbreiteten Propagandabildern übereinstimmten. Diplomatisch durchsichtig gestand er: „Daß keine Führung frei von Fehlern ist, hat der Führer selbst des öfteren ausgesprochen, wie die Kriegsgeschichte – um ein Wort von Schlieffen zu benutzen – überhaupt nur in der Aneinanderreihung von Fehlern besteht und jede Kriegslage naturgemäß nur das Produkt von Fehlern sein kann."[281] Jodl begrüßte die „Einheit von politischer und militärischer Führung" vor Funktionsträgern, die durch ihre Existenz und Tätigkeit die Tatsache repräsentierten, daß der Staat und die Partei nur im Führer identisch waren, das heißt, daß die formale Trennung von Partei und Staat nur durch die dem Führer sowohl in der Partei als auch im Staat zugestandenen Vollmachten aufgehoben wurde. Er charakterisierte die Kriegsgeschichte als eine prinzipielle Aneinanderreihung von Fehlern und ließ die Parteileute selbst die Schlüsse ziehen, die sie ziehen wollten.

Autoritätsausspielung über Mittelsmänner.

Daß Heinrich Himmler, der von Hitler persönlich mit der Judenvernichtung beauftragte höchste SS-Führer, spätere Reichsinnenminister und Truppenführer, von Hitler anders als beispielsweise die Militärs, Reichsminister, Reichsleiter und Gauleiter behandelt wurde, erweckte nur der systematisch stilisierte und sorgfältig aufrechterhaltene Anschein. Mehr als alle anderen sah Himmler sich gezwungen, sich Hitlers Wohlwollen zu erhalten und von ihm als ein Mann angesehen zu werden, der nicht nur gehorchte, sondern seine Pflicht auch stets bedenkenlos im Sinne des Führers erfüllte. Obwohl er beispiellos pedantisch in seiner Pflichterfüllung war und unentwegt danach trachtete, von Hitler gelobt zu werden, lief auch er infolge des Regierungs- und Führungsstils Hitlers gelegentlich so „aus dem Ruder“, daß er nachträglich ernsthaft nicht nur um sein Ansehen bei Hitler bangen mußte. Nachdem beispielsweise in Rumänien die – aktive Beziehungen zur NSDAP unterhaltende – nationalrevolutionäre „Eiserne Garde“ im Januar 1941 unter der Führung Horia Simas mit beachtlichen Anfangserfolgen versucht hatte, den im Juli 1940 von König Carol verhafteten und auf eine Demarche deutscher Diplomaten wieder freigelassenen Ministerpräsidenten Jon Antonescu zu stürzen, fand er sich sogar dem Ende seiner Karriere nahe. Anders als Hitler, der Antonescu noch am 14. Januar 1941,[282] sieben Tage vor dem Putschbeginn, empfangen und ihn auf die für ihn typische Weise, verklausuliert und weitschweifig umschrieben, ermuntert hatte, die „Eiserne Garde“ zur Raison zu bringen,* war Himmler der – durch Taten unterstützten – Auffassung gewesen, daß nicht der ultra-konservative Antonescu, sondern Sima die Geschicke Rumäniens in die Hände nehmen müßte.** Zwar hatte Hitler ihn schon nach dem November-Attentat des schwäbischen Eigenbrötlers Georg Elser im November 1939 deutlich spüren lassen, daß sein Stuhl

* Hitler erklärte dem – über die Entwicklung der „Eisernen Garde“ beunruhigten – rumänischen Ministerpräsidenten u. a., daß Deutschland es nicht als Opfer auffassen würde, wenn die Beziehungen der NSDAP zur „Eisernen Garde“ aufgegeben werden müßten. Vgl. die Aufzeichnungen über die Unterredung Hitlers mit Antonescu bei Hillgruber, Staatsmänner, S. 426 ff.

** Infolge der Einstellung und Haltung Himmlers (vor allem zu der Zeit) könnten allerdings durchaus auch hier Mißverständnisse Hitlerscher Ausführungen und „Anweisungen“ die Ursache für Himmlers Handeln gewesen sein.

keineswegs so fest stünde*, aber dies war noch einigermaßen stilgerecht geschehen.

Als der vom Sicherheitsdienst der SS (SD) ermunterte Aufstand der „Eisernen Garde“ gegen Hitlers und Ribbentrops Favoriten Antonescu zusammengebrochen war und der SD ihren Führer Sima zunächst vor der auf Hitlers ausdrücklichen Rat von Antonescu inszenierten radikalen Verfolgung der Putschisten verborgen und danach in deutscher Uniform aus Rumänien hinausgeschmuggelt hatte, sah es schlecht für Himmler aus. Hitler, der bei Bekanntwerden der konkreten Einzelheiten in Rumänien augenblicklich wissen wollte, wo Sima sich befände, befahl Heinz Linge mitten in der Nacht, Himmlers Vertrauten Karl Wolff zu rufen. Linge, von Hitlers „ungewöhnlicher Erregung und offensichtlicher Verärgerung überrascht“, rief den SS-General an, berichtete ihm von der „Verfassung des Führers“ und riet ihm dringend, „so schnell als nur irgend möglich zu erscheinen“.[283]

Im Hauptquartier angekommen, wurde der stets diplomatisch reagierende Wolff, den Hitler gern mochte und bei guter Laune „Wölfchen“ nannte, von Hitler mit eisiger Miene empfangen. Stehend erklärte er dem SS-General, daß er sich zweifellos der Folgen bewußt sei, die ihn erwarteten, falls er ihm, seinem Obersten Kriegsherrn, eine wahrheitswidrige Auskunft gebe. Wolff, durch diese – für ihn ungewöhnliche – Vorankündigung verängstigt, war „auf alles gefaßt“ und erklärte, daß er ihn niemals angelogen habe.[284] Erst dann rückte Hitler mit seiner Frage heraus. Wolff mußte ihm erklären, ob er wisse, wieso

* Georg Elser hatte, wie er versicherte, sein Attentat auf Hitler im Münchener Bürgerbräukeller, bei dem sieben Veranstaltungsteilnehmer getötet und 63 verletzt worden waren (vgl. DNB-Text vom 9. 11. 1939), ohne Hintermänner verübt, was Hitler nicht glauben wollte. Da Himmler ein anderes Geständnis aus Elser nicht herausprügeln konnte (er selbst trat ihn mit Füßen in den Leib. Vgl. Höhne, Heinz: Der Orden unter dem Totenkopf. Die Geschichte der SS, Hamburg 1966 und Gütersloh 1967, S. 266), glaubte Hitler eine Zeitlang, er sei von Himmler getäuscht und hintergangen worden.

Himmler in Rumänien eine Politik zu treiben versucht habe, die der seinigen entgegenwirkte, und ob er sagen könne, wo sich Sima befinde. Dem „Blick Hitlers standhaltend", erklärte er wahrheitsgemäß: „Ich weiß es nicht, mein Führer."[285] Wolff wurde erst später bewußt, daß Hitler sich vor einer anderen Antwort geradezu gefürchtet hatte. „Gott sei Dank", sagte Hitler, „ich habe es von Ihnen nicht anders erwartet." Dann mußte Wolff bei Himmler anrufen und ihn im Namen des Führers fragen, wo Sima sei, was Himmler, wie er erklärte, auch nicht wußte. Während Wolff meldete, was er eben von Himmler erfahren hatte, ging Hitler erregt auf und ab und „tobte". Er nannte Himmler wütend und verächtlich einen „feigen, kleinen" und „jungen Diplomlandwirt, der niemals Frontsoldat gewesen" sei „und sich eigenmächtig Entscheidungen angemaßt" habe und nun nicht den Mut aufbrächte, für sein Verhalten einzustehen. Wolffs Versuch, seinen unmittelbaren Vorgesetzten damit zu entschuldigen, daß er, wie Hitler bereits gesagt hatte, ein Mann ohne Fronterfahrung sei und der Vorfall ganz gewiß nur die Folge eines Mißverständnisses sein könne, wischte Hitler mit weiteren Schimpfkanonaden weg. Er befahl Wolff, Himmler noch einmal anzurufen und ihm folgendes mitzuteilen: Er, Hitler, spreche Himmler seine größte Mißbilligung aus. Himmler dürfe das Führerhauptquartier erst wieder betreten, wenn Horia Sima gefunden sei, und erst danach werde der Führer ihm auch wieder die Hand geben. Und zu guter Letzt habe er bis dahin täglich zweimal zu melden, wieweit seine Nachforschungen über Simas Verbleib gediehen seien. Wolff erschrak. Er fürchtete sich, was er Hitler auch vorsichtig andeutete, vor Himmlers Reaktion und Rache und bat Hitler, Himmler diesen harten Befehl „doch bitte selbst" zu geben. Doch Hitler, der erklärte, daß ihm dann sicherlich „der Gaul" durchginge, wenn er selbst es täte, beharrte auf seinem einmal gefaßten Entschluß. „Sie sind schon ein armer Hund, Wolff", sagte er und fuhr fort, „aber Sie machen es, und Sie werden kein Wort von dem weglassen, was ich befohlen habe."

Wolffs Einwand, daß die Telefonzentrale von Wehrmachtsangehörigen besetzt sei, die sein Gespräch möglicherweise mithörten und einen so ungewöhnlichen Befehl nicht für sich behalten würden, bewog Hitler zwar, seine Entscheidung im Hinblick auf die Übermittlung seines Befehls zu ändern; aber der Befehl blieb, wie er war. Hitler, der eine Zerstörung des Himmler-Bildes nicht zulassen konnte, trug Wolff auf, sofort zu Himmler zu fahren, ihn aus dem Bett zu holen und ihm den Befehl zu übermitteln. „Nachdem ich den aus dem Schlaf geholten und unwirsch reagierenden Reichsführer vorsichtig auf den schwersten Befehl aufmerksam gemacht hatte, der mir je vom Führer erteilt worden war", sagte Wolff, „betete ich meinen schlimmen Text herunter, den ich vor Hitler noch einmal wörtlich hatte wiederholen müssen, bevor ich gegangen war."

Was Wolff, der Himmler seit Jahren sehr gut kannte, vorausgesehen hatte, trat ein. Himmler begehrte nicht auf und empörte sich nicht. Er zuckte nur zusammen, wurde „ganz klein" und sagte schwer atmend vor sich hin: „So ist es also. Das ist das Ende!" Doch es war nicht das Ende. Hitler hatte ihm nur gezeigt, daß auch er, Himmler, nichts ohne Hitler war. Daß Hitler Wolff nach dessen Rückkehr lediglich ganz nebenbei nach Himmlers Reaktion fragte, zeigt deutlich, wie sicher er sich seiner Sache war. Für sich spricht Hitlers Bemerkung: „Der Diplomlandwirt, der noch keine Kugel hat pfeifen hören, wird Sie bestimmt in aller Frühe aus dem Bett klingeln und zitternd fragen: ‚Was hat der Führer denn noch alles gesagt?'"[286]

Wer sich so behandeln ließ wie Himmler,* war für nahezu jeden Zweck brauchbar, und wer so führte wie Hitler, der wußte gewöhnlich genau, wen er wann, wo und wie einsetzen konnte. Daß Himmler spätestens seit Ende 1941 insgeheim nicht mehr mit der Führungsweise Hitlers einverstanden war, hat er mehrfach vertraulich zu erkennen gegeben. So schrieb er am 21. November 1941 an die SS-Obergruppenführer Reinhard Heydrich und Kurt Daluege: „Als einen der größten Mißstände unseres heutigen bürokratischen Lebens sehe ich die Anonymität der Ministerien und hohen Behörden an . . . Dieses System ist typisch zugeschnitten auf unser bisheriges Regierungssystem, das in der Verwaltung und Wirtschaft nur den Juristen, in der Leitung der Wehrmacht den Generalstabsoffizier kennt. Es ist das System, in dem niemand verantwortlich ist und in dem diejenigen, die als Berater bestellt wurden, anonym als Justitiare und Führungsgehilfen die Führung in die Hände genommen haben, ohne jedoch die mannhafte Tapferkeit zu besitzen, mit ihrem Namen dafür einzutreten."[287]

Schwächen nüchtern kalkuliert. Flucht vor Führungszwang durch Reisen. Sekretär-Vollmachten.

Früh schon hatte der Propagandist und Versammlungsredner Hitler registriert, daß der innere Widerstand seiner Zuhörer mit der zunehmenden Dauer des Tages abnahm. „Der gleiche

* Werner Best, der Himmler gut kannte und mit ihm bis kurz vor seinem Selbstmord zusammen war, ist überzeugt, daß Himmler wortlos Hitler gehorchte, nicht weil er womöglich von ihm so „hypnotisiert" gewesen sei wie beispielsweise Joachim von Ribbentrop, sondern weil er die Überzeugung vertreten habe, daß Hitler „immer recht" habe, und weil der Untergebene seinem Führer – „wie bei den alten Germanen" – stets zu gehorchen hätte. Aufzeichnungen von Dr. Best vom 18. 9. 1949.

Vortrag, der gleiche Redner, das gleiche Thema", schrieb er in „Mein Kampf", wirken „ganz verschieden um zehn Uhr vormittags, um drei Uhr nachmittags oder am Abend. Ich selbst habe als Anfänger noch Versammlungen für den Vormittag angesetzt ... Das Ergebnis war niederdrückend, doch zugleich außerordentlich belehrend ... Morgens und selbst tagsüber scheinen die willensmäßigen Kräfte des Menschen sich noch in höchster Energie gegen den Versuch der Aufzwingung eines fremden Willens und einer fremden Meinung zu sträuben. Abends dagegen unterliegen sie leichter der beherrschenden Kraft eines stärkeren Wollens."[288] Diese Erkenntnisse systematisch auch in seine Führungsmethoden einbeziehend, bestellte er Minister, Militärs, Diplomaten und Funktionsträger der Partei, mit deren Widerstand er in bestimmten Fragen rechnete, zu mündlichen Berichterstattungen meist zum späten Abend oder gar zur Nacht zu sich. Da er die Nacht zum Tag zu machen pflegte, wie Heinz Linges differenzierte Tagebucheintragungen es beweisen,* war er stets ausgeruht, wenn seine erschöpften Gesprächspartner, die in einen normalen Tagesablauf eingebunden waren, vor ihm standen oder saßen. Er war dann nicht nur ausgeruhter, sondern auch optimistischer als sie. Während ihn am Morgen und frühen Tag gewöhnlich eine depressive Grundstimmung beherrschte, wurde er mit der zunehmenden Dauer des Tages optimistischer und sichtlich freier von Depressionen. Dies und seine Gewohnheit, meist lange alleine zu sprechen und seine Autorität als Führer, der Gespräche, Konsultationen oder Vorträge jederzeit beenden konnte, wenn ihm dies geboten schien, nahmen jedem eventu-

* Vgl. die Auszüge aus Linges Tagebuch vom 25. 10. und 25. 12. 1943, vom 26. 10. und 25. 12. 1944 und vom 25. 1. und 28. 2. 1945, S. 139. Diese Daten wurden hier gewählt, weil sie die Mittelzeiten wiedergeben. Während Hitler im Herbst 1943 noch gegen 10.30 Uhr vormittags aufstand, geschah dies im Oktober 1944 bereits eine Stunde später, und 1945 stand er sogar erst immer gegen 13 Uhr auf.

ellen Widerpart die Chancengleichheit. Hinzu kam, daß er über ein beispielloses Gedächtnis verfügte und stets ganze Zahlenkolonnen, Faktenkataloge und Namenslisten abrufbereit in seinem Kopf hatte, was alle diejenigen verblüffte und beeindruckte, die mit ihm unmittelbar zu tun hatten. Wer nach getaner Arbeit und abgespannt aus seinem Gefechtsstand, aus seinem Büro oder aus seiner Kanzlei am späten Abend oder in der Nacht (mit zunehmender Dauer des Krieges von Mißerfolgen immer mehr niedergedrückt) zum Rapport erscheinen mußte und von Hitlers rhetorisch artikulierter Überzeugungsgier, von seinen Detaildeklamationen oder von seinen Interpretationen bestimmter Einzelheiten und Zusammenhänge überrollt wurde, hatte dem Führer kaum jemals etwas entgegenzusetzen, selbst wenn es ihm gelang, sich Hitlers Charisma und oft erdrückenden Eindringlichkeit seiner Überzeugungskunst zu entziehen. Wie überlegt Hitler die Ermüdung der Militärs, Minister und Funktionsträger der Partei in seine Führungsweise einplante, beweist auch die Tatsache, daß er die abendlichen Lagebesprechungen mit zunehmender Dauer des Krieges und den damit synchron laufenden zunehmenden Schwierigkeiten materieller und psychologischer Art systematisch auf immer spätere Zeiten verschob.* Während sie im Herbst 1943 noch gegen 22 Uhr stattfanden, geschah dies Ende 1944 bereits um Mitternacht herum, und 1945 begannen sie sogar erst gegen ein Uhr früh und später. Wer bei Tage hellwach sein, die Kriegsmaschinerie in Gang halten, Untergebenen Mut machen und zum „Durchhalten um jeden Preis" ermuntern mußte, konnte zu den Zeiten, in denen er Hitler Rede und Antwort zu stehen hatte, nicht mahr im Vollbesitz seiner physischen und psychischen Kräfte sein. Nahezu alle scheiterten, die sich Hitler bei Konfrontationen zu widersetzen

* Vgl. dazu S. 156.

versuchten.* Die Ausnahmen sind an den Fingern einer Hand abzuzählen. Eine von ihnen bildete Heinz Guderian, der Chef des Generalstabes des Heeres, der Hitler am 13. Februar 1945, offenbar angetrunken, energisch widersprach und trotz dessen zornbebender Reaktion auf seinem Widerspruch beharrte. Die Folge war, daß der kranke, körperlich total ruinierte, physisch völlig erschöpfte und an derartige Situationen nicht mehr gewöhnte Führer nachgab und plötzlich liebenswürdig lächelnd erklärte: „Bitte fahren Sie in Ihrem Vortrag fort. Der Generalstab hat heute eine Schlacht gewonnen.“[289]

Die Regel sah indes anders aus. „Ich erinnere mich“, erzählte beispielsweise Speer 1979, „immer wieder an den Generalfeldmarschall von Manstein, der bestimmt kein Feigling war und vorher versicherte: ‚Dieses Mal bestehe ich darauf, entweder gibt Hitler nach . . . oder es muß zum Bruch kommen.‘ Ich glaube, es hat drei oder vier Stunden gedauert, und Manstein kam raus, und wir waren alle sehr begierig, weil dies wirklich eine entscheidende Situation war. Er kam heraus . . . und ist still hinausgegangen. Wir wußten, es ist nichts geschehen, er hat ihn trotzdem breitgeschlagen.“[290]

Wie Manstein, so kapitulierte vor Hitlers Überzeugungskraft auch der notfalls zum Bruch mit dem Führer entschlossene Generalfeldmarschall Ernst Busch selbst noch im März 1945, als die Russen bereits vor den Toren Berlins standen. Und beide Feldmarschälle haben nicht nur kapituliert, was auf den Positionsunterschied Oberster Befehlshaber–Feldmar-

* Gelegentlich zeigte sich im Nachhinein, daß Hitler Einwendungen, die er während der Gespräche zurückgewiesen hatte, doch beherzigte. So erreichte, was zunächst nicht zu erkennen war, der alte norwegische Dichter Knut Hamsun unter Tränen und großem persönlichen Einsatz durch eine Unterredung mit Hitler auf dem Obersalzberg, daß in Norwegen keine Geiseln mehr hingerichtet wurden. Vgl. dazu auch Hangen, Thorkild: Der Hamsun-Prozeß, Hamburg 1979.

schall zurückgeführt werden könnte, sondern sie haben sich auch die – ihrer jeweiligen Auffassung zunächst diametral entgegengesetzte – Meinung Hitlers so aufzwingen lassen, daß sie bereit waren, sich voll hinter sie zu stellen. Wie ihnen, so erging es Keitel, Jodl, einer Reihe anderer Militärs und zahlreichen hohen Funktionsträgern aus Staat und Partei. Selbst Karl Dönitz, dessen Standhaftigkeit in Nürnberg vor allem von ausländischen Marineleuten besonders hervorgehoben wurde, verließ Hitler meistens, wie er selbst sagte, „mit einem gebrochenen Kreuz“[291] und mit „revidierten Auffassungen“. „Man

Hitlers Tagesablauf von 1943 bis 1945*

	25.10. 1943 Uhrzeit	25.12. 1943 Uhrzeit	26.10. 1944 Uhrzeit	25.12. 1944 Uhrzeit	25.1. 1945 Uhrzeit	28.2. 1945 Uhrzeit
Wecken:	10.30	10.30	11.30	11.45	12.00	13.00
Spaziergang:	11.15	11.35	13.30	13.30	13.40	(14.15)
Frühstück:	11.45	11.50			(13.15)	13.00
Lagebesprechung:	12.35	12.30	15.00	15.00	16.25	16.15
Essen:	14.15	14.30	14.15	14.00	14.00	14.30
Privat:	17.25	17.20	19.00	20.30	(3.00)	21.15
Essen:	20.30	21.00	22.00	23.00	19.10	19.15
Lagebesprechung:	22.00	22.00		0.15	0.50	1.15
Tee:	1.10	24.00	0.30	2.00	2.10	2.30
Schluß:	2.45	2.00	5.00	4.00	4.00	5.15

* Dargestellt an 6 Daten mit Mittelzeiten.

geht an dem Phänomen vorbei", so urteilte Speer, „wenn man sagt, Keitel oder Jodl wären schwache Personen gewesen. Beide waren gestandene Leute und kamen aus der Schule des Generalstabes. Generaloberst Fromm hat mir einmal gesagt, daß Kesselring und Keitel immer schon als die großen Leute der Wehrmacht galten."[292]

So gut Hitler seine charismatische Psyche kannte und so effektvoll er sie zu nutzen verstand, sowenig war für ihn doch selbstverständlich, sie in jedem Falle auch als Führungsmittel einzusetzen. Nicht selten drückte er sich vor Begegnungen mit Leuten, die ihm berichten oder sich bei ihm beschweren wollten. Und nicht nur einmal ließ er sich verleugnen, weil er befürchtete, mit unangenehmen Berichten konfrontiert zu werden und rasche Entscheidungen treffen zu müssen.

Einer besonderen „Führungshilfe" bediente sich der Hypo-

An diesen Tagen hatte Hitler (außerhalb der Lagebesprechungen) Unterredungen mit:

25.10.1943	25.12.1943	26.10.1944	25.12.1944	25.1.1945	28.2.1945
Bormann	Schaub	Morell	Morell	Borgmann	Schaub
Brandt	Bormann	Burgdorf	Fegelein	Guderian	Morell
Hewel	Hoffmann	Buhle	Göring	Dietrich	Keitel
Darge	Himmler	Göring		Goebbels	Student
Schmundt	Zeitzler	Sonnleitner		Eva Braun	Below
Lutz-Gysee	Morell	Puttkammer		Burgdorf	
Topp	Borgmann	Jodl		Wenck	
Suhren	Lorenz			Fegelein	
Puttkammer				Below	
Voss					
Saucken					
Ribbentrop					
Neubacher					
Wesenmeyer					
Steflian					
Keitel					
Zeitzler					
Jodl					
Giesler					
Morell					

chonder Hitler in bestimmten Situationen zeitlebens: der Erpessung durch simulierte Wutanfälle und „lebensbedrohende“ aktue Erkrankungen. Schon als Schüler hatte er sich jähzornig gebärdet, wenn Kameraden sich seinen Wünschen zu widersetzen versuchten. Gaben sie nach, „war seine Wut augenblicklich verflogen“,[293] sagte sein Nachbar und Mitschüler Hans Wiesinger, und auch Hitlers Cousin Anton Schmidt[294] erinnerte sich an entsprechende Szenen in seinem Elternhaus, in dem der junge Hitler nach seinem Abgang von der Schule lebte und seine Lungenerkrankung auskurierte.[295] Er habe sich wenig in der Gewalt gehabt, sei rechthaberisch, widerborstig und jähzornig gewesen, sagte 1924 vor Gericht auch einer seiner Lehrer.[296] Hitler habe „die Szene immer nur mit dem Mund beherrschen“ wollen, erinnerte sich sein Mitschüler Josef Keplinger und erklärte, daß er und seine Kameraden, die teilweise „viel stärker als Adolf waren“, es vorgezogen hätten, lieber vor den Wutausbrüchen Hitlers zu kapitulieren als „sich unnötig herumzuärgern“, zumal ihre Kapitulation stets ein harmonisches Zusammensein garantiert habe.[297] Wutanfälle zur Durchsetzung seiner Wünsche bezeugte auch sein späterer Jugendfreund August Kubizek, der dem achtzehnjährigen Hitler in verschiedener Hinsicht gewissermaßen als Versuchskaninchen gedient hatte.[298] Hitler hatte früh erkannt, daß betonte Wutszenen seinen Widersachern peinlich waren und sie daher in den meisten Fällen einlenken ließen. In anderen Fällen mag Furcht vor weiteren Folgen eine Rolle gespielt und die Andersdenkenden bewogen haben, augenblicklich nachzugeben. William Patrick Hitler, der Neffe Hitlers,* alle Adjutanten,

* In der französischen Zeitung „Paris Soir“ vom 5. 8. 1939 berichtete William Patrick Hitler (sein Vater war Adolf Hitlers Halbbruder Alois Hitler) über seine Erlebnisse mit seinem Onkel und schilderte dabei u.a. auch Zornesausbrüche, die Diskussionen abschnitten und persönliche Rechtfertigungen gegen Vorwürfe usw. unmöglich machten.

Sekretärinnen, Diener, Militärs, Minister und Funktionsträger der Partei, die mit Hitler später persönlich zu tun hatten, bestätigten übereinstimmend, daß Hitler Wutausbrüche simulierte, wenn er Diskussionen aus dem Wege gehen oder negative Informationen nicht zur Kenntnis nehmen wollte. Sein – von ihm besonders bevorzugter – Diener Heinz Linge erkannte immer schon die Vorzeichen. „Wenn seine Backenknochen zu mahlen anfingen und das Bärtchen auf der Oberlippe zu zukken begann, wußte ich, was kommt",[299] sagte er. Wer diese drohenden Vorzeichen nicht kannte und nicht wußte, was ihnen folgte, wenn er weiterredete oder Hitler sonstwie bedrängte, erlebte entweder einen „Wutanfall" oder seit 1937 den schauspielerisch* gekonnten Hinweis auf drohende Herzattacken. Als beispielsweise Joachim von Ribbentrop ihm im Juli 1941 einmal energisch widersprach, was bis dahin nie ernsthaft geschehen war und Hitler befürchten zu müssen glaubte, künftig einen Außenminister zu haben, der sich nicht mehr wortlos fügen würde, griff er sich gequält ans Herz und spielte dem erschreckten Widerpart vor, daß er, Ribbentrop, ihn an den Rand eines Herzanfalls gebracht habe.[300]

Ribbentrop, den danach lange so etwas wie ein Schuldgefühl plagte, hatte sich diesen Zwischenfall eine Lehre sein lassen. Die Adjutanten „wußten Bescheid". Waren während des Krieges fremde Besucher angemeldet, die Hitler zu empfangen bereit war, wurden sie zuvor meist eindringlich verpflichtet, den Führer mit negativen Informationen zu verschonen, da er überlastet sei und ohnehin stets über alles differenziert informiert würde. Daß die im Moment jeweils energie- und kräftesparenden „Führungshilfen" im Endergebnis negative Konsequenzen haben mußten, war selbstverständlich. Zwar warf

* 1932 hatte der Opernsänger Paul Devrient ihm Schauspiel- und Sprachunterricht erteilt und dabei Situationsdarstellungen aller Art so lange geübt, bis sie bühnenreif waren. Vgl. S. 397 ff.

Hitler seiner Umgebung vor allem im Laufe des Krieges oft vor, ihn zu belügen und ihm unangenehme Tatsachen vorzuenthalten, so daß die von ihm eingeleiteten Maßnahmen immer an der – ihm nicht vollständig bekannten – Realität vorbeigehen müßten und daher zwangsläufig keine optimalen Lösungen darstellen könnten; aber das eingefahrene System vermochte er nicht in andere Bahnen zu lenken.

Einer der signifikantesten Aspekte des Regierungsstils Hitlers fand seinen Ausdruck in der schier uferlos erscheinenden Reise-„Lust" des Führers und Reichskanzlers. Bis tief in den Krieg hinein war Hitler ständig unterwegs, nicht weil er besonders gern reiste oder weil er der ihm langweiligen Kanzleiarbeit entfliehen wollte, wie so oft behauptet wird, sondern er tat dies, um nicht fortwährend mit konkreten Entscheidungsproblemen konfrontiert zu werden und auch, um durch seine, die Bevölkerung meist überraschende Präsenz an allen Ecken und Enden des Reiches stets Gegenwärtigkeit zu suggerieren. „Nicht selten", so erinnert sich Heinz Linge, „ließ der Führer unterwegs die Autokolonne stoppen und in Orten Halt machen, die nicht im ‚Fahrplan' als Unterbrechungsstationen vorgesehen waren. Er wollte sich sehen lassen, wohl weil er überzeugt war, daß das besondere Bindungen schaffen und Führungshilfen in bestimmten Fällen bieten würde."[301] Während er auf dem Obersalzberg, in München und Berlin der Berührung mit der Bevölkerung gern auswich, suchte er sie im Lande, wo er als volksnaher, sich für alles interessierender und über alles sich unmittelbar informierender Volksführer erschien und auf keine vorbereiteten Anliegen traf.

Wichtigste Führungsgehilfen waren auch dann – wie in Berlin, München und auf dem Berghof – seine mit seinem Führungsstil vertrauten Adjutanten, die ihn begleiteten und als Vertreter der „Adjutantur des Führers" den loyalitätsmäßig unbedingt zuverlässigen innersten Befehlsapparat repräsentierten. Daß die von ihm proportionsgemäß abgestuft als Führungsgehilfen in Anspruch genommenen und von den Oberkommandos der drei Wehrmachtsteile zu ihm abkommandierten Adjutanten ihren Dienstvorgesetzten mehr als ihm verbunden waren,* wußte und berücksichtigte er. Martin Bormann, der seit 1938 in zunehmendem Maße zum Koordinator der verschiedenen Kanzleien und Adjutanturen wurde, war ihm dabei ein besonders nützlicher Ratgeber und Helfer.

Wie sehr dieser Regierungsstil Hitlers Vorstellungen entsprach, bewies die Tatsache, daß er ihn auch in ausgesprochenen Krisensituationen beibehielt, in denen es darauf ankam, stets sofort hinter dem Schreibtisch erreichbar zu sein. So war er selbst im August 1939, als der Krieg unmittelbar vor der Tür stand, in Bayreuth, Nürnberg, München, Berchtesgaden und Berlin, und im September, während des ersten Kriegsmonats, besuchte er – meist im Gefolge der von Sieg zu Sieg eilenden Wehrmacht – unter anderem Polzin, Komorowo, Kulm, Plienitz, Groß-Born, Schwetz, Graudenz, Illnau, Bialaczewo, Kielce, Wolborz, Rawa, Babski, Pabjanice, Gogolin, Jaroslaw, Lauenburg, Goddentow-Lanz, Zoppot, Danzig, Gdingen, Oxhöft, Wyszikow, Anin, Warschau, Berlin und Wilhelmshaven.[302] Und im Mai 1939 war er, bevor er den Militärs am 23. des Monats seine Zukunftspläne entwickelt hatte, unter anderem in Weimar, Nürnberg, München, Berchtesgaden und am Westwall, in Herzogenrath, Saarbrücken, Karlsruhe, Münsterlager, Berlin und Augsburg gewesen.[303] Ein Staatsakt in Berlin,** die Besichtigung der Westbefestigungen, in Fahrtunterbrechungen eingestreute Besprechungen mit den Reichsleitern und Gauleitern, der Empfang des italienischen Außenmini-

* Vgl. dazu (S. 127 f) Hoßbachs Verhalten während der Fritsch-Krise.
** Am 1. 5. 1939.

sters und die Unterzeichnung des deutsch-italienischen Militärbündnisses waren dabei Regierungstätigkeiten im herkömmlichen Sinne gewesen. Alles andere galt dem Bestreben, seinen propagandistisch effektvollen Regierungsstil zu praktizieren, den die Reichsleiter und Gauleiter als sein zeitweiliges Gefolge – bei der Besichtigung der Westbefestigungen – theatralisch unterstrichen. Daß er die über seine öffentlich bekannt gewordenen Aktivitäten genau informierten Militärs am 23. Mai, eine Woche nach seiner Fahrt zum Westwall und drei Tage nach seiner Inspektion der in Münsterlager mit scharfer Munition übenden SS-Standarte „Deutschland"[304] zu sich befahl, war sicherlich kein Zufall.

Hitlers Führungsweise und Menschenkenntnis waren es zuzuschreiben, daß Martin Bormann, der im März 1924 vom Leipziger Staatsgerichtshof zum Schutze der Republik „wegen Beihilfe zur schweren Körperverletzung sowie wegen Begünstigung" einer schweren Körperverletzung und vollendetem Totschlag[305] verurteilte, vierschrötig bullige Grobian, unsympathische und hinterhältige Intrigant, schließlich nicht nur Hitlers Intimus, sondern auch mächtigster Mann hinter Hitler werden konnte. Hitler hatte erkannt, daß der unzugängliche und von niemandem als liebenswert bezeichnete einstige Landwirt kaum jemals ein Anziehungspunkt und Kristallisationskern für oppositionelle Kräfte gegen ihn sein würde. Daß Bormann als Schwiegersohn des zu den alten und bewährten Mitkämpfern Hitlers gehörenden Obersten Parteirichters*

* Walter Buch, badischer Beamtensohn, kaiserlicher Major a. D., seit 1922 Mitglied der NSDAP, als Führer der Münchener SA Teilnehmer an Hitlers Putsch vom 8. und 9. November 1923 und seit 1928 Reichstagsabgeordneter der NSDAP. Seine Tochter Gerda, von Hause aus Kindergärtnerin, heiratete Bormann am 2. 9. 1929. Personalakten Bormanns, US-Document-Center, Berlin. Infolge der rasch wachsenden Machtfülle Bormanns und seines Verhaltens trat eine Entfremdung zwischen Buch und Bormann ein. Seit Ende 1942 durfte Buch Parteigerichtsverfahren nur noch mit dem Einverständnis Bormanns leiten. Urteile wurden nur gültig, wenn sie nachträglich Bormanns Unterschrift aufwiesen.

der NSDAP jederzeit Einzelheiten zu Ohren kommen würden, die Hitler mehr als nur gelegentlich interessieren mußten, war auch zu erwarten. Bormanns Gewohnheit, nach außen hin prinzipiell so zu tun, als sei er an persönlichen Machtbefugnissen überhaupt nicht interessiert, konnte Hitler auch als positive Voraussetzung für die Besetzung einer Position ansehen, die sein Regierungsstil zwangsläufig notwendig machte.

Bormann, dem Männer – im Gegensatz zu Frauen* – jederlei positive Faszination absprachen, war jederzeit bereit, gegebenenfalls jedermann im „Namen des Führers" an den Galgen zu bringen, der sich gegen Hitler oder gegen die Bewegung stellte. Schon am 5. Oktober 1932 hatte er Rudolf Heß belehrt, was Hitler ebenfalls erfuhr: „Was oder wer der Bewegung nützt, ist gut, wer ihr schadet, ist ein Schädling und mein Feind. Die Bewegung und nur sie ist ausschlaggebend ... mancher Kaczmarek war ein treuer Soldat und dabei doch ein Rindvieh ... Die Treue allein also genügt nicht und kann nicht ausschlaggebend sein ... Gnade Gott meinem eigenen Bruder, wenn er sich auch nur einen Bruchteil dessen gegen die Bewegung leistete, was sich der Stabschef (Ernst Röhm) leistete."[306]

Nach Hitlers Machtübernahme konnte Martin Bormann sein Wort einlösen. Schon bald nach Hindenburgs Tod begann er, die Minister, Reichsleiter, Reichsstatthalter und Gauleiter mit seinen Führungsvorstellungen vertraut zu machen. So schrieb er beispielsweise am 30. März 1935, zu der Zeit noch Sekretär des Stellvertreters des Führers, an Walter Darré: „... die Verhältnisse erfordern weiß Gott ein enges Zusammenarbeiten zwischen den Nationalsozialisten. Dazu ist aber not-

* Persönliche Auskunft von Heinz Linge vom 7. 1. 1979. Linge berichtete, daß ihm nicht selten von Frauen, die Hitler besuchten, gesagt worden sei, Bormann habe auf sie einen nachhaltigen Eindruck auch als Mann gemacht.

wendig, daß wir jetzt erst einmal gründlich und dann laufend gemeinsam die Lage peilen. Ist dies nicht der Fall, dann werden wir trotz unserer gemeinsamen Grundhaltung doch in einem oder anderen Fall zu verschiedener Behandlung von Menschen oder Angelegenheiten kommen. Es kann z. B. sein, daß Ihr einen Menschen genau so beurteilt wie ich, daß Ihr aber aus irgendwelchen taktischen Erwägungen heraus ihn streicheln wollt, wie die Ameise die Blattlaus, während ich das Gegenteil tue."[307]

Hitlers Rastlosigkeit trug ihre Früchte. Seit Jahren, so teilte der Chef der Reichskanzlei nach Absprache mit Bormann den Obersten Reichsbehörden und den „dem Führer unmittelbar unterstellten Dienststellen" am 8. Mai 1943 durch Rundschreiben mit, hat der Führer dem Reichsleiter Martin Bormann „gewohnheitsmäßig" und „laufend Sonderaufträge der verschiedensten Art" erteilt, „die nicht in den Aufgabenkreis des Reichsleiters Bormann in seiner Eigenschaft als Leiter der Partei-Kanzlei fallen, sich vielmehr auf Angelegenheiten beziehen, in denen außerhalb des Rahmens der Partei Weisungen und Auffassungen des Führers führenden und leitenden Persönlichkeiten des Staates und staatlichen Dienststellen im Auftrage des Führers übermittelt werden sollten."[308]

Was in den Bereich der „Sonderaufträge" des Sekretärs des Führers gehörte und schon im Mai 1943 nicht nur von Goebbels mißbilligt wurde,[309] umfaßt einen ganzen Katalog: Erledigung zahlreicher persönlicher Angelegenheiten Hitlers, Begleitung Hitlers bei Ausfahrten und auf Reisen, Teilnahme an Besprechungen Hitlers, Vortrag bei Hitler über aktuelle Vorgänge, Übermittlung von Entscheidungen und Meinungsäußerungen des Führers an Reichsminister, andere oberste Reichsbehörden und Dienststellen des Reiches, Entscheidung über die Zulassung zum Vortrag beim Führer, Schlichtung von

Meinungsverschiedenheiten und Kompetenzstreitigkeiten zwischen Reichsministern, Auswahl des Personals für Stellen- und Ämterbesetzungen, generelle Überwachung der Maßnahmen zum Schutze des Führers und seines Gefolges, Aufsicht über die Stenographengruppe im Führerhauptquartier.

Heinz Linge erlebte immer wieder, daß Hitler Informationen beispielsweise über Luftangriffe und dergleichen seitens des SD und der Polizei meist erst erreichten, wenn Bormann ihn längst informiert hatte.[310] Die Gauleiter, Kreisleiter und Ortsgruppenleiter verständigten stets sofort Bormann, der diesen Vorzug in seinem Sinne zu nutzen und auszuspielen wußte, zumal jedes Schriftstück über seinen Tisch ging und ihm auch die persönliche Adjutantur des Führers unterstand.* Daß ein Mann mit diesen Anlagen und Vollmachten** nicht daran interessiert sein konnte, weitab vom Führer ein Ministeramt zu bekleiden, lag auf der Hand, auch wenn „Eingeweihte" im August 1943 vermuteten, daß Martin Bormann gern an Heinrich Himmlers Stelle Reichsinnenminister geworden wäre.

Welche Toleranzen Bormanns Übermittlung von Entscheidungen und Meinungsäußerungen des Führers infolge der diffusen Führung Hitlers zuweilen zuließ, zeigt der Inhalt eines Schreibens, das Bormann am 20. November 1940 an Reichsminister Lammers richtete. „Der Führer hat betont", teilte er dem Chef der Reichskanzlei mit, „daß auch die Gauleiter in den Ostgebieten die notwendige Bewegungsfreiheit haben müßten. Sie allein seien ihm verantwortlich für die Durchfüh-

* Hinzu kamen u. a. die Dienstaufsicht über die Hausintendantur des Führers und die Bearbeitung von Haus- und Grundstückskäufen wie z. B. in Leonding (Hitlers Elternhaus) und Fischlham (erste Volksschule, die Hitler besuchte).

** Über welche Macht Bormann verfügte, verrät nicht zuletzt eine Feststellung Joseph Goebbels', der am 7. 3. 1945 in sein Tagebuch eintrug: „Charakteristisch ist . . . daß Bormann sich für die Zukunft weigert, solche Exposes dem Führer vorzulegen." Goebbels, Joeseph: Tagebücher 1945, Die letzten Aufzeichnungen, Hamburg 1977, S. 138. Fortan zitiert als Goebbels Tagebücher 1945.

rung der ihnen gestellten Aufgaben ... Der Führer hat weiterhin betont, daß er von den Gauleitern nach 10 Jahren nur eine Meldung verlange, nämlich, daß ihr Gebiet deutsch, und zwar rein deutsch sei. Nicht aber werde er sie danach fragen, welche Methoden sie angewandt hätten, um das Gebiet deutsch zu machen."[311] Fazit: Jeder Gauleiter konnte tun und lassen, was ihm erfolgversprechend erschien. Um jederlei Zweifel auszuschalten, hatte Bormann den Reichsminister wissen lassen, „es sei ihm (Hitler) gleichgültig, wenn irgendwann in der Zukunft festgestellt werde, daß die Methoden ... unschön oder juristisch nicht einwandfrei gewesen wären".[312]

Obwohl Bormann infolge der vielen Ämter, die ausgefüllt werden mußten, nach seinen eigenen Worten „mehr als ein Pferd"[313] zu arbeiten hatte, fand er im Laufe der Zeit immer noch Lücken in des Führers Regierungsweise und nahm seit der Mobilisierung des Volkssturmes auch noch die Teilnahme an den täglichen militärischen Lagebesprechungen auf sich. Und Hitler ließ ihn gewähren, weil er wußte, daß er ihn brauchte. „Er ist", sagte er zu Bormanns Mitarbeiter Heinrich Heim, „zwar ein Bulle; aber ich brauche ihn."[314] Fragte Hitler zu Beginn des Essens oder am Anfang einer Besprechung nach bestimmten Einzelheiten, die niemand beantworten konnte, durfte er sicher sein, eine Stunde später von Bormann zu erfahren, was er hatte wissen wollen. Stets standen auf Bormanns diskreten Wink Adjutanten und andere Mitarbeiter bereit, die augenblicklich beschafften, was immer Hitler zur Hand zu haben begehrte: Namen, Daten, Statistiken, Verwaltungsvorgänge, Entscheidungen, Weisungen, Meldungen, Gutachten und anderes mehr. So war es denn auch kein Wunder, daß Bormann spätestens nach der viel zitierten und von ihm und Lammers gemeinsam formulierten „Verordnung vom 16. Januar 1942 zur Durchführung des Führererlasses über die Stellung des Leiters der Partei-Kanzlei“ in eine Stellung hineinwachsen konnte, die sowohl den Militärs als auch den Ministern, Reichsstatthaltern, Reichsleitern, Gauleitern und anderen maßgeblichen Funktionären des Staates und der Partei als unüberwindbare Barriere erscheinen mußte.

„Der Leiter der Partei-Kanzlei“, so teilte Bormann am 2. April 1942 rund hundert führenden Parteigenossen durch Rundschreiben mit, „ist vom Führer beauftragt, nach seinen grundsätzlichen Weisungen alle parteiinternen Planungen und alle für den Bestand des deutschen Volkes lebenswichtigen Fragen aus dem Bereich der Partei zu bearbeiten sowie Vorschläge der Reichsleiter, Gauleiter und Verbändeführer hierzu auf die gesamtpolitischen Erfordernisse abzustimmen. Weisungen und Richtlinien für die allgemeinen politischen Führungsaufgaben der Partei ergehen entweder durch den Führer selbst oder in seinem Auftrage durch die Partei-Kanzlei ... Die Festlegung der ... politischen Linie hat sich der Führer selbst vorbehalten. Als sein Sachbearbeiter habe ich ihn ständig ... auf dem laufenden zu halten und ihm alle für Entscheidungen in Parteiangelegenheiten wichtigen Umstände zur Kenntnis zu bringen. Es ist deshalb erforderlich, daß ich ... von den Reichsleitern, Gauleitern und Verbändeführern laufend über die Entwicklung der Parteiarbeit sowie über Pläne und Vorhaben von politischer Auswirkung unterrichtet und an der Bearbeitung grundsätzlicher parteipolitischer Fragen von Beginn an beteiligt werde.“[315]

Um jederzeit Zweifel auszuschalten, ließ er, der sich demonstrativ mit Heydrichs Nachfolger Ernst Kaltenbrunner, mit Eva Brauns Schwager Otto Hermann Fegelein, mit dem militärischen Chefadjutanten General Wilhelm Burgdorf und mit Hitlers letztem Generalstabschef Hans Krebs duzte, die Empfänger seines Rundschreibens wissen: „Da mir alle Befugnisse, die im Bereich des Staates nach den bisherigen Gesetzen, Verordnungen, Erlassen, Verfügungen und sonstigen Anordnungen dem ehemaligen Stellvertreter des Führers (Rudolf Heß) zustanden, übertragen worden sind, haben . . . alle bisherigen Anordnungen über den Verkehr von Parteidienststellen mit Obersten Reichsbehörden und den Obersten Behörden der Länder, die mehrere Gaue umfassen, weiterhin Gültigkeit."[316] Keine der Obersten Reichsbehörden, wies Bormann an, dürfe Personalien der Beamten ohne seine Zustimmung „bearbeiten", und keine „Anregungen für die Gesetzgebung" aus den Reihen der Partei, ihrer Gliederungen und angeschlossenen Verbände können den zuständigen Obersten Reichsbehörden ohne seine Erlaubnis zugeleitet werden. Seine primären Ambitionen konnte niemand übersehen: Führen an des Führers Stelle, Mitwirkung „bei der Gesetzgebung und bei der Bearbeitung der Personalien der Beamten."

Die stichwortartigen Notizen im Tagebuch der Dienststelle Bormann überliefern, wieweit Bormann den Hebel der Macht selbst in Händen hielt. So heißt es beispielsweise in der Eintragung vom 4. Juli 1942: „Obergruppenführer Reinhard Heydrich gestorben . . . Abends Rücksprache Führer M. B. Wegen Nachfolge Heydrich."* Am 30. Mai 1942 hatte der Tagebuchführer notiert: „Rücksprache M. B. mit Dr. Lammers wegen Thierack", der am 20. August 1942 Reichsjustizminister, Leiter des Rechtswehrbundes und Präsident der Akademie für deutsches Recht wurde. Am 11. November 1942, als deutsche Truppen in das bis dahin nicht besetzte Frankreich einrückten,

* M. B. = Abkürzung für Martin Bormann. Nationalarchiv Washington, EAP/18. Am 8. 1. 1943 (ebenda) konferierte Bormann in Berlin mit Dr. Lammers, Dr. Goebbels, Speer, Funk, Sauckel und Keitel „über den totalen Kriegseinsatz des deutschen Volkes". Am 13. 1. 1943 informierte Bormann Hitler über das Ergebnis der Besprechung. Weitere Gespräche führte Bormann in dieser Sache unmittelbar danach mit Goebbels und Lammers am 20. 1., 28. 1., 10. 2. und 27. 2. 1943.

registrierte der Protokollführer: „Der Führer übernachtet im Hause Bormann". Und am 27. November 1942 registrierte er: „Nach verschiedenen Rücksprachen beim Führer fährt M. B. abends nach Berlin, um am 28. 11. mit Dr. Lammers und danach mit Dr. Goebbels den totalen Einsatz des deutschen Volkes zu besprechen." Bormann filterte die Meldungen an den Führer durch sein Prisma, und Hitler vertraute ihm bedingungslos. Für sich spricht die Tagebucheintragung vom 31. Dezember 1942 angesichts der Tatsache, daß Hitler vom 5. September 1942 bis Ende Januar 1943 aus Verärgerung über die Militärs nicht am gemeinsamen Essen der Angehörigen des Führerhauptquartiers teilnahm: „M. B. allein beim Führer bis 4.15 Uhr."[317]

Daß Bormann seine Vollmacht geradezu beliebig auszuweiten vermochte, beweisen zahlreiche Beispiele. Selbst Heinrich Himmlers Positionen wurden von ihm manipuliert. Auf sein Betreiben mußte der Reichsführer SS Anfang November 1944 als Truppenführer an die Ruhr gehen* und am 24. Januar 1945 den Posten eines Oberkommandierenden der Heeresgruppe Weichsel übernehmen, der ihn nicht nur aus Hitlers Nähe verbannen, sondern zwangsläufig auch scheitern lassen mußte,** was im März 1945 geschah.*** Gescheitert war Himmler eigentlich schon, als er im August 1943 mit Bormanns Hilfe Reichsinnenminister geworden war. Seine Versuche, eine straffe Zentralverwaltung einzurichten, die Autonomie der

* Seiner Frau schrieb Bormann am 3. 11. 1944: „Auf mein Verlangen geht Onkel Heinrich am 3. November an die Ruhr." Vgl. Lang, Jochen v.: Der Sekretär. Martin Bormann. Der Mann, der Hitler beherrschte, Stuttgart 1977, S. 300. Fortan zitiert als Lang, Der Sekretär.

** Später beklagte Himmler sich bei Werner Best, daß man (Bormann und das OKW) ihm den militärischen Auftrag nur gegeben habe, um ihn scheitern zu lassen. Aufzeichnungen von Dr. Best vom 18. 9. 1949. Kopie im Besitz des Autors.

*** Schon am 20. 2. 1945 hatte Bormann seiner Frau schadenfroh geschrieben: „Onkel Heinrichs Angriff hat nicht geklappt." Zit. nach Lang, Der Sekretär, S. 302.

Gauleiter zu beschneiden und die Verwaltungen mit SS-Leuten zu durchsetzen, bleiben in den Anfängen stecken. Der Einfluß Bormanns auf die Gauleiter und den ganzen Parteiapparat nahm nicht ab, worauf Himmler gehofft hatte, sondern zu; denn die Gauleiter, obwohl als Reichsstatthalter und Reichsverteidigungskommissare in staatlicher Funktion tätig, bedienten sich vornehmlich der Parteiorganisationen und behandelten die Verwaltung wie eine nebensächliche Institution. Himmler resignierte bald und warf Hitler insgeheim vor, sich von Bormanns Einfluß und Arbeitsweise nicht mehr freimachen zu können.[318]

Bormann, der, von Hitler gedeckt, die Autonomie der Gauleiter hüten und sichern mußte, wenn er „seinen" Machtapparat in der Hand haben wollte, war für Hitler in der Tat unentbehrlich. Hitler-Äußerungen, die Bormann geeignet erschienen, in Führer-Befehle, Gesetze, Anordnungen oder Weisungen gekleidet zu werden, wurden von ihm entsprechend behandelt, „Vermerke" für die Zukunft bereitgelegt. Nachdem Hitler beispielsweise in der Nacht vom 27. zum 28. Januar 1944 darüber monologisiert hatte, daß der Krieg einen gewaltigen Geburtennachholbedarf zur Folge haben müsse, verfaßte Bormann am 29. Januar 1944 einen „Vermerk", der seine Richtlinien zur „Sicherung der Zukunft des deutschen Volkes" enthielt und zweifellos als Vorlage für spätere Gesetzesänderungen und neue Gesetze gedacht war. Die im folgenden zitierten Auszüge aus seinem „Vermerk", der vom Reich als künftigem Zuchtstall ausging, bedürfen kaum eines Kommentars. „Nun können die Frauen, die nach diesem Weltkrieg nicht mit einem Mann verheiratet sind oder werden", erklärte er, „Kinder ja nicht vom heiligen Geist bekommen, sondern nur von den dann noch vorhandenen deutschen Männern. Verstärkte Fortpflanzung des einzelnen Mannes ist . . . nur bei einem Teil dieser Männer erwünscht. Die anständigen, charaktervollen, physisch und psychisch gesunden Männer sollen sich verstärkt fortpflanzen . . . jede Frau muß wünschen, daß möglichst jede gesunde Frau . . . nach Kriegsende . . . möglichst viele Kinder bekommt . . . Befehlen können wir auch nach diesem Kriege nicht, daß Frauen und Mädchen Kinder kriegen sollen . . . Aufklärung . . . kann . . . erst nach dem Kriege einsetzen . . . Wir können heute noch nicht an die Frauen, deren Männer voraussichtlich noch fallen werden, appellieren, und wir können unsere Aufklärung mit Rücksicht auch auf unsere Soldaten nicht beginnen . . . denn ohne weiteres wird es nicht jedem der Soldaten erwünscht sein, wenn seine Frau oder Braut nach seinem Tode Kinder von einem anderen Manne bekommt.“[319]

Über die Schritte, die schon während des Krieges getan werden könnten, war er sich ebenso klar, und auch sein Plan für die unmittelbar nach dem Krieg zu treffenden Maßnahmen stand bereits fest. „Schon jetzt müssen wir“, programmierte er, „alle unerwünschten Hemmnisse unserer Zielsetzung abbauen: insbesondere gilt es, Dichter und Schriftsteller unserer Zeit auszurichten. Neue Romane, Novellen und Bühnenstücke, die Ehedrama = Ehebruch setzen, sind nicht mehr zuzulassen, ebensowenig irgendwelche Dichtungen, Schriftstellereien, Kinostücke, die das außereheliche Kind als minderwertiges, uneheliches behandeln.“[320] Selbst Vater eines unehelichen Kindes und – als Ehemann – Liebhaber einer unverheirateten Frau, spann er Hitlers Bemerkung differenziert aus und tat, als entspräche sein außereheliches Sexualleben bereits der vorweggenommenen Pflicht der Männer nach dem Kriege. „Wenn ich in der Tierzucht genau darauf achte, daß nur zueinanderpassende Tiere miteinander verkoppelt werden“, resümierte er, der einstige Landwirtschaftsinspektor mit Sachverstand, „dann muß ich die für alle Säugetiere geltenden Regeln auch beim Menschen beachten ... Folgerung: Wir müssen wünschen, daß die Frauen, die nach diesem Kriege keinen Ehemann mehr haben oder bekommen, mit möglichst einem Mann ein eheähnliches Verhältnis, aus dem möglichst viele Kinder erwachsen, eingehen."[321]

Wieweit diese Richtlinien, die in ihrer Diktion den Führer-Weisungen und Führer-Befehlen entsprachen, als Gesetzesvorlagen für künftige Zeiten gedacht waren, zeigt der im folgenden zitierte Passus besonders überzeugend: „Wer eine Frau, die ohne Ehemann (im jetzigen Sinne) Kinder bekommt, beleidigt, muß hart bestraft werden. Wer – das wird manchen Pfarrer treffen – gegen die Propagierung ... redet, ist ebenfalls ganz hart zu bestrafen ... die Ehegemeinschaft wird nebst der Nachkommenschaft unter Schutz des Staates und seiner Machtmittel und seines Bürgerlichen Gesetzbuches und seines Strafgesetzbuches gestellt ... Auf ... Antrag sollen Männer nicht nur mit einer Frau, sondern mit einer weiteren ein festes Eheverhältnis eingehen können ... Jede Mutter mit Kind ... muß der besonderen Fürsorge der Allgemeinheit sicher sein."[322]

Überall hatte er, vor allem 1944, seine Hände im Spiel, stand er allmächtig im Hintergrund. Ob es um Positionsbesetzungen, um die Moral der Parteigenossen oder um die Jagdleidenschaft von Jägern ging, Bormann hatte „richtungweisend" etwas zu bestimmen. Wie weit seine Machtfülle reichte, bezeugt auch Hitlers Führer-Erlaß vom 20. Februar 1944 über „die Beteiligung des Leiters der Partei-Kanzlei bei der Bearbeitung von Mischlingsangelegenheiten". Um eine „einheitliche Behandlung aller Anträge auf Erteilung einer Ausnahmegenehmigung wegen jüdischen oder sonstigen artfremden Bluteinschlages sicherzustellen", befahl Hitler: „Ausnahmegenehmigungen aller Art wegen jüdischen oder sonstigen artfremden Bluteinschlages können, soweit sie nicht mir zur Entscheidung vorzulegen sind, nur im Einvernehmen mit dem Leiter der Partei-Kanzlei erteilt werden. Allen Anträgen, die mir zur Entscheidung vorgelegt werden, ist die Stellungnahme des Leiters der Partei-Kanzlei beizufügen. Sämtliche Unterlagen in den bisher bearbeiteten Vorgängen dieser Art sind auf Verlangen dem Leiter der Partei-Kanzlei zugänglich zu machen."*

Doch nicht erst seit 1944 war von Bormanns Entscheidungen weitgehend abhängig, was mit Juden in besonderen Fällen geschah. So erklärte beispielsweise Prinz Philipp von Hessen, der nach Mussolinis Sturz bei Hitler in Ungnade fiel, sein Amt als Oberpräsident von Hessen-Nassau verlor und auf Hitlers Veranlassung ins Konzentrationslager kam, daß er sich bis August 1943 mehrfach bei Hitler persönlich für bestimmte Juden eingesetzt und bei einer solchen Intervention einmal von Hitler gesagt bekommen habe, er werde sehen, „was er tun könne. Er müßte aber, um sich freie Hand vorzubehalten, alles mit Bormann besprechen."[323]

Die Gauleiter ließ Bormann am Abend des 20. Juli 1944 nach Stauffenbergs Attentat wissen, daß die Attentäter „ausgesprochene Miniaturwürstchen" seien, von denen sie keine Befehle entgegenzunehmen hätten,[324] und im Reichsverfügungsblatt vom 9. August 1944 erklärte er ihnen im Zusammenhang mit der Behandlung der Ereignisse des 20. Juli 1944 in der Öffentlichkeit: „Der Führer hat inzwischen betont und klargestellt, daß gerade in besonderer Notzeit innerhalb der

* US-Document-Center, Berlin. Durch eine Verfügung (48/4) vom selben Tage entschied Hitler: „Alle Anträge von jüdischen oder sonstigen artfremden Mischlingen und von jüdischen oder artfremd Versippten auf Erteilung einer Ausnahmegenehmigung . . . werden im Bereich der NSDAP, ihrer Gleiderungen und angeschlossenen Verbände ab 1. 1. 1944 ausschließlich durch den Leiter meiner Partei-Kanzlei bearbeitet und mir durch ihn vorgetragen, soweit meine Entscheidung einzuholen ist."

Gaue die vollziehende Gewalt nicht an die Wehrmacht oder an irgendwelche einzelnen Generale übergehen kann, sondern sie muß gerade in besonderen Krisen, in Notzeiten unseres Volkes, fester denn je in der Hand der Gauleiter gehalten werden."[325]

Bormann führte und dirigierte dank Hitlers Entscheidungsmentalität und Führungsstil aus dem Hinterhalt und unsichtbar so schnell und so konsequent,* wie Hitler und Rudolf Heß, bis Mai 1941 Hitlers Stellvertreter als Parteiführer, es trotz ihrer jedermann bekannten Machtbefugnisse und Führungspositionen nicht zu tun vermocht haben. So ist auch zu erklären, wie so viele Entscheidungen bis Mai 1941 anders als danach ausfielen und wieso sie meist noch sehr viel schleppender getroffen worden waren. Alfred Rosenberg vertraute seinem Tagebuch an: „Rudolf Heß ist ein alter Mitarbeiter des Führers, sicher bereit, sich für diesen in jeder Hinsicht zu opfern. Aber er . . . hat in der Kampfzeit nie einen Gedanken zu gestalten und zu verteidigen gehabt, nie die Partei organisieren helfen. Seine Urteilskraft war also unerprobt und unausgebildet. Hinzu kam seine Krankheit. Magenkrank, von vielen Schmerzen geplagt, hemmte auch das seine Entschlußkraft. Ärzte, Heilkundige alter Art umgaben ihn. Astrologen, Pendler waren in seiner Umgebung. Jahrelang blieben einfachste Dinge unentschieden. Mein Briefwechsel allein mit ihm ist das Zeugnis eines dienstlichen Martyriums, das fast alle durch-

* Zuletzt ging Bormanns Eifer selbst Goebbels zu weit, der am 4. 4. 1945 in sein Tagebuch schrieb: „Von Bormann laufen wieder eine Unmenge von neuen Erlassen und Verfügungen ein. Bormann hat aus der Parteikanzlei eine Papierkanzlei gemacht. Jeden Tag versendet er einen Berg von Briefen und Akten, die der heute im Kampf stehende Gauleiter praktisch nicht einmal mehr durchlesen kann. Zum Teil handelt es sich dabei um durchaus nutzloses Zeug, das für den praktischen Kampf gar nicht verwertbar ist. Auch in der Partei verfügen wir nicht über eine klare, mitten im Volke stehende Führung." Goebbels, Tagebücher 1945, S. 514. Zu Bormanns Macht und Einfluß vgl. auch Wulf, J.: Martin Bormann – Hitlers Schatten, Gütersloh 1962.

machten."[326] Mit Bormanns Hand am Hebel der Macht lief manches anders, aber Hitler selbst blieb, wie er es im Grunde immer gewesen war. Daß Bormann schließlich gern so etwas wie ein Generalsekretär mit Machtbefugnissen geworden wäre, wie Josef Stalin sie als Generalsekretär des ZK in Händen hielt, wie in Hitlers Umgebung gemutmaßt wurde, trifft nicht zu. Er, der Dossiers sammelnde, Karteien führende, Karrieren überwachende, im personellen Führungsapparat für Unruhe und Unsicherheit sorgende und seinen Chef nach eigenem Ermessen abschirmende, aus dem Hintergrund rücksichtslos manipulierende Funktionär, wollte nur „Sekretär" eines allmächtigen, aber beeinflußbaren Führers sein, der ihm vertraute. Andererseits wäre allerdings Stalin auch nicht der Führer gewesen, dem Bormann so hätte dienen können, wie er es bei Hitler zu tun vermochte. Stalin, der selbst tat, was Bormann als Führungsgehilfe Hitlers besorgte, führte anders als Hitler.

Der – von Hitler insgeheim bewunderte – russische Diktator, der zwischen 1934 und 1938 Millionen Menschen, Gegner und Angehörige der einstigen Führungsschicht seines Landes, ehemalige Freunde und Mitkämpfer, alte Funktionäre, Militärs, Kulaken, Intellektuelle, Künstler und Bauern, gnadenlos und kraft eigener Vollmachten* zu liquidieren** in der

* So erklärte er am 27. 12. 1929 beispielsweise nicht etwa im Rahmen einer ZK-Sitzung, sondern (vor zahlreichen Presse-Vertretern, die dem ZK unterstanden) in seinem Schlußwort während der Konferenz der „marxistischen Agrarwissenschaftler", daß nunmehr die materielle Basis vorhanden sei, den „Schlag gegen das Kulaktentum zu führen" und es „als Klasse zu liquidieren". Zit. nach: „Der Spiegel" vom 7. 1. 1980, S. 121. Rund 1,1 Millionen Menschen wurden im Zuge dieser Liquidierung umgebracht.

** Von den führenden Bolschwiki, die zwischen 1898 und 1934 dem ZK angehört hatten, ließ Stalin 104 erschießen, von den 71 Mitgliedern des ZK (1934) 44 umbringen. 1108 der 1936 Delegierten, die 1934 dem 17. Parteitag angehörten, wurden verhaftet, 61 der 115 Minister der Jahre 1917 bis 1934 erschossen. Eine vollständige Statistik würde einen ganzen Katalog füllen.

Lage war, verfügte über andere Voraussetzungen und Möglichkeiten. Hitler hieß richtig und den Zielen Stalins angemessen, was in Rußland durch Stalins Befehle und Weisungen geschah. Er, der – wie Stalin auch – seit Beginn seiner politischen Tätigkeit grundsätzlich der Überzeugung war, daß „Gemeinschaft . . . sich nur durch Gewalt schaffen"[327] lasse, hat Stalin und dessen Führungsmethoden stets mit Respekt beobachtet, auch wenn er dies nur ungern gestand. So gab er, als er sich auf dem Höhepunkt seiner Macht befand, unumwunden zu, daß man über die von „Stalin beim russischen Volk in den vergangenen Jahren (angewandten) Methoden . . . nicht den Stab . . . brechen"[328] dürfe. Doch verhielt er sich, war er, führte und regierte er wie Stalin, den er als „genialen Kerl"[329] bezeichnete? Ein Vergleich, wenn auch nur stichwortartig, ist aufschlußreich.

Anders als Josef Stalin

Fritjof Meyer schrieb 1979 über Stalin: „Dieser schreckliche Zar kam von ganz unten, von der letzten Stufe der Gesellschaft, keine Universität, keine Berufserfahrung, keine Weltläufigkeit hatte ihn für höchste Ämter qualifiziert. Unter seinen Parteigenossen war er denen, die ihn überhaupt kannten, unsympathisch wegen seiner scheinbaren Mediokrität – außer seinem Förderer Lenin. Er hielt sich gern im Hintergrund, gab sich in Kleidung und Rhetorik bescheiden und machte jene Arbeit, die seine intellektuellen Nebenbuhler scheuten; Akten zu lesen, mit Provinzdelegierten zu reden, Posten zu besetzen. Eben damit schuf er sich unauffällig die Basis seiner Macht. Über die nötigen Gaben eines Despoten, die zugleich eine Gefahr für ihn waren, verfügte der Georgier – man könnte von einer hohen kriminellen Energie sprechen: mißtrauisch gegenüber seinen Freunden, brutal gegen seine Feinde, verschlagen, bar aller moralischen Bindungen. Er besaß Humor, doch selbst der war noch so vulgär wie sein Geschmack in Dingen der Kunst und Literatur, wie seine Vorstellungen von anderen Ländern, wie sein Urteil über die Juden, wie seine harten Trinkgewohnheiten. Stalin war, auch darin seiner Umwelt überlegen, fleißig. Er arbeitete nachts und schlief am Tage. Und immer teilte er die Todesangst seiner Opfer: Er fürchtete, vergiftet zu werden."[330]

Eine Beschreibung, die auch auf Martin Bormann zutreffen könnnte. Mit Hitler, der nicht „von der letzten Stufe der Gesellschaft" kam, sondern ein sorgsam gepäppelter Sohn eines gutbürgerlichen österreichischen Beamten war, hatte Stalin jedoch auch einiges gemeinsam. Unsympathisch war er (im Gegensatz zu Stalin und Bormann) nur sehr wenigen, vielleicht weil die um ihn herum errichteten (auch Propaganda-) Schranken derartige Konfrontationsfolgen gar nicht erst in den Bereich des Möglichen rückten. Und wenn er öffentlich auftrat, war alles total und meist auch vollkommen organisiert. Als geborener Propagandist mit außergewöhnlichen rhetorischen Fähigkeiten, die Stalin weithin fehlten, konnte Hitler sich nicht im Hintergrund halten. Unauffällig und verbissen zielstrebig stieg Stalin die Sprossen seiner Karriereleiter empor. Hitler tat dies stets laut, immer mit Aufwand und vor aller Augen und Ohren. Der eine, der Russe, errang seine Siege am Schreibtisch, aus dem Hinterhalt, der andere in offener Feldschlacht, in Versammlungen und „Kundgebungen", auf Marktplätzen und in Zirkuszelten. Und auch das Verhältnis zum Aktenstudium und zu rang- und stellungsmäßig untergeordneten Leuten unterschied die beiden „Führer" voneinander. Stalin suchte das Gespräch. Hitler ließ sich abschirmen. Anders als Stalin liebte Hitler den Zufall und beschwor ihn nicht selten herauf.* Während Stalin nur äußerst ungern auf Reisen ging,** war Hitler unterwegs, wann immer es ihm nur möglich erschien. Stalin benutzte für seine (Pflicht-) Reisen niemals das Flugzeug. Hitler tat es dagegen sehr gern. Der Georgier war während des Zweiten Weltkrieges nur zweimal (je einen Tag lang) an der Front, der Deutsch-Österreicher hielt sich sehr häufig bei der kämpfenden Truppe auf. Gemeinsam waren ihnen dagegen das geradezu krankhafte Mißtrauen, die große und nicht versiegende (teilweise kriminell bedingte) Energie, die Brutalität gegenüber Feinden, der Judenhaß, die Ablehnung und Mißachtung aller persönlich unerwünschten Informationen und die Geringschätzung moralischer Werte.

Beide verfügten über ein hervorragendes Gedächtnis, über hervorragende organisatorische Begabungen und über einen erfindungsreichen, überdurchschnittlichen praktischen Verstand. Rachsucht und Skrupellosigkeit war dem einen so zu eigen wie dem anderen. Wie der eine, so verstand es auch der andere, Personalpolitik und Politik zwischen den mannigfachen Institutionen der Partei und des Staates zu treiben. Gleichermaßen huldigten sie der Einsicht, daß Ämter ihre eigene Dynamik entwickelten und konkurrenzhafte Reibung Energien frei werden ließe. Und beide ließen, ohne jemals persönlich einen Gegner umgebracht zu haben, vom Schreibtisch aus Millionen Menschen unbarmherzig liquidieren. Stalin regierte vom Tisch aus, vom Schreibtisch im Kreml und vom Tisch in seiner Datscha in Kunzewo bei Moskau. Meistens waren die gleichen Gesichter um ihn herum. Seine Welt war die Welt der Karteikarten, Dossiers, Namen, Zahlen, Pläne und Vollzugsmeldungen. Hitlers prunkvoller Dienstschreibtisch war stets

* So ließ er oft durch einen Münzenwurf entscheiden, mit welcher Art von Fahrzeug (Flugzeug, Auto oder Eisenbahn) er sich auf Reisen begab.

** Die einzige größere Reise unternahm er 1933. Zehn Tage fuhr er mit dem Schiff durch den Weißmeer-Ostsee-Kanal.

leer, immer nur Dekoration in seinem Arbeitszimmer. Doch über die Führungshilfe, ohne die Stalin nicht denkbar gewesen wäre, verfügte auch er. Nur stellte er sie nicht selbst zusammen, verwaltete sie nicht und bewahrte sie nicht eigenhändig auf. Sein Vertrauen reichte in diesem Punkt – wenn zuweilen auch nur notgedrungen – immerhin soweit, diese Arbeit anderen zu überlassen: Rudolf Heß, Martin Bormann, Heinrich Himmler, Reinhard Heydrich, Ernst Kaltenbrunner, einigen Adjutanten, Otto Meißner und vor allem Heinrich Lammers. Stalins Führungsrezept – und Prinzip – charakterisierte der russische Stalin-Biograph Michael Morozow 1979 mit den Worten: „Institutionen einrichten, zusammenlegen, abschaffen, wiedererrichten, umbenennen, liquidieren; Personen ernennen, absetzen, versetzen, befördern, amtsentbinden, überwachen, auszeichnen, abkommandieren, entlarven, rügen, tadeln, ermahnen, den Untersuchungsorganen überstellen, die ganze Strenge des Gesetzes anwenden, ausschließen, liquidieren."[331]

Auf ein solches Führungsprinzip waren weder Hitlers Mentalität noch Charakterstruktur zugeschnitten. Ihm fehlte vor allem die dafür nötige Entscheidungsfreudigkeit. Aber er war sich dessen bewußt und sorgte prinzipiell für ein sorgfältig ausgewogenes System von Feindschaften unter seinen wichtigsten Ministern und Funktionsträgern, was entsprechende Folgen hatte. „Zwischen den Reichsleitern waren Dauerfehden im Gange, weil Hitler die Zusändigkeiten überlappen ließ", erklärte Baldur von Schirach und erläuterte: „Keiner der alten Parteigenossen, auch wenn er ein noch so wichtiges Aufgabengebiet hatte, konnte sich unter Hitler einbilden, eine in sich ruhende Macht darzustellen. Meine Kollegen waren gleichzeitig meine bittersten Rivalen. Hitler brauchte nur die von ihm zurückgehaltene Meute der Neider loszulassen, und alle hätten sich auf mich gestürzt."[332]

Hatte Hitler eine Institution geschaffen, ließ er sie meist bestehen, auch wenn sie nicht so funktionierte und wirkte, wie er es sich wünschte. Korrigiert, angespornt, in andere Bahnen gelenkt oder bestraft wurde gewöhnlich durch (zuweilen mehrere) Konkurrenzgebilde, die er nebenher einrichten und mit den gleichen Aufgaben betreuen ließ. Als Albert Speer ihm einmal vorschlug, sich überschneidende Zuständigkeiten zu beseitigen, erklärte er ihm: „Darin haben Sie nicht meine langjährigen Erfahrungen ... Sich überschneidende Funktionen ergeben zwar Machtkämpfe unter den rivalisierenden Personen, aber eine dynamische Persönlichkeit entwickelt durch Widerstand größere Fähigkeiten, und dadurch setzt er sich als der Stärkere durch."[333]

Abberufungen, Umdisponierungen und Maßregelungen, an einigen Beispielen bereits geschildert, gehörten – selbst im militärischen Bereich während des Krieges – zu den schwächsten Punkten in Hitlers Führung, soweit es um zeitlich angemessenes und effektives Handeln ging. Sein Beharrungsvermögen, seine Scheu vor Veränderungen und deren Veranlassung, waren ihm, auch wenn er stereotyp das Gegenteil behauptete, auch hierbei im Wege.

Wie sehr Hitler sich von Stalin unterschied, bezeugt die Machtergreifung der Nationalsozialisten in den Ländern des Reiches nach der Machtübernahme der Regierung Hitlers im Januar 1933 besonders eindrucksvoll. Ohne Hermann Göhring, Wilhelm Frick, Ernst Röhm, Heinrich Himmler und nicht zuletzt auch ohne Franz von Papen, der durch seinen Staatsstreich vom 30. Juli 1932 die sozialdemokratische preußische Regierung gestürzt hatte, wodurch die Regierungsgewalt des Landes an die Reichsregierung gefallen war,* wäre die Geschichte mit großer Sicherheit anders verlaufen. Als Hitler „kam", war Preußen, der wichtigste Block aus dem föderativen

Reichsgebilde, bereits von anderer Hand herausgebrochen worden. Während in Thüringen unter Fritz Sauckel, in Braunschweig unter Dietrich Klagges, in Ordenburg unter Carl Röver und in Anhalt unter Alfred Freyberg nationalsozialistische Regierungen fungierten und Hermann Göring und Wilhelm Frick mit Hilfe der SA Röhms, der SS Himmlers und anderer Organisationen der NSDAP die Entmachtung der nichtnationalsozialistischen Länderregierungen und die Gleichschaltung der Länder mit dem Reich betrieben – was durch Gleichschaltungsgesetze vom 31. März und vom 7. April 1933** legalisiert wurde –, gab Hitler sich nicht wie jemand, der überall die Macht „ergreifen“ wollte, sondern als ein Regierungschef, der gehorchte. „Der Reichspräsident . . . hat uns berufen“, sagte er am späten Abend des 1. Februar 1933 in seiner ersten Rundfunkansprache, „mit dem Befehl . . . der Nation die Möglichkeit des Wiederaufstiegs zu bringen“, und „getreu dem Befehl des Generalfeldmarschalls wollen wir beginnen“.***

* Papen wurde Reichskommissar für Preußen, was er bis zum 10. 4. 1933 blieb. Die preußische Regierungsgewalt übernahm als Stellvertreter von Papens der Essener Oberbürgermeister Franz Bracht. Durch das Zweite Gesetz zur Gleichschaltung der Länder mit dem Reich (vgl. die nächste Anmerkung) wurde Hitler als Reichskanzler Reichsstatthalter in Preußen. Zum Ministerpräsidenten ernannte er nicht von Papen, den Reichskommissar für Preußen, sondern Göring.

** Nach dem vorläufigen Gesetz zur Gleichschaltung der Länder mit dem Reich vom 31. 3. 1933 (RGBl.I, S. 153) waren die Landesregierungen ermächtigt, ohne Beschlüsse der Landtage Gesetze zu beschließen und Neuordnungen der Landesverwaltungen vorzunehmen. Das Zweite Gesetz zur Gleichschaltung der Länder mit dem Reich vom 7. 4. 1933 (RGBl.I, S. 173) ging auch verfassungsrechtlich darüber hinaus. Anstelle der entmachteten Volksvertretungen als eigentlichen Repräsentanten der Ländersouveränität wurden Reichsstatthalter eingesetzt.

*** Offizieller Text der Proklamation, die Hitler ausnahmsweise verlas, in: „Die Reden Hitlers als Kanzler“, München (Franz-Eher-Verlag) 1934. Vgl. auch „Völkischer Beobachter“ vom 4./5. 2. 1933 (dort allerdings mit Hörfehlern wiedergegeben).

Die nationalsozialistischen Funktionsträger und die Organisationen der NSDAP, die die Weimarer Verfassung und das parlamentarische System dank Hitlers Lehren und Ideologie ablehnten und aggressiv bekämpften, taten dies auf ihre Weise. Schon in „Mein Kampf“ hatte Hitler geschrieben: „Der Nationalsozialismus muß grundsätzlich das Recht in Anspruch nehmen, der gesamten deutschen Nation ohne Rücksicht auf bisherige bundesstaatliche Grenzen seine Prinzipien aufzuzwingen und sie in seinen Ideen und Gedanken erziehen ... Die nationalsozialistische Lehre ist nicht die Dienerin der politischen Interessen einzelner Bundesstaaten, sondern soll dereinst die Herrin der deutschen Nation werden.“* Während Hitler dem (neben dem Reichstag) verfassungsgebenden Reichsrat als Organ der Länder, dem die Verfassung ebenso Selbständigkeit garantierte wie den Ländern des Reiches, am 2. Februar 1933 versicherte, daß er und seine Partei nicht die Absicht hätten, über Bausteine hinwegzugehen, die „eine vielhundertjährige deutsche Geschichte ... geschaffen“ habe, und daß er nicht daran dächte, „zu reglementieren und zu zentralisieren“, was alles reglementiert und zentralisiert werden

* Hitler in Mein Kampf, S. 648. Vgl. ebenda, S. 633 f. Bemerkenswert erscheint an dieser Stelle, daß Hitler sich (ebenda) dafür aussprach, die „Verreichlichung“ (von Post, Eisenbahn, Verkehr usw.), wie er sich ausdrückte, schärfstens zu bekämpfen, weil sich die Weimarer Republik auf dem Wege über die „Verreichlichung“ nur die „Mittel und Pfänder“ für ihre Erfüllungspolitik beschaffte. Daß er den Zentralismus nicht prinzipiell für die beste Lösung hielt, hat er mehrfach festgestellt. Noch am 15.7.1941, als die Welt ob seiner militärischen Erfolge auch in Rußland den Atem anhielt, erklärte er dem japanischen Botschafter Oshima, daß eine zentralistische Staatsführung keineswegs die beste der möglichen Führungssysteme darstelle. Er erklärte dem Japaner im Rahmen einer Unterredung, daß er Rußland besiegen werde, schon weil das „ganze System ... auf sklavischem Gehorsam“ basiere und alles nur „auf den Befehl der Zentrale“ höre. Sei Moskau, wo alle Fäden zusammenliefen, erst einmal ausgeschaltet, müsse es infolge der Zentralisierung der Regierung und Führung zu einem „ungeheuren Zusammenbruch kommen“, denn niemand sei außerhalb des Regierungszentrums daran gewöhnt, eigene Entscheidungen zu treffen und Verantwortung zu übernehmen. Vgl. Hillgruber, Staatsmänner, S. 600.

könnte,[334] betrieben die NS-Organisationen, Göhring und der Reichsinnenminister Frick zielstrebig die von Hitler abgelehnte Reglementierung und Zentralisierung.

Geburtshelfer: Die „Braunen Bataillone".

Am 6. Februar 1933,* vier Tage nach dem im preußischen Landtag gescheiterten Antrag der Nationalsozialisten, das Landesparlament aufzulösen, entsandte die Kommissariatsregierung des Reiches für Preußen eine neue Vertretung Preußens in den Reichsrat, der sich nur mit halbem Herzen gegen diesen verfassungswidrigen Eingriff** wehrte. Anstatt die willkürlich zusammengesetzte Vertretung der preußischen Kommissariatsregierung als illegitim abzulehnen, entschied die Mehrheit seiner Mitglieder am 16. Februar, daß die Frage ihrer Legalität vom Staatsgerichtshof beantwortet werden solle, was für die Reichsregierung zwar einen Prestigeverlust bedeutete, dem Reichsrat aber auch bescheinigte, daß er sich infolge seiner legalistischen Haltung selbst auszuschalten begann. Goebbels, fünf Wochen später zum Reichsminister für Volksaufklärung und Propaganda ernannt, setzte eine ungehemmte Propaganda in Bewegung und bereitete die – für den 5. März angesetzte – Neuwahl des am 1. Februar vom

* Am 6. 2. 1933 erließ der Reichspräsident die Verordnung zur Herstellung geordneter Regierungsverhälttnisse in Preußen (RGBl. 1933 I, S. 43), was (unter Verletzung der Reichsverfassung, der preußischen Verfassung und des Urteils des Staatsgerichtshofes vom 25. 10. 1932) zur Folge hatte, daß Otto Braun auch seine letzten Befugnisse verlor und an von Papen übertragen mußte.

** Nach einem Urteil des Staatsgerichtshofes vom 15. 10. 1932 waren Reichskommissare (bis zum 10. 4. 1933 der Vizekanzler Franz von Papen) als Organe des Reiches von der Reichsgewalt abhängig und konnten ein Land des Reiches nicht im Reichsrat vertreten.

Reichspräsidenten aufgelösten Reichstages vor. Womit die anderen politischen Parteien, allen voran die Sozialdemokraten, nicht gerechnet hatten, war eingetreten: Hitler hatte durch seine Reden und durch sein Verhalten die Massen für sich gewonnen, obwohl er sie verachtete und es ihnen – vor allem in „Mein Kampf" – auch mit brutaler Offenheit gesagt hatte. Wie Untersuchungen des Frankfurter Instituts für Sozialforschung von 1929 und 1930 über die Meinungen, Lebensformen und Einstellungen der Arbeiter und Angestellten bezeugen, offenbarten die Arbeiter kurz vor der entscheidenden Zäsur in der deutschen Geschichte eine bestürzende Autoritätsgebundenheit. Daß Hitler und die NSDAP infolge der politischen Verhältnisse davon profitieren mußten, liegt auf der Hand. Die Haltung der Arbeiter war im Ergebnis so augenscheinlich auf Ordnungsgebundenheit fixiert, daß Erich Fromm, unter dessen Leitung die Untersuchungen stattfanden, es nicht für opportun hielt, die Ereignisse zu publizieren.[335] In der Politik jedenfalls waren die Folgen 1933 augenblicklich sichtbar. „Am Vormittag des 21. März 1933 ging ich", berichtete der sozialdemokratische Reichstagsabgeordnete Wilhelm Hoegner, „mit ... einigen ... bayerischen Freunden durch die Arbeiterviertel im Norden Berlins. Hier waren einst die kommunistischen Hochburgen gewesen. Jetzt sahen wir alle Häuser mit Hakenkreuzfahnen beflaggt. Wir hörten auf der Straße Arbeiterfrauen, die sich laut und anerkennend über den ‚Führer' unterhielten. Da sahen wir uns verwundert an. So unaufhaltsam hatten wir uns den Abmarsch der Masse zu Hitler doch nicht vorgestellt."[336] Die Nationalsozialisten konnten einiges wagen, und nicht nur sie wußten es. Enttäuscht erkannte der bayerische Sozialdemokrat an: „Die Jesuiten der Gegenreformation hatten ... (eine bestimmte) Seite der menschlichen Seele erkannt. Wir aufgeklärten Rationalisten des zwanzigsten Jahrhunderts besaßen zuwenig Phantasie, wir wollten überzeugen, mit Gründen belegen, wir hielten die Menschen am Boden, am Alltag, an den nie aufgehenden Haushaltsrechnungen fest, statt ihre Herzen zum Himmel, in blaue, unergründliche Fernen und sanft verhüllende Wolken zu führen. Damals hielten wir alles für einen bösen Traum."[337] Hitler, dem Gesetz und der Form nach, nicht Propagandist, sondern Reichskanzler, demonstrierte Vitalität und Entschlußkraft; aber dies tat er als Redner, der mit Elan den Wahlkampf führte. Er sah, wie die Organisationen der NSDAP auf die Straßen gingen und systematisch Druck auf die noch amtierenden nichtnationalsozialistischen Regierungen unter anderem in Hessen, Sachsen, Hamburg, Bremen, Lübeck, Bayern, Baden und Württemberg ausübten und appellierte an amerikanische und englische Pressevertreter, die „neue Regierung nach ihren Taten zu richten und die Taten selbst in ihrer Gesamtheit zu nehmen und nicht etwa in isolierte Teilabschnitte zu zerpflücken.

Wie in Preußen, so griffen die Nationalsozialisten überall zuerst nach der Polizei, was teilweise in Wildwest-Manier geschah. So hißten Hamburger Polizisten, die der NSDAP angehörten, am 5. März, dem Tag der Reichstagswahl, kurzerhand Hakenkreuzfahnen auf Polizeikasernen und anderen Gebäuden der Polizei, was in der Öffentlichkeit den Eindruck erwecken mußte, daß die Polizei als Hebel der Exekutive nationalsozialistisch sei, zumal am Tage zuvor Oberst Danner, der sozialdemokratische Kommandeur der Ordnungspolizei, vom Rumpf-Senat* beurlaubt worden war. Diesen „revolutionä-

* Nachdem die bürgerlichen Vertreter des Senats dem Verlangen Fricks nachgekommen waren, die sozialdemokratische Zeitung „Hamburger Echo" zu verbieten, traten am 3. 3. 1933 die drei SPD-Senatoren zurück. Am 4. 3. 1933 folgte der erkrankte Senatspräsident Carl Petersen von der Staatspartei.

ren“ Akt seiner Parteigenossen nutzend, ordnete der in ständigem Kontakt mit der Hamburger Gauleitung stehende Reichsinnenminister Frick am 5. März unter Berufung auf die (Reichstagsbrand-) Notverordnung vom 28. Februar 1933 telegrafisch an, daß der SA-Standartenführer und Polizeioberleutnant a. D. Alfred Richter ab sofort als Kommissarischer Polizeibeauftragter des Reiches zu fungieren habe.[339] In Bremen, wo die NS-Gauleitung den gleichen Effekt anstrebte und durch massiven Druck auf die Exekutive mit Hilfe von Massenkundgebungen sogar in der normalerweise für Demonstrationen gesperrten Bannmeile in der Umgebung der Regierungsgebäude und des Domhofes auch durchsetzte, amtierte seit dem 6. März* ein nationalsozialistischer Kommissarischer Polizeibeauftragter des Reiches[340] unter der Hakenkreuzfahne. In Lübeck, wo der Senat einer Entscheidung Fricks zuvorzukommen und einen Reichskommissar dadurch zu verhindern versuchte, daß er den nationalsozialistischen Gauinspektor Walter Schröder mit der Übernahme der Polizeiführung beauftragte, war es trotz des Kniefalles der Senatoren eine Woche später auch der Fall. Diesen großen Modellfällen folgend, pflanzte sich das Gleichschaltungssystem – meist über die Weigerungen der Bürgermeister, Hakenkreuzfahnen** auf ihren Rathäusern zu hissen – bis hinunter in die Gemeinden fort. So wurde beispielsweise der Bürgermeister Fritz Wenz aus dem badischen Eberbach nach seiner Rückkehr von

* Die NSDAP hatte am 5. März 1933 bei einer Wahlbeteiligung von 89 % der wahlberechtigten Bürger 288 von 648 Sitzen im Reichstag (43,9 % aller Stimmen) bekommen. Zusammen mit der Kampffront Schwarz-Weiß-Rot (mit 53 Sitzen und 8 % der Stimmen) erreichte sie 52 % der abgegebenen gültigen Stimmen und verfügte damit über die absolute Mehrheit im Reichstag.

** Ab 13. 3. 1933 mußten (bis zur endgültigen Regelung der Reichsfarben) bei besonderen Anlässen neben schwarz-weiß-roten Fahnen zugleich stets auch Hakenkreuzfahnen auf Staatgebäuden und öffentlichen Bauten gehißt werden. Dies verkündete Hitler am 12. 3. 1933 „im Auftrag des Herrn Reichspräsidenten“. Vgl. „Völkischer Beobachter“ vom 13. 3. 1933.

einer Dienstreise aus Hamburg vom Eberbacher Ortsgruppenleiter Engelhardt aufgefordert, die NS-Fahne auf dem Rathaus hissen zu lassen. Obwohl als Parteiloser den Nationalsozialisten nahestehend, weigerte er sich nach den persönlichen Erlebnissen in Hamburg, dies zu veranlassen. Die Konsequenz: Er mußte seinen Hut nehmen. Seinen Posten übernahm der Ortsgruppenleiter, obwohl er von der Tätigkeit, die er zu übernehmen sich anschickte, keine Ahnung hatte, was den bald die Effektivität des Bürgermeister prüfenden Reichsstatthalter bewog, ihn durch einen anderen Parteigenossen zu ersetzen.[341] Frick, der als sehr früher Mitkämpfer Hitlers über ein gerüttelt Maß an Erfahrungen mit der NSDAP, ihrer Geschichte und ihren Funktionsträgern verfügte, ging ebenso zielstrebig und energisch wie Göring vor. Überall folgte er den jeweiligen Vorarbeiten der Gauleiter, höheren SA-Führer und Organisationen der NSDAP. Politisch nicht genehme Staatsbeamte wurden abgelöst und durch Nationalsozialisten ersetzt, Reichskommissare eingesetzt, was allerdings nicht überall so reibungslos wie beispielsweise in Lübeck geschah. In Hessen, wo Werner Best* schließlich Sonderkommissar der Polizei und Prinz Philipp von Hessen auf Betreiben Görings im Juni 1933 Oberpräsident[342] wurde, glich die Machtergreifung der Nationalsozialisten einem Mittelding zwischen Revolution und Theaterdemonstration. SA- und SS-Einheiten

* Der 1877 geborene (12 Jahre älter als Hitler) und 1946 in Nürnberg gehenkte Jurist war von 1917–1925 Regierungsassessor und Bezirksamtmann bei der Münchener Polizeidirektion gewesen und hatte in dieser Funktion stets nicht nur seine schützende und helfende Hand über Hitler und die NSDAP gehalten, sondern auch aktiv mitgeholfen, die Partei aufzubauen. Am 24. 4. 1924 wurde er (zusammen mit Hitler) zu 15 Monaten Festungshaft verurteilt. 1924 wurde er Reichtsagsabgeordneter der Nationalsozialistischen Freiheitspartei, 1927 Reichtstagsabgeordneter der NSDAP, 1930 Fraktionsführer der NSDAP im Reichstag und nationalsozialistischer Innenminister und Minister für Volksbildung in Thüringen, 1933 Reichsminister des Inneren.

aus Darmstadt und Umgebung demonstrierten am 6. März in der Landeshauptstadt und stellten bewaffnete Hilfspolizei-Einheiten auf, die das Bild in den Straßen und auf den Plätzen beherrschten. Da die ratlose Schutzpolizei sie flankierte, gewannen die Darmstädter den Eindruck, daß die bewaffneten NS-Organisationen bereits legale Bestandteile der Polizei und damit einer neuen Exekutive seien. Nachdem es der SA und SS schließlich gelungen war, an Regierungsgebäuden gewaltsam Hakenkreuzfahnen aufzuziehen, was den Eindruck einer bereits vollzogenen nationalsozialistischen Machtergreifung noch verstärken mußte, wagte die NSDAP den nächsten Schritt. Sie ließ das Innenministerium besetzen und forderte die Übergabe der Polizei. Daß die Polizei erst in diesem Augenblick Widerstand leistete (eine Bereitschaft der Schutzpolizei wurde von der SA und SS entwaffnet), zeigte exemplarisch, wie leicht es der NSDAP und ihren Organisationen eigentlich fiel, auf eigene Faust die ermattete nichtnationalsozialistische Staatsmacht zu usurpieren und die Exekutive in die Hand zu bekommen. SA-Angehörige zwangen sowohl den Ministerpräsidenten Bernhard Adelung als auch den Innenminister Wilhelm Leuschner in ihren Wohnungen zu bleiben und unterbanden die Telefonleitungen, ohne daß die Polizei sie daran hinderte. Der Regierungswechsel hatte sich vollzogen. „Gewählt" wurde später. Durch die Stimmenthaltungen der Sozialdemokraten begünstigt, die kommunistischen Sitze waren ohnehin vakant, gelangten neue – durch die zuständigen Parlamente zwischen dem 8. und 13. März 1933 „legal" gewählte – nationalsozialistische Regierungen außer in Hessen nur noch in Hamburg und Württemberg an die Macht. Wo und wann immer in den übrigen Ländern des Reiches Absichten laut wurden, verfassungsmäßige Regierungen zu bilden, erstickten die nationalsozialistischen Polizeibeauftragten sie und installierten in den einzelnen Ressorts der Regierungen NS-Sonderkommissare. Sie machten von ihren „Vollmachten" Gebrauch und zwangen die noch amtierenden nichtnationalsozialistischen Regierungen zum Rücktritt.

Hitler erklärte am 10. März 1933 in einem Aufruf an die SA und SS, daß „mit dem heutigen Tag ... in ganz Deutschland die nationale Regierung die vollziehende Gewalt in Händen" hielte. Dies hieß, daß der „weitere Vollzug der nationalen Erhebung ein von oben geleiteter, planmäßiger"[343] sein würde. Er dankte denen, die ihm den Boden für die Führung und Regierung bereitet hatten, die seiner Mentalität und seinen Vorstellungen entsprachen. In der Nacht vom 9. zum 10. März war Ernst Röhm Staatskommisar z.b.V. geworden, Heinrich Himmler* Leiter der Polizeidirektion München, zu der auch Reinhard Heydrichs Zentrale der Bayerischen Politischen Polizei gehörte. Als Hitler am 23. März mit seiner berühmt gewordenen und wirkungsvollen Stegreif-Rede im Reichstag den sozialdemokratischen Abgeordneten Otto Wels, der ihn hart und klug attackiert hatte, buchstäblich wie mit Peitschenschlägen demoralisierte (Zwischenruf des Reichstagspräsidenten Göring: „Jetzt rechnet der Kanzler ab."), konnte er sich auf bereits weithin vollendete Tatsachen stützen und in schneidender Schärfe erklären: „... ich möchte nicht in den Fehler verfallen, Gegner bloß zu reizen, statt sie entweder zu vernichten oder zu versöhnen."[344] Und jetzt konnte er auch – den Sozialdemokraten drohend – mit einiger Zuversicht fordern:

* 20. 4. 1934 ernannte Göring (am 30. 8. 1933 von Hindenburg zum General der Infanterie ernannt) ihn zum Leiter der Geheimen Staatspolizei in Preußen. Mit Erlaß vom 20. 7. 1934 wurde die SS wegen „ihrer großen Verdienste ... im Zusammenhang mit den Ereignissen des 30. Juni 1934 (Röhm-Affäre) ... zu einer selbständigen Organisation im Rahmen der NSDAP" erhoben, wobei der Reichsführer SS „dem Obersten SA-Führer direkt" unterstellt wurde. Dokumente des Dritten Reiches (Sammlung Rhese), hrsg. von Adolf Drexler, München 1939, S. 165.

„Wenn das Deutschland, das Sie in vierzehn Jahren zeugten, das Spiegelbild Ihres sozialistischen Wollens ist, dann, meine Herren, geben Sie uns gefälligst vier Jahre Zeit, um Ihnen das Spiegelbild unseres Wollens zu zeigen.“[345] Seit November 1933, seit sich im Rahmen einer sogenannten Volksabstimmung 95,1 % gegen 4,9 % der Wähler für die Politik der Reichsregierung ausgesprochen hatten,* verfügte Hitler über eine rein nationalsozialistische Regierung. Er wußte, wem er dies verdankte, und er sprach es am 13. November auch aus, als er erklärte, daß dieses Verdienst „in erster Linie ... unserer Organisation, unserer Propaganda, der SA, SS“ und dem Stahlhelm zukomme.[346] Daß dennoch nicht alles so verlaufen war und verlief, wie er es sich als Führer gewünscht hatte, konnte er nicht verbergen.

Am 3. Februar 1933 hatte Hitler, gerade drei Tage Reichskanzler, vor englischen und amerikanischen Pressevertretern gesagt: „Man hat mich als einen Mann beschrieben, der blutrünstige Brandreden ... hält, und die Welt ist jetzt über meine Mäßigung erstaunt.“[347] Die angesichts der ausländischen Journalisten von ihm geleugneten Brandreden** waren, womit sie sich auch immer befaßten, vor allem bei den Angehörigen der Parteiorganisationen stets auf offene Ohren gestoßen und hatten erste Früchte bereits im Frühjahr 1933 getragen. Recht und Gesetz waren früh schon „außer Kraft“ gesetzt. Als sich beispielsweise der einstige bayerische USPD-Abgeordnete und spätere „Nationalbolschewist“ Ernst Niekisch im Früh-

* 39,6 Millionen Ja-Stimmen, 2,1 Millionen Nein-Stimmen. Ungültige Stimmen: 0,75 %. Die Wähler erhielten einen Text, der die Frage enthielt, ob sie mit der Politik der Reichsregierung einverstanden seien und ob sie bereit seien, diese Politik als Ausdruck ihrer eigenen Auffassung und ihres eigenen Willens zu bezeichnen. Abzustimmen war nur zwischen „Ja“ und „Nein“.

** „Meine Herren“, sagte Hitler, „ich habe niemals eine Brandrede gehalten.“ „Völkischer Beobachter“ vom 6. 2. 1933.

jahr 1933 im preußischen Innenministerium beim Staatssekretär Herbert von Bismarck über Übergriffe der SA beschwerte, erfuhr er von ihm – dem von der Regierung Schleicher berufenen und von Göhring im Amt belassenen* Deutschnationalen, der sich bereits mit Rücktrittsabsichten trug –, daß es keine Möglichkeit mehr gebe, Unrechtmäßigkeiten nationalsozialistischer Organisationen zu verhindern oder gar zu bestrafen.[348] Hitler hörte und sah, was geschah, aber Einhalt gebot er (noch) nicht. Im Gegenteil! „Die Straße frei den braunen Bataillonen", sang seit Jahr und Tag die SA, die nach der Machtübernahme sofort begonnen hatte, auch die Büros der staatlichen Ämter und Behörden in „die Straße" einzubeziehen.

Wilhelm Frick, der sich bei der nationalsozialistischen Machtergreifung in den Ländern der „braunen Bataillone" bediente, sah bald, daß Schleusen geöffnet worden waren, die jede gesetzliche Ordnung zu gefährden drohten. Gauleiter der NSDAP und höhere SA-Führer saßen schon Ende März – als ständige Vertreter der Staatsregierung in den Provinzen – auf den Stühlen der Oberpräsidenten. In Brandenburg war es der Gauleiter Wilhelm Kube, in Schlesien der Gauleiter Helmut Brückner, in Schleswig-Holstein der Gauleiter Hinrich Lohse und in Hannover der SA-Gruppenführer Viktor Lutze. Bald folgten ihnen der Gauleiter Erich Koch in Ostpreußen, der SA-Obergruppenführer Curt von Ulrich in Sachsen und der Gauleiter Franz Schwede in Pommern. Rechtsstaatlich denkende Kritiker des neuen und von Hitler repräsentierten Regimes warnten Hitler, Frick und Göring, die allerdings allesamt

* Bezeichnend für einen Teil der NS-Politik war u. a.; daß vor allem Richter nicht aus ihrem Ämtern entlassen wurden, es sei denn, es handelte sich um Juden. Und bezeichnend für die Dienstbarkeit und Solidarisierung, die nach 1933 bei den Juristen vielfach ebenso in aktivistischen Prostitutionsenthusiasmus ausartete wie beispielsweise bei den Medizinern (vgl. S. 197) war denn auch vor allem das Verhalten vieler Richter. Vgl. dazu besonders: Der Unrechtsstaat. Recht und Justiz im Nationalsozialismus, hrsg. von der Redaktion „Kritische Justiz" (Sonderheft), Frankfurt/Main 1979.

selbst schon erkannt hatten, wohin die „Fahrt“ zu gehen drohte. Doch Hitler, der die Dinge lieber laufen ließ, als seine alten Mitkämpfer zur Rede zu stellen oder sie gar „an die Zügel“ zu nehmen, beschränkte sich lange auf mahnende Reden. Wurden ihm Übergriffe seitens der Parteiorganisationen oder Parteistellen gemeldet, stellte er sich taub. Beschwerden hörte er sich nur an, wenn sie von der Seite der Partei kamen, gegen die die Klagen allgemein gerichtet waren. Während Herbert von Bismarck Ratsuchenden, denen er vertraute, nur noch resignierend und hinter vorgehaltener Hand mitteilte, daß gegen ungesetzliche Maßnahmen, sofern sie von nationalsozialistischer Seite kämen, nichts mehr unternommen werden könnte, suchten Politiker der anderen Parteien noch zu erreichen, was bereits Illusion war. So schrieb beispielsweise Friedrich von Winterfeld, der stellvertretende Vorsitzende der Deutschnationalen Volkspartei, die zunächst noch in der Regierung Hitler vertreten war, unmittelbar nach der Notverordnung vom 28. Februar 1933 und nach der NS-Machtergreifung in den einzelnen Ländern besorgt und beschwörend an Hitler einen Brief, den der „Schwäbische Merkur“ veröffentlichte. Er, von Winterfeld, sei der Auffassung, so erklärte er diplomatisch, daß Hitler sicher den „unverletzlichen Charakter des Rechtsstaates, wie ihn das alte Preußen Friedrichs des Großen bereits gehabt habe und wie ihn Reich und Staat vor der Novemberrevolution darstellten“, verewigen werde; aber er bitte ihn doch, auch „die unerläßlichen Maßnahmen“ anzuordnen.[349] Wenn Hitler „auf dem Ohr“ auch „taub war“,[350] wie Fritz Wiedemann sich ausdrückte, irgendwann mußte er eine Entscheidung treffen, die der Entwicklung Einhalt gebot.

Am 29. März 1933 war es soweit. Hitler hatte sich zu einer Lösung durchgerungen. Während der Sitzung des Kabinetts schlug er vor, umgehend „Staatspräsidenten“ mit besonderen Vollmachten auszurüsten und in die Länder des Reiches zu entsenden. Franz von Papen, Wilhelm Frick, der preußische Finanzminister Johannes Popitz und der Kölner Staats- und Völkerrechtslehrer Carl Schmitt, bildeten unter von Papens Leitung eine Regierungskommission, die Hitlers Vorschlag rasch in gesetzliche Form goß.[351] Seit dem 7. April 1933 gab es eine (bis zum Ende des Hitler-Reiches nicht mehr rückgängig gemachte) neue Führungsinstanz: die Reichsstatthalter.*

Die der Reichsstatthalter-Einrichtung von Hitler zugedachte Funktion war eindeutig: Stopp der wilden „Revolution“ durch Parteiorganisationen und Parteistellen. Nicht zufällig erklärte er den Reichsstatthaltern am 6. Juli 1933 – am Tage nach der Selbstauflösung des Zentrums, das trotz aller nationalsozialistischen Manipulationen und Pressionsmaßnahmen immer noch als regulierende Kraft zu spüren gewesen war –, wohin er steuerte und was ihre Aufgabe zu sein habe. Zunächst, so rechtfertigte er seine zaudernde und halbherzige Führung, käme es darauf an, „rein formale Entscheidungen“ nicht „von heute auf morgen zu fällen und davon eine endgültige Lösung zu erwarten“.[352] Die Revolution dürfe nicht ein „permanenter Zustand“ sein, sondern müsse als ein Strom verstanden werden, den es „in das sichere Bett der Revolution“ hinüberzuleiten gelte. Wichtigste Aufgabe sei von nun an die „Erziehung der Menschen“, die „zur nationalsozialistischen Staatsauffassung erzogen werden“ müßten. Unmißverständlich wies er seine „Statthalter“ darauf hin, daß es nicht darum gehen könne, bestimmte Posten mit Nationalsozialisten zu besetzen, nur weil diejenigen, die sie bekleideten, keine Natio-

* Im Mai und Juni 1933 wurde für die Länder Baden, Hamburg, Hessen, Sachsen, Württemberg und Thüringen je ein Reichsstatthalter ernannt. Zu vier Reichsstatthalterbezirken zusammengefaßt wurden Lippe-Detmold und Lippe-Schaumburg, Bremen und Oldenburg, Braunschweig und Anhalt, Mecklenburg und Lübeck.

nalsozialisten seien. „Man darf ... nicht einen Wirtschaftler absetzen“, sagte er, „wenn er ein guter Wirtschaftler, aber noch kein Nationalsozialist ist; zumal dann nicht, wenn der Nationalsozialist, den man an seine Stelle setzt, von der Wirtschaft nichts versteht.“[353] Daß er die „Revolution“ nicht nur auf dem Gebiet der Wirtschaft zu bremsen wünschte, verschwieg er den alten Mitkämpfern, die vor ihrer Ernennung zu Reichsstatthaltern ebenfalls im Strom der nationalsozialistischen Revolutionäre geschwommen waren, ebenfalls nicht. Auch wenn sich der Nationalsozialismus die „Sicherstellung der Entwicklung“ des deutschen Volkes zur Aufgabe gemacht habe, belehrte er sie, könne man „nicht herumsuchen, ob noch etwas zu revolutionieren“[354] wäre. Viele Jahre und große Zeiträume bildeten den Rahmen, in dem gedacht werden müsse. „Die Reichsstatthalter haben dafür zu sorgen und sind dafür verantwortlich“, erklärte er im Befehlsstil, „daß nicht irgendwelche Organisationen oder Parteistellen sich Regierungsbefugnisse anmaßen, Personen absetzen und Ämter besetzen, wofür allein die Reichsregierung ... zuständig ist.“[355] Die Reichsstatthalter sollten also in seinem Namen verhindern, was er nicht zu unterbinden vermocht hatte oder was ihm zunächst gar nicht als unerwünscht erschienen war. Jetzt, nachdem die „politischen Parteien ... endgültig beseitigt“ seien und die Partei mit dem Staat identisch wäre, hätte alle Macht ausschließlich „bei der Reichsgewalt“ zu liegen.[356] Daß er, der die ihm übertragene Führungsfunktion endlich wieder in seinem Sinne wahrnehmen zu können hoffte, widerspenstige Parteifunktionäre keineswegs mit Samthandschuhen angefaßt zu sehen wünschte, hatte er eine Woche zuvor selbst demonstriert. „Die ehemaligen Parteigenossen“ Cordemann, Marwitz, Wolf und Zucker, sämtlich Hauptleute außer Diensten, seien, so hieß es in einer Mitteilung der Reichspressestelle der NSDAP vom 29. Juni

1933, „auf Anordnung des Führers“ aus der Partei ausgeschlossen, „auf Befehl des Kanzlers“ in Haft genommen und „in ein Konzentrationslager eingeliefert“[357] worden. Ihre Vergehen? Sie hatten Gauleiter, Handelskammern und Wirtschaftsunternehmungen telefonisch und telegrafisch aufgefordert, Entscheidungen Hitlers zu boykottieren und ihm „die Freiheit notwendiger Entschließungen zu rauben“.[358] Der SA wies er am 9. Juli 1933 die neue Richtung. „Die Macht haben wir“, sagte er in Dortmund während eines SA-Treffens und fuhr fort: „Niemand kann uns heute Widerstand entgegensetzen.“[359] Die Parteiorganisation, die dreizehn Jahre zuvor geschaffen worden war, um Angriff zu führen, Widerstände gewaltsam zu brechen und Gefahren abzuwehren, mußte schleunigst gezügelt oder mit anderen Aufgaben vertraut gemacht werden, wenn sie ihren obersten Führer und dessen Regierung nicht in Verlegenheit bringen sollte.

Hitler belehrte die SA, daß nun die „deutschen Menschen für diesen Staat“ erzogen werden müßten, was eine „Riesenarbeit“ für die „kommenden Jahrzehnte des deutschen Volkes“[360] sein werde, zumal die NSDAP die einzige noch verbliebene politische Partei sei, nachdem „wir alles andere beseitigten“.[361] Geschickt unterlegte er, durch Reden führend, dem Engagement seiner stürmisch nach Futterkrippen und Machthebeln drängenden Anhänger neue Motive. Sie sollten sich, so sagte er bemerkenswerterweise, der durch die Beseitigung aller anderen politischen Parteien und Organisationen entstandenen „ungeheuren Verantwortung“ bewußt sein, die ihn und sie jetzt zwänge, die Bewegung ganz besonders klug und maßvoll zu führen. In „Mein Kampf“ hatte er geschrieben: „Noch niemals wurde in der deutschen Geschichte schamlosere Günstlingswirtschaft getrieben . . . Ein großer Teil der heutigen Zentralisierungwut fällt auf das Konto jener Parteien, die einst die

Bahn dem Tüchtigen frei zu machen versprachen, dabei aber bei Besetzung von Ämtern und Posten ausschließlich die Parteizugehörigkeit im Auge hatten."[362] Was seit dem 31. Januar 1933 geschah, hätte kaum zutreffender beschrieben werden können.[363]

Hitler, dem in dieser Phase der „Revolution" sehr daran liegen mußte, seinen „Vizekönigen des Reiches", wie er die Reichsstatthalter am 22. März 1934 nannte, die Arbeit zu erleichtern und sie vor unnötigen Führungsschwierigkeiten zu bewahren, ging davon aus, daß es am besten wäre, die Gauleiter der NSDAP jeweils als Reichsstatthalter in den Ländern einzusetzen, in denen ihre Machtbasis lag. Doch zeigte sich bald, daß – zumindest in den außerpreußischen Ländern – die aus Hitlers Sicht positiven Führungsgrundlagen zu Konsequenzen führen, die er nicht vorausgesehen hatte. Die führungsmäßige positive Voraussetzung, das Verbleiben der Gauleiter in ihren Gauen – wodurch überflüssige Reibungen und Zwistigkeiten zwischen ihnen als Reichsstatthaltern und höheren Funktionsträgern der Partei innerhalb der Länderregierungen vermieden wurde –, wurde mit einem Element konfrontiert, das durch die Gleichschaltung der Länder hatte aus der Welt geschafft werden sollen. An die Stelle der Souveränität, die Hitler den Ländern des Reiches schon in „Mein Kampf" unter gar keinen Umständen in einem nationalsozialistisch geführten Reich hatte zuerkennen wollen,[364] trat je nach Führungsqualität der als Staatspräsidenten, Ministerpräsidenten und Minister eingesetzten höheren Parteiführer ein Unabhängigkeitsbewußtsein, was Hitler gerade nicht gewollt hatte. Doch die Entwicklung kam ihm dennoch zumindest in den Ländern entgegen, in denen die Gauleiter (spätestens seit März 1933) zugleich auch Ministerpräsidenten gewesen waren und in Erwartung einer sich fortsetzenden Reichsreform das Amt des Reichsstatthalters übernommen hatten. Durch die damit verbundene Aufhebung der Personalunion von oberstem Parteiamt und höchstem Staatsamt im Land lebten alte Rivalitäten zwischen den Reichsstatthaltern und ihren Nachfolgern in den alten Ämtern wieder auf, was Hitler – der stets oberste Instanz sein und bleiben wollte – mit Genugtuung registrieren konnte, da sich rivalisierende Unterführer nicht gegen ihn verbündeten.

Als einzelne Reichsstatthalter, die expressis verbis nicht „Statthalter" des Reichskanzlers, sondern des Innenministers des Reiches waren, gegen die Beschneidung ihrer Vollmachten (so zum Beispiel des Begnadigungsrechtes) Einspruch erhoben und das Vorgesetztenverhältnis der Reichsregierung ihnen gegenüber bestritten, sah Hitler sich in einer prekären Lage, da er in einer Person zugleich Führer der NSDAP, Reichskanzler und Reichsstatthalter von Preußen war. Als Parteiführer hätte er die Wünsche und Ansprüche seiner Funktionsträger auf relative Selbständigkeit gegenüber der Reichsregierung schon aus Dankbarkeit gebilligt. Als Reichskanzler mußte er dagegen sein, auch wenn er sich scheute, dies offen zuzugeben. So lavierte er sich mit der für ihn als Führer unmöglichen Bemerkung aus dem Dilemma, jeder Reichsstatthalter solle seine Bedeutung aus seiner eigenen Qualität ableiten.[365] Was darunter zu verstehen war, meinten einige von ihm allerdings einmal deutlicher gehört zu haben. So erklärte beispielsweise Friedrich Wilhelm Loeper, der Reichsstatthalter von Braunschweig und Anhalt, am 7. April 1934 in einem Schreiben an Heinrich Lammers, bei seiner Ernennung zum Reichsstatthalter vom Führer gehört zu haben: „Was Sie aus dieser Stellung machen, das wird sie später einmal sein."[366] Der Anstoß zum Kompetenzenstreit auch auf dieser Ebene war gegeben. Rasch zeigten sich die Folgen. „Wenn an dem Gedanken einer zentralen und einheitlichen Führung des Reiches durch den Herrn Reichskanzler und die ihm zur Seite stehenden Fachminister, die in ihrer Gesamtheit zusammen mit dem Reichskanzler die Reichsregierung bilden, festgehalten werden soll", so reagierte Wilhelm Frick am 4. Juni 1936 auf eine Anfrage des Reichsstatthalters Fritz Sauckel,* „dann ist es nicht möglich, Meinungsverschiedenheiten zwischen einem Reichsfachminister einerseits und einem Statthalter andererseits . . . der Entscheidung durch den Herrn Reichskanzler zu unterbreiten. Vielmehr muß die Entscheidung des Reichsministers, der hinsichtlich seines Zuständigkeitsbereichs die Reichsregierung vertritt, von dem Reichsstatthalter anerkannt werden, ohne daß ihm auf gesetzgeberischem Gebiet eine Art Rechtsmittelzug gegen eine Entscheidung des Reichsministers eröffnet wird."[367] Frick, der dieses Schreiben an die Reichskanzlei sandte, wo es Hitler vorgelegt wurde, war deutlich bemüht, entweder die Vollmachten des Führers einzuengen oder aber, was wahrscheinlicher ist, ihm unnötige Entscheidungen abzunehmen. Hitler, der jedoch auf seine „Führerstellung" pochte, ließ den Reichsinnenminister durch Lammers bescheiden: „Der Herr Reichskanzler ist gleichfalls der Meinung, daß es im allgemeinen nicht möglich ist, Meinungsverschiedenheiten zwischen einem Reichsfachminister und einem Reichsstatthalter über die Recht- oder Zweckmäßigkeit eines Landesgesetzes seiner Entscheidung zu unterbreiten. Eine Ausnahme muß jedoch nach Auffassung des Herrn Reichskanzlers für die Fälle gelten, in denen es sich um Fragen von besonderer politischer

* Sauckel hatte dem Reichsinnenminister und anderen Reichsministern das Recht abgesprochen, in Fragen der Landesgesetzgebung einfach Befehle zu erteilen. Er wollte Strittigkeiten zwischen Reichsministern und Reichsstatthaltern vom Führer geschlichtet sehen.

Bedeutung handelt."[368] Da Hitler offen ließ, was „Fragen von besonderer politischer Bedeutung" sein würden, blieb das Problem ungelöst.

Angst vor Konsequenzen: Ungelöste Reichsreform

Ungelöst blieb bis zum Ende der Regierungszeit Hitlers auch die von den meisten Nationalsozialisten emphatisch als Erfüllung eines jahrhundertealten Traumes begrüßte Reichsreform. Am 30. Januar 1934, genau ein Jahr nach der Machtübernahme, hatte der Einheits-Reichstag das auf Initiative von Wilhelm Frick und seines Beraters Helmut Nicolai zustande gekommene „Gesetz über den Neuaufbau des Reiches" beschlossen, womit als gesetzlich geregelt galt: „Die Volksvertretungen der Länder werden aufgehoben. Die Hoheitsrechte der Länder gehen auf das Reich über. Die Landesregierungen unterstehen der Reichsregierung. Die Reichsstatthalter unterstehen der Dienstaufsicht des Reichsministers des Inneren. Die Reichsregierung kann neues Verfassungsrecht setzen."[369] Vorausgegangen war der Annahme des Gesetzes, das eher einer politischen Willenserklärung als einer gesetzgeberischen Tat glich, eine Reichstagsrede Hitlers, der unter anderem gesagt hatte: „Der Kampf um die innere Neugestaltung des deutschen Volkes und Reiches, der seinen höchsten Ausdruck in der Verschmelzung von Partei und Staat, von Volk und Reich erhielt, ist nicht abgeschlossen. Getreu der Proklamation beim Antritt unserer Regierung . . . werden wir ihn weiterführen."[370] Während er einerseits die Revolution zu stoppen versuchte, schürte er sie andererseits durch Reden und Erklärungen. So erklärte er unmittelbar vor der Verabschiedung des Gesetzes im Reichstag, daß die Regierung durch das Gesetz zur Reichsreform die „legale Ermächtigung ... zur Fortsetzung der nationalsozialistischen Revolution“[371] bekommen werde. Die Reichsstatthalter hatte er dagegen schon am 6. Juli 1933, voreilig wie häufig in Reden, mit dem Auftrag in die Länder geschickt, der Revolution ein Ende zu bereiten.* 200000 Politische Leiter provozierte er am 7. September 1934 auf der Nürnberger „Zeppelinwiese“: „Nicht der Staat befiehlt uns, sondern wir befehlen dem Staat! Nicht der Staat hat uns geschaffen, sondern wir schaffen uns unseren Staat.“[372] Am 31. Oktober 1934 belehrte er schließlich die durch seine widersprüchlichen Reden unsicher gewordenen und zur Wahrung der Reichsautorität verpflichteten Reichsstatthalter, die er zur Vereidigung auf sich als Staatsoberhaupt empfing, daß immer noch „Zehntausende“ Beamte im Staat auf ihren Stühlen säßen, die „teils versteckte, teils lethargische Gegner des neuen Staates“ seien und zur „passiven Resistenz übergegangen“ wären.[373] „Ihr werdet Kämpfer sein müssen“, sagte er am 9. November 1934 zu Parteimitgliedern, die eben aus der „Hitler-Jugend“ hervorgegangen waren, als er sie vor der Münchener Feldherrnhalle vereidigte. „Denn“, so fuhr er fort, „noch sind viele, viele Gegner unserer Bewegung in Deutschland vorhanden.“[374] Nicht nur, daß Hitler nicht wagte oder nicht in der Lage war, die NS-Organisationen und deren machthungrigen Führer durch klare Entscheidungen zur Raison zu bringen und sie durch einheitliche Richtlinien zu führen, er hatte sich selbst auch in eine Position begeben, die zumindest formell absurd war. Er hatte nämlich das Amt des Reichsstatthalters für Preußen übernommen und es dem preußischen Ministerpräsidenten Göring übertragen. So war er als Reichsstatthalter sein eigener „Statthalter“ und unterstand – nach dem „Gesetz über

* Vgl. S. 191 ff.

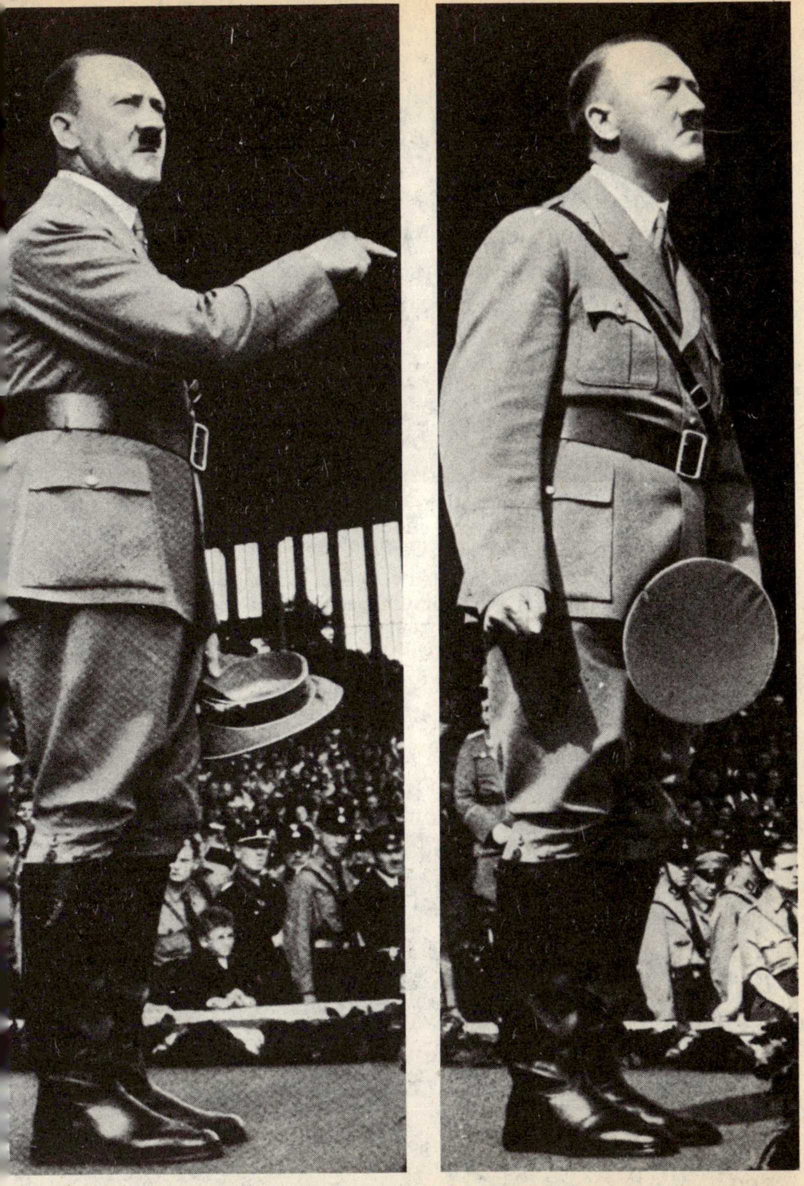

Der Führer und Reichskanzler 1935. Pose, Gestik und Sprache weisen den geschulten Fachmann aus. *Foto: Bildarchiv Preußischer Kulturbesitz, Berlin*

Zum Reichskanzler berufen: Hitler – zwischen Hermann Göring und Franz von Papen – am 30. Januar 1933 inmitten seines ersten Kabinetts. *Foto: Bildarchiv Preußischer Kulturbesitz, Berlin*

Reichspräsident Paul von Hindenburg begrüßt den von ihm berufenen Reichskanzler Adolf Hitler am sogenannten Tag von Potsdam, dem 21. März 1933. *Foto: Bildarchiv Preußischer Kulturbesitz, Berlin*

21. Juni 1934: Hitler, mit der Entwicklung der politischen Verhältnisse sichtlich unzufrieden, bei von Hindenburg auf Gut Neudeck. *Foto: Bildarchiv Preußischer Kulturbesitz, Berlin*

Ungeliebte Pflicht: Hitler während eines Diplomatenempfangs im Gespräch mit dem französischen Botschafter François Poncet. *Foto: Bildarchiv Preußischer Kulturbesitz, Berlin*

Flucht vor Entscheidungen: Ruhepause zwischen Reisen. *Foto: Bildarchiv Preußischer Kulturbesitz, Berlin*

Propaganda-Postkarte. Ein blondes Mädchen begrüßt den Führer auf dem Berghof in Berchtesgaden. *Foto: Bildarchiv Preußischer Kulturbesitz, Berlin*

den Neuaufbau des Reiches“ – dem Reichsinnenminister, der zugleich auch preußischer Innenminister war und als Innenminister Preußens einerseits dem Ministerpräsidenten Göring und andererseits sich selbst als Reichsinnenminister unterstand.[375] Wieweit er die Zügel tatsächlich in der Hand zu haben meinte und wieweit er alles übersah, ist schwer feststellbar. Sicher erscheint jedenfalls, daß er, der entscheidungsschwache und festlegungsscheue Führer, ein Jahr später eine schriftlich fixierte systematische Reichsreform, die er am 30. Januar 1934 noch hoffnungsfroh als Fortschritt begrüßt hatte, nicht mehr wünschte.[376] An der vom Reichsinnenministerium betriebenen Fortsetzung der Reichsreform, die im Sinne Fricks das Reich neu und mit NS-Gauen deckungsgleich einteilen und den zentralen Beamtenapparat (gegen die personellen Parteieinflüsse) stärken sollte, lag ihm nichts mehr, nachdem er erkannt hatte, wohin die Reform zielte und mit welchen Entscheidungen sie für ihn im Falle ihrer Verwirklichung verbunden sein würde.

Schon das auf Fricks Veranlassung ausgearbeitete neue Gesetz über die Reichsstatthalter, die der Reichsregierung konsequent unterstellt sein sollten, ließ er in der Form nicht passieren, obwohl er dem Grundkonzept zunächst zugestimmt hatte.* So wurde der „Entwicklungs“-Zustand der Reichsreform zum Dauerzustand, und so gab es dank Hitlers Angst vor gravierenden Entscheidungen bis zum Schluß Reichsstatthalter neben Länderministerien, weitaus mehr NS-Gaue als Provinzen, zahlreiche Gauleiter ohne Staatsämter und Überschneidungen von Gauen, Provinzen, Ländern und Reichsstatthalterbezirken.[377] Dies und die Eigenmächtigkeiten von

* Das Zweite Reichsstatthalter-Gesetz vom 30.1.1935 gestattete die Verbindung der bisherigen Ämter der Ministerpräsidenten der Länder mit denen der Reichsstatthalter, schrieb dies jedoch nicht vor.

Führungsfunktionären, die sich – je nach Anlage und Machtbasis – auf eigene Faust durchzusetzen versuchten und die durch Hitlers Führungsweise initiierten Streitigkeiten unter ihnen, hatten zwischen dem Führer-Bild der Propaganda und dem tatsächlichen Führer-Porträt Differenzen deutlich gemacht, die Hitler zu schaffen machten. Daß er, wie oft behauptet wird, Ende 1934 lediglich wegen der Spannungen zwischen der NSDAP und der Reichswehr unzufrieden gewesen sei und daher in den letzten Wochen des Jahres nicht einmal habe reden wollen, trifft nicht den Kern der Schwierigkeiten, mit denen Hitler sich zu der Zeit konfrontiert sah.

Die Führungs- und Regierungsschwierigkeiten, mit denen er dagegen vor der Machtübernahme gerechnet hatte, gab es nicht. Er konnte in seinem ersten Staatsamt die alte Ministerialbürokratie und die Routine der in ihren Ämtern verbliebenen Beamten nutzen und zunächst prinzipiell so weiterregieren, wie seine Vorgänger es getan hatten. Zwar fiel es den nichtnationalsozialistischen und rechtsstaatlich denkenden Beamten schwer, nationalsozialistische Willkürakte schweigend zu dulden; aber sie taten es (trotz der Minderheit der Hitler-Leute im Kabinett) bald. Der rechtsstaatlich orientierte preußische Verwaltungsapparat funktionierte, zumal von Papen und sein Anhang sowohl in der Regierung* als auch im Rahmen der Ministerialbürokratie das Übergewicht hatten. Nicht ohne Grund gab Hitler sich die größte Mühe, beispielsweise Hugenberg so lange wie möglich in seiner Regierung zu halten.[378] Schwierigkeiten bereiteten ihm seine eigenen Leute, die für ihren jahrelangen Marsch „zur Macht“ belohnt werden wollten. Die Kabinettsmitglieder Papen, Seldte, Blomberg und Neurath, um hier nur sie zu nennen, fügten sich bald wie alle

* Vgl. S. 427

Nationalsozialisten. Alfred Hugenberg, den Hitler ohnehin nicht mochte, trat Ende Juni 1933 zurück, was Hitler jedoch nicht hinderte, ihn aus propagandistischen Erwägungen im November 1933 auf die Vorschlagsliste für die Reichstagskandidaten der NSDAP setzen zu lassen. Kurt Schmitt und Walter Darré, die Alfred Hugenberg im Kabinett ersetzten, machten es Hitler leichter, sich durchzusetzen. Als Franz von Papen in der Kabinettssitzung vom 14. November 1933 Hitlers Genie[379] rühmte und seinen Kabinettskollegen damit nicht nur suggerierte, daß er loyal sei, sondern auch, daß er seinen einstigen Widersacher sogar bewundere, konnte Hitler überzeugt sein, nicht nur 40,5 Millionen Wähler für sich und die „Hitlerbewegung"* gewonnen zu haben. Seine Minister und hohen Funktionsträger der Partei setzten alles rasch in bare Münze um und multiplizierten Macht und Eindruck auf geschickte Weise. Rudolf Heß vereidigte die Politischen Leiter, rund eine Million, die Führer der Hitler-Jugend und des Reichsarbeitsdienstes, am 25. Februar 1934 auf Hitler als Führer über den Rundfunk, den die Nationalsozialisten rasch noch mehr in den Dienst des Staates stellten, als die Regierung von Papen es 1932 schon (mit ihrer täglichen Rundfunkstunde „Stunde der Reichsregierung") richtungweisend getan hatte. Obwohl der Reichspräsident von Hindenburg noch lebte und amtierte, schworen sie: „Adolf Hitler ist Deutschland, und Deutschland ist Adolf Hitler. Wer für Hitler schwört, schwört für Deutschland."[380] Hindenburg nahm dies hin, und Hitler ließ seinen Stellvertreter als Parteiführer gewähren.

Das am 23. März 1933 mit 441 gegen 94 Stimmen vom Reichstag angenommene Ermächtigungsgesetz, das den Reichstag aus der Gesetzgebung ausschaltete, die Gleich-

* Zusätzliche Bezeichnung der NSDAP auf der Vorschlagsliste für die Reichstagswahlen vom November 1933.

schaltungsgesetze, die Auflösung der politischen Parteien,* die Ausschaltung der Röhm-Opposition,** die Vereidigung der Wehrmacht*** und der Beamten auf Hitler nach Hindenburgs Tod, die Vereinigung der Ämter der Reichspräsidenten und des Reichskanzlers auf Hitler als Führer und Reichskanzler**** und die Vereidigung der Minister, die Hitler (wie die Abgeordneten der NSDAP) am 16. Oktober 1934 Treue und Gehorsam zu schwören hatten[381] – womit sie zu weisungsgebundenen Beamten degradiert wurden –, waren die ersten entscheidenden Maßnahmen, die Hitler ermöglichten, so zu regieren und zu führen, wie es seiner Mentalität und seinen Vorstellungen entsprach.

* Am 31. 3. 1933 wurde die Kommunistische Partei Deutschland verboten, der Sozialdemokratischen Partei Deutschlands am 22. 6. 1933 jede Betätigung im Reich untersagt. Die Deutschnationale Partei (bzw. -Front) löste sich am 27. 6. 1933 mit 56 gegen 4 Stimmen der führenden Leute der Partei auf; die Staatspartei (führer: Demokratische Partei) folgte am 28. 6. 1933, der Christsoziale Volksdienst am 2. 7. 1933, die Deutsche Volkspartei und die Bayerische Volkspartei am 4. 7. 1933 und das Zentrum am 5. 7. 1933. Am 14. 7. 1933 wurde die NSDAP gesetzlich (RGBL. 1938, I, S. 479) zur einzigen in Deutschland zugelassenen politischen Partei erhoben. Die Wiederbelebung oder Neugründung politischer Parteien wurde mit Zuchthausstrafen bis zu drei Jahren bedroht.

** Vgl. II, S. 345 ff.

*** Wortlaut der bis dahin geltenden Eidesformel: „Ich schwöre bei Gott diesen heiligen Eid, daß ich meinem Volk und Vaterland alle Zeit treu und redlich dienen und als tapferer und gehorsamer Soldat bereit sein will, jederzeit für diesen Eid mein Leben einzusetzen“ (RGBl. 1933, I, S. 1017). Nach Hindenburgs Tod schworen die Soldaten: „Ich schwöre bei Gott diesen heiligen Eid, daß ich dem Führer des Deutschen Reiches und Volkes, Adolf Hitler, dem Oberbefehlshaber der Wehrmacht, unbedingten Gehorsam leisten und als tapferer Soldat bereit sein will, jederzeit für diesen Eid mein Leben einzusetzen.“

**** Am 19. 8. 1934 bestätigte eine Volksabstimmung das Gesetz vom 1.8.1934 „über das Staatsoberhaupt des Deutschen Reiches“ (RGBL. I, S. 747), womit Hitler „Führer und Reichskanzler“ bzw. „Führer und Oberster Befehlshaber der Wehrmacht“ wurde. Seit Frühjahr 1939 wurde auf Hitlers Wunsch vornehmlich nur noch die Bezeichnung „Der Führer“ im Behördenverkehr verwendet. Vgl. Aktennotiz der Reichskanzlei vom 5. 8. 1939. Vgl. Bundesarchiv Koblenz, R 43 II/583a. In einem nicht veröffentlichten Erlaß des Chefs der Reichskanzlei (Lammers) vom 26. 6. 1943 wurde darauf hingewiesen, daß im innerdeutschen Schriftverkehr amtlich nur noch die Bezeichnung „Der Führer“ zu verwenden sei. Im Verkehr mit dem Ausland sei die Bezeichnung „Der Führer des Großdeutschen Reiches“ zu wählen.

Kabinettssitzungen, in denen traditionsgemäß vorgetragen und diskutiert wurde, gab es nur in den ersten Monaten des Jahres 1933, in denen der Reichskanzler Hitler sich noch gezwungen sah, Dispute über Gesetzesvorlagen, kritische Analysen und gegensätzliche Einwände der Koalitionsminister* zu akzeptieren, die seinen Vorstellungen und Erwartungen nicht entsprachen. Eine qualitative Änderung des – durch Hitler initiierten – Führungsstiles fand ihren Ausdruck in der Art der Beschlußfassungen der Reichsregierung. Trotz der anfänglich noch registrierten Diskussionen kamen die Beschlüsse im Kabinett nicht mehr durch Stimmenmehrheit, sondern nur noch durch einfache Akklamationen zustande. Die Öffentlichkeit freilich erfuhr es ein wenig anders. „Ehe wir ein Gesetz verabschieden", erklärte Hitler dem Journalisten Louis P. Lochner von „Associated Press" im April 1934 in einem Interview, „zeige ich den Entwurf" einem „ganzen Stab von Sachkennern des wirtschaftlichen, sozialen und politischen Lebens" und frage: „Bitte, was ist hieran falsch? Ich wünsche nicht, daß sie einfach ‚Ja' zu allem sagen."[382]

Lösung der Führergewalt von der Regierung Verzicht auf Rechtsetzung

Hitler, der das „Büro des Reichspräsidenten" zur „Präsidialkanzlei" umfunktionierte, verselbständigte und Heinrich Lammers, den Staatssekretär der Reichskanzlei** und Staatssekre-

* Vgl. u. a. S. 427

** Die Reichskanzlei, die 1878 auf Wunsch Otto von Bismarcks als unmittelbares Organ des Reichskanzlers eingerichtete oberste Reichsbehörde (vgl. Morsey, Rudolf: Die oberste Reichsverwaltung unter Bismarck 1867–1890 Münster 1957), spielte infolge des Hitlerschen Regierungs- und Führungsstils zur Zeit der Hitler-Regierung nicht nur

tär der Reichsregierung, zum selbständigen Behördenchef (ab 26. November 1937 mit Ministerrang) der Reichskanzlei machte – wodurch er eigentlicher Geschäftsführer der Reichsregierung wurde –, löste die Führergewalt dadurch sichtbar vom Reichskabinett. Darüber hinaus forderte er, daß Gesetzesvorlagen stets kabinettsreif zu sein hätten und im Rahmen der Sitzungen des Kabinetts nur noch begründet zu werden brauchten. Seiner ausgesprochenen Angst vor Opposition selbst in so kleinen Gremien und der Befürchtung, womöglich angesichts kritischer und oppositioneller Minister vor rasche und schwerwiegende Entscheidungen gestellt zu werden oder sich vor versammelter Mannschaft für oder gegen den einen oder anderen Minister entscheiden zu müssen, war damit der Boden entzogen. Nicht in Kabinettssitzungen, sondern in sogenannten „Chefbesprechungen", in denen er sich „Vortrag" halten ließ, traf er seine Entscheidungen. Nicht selten bat er dabei die einzelnen Minister, ihre eventeullen Bedenken und Vorbehalte im Kabinett nicht mehr vorzutragen.

Die im Rahmen der Partei geübten Führungsmethoden auf das Regierungsgeschäft übertragend, nutzte Hitler die ihm zugestandenen Machtbefugnisse, gab als einziges Regierungsmitglied Erklärungen zu außenpolitischen Fragen ab und informierte die Mitglieder des Kabinetts über beabsichtigte oder auch bereits getroffene Entscheidungen. So ließ sich die

eine Rolle als vermittelnde oder selektierende Instanz, sondern hatte – vor allem vor dem Kriege – einen beträchtlichen Stellenwert im nationalsozialistischen Machtapparat. Lammers trug Hitler (oft zusammen mit Staatssekretär Meißner von der Präsidialkanzlei) vor, öffnete die an Hitler gerichtete Post, vereinbarte Audienzen, stimmte Termine mit den Ministerien und Behörden ab, schirmte Hitler vor Konfrontationen ab, die er nicht wollte, und trat bei Streitigkeiten und Meinungsverschiedenheiten zwischen rivalisierenden Behörden und Persönlichkeiten nicht selten als Schlichter auf. Ausdrücklich bescheinigte Hitler ihm am 5. 5. 1942 und am 9. 5. 1942, daß er die Reichskanzlei mit gesundem Menschenverstand und frei von juristischen Abstraktionen so verwaltet habe, daß er, Hitler, sich so gut wie gar nicht darum kümmern brauche. Vgl. Picker, S. 315 f. und 322.

von der Propaganda systematisch verbreitete Behauptung, der Führer entscheide stets „blitzschnell", nur schwerlich in Zweifel ziehen. Nur der engste Kreis um Hitler, Wilhelm Brückner, Julius Schaub, Fritz Wiedemann und Rudolf Heß, erlebte in den ersten Jahren des Dritten Reiches den immer wieder schwer und lange um Entscheidungen ringenden Führer. Jeder Beratung und Diskussion aus dem Wege gehend, erklärte er beispielsweise den siebzehn überraschten Ministern des Reichskabinetts am relativ späten Abend* des 6. März 1936 (21.15 Uhr), daß die Deutsche Wehrmacht am Morgen des nächsten Tages in die entmilitarisierte Zone des Rheinlandes einmarschieren werde, der Reichstag zu bestehen aufhöre und für den 29. März Neuwahlen auszuschreiben seien.[383]

Wesentliche Neuordnungen meist schon akzeptierend, wenn nur die Richtung seinen Erwartungen entsprach, überließ Hitler die Durchführungsverordnungen den Ministern und verzichtete im Laufe der Zeit immer mehr darauf, die ministerielle Gesetzgebungs- und Verordnungsinitiative zu steuern und zu kontrollieren. So wurden zuweilen Maßnahmen als Führer-Wille legalisiert, die in letzter Konsequenz gar nicht Hitlers Intentionen entsprachen, und Gesetze verkündet, obwohl sie nur bruchstückhaft fixiert und in den wesentlichen Punkten noch lange nicht verabschiedungsreif waren. Daß dies nicht nur später und im Zusammenhang mit relativ zweitrangigen Gesetzen geschah, beweist ein besonders krasses Beispiel überzeugend. Am 30. Januar 1934, also bereits ein Jahr nach der Machtübernahme – und dazu noch am ersten Jahrestag der Regierungsübernahme –, wurde das einschneidende Gesetz über den Neuaufbau des Deutschen Reiches[384] verkündet, obwohl zu der Zeit erst einige der zahlreichen und

* Vgl. S. 156

nicht zu ignorierenden konkreten Rechtsfragen geklärt waren. Hitler nahm das ihm als Staatsoberhaupt allein zustehende Recht nicht wahr, neues Recht zu setzen. Ausdrücklich hieß es im Artikel 5 jenes Gesetzes vom 30. Januar 1934: „Der Reichsminister des Inneren erläßt die zur Durchführung des Gesetzes erforderlichen Rechtsverordnungen und Verwaltungsvorschriften." Dies hieß, daß der Reichsinnenminister die Funktion des Führers zu übernehmen hatte. Da auch Rudolf Heß routinemäßig nur bei der Regierungsgesetzgebung mitwirkte, wurden die Entscheidungen und Maßnahmen der Ministerien und führerunmittelbaren Instanzen – soweit es sich um das Verordnungswesen handelte – ohne Beteiligung der nach der führerstaatlichen Vorstellung zuständigen Führungsspitze getroffen. So kam es zwangsläufig zu einem Nebeneinander von Führergewalt und Reichsregierung, was durch die Tatsache noch verschärft wurde, daß Hitler unterließ, den Führer-Willen regelmäßig, klar, verbindlich, differenziert und befehlend zu fixieren.

Hielten wichtige Leute in Hitlers engster Umgebung oder er selbst jedoch bestimmte Gesetze für nötig, nutzten sie die Führer-Verfassung und initiierten nicht nur solche Gesetze, sondern nötigten sie dem Reichskabinett auch auf, sofern dies möglich war. So verhielt es sich beispielsweise mit dem im Reichsinnenministerium ausgearbeiteten und gegen Franz von Papens entschiedenen Einspruch durchgesetzten Gesetz zur Verhütung erbkranken Nachwuchses vom 14. Juli 1933[385] und mit den berüchtigten „Nürnberger Gesetzen" vom 15. September 1935.[386] Daß Hitler seinen Willen jedoch keineswegs immer durchzusetzen vemochte, beweisen ebenfalls überzeugende Beispiele. So scheiterte der im Herbst 1936 von Goebbels vorgelegte Entwurf für ein neues Pressegesetz trotz energischer Bemühungen Hitlers, der dem Gesetz zugestimmt hatte und seine Verabschiedung forderte,[387] am Widerstand des Reichsministeriums des Inneren, des Reichskriegsministeriums und der Gestapo. Nachdem Hitlers Anweisung, die Einwendungen der Ressorts zu mißachten, ignoriert wurde, entschied er sich Ende November 1936, auf die Verabschiedung des Gesetzes zu verzichten, und ordnete im Februar 1937 schließlich an, die Angelegenheit auf unbestimmte Zeit zu vertagen.[388] Umgekehrt ließ er Gesetze passieren, die er selbst nicht billigte.* Selbst beharrliche Hinweise auf die von ihm tolerierten intensiven und langen Vorbereitungszeiten konnten ihn schon dazu bewegen, gegen seinen Willen zu entscheiden. Konsequente Folge des Führungsstiles Hitlers war schließlich, daß Gesetze, über die seit 1935/1936 im Kabinett weder diskutiert noch abgestimmt worden war, durch ein schriftliches Umlaufverfahren verabschiedet wurden. So geriet die Gesetzgebungsinitiative und ihre Vorbereitung in zunehmendem Maße in die Hände der Ministerialbürokratie, die immer mehr Gesetze und „Durchführungsverordnungen" produzierte und die Maschinerie der Gesetzgebung ständig in Bewegung hielt. Hitler selbst, der im Januar 1932 eine aufwendig laufende „Gesetzgebungsmaschinerie" als deutliches Zeichen für den Verfall eines Staates bezeichnet hatte,** hielt sich bei zweitrangigen Gesetzesvorlagen gewöhnlich ganz aus dem bürokratischen Ablauf der Gesetzgebungsprozeduren heraus, obwohl die Vorlagen nicht selten von ihm initiiert worden waren. Bei Entscheidungen, bei denen der Führer-Wille eine maß-

* Hierzu gehörte beispielsweise das Deutsche Beamtengesetz von 1937.

** So erklärte er z. B. am 26. 1. 1932 im Düsseldorfer Industrie-Club vor Industriellen: „Die Schnelligkeit der Gesetzgebungsmaschine scheint mir an sich fast ein Beweis für den Zerfall eines Volkskörpers zu sein. Man versucht nur, durch die Gesetzgebungs-Rotationsmaschine den in Wirklichkeit vorhandenen inneren Spalt und den Grad der Zerrissenheit nach außen hin zu verschleiern." Zit. nach Domarus, Max: Hitler, Reden und Proklamationen 1932–1945, München 1965, 4 Bde., Bd. I/i. S. 83. Fortan zitiert als Domarus.

gebliche Rolle spielte, ließ er vornehmlich Rudolf Heß (und nach dessen Flug nach England Martin Bormann), seine Führungsgehilfen Heinrich Lammers, Otto Meißner, Philipp Bouhler (als Chef der im November 1934 in Berlin eingerichteten „Kanzlei des Führers der NSDAP"*), Julius Schaub, Otto Günsche, Wilhelm Brückner und Fritz Wiedemann, andere Männer aus seiner engsten Umgebung oder bestimmte Minister als Mittelsmänner fungieren. Sie hatten „von außen" her kundzutun, was der Führer wollte. Daß dieses System gut und schlecht eingeweihte Minister, bevorzugte und benachteiligte Funktionsträger erzeugen, vielschichtig rivalisierende Instanzen und überflüssige Gesetze und Verordnungen produzieren mußte, erkannte Hitler zweifellos; aber er war weder fähig noch willens, dies zu ändern.

Verzicht auf die Führung der Reichsregierung.

Nicht erst seit dem Beginn des Krieges regierte Hitler nicht mehr so, wie es nötig gewesen wäre. Doch die Reichsregierung leitete er bis Ende August 1939 wenigstens noch dem Scheine nach selbst.** Typisch für die Art und Weise, in der dies geschah, ist folgendes Beispiel: Heinrich Lammers benötigte Hitlers Unterschrift unter die für das im Oktober 1938 von der

* Die nach Hindenburgs Tod durch Erlaß vom 17. 11. 1934 ins Leben gerufene „Kanzlei des Führers der NSDAP", meist als „Kanzlei des Führers" bezeichnet, fungierte vornehmlich als Stab für die Bearbeitung von Eingaben aus der Bevölkerung. Philipp Bouhler wurde am 1. September (zusammen mit Hitlers Begleitarzt Karl Brandt) mit der Durchführung der Euthanasie beauftragt. Vgl. S. 217 ff.

** Von 1933 bis zu Hindenburgs Tod hatte Hitler sich noch einigermaßen an einen Tagesablauf mit routinemäßiger Arbeit gehalten, gewöhnlich vormittags Heinrich Lammers und Otto Meißner zum Vortrag empfangen und danach mit Ministern gesprochen, die angemeldet waren. Die Nachmittage waren den Militärs gewidmet. Bald jedoch füllte der Reichspressechef Dr. Otto Dietrich mit seinen Presseberichten Hitlers Vormittag aus, der in zunehmendem Maße ohnehin erst kurz vor der Mittagstafel begann.

deutschen Wehrmacht besetzte Sudetenland ausgearbeiteten Gesetze, da sie ohne diese Unterschrift keine Rechtskraft hatten. Vierzehn Tage hindurch, ständig in Hotels und auf Straßen, fuhr Hitler im Reich umher und war – außer kurzfristig in Berlin – weder für Lammers noch für Staatsgeschäfte erreichbar.[389] In Berchtesgaden, wie ein Blumenbote wartend, sah der Chef der Reichskanzlei keinen anderen Ausweg, einem „gesetzlosen Zustand" vorzubeugen und eine intakte Regierung zu demonstrieren, als sich in dieser prekären Sitaution Hitlers persönlichem Adjutanten Fritz Wiedemann anzuvertrauen und diesen um vermittelnde Hilfe zu bitten.[390] Walter Darré mußte sogar mehr als zwei Jahre auf eine Möglichkeit warten, Hitler sprechen und vortragen zu dürfen.[391]

Mit dem Beginn des Krieges und dem Aufenthalt in den jeweiligen Führer-Hauptquartieren, was mit dem Rußlandkrieg zu einem nur selten unterbrochenen Dauerzustand wurde, verzichtete Hitler praktisch auch offiziell auf die persönliche Führung der Reichsregierung. Durch die am 30. August 1939 verfügte Einsetzung eines „Ministerrats für die Reichsverteidigung",[392] an dessen Spitze Göring als designierter Nachfolger Hitlers stand,* war eine Art Kriegskabinett geschaffen worden, das „kollegial" die Funktionen des auch räumlich von der Reichsregierung getrennten Führers übernehmen sollte. Doch weder Göring noch Frick oder sonst jemand (außer in Ansätzen Lammers) fungierten entsprechend. Zwar trat Göring bei Erlassen von Verordnungen des Ministerrats an die Stelle Hitlers,** doch die im Zusammenhang mit der Gesetzgebung

* Dem Ministerrat gehörten ferner an: Frick als Generalbevollmächtigter für die Reichsverwaltung, Funk als Generalbevollmächtigter für die Wirtschaft, Keitel als Chef des OKW, Heß und Lammers.

** Die gewöhnlich auf dem Umlaufwege zwischen den Ressorts vorbereiteten Verordnungen wurden meist von dem jeweiligen Generalbevollmächtigten und von Lammers gegengezeichnet. Ferner gab es zur Verfahrensabkürzung ein sogenanntes „Dreierkollegium".

nunmehr verstärkt agierenden Minister der Reichsregierung sahen sich seit Ende August 1939 noch weniger als zuvor in unausweichliche Pflicht genommen. Nun konnten sie, wenn ihre Ambitionen auf Widerstand trafen, den Führer als oberste Instanz anrufen, was letztlich hieß, daß die Entscheidungen wieder bei ihnen lagen.

Diffuse Zuständigkeiten als System. Unüberschaubarkeit als Führungsprogramm.

Göring, der „Gesetzesmacherei“ überdrüssig, hatte Hitler schon ein Jahr nach dem Beginn des Rußlandkrieges bewogen, durch einen Führer-Erlaß bis auf weiteres alle „Gesetze und Verordnungen zurückstellen zu lassen, die mit der Reichsverteidigung in keinem unmittelbaren Zusammenhang stehen“.[393] Die nominellen Zuständigkeiten der Macht- und Führungsverhältnisse verwässerten immer mehr. Grenzen wurden immer unklarer. Verordnungen wurden erlassen, über deren Vorbereitung nicht immer alle Ministerien informiert waren, so daß zeitraubende Beschwerden mit Berufungen auf die Geschäftsordnung zur Tagesordnung gehörten. Die Schwäche bestimmter Ressortchefs ausnutzend, beließen die besonders bevollmächtigten Minister es jedoch dabei, bis Bormann in Aktion trat und Heinrich Lammers veranlaßte, durch einen Runderlaß vom 17. Februar 1942 energisch darauf hinzuweisen, daß die Geschäftsordnung einzuhalten und die Ressorts bei den Entwürfen von Verordnungen zu beteiligen seien.[394] Schon im November 1941 hatte die Reichskanzlei die Befürchtung ausgesprochen, daß das Kompetenzengerangel zwischen den einzelnen Ministerien nicht nur die Autorität einzelner Ressorts, sondern „auch die des Führers"[395] gefährden könne. Da der starke Führer nur auf dem Papier stand und in der Propaganda lebte, sahen sich auch Göring und Lammers bald überfordert. Beide gaben seit Ende 1941 dem Druck der führerunmittelbaren Reichskommissare und Chefs der Zivilverwaltungen gegen die Rechtsetzungsbefugnisse des Ministerrats immer mehr nach und sondierten im Feld der Konkurrenten, wer jeweils als Bundesgenosse in Frage käme. Lammers ging schließlich so weit, sich von Fall zu Fall mit Ressortchefs zu arrangieren, bevor er Hitler vortrug, was er zuweilen jedoch auch unterließ und aus eigener Vollkommenheit entschied. Nicht alle Weisungen Hitlers nahm er wörtlich, auch die scharf formulierten nicht. „Na Gott", sagte er am 23. September 1948 in einem Kreuzverhör durch Robert M.W. Kempner, „der Führer brauchte etwas häufiger sehr heftige Äußerungen, die aber nicht alle so gemeint waren, wie sie herauskamen, und auch von mir nicht so protokolliert worden sind."[396] Als Frick sich beispielsweise Anfang 1942 gegen den Anspruch des Chefs der Zivilverwaltung in Elsaß-Lothringen wandte, über eine eigene Etathoheit zu verfügen, und Lammers ersuchte, diese Angelegenheit Hitler zur Entscheidung vorzulegen, weigerte er sich, dies zu tun. Der Führer wünschte, erklärte er, mit solchen Fragen der technischen Organisation nicht belästigt zu werden, was Frick zu einer ungewöhnlich scharfen Replik veranlaßte. Die Haushaltsgestaltung sei, so schrieb er am 27. Februar 1942 in ungewöhnlich scharfer Form, keine nebensächliche technische Angelegenheit, sondern berühre ihrem Wesen nach die „Grundlagen der Verfassungsorganisation des Dritten Reiches", weshalb eine Entscheidung des Führers unbedingt nötig wäre. Er, Lammers, trage die alleinige Verantwortung für die durch seine Weigerung „ermöglichte verhängnisvolle Entwicklung der

Dinge".[397] Diese exponierten und durch besondere Machtbefugnisse ausgezeichneten Minister, die beide dem „Ministerrat für die Reichsverteidigung" angehörten, verkehrten in einem Ton, der die stets extrem anders informierte Öffentlichkeit zumindest nachdenklich gestimmt hätte, wenn ihr Einzelheiten bekannt geworden wären.

Gelangte jedoch etwas – über Heß, Bormann, Lammers, über Adjutanten oder einen der bevorzugten Minister wie Goebbels, Speer oder Göring – auf Hitlers Tisch, hieß das noch längst nicht zugleich auch, daß von Hitler sofort entschieden würde. Manches bestätigte er, anderes billigte er mit halbem Herzen; vieles ließ er kommentarlos sich selbst erledigen, so daß die Minister (mehr noch als die Parteifunktionäre) nicht immer wissen konnten, woran sie waren. Selbst maßgebliche Entscheidungen ließ Hitler gelegentlich auf eine Weise „reifen", die dem Zufall Tür und Tor öffnen mußten. Er regierte nicht, sondern ließ regieren, beobachtete, wartete ab – und traf verbindliche und eindeutige Entscheidungen erst, wenn ohnehin kaum noch etwas geändert werden konnte. So beispielsweise – gegen seine Überzeugung – Rosenbergs Absicht, in der Ukraine Politik zu betreiben und die dortige Bevölkerung im Rahmen des besetzten russischen Raumes bevorzugt zu behandeln,* nach Rosenbergs Auffassung Mitte Mai 1942 „gebilligt". „Gebilligt" hatte er nach Erich Kochs Ansicht

* In Rosenbergs Erlaß vom 13. 5. 1942 hieß es u. a.: „Was immer die deutsche Politik jetzt oder nach dem Krieg zu tun für notwendig erachtet . . . es ist den deutschen Interesssen gegenüber unverantwortlich", bestimmte Gedanken zu äußern, die leicht an die Öffentlichkeit gelangen könnten. „Zunächst ist die Redensart, daß die Ukrainer ein Kolonialvolk seien, das . . . mit der Peitsche wie die Neger behandelt werden solle, durchgesikkert bis in die . . . weitesten Kreise von Ukrainern . . . Eine Politik der Völkerführung besteht nicht darin . . . harte Notwendigkeiten und abschätzende Urteile den Geführten ins Gesicht zu rufen . . . sondern sich zu bemühen, durch ein strenges aber gerechtes Regiment auch durch menschliches Verstehen . . . das Gefühl einer gemeinsamen Arbeit und des Vorteils dieser Arbeit zu erwecken." Zit. aus Geheime Reichssache, Nr. 843/43 g. R.-R/H. vom 31. 3. 1943. US-Document-Center, Berlin.

jedoch auch dessen Prinzip der brutalen und rücksichtslosen Gewaltherrschaft, deren offenes Symbol die Peitsche war und Hitlers Zielsetzungen entsprach. Die „Ukrainer", sagte Hitler beispielsweise am 23. September 1941, seien „genauso faul, unorganisiert und nihilistisch-asiatisch" wie „die Großrussen. Hier von einem Ethos der Arbeit und Pflicht zu reden, wäre vollkommen zwecklos. Stalin . . . einer der größten lebenden Menschen", sei es „auch nur durch härtesten Zwang gelungen, aus dieser slawischen Kaninchenfamilie einen Staat zu schmieden."* Erich Koch konnte sich gestützt und in seiner Auffassung bestätigt fühlen. Der persönliche Referent seines Widersachers und Vorgesetzten Rosenberg hatte schon am 19. September 1941 für seinen Chef protokolliert: „Die Stimmung im FHQU (Führer-Hauptquartier) ist für Koch sehr günstig; alle halten ihn für den geeignetsten Mann und ‚zweiten Stalin', der seine Aufgabe auf das beste lösen wird."[398]

Wieviel Spielraum Hitlers Führungsstil zuließ, verrät nicht zuletzt bereits Alfred Rosenbergs Behauptung, daß der Führer seine Erlasse „gebilligt"[399] habe, nur weil sie ihm „vorgelegt"[400] worden seien. Hitler ließ Erich Koch, der als Reichskommissar für die Ukraine die Ukrainer in seinem Sinne als „Urslawen" mit der Nagaika „regierte", ebenso gewähren wie Alfred Rosenberg, der eine grundsätzlich andere Politik für richtig hielt. Seine Erwartungen, auf deren Erfüllung er vertraute, waren darauf gerichtet, daß sich Erich Koch, der brutalere und kompromißlosere von ihnen, erfolgreich durchsetzen werde. Zynisch ironisch ließ er seine Umgebung spüren, wie er

* Koeppen-Protokoll vom 23.9.1941. Nationalarchiv Washington, EAP/05/44. Am 17.10.1941 erklärte er, daß auch die Ukrainer unter deutscher Herrschaft z. B. keinen Anspruch auf Schulbildung und auf „Freiheit" hätten. Er würde, so sagte er, „als Führer mit eiskalten Überlegungen diese neue Verwaltung einrichten; was die Slawen darüber" dächten, wäre ihm „vollkommen egal". Koeppen-Protokoll vom 17. 10. 1941, Nationalarchiv Washington, EAP/05/44. In gleicher Weise hatte er sich in Anwesenheit von Reichsminister Lammers am 19. 9. 1941 auch gegenüber Koch geäußert.

„regierte". Als Rosenberg und Koch einmal zusammen zu ihm ins Führerhauptquartier bestellt waren, wies er Linge an: „Lassen Sie die beiden, wenn sie kommen, gemeinsam in einem Raum warten und stellen Sie meinen Spazierstock dazu."[401] In seiner Gegenwart allerdings duldete er nur ausnahmsweise Auseinandersetzungen grundsätzlicher Art. Eine Besprechung, in der es zwischen Goebbels und Göring zu einem hektischen Streit kam, der nur mühsam die Feindschaft verdeckte, verließ Hitler mit der brüsken Bemerkung: „Meine Herren, ich komme wieder, wenn Sie sich geeinigt haben."[402]

Allein, ohne Hitler, und das mußte der Unüberschaubarkeit geradezu Tür und Tor öffnen, durften die Minister sich während des Krieges nicht einmal mehr zusammensetzen. Ministerbesprechungen gab es nicht mehr. Sie hatte der Führer „sozusagen verboten",[403] wie sich Heinrich Lammers am 23. September 1948 in einem Verhör in Nürnberg ausdrückte. Selbst die Staatssekretäre, die sich nach dem Wegfall der Kabinettssitzungen und der Ministerkonferenzen in Staatssekretärkonferenzen zu Gepsrächen zu treffen pflegten, um die Verbindung unter den einzelnen Ressorts zu halten und laufende Geschäfte zu koordinieren oder wenigstens zur Kenntnis zu nehmen, durften auf Hitlers Weisung ab Februar 1945 nicht mehr gemeinsam konferieren.[404]

Zwangsläufig mußten sich Führungsinstanzen herauskristallisieren, die „im Namen des Führers" selbst Entscheidungen von größter Bedeutung fällten und sie in seinem Namen auch verkündeten. Eine von ihnen verkörperte der von Hitler 1944 durch eine 600 000-Mark-Dotation ausgezeichnete Heinrich Lammers als Reichsminister, SS-Obergruppenführer und Chef der Reichskanzlei. Er konnte – und mußte –, um den bürokratischen Regierungsapparat, den er aus seiner langjährigen Ministerialbeamtenpraxis genau kannte, in Gang zu halten, zuweilen Entscheidungen treffen, die durch Hitlers Namen gedeckt sein mußten. Seit 1933 auf Hitlers Regierungs- und Führungsstil eingestellt, hatte er bei der Führung der Staatsgeschäfte schließlich Vollmachten, wie sie im Laufe der Zeit nur noch Martin Bormann – vor allem im Zusammenhang mit der Führung der NSDAP – geltend machen konnte. Nur bei Kompetenzstreitigkeiten auf ministerieller Ebene, die er nicht selbst zu schlichten vermochte, brauchte er Hitlers Hilfe in Anspruch zu nehmen.

Alte Vorstellungen realisiert: Euthanasie.

Mit dem Datum des Kriegsbeginns hatte Hitler seinem Begleitarzt Karl Brandt und dem Reichsleiter Philipp Bouhler nach langen Überlegungen* befohlen, „unter Verantwortung ... die Befugnis namentlich zu bestimmender Ärzte so zu erweitern, daß nach menschlichem Ermessen unheilbar Kranken

* In „Mein Kampf" (S. 279) hatte Hitler bereits 1925 geschrieben: „Es ist eine Halbheit, unheilbar kranken Menschen die dauernde Möglichkeit einer Verseuchung der übrigen Gesunden zu gewähren." Hier „wird man", formulierte er in der Diktion des Euthanasie-Befehls, „zu den schwersten und einschneidensten Entschlüssen kommen müssen ... (es) ist eine Forderung klarer Vernunft und bedeutet in ihrer planmäßigen Durchführung die humanste Tat der Menschheit." Gemeint war die Sterilisierung. Die Ehegesundheitsgesetze von 1933 und 1935, die Sterilisierungen und Schwangerschaftsunterbrechungen bei Erbkranken legalisierten, basierten darauf. 1935 erklärte Hitler dem Reichsärzteführer Wagner konkret, daß er im Falle eines Krieges die „Euthanasiefragen aufgreifen und durchführen" würde. Vgl. dazu Gruchmann, Lothar: Euthanasie und Justiz im Dritten Reich, Vierteljahrshefte für Zeitgeschichte, 3/1972, S. 237 ff. Für seine nächste Umgebung erkennbar, beschäftigte er sich seit Anfang August 1939 denn auch besonders auffällig mit der „Gnadentötung".
Am 8. 8. 1939 ließ er sich von Martin Bormann und Philipp Bouhler (der im Rahmen des Euthanasie-Programms neben Karl Brandt die Hauptrolle spielte) einen vermutlich im Auftrage des Reichsärzteführers Leonardo Conti über unheilbare Kranke in Anstalten gedrehten Film („Unwertes Leben") vorführen. Vgl. Engel, S. 56 f.

bei kritischster Beurteilung ihres Krankheitszustandes der Gnadentod gewährt werden kann".[405] Dieser raffiniert formulierte und zunächst von ihm handschriftlich niedergelegte Befehl, der ihm in Nürnberg vom Buchstaben her nur gewaltsam als verbrecherisch hätte ausgelegt werden können, war nach der getroffenen Personalauswahl eine Aufforderung zum systematisch organisierten Mord, dem bis Sommer 1941 in Hadamar, Brandenburg, Grafeneck, Hartheim, Sonnenstein und Bornburg mehr als 50000 Kranke, Schwachsinnige, Juden, Polen und Russen – und sogar alte arbeitsunfähige deutsche „Volksgenossen" und selbst schwerverwundete deutsche Soldaten – zum Opfer fielen.* Die Tatsache, daß massive Proteste aus allen Bevölkerungskreisen das Euthanasie-Programm nach rund zweijähriger Dauer zu Fall brachten und Hitlers Prestige unter den Eingeweihten in Mitleidenschaft zogen, muß Hitler bewogen haben, Entscheidungen von solcher Tragweite künftig grundsätzlich nicht mehr schriftlich zu fixieren.** Bereits sein Befehl zur Einstellung der Euthanasie erging mündlich.*** So findet sich auch kein von Hitler persönlich unterschriebener oder auch nur gegengezeichneter schriftlicher Befehl zur Ermordung der Juden. Was mit ihnen zu geschehen hatte, erfuhr Himmler vom Führer mündlich und

* Dok. hierzu u.a.: ein Schreiben des Generalstaatsanwalts in Stuttgart vom 12. 10. 1940 an den Reichsjustizminister, LXIV B 25, fol. 1-175, ein Schreiben („Geheime Reichssache, persönlich") des Reichsjustizministers vom 4. 3. 1941 an den Chef der Reichskanzlei, ebenda, S. 47, und eine Erklärung des evangelischen Pastors Braune, des Leiters der Hoffnungstaler Anstalten und Präsidenten des Zentralausschusses Ost für die Innere Mission, ebenda, S. 134.

** Zwar ließ er 1941, als der Krieg gegen Rußland und die Massenvernichtung der Juden begann, den – der Euthanasie das Wort redenden – Spielfilm „Ich klage an" als eine nachträgliche Rechtfertigung seines Euthanasiebefehls von 1939 aufführen, aber die „Gnadentötungen" wurden nicht fortgeführt.

*** Eidesstaatliche Erklärung von Viktor Hermann Brack, der 1941 als persönlicher Beauftragter Philipp Bouhlers die Euthanasie auf mündlichen Befehl hin stoppen ließ, vom 12.10. 1946. Bundesarchiv Koblenz, LXIV B 22, fol. 1–72.

unter vier Augen.* Und mündlich und unter vier Augen gab auch Himmler seine Befehle weiter, sobald sie Maßnahmen betrafen, die nur einem relativ kleinen Kreis bekannt werden durften. So erklärte beispielsweise Rudolf Höß, der von 1940 bis 1943 das Vernichtungslager Auschwitz geleitet hatte, von Himmler „im Sommer 1941 persönlich den Befehl" bekommen zu haben, „in Auschwitz einen Platz zur Massenvernichtung vorzubereiten und diese Vernichtung durchzuführen".[406] Wer, wie beispielsweise das vom 1941 gestoppten Euthanasie-Programm abgezogene Personal,[407] in den „Apparat" zur Ermordung der Juden eingespannt war, brauchte an Hitlers Absichten nicht zu zweifeln, auch wenn niemand jemals einen entsprechenden schriftlichen Führer-Befehl hätte vorweisen können.

Sturm gesät und auch geerntet: Judenpolitik

Schon 1922 hatte Hitler gefordert: „Wir verlangen Schutz vor den Juden, nicht kämpfen lassen, sondern vorbeugen. Rädelsführer aufhängen – sind immer Juden."[408] Und in „Mein Kampf" hieß es: „Hätte man zu Kriegsbeginn (August 1914) und während des Krieges einmal zwölf- oder fünfzehntausend dieser hebräischen Volksverderber so unter Giftgas gehalten, wie Hunderttausende unserer allerbesten deutschen Arbeiter aus allen Schichten und Berufen es im Felde erdulden mußten, dann wäre das Millionenopfer der Front nicht vergeblich gewesen. Im Gegenteil. Zwölftausend Schurken zur rechten Zeit beseitigt, hätte vielleicht einer Million ordentlicher, für die

* Vgl. dazu vor allem Keitels Aufzeichnungen.

Zukunft wertvoller Deutschen das Leben gerettet."[409] Daß er auch als Führer und Reichskanzler nicht von den progammatischen Drohungen abwich, die er als Parteiführer öffentlich proklamiert hatte, bezeugen zahlreiche Äußerungen. So erklärte er beispielsweise am 30. Januar 1939: „In der Zeit meines Kampfes um die Macht war es in erster Linie das jüdische Volk, das nur mit Gelächter meine Prophezeiungen hinnahm, ich würde einmal in Deutschland die Führung des Staates ... übernehmen und dann ... auch das jüdische Problem zur Lösung bringen. Ich glaube, daß dieses ... schallende Gelächter dem Judentum in Deutschland ... schon in der Kehle erstickt ist. Ich will heute wieder ein Prophet sein: Wenn es dem internationalen Finanzjudentum in und außerhalb Europas gelingen sollte, die Völker noch einmal in einen Weltkrieg zu stürzen, dann wird das Ergebnis nicht die Bolschewisierung der Erde und damit der Sieg des Judentums sein, sondern die Vernichtung der jüdischen Rasse in Europa."*

Als die „Vernichtung der jüdischen Rasse" längst keine leere Drohung mehr war und Tausende Deutsche dies aus eigener Erfahrung wußten, differenzierte Hitler am 24. Februar 1942 in seiner „Botschaft" zur Parteigründungsfeier in München, an der er nicht teilnahm: „... meine Prophezeiung wird ihre Erfüllung finden, daß durch diesen Krieg nicht die arische Menschheit vernichtet, sondern der Jude ausgerottet werden wird ... Und dann erst, nach der Beseitigung dieser Parasiten, wird über die leidende Welt eine lange Zeit der Völkerverständigung und damit des wahren Friedens kommen."[410]

Solchen Rahmenrichtlinien, die jedermann vertraut sein mußten, machten dataillierte schriftliche Begründungen,

* Zit. nach Domarus, Bd. II/1, S. 1058. Am 30. 1. 1941 und am 30. 1. 1942 erinnerte er an diese Drohungen, wobei er allerdings fälschlich behauptete, er habe sie am 1. 9. 1939 ausgesprochen.

Befehle und Weisungen Hitlers überflüssig. Die in den unmittelbaren Vernichtungsapparat aktiv eingespannten Personen, die auch ohne schriftlichen Hitler-Befehl wußten, um was es ging, waren weltanschaulich zuverlässig programmiert. „Ich stellte damals keine Überlegungen an – ich hatte (von Himmler) den Befehl bekommen – und hatte ihn durchzuführen“, schrieb beispielsweise Rudolf Höß nach seiner Verhaftung und fuhr fort: „Ob diese Massenvernichtung der Juden notwendig war oder nicht, darüber konnte ich mir kein Urteil erlauben, soweit konnte ich nicht sehen. Wenn der Führer selbst die ‚Endlösung der Judenfrage‘ befohlen hatte, gab es für einen alten Nationalsozialisten keine Überlegungen, noch weniger für einen SS-Führer. ‚Führer befiehl, wir folgen‘ – war keinesfalls eine Phrase, kein Schlagwort für uns. Es war bitter ernst gemeint . . .“ Himmlers Person als Reichsfürer SS „war unantastbar. Seine grundsätzlichen Befehle im Namen des Führers waren heilig. An denen gab es keine Überlegungen, keine Auslegungen, keine Deutungen. Bis zur letzten Konsequenz wurden sie durchgeführt und sei es durch bewußte Hingabe des Lebens, wie es nicht wenige SS-Führer im Kriege taten.“[411]

Der pervertiert aggressive biologische Antisemitismus Hitlers, dessen Weltanschauung in diesem Punkt nicht nur Auslegungen jedweder negativer Art, sondern jederzeit auch ungesetzliche Konsequenzen nahezu jeden Umfanges zuließ, erwies sich als Legitimation für Vorgriffe auf die Zukunft. Wer immer nach Hitlers „Machtergreifung“ Handhaben zur Behinderung oder Ausschaltung jüdischer Kollegen und Standesgenossen suchte und auf entsprechende gesetzliche Regelungen nicht warten wollte, fand in Hitlers Äußerungen und programmatischen Prophezeiungen über das Schicksal der Juden flexibel deutbare Richtlinien. Ganze Berufsstände „säuberten“

ihre Reihen von jüdischen Konkurrenten, längst bevor Gesetze dies zuließen oder gar verfügten. Am 30. September 1938 beispielsweise erlosch (nach dem Berufsverbot vom 25. Juli 1938 für jüdische Ärzte) die Approbation der jüdischen Mediziner, die bis dahin nach dem Gesetz noch offiziell als Kassenärzte hatten tätig sein dürfen.* Der Groß-Berliner Ärztebund e. V. (Hartmannbund) als Repräsentant der Berufspolitik und die Kassenärztliche Vereinigung hatten sie jedoch seit 1933 bereits, in verschiedenen Orten des Reiches von eilfertig drängenden Aktivisten unterstützt, systematisch beruflich ruiniert, ohne vom Staat dazu gezwungen worden zu sein.

So hatten Angehörige des NS-Ärztebundes beispielsweise in Frankfurt am Main bald nach der „Machtübernahme" in einer „Nacht- und Nebelaktion" die Büros des Ärzteverbandes für freie Arztwahl besetzt, der für die Frankfurter Ärzte mit den Krankenhäusern abrechnete, den bis dahin tätigen Vorstand für abgesetzt erklärt und einen neuen aus „alten Kämpfern" etabliert. Eine neue kassenärztliche Organisation wurde aufgebaut.[412] Zwischen dem Hartmannbund und dem Verband Privater Krankenversicherungsunternehmen Deutschlands war am 11. Mai 1933 ein Abkommen getroffen worden, das Rechnungen jüdischer Ärzte durch private Krankenversicherungen nur noch zu erstatten erlaubte, wenn es sich bei den behandelten Patienten um Nichtarier oder um Versicherungsmitglieder

* Vgl. Blau, Bruno: Das Ausnahmerecht für die Juden in Deutschland, Düsseldorf 1954 (2. Aufl.). Am 22. 4. 1933, 15 Tage nach der Verkündigung des Gesetzes zur Wiederherstellung des Berufsbeamtentums, verordnete das Reichsarbeitsministerium, obwohl kein Kassenarzt Beamter war, daß nichtarische Ärzte nicht weiter als Kassenärzte tätig sein dürfen. Nur sogenannte „Mischlinge" I. und II. Grades und auch Volljuden, die während des Ersten Weltkrieges Kriegsdienst (an der Front oder als Ärzte in Seuchenlazaretten) geleistet hatten, konnten von dieser Verordnung zunächst ebenso ausgenommen werden wie Juden und „Mischlinge", deren Väter oder Söhne im Ersten Weltkrieg gefallen waren.

von Mittelstandsversicherungen handelte, die „sich selbst als nichtarisch bezeichneten“.[413]

Am 20. August, eine Woche vor dem Beginn der „Erstattungssperre“, erfuhren die arischen Ärzte vom (inzwischen zum Reichsärzteführer ernannten) Kommissar ihres Standesverbandes, der 1936 in der Reichsärztekammer aufging, daß sowohl der kollegiale Verkehr zwischen arischen und nichtarischen Ärzten als auch Überweisungen „deutschstämmiger“ Ärzte an „fremdrassige Ärzte“ und Überweisungen von ihnen an sie verboten seien.* 1113 frei praktizierende Ärzte verloren dadurch allein in Berlin ihre Privatpatienten. Mehr als die Hälfte der Ende 1932 in Deutschland praktizierenden jüdischen Mediziner hatte zum Zeitpunkt des totalen Berufsverbotes vor den Schikanen kapituliert und war emigriert. Während staatliche Behörden einer Anzahl jüdischer Ärzte 1933 noch zu ihrem Recht verholfen hatten,** war dies infolge der inzwischen veränderten Gesetzeslage nicht mehr möglich.

Die ursprünglich ungesetzlichen Maßnahmen in nahezu allen Bereichen des politischen Geschehens jeweils auch die Phase der Erfahrungssammlung im Hinblick auf die Erfüllung der programmatischen Verlautbarungen Adolf Hitlers, waren jetzt rechtens geworden. Ursprung und Anlaß von Führer-Befehlen und von Gesetzen, die Hitlers Unterschrift trugen, waren in sehr vielen Fällen „praktische“ Erfahrungen. Nicht zufällig konnte Reinhard Heydrich am 20. Januar 1942 in der Wannsee-Konferenz, in der Einzelheiten über die „Endlösung

* Ausnahmen (d. h. die Annahme von Überweisungen jüdischer Ärzte durch „arische Krankenhausärzte“) wurden nur gebilligt, wenn örtliche Verhältnisse dazu zwangen.

** So hatten 247 der jüdischen Mediziner bei ihrer Klage vor dem Reichsarbeitsministerium Erfolg, das die Entscheidung der ärztlichen Standesführung aufhob, von der auf einmal 1377 Kassenärzte ausgeschlossen worden waren. 1074 hatten Beschwerde eingelegt. 303 Ärztebeschwerden gab die Beschwerdeinstanz des Hartmannbundes nach. Vgl. „Der Spiegel“ vom 26. 11. 1979, S. 254.

der Judenfrage" geklärt und festgelegt werden sollten, unter Anspielung auf die Massenexekutionen der Einsatzgruppen im Osten darauf hinweisen, daß im Zusammenhang mit der Vernichtung der Juden, wofür zu der Zeit noch kein amtlicher Gesamtplan vorlag, „praktische" Erfahrungen[414] vorlägen, die künftig genutzt werden sollten. Solche „Erfahrungen" und deren Folgen konnte Hitler nicht schadlos ignorieren, es sei denn, er wäre bereit gewesen, das Programm der NSDAP zu desavouieren, seine Prophezeiungen, Versprechungen und Drohungen als tagespolitische Äußerungen ohne „weltpolitische" Perspektiven charakterisieren zu lassen, Irrtümer einzugestehen, sich (wozu er nicht fähig war) total neu zu orientieren und schließlich alle diejenigen zu enttäuschen, die ihm gefolgt waren und ihn zu dem gemacht hatten, was er geworden war: der Führer.

Zahlreiche örtliche Parteiinstanzen versuchten „die Judenfrage" infolge fehlender Rechtsgrundlagen nach eigenem Ermessen und auf eigene Faust zu „lösen". Ausgangsbeschränkungen wurden dekretiert, Judenbanne und besondere Ausgangszeiten für Juden festgelegt und Juden verboten, Radioapparate zu besitzen,[415] was gelegentlich zu Einsprüchen selbst der Geheimen Staatspolizei führte, die beispielsweise am 7. September 1939 darauf aufmerksam machte, daß einige der von Bürgermeistern angeordneten Maßnahmen gegen Juden rückgängig zu machen seien.[416]

Reichsrechtliche Vorschriften wurden umgangen oder von einflußreichen Funktionären kurzerhand abgeändert, was teilweise ebenfalls wieder korrigiert werden mußte. So hatte das Amt des Generalgouverneurs Hans Frank im April 1940 durch Rundschreiben darauf hingewiesen, daß als Jude anzusehen sei, wer zwei oder mehr jüdische Großeltern habe und mit einem Juden verheiratet sei, von dem er sich nicht trenne,[417] was mit den Nürnberger Gesetzen nicht übereinstimmte. Die Folge war, daß der zuständige Reichsminister diese Dienstanweisung beanstandete und auf einer Annäherung der Rechtsbestimmungen im Generalgouvernement und im Reich bestand, was dazu führte, daß Frank einlenken mußte. Am 24. Juli 1940 glich er seine Bestimmung den im Reich geltenden rechtlichen Vorschriften an.*

Vom Berliner Oberbürgermeister war schon im Juli 1935 die Forderung erhoben worden, alle jüdischen Wohlfahrtseinrichtungen unter öffentliche Kontrolle zu stellen, um einen „Mißbrauch öffentlicher Fürsorgegelder durch ihre Tätigkeit"[418] zu unterbinden. Im Oktober 1935 regte die ostpreußische Gauleitung den Deutschen Gemeindetag an, bei der Beurteilung der Hilfsbedürftigkeit unterstützungsbedürftiger Juden einen schärferen Maßstab anzulegen.[419] Einzelne Institutionen entschieden von sich aus in normativ gesetzmäßiger Form, wann, wo und in welcher Weise sie die Judenfrage voranzutreiben gedachten. Ausdrücklicher Ermächtigungen bedurfte es infolge des zusehends zerfallenen Rechtssystems, der sich unübersehbar multiplizierenden Rechtsquellen und der daraus resultierenden Unbedenklichkeit bei der Berufung auf Rechtsgrundlagen dabei nicht. Es sei denn, die zur Mitwirkung berechtigten Instanzen sträubten sich, bestimmte Weisungen zu akzeptieren, was Himmler allerdings bald effektvoll zu umgehen wußte. Richtungweisend war das grundsätzliche Einverständnis über die „Notwendigkeit" der Regelung der Judenfrage im Sinne des Führers, der nach 1933 dafür durchaus keine speziellen Weisungen oder dergleichen mehr ergehen zu lassen brauchte. Was dennoch an Maßnahmegesetzen erlassen wurde, war nahezu ausnahmslos sowohl formal als auch mate-

* Am 31. 5. 1941 erging (RGBL I, S. 297) für die dem Reich eingegliederten Ostgebiete dann die Verordnung über die Einführung der Nürnberger Rassengesetze.

riell entartet, konnte jedoch weder rechtstechnisch noch verfassungsmäßig unterbunden werden.

Die Vorschrift zur Kennzeichnung jüdischer Gewerbebetriebe beispielsweise wurde als „Verordnung zum Reichsbürgergesetz“ erlassen. Daß sie Fragen der Staatsangehörigkeit und des Reichsbürgerrechts nicht regelte, war kein Zufall. Vier Punkte der Verordnung befaßten sich mit Berufsverboten, einer regelte Ruhestandsfragen und einer von ihnen betraf die Ergänzung des österreichischen Scheidungsrechts. Zwei Bestimmungen betrafen Fragen der Staatsangehörigkeit. Dies heißt, daß alle diese Verordnungen (bis auf zwei) falsch und somit eigentlich nichtig waren. Himmler, um noch ein bezeichnendes Beispiel anzuführen, erließ am 3. Dezember 1939 ohne gesetzliche Ermächtigung eine (nur in den Tageszeitungen publizierte) vorläufige polizeiliche Anordnung, die Juden verbot, Kraftfahrzeuge zu fahren. Die erst mehr als ein Jahr später vom Reichsgericht nachgelieferte Erklärung,* daß die Anordnung des Reichsführers SS eine vorläufige polizeiliche Allgemeinverfügung gewesen sei, die den Formerfordernissen nicht zu genügen gebraucht habe, da sie unter den Augen der höchsten Reichsbehörden öffentlich ergangen und realisiert worden wäre, stellte Himmler und der SS nicht nur einen Freibrief aus, sondern kennzeichnete auch den allgemeinen Handlungs- und Ermessensspielsraum im Rahmen der Judenpolitik. Das zeigt, daß nun auch gesetzliche Hindernisse beim Vorgehen gegen Juden nicht mehr befürchtet zu werden brauchten.

Am 20. August 1935, als die Ausschreitungen gegen Juden an vielen Orten des Reiches so auszuufern drohten, daß der Staat ihrer nicht mehr Herr bleiben zu können meinte, hatte Hitler durch eine Anordnung (an die Landesregierungen) ver-

* Beschluß des Reichsgerichts vom 25. 2. 1941, ZAkDR 6 (1941), S. 320 f. Vgl. Adam, Judenpolitik im Dritten Reich, S. 244.

fügt, daß „Einzelaktionen gegen Juden von Mitgliedern der NSDAP, ihrer Gliederungen und angeschlossenen Verbände unbedingt zu unterbleiben" hätten und jeder, der dies mißachtete, als „Provokateur, Rebell und Staatsfeind"[420] betrachtet werde. Doch so einfach waren der seit Jahr und Tag angeheizte Aktivismus, der Konkurrenzneid unter den Händlern, Geschäftsleuten und Akademikern und der aufgestaute unentwegt ideologisch geschürte Antisemitismus nicht mehr aus der Welt zu schaffen. Zwar stellte die bayerische Politische Polizei am 1. Oktober 1935 in ihrem Monatsbericht fest, daß die „Einzelaktionen gegen Juden" seit dem Führer-Erlaß „merklich" abgenommen hätten, aber sie hatten eben nur „merklich" abgenommen. Die seit Beginn der zwanziger Jahre von NSDAP-Mitgliedern durchsetzte[421] bayerische Polizei, die infolge der in der Hitler-Anordnung nicht differenziert bezeichneten „Einzelaktionen" davon ausging, daß „alle Maßnahmen, die nicht auf einer ausdrücklichen Anordnung der Reichsregierung und der Reichsleitung der NSDAP"[422] fußten, befand sich in einer Zwickmühle. Daß sie Anordnungen der Reichsleitung der NSDAP bereits 1935 gleichrangig neben entsprechende Entscheidungen der Reichsregierung stellte, läßt jeden weiteren Kommentar überflüssig erscheinen.

Anfänglich, daß heißt, solange die Anordnung des Führers noch als eine verbindliche Drohung des Staates gegenüber „Gesetzesbrechern" verstanden wurde, waren die „Provokateure, Rebellen und Staatsfeinde" an Grenzen gestoßen, die der Staat gesetzt hatte. Am 1. September 1935 wurde noch Strafanzeige gegen Antisemiten gestellt, die nach einer „Kundgebung" über das Judentum und den politischen Katholizismus am 31. August in Passau „Judengeschäfte mit Zettelchen beklebt" hatten, auf denen „Kauft nicht im Warenhaus" und „Kauft nicht beim Juden" zu lesen war. Achtzehn Tage später lasen Passanten an den Rolläden einiger jüdischer Geschäfte in Augsburg-Lechhausen „die Worte ‚Jude' und ‚Saujude'", was die Augsburger Polizeidirektion in ihrem Lagebericht vom 1. Oktober 1935 noch als „Geschmiere" bezeichnete.[423] Der von der Polizei ermittelte Täter, der Propagandaleiter der Ortsgruppe 22 persönlich, wurde nicht nur mit einer Strafe bedroht, sondern wegen des Verstoßes gegen das „Verbot der Reichsregierung",[424] in Einzelaktionen gegen Juden vorzugehen, sogar vorläufig festgenommen. Staatliche Instanzen waren den auf eigene Faust vorgehenden Parteifunktionären jedoch auch zuvor schon entgegengetreten. Ein SA-Obersturmführer, der in der Nacht vom 24. zum 25. April 1934 in Gunzenhausen in Franken im Rahmen eines von längerer Hand vorbereiteten Pogroms einen jüdischen Gastwirt und dessen Sohn niedergeschossen hatte, war aus der Partei ausgeschlossen und vom Landgericht Ansbach wegen Landfriedensbruch verurteilt worden.[425] Ein auf Betreiben der NS-Kreisleitung vom Kissinger Stadtrat im Sommer 1934 angeordnetes Verbot, das den Juden das Betreten der staatlichen Badeanstalten untersagte, mußte auf Weisung des Innenministeriums zurückgezogen werden.[426]

Hitlers Anordnung vom 20. August 1935 beweist indes keineswegs, daß er sich anschickte, vom Saulus zum Paulus zu werden, sondern charakterisiert die Situation, in der er sich als Führer befand. Er, der jahrelang den Wind gesät hatte und nun in dem sich zusehends anbahnenden Sturm in Gefahr geriet, das Ruder aus den Händen zu verlieren, mußte Rücksichten nehmen, auf die er nicht vorbereitet war. Gesetzlose Zustände, und das erkannte er besser und früher als die meisten seiner alten Mitkämpfer – auch wenn er nicht angemessen reagierte –, durften unter seiner Führung zu keinem Dauerzustand werden.

Wer darauf hoffte, daß Hitler, der „starke Führer“, „vernünftig“ geworden sei und entgegen seinen vorausgegangenen antisemitischen Verlautbarungen nun mäßigend auf die nationalsozialistische Judenpolitik einwirken und die antisemitischen Maßnahmen schließlich sogar ganz unterbinden würde, sah sich bald getäuscht.* Pogrome, Einschränkungen der Rechte, Boykottmaßnahmen, Bezeichnung jüdischer Geschäfte usw. wurden weiterhin ohne gesetzliche Grundlagen inszeniert. Der Einfluß und die Macht der den Staat systematisch usurpierenden Partei nahmen darüber hinaus rasch und spürbar zu. Bald diktierte sie den staatlichen Institutionen, Instanzen und Behörden, was sie für richtig hielt. Nachdem die Ortspolizei von Bad Tölz beispielsweise drei jüdischen Geschäftsleuten im Frühsommer 1936 die Genehmigung erteilt hatte, Verkaufsstände auf dem Markplatz zu errichten, schaltete sich die Kreisleitung der NSDAP ein und setzte die Aufhebung der Erlaubnis bei der Stadtverwaltung durch. Betroffen reagierte das Bezirksamt Bad Tölz am 3. Juni 1936: „Unter den drei Juden“, hieß es in ihrem Monatsbericht, „war auch ein polnischer Händler; die Zulassung dieses polnischen Juden ist gerade in letzter Zeit durch eine Ministerialentschließung eingeschärft worden. Wenn es schon der Wille der Partei . . . ist, daß Juden nicht zugelassen werden, dann sollten nicht Ministerialentschließungen das Gegenteil anordnen, sonst kommen die Außenbehörden in unerträgliche Konflikte.“[427]

* Da bislang weder zusammenfassende Untersuchungen noch Darstellungen über Reaktionen der deutschen Bevölkerung auf die nationalsozialistische Judenpolitik vorliegen, läßt sich nur an Hand vor allem von Einzelberichten des SD, der Gestapo, der Polizei, von Parteidienststellen und V-Männern usw. etwas darüber sagen. Auffällig gering wurden Proteste registriert. Der Führer selbst blieb bis zum Fall von Stalingrad (30. 1. 1943) nahezu gänzlich unangefochten. Erst seitdem war er nicht mehr tabu, was nach den Dokumenten mit der NS-Judenpolitik allerdings wenig zu tun gehabt zu haben scheint.

Wie die Pogrome örtlich inszeniert wurden, bezeugen zahlreiche Dokumente. So hieß es beispielsweise im Monatsbericht des Regierungspräsidenten von Niederbayern und der Oberpfalz vom 8. Dezember 1936: „Am 12. November wurde die Staatspolizeistelle Regensburg davon verständigt, daß sich im Schlachtviehhof . . . bei den arischen Händlern eine starke Erregung gegen die jüdischen Viehhändler bemerkbar mache und daß mit Ausschreitungen zu rechnen sei. Für . . . den 11. und . . . 12. November hatte der Viehwirtschaftsverband Bayern die Mitglieder der Schlachtvieh-Qualifizierungsausschüsse zu theoretischer und praktischer Schulung geladen. Die Mitglieder, etwa 150, trafen sich . . . im Schlachtviehhof. Von der Erregung gegen die Juden hatte der Leiter der Regensburger Marktverwaltung, der . . . Kreisbauernführer Wolfertseder, . . . den SD verständigt. Als die Beamten der Staatspolizeistelle . . . eintrafen, hatten sich die Juden bereits in das Direktionsgebäude zurückgezogen . . . man hörte Rufe: ‚Schlagt sie tot! Hängt sie auf! Gebt sie uns, wir bringen sie nach Nürnberg.' Die jüdischen Händler mußten als gefährdet angesehen und . . . in Schutzhaft genommen werden . . . Für die Folge sind derartige Auftritte dadurch ausgeschaltet, daß der Oberbürgermeister . . . jüdischen Händlern das Betreten des Schlachtviehhofes verboten hat."[428]

Schon im Sommer 1935 gab es kaum noch einen Ort im Reich, in dem nicht durch Tafeln und Aufkleber, durch Aufschriften auf Straßen und auf Wänden und Fensterscheiben penetrant aufdringlich darauf hingewiesen wurde, daß „Juden nicht erwünscht" seien und daß „Volksgenossen nicht bei Juden" einkauften. Namensschilder jüdischer Ärzte und Rechtsanwälte trugen nicht selten entsprechende Hinweise. Hielten Juden sich in öffentlichen Bädern, Theatern oder Kinos auf, konnte es geschehen, daß sie von „spontan" zusammengerotteten Jugendlichen und Erwachsenen ungestraft und mit physischem Nachdruck durch Sprachchöre aufgefordert wurden, die Anstalten und Lokalitäten sofort zu verlassen. Ihnen wurde von Parteistellen, Funktionären und Parteiorganisationen unmißverständlich „nahegelegt“, Plätze, Anlagen, Straßen, Geschäfte und andere Örtlichkeiten zu meiden, die nun grundsätzlich nur noch „Ariern“ vorbehalten sein sollten. „Man sei es den in ein Staatsbad kommenden Kurgästen schuldig“, so hieß es beispielsweise im Monatsbericht der Bayerischen Politischen Polizei vom 1. August 1935, „daß sie nicht durch den dauernden Anblick der zahlreichen Juden verärgert und dadurch in ihrer Erholung und Wiedergenesung beeinträchtigt“[429] würden. Wer dennoch bei Juden einkaufte oder weiterhin mit jüdischen Mitbürgern verkehrte, und das war die andere Seite der Medaille, mußte befürchten, öffentlich angeprangert zu werden und sich plötzlich Pressionen ausgesetzt zu sehen, die von NS-Organisationen und Parteistellen bereits 1935 ebenso systematisch organisiert wurden wie die Pogrome gegen die Juden. Und dafür, daß alles dies zielstrebig verschärft und auf einen bestimmten Kulminationspunkt zugesteuert wurde, sorgten die NSDAP, ihre Dienststellen und Funktionsträger – auch notfalls gegen den Willen staatlicher Stellen. „In Straubing“, so hieß es im Monatsbericht des Regierungspräsidenten von Niederbayern und der Oberpfalz vom 7. Juli 1936, „wurden am 30. Juni 1936 die Auslagen einer Reihe jüdischer Geschäfte dicht mit Zetteln verklebt mit der Aufschrift: ‚Wer beim Juden kauft, ist ein Volksverräter‘ . . . die kauflustige ländliche Bevölkerung, die . . . zahlreich nach Straubing kam, (wurde) von dem Betreten der Geschäfte abgehalten . . . Der Kreisleiter wies . . . die Bürgermeister darauf hin, daß sie dafür zu sorgen hätten, daß die ländliche Bevölkerung . . . nicht bei den Juden einkaufen darf.“[430] Eine gesetzliche Grundlage existierte dafür nicht. Noch am 8. Oktober 1941, unmittelbar nach der Polizeiverordnung vom 1. September 1941 über die Pflicht der Juden, ab sofort auf der linken Brustseite einen handtellergroßen gelben Judenstern zu tragen,[431] wies der Regierungspräsident in seinem Monatsbericht darauf hin, daß „die Frage der Einkaufsmöglichkeit für die Juden noch der Lösung“ bedürfe, da „nicht jeder Geschäftsmann die gekennzeichneten Juden in seinem Geschäft dulden“[432] wolle. Dies geschah, ohne daß Gesetze es forderten, regelten oder auch nur zuließen. Während die jüdischen Geschäfte auf Betreiben von Parteistellen einerseits boykottiert und beschädigt wurden und Juden in Läden arischer Besitzer oder Eigentümer nicht einkaufen durften, war andererseits jüdischen Büchsenmachern und Waffenproduzenten nach dem Gesetz sogar noch im Februar 1938 erlaubt,* Waffen herzustellen und zu reparieren, und jüdischen Waffenhändlern das Recht zugesichert, Waffen verkaufen zu dürfen.

Durch die emfpindliche Beschneidung der Arbeits- und Lebensmöglichkeiten mußten die unvermögenden Juden in Not geraten und der öffentlichen Fürsorge zur Last fallen, was zwangsläufig den Deutschen Gemeindetag auf den Plan rief. Am 10. Mai 1937 beschloß ein Wohlfahrtsausschuß in Heidelberg, den Reichsminister des Inneren zu veranlassen, die Juden-Fürsorge durch ein Gesetz unter das Ausländerrecht zu stellen und sie damit auch in diesem Bereich aus der Volks- und Staatsgemeinschaft auszuklammern. Der Innenminister versprach, die Angelegenheit zu prüfen, und bat den Gemeindetag am 25. Juni 1937, ihm Material zur Formulierung und Begründung einer entsprechenden Entscheidung zuzuleiten. Am 12. November 1937 erfuhr der Gemeindetag nach der ministeriellen Prüfung der Angelegenheit, daß der Reichsmi-

* Diese Rechte erloschen mit dem Waffengesetz vom 18. 3. 1938. RGBl I, S. 265.

nister keine besonderen Bestimmungen hinsichtlich der Frage der öffentlichen Juden-Fürsorge erlassen werde. Man wolle dem Rat des Gemeindetages jedoch folgen und die Juden den Ausländern durch eine übergreifende Regelung gleichstellen. Entschieden war damit noch nichts. Im Gegenteil. Am 8. März 1938 teilte das Ministerium mit, daß in der Judenfrage mit weiteren zentralen Richtlinien und Entscheidungen nicht zu rechnen sei. Dies hinderte den Gemeindetag indes nicht, sich über das Gesetz hinwegzusetzen und die Unterstützung hilfsbedürftiger Juden kurzerhand jüdischen Wohlfahrtsorganisationen zu übertragen,[433] deren Möglichkeiten infolge der Entwicklung von Tag zu Tag zwangsläufig immer begrenzter wurden.

Hitler konnte 1938 schwerlich ignorieren, was bis dahin von jedermann zumindest als Erfüllung seiner Wünsche, Erwartungen und Forderungen angesehen werden mußte. So hatte die Parteileitung der NSDAP beispielsweise schon am 28. März 1933 einen Boykottaufruf „erlassen", in dem sämtliche Parteiorganisationen angewiesen wurden, schlagartig alle jüdischen Geschäfte zu boykottieren. „Die Aktionskomitees", so hieß es dort, „haben sofort ... den Boykott zu popularisieren. Grundsatz: Kein guter Deutscher kauft noch bei einem Juden oder läßt sich von ihm und seinen Hintermännern Waren anpreisen. Der Boykott ... wird vom ganzen Volk getragen und muß das Judentum an seiner empfindlichsten Stelle treffen ... Die Aktionskomitees müssen bis in das kleinste Bauerndorf hinein vorgetrieben werden ... Grundsätzlich ist immer zu betonen, daß es sich um eine uns aufgezwungene Abwehrmaßnahme handelt ... Es ergehen die Anordnungen an die SA und SS, um vom Augenblick des Boykotts ab durch Posten die Bevölkerung vor dem Betreten der jüdischen Geschäfte zu warnen."* Uniformierte SA-Männer waren

* „Völkischer Beobachter" vom 29.3.1933. Am Abend desselben Tages erließ Hitler

dann, was viele Deutsche zu der Zeit noch erschreckte, am 1. April auch in allen größeren Orten vor jüdischen Geschäften postiert. Acht Tage später sah Hitler sich gedrängt, im „größten Massenappell, den die Welt je gesehen hat", wie Goebbels sich ausdrückte, im Berliner Sportpalast zu erklären: „Die große Zeit ist jetzt angebrochen, auf die wir 14 Jahre lang gehofft haben ... Es ist alles eingetroffen, was wir ... ahnend und sehend prophezeit hatten ... So habe ich damals begonnen, in einer kleinen Organisation das zu züchten, was des kommenden Reiches volklicher Inhalt sein soll: Menschen, die sich loslösen aus ihrer Umgebung ... die den Mut haben, äußerlich schon zu dokumentieren, daß sie nichts zu tun haben wollen mit all den ewig trennenden und zersetzenden Vorstellungen, die das Leben unseres Volkes vergiften."[434] Diejenigen, „die sich loslösten aus ihrer Umgebung", hatten sich ermuntert fühlen dürfen, auch wenn Hitler zwanzig Tage später erstmals so etwas wie einen Versuch unternahm, jene aktivistischen „Vorbilder" diplomatisch geschickt an die Leine zu nehmen oder gar zurückzupfeifen. „In letzter Zeit wurden", so erklärte er, „in zahlreichen Orten und Städten Straßen und Plätze umgetauft. So sehr ich mich über die Ehrung freue, die man mir durch die Verbindung solcher Straßen und Plätze mit meinem Namen erweist, so sehr bitte ich aber, doch davon absehen zu wollen, historische Bezeichnungen zu verändern. Wir dürfen nicht in den Fehler jener von 1918 verfallen. Jede Generation soll nur das auf sich beziehen, was sie selbst geschaffen hat. Es ist unsere Ehrenpflicht, die Namen der

einen Aufruf an die NSDAP in Bayern und forderte sie auf, alle Einzelaktionen gegen Juden zu unterlassen. „Völkischer Beobachter" vom 30. 3. 1933. Am 30. 3. 1933 sprach er im Reichskabinett und erklärte, daß die Abwehrmaßnahmen gegen die „jüdische Greuelpropaganda im Ausland" haben organisiert werden müssen, „weil sie sonst vom Volke heraus selbst gekommen wären und vielleicht unerwünschte Formen angenommen hätten".

Novemberverbrecher von unseren öffentlichen Straßen und Plätzen zu entfernen, sie sollen dann aber wieder ihre alten Bezeichnungen erhalten. Nur das, was die nationale Revolution für die Zukunft selbst aufbaut, darf sie mit ihrem und dem Namen ihrer führenden Männer verbinden."[435] Allein die zahlreichen „Adolf Hitler"-Straßen und „Adolf Hitler"-Plätze bezeugten eindrucksvoll, daß Hitler schließlich die Dinge doch laufen ließ, obwohl sie seinen Intentionen widersprachen, was bei den Maßnahmen gegen die Juden dagegen nicht der Fall war.

Deutlich bezeugen die Berichte der Gendarmerieposten, Landräte, Regierungspräsidenten, Präsidenten der Oberlandesgerichte, Ortsgruppenleiter und Kreisleiter der NSDAP, Bürgermeister, Pfarrer, Gestapo und V-Männer des Sicherheitsdienstes, daß sich die Judenpolitik stufenweise (erste Stufe: 1933 bis 1938, zweite Stufe: 1938 bis 1941, dritte Stufe: 1941 bis 1945) vollzog und daß die zur Zeit der ersten beiden Phasen von Parteiinstanzen organisierten oder maßgeblich unterstützten Maßnahmen den staatlichen Anordnungen vorangingen. Immer mußte der Staat erst nachträglich legalisieren, was längst landauf, landab praktiziert wurde.

In welcher Situation sich die staatlichen Behörden befanden, zeigt ein Bericht des Regierungspräsidenten von Oberbayern vom 9. Dezember 1935 besonders eindrucksvoll. „In der Judenfrage", so meldete der Regierungspräsident, der bereits am 9. Oktober festgestellt hatte, daß „vor dem Erlaß des neuen Gesetzes betreffend die Regelung der Judenfrage* . . . in mehreren Bezirken eine bedeutende Steigerung der antijüdischen Propaganda" spürbar gewesen sei, „ist eine Art Behar-

* Zit. nach: Bayern in der NS-Zeit, München und Wien 1977, S. 455. Fortan zitiert als Bayern in der NS-Zeit. Offenbar meinte der Regierungspräsident Hitlers Anordnung vom 20. 8. 1935.

rungszustand eingetreten, wohl dadurch veranlaßt, daß allgemein die gesetzlichen Vorschriften darüber erwartet werden, inwieweit eine Ausschaltung der Juden aus dem Wirtschaftsleben dem Willen der politischen Staatsführung entspricht."[436] Und am 10. März 1937 beklagte er: „In der Stadt Freising machte sich das Fehlen von Handhaben zur Ausschaltung der Juden vom Viehhandel unlieb bemerkbar."[437]

Rundum drängten die antisemitischen Aktivisten den Staat mit Vorschlägen, den Willen des Führers und der NSDAP möglichst rasch in Gesetzesform zu kleiden und alle Schleusen zu öffnen, die noch verhinderten, alles zu tun, was sie für nützlich und gut hielten. So forderte die NSDAP-Kreisleitung Kitzingen-Gerolshofen beispielsweise am 11. September 1939, „endlich sämtliche Juden in einem Konzentrationslager zusammenzufassen."[438]

Die Früchte des von Hitler jahrelang intensiv gesäten Hasses artikulierten organisiert vor allem die SS und SA, Organisationen der NSDAP, die im Namen des Führers bis Mai 1941 Rudolf Heß und danach Martin Borman dirigierten, wozu sich Heinrich Himmler als Reichsführer SS mit Sondervollmachten gesellte, die Hitler schon vor dem Kriege nötigenfalls mündlich und unter vier Augen ergänzte und differenzierte. Und nicht nur dies. Durch Führer-Befehle, die in diesem Zusammenhang als deutlich bekundeter Führer-Wille nicht mißverstanden werden konnten, hob Hitler Urteile ordentlicher Gerichte auf und wies die Justiz an, nachträglich andere Entscheidungen zu fällen, wodurch nicht selten aus Gefängnisstrafen sofort zu vollstreckende Todesurteile wurden. Auf welche Weise dies zu geschehen pflegte, zeigt folgendes Beispiel exemplarisch: Am 20. Oktober 1941 meldete eine Berliner Zeitung, daß ein polnischer Jude namens Luftgas zu zweieinhalb Jahren Gefängnis verurteilt worden sei, weil er

65 000 Eier gehortet hatte, was zu der Zeit infolge der kriegswirtschaftlichen Verordnungen als besonders schweres Vergehen galt. Hitler, der diese Meldung während seines Aufenthalts in der „Wolfsschanze"[439] selbst in der Zeitung gelesen haben dürfte, wies Lammers und Meißner am 24. Oktober an, den amtierenden Reichsjustizminister Schlegelberger zur Annulierung des Urteils zu veranlassen und ihn zu beauftragen, den polnischen Juden nachträglich zum Tode zu verurteilen. Beide, Meißner und Lammers, wandten sich an Schlegelberger und teilten ihm mit, was der Führer erwarte. Am 29. Oktober erfuhr Lammers von ihm, daß das gegen den jüdischen Kaufmann von einem ordentlichen Gericht verhängte Urteil infolge des Führer-Befehls inzwischen nicht nur aufgehoben worden sei, sondern auch, daß die Gestapo Luftgas bereits exekutiert habe.[440]

Daß Hitler bestimmte Weisungen und Befehle im Zusammenhang mit der Judenfrage spätestens bereits 1938 mündlich erteilte, bestätigte Hermann Göring am 12. November 1938 in einer Sitzung, an der auch Reinhard Heydrich teilnahm. „Meine Herren", sagte er, „die heutige Sitzung ist von entscheidender Bedeutung. Ich habe einen Brief bekommen, den mir der Stabsleiter des Stellvertreters des Führers Bormann im Auftrag des Führers geschrieben hat, wonach die Judenfrage jetzt einheitlich zusammengefaßt werden soll und so oder so zur Erledigung zu bringen ist. Durch telefonischen Anruf bin ich gestern vom Führer noch einmal darauf hingewiesen worden, jetzt die entscheidenden Schritte zentral zusammenzufassen."[441] Hitler, der die brachialsten Weisungen an die Kriegsführung bedenkenlos unterzeichnete, ließ Bormann diesen Brief an Göring schreiben. Er selbst, der nicht einmal relativ unverfängliche Schreiben derartigen Inhalts unterschrieben hat, rief Göring an und befahl ihm, nunmehr „die entscheidenden Schritte“ zur Zusammenfassung der Behandlung der Judenfrage zu unternehmen. Niemand wußte besser als er, daß er es sich als Staatsoberhaupt zu der Zeit nicht schadlos leisten konnte, die Vernichtung der Juden schriftlich zu befehlen, auch wenn er dies als Führer der NSDAP unentwegt und offen gefordert hatte.

Wie die Vernichtungs-„Erfolge“ bezeugen, war der Kreis der Eingeweihten relativ groß. So zählten im Mai 1943 allein die Kommandos in Südrußland 12900 Mann Ordnungspolizei und 2000 Mann Sicherheitspolizei, zu denen 300000 „fremde Kräfte“ kamen: Letten, Litauer, Weißruthenen, Ukrainer, Tataren und Kosaken.[442] Diese Zahl, mit den 363211 Juden konfrontiert, deren vollzogene Exekution Himmler dem Führer am 20. Dezember 1942 – für die Zeit vom 1. August bis zum 1. Dezember 1942 – gemeldet hatte, führt die vielfach kolportierte Behauptung ad absurdum, daß „so viele Juden in ‚so kurzer Zeit‘ doch gar nicht umgebracht werden konnten.“ Daß die Kenntnis über diese Ungeheuerlichkeiten weitgehend auf den Tausende zählenden Apparat* beschränkt blieb, der bürokratisch arbeitete und unter Himmlers Regie zuverlässig funktionierte,** war nicht nur Hitlers diesbezügli-

* Allein in Auschwitz umfaßte das Wach- und Verwaltungspersonal rund 3500 SS-Männer.

** Zehntausende SS-Männer, beim Judentransport mitwirkende Eisenbahner und Bürokraten „verwalteten“ die Mordaktionen. Die Bekleidungsstücke der Ermordeten wurden sortiert, gereinigt, notdürftig repariert (Durchschußlöcher durften beispielsweise nicht zu erkennen sein) und ins Reich geschickt, die Haare der umgebrachten Männer und Frauen zur industriellen Verarbeitung an Fabriken (die beispielsweise der Reichskasse für jedes Kilo Männerhaar 0,50 Mark gutzuschreiben hatten) und das eingeschmolzene Zahngold an die Reichsbank weitergeleitet. Uhren wurden im Namen Himmlers „an die bewährtesten und würdigsten“ Angehörigen der Waffen-SS verteilt. So meldete das SS-Wirtschafts-Verwaltungshauptamt dem Reichsführer SS z. B. am 29. 11. 1944, daß bei der Amtsgruppe D in Oranienburg „zur Zeit“ u. a. 20000 intakte und 39000 zu reparierende Taschenuhren, 4000 funktionierende und 100000 defekte Armbanduhren, 3000 (bzw. 7300) Wecker und Stiluhren, 24 Blindenuhren und 80 Stoppuhren und 350 in Reparatur befindliche goldene Taschenuhren, 40 mit Brillan-

chem Befehlsmodus, sondern auch der durch die NS-Propaganda total pervertierten Pflichtauffassung der Beteiligten und den auf Geheimnisverrat folgenden drakonischen Strafen zuzuschreiben.

Himmlers Feststellung vom 19. Dezember 1940 im Zusammenhang mit der „Euthanasie", daß „Fehler in der Durchführung"[443] lägen, wenn darüber etwas „publik"[444] würde, war für die Geheimhaltung der Vernichtungspraktiken bezeichnend. Wie eindeutige Dokumente und ebensolche Indizien bezeugen, hat Hitler, der bis 1941 zunächst noch an eine Aussiedlung der Juden nach Madagaskar dachte,[445] sich seit dem Scheitern des Projekts nicht nur stets detailliert informieren lassen, sondern immer auch von Fall zu Fall entschieden, was Himmler,* der zu KZ-Visiten bereits Anfang 1941 meist nicht einmal mehr seine Adjutanten der Waffen-SS, sondern Beauftragte des SD mitnahm,[446] zu veranlassen und zu überwachen hatte. So berichtete Himmler beispielsweise am 20. Dezember 1942 in einer von ihm handschriftlich unterschriebenen „Meldung an den Führer", daß in Südrußland, in der Ukraine und im Gebiet Bialystok in den Monaten August, September, Oktober und November 1942 unter anderem zwei Fahrräder, zwei Rundfunkgeräte und ein chirurgischer Besteckkasten erbeutet und insgesamt 363 211 „Juden exekutiert"[447] worden seien.

Den – nicht nur von Wilhelm Keitel bezeugten – Befehlsmodus und die „vollständige" Abhängigkeit Heinrich Himm-

ten besetzte goldene Taschenuhren, 1200 goldene Armbanduhren und 175 mit Brillanten verzierte Armbanduhren aus Gold oder Platin lagern. Faks.-Dok. in „Der Spiegel", 10/79 vom 5. 3. 1979, S. 194.

* Himmler selbst deutete gelegentlich an, welche Verantwortung er zu tragen hatte. So schrieb er am 28. 7. 1942 an Gottlob Berger: „Die besetzten Ostgebiete werden judenfrei. Die Durchführung dieses sehr schweren Befehls hat der Führer auf meine Schultern gelegt. Die Verantwortung kann mir ohnedies niemand abnehmen." Maschinentext, Geheime Reichssache, 1. Ausfertigung. US-Document-Center, Berlin.

lers[448] von Hitler beweisen Dokumente anderer Art. So enthält beispielsweise das Tischkalenderblatt[449] Heinrich Himmlers vom 30. November 1941 den handschriftlichen Himmler-Hinweis auf seinen Anruf bei Reinhard Heydrich in Prag und – neben der Uhrzeit 13.30 Uhr – die Notiz: „Judentransport aus Berlin. Keine Liquidierung."[450] Der Engländer David Irving, der sich bei seinen Bemühungen um einen posthumen Freispruch Hitlers von der Kenntnis der Ermordung der Juden zumindest bis Ende 1943 auf dieses Dokument stützt, kennt die tatsächlichen Zusammenhänge offenbar nicht. Seine Behauptung, daß das Kalenderblatt Himmlers seine These beweise, ist absurd. Da Himmler in bestimmten Fällen Maßnahmen gegen die Juden nur nach mündlichen Befehlen und Weisungen Hitlers einleiten durfte, und hier handelte es sich um einen solchen Fall, befand er sich am 30. November 1941 in einer prekären Situation. Während er in Hitlers Führer-Hauptquartier „Wolfsschanze" in seinem „Sonderzug Heinrich" saß, hatte Hitler sich am 26. November nach Berlin begeben, um am nächsten Tage mit den Außenministern des Antikommintern-Paktes zu konferieren und am 28. November an der Beisetzung des fünf Tage zuvor gefallenen Luftwaffen-Obersts Werner Mölders teilzunehmen.[451] Ob er sich bereits am Abend des 29. November* oder erst am 30. November vormittags auf den Weg nach Rastenburg begab, ist nicht mehr mit Sicherheit feststellbar. Sicher ist jedoch, daß er erst am Mittag des 30. November wieder in der „Wolfsschanze" eintraf, wo ihn Walther von Brauchitsch bereits zu einer auf 13 Uhr festge-

* Nach dem von Andreas Hillgruber veröffentlichten Intenerar. Vgl. Hillgruber: Hitlers Strategie, Politik und Kriegführung, Frankfurt/Main 1965, S. 697. Fortan zit. als Hillgruber, Strategie. Nach den Tagebuchnotizen des Heeresadjutanten Engel vom 30. 11. 1941 war Hitler am 30. 11. 1941 noch in der Reichskanzlei. Vgl. Engel, S. 116.

setzten Unterredung erwartete,* so daß Himmler wegen des Berliner Judentransports nicht sofort mit ihm unter vier Augen sprechen konnte.

Ohne Hitlers spezielle Weisung wagte er nicht, die Berliner Juden exekutieren zu lassen, zumal die USA noch nicht in den Krieg eingetreten waren und die Aktion gegen die Juden den in der Reichshauptstadt tätigen amerikanischen Journalisten nicht verborgen geblieben war. Offensichtlich hat Himmler, von den Umständen gedrängt, schon um 11.30 Uhr den Versuch unternommen, den Führer wenigstens telefonisch zu erreichen,[452] was jedoch nicht möglich war, da Hitler sich auf dem Wege nach Rastenburg befand. So blieb Himmler, nachdem er bis 13.30 Uhr auf eine Begegnung mit Hitler gewartet hatte, nur die Möglichkeit, Heydrich in Prag anzurufen und die Liquidierung des Transports sicherheitshalber erst einmal zu untersagen. Ob die (sehr wahrscheinlich zu spät gekommene) Weisung Himmlers, der am Abend Hitlers Tischgast war, den Judentransport vor der Vernichtung gerettet hat, ist nicht mehr feststellbar. Himmlers Telefonnotiz vom nächsten Tage, „13.15 Uhr SS-Ogr. (Obergruppenführer) Heydrich. Exekution in Riga",[453] läßt vermuten, daß die Ermordung der Berliner Juden nicht mehr verhindert werden konnte.

Wann immer besonders Wagemutige oder Nichteingeweihte Hitler fragten, ob die „gelegentlich kolportierten Gerüchte" über eine „systematische Judenvernichtung" zuträfen, antwortete er ausweichend. Niemals sagte er „ja" oder „nein". Wilhelm Keitel brachte er beispielsweise mit der Bemerkung zum Schweigen, daß diese Dinge die Wehrmacht nichts angingen, da er sie damit nicht belastet habe.[454] Hen-

* Die Unterredung mit von Brauchitsch, in der Hitler nach Halders Tagebuchaufzeichnungen „mit Vorwürfen und Schmähungen um sich warf" (Vgl. Domarus, Bd. II/4, S. 1786), wurde durch die Mittagspause unterbrochen und um 15.30 Uhr fortgesetzt. Vgl. auch Hillgruber, Strategie, S. 697.

riette Hoffmann von Schirach, die meinte, sowohl die persönlichen Beziehungen ihres Vaters als auch die ihres Mannes bei ihrer entsprechenden Frage in die Waagschale werfen zu können, fuhr er verärgert an, daß sie diese Problematik gar nichts anginge.[455] Den Reichspressechef Dr. Dietrich, der ihm englische Pressemeldungen mit Fotos von Vernichtungsanlagen zeigte, die russische Truppen im Konzentrationslager Maidanek gemacht hatten, speiste er mit der ironischen Wendung ab: „Das sind die abgehackten Hände der belgischen Kinder während des Ersten Weltkrieges, nichts anderes als Greuelpropaganda."* Immer ließen seine Antworten Fragen offen, erklärten sie nicht, was tatsächlich und mit großem Aufwand geschah. Umschreibend redete er gelegentlich zwar von „unserer Rassengesetzgebung" mit harten Folgen für die persönlich Betroffenen, aber er bezeichnete – anders, als er es früher zuweilen getan hatte** – nicht das Volk, den Staat, die Partei und deren Organisationen als verantwortliche Urheber. Daß er sich in diesem Zusammenhang selbst als Gesetzgeber definierte, könnte bedeuten, daß er auf solche Fragen nicht konkret antworten wollte. Walther Hewel erklärte er beispielsweise am 1. Dezember 1941, als die „Evakuierungen" von

* Unveröffentlichte Aufzeichnungen des Gesandten a.D. Dr. von Sonnleithner. Alliierte Zeitungen hatten während des Ersten Weltkrieges behauptet, in Belgien hätten deutsche Soldaten Kindern die Hände abgehackt, die Kinder mit den Köpfen nach unten in Kirchenglocken gehängt und die Kinderköpfe als Klöppel-Ersatz benutzt.

** Im Januar 1930 dagegen, als er noch weit davon entfernt war, seine antisemitischen Vorstellungen verwirklicht zu sehen, hatte er dem amerikanischen Journalisten Karl Wiegand in einem Interview propagandistisch geschickt erklärt: „I am not for curtailing the rights of the Jews in Germany" („Ich bin nicht dafür, daß die Rechte der Juden in Deutschland beschnitten werden"). Auf die logische Frage des Zeitungsmannes, wieso er denn am 22. Mai 1926 das 1920 erstmals von ihm verkündete NSDAP-Programm mit seinen antisemitischen Punkten wieder bestätigt und für unumstößlich erklärt habe, antwortete er: „Das Volk würde es nicht verstehen, wenn ich das nicht getan hätte" (Because the people would not understand if I did not so"). „New York American" vom 5.1.1930.

Juden bereits im Gange, die Bevölkerungsreaktionen* trotz aller bis dahin bereits praktizierten Maßnahmen jedoch noch nicht sicher kalkulierbar waren: „Mit unserer Rassengesetzgebung sind für den einzelnen große Härten verbunden . . . aber bei ihrer Bewertung darf man vom Einzelschicksal nicht ausgehen: Der Zukunft erspare ich mit ihr unzählige Konflikte . . . Man soll . . . das Einzelleben gar nicht so hoch bewerten."[456]

Zwar wußten sehr viele, daß es Himmlers „Geschäft" war, im Auftrage des Führers die Judenfrage zu „lösen"; aber was, wo und wie dies geschah, blieb nur denen nicht verborgen, die unmittelbar und mittelbar mit den Verbrechen zu tun hatten. Und sie mußten schweigen. Fragen, und das war symptomatisch, wurden ohnehin kaum gestellt, Ahnungen verdrängt. So hinterließ beispielsweise der Heeresadjutant Engel einen in Protokollform gekleideten Bericht über eine Besprechung vom 2. Oktober 1941, an der Hitler, Himmler, Heydrich, Schmundt, Warlimont und Engel im Führer-Hauptquartier teilnahmen, in einem Wortlaut, der für sich spricht. „Himmler berichtet", so heißt es dort, „über Verlagerung von Fremdrassigen (Juden) . . . Schneidet Frage der jüdischen Bevölkerung in Saloniki an, behauptet, Saloniki sei eine Stadt mit einer der größten jüdischen Gemeinden;** Gefahr wegen Verflechtung zwischen Juden und Levantinern. F.(ührer) pflichtet ihm bei und verlangt, jüdische Elemente aus S.(aloniki) zu entfernen. Himmler verlangt hierfür Vollmacht und erhält sie. SD-Kommando würde verstärkt eingesetzt. Keitel fragt, ob Militärbefehlshaber eingeschaltet werden soll. F.(ührer) antwortet: Nur soweit dringend erforderlich. Bittet jedoch Keitel", den Militärsbefehlshaber „darüber zu unterrichten, daß Reichsführer

* Eine Untersuchung über die Reaktionen der deutschen Bevölkerung auf die Evakuierung der Juden liegt bislang nicht vor.

** In Saloniki, der größten jüdischen Gemeinde Griechenlands, lebten zu der Zeit rund 53 000 Juden.

SS Sondervollmachten erhalten habe, welche nicht zu stören seien. Schm.(undt) und ich froh, daß Wehrmacht und Truppe hiervon nicht berührt werden."[457] Engel, der „froh" war, nichts damit zu tun zu haben, hat keine Fragen gestellt, hat nicht zu wissen begehrt, wie weit sich Himmlers Sondervollmachten erstreckten und was er zu unternehmen gedachte.[458]

Er und die anderen, außer Hitler, Himmler und Heydrich, trösteten sich damit, daß Himmlers erste Maßnahmen gegen die Juden in Griechenland erst rund neun Monate später sichtbar wurden,* was sie zu dem Selbstbetrug bewog, daß „alles doch wohl nicht so schlimm" sei, wie hinter vorgehaltener Hand geflüstert wurde.[459]

Volksnähe nur ein Märchen. „Mann-zu-Mann-Diplomatie."

Bezeichnend für Hitlers Führungsweise war nicht zuletzt auch, daß er sich schon vor dem Kriege keineswegs vor jeder seiner Entscheidungen durch Aktenstudien oder mündlich vorgetragene Informationen den nötigen Einblick in die Details und Zusammenhänge beschaffte. „Manche Entscheidung, auch solche über sehr wichtige Dinge", erinnerte sich Fritz Wiedemann 1964, „habe ich von ihm eingeholt, ohne daß er sich jemals von mir die Unterlagen geben ließ. Er war der Ansicht, daß sich vieles von selbst erledigte, wenn man nicht daran rühre . . . Am leichtesten taten sich noch die Parteiführer, die etwas von ihm wollten. Sie konnten, soweit sie den obersten

* Im Juli 1942 wurde für alle jüdischen Männer im Alter von 18 bis 48 Jahren Zwangsarbeit angeordnet. Die Deportationen nach Auschwitz, Lublin und Treblinka begannen „erst" im Frühjahr 1943. Vgl.Hilberg, Paul: The Destruction of the Europeans Jews, Chikago 1961, S. 442–448.

Rängen angehörten, jederzeit zum Mittagessen erscheinen. Während des Kaffees im Wintergarten trugen sie dann rasch ihre Probleme vor und holten sich meist eine Entscheidung in dem von ihnen gewünschten Sinne. Es war kein Wunder, daß sie so die Staatsdienststellen überspielten."[460] Für sich spricht schon Wiedemanns Bericht über den Beginn seiner Funktion als Adjutant bei Hitler. „Im ersten Jahr meiner Tätigkeit (1934) wurde ich", schrieb er, „zu den meisten Vormittagsvorträgen der Minister und anderer wichtiger Männer hinzugezogen. Später hörte dies auf, und Hitler rief mich nur dann, wenn er einen Zeugen brauchte. Meine Aufgaben als Adjutant habe ich mir dann im wesentlichen selbst gesucht. Gezeigt wurde mir nichts, und eingewiesen wurde ich auch von niemandem."[461]

Wiedemann, der sich als alter Weltkriegsoffizier über Hitlers Führungsstil beklagte, ihm vorwarf, sich nicht angemessen zu informieren und die Ohren vor Beschwerden und Vorschlägen zu verschließen, resignierte im Laufe der Zeit. „Ich selbst habe", schrieb er, „einige Zeit lang geglaubt und versucht, Hitler ‚die Wahrheit' zu sagen. Anfangs hörte er mir wenigstens zu. Allmählich aber entzog er sich derartigen Gesprächen immer mehr, wenn er merkte, daß ich wieder einmal damit anfangen wollte."[462]

Hitler, der „auf dem Ohr taub war, das Beschwerden gegen hohe Parteifunktionäre"[463] vernehmen sollte, sah und hörte meist nur, was er sehen und hören wollte. Wann und wo immer nur möglich, schirmte er sich gegen die Realität ab, wenn er sich belästigt fühlte, negative Informationen zur Kenntnis nehmen und Entscheidungen treffen sollte, mit denen er auf eine ihm unbehagliche Wirklichkeit hätte reagieren müssen. So wich er beispielsweise Lutz Graf Schwerin von Krosigk, der ihm als Reichsfinanzminister infolge der Kriegslage und der sich ständig verschlechternden finanziellen Situation des Reiches nur unerfreuliche Vorträge hätte halten können, seit 1942 konsequent aus. Daß er als Oberster Kriegsherr, der sich überdies weigerte, Tote zu sehen und zerbombte deutsche Städte ‚in Augenschein' zu nehmen, von diesen Grundsätzen und Vorsätzen abwich, war nicht sein Verdienst. Auch da sprang er nicht über seinen Schatten, sondern ließ sich von den Militärs und den Ereignissen drängen, denen er nicht ausweichen konnte. Rudolf Heß (bis Mai 1941), Heinrich Lammers, Julius Schaub und im begrenzten Rahmen auch Otto Meißner, um hier nur sie zu nennen, schirmten ihn so lange tunlichst vor unerwünschten Begegnungen und Nachrichten ab, bis schließlich Martin Bormann dies auf eine vollkommene und in vielen Fällen geradezu kriminelle Weise tat.

Auf seinem Berghof empfing er vor dem Kriege hauptsächlich nur Persönlichkeiten, die der breiten Öffentlichkeit bekannt waren und durch ihr Ansehen zum Vehikel der Propaganda werden konnten.* Dies waren unter anderem der zu der Zeit besonders populäre Herzog von Windsor (22. 6. 1937), Lord Halifax (19. 11. 1937), Premierminister Chamberlain (15. 9. 1937), das italienische Kronprinzenpaar (31. 10. 1938), der Nuntius (5. 5. 1939) und der Schweizer Völkerbundskommissar (11. 8. 1939). Deutsche Minister, Reichsleiter, Gauleiter und Generalkommissare, deren Berichte, wie er aus Erfahrung wußte, gewöhnlich negativen Einfluß auf ihn ausübten, konnten einigermaßen sicher sein, gar nicht oder nur irgendwo

* Hitlers Prinzip, auch für wichtige Mitarbeiter nicht immer erreichbar zu sein, war schon vor 1933 ein Ausdruck seines Führungsstils. So schrieb Walter Buch am 29. März 1928 an einen Landtagsabgeordneten: „Was . . . die vielbesungene Mauer um Herrn Hitler anbelangt, so möchte ich jedem Parteigenossen wünschen, er möge einmal kurze Zeit Einblick in den Betrieb der Geschäftsstelle erhalten. Er könnte dann feststellen, daß sämtliche Ressort-Chefs oft tagelang warten müssen, bis sie Herrn Hitler erreichen können". Zit. nach Tyrell, Albrecht: Führer befiehl. Selbstzeugnisse aus der „Kampfzeit" der NSDAP, Düsseldorf 1969. S. 196. Fortan zitiert als Tyrell, Führer befiehl.

„zwischen Tür und Angel“ empfangen zu werden. Diplomaten, die sich vor dem Antritt ihrer Stellungen im Ausland von ihm persönlich abzumelden wünschten und eventuell noch konkrete Richtlinien für ihren Dienst zu bekommen hofften, wurden meist darauf hingewiesen, daß der Führer ihnen infolge seiner Arbeitsüberlastung „in absehbarer Zeit“ keine Audienz gewähren könne.* Entsprechenden Inhalts waren die meisten Mitteilungen, die das Auswärtige Amt auf seine Gesuche erhielt, von Hitler deutsche Diplomaten empfangen zu lassen, die sich kurzfristig in Deutschland aufhielten. So wurde, um ein bezeichnendes Beispiel anzuführen, dem Büro des Reichsaußenministers, das die Präsidialkanzlei des Führers und Reichskanzlers am 5. Juni 1939 gebeten hatte, „einen Besuch des neuernannten deutschen Gesandten in Sofia, Freiherrn von Richthofen, bei dem Führer zu vermitteln“,[464] am 7. Juni im Auftrage Meißners mitgeteilt: „Der Herr Staatsminister und Chef der Präsidialkanzlei Dr. Meißner glaubt, daß die Ruhepause, die der Führer sich jetzt gönnt, nicht für eine Meldung des Gesandten . . . geeignet ist . . . Er stellt anheim, daß sich Herr . . . von Richthofen während seiner Anwesenheit in Deutschland in das Besuchsbuch des Führers in der Reichskanzlei einträgt.[465]

Die Liste mit den Namen der abgewiesenen Audienz-Bittsteller ist lang und aufschlußreich. Welchen politischen Nutzen der Empfang der einen oder anderen Persönlichkeit

* Dem nach Brasilien versetzten Botschafter Prüfer beispielsweise, der sich Mitte Juli 1939 vor seiner Abreise bei Hitler abmelden wollte, wurde am 25. 7. 1939 im Auftrage Meißners mitgeteilt, daß zum „lebhaften Bedauern“ des Chefs der Präsidialkanzlei „eine . . . Audienz beim Führer in absehbarer Zeit nicht“ möglich sei. Nationalarchiv Washington, EAP 104/13. Hitler fuhr derweilen im Lande umher. Am 25. 7. 1939 sah er in Nürnberg den „Fliegenden Holländer“, am 26. 7. „Tristan“ und am 27. 7. „Parsifal“. Am 28. 7. flog er nach Berlin und am 30. 7. nach Bayreuth, wo er bis zum 3. 8. 1939 blieb, Wagner-Aufführungen beiwohnte („Walküre“, „Siegfried“ und „Götterdämmerung“) und einen Künstlerempfang gab. Tagebuch der Dienststelle Bormann. Nationalarchiv Washington, EAP 105/18.

gehabt hätte, ist nicht mehr ausrechenbar, wenn mancher Name auch für sich spricht. So bemühte sich beispielsweise der französische Automobil-Industrielle Renault im Februar 1939 vergeblich darum, Hitler während der Automobil-Ausstellung in Berlin „seine Aufwartung . . . machen"* zu dürfen.

Spontane, unangemeldete Besuche waren gänzlich ausgeschlossen. Nicht selten zogen Anträge sich über Wochen und Monate hin. So bat beispielsweise der in Manchester ansässige englische Rechtsanwalt F. O. Arnold, ein Bruder des mit Joachim von Ribbentrop aus dessen Londoner Zeit bekannten Barons Arnold, am 2. September 1938 in einem persönlichen Brief an Hitler darum, in Berchtesgaden von Hitler empfangen zu werden und zu diesem Empfang seine „außerordentlich seltene und interessante Sammlung alter englischer Münzen", von denen einige tausend Jahre alt seien, „mitbringen" zu dürfen.[466]

Hitlers Privatkanzlei gab Arnolds Schreiben am 10. September 1938 an das Reichsministerium für Wissenschaft, Erziehung und Volksbildung weiter und bat „um weitere Behandlung".[467] Das Ministerium wandte sich am 27. September an den Generaldirektor der Staatlichen Museen in Berlin „mit dem Ersuchen um Äußerung, soweit die Münzsammlung des Antragstellers in Frage"[468] komme. Am 5. Oktober reagierte

* Renault wurde am 20. 2. 1939 mitgeteilt, daß Hitler bis zum 28. 2. nicht in Berlin sei, und auch danach sei er „nicht in der Lage", Renault zu empfangen, da er „hintereinander eine Reihe dienstlicher Empfänge und Besprechungen angesetzt" habe. Tatsächlich aber befand sich Hitler, der die Automobil-Ausstellung am 17. 2. eröffnet hatte und dann nach Klagenfurt, Linz, München und und zum Obersalzberg gefahren war, bereits seit dem 26. 2. wieder in Berlin, wo er am 27. 2. die umgebaute Siegessäule besichtigte, am 1. 3. das diplomatische Korps, am 2. 3. deutsche Industrielle, am 3. 3. die Industriellenwitwe Olga Kirdorf und am 4. 3. Künstler empfing. Am 5. 3. besuchte er die Automobil-Ausstellung noch einmal, und erst danach begannen die eigentlich als dienstlich zu bezeichnenden Empfänge: am 7. 3. ließ er die Generale, am 9. 3. die Reichsregierung zum Empfang antreten. Nationalarchiv Washington, EAP 105/13 und EAP 105/18.

der Generaldirektor mit der Mitteilung, daß „über die Münzsammlung des Herrn Arnold . . . hier nichts bekannt" sei, daß durch eine Anfrage im Britischen Museum jedoch wahrscheinlich Näheres festgestellt werden könne.[469] Am 17. Oktober wurde das Auswärtige Amt „mit der Bitte um Stellungnahme"[470] eingeschaltet. Es beauftragte sowohl die Deutsche Botschaft in London als auch das Deutsche Konsulat in Liverpool, sich umgehend mit der Münzsammlung zu befassen. Am 10. Dezember legte es dem Reichsminister für Wissenschaft, Erziehung und Volksbildung die Ergebnisse der deutschen Institutionen von London und Liverpool vor, die allerdings weder einen positiven noch einen negativen Bescheid enthielten. Das in diesem Falle ganz besonders aktive Konsulat schrieb unter anderem: „Herr Arnold gilt als erfahrener Jurist und . . . scheint . . . über etwas Vermögen zu verfügen. Es wird angenommen, daß er nichtjüdischer Herkunft ist, mit unbedingter Sicherheit ließ sich das aber nicht feststellen . . . man wird seiner Angabe, daß es sich um wertvolle Münzen handelt, wohl Glauben schenken können."[471] Zwanzig Tage später empfahl das Ministerium dem Auswärtigen Amt, den Konsul zu veranlassen, Arnold zu besuchen und endgültig festzustellen, „ob gegebenenfalls ein Empfang des F. O. Arnold durch den Führer und Reichskanzler angezeigt"[472] erscheine.

Erst am 2. Februar 1939, mehr als vier Monate nach dem ersten schriftlichen Gesuch des Engländers, dessen Schwager sich als Ludendorff-Übersetzer einen Namen gemacht hatte, stellte die Präsidialkanzlei fest, daß alle in diesem Fall eingeschalteten deutschen Institutionen offensichtlich von total falschen Voraussetzungen ausgegangen seien. Diplomatisch teilte sie der Deutschen Botschaft in London mit: „Die bisherige Bearbeitung der . . . Angelegenheit durch verschiedene Stellen (Kanzlei des Führers der NSDAP, Reichsministerium für Volksaufklärung und Propaganda, Reichsministerium für Wissenschaft, Erziehung und Volksbildung, Generaldirektor der Staatlichen Museen) scheint von der irrtümlichen Voraussetzung ausgegangen zu sein, daß Mr. Arnold dem Führer und Reichskanzler seine wertvolle Münzsammlung schenken wolle. Ich glaube, dem Schreiben des Genannten . . . nur entnehmen zu können, daß er dem Führer die Münzsammlung zeigen und wohl zu diesem Zweck von ihm auf den Berghof . . . eingeladen werden möchte. Weisungsgemäß stelle ich ergebenst anheim, das Schreiben des Antragstellers nach eigenem Ermessen dahin zu beantworten, daß der Führer und Reichskanzler auf dem Berghof, den er zur Erholung aufsucht, in der Regel keine fremden Besucher empfängt."[473] Nicht viel Fantasie gehört dazu, sich vorzustellen, welch peinliche Folgen eine Einladung des Engländers gehabt hätten. Hitler hätte sich für ein „Geschenk" bedankt, das keines sein sollte. Er und seine Ministerien, Ämter und Fachleute wären peinlich blamiert gewesen.

War jedoch jemand bis zu Hitler vorgedrungen, traf er auf einen Zuhörer, der wie durch ein weitmaschiges Sieb fallen ließ, was er nicht registrieren wollte. Hitler wußte stets genau, worüber er sprach,[474] auch wenn seine Gesprächspartner dies oft nicht erkannten. Standpunkte und Argumente seiner Besucher nahm er meist nur akustisch zur Kenntnis. Beschwerden oder Vorschläge hörte er sich an und wies, wenn er dies für geboten hielt, seine Adjutanten an, sich um bestimmte Einzelheiten zu kümmern.* Seine Auffassung trug er, wenn seine Besucher weder ausländische Staatsmänner noch Politiker waren, nur vor, wenn er meinte, sein jeweiliges Gegenüber für

* Gewöhnlich verlangte er nachträgliche schriftliche Berichte über vorgetragene Beschwerden. Persönliche Mitteilungen von Fritz Wiedemann und Heinz Linge vom 7.1.1979.

sich und seine Politik gewinnen zu müssen. Selbst wenn er infolge seiner genauen Kenntnis vieler Details und Zusammenhänge feststellte, daß ihm gewollt optimistische und damit nicht selten vorsätzlich gefährlich falsche Angaben gemacht oder Analysen vorgetragen wurden, widersprach er – außer bei Gesprächen mit Militärs – nur selten. Tat er es jedoch, geschah dies in den meisten Fällen so effektvoll, daß betroffenes Schweigen die Folge war. Als beispielsweise Chamberlain während der Konferenz, die das Münchener Abkommen vom 29. September 1938 vorbereitete, Einzelheiten über das persönliche Hab und Gut detailliert festgelegt sehen wollte, das die umsiedelnde Bevölkerung mitnehmen dürfte, ließ Hitler ihn, den britischen Gentleman, mit der sarkastisch bissigen Bemerkung verstummen, daß er, Mussolini, Daladier und Chamberlain „doch wohl nicht zusammengekommen" seien, „um Hühner zu zählen".[475] Wo dagegen ausschließlich er das Heft in der Hand hatte, verhielt er sich ganz anders. Nachdem sein persönlicher Adjutant, der einstige Landwirt Fritz Wiedemann, ihn beispielsweise einmal darauf aufmerksam gemacht hatte, daß der Landwirtschaftsminister Walter Darré ihm falsche Zahlen über die Fettversorgung im Reich genannt habe, reagierte er nur mit der lässig-lakonischen Bemerkung: „Dann lassen Sie ihn halt kommen und sagen Sie ihm das."[476]

Obwohl Hitler dem amerikanischen Journalisten Louis P. Lochner im April 1934 erklärte, daß er von der „Mann-zu-Mann-Diplomatie" mehr halte als von der traditionellen Notenaustausch-Diplomatie,* hielt er sich vor dem Krieg nur sehr selten daran. Zwar zog er es grundsätzlich vor, möglichst alles mündlich zu klären, was nicht unbedingt schriftlich getan

* Vgl. „Völkischer Beobachter" vom 4. 4. 1934. „Die überlebte diplomatische Methode des Notenaustausches" richte „sich selbst durch die Tatsache", sagte er, „daß trotz der Bemühungen der Diplomaten die Völker im Jahre 1914 in den größten Krieg der Geschichte hineingeschlittert" seien.

werden mußte, doch Gespräche mit ausländischen Staatsmännern, Politikern und Diplomaten gehörten bei ihm erst eigentlich während des Krieges, als es für vieles bereits zu spät war, zur politischen Pflichtübung.

Erst als die Verhältnisse Hitler dazu zwangen, wich er von seiner bis dahin an den Tag gelegten Haltung und Gewohnheit ab. In meist souveräner Manier und mit großem Geschick* entledigte er sich dann allerdings dieser Aufgaben, die er nun nicht mehr ignorieren konnte. 156 Gespräche führte er allein vom 26. September 1939 bis 13. Dezember 1941 mit Staatsoberhäuptern „verbündeter" Staaten,** mit Ministerpräsidenten und Ministern, mit Botschaftern, Gesandten, Militärs und Schriftstellern.[477] Konnte Hitler persönlichen Begegnungen mit ausländischen Politikern nicht ausweichen, vermied er es, unter vier Augen mit ihnen zu konferieren. Gewöhnlich dauerten seine Gespräche mit Politikern, Diplomaten, Journalisten, Korrespondenten, Wissenschaftlern, Schriftstellern, Geistlichen, Abordnungen und Delegationen vor dem Kriege, auch wenn sie wichtig waren, kaum länger als jeweils ein bis zwei Stunden.[478] Hans Adolf Jacobsen, der die von 1933 bis 1937 von Hitler zu Unterredungen und Interviews empfangenen Besuchergruppen hinsichtlich ihrer Nationalität und Berufe analysierte, gelangte zu dem Schluß: „... zunächst ... wird ... deutlich, daß Hitler in erster Linie um die Gunst und das Entgegenkommen Englands, aber auch der anderen West-

* So z. B. in seinen Gesprächen mit dem schwedischen Vermittler Birger Dahlerus (26. 9. 1939), mit dem amerikanischen Unterstaatssekretär Sumer Welles (2. 3. 1940) und mit dem sowjetischen Außenminister W. M. Molotow (13. 11. 1940). Vgl. die Gesprächsprotokolle bei Hillgruber, Staatsmänner, S. 25 ff., 67 ff. und 304 ff.

** So z. B. mit dem slowakischen Staatspräsidenten Tiso (28. 7. 1940), mit dem spanischen Staatschef Franco (23. 10. 1940), mit König Leopold III. (19. 11. 1940), mit dem rumänischen Staatschef Antonescu (22. 11. 1940, 14. 1. 1941, 12. 6. 1941 und 6. 8. 1941) und mit dem bulgarischen König Boris III. (13. 1. 1941). Vgl. Hillgruber, Staatsmänner.

mächte geworben hat. Ihren Vertretern bot er am häufigsten Gelegenheit, ihn zu sprechen und die beiderseitigen Ansichten auszutauschen (fast 50 % seiner Empfangszeit), wobei der erste Höhepunkt bezeichnenderweise 1933 und der zweite im Jahre 1936 lag. An zweiter Stelle kamen die Vertreter der mit ... Deutschland sympathisierenden bzw. später verbündeten Staaten, darunter Italiens, Ungarns, Polens, Japans und Rumäniens; sodann folgten drei Länder des Balkans ... Den Repräsentanten Österreichs, der Tschechoslowakei und vor allem der Sowjetunion"[479] schenkte Hitler keine übermäßige Aufmerksamkeit.

Um von Hitler, der die ihm von der Propaganda nachgerühmte Volksnähe und die damit verbundenen persönlichen Begegnungen schon vor dem Kriege geradezu als überflüssige Belästigung empfand, Politiker, Diplomaten und hohe Parteifunktionäre möglichst fernzuhalten und sich nach seiner offiziellen Amtstätigkeit zusätzliche Arbeiten zu ersparen, teilte Dr. Lammers den Reichsministern und Reichsstatthaltern der Landesregierungen beispielsweise am 19. Juni 1939 mit, daß der Führer auf dem Berghof „in erster Linie" ungestört arbeiten wolle und daß „von Besuchen jeder Art im Hause Berghof (daher) Abstand genommen"[480] werden müsse.

Daß Hitler persönliche Verhandlungen vor dem Kriege keineswegs immer dazu benutzte, Vorteile für das Reich herauszuschlagen, sondern prinzipiell auf die Politik der vollendeten Tatsachen vertraute, gehört zu den Besonderheiten des Hitlerschen Führungsstils, auf die 1968 bereits der englische Hitler-Kenner Gordon A. Craig hinwies,[481] ohne daß er jedoch erklären konnte, wieso Hitler so handelte. Wie stets und überall, so zog der Führer auch hier vor, immer die vollendeten Tatsachen abzuwarten, die ihn zum Handeln zwangen. Wenn er jedoch die Möglichkeit fand, seine zweckgemäß stilisierte Selbstdarstellung und die Verharmlosung seiner Außenpolitik propagandistisch millionenfach zu multiplizieren und ins Ausland zu transportieren, nutzte er die Chancen; denn je liebenswürdiger und je friedliebender er außerhalb der Reichsgrenzen erschien, je leichter mußte es für ihn sein, seine seit Jahren gehegten Kriegspläne in die Tat umzusetzen.

So legte er beispielsweise besonderen Wert darauf, daß G. Ward Price, der bekannte englische Sonderkorrespondent des Londoner „Daily Mail", der ihn schon 1932 bei Wahlreisen begleitete*, ihn mehrfach ausführlich interviewte. Wie von dem versierten Propagandisten Hitler angestrebt, veröffentlichte der „Daily Mail" mehrere Hitler-Interviews, die das Ansehen des Führers im Ausland erheblich förderten und ihm in Verkennung der Hintergründe im Laufe der Jahre sowohl im Ausland als auch in Deutschland sehr halfen, sich zu stilisieren, seine Pläne zu verschleiern und die aggressiven Maßnahmen wirkungsvoll zu verharmlosen.[482] Nach der im Ausland mit Sorge registrierten Besetzung des Rheinlandes wies Goebbels beispielsweise die deutsche Presse an, in „großer Aufmachung" ein Price-Interview zu veröffentlichen, das Hitler dem englischen Pressemann gewährt hatte. Sieben solcher Interviews waren es bis 1938. Immer halfen G. Ward Price und der „Daily Mail", wenn Hitler in den Verdacht geriet, doch nicht der Friedenskanzler zu sein, der er zu sein vorgab und als den die nationalsozialistische Propaganda ihn zumindest bis dahin weisungsgemäß schilderte.

Lord Lothian, der einmal Privatsekretär von Lloyd George gewesen war, verbreitete nach einem Besuch beim Führer im Januar 1935 die werbewirksame Feststellung, daß Hitler und Heß „fabelhafte" Führer seien, die einen friedfertigen Ein-

* Vgl. S. 401 ff.

druck machten und die Wehrmacht nur verstärken wollten, um das Reich wirkungsvoller gegen kommunistische Angriffe schützen zu können. Und auch der englische Publizist Lord Allen of Hurtwood, den Hitler, Goebbels und von Neurath Anfang 1936 zu Gesprächen empfangen hatten, enttäuschte Hitler nicht. Die nationalsozialistischen Führer wünschten, so schrieb er, „leidenschaftlich den Frieden", was geglaubt werden müsse, da Hitlers Aufrichtigkeit „ungeheuer" sei.[483] Und auch der britische Oberstleutnant T. C. R. Moore, der als Konservativer im Unterhaus saß, ließ Hitler als weitblickenden Staatsmann erscheinen, der einen Krieg nicht wollte.[484] Die Franzosen Bertrand de Jouvenel und Fernand de Brinon vom französischen Wirtschaftsblatt „L'Information" transportierten ein positives Hitler-Bild nach Frankreich,* selbst noch, als der Krieg bereits begonnen hatte.

Propagandistischen Zwecken dienende Goodwill-„Politik" überließ Hitler, der seinem Wesen entsprechend im Prinzip auch hierbei lieber abwartete und zusah als handelte, vor dem Krieg vor allem den „Auslandsreisenden" Hermann Göring, Joachim von Ribbentrop, Franz von Papen, Joseph Goebbels, Rudolf Heß, Robert Ley, Bernhard Rust, Hans von Tschammer und Osten, Albert Forster, Hjalmar Schacht, Erhard Milch, Heinrich Bohle, Wilhelm Keppler und dem Prinzen Philipp von Hessen. Wie von Hitler vorgezeichnet und über Interviews und Reden – als Führungshilfen – publiziert, so verharmlosten auch sie die außenpolitischen Pläne des Führers, solange er dies für angebracht hielt.

* Brinon gehörte während des Krieges zu den aktivsten Kollaborateuren. Vgl. Jäckel, Eberhard: Frankreich in Hitlers Europa, Stuttgart 1966, u. a. S. 71 und 354 ff.

Programmatiker und Politiker.
Der „schwerste Entschluß meines Lebens."

Hätte Hitler nicht auch in zweitrangigen und selbst absolut nebensächlichen Fragen eine auffällige Entscheidungsscheu offenbart, wäre die hypothetische Behauptung nicht einfach von der Hand zu weisen, in ihm habe der Programmatiker – mit seinem überzogenen und immer gegenwärtigen Anspruch, fortwährend ruhmreiche Geschichte vorbereiten zu müssen – ständig dem Politiker im Wege gestanden und ihm den Blick für die rechte Verhältnismäßigkeit der ordinären Tagespolitik versperrt. In „Mein Kampf" hatte er nämlich gelehrt, daß große Politik nur auf dem Wege über richtungweisende programmatische Zielsetzungen gemacht werden könne. Dabei bestünde die Aufgabe des Programmatikers darin, das in der Ferne liegende Ziel zu setzen und zu fixieren, das der Politiker schließlich zu verwirklichen trachten müsse. Sobald der Programmatiker seine eigentliche Aufgabe aber aus dem Blick verlöre und sich darauf einließe, der „Zweckmäßigkeit" und „Wirklichkeit" Rechnung zu tragen, müßte „seine Arbeit . . . zu einem Rezept des Alltags . . . werden."[485] Es sei daher nicht richtig, so folgerte er, die Bedeutung des Programmatikers womöglich „an der Erfüllung seiner Ziele" zu messen, zumal schnelle Erfolge „der irdischen Vergänglichkeit geweiht"[486] wären und „manchmal nicht den Tod ihrer Väter" überlebten. Da Hitler überzeugt war, eine der Ausnahmeerscheinungen zu sein, in denen sich der Programmatiker und der Politiker „in einer Person"[487] vereinigten, können sein Selbstverständnis und seine Begriffsinterpretationen die Hypothese zulassen, daß sein spezifischer Führungsstil nicht von einer mentalen Scheu vor offensiven Entscheidungen geprägt wurde, sondern von einem ständigen Bestreben, Bausteine für eine große

Geschichte konzipieren und vorbereiten zu müssen. Richtig wäre daran, daß Hitler überzeugt war, „große Geschichte zu machen“, falsch indes, daß seine Entscheidungsmentalität, Führungsweise und Diplomatie daraus resultierten.

Die Diplomatie Hitlers, der in Anlehnung an die Darwin-Formel „struggle for life“ die Geschichte primär als ständigen Kampf ethnisch-biologischer Gruppen ansah und die Begriffe Krieg, Kampf, Rücksichtslosigkeit, grausame Härte, Siegen, Überleben und Verzicht auf Humanität als entscheidenden Inhalt der Welt verstand, in der Menschen und Tiere mit den gleichen Erhaltungstrieben ausgerüstet seien, basierte auf der Vorstellung, daß im Kampf der Völker naturgemäß immer der bessere Durchschnitt den Sieg davontrüge. Daher gab es für ihn auch weder moralische noch rechtliche Bedenken und Schranken, sobald sie seine Politik behinderten oder gar unmöglich machten. Und auch internationale Verträge sah er infolge dieser Grundhaltung nur so lange als verbindliche „Geschäfte“ an, solange sie ihm nützten.* Täuschung und Wortbruch, Lüge und lauernde Hinterhältigkeit mußten daher zwangsläufig zu tragenden Säulen seiner Diplomatie werden, außenpolitische Entscheidungen zu Manövern und – ideologisch begründete – Angriffskriege zu selbstverständlichen Ereignissen.

Für Hitlers Diplomatie waren seine Weltanschauung und die von ihm als Programmatiker gesetzten Ziele maßgeblich, die er teils öffentlich, teils hinter verschlossenen Türen formulierte. Da er selbst nur verbal aggressiv agieren konnte und persönlich alles andere als entscheidungsfreudig war, brauchte er Eliten und Kader, die ihm zu folgen und in bestimmten Situa-

* In „Mein Kampf“ (S. 154f., vgl. auch ebenda, S. 749, und Hitlers Zweites Buch, Stuttgart 1961, S. 94 und 171) erklärte Hitler, daß internationale Bündnisse ausschließlich gegenseitige „Geschäfte“ seien.

tionen auch vorzugreifen bereit und in der Lage waren. Während er unter dem frischen Eindruck der Machtübernahme am 10. Februar 1933 noch bekannte, „Es ist der schwerste Entschluß meines Lebens gewesen",[488] das Amt des Reichskanzlers zu übernehmen, hatten seine Getreuen ihm bald das Gefühl gegeben, daß er auch weiterhin auf Gedeih und Verderb mit ihnen rechnen konnte. Ohne ihn, das wußten sie, waren sie so wenig wie er ohne sie. Befriedigt konnte Hitler dem „Associated Press"-Vertreter Louis P. Lochner ein Jahr später in einem Interview erklären, daß er sich „nicht mit Nullen umgeben" habe, sondern mit kantigen, „wirklichen Männern", die nicht rund seien und nicht wegrollten wie Nullen.[489]

Daß Hitler trotz seiner Entscheidungsscheu – zumindest bis 1941 – außerordentliche Erfolge erringen konnte, lag jedoch nicht allein an dem Engagement und den Fähigkeiten seiner Führungsgehilfen, sondern war nicht zuletzt auch das Ergebnis seiner Diplomatie. Wie kaum ein anderer Politiker und Staatsmann erkannte er schwache Stellen seiner Kontrahenten, ehe sie es begriffen hatten. Nicht nur England und Frankreich haben diese Erfahrungen machen müssen. Nicht selten sah er politische Ereignisse voraus, verfügte er über „prophetische" Gaben und über die Fähigkeit, organisatorische Probleme maximal zu lösen, Entscheidungen geschickt zu delegieren und Richtlinien zu suggerieren, in deren Rahmen seine Beauftragten infolge seiner persönlichen Entscheidungsschwäche relativ große Möglichkeiten zu eigenem Handeln fanden. Werner Best beispielsweise verabschiedete er lediglich mit dem Hinweis nach Kopenhagen, sich vom Königshaus fernzuhalten.

Hätte Hitler nicht über bemerkenswerte diplomatische Gaben verfügt, wäre er mit Sicherheit lange schon vor 1933 von der großen politischen Bühne verschwunden.[490] Die alten

Funktionsträger der NSDAP, die ihn zum Führer so hochstilisierten, daß er ihrem Zugriff schließlich ganz entrückt war, wußten aus Erfahrung, für wen sie sich entschieden. Daß „Hitler mit jedem fertig würde", wie sein früher Mitkämpfer Hermann Esser es formulierte,[491] galt für die meisten von ihnen als erwiesen. War er doch schon im März 1920, an der Schwelle seiner Karriere, namhaften und erfahrenen bayerischen Politikern aufgefallen und von ihnen als würdig und fähig befunden worden, eine diplomatische Aktion zu übernehmen, die von wesentlicher Bedeutung hätte sein können. Als Kapp und von Lüttwitz am 13. März in Berlin putschten, entsandten Bayerns führende Politiker den noch unbekannten Adolf Hitler mit dem Auftrag nach Berlin, dort die bayerischen Interessen wahrzunehmen. Daß der diplomatischen Mission kein Erfolg beschieden war, lag nicht an Hitler; denn als er mit Dietrich Eckart in der Hauptstadt des Reiches eintraf, trat ihm Kapps Pressereferent, der ungarische Jude Trebitsch-Lincoln, auf der Schwelle der Reichskanzlei entgegen und riet ihm, sich wieder auf den Weg nach München zu machen, weil der Putsch gescheitert und Kapp bereits geflohen sei.[492]

Hitler, der sich mit Recht rühmte, ein überragender Redner zu sein, verzichtete darauf, sich in gleicher Weise auch als Diplomat so zu qualifizieren. Zwar war er überzeugt, das Geschäft auch zu beherrschen; aber er meinte nicht nur kurz vor Toresschluß im April 1945, daß beispielsweise Hermann Göring auf dem Gebiet besser sei als er. Schon seine Abneigung gegenüber Diplomaten, die nicht nur Otto Meißner in Nürnberg bezeugte,[493] hinderte ihn, sich als Meister der Diplomatie darzustellen. Wenn er sich jedoch dem Zwang unterwerfen mußte, politische Gespräche zu führen, bei denen ihn niemand vertreten konnte oder durfte, bewies er, daß er nicht nur monologisieren oder kindlich-rechthaberisch Wut simulieren konnte. Benito Mussolini, Graf Ciano, Edouard Daladier, Neville Chamberlain, Kurt Schuschnigg, Lord Simon, Sir Anthony Eden, Francisco Franco, Sumer Welles, König Leopold III., Pierre Laval, Philippe Pétain, Jean Darlan, Serrano Suner, Graf Teleki, W. M. Molotow, Bogdan Filow und Jon Antonescu, sie und andere ausländische Staatsmänner, Politiker und Diplomaten, haben ihm gegenübergesessen und seine staatsmännische Unterredungskunst registriert. Diplomatisch ungewöhnlichen Stil demonstrierte er eigentlich nur am 18. März 1944 bei der Unterredung mit Miklós Horthy in Klessheim und bei der rund einstündigen „Verhandlung“ mit dem tschechoslowakischen Staatspräsidenten Emil Hacha,* den er am 15. März 1938 wie einen Subalternbeamten behandelte und buchstäblich zwang, gegen seine (Hachas) Absichten und Überzeugungen zu entscheiden.

Nicht wenige ausländische Verhandlungspartner kapitulierten vor Hitlers Verhandlungsgeschick und Überredungskunst. Chamberlain und Daladier waren nach Gesprächen mit ihm beeindruckt. Sumer Welles, Molotow und Franco ließ Hitlers Eindringlichkeit kalt. Seine gern ausgespielte Taktik, immer wieder und unerwartet weit auszuholen, vom Thema abzulenken, seiner Phantasie viel Raum zu lassen und zu bluffen, konnte auf Leute wie beispielsweise Sumer Welles oder Molotow nicht wirken.

Bei Diplomaten solchen Zuschnitts mußte er sich anders verhalten als bei Begegnungen beispielsweise mit Mussolini

* Hacha, der unter Druck einen Vertrag über die Schaffung des Protektorats Böhmen und Mähren unterzeichnete, erlitt einen Schwächeanfall, nachdem er Hitler den „Schutz der Tschechoslowakei“ übertragen“ hatte. Am 13. 1. 1942 erzählte Hitler seinen Tischgästen im Führer-Hauptquartier, daß Hacha durch eine Spritze Theo Morells (Hitlers Leibarzt) umgedreht worden sei. Heim-Protokoll. Zit. in „Der Spiegel“ vom 17. 3. 1980, S. 220. Zur Sudetenkrise vgl. Rönnefarth, H. K. G.: Die Sudetenkrise in der internationalen Politik. Teil I, Wiesbaden 1961, S. 743 ff.

und Ciano. „Hitler redet, redet, redet", schrieb Graf Ciano nach einer Unterredung Hitlers mit Mussolini vom 29. und 30. April 1942 in Salzburg in sein Tagebuch und fuhr fort: „Mussolini, der gewohnt ist, selbst zu sprechen, und hier fast immer schweigen muß, leidet. Am zweiten Tag . . . als wirklich schon alles gesagt war, was gesagt werden konnte, hat Hitler ununterbrochen eine Stunde und vierzig Minuten gesprochen . . . Über Krieg und Frieden, Religion und Philosophie, Kunst und Geschichte . . . General Jodl war nach einem epischen Kampf gegen den Schlaf auf einem Divan eingenickt. Keitel schwankte zwar, aber es gelang ihm doch immer wieder, den Kopf gerade zu halten."[494]

Sprach Hitler jedoch mit Staatsmännern und Diplomaten, die in einem anderen Verhältnis zu ihm und dem Reich standen als Mussolini und Ciano, ließ er seine Gesprächspartner zu Wort kommen, ging er auf Argumente ein und reagierte flexibel. Als ein Beispiel staatsmännischen Taktierens kann seine Unterredung vom 19. November 1940 mit dem belgischen König Leopold III. angesehen werden. Klug, würdig, diplomatisch, geschickt, maßvoll, einfühlsam, entgegenkommend und standhaft, erlebte ihn der König der Belgier,[495] der – im Gegensatz zu König Haakon VII. von Norwegen und Königin Wilhelmina der Niederlande – im Lande geblieben war und am 28. Mai 1940 die Kapitulation der belgischen Armee unterzeichnet hatte. Anders als König Leopold begegnete Hitler dem sowjetischen Außenminister Molotow am 12. November 1940. Nach dem törichten „Sonderkrieg" Mussolinis gegen Griechenland, der die deutsche Position in Südosteuropa erheblich verschlechterte – was die an ihren Zielen in Ost- und Südosteuropa festhaltenden Russen mit Genugtuung registrierten –, trat er gegenüber Molotow in einer Weise auf, die dem Beauftragten Stalins Respekt abnötigte. Molotow, der erklärte, daß er bei seiner Abfahrt aus Moskau von Stalin „genaue Anweisungen“[496] erhalten habe, sah sich mit einem Staatsmann konfrontiert, der genau wußte, was er wollte und sich kein X als U vormachen ließ. Hitler verstand seine Ziele darzulegen – soweit dies diplomatisch vertretbar war –, seine Hintergedanken zu verschleiern, Absichten zu verharmlosen, Schwächen zu überspielen und unangenehmen Fragen die Spitzen zu nehmen.

Wie bereits erwähnt, informierte Hitler sich vor Besprechungen und Entscheidungen über außenpolitische Fragen und Probleme keineswegs immer durch Akten- und Dokumentenstudien. So findet sich auf Akten nur höchst selten seine Paraphe „H“ als Beweis dafür, daß er sie gelesen hat. Ihm und seinem Außenminister standen die verschiedensten Informationsmöglichkeiten zur Meinungsbildung für die Führung der Außenpolitik zur Verfügung, die den Realitäten angepaßt gewesen wäre und vorgefaßte Meinungen hätte korrigieren können. Hitler hat die wichtigsten geheimen Telegramme selbst gelesen und die wesentlichsten Dokumente des Auswärtigen Amtes eingesehen, jedoch die in ihnen enthaltenen Angaben längst nicht immer in dem Maße als zutreffend akzeptiert, wie es unerläßlich gewesen wäre. Das Studium der mündlichen und schriftlichen Berichte der deutschen Botschafter empfand er ebenso als Belastung wie die Lektüre der Aufzeichnungen, die der Außenminister und die Staatssekretäre über ihre Unterredungen mit ausländischen Diplomaten anfertigten. Zwar las er die Sonderberichte des Außenministers und ließ sich bei unklaren oder strittigen Fragen vom Außenministerium informieren, doch das Reservoire, aus dem er am nachhaltigsten zu schöpfen pflegte, war oft anderer Art. Einzelberichte, nicht selten Zufallsprodukte aus den Händen von Politikern, Diplomaten, Angehörigen der SS, der Partei, der

Geheimdienste und des Göringschen Forschungsamtes, um hier nur diese Quelle zu nennen, gehörten dazu. Regelmäßig las er indes die vom Reichspressechef sortierten und ihm von Heinz Linge allmorgendlich vor seine Schlafzimmertür gelegten deutschen und ausländischen Pressemeldungen, was kaum als ausreichende Information für außenpolitische Entscheidungen angesehen werden kann. Seine Gewohnheit, negative Berichte einfach zu ignorieren und seine vorgefaßten Meinungen gelegentlich selbst durch obskurste Quellen abzusichern, bezeugen zahlreiche Beispiele. Da konnte es geschehen, daß er sich ausführlich mit dem „Denkschreiben" eines Kaufmanns beschäftigte, der als Pferdesportler mit Engländern verkehrte und aus Gesprächen mit Sportfreunden von der Insel herausgehört zu haben meinte, es bestünde eine reale Chance für eine deutsch-englische Annäherung unter Hitler.*

Auch später ging er gern unorthodoxe Wege, wenn er meinte, sich besonders gut informieren zu müssen. So schickte er im August 1939 den mit ihm seit Jahren persönlich gut bekannten Fotografen Heinrich Hoffmann als Begleiter Ribbentrops zum Abschluß des Nichtangriffspaktes zu Stalin nach Moskau, was das Protokoll durcheinanderbrachte und Stalin schließlich zu der ironischen Bemerkung anregte, er trinke auf das Wohl von „Herrn Hitler und seines Freundes Herrn Heinrich Hoffmann."**

Berichte von Laien, zumal wenn sie seinen Vorstellungen entsprachen, nahm er nicht selten viel ernster als die nüchternen und seinen Auffassungen widersprechenden sachkundigen Informationen, die ihm erfahrene Diplomaten und Berufs-

* So in einem von Hitler abgezeichneten Schreiben eines Berliner Kaufmanns namens Günter Schmidt-Lorenzen vom 17. 10. 1933. Bundesarchiv Koblenz, R 43 II/1432a.

** Vgl. Heinrich Hoffmanns Bericht in der „Münchener Illustrierten" 48/1954. Hoffmann verstand den Trinkspruch Stalins allerdings nicht als ironische Bemerkung.

politiker zuleiteten. So ignorierte er beispielsweise die zuverlässigen Angaben des Botschafters Karl Ritter über die USA, die der während des Krieges als Verbindungsmann zwischen Ribbentrop und Keitel fungierende Amerikakenner anbot. Mehr vertraute er den dilettantischen Berichten seines Militärattachés Boettcher, der am Schluß seiner Informationen stets behauptete, daß die Amerikaner mit ihren Angaben über ihre Kriegsstärke nur „bluffen",* was Hitler – selbst auch als Formulierung – übernahm. Als Ritter dem Reichsaußenminister berichtete, daß die USA im Laufe eines Jahres etwa 60 bis 70 Millionen Tonnen Stahl, 50 000 Panzer und 50 000 Flugzeuge produzieren könnten, mußte er dessen Zweifel und den Hinweis registrieren, daß er, Ribbentrop, über diese Fragen erst mit dem Führer sprechen wolle. „Zwei Tage später", erinnerte sich der Ex-Botschafter am 1. November 1947 in Nürnberg, „ruft mich Ribbentrop an und sagt mir: ,Ritter, ich habe den Führer gesprochen, und jetzt will ich Ihnen beweisen, daß Sie falsch orientiert sind. Sie haben ... behauptet, daß die Amerikaner 45 000 Tanks bauen können. Wollen wir einmal unterstellen, daß man für einen Tank nur zwei Tonnen Stahl braucht. Dann würde man für 45 000 Tanks 90 000 Tonnen Eisen brauchen ... Und das ist mehr, als Sie mir selbst als Jahresproduktion von Amerika angegeben haben."[497] Tatsächlich aber hatte Ritter, worauf er Ribbentrop auch aufmerksam machte, nicht von 70 000, sondern von 70 Millionen Tonnen gesprochen. Doch das änderte nichts am Urteil. „Das verstehen Sie nicht, Ritter", schulmeisterte der Außenminister und erklärte: „Der Führer ist der erste Waffenfachmann der Welt."[498]

* Am 18. 5. 1942 bescheinigte er General Boettcher, dem deutschen Militärattaché in Washington, daß er sich durch nichts habe bluffen lassen und Berichte geliefert habe, die „ein anschauliches Bild von der gegebenen Sachlage vermitteln". Picker, S. 353.

Für Diplomaten nur Verachtung. Kein Interesse für die Wirklichkeit.

Kritische Diplomaten mit festen Grundsätzen hatten es schwer in Hitlers Diensten. Da der Führer sich gewöhnlich weigerte, sie in Abwesenheit Ribbentrops zu empfangen, sahen sie sich sowohl seinem Druck als auch den Pressionen des ihm total hörigen Außenministers ausgesetzt, den der letzte deutsche Kronprinz in Nürnberg geringschätzig als „Ribben-Snob"[499] bezeichnete. Gelang es einem von ihnen dennoch, allein zu Hitler vorzudringen, mußte er mit meist außerordentlich unerfreulichen Konsequenzen rechnen, die Ribbentrop danach auslöste.

Wie gering Hitler die Diplomaten einschätzte und wie wenig Bedeutung er ihrer Tätigkeit im Rahmen seiner Diplomatie zumaß, zeigen die Ereignisse der letzten Augusttage des Jahres 1939 auf bestürzende Weise. So berichtete Ernst von Weizsäkker, daß der britische Botschafter Sir Nevile Henderson ihn am Abend des 22. August 1939 in Berlin angerufen und ihm mitgeteilt habe, daß er dem Führer einen wichtigen Brief von Neville Chamberlain übergeben müsse, jedoch nicht wisse, wie er dies in Abwesenheit Ribbentrops bewerkstelligen solle.* Weizsäkker telefonierte mit Hitler und informierte ihn über Hendersons Auftrag. Hitler, der noch hoffte, Polen „ausbluffen"[500] zu können und auf Ribbentrops Nachricht über den Abschluß des Nichtangriffspaktes mit der Sowjetunion wartete, zauderte und drückte sich, obwohl (oder gerade weil) er wußte, daß der Brief des britischen Premierministers von außerordentlicher Bedeutung für die kommenden Entscheidungen sein mußte. Er sei, so ließ er von Weizsäcker kurz danach telefonisch wis-

* Ribbentrop befand sich auf dem Weg nach Moskau.

sen, nicht verpflichtet, einen fremden Botschafter zu empfangen, wenn Ribbentrop nicht zugegen sei. Außerdem habe er „keine Lust“,[501] ihn zu sehen. Erst nachdem von Weizsäcker ihm erklärt hatte, daß er Henderson empfangen müsse, wies er ihn an, am nächsten Tag mit ihm auf dem Berghof zu erscheinen. Wie er über Botschafter, ihre Aufgaben und Meinungen ganz allgemein dachte, bezeugt am treffendsten ein Bericht seines Adjutanten Wiedemann, in dem es unter anderem heißt: „Als ich ihn (Hitler) . . . in den Deutschen Hof zurückbegleitete, standen . . . drei Botschafter unten in der Hotelhalle und warteten, ob sie nicht doch noch gerufen würden. Während ich mit Hitler die Treppe hinaufging, wagte ich die Bemerkung: ‚Mein Führer, da unten stehen die drei Botschafter, ich meine, Sie müßten sie doch empfangen.‘“ Hitlers Antwort: „Na schön, lassen Sie die Arschlöcher halt heraufkommen.“[502] Zehn Minuten später waren sie bereits entlassen.

Am 23. August gegen Mittag schließlich „allein“ mit Weizsäcker, Henderson und Hewel,* erfuhr Hitler unmißverständlich, daß die Engländer ihren Bündnisverpflichtungen gegenüber Polen in jedem Fall nachkommen würden, wenn Deutschland in Polen einmarschieren sollte.[503] Doch Hitler, der den Inhalt des Chamberlain-Schreibens bereits aus den Abhör-Aufzeichnungen des Göringschen Forschungsamtes kannte, zur grundsätzlichen Änderung seiner Polen-Pläne nicht bereit war und bereits ein Antwortschreiben an Chamberlein skizziert hatte, vertraute seinem Gefühl mehr als den Erklärungen des britischen Premiers und meinte, die Angelegenheit werde sich ohne Krieg gegen England und Frankreich erledigen, zumal der – nicht nur die Westmächte irritierende – Abschluß des Nichtangriffspaktes zwischen Berlin und Mos-

* Vortragender Legationsrat, später Botschafter und Verbindungsmann zwischen Hitler und Ribbentrop.

kau unmittelbar bevorstand. Seine Hoffnung, die Briten würden seine feste Haltung zum Anlaß nehmen, das zum Krieg schlecht gerüstete Polen fallenzulassen, beherrschte sein Denken so dominierend, daß er nicht fähig war, die Wirklichkeit wahrzunehmen. „Ich hatte einen Zettel in die Hand bekommen“, berichtete Weizsäcker und fuhr fort, „daß Hitler ... gesagt habe, die Polen lenken ein, die Sache geht ohne Krieg ab.“[504]

Wie wenig Hitler den Außenminister brauchte, ohne den er Henderson zunächst gar nicht hatte empfangen wollen, demonstrierte er dem britischen Botschafter effektvoll. Er beschuldigte die Engländer, eine von ihm ständig angetragene Zusammenarbeit mit dem von ihm geführten Reich abgelehnt und die Vernichtung Deutschlands angestrebt zu haben[505] und diktierte seinen längst fertigen Brief an Chamberlain, in dem es unter anderem hieß: „Sie teilen mir ... mit, daß Sie in jedem ... Fall des Einschreitens Deutschlands (in Polen) gezwungen sein werden, Polen Beistand zu leisten. Ich nehme diese ... Erklärung zur Kenntnis und versichere Ihnen, daß sie keine Änderung in der Entschlossenheit der Reichsregierung bringen kann, die Interessen des Reiches ... wahrzunehmen.“[506] Überzeugt, einen großen diplomatischen Erfolg verbucht zu haben, frohlockte er: „Dieses Gespäch überlebt Chamberlain nicht, sein Kabinett wird heute abend stürzen.“[507]

Hendersons Versuch, Hitler während der zweiten Unterredung zur Umkehr zu bewegen, mußte infolge der festgefahrenen Haltung des Führers ebenfalls fehlschlagen. Hitler beurteilte nicht die Lage, sondern strebte danach, sie so zu gestalten, wie er sie sah. Wie unglücklich und falsch er taktierte, erfuhr er bald, auch wenn am selben Abend noch in Moskau der „Nichtangriffsvertrag zwischen Deutschland und der

Union der Sozialistischen Sowjetrepubliken"[508] abgeschlossen wurde. Die Münchener Konferenz von Ende September 1938 und den ungehinderten Einmarsch seiner Truppen in die Tschechoslowakei von Mitte März 1939 noch ungetrübt im Auge und wohl auch unbewußt die eigene Entscheidungsscheu auf die britischen und französischen Staatsmänner übertragend, vertraute er auf seine Intuition und mißachtete alles, was ihr widersprach.[509]

Nur aus Zwang vom Frieden geredet. Diplomatie der Kniffe, Tricks und Schliche.

Was Hitler in diesen Tagen betrieb, war keine Politik, sondern ein Vabanquespiel, das alles zuschanden zu machen begann, was ihm bis dahin mit sehr viel Glück gelungen war. Anstatt einzulenken und auf den Boden der Realität zurückzukehren, der spätestens seit dem 23. August 1939 nur von Ignoranten noch falsch gesehen werden konnte, zauderte er und wartete, bis es anders nicht mehr ging. Winston Churchills berühmt gewordene Bemerkung vom 1. Oktober 1939, daß Hitler bestimmen konnte, wann der Krieg beginnen sollte, nicht aber, wann er beendet sein würde,[510] deckte sich zwar mit dem Ergebnis, aber eines verzeichnete sie ganz: den Umstand nämlich, daß Hitler nicht eben Hitler gewesen wäre, wenn er nach dem 23. August noch seine einmal getroffene Entscheidung geändert hätte. Das Fait accompli, das ihn zeitlebens zuletzt immer zum So-und-nicht-anders-handeln-können gezwungen hatte, nachdem es von ihm provoziert worden war, stand für ihn nicht erst seit dem Empfang des Chamberlain-Briefes fest. Daß nicht er, sondern die britische Regierung dafür verantwortlich war, wie er meinte, war dabei bedeutungslos. Schon bevor Henderson ihn zum zweiten Male aufsuchte, stand für ihn fest, daß der „Fall Weiß", der Krieg gegen Polen, am 26. August beginnen werde. Sämtliche Truppenverbände der ersten Angriffswelle standen bereits ein und zwei Tagesmärsche von der polnischen Grenze entfernt in Wartestellung. 1300 Eisenbahnladungen mit Truppen, Waffen und militärischen Geräten rollten in den Osten, 1700 nach Westen. Die Marine war in See gestochen. Die Umgebung Hitlers wartete auf den Befehl zum Start des Unternehmens. Hitler aber, der in der Nacht zum 25. August vor Aufregung sehr schlecht geschlafen hatte, über die „verstockte" Haltung der Engländer nicht hinwegzukommen schien und sich sowohl über Mussolinis Zaudern* als auch über den eben abgeschlossenen englisch-polnischen Bündnisvertrag zur gegenseitigen Beistandsleistung ärgerte, gab das Stichwort zum Angriff noch nicht. Als dann auch Henderson noch einmal auf dem Berghof erschien und in Chamberlains Auftrag zu retten versuchte, was nach des Führers Auffassung nicht mehr zu retten war, blieb Hitler zwar dabei, daß ihn von seiner Abrechnung mit Polen niemand abhalten würde, aber das Signal zum Kampfbeginn gab er noch immer nicht. Er, der Göring am 29. August 1939 erklärte, daß er in seinem Leben „immer va banque gespielt"[511] habe, gewährte den Polen, denen an einer friedlichen Lösung des Konflikts nicht mehr viel lag, noch ein paar Tage „Galgenfrist". Den Diplomaten ließ er Zeit, ihre „Künste" nutzlos zu versuchen. Seine Entscheidung stand längst fest und war durch Tatsachen – gleich welcher Art – nicht mehr grundsätzlich zu

* Mussolini erklärte am 25. 8. 1939, daß Italien vorerst neutral bleiben würde. Am 30. 5. 1939 hatte er mitgeteilt, daß Italien erst 1942 in der Lage wäre, einen größeren Krieg zu führen. Zunächst über die italienische Abstinenz verärgert, erkannte Hitler bald, daß die Passivität der Westmächte während des Polenfeldzuges nicht zuletzt auch mit der Unsicherheit über die italienische Haltung zusammenhing.

beeinflussen. Seinen Angriffskrieg, seit jeher eines der tragenden Elemente seiner Weltanschauung,* würde er führen. Daß die Polen ihm dabei, vor allem in den letzten Tagen vor dem Beginn der Kriegshandlungen, mit ihrer Diplomatie in die Hände gearbeitet hatten, kam seinen Wünschen und Erwartungen entgegen. Was er tat, galt dem Bestreben, sich „ein Alibi, vor allem dem deutschen Volk gegenüber",[512] zu verschaffen und dabei peinlich darauf zu achten, daß er niemandem die Chance bot, ihn von der Realisierung seines lange und sorgfältig gehegten Planes abzuhalten. Doch als es dann „endlich" soweit war, zeigte er sich – nach schlechtem Schlaf – unsicher, fahrig und nervös und roch aus dem Mund,[513] was auf Änderungen im vegetativen Nervensystem hinwies und von Medizinern als eine Folge von Entscheidungsangst gedeutet wird.

Hämisch hatte Hitler in „Mein Kampf" erklärt, daß die Interpretation der Politik als „Kunst des Möglichen" bestenfalls bei „sogenannten" Leistungen von Politikern „kleinen Formats"[514] angebracht wäre. Seine Politik und Diplomatie, mit denen er den Zweiten Weltkrieg einleitete, waren in der Tat alles andere als eine „Kunst des Möglichen". Ein Großer der Geschichte war er trotz all seiner Begabungen, seiner breit gefächerten Fähigkeiten und Kenntnisse, seines Charismas und seiner Schläue nicht, es sei denn, auch negative Ergebnisse politischen und diplomatischen Engagements hätten bei der Beurteilung von Politikern, Staatsmännern, Feldherrn und Strategen das gleiche Gewicht wie positive Leistungen. Hitlers Gegner scheiterten in vielen Fällen an seiner Diplomatie, nicht

* Seit seiner Landsberger Festungshaft im Jahre 1924 (Vgl. S. 331 ff.) spielte der Krieg als Raubkrieg in Hitlers „Weltanschauung" (im Gegensatz zur Zeit von 1919 bis 1924) eine tragende Rolle. Vgl. dazu Maser, Werner: Hitlers Briefe und Notizen. Sein Weltbild in handschriftlichen Dokumenten, Düsseldorf 1973, S. 259 ff. Fortan zitiert als Maser, Hitlers Briefe und Notizen.

weil sie etwa so überlegen oder gar genial betrieben wurde, sondern meistens an Hitlers undurchsichtiger Schläue und zielstrebiger Morallosigkeit, an seinen Schlichen und an seiner Skrupellosigkeit. Daß er bluffte, Tatsachen verdrehte und verharmloste oder übertrieb, unterschied ihn kaum von anderen Politikern und Staatsmännern.

So groß Hitlers Scheu vor neuen Festlegungen und Entscheidungen war, so leicht, glatt und rasch gingen ihm Äußerungen über die Zunge, die aus propagandistischen Erwägungen als Entschlüsse und programmatische Festlegungen aufgefaßt werden sollten, sobald er sich einmal festgelegt oder entschieden hatte. So erklärte er am 23. März 1933 im Reichstag: „Gegenüber der Sowjetunion ist die Reichsregierung gewillt, freundschaftliche ... Beziehungen zu pflegen. Gerade die Regierung der nationalen Revolution sieht sich zu einer solchen positiven Politik ... in der Lage."[515] In „Mein Kampf" hatte er richtungweisend festgelegt: „Wir stoppen den ewigen Germanenzug nach dem Süden und Westen Europas und weisen den Blick nach dem Land im Osten. Wir schließen endlich ab die Kolonial- und Handelspolitik der Vorkriegszeit und gehen über zur Bodenpolitik der Zukunft. Wenn wir aber heute in Europa von neuem Grund und Boden reden, können wir in erster Linie nur an Rußland und die ihm untertanen Randstaaten denken."[516] Niemals hat er auch nur entfernt daran gedacht, dieses Element seiner Weltanschauung zu modifizieren. Alles, was anders klang, war gelogen. Als G. Ward Price ihn am 17. Februar 1934 fragte, wie er denn jetzt, als Kanzler des Reiches, zu seiner Lehre von der Notwendigkeit der Eroberung russischen Raumes stehe, antwortete er mit lachender Miene: „Was? Wir sollen Gebiete von Rußland nehmen? Lächerlich."[517] Der Rückgang der Geburtenziffern im Reich, so ließ er, seine Weltanschauung leugnend und um keine Antwort verlegen, den „Daily Mail"-Vertreter wissen, lasse die Ausdehnung der Grenzen Deutschlands jetzt „weniger wichtig"[518] erscheinen.

Ähnlich verhielt es sich mit seinen zunächst ständigen Bekundungen seines Friedenswillens, der seiner Einordnung des Raubkrieges als tragendem Element der nationalsozialistischen Weltanschauung diametral widersprach. „Die Umstände haben mich gezwungen . . . fast nur vom Frieden zu reden", erklärte er deutschen Chefredakteuren und anderen Pressevertretern am 10. November 1938 in einer Geheimrede und erläuterte: „Nur unter der fortgesetzten Betonung des deutschen Friedenswillens war es mir möglich, dem deutschen Volk Stück für Stück die Freiheit zu erringen und ihm die Rüstung zu geben, die immer wieder für den nächsten Schritt als Voraussetzung notwendig war. Es ist selbstverständlich, daß eine solche . . . Friedenspropaganda auch ihre bedenklichen Seiten hat; denn es kann zu leicht dahin führen, daß sich in den Gehirnen vieler Menschen die Auffassung festsetzt . . . daß das heutige Regime . . . identisch sei mit dem Entschluß und dem Willen, einen Frieden unter allen Umständen zu bewahren . . . Der Zwang war die Ursache, warum ich jahrelang nur vom Frieden redete."*

Auffällig breit war die Skala der – manchmal billigen – Kniffe, Tricks und Schliche in Hitlers Politik, Diplomatie und Führungsweise. Häufig äußerte er sich im Kreise seiner unmittelbaren Umgebung über Täuschungen, Falschinforma-

* Vierteljahrshefte für Zeitgeschichte, 6/58, Heft 2, S. 175 ff. Übereinstimmend drückte Hitler sich auch in der Nacht vom 19. zum 20. 8. 1941 aus, vier Wochen nach dem Beginn des Rußlandkrieges. „Wenn man dem deutschen Volk etwas Gutes wünschen will", sagte er, „dann wäre es, alle fünfzehn bis zwanzig Jahre einen Krieg zu haben. Eine Wehrmacht, deren einziges Ziel es ist, den Frieden zu erhalten, führt zu einem Soldat-Spielen." Gesprächsprotokoll von Heinrich Heim, zit. in „Der Spiegel" vom 10. 3. 1980, S. 182.

tionen und Scheinmanöver als nützlichen Elementen der Diplomatie. So erzählte er am 2. Juli 1942, daß geschickte und raffinierte japanische Diplomaten den Plan ausgeheckt hätten, den japanischen Piloten Gleichgewichtsstörungen anzudichten und sie als im Grunde nur beschränkt flugtauglich darzustellen. Infolge der Leichtgläubigkeit der kritiklosen Generalität sei die Version so lange von Land zu Land gegangen, bis die Japaner im Dezember 1941 bei Pearl Habour gezeigt hätten, wie gut sie flögen.[519] Ähnlich habe er, so meinte er, die Welt nach der Röhm-Affäre geblufft und zu falschen Vorstellungen verführt. Ihm sei es nämlich gelungen, die Engländer und Franzosen in dem Glauben zu bestärken, in Deutschland schlügen die Wehrmacht und die SA wie im Mittelalter einander die Köpfe ein. Vor einem Land, in dem solche Zustände herrschten, brauchte man sich nicht zu fürchten, und man könne hoffen, bald lachender Dritter zu sein. So habe er ungestört so lang aufrüsten können, bis es für die Franzosen zu spät gewesen sei, irgendwie in Deutschland einzugreifen.[520] Daß sich die logisch klingende Version in der Intensität nicht halten läßt,[521] ist erwiesen.

Hitler hielt, was durchaus legitim ist, falsche Informationen für nützlich, soweit sie den politischen Gegnern als Entscheidungsgrundlagen dienen sollten; aber er weigerte sich auch, wichtige Tatsachendarstellungen für eigene Entschlußfassungen zur Kenntnis zu nehmen. War dies nicht kraft seiner Vollmachten möglich, griff er zu den Mitteln der Verleumdung und List. Frauen, die in der „Kampfzeit" in Versammlungen diskutierten, brachte er gewöhnlich nicht durch Argumente zum Schweigen, sondern durch bissige Hinweise auf angebliche Löcher in ihren Strümpfen und auf ihre daheim sitzenden „verlausten Kinder".[522] Den bei Neujahrsempfängen als Doyen des diplomatischen Korps fungierenden päpstlichen Nuntius, dessen Klagen und Erklärungen ihm nicht behagten, weil sie für ihn mit unerfreulichen und störenden Entscheidungen verbunden waren, lenkte er, wie er sagte, in „liebenswürdigster und interessiertester Weise“ von seinen Absichten ab, indem er sich „nach dem Leberleiden des hohen Herren“[523] erkundigte. Gelang es dennoch jemandem, seine Argumente vorzutragen, bewirkten sie nahezu niemals neue Entscheidungen. Gewöhnlich bekräftigte der Führer dann nur seine einmal getroffenen Entschlüsse und wies jedes Ansinnen brüsk zurück, seine Anordnungen korrigieren – oder womöglich gar neu entscheiden zu sollen. Daß dies keine Folge seiner Machtfülle war, wie beispielsweise sein Arzt Hans-Karl Hasselbach mutmaßte,[524] beweisen alle wesentlichen Entscheidungen, die er seit seiner Kindheit getroffen hat.

Teil II

Unvorstellbar erscheint, daß Hitler dennoch eine in der Geschichte beispiellose Karriere machen konnte. Doch er hat sie gemacht. Wie dies möglich war, zeigt dieser Teil des Buches, der Hitlers Weg von der Schule bis zur Machtübernahme nachvollzieht und sein Verhalten an den wesentlichsten Stationen dieser Karriere darstellt. Mit der ersten Zäsur seines Lebens beginnend, die seinen Willen und die Folgen seiner persönlichen Entscheidungen erkennen läßt, wird gezeigt, wie der Schüler, Jüngling, junge Mann, Soldat und Parteipolitiker Hitler seinen Willen gebrauchte und wie seine Entscheidungen bis 1933 zustande kamen. Hitler selber „offenbarte" wiederholt, stets nur den Willen der „Vorsehung" erfüllt zu haben und ihren Impulsen blind gefolgt zu sein – „mit traumwandlerischer Sicherheit". „Wenn jede der Überzeugungen, die man Hitler zugeschrieben hat, sich als unwahr herausstellen sollte", so argumentiert J. P. Stern, „an seinem Glauben an ‚den Willen' kann kein Zweifel bestehen."* Was dies für ein Wille war, und wie er zwischen 1933 und 1945 wirkte, wurde bereits analysiert.** „Hitler glaubte", stellt Erich Fromm fest, „sein stärkster Trumpf sei sein unbeugsamer Wille gewesen. Ob er damit recht hatte, hängt davon ab, was man unter ‚Wille' versteht. Wenn man seine Karriere überblickt, konnte man auf den ersten Blick tatsächlich meinen, er sei ein Mensch von ungewöhnlicher Willenskraft gewesen . . . Diese Auffassung wird

* Stern, S. 59. Ebenda (S. 55) heißt es: „Die Sprache ‚des Willens' formt Hitlers Reden und Schriften in allen Phasen seiner politischen Laufbahn. Alle, die ihm begegnet sind, und alle, die über ihn geschrieben haben, sind sich darin einig, daß dies der Wortschatz ist, zu dem er Zuflucht nahm, wann immer die Autorität hinter seinen Befehlen und Entscheidungen in Frage stand . . . Hitlers tödlicher Ernst, seine Zielstrebigkeit und sein Engagement stammen alle von diesem Begriff ‚mein eherner Wille' her."

** Vgl. S. 54 ff.

jedoch zweifelhaft, wenn wir uns vergegenwärtigen, wie wenig Willenskraft Hitler als Kind und Jugendlicher gezeigt hatte."[1]

Da Hitler bis zum Ausbruch des Ersten Weltkrieges und auch danach noch nachweislich und unbestreitbar den Architekten-Beruf anstrebte,[2] ist Fromms Schlußfolgerung falsch, Hitler hätte bis „zum Ersten Weltkrieg . . . nicht die leiseste Ahnung" gehabt und „nichts, was einem Plan gleichgekommen wäre".[3] Fromm und die meisten Biographen irritiert, daß Hitler nahezu immer und überall darauf wartete, seine Ziele auf die für ihn typische Weise zu erreichen. Bereits als Kind trat er immer so lange auf der Stelle, bis die Umstände ihn zwangen, einen Schritt nach vorn zu tun – und wenn möglich, in die Richtung, die ihm als Ziel vorschwebte. Nichts ist in diesem Zusammenhang so falsch wie die vor allem zur Zeit der Weimarer Republik und nach 1945 oft wiederholte Metapher, Hitler habe die Äpfel immer schon ernten wollen, bevor noch die Bäume blühten. Richtig ist, daß er sich, um im Bild zu bleiben, immer erst in dem Augenblick anschickte, das Obst zu pflükken, in dem es sich nicht mehr am Ast befand und ihm unmittelbar auf den Kopf zu fallen drohte. Doch noch nicht einmal dies allein charakterisiert seine Entscheidungsmentalität. Er meditierte und redete verlangenerweckend über die Freuden der Obsternte und ihre Notwendigkeit und wartete hinter verhängten Fenstern auf Tage ohne Sonne und Wind, um den Augenblick der Ernte so lange wie nur irgend möglich hinauszögern zu können – oder aber, er ließ andere für sich entscheiden und sie auch die Arbeit tun. Was immer dabei auch herauskommen mochte, war es in seinem Auftrage oder auch nur in seinem Sinne geschehen: er pflegte es zu akzeptieren und zu decken.

Über seine diesbezügliche Mentalität zur Zeit seines Schulbesuches hat er selbst am allerbesten Auskunft gegeben. In

„Mein Kampf" schrieb er: „Solange der Absicht meines Vaters, mich Staatsbeamter werden zu lassen, nur meine prinzipielle Abneigung zum Beamtenberuf an sich gegenüberstand, war der Konflikt leicht erträglich. Ich konnte solange auch mit meinen inneren Anschauungen etwas zurückhalten, brauchte ja nicht immer gleich zu widersprechen. Es genügte mein eigener fester Entschluß, später einmal nicht Beamter zu werden, um mich innerlich vollständig zu beruhigen. Diesen Entschluß besaß ich aber unabänderlich."[4] Seit seinem zwölften Lebensjahr, so erinnerte er sich, änderte sich dies; denn er hatte seinem Vater erklärt, Kunstmaler werden zu wollen, was dem gutbürgerlichen österreichischen Beamten unfaßbar erschienen war. „,Maler'? Kunstmaler?" habe er seinen Sohn irritiert gefragt und ihm klargemacht, daß er den Plan ein für allemal begraben müsse.[5] „Er zweifelte an meiner Vernunft, glaubte vielleicht auch nicht recht gehört oder verstanden zu haben",[6] überlieferte Hitler und erklärte, daß er infolge der Kenntnis des unbeugsamen Willens seines Vaters nun dazu übergegangen sei, in der Schule nicht mehr mitzumachen. „Ich glaubte, daß, wenn der Vater erst den mangelnden Fortschritt in der Realschule sähe", rechtfertigte er sich, „er gut oder übel eben doch mich meinem erträumten Glück würde zugehen lassen."[7]

Nicht durch positive Leistungen wollte er sein Ziel erreichen, sondern auf dem Umweg über vorsätzliche Mißerfolge, die seine „Gegner" dazu veranlassen sollten, ihren Widerstand aufzugeben und ihn schließlich tun zu lassen, was er wollte. Zwanzig Jahre später fragte er sich: „Ich weiß nicht, ob diese Rechnung gestimmt hätte." Denn infolge des relativ frühen und überraschenden Todes seines Vaters, der starb, als sein Sohn vierzehn Jahre alt und Schüler der zweiten Realschulklasse war, war es ihm unmöglich, die Tauglichkeit seines

Rezeptes zu erfahren. Man muß Hitler glauben, was er in diesem Zusammenhang sagte. „Sicher war zunächst nur mein ersichtlicher Mißerfolg in der Schule", berichtete er und fuhr fort: „Was mich freute, lernte ich, vor allem auch alles, was ich meiner Meinung nach später als Maler brauchen würde. Was mir in dieser Hinsicht bedeutungslos erschien oder mich auch sonst nicht so anzog, sabotierte ich vollkommen."[8] Sein Lehrer Prof. Dr. Eduard Huemer, der ihn in den Fächern Deutsch und Französisch unterrichtete, erklärte 1924 als Zeuge vor Gericht: „Hitler war entschieden begabt, wenn auch einseitig, hatte sich aber wenig in der Gewalt, zumindest galt er auch für widerborstig, eigenmächtig, rechthaberisch und jähzornig, und es fiel ihm sicherlich schwer, sich in den Rahmen der Schule zu fügen.* Er war auch nicht fleißig; denn sonst hätte er bei seinen unbestreitbaren Anlagen viel bessere Erfolge erzielen können."[9] Sowohl einige seiner anderen Lehrer[10] als auch Mitschüler haben dies bestätigt.[11] Und auch die Tatsache, daß er in der Volksschule, die er vor den von ihm geschilderten Auseinandersetzungen mit seinem Vater in Fischlham, Lambach und Linz besuchte,[12] in allen Fächern stets nur die besten Noten erhielt, obwohl er sich auch da weder diszipliniert verhielt noch strebsam war, spricht für die Zuverlässigkeit seiner Darstellung.

Anstatt die Zeit und die Möglichkeit zu nutzen, die sein gutsituierter Vater ihm bieten konnte und bot, trödelte er und schadete sich selbst, immer darauf hoffend, daß er sein Ziel auf

* Sein Schulprofessor Gregor Goldbacher, der ihn in Geometrie und geometrischem Zeichnen unterrichtete, erklärte diesen Punkt am 29. 1. 1941 (Maser, Werner: Adolf Hitler. Legende – Mythos – Wirklichkeit, München 1971, S. 71. Fortan zitiert als Maser, Adolf Hitler) ein wenig anders. Er meinte, daß der junge Hitler kränkelte und „wohl infolge des Todes seines Vaters und durch den . . . Aufenthalt in der Fremde" gedrückt und scheu war und deshalb in der Schule schlecht Anschluß gefunden habe. Doch dies ändert nichts an der Erkenntnis, daß der junge Hitler vorsätzlich nicht lernen wollte.

dem Wege schon erreichen würde. Selbst nach dem Tode seines Vaters beließ er es dabei, da seine Mutter „sich wohl verpflichtet"[13] fühlte, wie er sagte, „gemäß dem Wunsch des Vaters" seine „Erziehung weiter zu leiten", was hieß, ihn „für die Beamtenlaufbahn studieren zu lassen".[14] „Ich selber", berichtete er, „war mehr als zuvor entschlossen, unter keinen Umständen Beamter zu werden."[15] Mehr „als je zuvor", schrieb er – und gab damit ungewollt zu, daß seine Entschlossenheit erst schärfere Formen annahm, nachdem sich herausgestellt hatte, daß der Widerstand, den die Mutter seinen Plänen entgegensetzte, weitaus geringer war als der, den ihn der Vater hatte spüren lassen. Anzustrengen brauchte er sich nicht; denn die Mutter war, obwohl erst Mitte Vierzig, früh verbraucht und liebenswert-nachgiebig. Als Hitlers Jugendfreund August Kubizek sie 1905 kennenlernte, war sie Witwe und Mutter von sechs Kindern, von denen nur Adolf und seine Schwester Paula den Vater überlebten. Ihr Antlitz wirkte abgehärmt, ihre Erscheinung müde, ihr Auftreten bescheiden und zurückhaltend. Der Bauerntochter fehlte die Vitalität ihres dreiundzwanzig Jahre älteren, klugen, gewandten, herrischen und selbstbewußten Mannes, der sie von ihrer Kindheit* bis zu seinem Tode so erdrückend und übermächtig beherrscht hatte, daß ihre Anlagen niemals zur Entfaltung gekommen waren. Nach dem Tode ihres Mannes hing sie, wie Hitlers Leondinger Nachbar Hans Wiesinger bezeugte, „mit abgöttischer Liebe" an ihrem Sohn, dem sie jeden Wunsch zu erfüllen versuchte.[16] Dennoch: Der junge Hitler setzte sich nicht durch. Er hat es gar nicht erst versucht, sondern gewartet und die Dinge laufen lassen. Entschieden wurde über seinen weiteren Lebensweg durch einen Anstoß von außen. „Da kam mir plötzlich",

* Hitlers Mutter, Klara Hitler, kannte ihren Mann seit ihrer frühesten Kindheit, da sie im Nachbarhaus seiner Eltern aufgewachsen und mit ihm verwandt war.

schrieb er 1925 in „Mein Kampf", im Herbst 1905 eine „Krankheit zu Hilfe und entschied in wenigen Wochen über meine Zukunft und die dauernde Streitfrage des väterlichen Hauses. Mein schweres Lungenleiden ließ einen Arzt der Mutter auf das dringendste anraten, mich später einmal unter keinen Umständen in ein Büro zu geben. Der Besuch der Realschule mußte ebenfalls auf mindestens ein Jahr eingestellt werden. Was ich so lange im stillen ersehnt, für was ich immer gestritten hatte, war nun durch dieses Ergebnis mit einem Male fast von selber zur Wirklichkeit geworden. Unter dem Eindruck meiner Erkrankung willigte die Mutter endlich ein, mich später aus der Realschule nehmen zu wollen und die Akademie besuchen zu lassen."[17]

Doch plötzlich in die Lage versetzt, seinen seit mindestens vier Jahren gegen den Widerstand seiner Eltern „im stillen" gehegten „sehnlichsten Wunsch" in die Tat umsetzen zu können, fehlten ihm die Kraft und die Entscheidungsfreudigkeit, den Schritt nach vorn zu tun. Er berauschte sich an der Feststellung, endlich keinen Widerstand mehr vor sich zu haben, und ließ es damit genug sein. „Es waren die glücklichsten Tage, die mir nahezu als ein schöner Traum erschienen",[18] erinnerte er sich, verzichtete aber darauf, zu erklären, was er tat. Anstatt die Situation zu nutzen, sofort nach Wien zu fahren und sich um die Studienerlaubnis an der Wiener Akademie der Bildenden Künste zu bemühen, an der zu der Zeit gerade die Aufnahmeprüfungen für das Studienjahr 1905/1906 stattgefunden hatten, legte er die Hände in den Schoß und wartete offenbar auf einen Anstoß von außen, der ihn in die Richtung weiterdrängen sollte, in die er seit Jahr und Tag wollte. Er packte seine Sachen und reiste zusammen mit seiner inzwischen erkrankten Mutter über Linz und Gmünd zu seinen Verwandten nach Spital bei Weitra. Dort, in dem kleinen bäuerlichen Straßendorf, aus dem beide Eltern stammten, lebte er bei der Familie Schmidt* in den Tag hinein, hielt sich abseits, zeichnete, malte, spielte Zither und Dame, las und sah seinen Verwandten bei der Arbeit auf dem Felde zu, ohne irgendwie behilflich zu sein. Von seinen Verwandten, mit denen er ebensowenig warm wurde wie mit den Jugendlichen des Dorfes, nach seinen Berufszielen befragt, gab er an, sich auf ein Studium an der Wiener Akademie der Bildenden Künste vorzubereiten.[19] Ob er dies tatsächlich auch tat, konnten die Verwandten nicht beurteilen.[20] Da er die Realschule wegen eines Lungenleidens verlassen hatte, wollten auch sie und seine Mutter ihn nicht drängen, sondern ihm genügend Zeit lassen, sich auf dem Lande zu erholen und wieder ganz gesund zu werden.** Im Mai 1906 reiste er nach Wien, wo er bis Juni blieb und sich mit den Kunstwerken der alten Kaiserstadt befaßte. Die Aufnahmeprüfung im Auge, zeichnete und malte er viel; aber er ließ es dabei. Zur Prüfung meldete er sich nicht, sondern verschob dies auf das nächste Jahr. Inzwischen wieder in Linz bei seiner Mutter, die das Haus in Leonding verkauft hatte, wurde er Mitglied der Bücherei des Volksbildungsvereins und des Musealvereins,[21] nahm vom 2. Oktober 1906 bis zum 31. Januar 1907 Klavierunterricht bei dem ehemaligen Militärmusiker Prewatzky-Wendt,[22] ging regelmäßig ins Landschaftliche Theater, besuchte sämtliche Wagner-Aufführungen, malte, zeichnete, schrieb Gedichte, komponierte, entwarf Theater-,

* Persönliche Auskünfte der Spitaler VerwandtenHitlers (1970, 1971, 1977 und 1978). Frau Schmidt war eine Schwester seiner Mutter. Während des Ersten Weltkrieges verbrachte er dort vom 30. 9.–17. 10. 1916 auch seinen Fronturlaub. Vgl. Kriegsstammrolle der 7. Komp. I. Ers.-Batl. 2. bayer. Inf.Regts, Bd. XXII. Bundesarchiv Koblenz, NS 26/12; ebenda, Blatt 249, lfd. Nr. e 7111; Kriegsstammrolle 4./I.E./2. Inf. Regts. lfd. Nr. 204, ebenda. Vgl. weiter: Maser, Adolf Hitler, S. 136.

** Wie die Unterlagen (Pr. II-1110. Untersuchungsbericht der österreichischen Landesamtsdirektion vom 11. 3. 1932) des Arztes Dr. Karl Keiss aus Weitra beweisen, erholte Hitler sich rasch und war bald wieder gesund.

Brücken-, Städte und Straßenbauten und diskutierte mit seinem Freund August Kubizek über große und phantasievolle Pläne. Als gutsituierter Bohemien lebte er in den Tag hinein und genoß als „Muttersöhnchen",[23] wie er später selbst sagte, die „Hohlheit" des „gemächlichen Lebens."[24]

Der Bohemien braucht nicht zu entscheiden.

Bar jeder Disziplin und jeden Zwanges ließ er sich treiben und tat, was ihm immer gerade so als Zeitvertreib behagte. Da dies allerdings mit ungewöhnlich großem Ernst geschah, erhebt sich die Frage, wie intensiv sein Wirklichkeitssinn entwickelt war und wieweit sich seine Illusionen und Wunschvorstellungen zu der Zeit mit der Realität deckten. Mit Sicherheit war sein Wirklichkeitssinn gestört, sein Kontakt zur Realität entweder defekt oder unzureichend. Seine Phantasie gaukelte ihm eine Scheinwelt vor, die er als Wirklichkeit nahm, eine Traumwelt, in der er sich bewegte. So nahm er nicht wahr, daß seine Mutter, die er so liebte, wie er einer Liebe fähig war, sichtbar dahinsiechte. Zwar pflegte er sie nach ihrer Operation* im Januar 1907 mit rührender Anhänglichkeit, aber einen normalen Kontakt zur Umwelt fand er nicht. Die Feststellung der Mutter gegenüber August Kubizek, ihr Sohn lebe, „als wäre er allein auf der Welt",[25] gewinnt an Substanz, sobald Hitler so gesehen wird, wie er wirklich war.

Im September 1907 endlich, inzwischen mehr als achtzehn

* Sie wurde im Linzer Krankenhaus der Barmherzigen Schwestern von dem Chirurgen Dr. Karl Urban operiert, der danach in die Krankengeschichte eintrug: Sarcoma musculi pectoralis minoris (bösartige Geschwulst im kleinen Brustmuskel). Handschriftlicher Bericht von Dr. Karl Urban vom 16. 11. 1938. Bundesarchiv Koblenz, NS 26/17a.

Jahre, ließ er seine kranke Mutter, die ihm allerdings eine Besserung ihres Befindens vorspielte, allein mit seiner elfjährigen Schwester Paula zurück und fuhr erneut nach Wien. Er hatte sich dazu durchgerungen, seinen inzwischen mehr als sechs Jahre alten Plan in die Tat umzusetzen. Mit weiteren 112 Kandidaten beteiligte er sich an der Aufnahmeprüfung der Allgemeinen Malerschule der Akademie der Bildenden Künste. Den ersten Teil der Prüfung bestand er, versagte jedoch, wie 51 andere Prüflinge, im zweiten Teil, den nur 28 Studienbewerber erfolgreich absolvierten.[26] „Geschlagen“, bekannte Hitler in „Mein Kampf“, „verließ ich den Hansenschen Prachtbau am Schillerplatz, zum ersten Male in meinen jungen Leben uneins mit mir selber. Denn was ich über meine Fähigkeit gehört hatte, schien mir nun auf einmal wie ein greller Blitz einen Zwiespalt aufzudecken, unter dem ich schon längst gelitten hatte, ohne bisher mir eine klare Rechenschaft über das Warum und Weshalb geben zu können.“[27] Er hatte seine künstlerischen Fertigkeiten überschätzt, was angesichts der hohen Anforderungen, die die traditionsreiche Akademie an ihre künftigen Studenten stellte, allerdings nicht unbedingt negativ ausgelegt werden muß. Nicht wenige derjenigen, die mit ihm zusammen durch die Prüfung fielen, gelangten später als Künstler zu Ansehen und Ruhm. Einer von ihnen war Robin Christian Andersen, von 1945 bis 1965 selbst Leiter einer Meisterschule für Malerei an der Wiener Akademie der Bildenden Künste, von 1957 bis 1958 und 1961 bis 1962 Leiter der Meisterschule für Kunsterziehung, von 1946 bis 1948 Rektor und von 1948 bis 1951 Prorektor der Akademie der Bildenden Künste.[28]

Niedergeschlagen und enttäuscht, um die Früchte seiner langen und intensiven Tagträume gebracht, ließ Hitler sich dem Rektor der Akademie (Siegmund l’Allemand) vorstellen, der ihm jedoch auch nicht helfen konnte. Nachdem er sich nun einmal entschieden hatte, seine Pläne zu verwirklichen, war er nicht bereit, nach dieser Niederlage einfach aufzugeben. Einem neuen Orientierungsprozeß wollte oder vermochte er sich nicht zu unterziehen. Sein unmittelbarer Versuch, an der Architekturschule der Akademie zu studieren, scheiterte an der Tatsache, daß er nicht das Abitur gemacht hatte. „Was ich . . . aus Trotz in der Realschule versäumt hatte", schrieb er sechzehn Jahre später, „sollte sich nun bitter rächen."[29] Doch das Abitur nachholen, wozu ihm in Wien geraten wurde, wollte er auch nicht. Er ging nach Linz zu seiner Mutter zurück, die inzwischen bettlägerig war, von dem jüdischen Arzt Dr. Eduard Bloch behandelt wurde und auf ihren Tod wartete. Nach ihrem Tod, der sie drei Tage vor Weihnachten, elf Monate nach ihrer Operation, von ihrem langen Leiden erlöste, regelte Hitler die Bestattung, unterschrieb beim Leondinger Bürgermeister Josef Mayrhofer, der zugleich auch sein Amtsvormund war, das Nachlaßprotokoll und ging Mitte Februar wieder nach Wien, wo er bis Mai 1913 blieb.

Zwei bemerkenswerte Erbschaften und eine ansehnliche Waisenrente[30] ermöglichten es ihm, sowohl seinen Lebensrhythmus als auch seinen Lebensstil beizubehalten und weiterhin sorglos in den Tag hineinzuleben. Doch in dieser Zeit, die er dramatisierend als seine „Wiener Lehr- und Leidensjahre"[31] bezeichnete, wandelte sich sein Verhältnis zur Wirklichkeit, die er nun wenigstens teilweise wahrnahm und verarbeitete, was zuweilen sogar mit bemerkenswerter Scharfsichtigkeit geschah. Dies und der Umstand, daß er sich „ein für allemal" auf sein Ziel festgelegt hatte, machte ihm offenbar die Entscheidung leichter, sich noch einmal der Aufnahmeprüfung an der Wiener Akademie zu unterziehen. Doch auch diesmal, im September 1908, bestand er sie nicht, obwohl er sich mit Hilfe des Wiener Bildhauers Panholzer von Februar bis September 1908 intensiv darauf vorbereitet hatte. Jetzt sagte er sich von seinem Freund los, etablierte sich kurzerhand als „akademischer Maler“ und „Schriftsteller“,[32] zeichnete und malte Bilder und verkaufte sie – oder ließ sie – zeitweise von jüdischen Händlern verkaufen.[33]

Flucht vor Zwang und „Ordnung“.

Seine Mentalität und seine Gepflogenheiten erlauben die hypothetische Frage, was wohl aus ihm geworden wäre, wenn ihn nicht wieder ein massiver Zwang von außen bewogen hätte, eine offensive Entscheidung zu treffen. Am 24. Mai 1913 verließ er, nachdem er allein zwischen Februar 1908 und Dezember 1909 sechsmal die Wohnung gewechselt hatte, die Kaiserstadt und ging nach München. Daß es eine Flucht vor den österreichischen Behörden war, blieb jahrzehntelang unbekannt. In „Mein Kampf“ gab er an, daß er 1912* nach München gegangen sei und daß er dies aus „politischen Gründen“[34] getan habe. Das Datum stimmt nicht. Über das Motiv läßt sich streiten. Er habe, so behauptete er 1925, „nicht für den habsburgischen Staat fechten“[35] wollen, was sein tatsächliches Motiv umschreibend beschönigt. Nachgewiesen ist nämlich, daß er sich dem Wehrdienst in Österreich entzogen hatte und von den österreichischen Behörden gesucht worden war. Nach dem Gesetzblatt Nr. 11 des österreichischen Wehrgesetzes

* Vgl. Hitler, S. 138. Alan Bullocks Bemerkung (Bullock, Alan: Hitler. Eine Studie über Tyrannei, Düsseldorf 1953, S. 43; englische Ausgabe von 1965, S. 46. Fortan zitiert als Bullock), daß Hitler nicht vorsätzlich ein falsches Datum genannt habe, weil er (nach Bullocks Meinung) mit „Daten und Tatsachen ... in seinem Buch ... unachtsam“ umgegangen sei, trifft mit Sicherheit nicht zu.

vom 11. April 1889 hatte er sich im Jahre 1909 der sogenannten „Verzeichnung" zum Wehrdienst zu unterziehen, was er vorsätzlich unterließ. Offensichtlich der Ansicht, in Deutschland vor Zugriffen seiner Heimatbehörden sicher zu sein, wählte er die „Stellungsflucht". Doch er hatte sich getäuscht. Die österreichische Polizei spürte ihn auf und bat ihre Münchener Kollegen am 29. Dezember 1913, den „im Jahre 1889 in Braunau am Inn . . . zuständige(n) Kunstmaler Adolf Hitler" in der bayerischen Landeshauptstadt ausfindig zu machen und das Ergebnis nach Linz zu melden.* Die Beamten, die er zeitlebens verfluchte, fanden ihn in der Schleißheimer Straße 34, wo er bei dem Herrenschneider Josef Popp wohnte. Am 10. Januar 1914 erfuhr die Linzer Polizei aus München: „Der Gesuchte ist seit 26.V. 1913 . . . gemeldet."[36]

Von Hitlers Entscheidungen hing nun nichts mehr ab. Am 19. Januar 1914 wurde er von der Münchener Kriminalpolizei aus seiner Wohnung abgeholt und dem österreichischen Konsulat in München vorgeführt. Am 21. Januar sollte er bereits in Linz erscheinen und sich einer Musterungskommission stellen. Doch dies verstand er geschickt abzuwenden. Er behauptete, krank und unfähig zu sein und den Militärdienst nicht leisten zu können, was sowohl die Polizei als auch die Konsulatsbeamten ihm offensichtlich dank seiner Überredungskunst glaubten. Sie baten die Linzer Behörden, den Wehrflüchtling nicht schon am 21. Januar, sondern erst am 5. Februar in Linz erscheinen zu lassen, was Hitler durch ein zusätzliches Telegramm noch zu unterstützen versuchte. Der Bescheid des Linzer Magistrats, daß er dennoch am 21. Januar zu erscheinen habe, traf zu spät in München ein, so daß Hitler zumindest

* Schreiben des Magistrats der Landeshauptstadt Linz (Zeichen 337 IV, handschriftlich). Text: „Der im Jahre 1889 in Braunau am Inn . . . Donau zuständige Kunstmaler Adolf Hitler ist 24. Mai 1913 von Wien nach München übersiedelt. Es wird dienstfreundlich ersucht . . . bekannt zu geben, ob Genannter dort gemeldet ist."

einen Aufschub erwirkt hatte. Am 5. Februar mußte er sich, wie er notgedrungen erbeten hatte, in Salzburg zur Musterung für den Wehrdienst einfinden. Er tat es und wurde als nichtwehrtauglich wieder nach Hause geschickt. „Zum Waffen- und Hilfsdienst untauglich, zu schwach. Waffenunfähig."[37] So lautete das Urteil der Militärärzte. Seine Flucht aus Österreich wäre nicht nötig gewesen. Er hatte auf legale Weise erreicht, was er wollte. Doch dazu mußte er erst nachdrücklich gezwungen werden.

Bis August 1914, bis der Erste Weltkrieg ausbrach, blieb der 25jährige Hitler in München, wo er sich ebenfalls wechselweise als akademischer Maler und Schriftsteller ausgab, Bilder für den Verkauf produzierte und ein sorgloses Leben führte. Freie Entscheidungen hatte er bis dahin eigentlich nur zweimal getroffen: im Herbst 1907 und Herbst 1908, als er sich zu den Aufnahmeprüfungen an der Wiener Akademie der Bildenden Künste meldete. Jetzt im August 1914, fiel die dritte Entscheidung, und die traf er spontan. Er meldete sich zum Kriegsdienst, wurde akzeptiert und trat am 16. August in das Reserve-Infanterie-Regiment 16 ein. Im Oktober 1914 kam er nach kurzer Ausbildung an die Front. Seit dem 16. August entschieden andere für ihn.

„Ich aber beschloß, Politiker zu werden."

Wie eine Krankheit im Jahre 1905 die Verwirklichung seiner langgehegten Ambitionen entscheidend unterstützt hatte, so gingen auch die Impulse für eine der gravierendsten Zäsuren in seinem Leben maßgeblich von den äußeren Umständen aus. Und sie ließen ihn seinen Kindheits- und Jugendtraum nach langwierigen Überlegungen schließlich „spontan" begraben und andere Ufer suchen. Als er zwölf Jahre nach seinem Abgang von der Schule im Lazarett in Pasewalk in Pommern lag und auf die Heilung seiner durch Gasvergiftung bei La Montagne[38] schwer in Mitleidenschaft gezogenen Augen hoffte, war in Deutschland die Revolution ausgebrochen. Die Monarchen hatten die Throne geräumt; der Krieg war zu Ende gegangen. In „Mein Kampf" schilderte Hitler, was ihn 1918 bewog, sich für ein anderes Lebensziel zu entscheiden und wie und unter welchen Umständen dieser Entschluß zustande kam. „Es lag etwas Unbestimmtes, aber Widerliches schon lange in der Luft", berichtete er und fuhr fort: „Man erzählte sich, daß es in den nächsten Wochen ‚los' gehe ... Ich dachte in erster Linie an einen Streik ... Ungünstige Gerüchte kamen ... aus der Marine ... Allein auch dieses schien mir mehr die Ausgeburt der Phantasie einzelner Burschen, als Angelegenheit größerer Massen zu sein. Im Lazarett ... redete wohl jeder von der hoffentlich doch bald herbeieilenden Beendigung des Krieges, allein auf ein ‚Sofort' rechnete niemand ... Und dann brach eines Tages plötzlich ... das Unglück herein. Matrosen kamen auf Lastkraftwagen und riefen zur Revolution auf, ein paar Judenjungen waren die ‚Führer' ... Keiner von ihnen war an der Front gewesen. Auf dem Umweg eines sogenannten ‚Tripperlazaretts' waren die drei Orientalen aus der Etappe der Heimat zurückgegeben worden. Nun zogen sie ... den roten Fetzen auf. Mir war es in der letzten Zeit etwas besser ergangen ... es gelang mir langsam, meine Umgebung in groben Umrissen wieder unterscheiden zu lernen. Ich durfte Hoffnung hegen, wenigstens so weit wieder sehend zu werden, um später irgendeinem Berufe nachgehen zu können. Freilich, daß ich jemals wieder würde zeichnen können, durfte ich nicht mehr hoffen ... Meine erste Hoffnung war noch immer, daß es sich bei dem Landesverrat nur um eine mehr oder minder örtliche Sache handeln konnte. Ich versuchte auch einige Kameraden in dieser Richtung zu bestärken. Besonders meine bayerischen Lazarettgenossen waren dem mehr als zugänglich ... Ich konnte mir nicht vorstellen, daß auch in München der Wahnsinn ausbrechen würde. Die Treue zum ehrwürdigen Haus Wittelsbach schien mir denn doch fester zu sein als der Wille einiger Juden ... Die nächsten Tage kamen und mit ihnen die entsetzlichste Gewißheit meines Lebens ... Am 10. November kam der Pastor in das Lazarett ... nun erfuhren wir alles ... Der alte ... Herr schien sehr zu zittern, als er uns mitteilte, daß das Haus Hohenzollern nun die deutsche Kaiserkrone nicht mehr tragen dürfe, daß das Vaterland ‚Republik' geworden sei ... und da begann er leise in sich hineinzuweinen ... Als aber der alte Herr weiter zu erzählen versuchte ... da hielt ich es nicht mehr aus ... Während es mir um die Augen wieder schwarz wurde, tastete und taumelte ich zum Schlafsaal zurück, warf mich auf mein Lager und grub den brennenden Kopf in Decke und Kissen. Seit dem Tage, da ich am Grabe der Mutter gestanden, hatte ich nicht mehr geweint ... Hatte ... dafür der deutsche Soldat im Sonnenbrand und Schneesturm hungernd, dürstend und frierend, müde von schlaflosen Nächten und endlosen Märschen ausgeharrt ... Allein – war es nur das einzige Opfer, das wir zu wägen hatten? War das vergangene Deutschland weniger wert? Gab es nicht auch eine Verpflichtung der eigenen Geschichte gegenüber ... Je mehr ich mir in dieser Stunde über das ungeheure Ereignis klar zu werden versuchte, um so mehr brannte mir die Scham der Empörung und der Schande in der Stirn ... Was folgte, waren entsetzliche Tage und ... Nächte – ich wußte, daß alles verloren war. Auf die Gnade des Feindes zu hoffen, konnten höchstens Narren fertigbringen oder – Lügner und Verbrecher. In diesen Nächten wuchs mir der Haß ... gegen die Urheber dieser Tat. In den Tagen darauf wurde mir auch mein Schicksal bewußt. Ich mußte nun lachen bei dem Gedanken an meine eigene Zukunft, die mir vor kurzer Zeit noch so bittere Sorge bereitet hatte. War es nicht zum Lachen, Häuser bauen zu wollen auf solchem Grunde? Endlich wurde mir auch klar, daß ... nur eingetreten war, was ich so oft schon befürchtete, nur gefühlsmäßig nie zu glauben vermochte ... Wilhelm II. hatte als erster deutscher Kaiser den Führern des Marxismus die Hand zur Versöhnung gereicht, ohne zu ahnen, daß Schurken keine Ehre besitzen. Während sie die kaiserliche Hand noch in der ihren hielten, suchte die andere schon nach dem Dolche. Mit dem Juden gibt es kein Paktieren, sondern nur das harte Entweder-Oder. Ich aber beschloß, Politiker zu werden."[39]

„Keine Führerpersönlichkeit" beim Militär.

Hitler, der Soldat, wollte Politiker werden. Vier Jahre hatte er an der Front gestanden, war zweimal verwundet, oft ausgezeichnet und gelobt worden; aber über den Rang eines Gefreiten hatte er es nicht hinausgebracht.[40] Zu Vermutungen, daß er nicht habe befördert werden wollen, gibt es keinen Anlaß. Im Gegenteil. Voller Stolz berichtete er seinem Hauswirt Josef Popp in einem Feldpostbrief vom 4. Dezember 1914, daß er Gefreiter geworden sei,[41] was zehn Wochen nach seinem Eintritt in das 6. Rekruten-Ersatzbataillon des 2. bayerischen Infanterieregiments 16 („List") tatsächlich als eine besondere Auszeichnung angesehen werden mußte. Doch dabei blieb es. Weiter erklomm er die Leiter der militärischen Karriere während des ganzen Krieges nicht. Fritz Wiedemann, der Adjutant des Regiments „List", erklärte am 7. September 1948 als Zeuge im Kreuzverhör durch Robert M. W. Kempner in Nürnberg, daß Hitler für Beförderungen „nicht . . . geeignet" gewesen sei. Im Vernehmungsprotokoll heißt es unter anderem:

„Frage:	Er (Hitler) ist nie befördert worden?
Antwort:	Nein.
Frage:	Warum? Erinnern Sie sich?
Antwort:	Ja.
Frage:	Warum, in einem Wort?
Antwort:	Wir hielten ihn nicht dafür geeignet.
Frage:	Vielleicht sagen Sie ganz kurz den Grund, warum Sie ihn nicht (für) geeignet hielten?
Antwort:	Hitler war damals ein tapferer Mann, ein ausgezeichneter Soldat, verläßlich, ruhig, bescheiden, etwa das Gegenteil von dem, was er später war. Jedenfalls konnten wir keine Eigenschaften finden, die uns veranlaßt hätten, ihn zu befördern.
Frage:	Ja. Er war mit einem Wort, militärisch gesprochen – oder ist das falsch? – keine Führungspersönlichkeit. Ist das so?
Antwort:	Genau das."[42]

Hitlers scharfer, wenn auch nicht akademisch geschulter Verstand, seine außergewöhnliche Intelligenz, seine exzellente Auffassungsgabe und Begeisterungsfähigkeit, sein Diensteifer und Mut, seine Kameradschaftlichkeit, Tapferkeit und Zuverlässigkeit hätten ihn, theoretisch gesehen, während des Krieges geradezu als besonders prädestiniert für eine Soldatenkarriere erscheinen lassen müssen. Seine Vorgesetzten jedoch, die ihn täglich beobachten konnten, meinten an ihm keine Züge einer militärischen „Führerpersönlichkeit“ entdecken zu können. Ob er selbst zu der Zeit anderer Ansicht war, ist aus seinen Selbstzeugnissen nicht herauszulesen. Zwar berichtet er in „Mein Kampf“, daß er schon als Kind ein kleiner „Rädelsführer“[43] mit rednerischem Talent gewesen sei und unter seinesgleichen stets den Ton angegeben habe; aber dies sagt nicht unbedingt auch, daß er überzeugt gewesen ist, über herausragende Führungsanlagen zu verfügen, obwohl er sein Rednertalent richtigerweise als sein wichtigstes Führer-Kapital begriff.

Durch Zufall Politiker geworden.

Daß Hitler den Entschluß, Politiker werden zu wollen, keineswegs so spontan faßte, wie er es in „Mein Kampf“ stilisierend darstellte, ist erwiesen. Schon an der Front hatte er mit seinem Kriegskameraden, dem bayerischen Maler Ernst Schmidt, über die Frage diskutiert, ob er nach dem Kriege Maler oder Politiker werden solle.[44] Bis zu seiner Gasvergiftung bei La Montagne war er sich über die Antwort nicht sicher gewesen.* Doch den nächsten Schritt, den er gehen mußte, wenn er nun wirklich Politiker werden wollte, wie er sich ausdrückte, tat er nicht von sich aus.

Im Dezember 1918 war er vom Lazarett Pasewalk aus zur 7. Kompanie des 1. Ersatzbataillons des 2. bayerischen Infanterieregiments versetzt worden, das sich seit Kurt Eisners Revolution in der Hand von Soldatenräten befand. Obwohl ihm „der ganze Betrieb“, wie er Eisners „Herrschaft“ bezeichnete,

* Schriftliche Mitteilung von Ernst Schmidt (August 1964). In „Mein Kampf“ (S. 192) schrieb Hitler, daß ihm schon 1914 „die ersten Gedanken“ gekommen seien, sich „später einmal doch noch politisch zu betätigen.“

„widerlich“[45] vorkam, blieb er in der Kaserne und ließ sich nicht nur zum Wachdienst einteilen, sondern meldete sich freiwillig auch zum Sortieren militärischer Bekleidungsstücke. In „Mein Kampf“ behauptete er zwar, er habe als Soldat „nicht politisieren“[46] wollen; aber jetzt, nachdem der bayerische König, auf den er am 8. Oktober 1914 seinen Eid geleistet hatte, ebenso kampflos geflohen war wie Kaiser Wilhelm II., lagen die Dinge doch grundsätzlich anders. 69 politisch turbulente Revolutionstage* erlebte er Anfang 1919 in München. Doch er engagierte sich nicht, blieb Zuschauer, war auf seine eigene Sicherheit bedacht, las Aufrufe und Flugblätter aller Art, hieß den mit Hakenkreuzen versehenen und inzwischen längst „alten“ Aufruf des Deutschvölkischen Schutz- und Trutzbundes gut, der sich gegen „jüdische Weltmachtgier“ wandte, „fort mit den Ostjuden“ und die Todesstrafe für Schieber und bolschewistische Agitatoren forderte,[47] und akzeptierte die plakatierten Warnungen des Generalkommandos der Räte, die am 7. April 1919[48] androhten: „Wer tätlich gegen die Vertreter der Räte-Republik vorgeht . . . wird erschossen.“[49]

Anders als Rudolf Heß, der spätere „Stellvertreter des Führers“, der sich von dem rechtsradikalen antibolschewistisch und antisemitisch agierenden Kampfbund der Thule-Gesellschaft[50] herausschleusen ließ, um als Freikorps-Freiwilliger gegen die Räte kämpfen zu können, wartete Hitler tatenlos, bis er nach eigenen Angaben am 27. April 1919 von drei Räte-Soldaten verhaftet werden sollte.** Vom 7. März bis zu den ersten

* Vom 12. 2. bis 7. 3. 1919 befand er sich (als Freiwilliger) unter der Wachmannschaft für das Gefangenenlager in Traunstein, in dem zunächst russische und französische und später nur noch russische Kriegsgefangene untergebracht waren. Ab 7. 3. 1919 war er wieder in der Kaserne in München.

** Vgl. Hitler, S. 226. Hitlers Behauptung, daß seine Verhaftung auf Befehl des Zentralrats (S. 226) vorgenommen werden sollte, kann sich nicht mit den Tatsachen decken; denn der Zentralrat existierte seit dem 13.4.1919 nicht mehr. Vgl. Maser, Adolf Hitler, S. 159.

Maitagen 1919, bis die Truppen und Freikorps von Franz Xaver Ritter von Epp und Gustav Noske in München einzogen und der Räte-Herrschaft ein Ende setzen, hielt er sich unbehelligt in der Max.-II.-Kaserne in München-Oberwiesenfeld auf, was nur möglich war, wenn er sich den Verhältnissen anpaßte.* Zur aktiven Teilnahme am politischen Geschehen war er erst bereit, als ihm dies von seinen militärischen Vorgesetzten befohlen wurde. „Wenige Tage nach der Befreiung Münchens“, wo die eigentliche militärische, politische und verwaltungsmäßige Macht seitdem in den Händen des Reichswehrgruppenkommandos 4 lag, „wurde ich“, so berichtete er selbst, „zur Untersuchungskommission über die Revolutionsvorgänge beim 2. Infanterieregiment kommandiert.“[51]

Seine erste „rein politische Tätigkeit“[52] hatte begonnen. Ein einstiger Bewunderer Hitlers, Adolf Viktor von Koerber, sagte über Hitlers Tätigkeit unmittelbar nach der Niederwerfung der Räte: „Zur Untersuchungskommission kommandiert, bringen seine Anklageschriften rücksichtslose Klarheit in die unsagbare Schändlichkeit militärischer Verrätereien der Judendiktatur der Rätezeit Münchens.“** Zwar bestand Hitlers „politische Tätigkeit“ zunächst nur in der Aufgabe, die Unteroffiziere und Mannschaften ausfindig zu machen, die während der Rätezeit auf der Seite der kommunistischen Räte gestanden

* Nach Angaben von Otto Strasser (schriftliche Mitteilung von 1952) und Hermann Esser (persönliche Mitteilung von August 1953) soll Hitler während der Zeit sogar – wie die Truppen der kommunistischen Roten Armee – die rote Armbinde der Kommunisten getragen haben. Für Hitlers Anpassung spricht ferner, daß Angehörige des Freikorps Epp ihn nach ihrem Einmarsch in München als vermeintlichen Rotarmisten vorübergehend verhafteten (schriftliche Mitteilung von Ernst Schmidt vom August 1964), was er in „Mein Kampf“ ganz offensichtlich zu einem Verhaftungsversuch durch Rotarmisten umwandelte. Vgl. Maser, Adolf Hitler, S. 159.

** Koerber, Viktor von, Hitler, sein Leben und seine Reden, München 1923. Die Schrift wurde unmittelbar nach dem Erscheinen beschlagnahmt. 1927 trennte Koerber sich von Hitler und wandte sich öffentlich gegen ihn (vgl. u. a. „Vossische Zeitung“ vom 6.5.1927).

hatten. Da er die ihm übertragene erste Aufgabe zur vollen Zufriedenheit seiner vorgesetzten Dienststelle löste, wurde er schließlich zu einem vom Reichswehrkommando 4 der bayerischen Reichswehr sowohl mit Mitteln der Berliner Reichswehrverwaltung als auch mit privaten Zuwendungen eingerichteten Aufklärungskurs kommandiert, in dem die zu demobilisierenden und aus der Gefangenschaft heimkehrenden Soldaten vom 5. bis 12. Juni 1919 „bestimmte Grundlagen zu staatsbürgerlichem Denken" erhalten sollten. „Für mich", schrieb Hitler, „lag der Wert der ganzen Veranstaltung darin, daß ich die Möglichkeit erhielt, einige gleichgesinnte Kameraden kennenzulernen, mit denen ich die augenblickliche Lage gründlich durchzusprechen vermochte."[54] Er hörte an der Münchener Universität Vorlesungen und nahm an Seminaren über die „politische Geschichte des Krieges", über den „Sozialismus in Theorie und Praxis", über die wirtschaftliche Lage Deutschlands und die Friedensbedingungen und über den „Zusammenhang zwischen innerer und äußerer Politik" teil.* Zwar diskutierte er, wie er in „Mein Kampf" berichtete, mit einigen der profiliertesten Teilnehmer des Kurses über die „Notwendigkeit", eine sozialrevolutionäre Partei zu gründen,[55] aber es blieb bei den Sandkastenspielen. Hitler engagierte sich in Diskussionen zwar so prononciert, daß er den Dozenten auffiel, doch Taten, die als sichere Anzeichen für den Beginn einer Politikerkarriere bezeichnet werden konnten,

* Nach Aufzeichnungen im Hauptstaatsarchiv München, Abt. II (ehemaliges Bayerisches Kriegsarchiv), Gruppenkommando 4, Bd. 50/6 (gedruckt). Im 2. Kurs, der vom 26. 6. bis 5. 7. 1919 dauerte und von Hitler ebenfalls besucht werden konnte und wahrscheinlich auch besucht wurde, fanden Lehrveranstaltungen statt über die auswärtige Politik seit dem Kriegsende, über „Rußland und die Bolschewikiherrschaft", über die „Zwangswirtschaft in Brot und Getreide", über „Deutschland von 1870 bis 1900", über die Bedeutung über Reichswehr, über „Preispolitik in der Volkswirtschaft" und über „Bayern und die Reichseinheit". Vgl. dazu Maser, Adolf Hitler, S. 161ff., und Maser, Werner: Der Sturm auf die Republik, Frühgeschichte der NSDAP, Stuttgart 1974, S. 132ff. Fortan zitiert als Maser, Der Sturm auf die Republik.

Hitler, Martin Bormann, Hermann Göring und Baldur von Schirach im Oktober 1936 auf dem Berghof. *Foto: Bildarchiv Preußischer Kulturbesitz, Berlin*

Sechs Jahre später: Hitler, bereits stark gealtert, mit Eva Braun auf dem Berghof. *Foto: Bildarchiv Preußischer Kulturbesitz, Berlin*

Hitler, der Begegnungen mit der Bevölkerung weitgehend auswich, zwischen Bewunderern auf dem Obersalzberg: schlechte Fotomontage des „Leibfotografen" Heinrich Hoffmann für eine Propaganda-Postkarte. *Foto: Bildarchiv Preußischer Kulturbesitz, Berlin*

März 1938: Hitler nimmt, auf einem getarnten Podest stehend, eine Parade ab. *Foto: Bildarchiv Preußischer Kulturbesitz, Berlin*

Kein Führer-Bild für Propagandazwecke: Adolf Hitler im Jahre 1934. *Foto: Sven Simon, München*

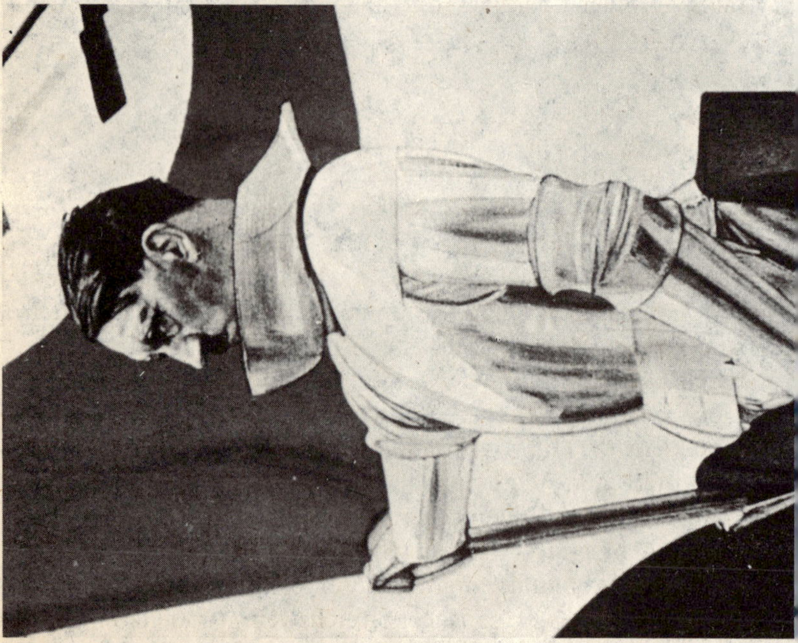

Das Propagandafoto: der Führer auf dem Reichsparteitag 1934. *Foto: Bildarchiv Preußischer Kulturbesitz, Berlin*

Führer-Stilisierung bis zur Lächerlichkeit: Hitler – hoch zu Roß – als Bannerträger der „Ostlandritter" auf einem Gemälde von Hubert Lanzinger. *Foto: Bildarchiv Preußischer Kulturbesitz, Berlin*

ließ er nicht folgen. So berichtete der Historiker Karl Alexander von Müller, der während des Kurses über die deutsche Geschichte seit der Reformation und über die politische Geschichte des Krieges referierte: „Nach dem Schluß meines Vortrages und der folgenden lebhaften Erörterung stieß ich in dem sich leerenden Saal auf eine kleine Gruppe, die mich aufhielt. Sie schien festgebannt um einen Mann in der Mitte, der mit einer seltsam gutturalen Stimme unaufhaltsam und mit wachsender Leidenschaft auf sie einsprach: Ich hatte das sonderbare Gefühl, als ob ihre Erregung sein Werk wäre und zugleich wieder ihm selbst die Stimme gäbe. Ich sah ein bleiches, mageres Gesicht unter einer unsoldatisch hereinhängenden Haarsträhne, mit kurzgeschnittenem Schnurrbart und auffällig großen, hellblauen, fanatisch kalt aufglänzenden Augen.“[56]

„Trommler sein, das ist das Höchste.“ Die Wurzel der Erfolge.

Hitler redete, faszinierte seine Umgebung und ließ Emotionen freiwerden. Er produzierte Stimmungen, die ihn selbst wieder stimulierten und aufluden; aber Konsequenzen zur unmittelbaren Umsetzung seiner Anstöße gingen von ihm nicht aus. Doch wie ihm im Herbst 1905 zufällig und überraschend eine Krankheit „zu Hilfe“ gekommen war, so zwang ihn auch jetzt ein Zufall zum Schritt nach vorn. Nach einer rhetorischen Glanzleistung antisemitischen Inhalts, die ein – die Juden in Schutz nehmender[57] – Kursteilnehmer unbewußt herausgefordert hatte, kommandierte ihn der Leiter des Aufklärungskommandos des Bayerischen Reichswehrgruppenkommandos 4, das am 11. Mai 1919 an die Stelle des Oberkommandos Möhl[58] getreten war,[59] zum bayerischen Schützenregiment 41 als „Bildungsoffizier“ ab,[60] wie er diese Funktion in „Mein Kampf“ bezeichnete. „Ich hielt in diesem Regiment sowie in anderen Formationen“, berichtete er am 29. November 1921, „zahlreiche Aufklärungsvorträge über den Wahnsinn der roten Blutdiktatur und konnte mit Freude erleben, daß aus den infolge der allgemeinen Reichswehrverminderung aus dieser ausscheidenden Heeresangehörigen die 1. Truppe meiner späteren Anhänger entstand.“[61]

Hitler löste seine Aufgaben meisterhaft. Er „entpuppte sich“, schrieb ein Mitglied des Aufklärungskommandos in einem Bericht an seine Dienststelle, „als hervorragender und temperamentvoller Redner und fesselte die Aufmerksamkeit der ganzen Zuhörer“,[62] die Hitler im Rahmen von „Rede und Gegenrede . . . mitriß“,[63] wie sich einer seiner anderen Kameraden ausdrückte.

„Herr Hitler ist“, urteilte Lorenz Frank am 23. August 1919, „ein geborener Volksredner, der durch seinen Fanatismus und sein populäres Auftreten . . . die Zuhörer unbedingt zur Aufmerksamkeit und zum Mitdenken zwingt.“[64] Entsprechend beurteilte auch Oberleutnant Bendt – der Führer des Wachkommandos – Hitlers Fähigkeiten und Erfolge in seinen Berichten vom 21. und 25. August 1919 an das Gruppenkommando 4.

Hitler, der auf Weisung seiner Dienststelle einen Soldaten für den praktischen Hilfsdienst (z. B. zur Verteilung von Flugblättern) beanspruchen durfte,[65] verstand es, so berichteten Vertrauensmänner der Truppe, „die Leute in geradezu begeisterte Stimmung zu bringen“.[66] Er heimste „den Heldenanteil“[67] des Erfolgs ein, wußte die kriegsmüden und demoralisierten Soldaten anzusprechen, zum Engagement zu bewegen und sie, fanatisch engagiert, mit neuen Hoffnungen zu erfüllen, aber auch mit Ungeduld, Haß und Rachsucht.

Hitler, in seiner bereits alten Überzeugung bestärkt, ein besonders begnadeter politischer Redner zu sein,[68] genoß den Beifall; aber seinen Vorsatz, Politiker zu werden, setzte er immer noch nicht in die Tat um. Berufsredner wollte er werden, wie er es schon 1914 erwogen hatte.* Doch vorerst blieb er noch Soldat – fungierte als V-Mann des Bayerischen Reichswehrgruppenkommandos 4.

Als die sozialdemokratische Zeitung „Münchener Post" Hitler im August 1920 den gerissensten Hetzer nannte, „der derzeit in München sein Unwesen treibt",[69] hatte er die Schwelle jedoch endlich überschritten. Er war im September 1919 „Politiker" geworden. Doch auch dies ist nicht ohne Zwang von außen geschehen. „Eines Tages", so berichtete er selbst, „erhielt ich von der mir vorgesetzten Dienststelle** den Befehl, nachzusehen, was es für eine Bewandtnis mit einem anscheinend politischen Verein habe, der unter dem Namen ‚Deutsche Arbeiterpartei'[70] in den nächsten Tagen (am 12. September 1919) eine Versammlung abzuhalten beabsichtige . . . ich müßte hingehen und mir den Verband einmal ansehen und dann Bericht erstatten."***

* Vgl. Hitler, Mein Kampf, S. 192, wo es u. a. heißt: „. . . daß ich nun öfters dem kleinen Kreis meiner Freunde versicherte, nach dem Kriege als Redner neben meinem Beruf wirken zu wollen." Ernst Schmidt bestätigte 1965 (schriftliche Mitteilung), daß Hitler ihm auch 1919 noch mehrfach gesagt habe, er erwäge, Berufsredner zu werden. Entsprechend hieß es auch in einem Versammlungsbericht der Abteilung Ib/P (HStA. Mü., Abt. II, Bayerisches Reichswehrgruppenkommando 4, 46/6), in dem als Beruf Hitlers „Kaufmann" eingetragen war, daß Hitler „berufsmäßiger Werberedner" werden wolle.

** Abt. I b/P (wechselweise „Aufklärungsabteilung", „Nachrichtenabteilung" und „Presse- und Propagandaabteilung" genannt), Bayerisches Reichswehrgruppenkommando 4.

*** Hitler, Mein Kampf, S. 236. Seinen Auftrag rechtfertigte Hitler (ebenda) mit der Feststellung: „Die Neugierde, die von seiten des Heeres damals den politischen Parteien entgegengebracht wurde, war mehr als verständlich. Die Revolution hatte dem

In Zivilkleidung hatte der V-Mann Hitler die von 45 Personen besuchte Versammlung im „Leiberzimmer" des „Sterneckerbräu" in München aufgesucht und gelangweilt den Ausführungen des Redners Gottfried Feder zugehört, dessen „Zinsknechtschaft"-Theorien[71] er seit Juni aus den Kursen für demobilisierte Soldaten kannte. Die Versammlungsbesucher, ein Arzt, ein Chemiker, zwei Geschäftsinhaber, zwei Kaufleute, zwei Bankangestellte, ein Maler, zwei Ingenieure, ein Schriftsteller, eine Landrichterstocher, sechzehn Handwerker, sechs Soldaten, fünf Studenten und fünf Teilnehmer, die keine Berufsangaben machten,[72] von Hitler dem Anblick nach „hauptsächlich ... den unteren Schichten der Bevölkerung"[73] zugeordnet, waren auf ihn erst aufmerksam geworden, als er außerordentlich effektvoll und engagiert einen Diskussionsredner zum Schweigen gebracht hatte. Dieser, ein Professor namens Baumann, war (zwei Tage nach der Unterzeichnung des Friedensvertrages zwischen Deutsch-Österreich und den Ententestaaten in St. Germain-en-Laye, der die Trennung Ungarns von Österreich besiegelte und die mit Gebietsabtretungen verbundene Anerkennung der Tschechoslowakei, Polens, Ungarns und Jugoslawiens als selbständige Staaten durch Österreich nennen durfte) für die Trennung Bayerns vom Reich und für eine Union zwischen Bayern und Österreich eingetreten.[74] Dem seit seiner Schulzeit in Linz und Steyr fanatisch alldeutsch eingeschworenen Hitler, der bis 1913 in Wien schon nichts sehnlicher als den Zerfall des österreichischen „Staatskadavers" gewünscht hatte, war dies unfaßbar erschienen. Die Folge: Die „ersten Männer der Bewegung" erlebten augenblicklich das beispiellose Rednertalent Adolf Hitler. Der buchstäblichen „Flucht" des – von Hitlers Selbst-

Soldaten das Recht der politischen Betätigung gegeben, von dem nun auch gerade die Unerfahrensten den reichlichsten Gebrauch machten."

sicherheit und Redegabe erschreckten – Professors folgte der nächste Schritt auf dem Wege zu Hitlers Politikerkarriere. Auch ihn ging Hitler nicht von sich aus.

Als Hitler den Saal verließ, überreichte ihm der Vorsitzende der am 5. Januar 1919 von Anton Drexler und Michael Lotter in München gegründeten Deutschen Arbeiterpartei (DAP) ein Exemplar der Drexler-Broschüre „Mein politisches Erwachen". Hitler, der später sagte, er habe nicht anders gekonnt, als dem „gelehrten" Herrn gehörig die Meinung zu sagen, las die Schrift in der Kaserne, hielt die Publikation für anspruchslos, akzeptierte jedoch die in ihr entwickelten antibolschewistischen und antisemitischen Zielsetzungen und Vorstellungen.* Damit ließ er es bewenden. „Ich dachte im Lauf des (folgenden) Tages noch einige Male über die Sache nach und wollte sie endlich schon wieder beiseitelegen", schilderte er seine Reaktion auf die Lektüre, „als ich noch keine Woche später zu meinem Erstaunen eine Postkarte erhielt des Inhalts, daß ich in die ‚Deutsche Arbeiterpartei' aufgenommen wäre; ich möchte mich dazu äußern und deshalb am nächsten Mittwoch zu einer Ausschußsitzung dieser Partei kommen."[75]

Vor vollendete Tatsachen gestellt, mußte Hitler nun eine Entscheidung treffen: entweder die von ihm nicht angestrebte Aufnahme in die Partei akzeptieren oder aber sie annullieren lassen. Er, und das war typisch für ihn, ließ den Dingen ihren

* Vgl. Hitler, Mein Kampf, S. 239. In dem 40 Seiten umfassenden „Tagebuch eines deutschen sozialistischen Arbeiters", wie der Untertitel der Schrift lautete, behandelte Drexler auf sehr bescheidenem Niveau folgenden Themenkatalog: „Interesse für Politik", „Vor dem Weltkrieg", „Die ersten Kriegsjahre", „Nach dem Friedensangebot", „Die Friedensresolution des Reichstages", „Meine nationale Tätigkeit gegen den undeutschen Internationalismus", „Der Generalstreik im Januar 1918", „Die Weltfreimaurerei und ihre Lügensaat", „Der Jude", „Für einen guten Frieden", „Vor der Revolution", „Weltfreimaurerei, Arbeiterschaft und Juden", „Ausbeuter und Ausgebeutete", „Jude und Arbeiter", „Meine Berliner Reise und der Bolschewismus" und „Die Internationale".

Lauf – und blieb Mitglied, obwohl er die nur 54 Mitglieder zählende Partei lächerlich fand. Sein Bericht ist so aufschlußreich, daß sich ein Kommentar erübrigt. „Der Mittwoch kam", schrieb er, „der Gasthof, in dem die bewußte Sitzung stattfinden sollte, war . . . ein sehr ärmliches Lokal . . . Im Zwielicht einer halb demolierten Gaslampe saßen an einem Tisch vier junge Menschen, darunter auch der Verfasser der kleinen Broschüre, der mich sofort auf das freudigste begrüßte und als neues Mitglied der ‚Deutschen Arbeiterpartei' willkommen hieß. Ich war nun doch etwas verblüfft. Da mir mitgeteilt wurde, daß der eigentliche ‚Reichsvorsitzende' erst komme, so wollte ich auch mit meiner Erklärung noch warten. Endlich erschien dieser. Es war (Karl Harrer) der Leiter der Versammlung . . . anläßlich des Federschen Vortrages. Ich war indessen wieder neugierig und harrte der Dinge, die da kommen sollten . . . Es wurde nun das Protokoll der letzten Sitzung verlesen und dem Schriftführer das Vertrauen ausgesprochen. Dann kam der Kassenbericht an die Reihe – es befanden sich in dem Besitze des Vereins insgesamt 7 Mark und 50 Pfennig –, wofür der Kassierer die Versicherung allseitigen Vertrauens erhielt. Dann kamen vom 1. Vorsitzenden die Antworten auf einen Brief aus Kiel, einen aus Düsseldorf und einen aus Berlin zur Verlesung . . . Nun wurde der Einlauf mitgeteilt: ein Brief aus Berlin, einer aus Düsseldorf und einer aus Kiel . . . Man erklärte diesen steigenden Briefverkehr als bestes und sichtbares Zeichen der um sich greifenden Bedeutung der ‚Deutschen Arbeiterpartei' . . . Fürchterlich, fürchterlich! Das war ja eine Vereinsmeierei allerärgster Art und Weise. In diesen Klub also sollte ich eintreten? Dann . . . kam meine Einfangung zur Behandlung."[76]

Hitler war betroffen und fand den Verein „fürchterlich"; aber er sagte augenblicklich weder „ja" noch „nein". „Als ich an diesem Abend", erinnerte er sich, „wieder nach (sic!) der Kaserne ging, hatte ich mir mein Urteil über diesen Verein schon gebildet. Ich stand vor der wohl schwersten Frage meines Lebens ... Die Vernunft konnte nur zur Ablehnung raten, das Gefühl ließ mich aber nicht zur Ruhe kommen, und je öfter ich mir die Unsinnigkeit dieses ganzen Klubs vor Augen zu halten versuchte, um so öfter sprach wieder das Gefühl dafür.

In den nächsten Tagen war ich ruhelos.

Ich begann hin und her zu überlegen. Mich politisch zu betätigen, war ich schon längst entschlossen ... nur der Anstoß zur Tat hatte mir bis dahin immer noch gefehlt ... Nach zweitägigem qualvollem Nachgrübeln und Überlegen kam ich endlich zur Überzeugung, den Schritt tun zu müssen.

Es war der entscheidenste Entschluß meines Lebens.

Ein Zurück konnte und durfte es nicht mehr geben. So meldete ich mich als Mitglied der ‚Deutschen Arbeiterpartei' an."[77]

Diese Darstellung, unter Ausklammerung der stilisierenden Rechtfertigungsversuche[78] zitiert, zeigt Hitlers Entscheidungsmentalität exemplarisch. Seine Bemühungen, die Genesis des Beginns seiner Karriere als Politiker nachträglich so mit Begründungen für seine Verhaltensweise zu versehen,[79] daß am systematisch vorbereiteten Bild vom entscheidungsfreudigen Führer keine Blessuren entstehen, erweisen sich als durchsichtig. Zwar trifft seine Selbsteinschätzung zu, daß er nicht „zu den Menschen" gehörte, „die heute etwas beginnen, um morgen wieder zu enden, wenn möglich zu einer neuen Sache überzugehen", doch eine betonte Stilisierungsabsicht enthält seine Behauptung, er sei nach reiflichen Überlegungen zu der Überzeugung gelangt, daß nicht durch eine große Partei, sondern nur durch eine so kleine „Bewegung", wie sie die „Deutsche Arbeiterpartei" darstellte, die „Erhebung der Nation vorbereitet werden“[80] könnte. Nicht dies, sondern seine Scheu war es, die ihn bei der „lächerlich kleinen Schöpfung mit ihren paar Mitgliedern“[81] für immer bleiben ließ, wie er den nichtssagenden Verein selbst nannte.

Was er tat, seit er seine Aufnahme in die Deutsche Arbeiterpartei widerspruchslos hingenommen und akzeptiert hatte, entsprach seinem „Naturtalent“. Er fungierte als Propagandaleiter und nutzte seine ungewöhnliche rednerische Begabung und die Fähigkeit, Massen zu beeinflussen. „Nicht aus Bescheidenheit wollte ich damals ‚Trommler‘ sein; das ist das Höchste, das andere ist eine Kleinigkeit“,[82] sagte er nach seinem Putsch vom 8. und 9. November 1923 während des Prozesses vor dem Münchener Volksgericht und traf damit den Kern der Sache. Das „andere“, die „Kleinigkeit“, womit er die Führungsposition im Rahmen der Partei meinte, war ihm im Sommer 1921 in den Schoß gefallen. Als er 1919 zur „Partei“ stieß, war sie eine nur 54 Personen umfassende Gruppe von Handwerkern, hauptsächlich von Eisenbahnern, zu denen sich ein paar Intellektuelle gesellt hatten, denen es jedoch nicht gelungen war, die Öffentlichkeit auf die „Partei“ aufmerksam zu machen.

Mit Hitlers Engagement war dies anders geworden. Kaufleute, Geschäftsinhaber, Intellektuelle, Soldaten und selbst zahlreiche Frauen – damals durchaus noch nicht üblich – waren zu den Versammlungen gekommen und hatten sich vereinzelt auch bereits der DAP angeschlossen,* die sich seit Februar 1920 NSDAP nannte. So zählten die Beobachter des Bayerischen Reichswehrgruppenkommandos 4 und des Politi-

* Im Januar 1920 waren 33 % der Mitglieder Facharbeiter und Handwerker, 14,5 % Angehörige freier akademischer Berufe, 14 % Beamte und Angestellte, 13 % Offiziere und Soldaten, 12 % Vertreter kaufmännischer Berufe, 7 % Studenten, 4 % Geschäftsinhaber und 2,5 % ungelernte Arbeiter. Vgl. Maser, Der Sturm auf die Republik, u. a. S. 175 und 255.

schen Nachrichtendienstes der Münchener Polizei schon im September 1920, ein Jahr nach Hitlers Aufnahme in die DAP, allein Tausende Frauen unter den Zuhörern Hitlers. Am 20. September wurden 400 bis 500 (von 2000 Teilnehmern), am 22. September 600 bis 800 (von 3000 bis 4000), am 24. September 900 bis 1200 (von 3000 bis 4000) Frauen unter den Versammlungsbesuchern geschätzt, die Hitlers Reden über die Themen „Macht und Recht", „Versöhnung oder Gewalt" und „Internationale Solidarität oder Selbsthilfe"[83] hörten. Und nicht nur Versammlungsbesucher und neue Mitglieder* hatte der Redner Hitler für die Partei gewonnen, sondern auch eine bemerkenswerte Anzahl generöser Geldspender. Als Hitler zur Partei stieß, befanden sich 7,50 Mark in der Parteikasse. Anfang 1920 waren es bereits rund 700 Mark, und am 20. Dezember 1920 konnte Anton Drexler nach einer Hitler-Rede 11 000 Mark verbuchen,[84] die Spenden eines einzigen Tages. 2500 Mark spendeten Versammlungsbesucher am 22. und 24. September 1920, nachdem sie Hitler reden gehört hatten. Philipp Mathes, von Hitler als Mitglied für die Partei gewonnen, spendete am 20. Dezember 1920 1000 Mark und R. Grundmann von der Dresdner Firma Gebrüder Klinge am selben Tage sogar 10 000 Mark. Gespendet wurde seit Hitlers Rednertätigkeit jedoch nicht nur Geld. Anrechtscheine für verbilligte Schokolade und Lebensmittel, für Bücher, Möbel und andere Gegenstände stapelten sich in der Geschäftsstelle.[85] Hitler führte der Partei durch seine Rednergabe rasch Persönlichkeiten zu, die es ohne sein Engagement mit Gewißheit von sich gewiesen hätten, mit der Deutschen Arbeiterpartei oder der daraus entstandenen NSDAP in Verbindung gebracht zu werden. Einer von ihnen war der namhafte Münchener Verleger

* Drei Monate nach Hitlers Tätigkeitsbeginn waren es bereits 190 eingetragene Mitglieder.

J. F. Lehmann, der unter Mitwirkung des Rassenhygienikers Max von Gruber, des Alldeutschen Heinrich Claß und des antisemitischen englischen Schriftstellers Houston Stewart Chamberlain die Monatsschrift „Deutschlands Erneuerung" herausgab, ein anderer Dr. Paul Tafel, ein einflußreiches Mitglied der Thule-Gesellschaft und des Germanenordens, ein weiterer das an gesellschaftlichen Beziehungen reiche Thule-Mitglied Dr. Friedrich Krohn. Der nachmalige Reichsminister Alfred Rosenberg, Ernst Röhm, der sehr einflußreiche Reichswehroffizier und spätere Stabschef der SA, entschieden sich dank Hitlers Auftreten für die Partei, die vor allem Hitlers Mentor und Freund, dem Journalisten, erfolgreichen Dichter und Dramatiker Dietrich Eckart,[86] bemerkenswerte Geldbeträge, Beziehungen zu Behörden, Finanziers und einflußreichen Persönlichkeiten des Geisteslebens verdankte.

Seit dem Jahresende 1920 verfügte die NSDAP, die im September 1919 noch nicht einmal „einen armseligen Stempel" besaß,[87] wie Hitler ironisch feststellte, über ihre erste eigene Zeitung, den Völkischen Beobachter, den sie für 370 000 Mark erworben hatte,* wobei allein Dietrich Eckart 60 000 Mark aus einem Reichswehrfonds beschaffte.[88] Bereits Anfang Dezember 1920 konnte das Bayerische Wehrkreiskommando VII dem Reichswehrministerium melden, daß „die rege Versammlungstätigkeit der nationalsozialistischen Arbeiterpartei ... in durchaus vaterländischem Sinne erfolgreich"[89] wirke.

Von der „Verkündung" des 25-Punkte-Programms der

* Der Kaufpreis betrug 120 000 Mark; 150 000 Mark mußten zusätzlich für die ebenfalls übernommenen Schulden aufgebracht werden, mit denen die Zeitung belastet war. Bis zum Ankauf der Zeitung durch die NSDAP hatten Gesellschafteranteile von je 10 000 Mark der Fabrikant Theodor Heuß, Gottfried Feder, Dr. Wilhelm Gutberlet, Dora Kunze und Franz Xaver Eder. Über 46 500 Mark verfügte Käthe Bierbaumer, über 20 000 Mark Franz Freiherr von Freilitsch und über 3500 Mark Alfred Braun. Vgl. Sebottendorf, Rudolf von: Bevor Hitler kam, München 1934, S. 195.

NSDAP durch Hitler am 24. Februar 1920 bis zum 21. Januar 1921 hörten allein in München 62371 Personen in 46 Versammlungen die Ausführungen der NSDAP-Redner, von denen Hitler die Hauptlast trug. So sprach er beispielsweise vom 13. November 1919 bis zum 24. November 1920 in 31 Versammlungen, während Gottfried Feder in der gleichen Zeit viermal, Hermann Esser dreimal, Dietrich Eckart, Dr. Erich Kühn und Ferdinand Wiegand jeweils sogar nur einmal redeten. Hinzu kam, daß Hitlers Reden das ganze Spektrum der damals besonders diskutierten politischen Themen deckten. Er sprach über alles, was diejenigen hören wollten, die bereit waren, ihm zu folgen. So hatte er von Ende 1919 bis Ende November 1920 unter anderem über folgende Themen gesprochen: „Brest-Litowsk", „Deutschland vor seiner tiefsten Erniedrigung", „Über die politischen Vorgänge" (als Gastredner beim Deutschnationalen Volksverein), „Judentum", „Programm der NSDAP", „National", „Der Schandfriede von Brest-Litowsk und der Versöhnungsfriede von Versailles", „Über das Alltagsleben", „Über die wirtschaftliche und politische Bedeutung des Friedensvertrages von Versailles", „Spa und Moskau", „Finanzwesen", „Warum sind wir Antisemiten?", „Deutschland als Freistaat", „Über die frühen Verhältnisse Deutschlands", „Macht und Recht", „Versöhnung oder Gewalt", „Internationale Solidarität oder Selbsthilfe", „Volkswohl oder Nationalgedanke", „Kriegsende 1918", „Die politische Lage Deutschlands" und „Versailles – Deutschlands Vernichtung".[90]

Schon am 18. April 1920 war dank Hitlers und Hermann Essers Propagandatätigkeit in Rosenheim, dem Geburtsort Hermann Görings, die erste NSDAP-Ortsgruppe außerhalb Münchens entstanden. Immer häufiger wurde – aus allen Gegenden Deutschlands – die Parteileitung in München gefragt: „Kann Herr Hitler bei uns sprechen?“[91] Politische Organisationen wie der Berliner „Verein ehemaliger Angehöriger der ‚Eisernen Division‘“[92] und noch nicht vereinsmäßig zusammengeschlossene Gruppierungen erboten sich, geschlossen der NSDAP beizutreten oder Ortsgruppen der NSDAP ins Leben zu rufen.[93] „Die Ortsgruppe München (der NSDAP) zählt jetzt über 2500 Mitglieder und etwa 45000 Anhänger“, schrieb Anfang 1921 ein maßgebliches Münchener Mitglied des Germanenordens an einen Kieler Gesinnungsgenossen, dem er unter Berufung auf die Überzeugung auch von Ordensbrüdern aus Köln, Wilhelmshaven und Bremen erklärte, daß „die Hitlersche Partei die Partei der Zukunft“[94] wäre. Es sei daher das Gebot der Stunde, sich ihr anzuschließen.

Daß diese Aktivitäten und Erfolge, die nahezu ausschließlich auf das Konto Hitlers kamen, Neid und Mißgunst erzeugen mußten, war infolge der Zusammensetzung des Führungsgremiums* unvermeidlich. Nicht wenige Mitglieder und Beobachter der NSDAP waren längst der Auffassung, daß Hitler an die Spitze der Partei gestellt werden müßte, die größten Wert darauf legte, „Bewegung“ genannt zu werden.** Selbst ihr Erster Vorsitzender Anton Drexler war dieser Meinung. Schon 1920 hatte er Hitler mehrfach – allerdings erfolglos – gebeten,[95] den Vorsitz zu übernehmen und „die Bewegung“

* Als Vorstand und „Ausschuß“ der NSDAP fungierten im Januar 1921: Erster Vorsitzender war der Schlosser Anton Drexler, Zweiter Vorsitzender der Kleingewerbetreibende Oskar Körner. Ausschußmitglieder waren: der Handlungsgehilfe Franz Emmer, der Schriftsetzer Benedikt Angermeir, der Schreibwarenhändler Josef Berchthold und der Schlosser Karl Riedl. Hitler war nach wie vor „nur“ erster Werbeobmann.

** Anton Drexler erklärt z. B. in einem Brief vom 9. 3. 1921 an Gottfried Feder: „Ich sage absichtlich nicht Parteiblatt (gemeint war der Völkische Beobachter, der Verf.), weil wir keine Partei sind (und) auch nicht werden wollen.“ (Handschriftlich, Reproduktion, Bundesarchiv Koblenz, NS 26/76)

diktatorisch zu führen. An Gottfried Feder schrieb er am 9. März 1921: „... jede revolutionäre Bewegung (muß) einen diktatorischen Kopf haben“, und „deshalb halte ich auch gerade unseren Hitler für unsere Bewegung als den geeignetsten ohne daß ich deshalb in den Hintergrund zu schieben wäre.*

Hitler hätte es leicht gehabt, sich an die Spitze der Partei zu stellen, doch er tat es nicht. Er ignorierte Anton Drexlers Vorschläge ebenso wie das Drängen Dietrich Eckarts, Paul Tafels, Friedrich Krohns, Gottfried Feders, Hermann Essers und Alfred Rosenbergs. Zwar bestimmte er auch ohne offizielle Führungsposition die Geschicke der NSDAP, was die Öffentlichkeit immer wieder feststellen mußte; aber zur Übernahme der mit der entsprechenden Verantwortung verbundenen Funktion war er nicht bereit. Er traf Entscheidungen, die andere decken und nach außen hin verantworten mußten. So unterband er Zusammenschlüsse der NSDAP mit anderen politischen Parteien, Organisationen und Splittergruppen, machte ihm unbequemen Führungsmitgliedern wie Karl Harrer das Verbleiben in der NSDAP unmöglich, nannte den Ersten Vorsitzenden Drexler öffentlich einen charakterlosen „Idioten“,[96] weil er hinsichtlich einiger taktischer Maßnahmen anderer Meinung als er (Hitler) war, und verhinderte dessen Entscheidungen, sobald er sie für falsch hielt.

Was zu jener Zeit wie das Intrigenspiel eines besonders ehrgeizigen und alle Kompetenzen mißachtenden Managers aussah, war bereits die „Ankündigung“ des Hitlerschen Füh-

* Handschriftlich, Reproduktion, Bundesarchiv Koblenz, NS 26/76. Im Juli 1921 bestätigte der Parteiausschuß mit Drexler an der Spitze Hitler gegenüber noch einmal schriftlich, daß Drexler ihm (Hitler) „wiederholt und schon lange vorher“ die „Stelle des Ersten Vorsitzenden“ angetragen habe. Fotokopie des Schreibens in der Akte „NSDAP 1921–1923“ der Polizeidirektion München. Hitler erklärte am 29. 7. 1921 ebenfalls, daß er den ihm verschiedentlich angebotenen Posten des Ersten Vorsitzenden „mehrfach abgelehnt“ habe. Vgl. „Völkischer Beobachter“ vom 4. 8. 1921.

rungsprinzips, das darauf hinauslief, nicht nur Entscheidungen, sondern auch die Verantwortung für die Folgen von Entscheidungen zu delegieren, auch wenn er sie selbst getroffen hatte. Bei seinen Anordnungen, Befehlen oder Weisungen, die er später als Führer auf Empfehlungen anderer traf, war dies besonders deutlich. So berichtet der einstige Ribbentrop-Mitarbeiter Franz von Sonnleithner über einen geradezu exemplarischen Fall. Ribbentrop wünschte – besonders aus propagandistischen Erwägungen – die Bewaffnung der russischen Wlassow-Soldaten, die bereit waren, an deutscher Seite gegen die Rote Armee zu kämpfen. Er beauftragte seinen Gesandten Franz von Sonnleithner, der zeitweilig den Botschafter Walther Hewel bei Hitler vertrat, dies Hitler schmackhaft zu machen. Hitlers Reaktion sprach für sich. „Also gut", sagte er, „wenn mir Ribbentrop garantiert, daß diese Wlassow-Russen niemals ihre Waffen gegen uns kehren werden . . . dann will ich der Bewaffnung zustimmen. In Prag steht die voll ausgebildete SS-Division des Grafen Pückler; es stehen im Augenblick nur die Waffen zur Verfügung, die für die Ausrüstung der Division in Prag bestimmt sind . . . da Ribbentrop den Einsatz der Russen so sehr wünscht, fragen Sie ihn . . . wegen der Zuverlässigkeit der Russen."[97] Auf die spätere Mitteilung Sonnleithners, daß Ribbentrop die Garantie für die Soldaten Wlassows selbstverständlich nicht übernehmen könne, reagierte Hitler nur mit der lakonischen Wendung: „Sehen Sie!" Die Frage war damit gegen Ribbentrop entschieden.

Während die Anhänger Hitlers innerhalb der NSDAP im Frühsommer 1921 in München darauf wartete, daß Hitler endlich auch offiziell die Führung der Partei übernehme, wich dieser kurzerhand nach Berlin aus. Dort traf er sich mit Graf York von Wartenburg und Graf Behr, sprach im Nationalen Klub, verhandelte mit konservativen Führern des ehemaligen preußischen Herrenhauses und demonstrierte deutlich, daß er gar nicht daran dachte, dem Gerangel um die Führungspositionen in München ein Ende zu setzen. Sechs Wochen blieb er in Berlin und sah zu, wie sich in Bayern die Fronde gegen ihn formierte, der sich inzwischen – auch der des ständigen Drängens müde Anton Drexler – zahlreiche einflußreiche Parteimitglieder und die meisten Ausschußmitglieder angeschlossen hatten.[98]

Daß Hitler sich während dieser Krise sechs Wochen lang in Berlin aufhielt und niemand von der Parteileitung wußte, was er dort tat,[99] spricht dafür, daß er bleiben wollte, was er war. Bei seinem Politikverständnis muß als sicher angesehen werden, daß er in München geblieben wäre, wenn er die Absicht gehabt hätte, im geeigneten Augenblick die „Macht zu ergreifen“. Der von dem NSDAP-Mitglied (Nr. 923) Ernst Ehrensperger im Juli 1921 auf einem anonym verfaßten Flugblatt gegen Hitler erhobene Vorwurf, im Auftrage „dunkler Hintermänner“ gehandelt und in dieser Rolle den Sturz der amtierenden Parteiführung betrieben zu haben, verzeichnete Hitlers Ambitionen. Als die Münchener Parteileitung in Abwesenheit Hitlers über ihre Einladung zum zwischenstaatlichen Vertretertag der österreichischen, sudetendeutschen und tschechoslowakischen Nationalsozialisten und Deutschsozialen im August 1921 in Linz debattierte und Hitlers kategorische Forderung im Raum stand, die Tagung nicht zu besuchen, kam es zum Eklat. Hitler kehrte nach München zurück und erklärte am 11. Juli 1921 seinen Austritt aus der NSDAP.

Die Aufforderung des offiziell verantwortlichen Führungsgremiums an Hitler, sein Verhalten und seine Berliner Aktivitäten zu rechtfertigen und die Absicht des Vorstandes, sich gegen Hitlers Willen nach Linz zu begeben, faßte Hilter als Anmaßung, offenen Ungehorsam und Vertrauensbruch auf, was ihn zu einer gravierenden Änderung seines bis dahin an den Tag gelegten Verhaltens veranlaßte. Doch auch hier entschied er erst, als er keinen anderen Ausweg mehr sah.

Zu einer Entscheidung gezwungen, setzte er alles aufs Spiel, was er bis dahin erfolgreich aufgebaut hatte. Er stellte der Parteileitung der NSDAP am 14. Juli ein Ultimatum, in dem es unter anderem hieß:

„Da mir gestern von seiten des ersten Vorsitzenden der Partei unter Anrufung der Vermittlung Dietrich Eckarts neuerdings der Auftrag einer Regelung dieser Angelegenheit unterbreitet wurde, lege ich hiermit die Punkte nieder, von deren strikten Erfüllung ich meinen Wiedereintritt in die Bewegung abhängig mache.

1. Sofortige Einberufung einer außerordentlichen Mitgliederversammlung binnen acht Tagen, gerechnet von heute ab, mit folgender Tagesordnung: der derzeitige Ausschuß der Partei legt seine Ämter nieder, bei der Neuwahl desselben fordere ich den Posten des I. Vorsitzenden mit diktatorischer Machtbefugnis zu sofortiger Zusammenstellung eines Aktionsausschusses, der die rücksichtslose Reinigung der Partei von den in sie eingedrungenen fremden Elementen durchzuführen hat. Der Aktionsausschuß besteht aus drei Köpfen.
2. Unverrückbare Festlegung des Grundsatzes, daß Sitz der Bewegung München ist und für immer bleibt, daß endlich, solange die Bewegung nicht derartige Dimensionen erreicht hat, daß von den Mitteln der Gesamtbewegung aus eine eigene Parteileitung bestritten werden kann, diese von der Ortsgruppe München zu erfolgen hat.
3. Jede weitere Veränderung des Namens oder Programms wird ein für allemal zunächst auf die Dauer von sechs Jahren vermieden. Mitglieder, die dennoch in dieser Richtung

und zu diesem Zweck tätig sind, werden aus der Bewegung ausgeschlossen.

4. Jeder weitere Versuch eines sogenannten Zusammenschlusses zwischen der Nationalsozialistischen Deutschen Arbeiterpartei und der sich unberechtigter Weise Deutsche Nationalsozialistische Partei heißenden Bewegung hat künftighin zu unterbleiben. Für die Partei kann es niemals einen Zusammenschluß mit denjenigen geben, die mit uns in Verbindung treten wollen, sondern nur deren Anschluß. Kompensationen unsererseits sind vollständig ausgeschlossen.
5. Verhandlungen dieser Art dürfen nur mit meiner persönlichen Einwilligung stattfinden, die Wahl der Teilnehmer solcher Verhandlungen auf unserer Seite bleibt ausschließlich mir vorbehalten.
6. Der Parteitag in Linz wird als zwecklos nicht besucht.

Ich stelle diese Forderungen, nicht weil ich machtlüstern bin, sondern weil mich die letzten Ereignisse mehr denn je davon überzeugt haben, daß ohne eiserne Führung die Partei ... innerlich in kürzester Zeit aufhören würde das zu sein, was sie sein sollte: Eine nationalsozialistische Deutsche Arbeiterpartei und kein Abendländischer Bund."[100]

Der Parteiausschuß, der sofort aufgeschreckt reagierte, unterwarf sich bedingungslos. Er erkannte die von Hitler geforderte „Diktatur über die Bewegung" uneingeschränkt an und erklärte: „Der Ausschuß ist bereit in Anerkennung Ihres ungeheuren Wissens, Ihrer, mit seltener Aufopferung und nur ehrenamtlich geleisteten Verdienste für das Gedeihen der Bewegung, Ihrer seltenen Rednergabe, Ihnen diktatorische Machtbefugnisse einzuräumen und begrüßt es auf das freudigste, wenn Sie nach Ihrem Wiedereintritt, die Ihnen von Drexler schon wiederholt und schon lange vorher angebotene Stelle des ersten Vorsitzenden übernehmen. Drexler bleibt dann als Beisitzer im Ausschuß und wenn es Ihrem Wunsche entspricht, als ebensolcher im Aktionsausschuß. Sollten Sie sein vollständiges Ausscheiden (aus) der Bewegung (als) nützlich erachten, so müßte die nächste Jahresversammlung darüber gehört werden."[101]

Doch Hitler zögerte noch. Durch Plakate riefen er, Hermann Esser, Oskar Körner, Max Wutz und Friedrich Weber zu einer Mitgliederversammlung auf, deren Beifall offenbar seine Entscheidungsfreudigkeit stimulieren sollte. Daß er und Hermann Esser zu der Zeit gar nicht mehr Mitglieder der NSDAP waren und Oskar Körner seinen Posten im Ausschuß niedergelegt hatte, sprach für sich. Initiator dieser Aktion war der kurz zuvor aus „schwerwiegenden Gründen" aus der NSDAP ausgeschlossene Hermann Esser, dessen Entscheidungsfreudigkeit allgemein bekannt war und Hitlers diesbezüglichen Mangel gelegentlich ausglich. Er war es auch, der Hitler bewog, noch vor der – für den 26. Juli 1921 angesetzten – außerordentlichen Mitgliederversammlung im Münchener „Sterneckerbräu" einen sogenannten „Sprechabend" zu arrangieren.

Wie der Bericht der – auch über die Hintergründe halbwegs informierten – Münchener Polizei vom 26. Juli 1921 bezeugt, hat Hitler auch während dieser Veranstaltung vor rund 350 geladenen Parteigängern noch nicht erkennen lassen, daß er den Vorsitz der NSDAP anstrebe. „Die Teilnehmerzahl dürfte", so lautete der Polizeibericht, „ungefähr 300 männliche und 50 weibliche Personen gewesen sein. Von den männlichen Teilnehmern setzte sich der größte Teil aus sehr zweifelhaften Elementen – oberschlesische Abenteurer, welche mit Orden, Ehrenzeichen und Hakenkreuz geschmückt waren – zusammen. Dem . . . Mittelstand dürften kaum über 150 Teilnehmer angehört haben. Der vermutete Streit . . . zwischen

Hitler und Drexler ... kam nicht zum Austrag, da sich beide schon vorher geeinigt hatten. Dagegen hielt aber ... Drexler, währenddem Hitler zu den Teilnehmern sprach, eine Ausschußsitzung im Büro der genannten Partei ... ab. Bei dieser Ausschußsitzung wurde scheinbar nur über Hitler verhandelt. Es scheint aber, daß man sich auch da über Hitler einigte. Hitler hielt eine Ansprache ... deren Inhalt eigentlich nichts anderes war, als der gewaltsame Kampf gegen das Judentum."[103]

Hitlers Rede beschäftigte sich nicht mit dem seit Monaten auf allen Parteiebenen engagiert diskutierten und seine Existenz unmittelbar betreffenden Führungswechsel, sondern mit dem gewaltsamen Kampf gegen das Judentum, „wenn sich einmal die Gelegenheit dazu biete“, wie es im Polizeibericht hieß. Nicht ein nach persönlicher Verantwortung und auf Entscheidungsvollmachten drängender Hitler hatte gesprochen, sondern der Emotionen, Meinungen und Überzeugungen multiplizierende Propagandist. Erst vier Tage später, am 29. Juli, hatte Hitler sich „gegen sich selbst“ durchgesetzt. Vor 544 „Eintritt zahlenden Mitgliedern der Ortsgruppe München“* erschien er, seit dem 26. Juli wieder Mitglied der NSDAP (mit der Mitgliedsnummer 3860),** von seinem agilen Duzfreund Hermann Esser assistiert, erstmals als Erster Vorsitzender der NSDAP – und identifizierte sich mit dieser Position.*** Her-

* Zit. aus dem an das Münchener Amtsgericht gesandten Protokoll. Abschrift im Bundesarchiv Koblenz, NS 26/80. 543 dieser Mitglieder stimmten der von Hitler geforderten Satzungsänderung zu.

** Bis zu seinem Austritt aus der NSDAP hatte Hitler als 55. Mitglied die Mitgliedsnummer 555. Handschriftliches Mitgliederverzeichnis der DAP/NSDAP bis 29.5.1920, S. 21. Bundesarchiv Koblenz, NS 26/230.

*** Dem neuen und von Hitler gebilligten Vorstand und Ausschuß gehörten an: Hitler als Erster Vorsitzender, Oskar Körner als Zweiter Vorsitzender, Johann Singer als erster und Max Wutz als zweiter Kassierer, Hermann Hesse als erster und Benedikt Angermeir als zweiter Schriftführer und Anton Drexler als Ehrenvorsitzender auf Lebenszeit.

mann Esser, der Hitlers Mentalität sehr gut kannte und wußte, wie der Zauderer Hitler auf öffentliche Festlegungen reagierte, wollte sichergehen. Er stellte ihn noch am selben Abend im Zirkus Krone öffentlich als „unser Führer" vor. Und von da an war er es auch; aber zeitlebens blieb er auch der zaudernde Führer im Gewande des aggressiven, schnell reagierenden Propagandisten.

Trotz allem zum Führer auserkoren.

Auffällig ist, daß selbst Dietrich Eckart und Rudolf Heß, die Hitler an die Spitze der NSDAP gestellt sehen wollten, ihrem Führer-Favoriten zu der Zeit noch keineswegs ausgesprochene Führungsqualitäten nachrühmten. „Selbstloser, opferwilliger, hingebender und redlicher", schrieb Eckart am 4. August 1920 im Völkischen Beobachter, „kann überhaupt kein Mensch einer Sache dienen, als Hitler sich der unsrigen widmet. Aber auch nicht zielbewußter und wachsamer." Zwar redete Heß von der „Führerpersönlichkeit"; aber was er als positive Führer-Eigenschaften Hitlers aufzählte, konnte „nur" den Propagandisten Hitler auszeichnen. „Seid ihr wirklich blind dagegen", so fragte er am 11. August 1921, „daß dieser Mann die Führerpersönlichkeit ist, die allein den Kampf durchzuführen vermag? Glaubt ihr, daß ohne ihn die Massen sich im Zirkus Krone stauten? . . . Für diejenigen . . . die nur den scheinbaren Demagogen, nicht die dahinterstehende scharf umrissene Persönlichkeit kennen, und die so doch einen leisen Zweifel hegen, möchte ich folgendes feststellen: Hitlers Wesen ist reinstes Wollen; seine Kraft beruht nicht nur auf Rednergabe, sondern in gleichem Maße auf bewundernswertem Wissen und klarem Verstand."[104]

Außerordentliche Intelligenz und Tatkraft, geradezu universale Bildung und ungeheuere suggestive Kraft, bescheinigte Karl Dönitz Hitler 35 Jahre später.[105] Er attestierte ihm Anlagen und Fähigkeiten, die eine bedeutende politische Persönlichkeit auszeichnen können; aber daß Hitler auch ein starker Führer war, sagte Dönitz nicht. Hermann Göring nannte Hitler eine auf Unabhängigkeit bedachte „dynamische Persönlichkeit",[106] bei der „unerwünschter Rat ... nicht angebracht"[107] war. Er bescheinigte ihm, „das größte Interesse und die Hauptarbeit" für „die Außenpolitik einerseits und die Führung der Wehrmacht andererseits."[108] aufgebracht – dabei aber undurchsichtig geführt – zu haben.[109] Hjalmar Schacht, in Nürnberg von amerikanischen Psychologen als Genie klassifiziert, hob Hitlers Willenskraft und Fähigkeit hervor, „zuweilen aus großen Schwierigkeiten durch verblüffende Einfachheit, manchmal auch durch verblüffende Brutalität ... herauszufinden".[110] Er bewunderte seine Belesenheit und „diabolische Genialität" als Massenpsychologe und vertrat die Auffassung, daß Hitler nur dank seiner Beherrschung der „Massenpsychologie und seiner Willensenergie ... beinahe 50 Prozent des ganzen deutschen Volkes hinter sich scharen konnte".[111] Auch hier galten die Bewunderung und Anerkennung nicht einem außerordentlich begabten und entsprechend entscheidungsfreudig führenden Führer, sondern dem Massenpsychologen und Redner.

Die Anlagen, Fähigkeiten und Kenntnisse, die Hitler von seiner Umgebung bescheinigt wurden, setzte er seinerseits mit „Führereigenschaft und Führertüchtigkeit"[112] gleich. „Ganz falsch wäre es", schrieb er 1925 beispielsweise, „im Reichtum an theoretischen Erkenntnissen charakteristische Beweise für

Führereigenschaft und Führertüchtigkeit erblicken zu wollen. Das Gegenteil trifft häufig zu. Die großen Theoretiker sind nur in den seltensten Fällen auch große Organisatoren, da die Größe des Theoretikers und Programmatikers in erster Linie in der Erkenntnis und Festlegung abstrakt richtiger Gesetze liegt, während der Organisator in erster Linie Psychologe sein muß. Er hat den Menschen zu nehmen, wie er ist, und muß ihn deshalb kennen. Er darf ihn ebensowenig überschätzen wie in seiner Masse zu gering achten. Er muß im Gegenteil versuchen, der Schwäche und der Bestialität gleichermaßen Rechnung zu tragen, um unter Berücksichtigung aller Faktoren ein Gebilde zu schaffen, das als lebendiger Organismus von stärkster und stetiger Kraft erfüllt und so geeignet ist, eine Idee zu tragen und ihr den Weg zum Erfolg freizumachen.

Noch seltener aber ist ein großer Theoretiker ein großer Führer. Viel eher wird das der Agitator sein, was viele, die nur wissenschaftlich über eine Frage arbeiten, nicht gerne hören wollen; und doch ist das verständlich. Ein Agitator, der die Fähigkeit aufweist, eine Idee der breiten Masse zu vermitteln, muß immer Psychologe sein, sogar wenn er nur Demagoge wäre. Er wird dann immer noch besser zum Führer geeignet sein als der menschenfremde, weltferne Theoretiker. Denn Führen heißt: Massen bewegen können. Die Gabe, Ideen zu gestalten, hat mit Führerfähigkeit gar nichts zu schaffen. Es ist dabei ganz müßig, darüber zu streiten, was von größerer Bedeutung ist, Menschheitsideale und Menschheitsziele aufzustellen oder sie zu verwirklichen. Es geht hier wie so oft im Leben: das eine wäre vollkommen sinnlos ohne das andere. Die schönste theoretische Einsicht bleibt ohne Zweck und Wert, wenn nicht der Führer die Massen zu ihr hin in Bewegung setzt. Und umgekehrt, was sollte alle Führergenialität und aller Führerschwung, wenn nicht der geistvolle Theoretiker die Ziele für das menschliche Ringen aufstellen würde? Die Vereinigung aber von Theoretiker, Organisator und Führer in einer Person ist das Seltenste, was man auf dieser Erde finden kann; diese Vereinigung schafft den großen Mann."[113]

Führen hieß für Hitler „Massen bewegen können". Daß er davon nicht nur 1925, sondern auch als Reichskanzler und oberster Kriegsherr noch überzeugt war, bewies sein Regierungsstil. Nachdem er jedoch nicht mehr darauf angewiesen war, „Massen" organisieren und durch rhetorische Glanzleistungen „bewegen" zu müssen, mußten sich nicht nur jene Fähigkeiten als weithin überflüssig erweisen, sondern auch seine Führungsvorstellungen als zwangsläufig fraglich herausstellen. Dennoch konnte Hitler als Führer so außergewöhnliche Leistungen auf sein Konto buchen, daß seine spezifischen Führungsschwächen weder der Bevölkerung noch seinem weiteren Umkreis auffielen. Seine unmittelbar betroffene Umgebung indes hat dies schon früh erfahren, besonders in Krisensituationen, in denen rasche und konkrete Entscheidungen erforderlich waren.

Dank Hitlers Intelligenz und analytischen und deduktiven Begabung, seiner integrierenden und Ziele setzenden Fähigkeiten, seiner großen charismatischen Überzeugungskraft, seiner ungewöhnlich umfangreichen Detailkenntnisse auf vielen Gebieten des Militärwesens, der Politik und der Staatsführung, seiner meist radikale Konsequenzen androhenden und Führungsentschlüsse suggerierenden Formulierungen, seiner geradezu beispiellosen rhetorischen Begabung und Beharrlichkeit, seiner Personalpolitik, seiner Duldung und Förderung von Rivalitäten und Kompetenzstreitigkeiten und der durch Strafandrohungen auch in Ausnahmefällen erzwungenen Solidarität und Gefolgschaftstreue wurde dieser Minuspunkt auch von jenen als ein Tabu akzeptiert, die aus persönlicher Erfahrung die Überzeugung ableiteten, daß damit Nachteile verbunden sein müßten.

Exemplarisch trat dies schon am 8. und 9. November 1923 zutage, als Hitler in München versuchte, die Regierung durch einen zwar spektakulären, aber dilettantisch vorbereiteten, kümmerlich organisierten und schwach dirigierten Putsch zu stürzen und sich zum Reichskanzler zu machen.

Der Hitler-Putsch von 1923: Offenbarung aller Führungsschwächen.

In nationalsozialistischen Publikationen, und nicht nur dort, wird der sogenannte Hitler-Ludendorff-Putsch vom 8. und 9. November 1923 gewöhnlich als ein von Hitler zielstrebig und konsequent geplantes und souverän inszeniertes Unternehmen dargestellt. Hitler erscheint als der Mann der Tat, der im rechten Augenblick entschied, was zu geschehen hätte. „Am 26. September mußte der passive Widerstand gegen die Besetzung des Ruhrgebietes endgültig abgebrochen werden", hieß es in einer nationalsozialistischen Publikation, deren Autoren erklärten: „Die Inflation steigerte sich von Tag zu Tag . . . Zu dieser sozialen Not kam noch die große politische Gefahr, daß von der bayerischen Regierung Kahr gemeinsam mit den Separatisten der Versuch unternommen wurde, Bayern vom Reich loszureißen. Diese dramatische Entwicklung zwang den Führer nunmehr zur Tat. Eine Kundgebung der bayerischen Regierung am 8. November im Bürgerbräukeller in München, bei der die damalige bayerische Regierung fast vollständig anwesend war, benützte der Führer, um seinen Entschluß durchzuführen."[114] Daß Hitler auch hier erst „zur Tat" schritt, als es für ihn keinen anderen Ausweg mehr gab, wenn er nicht seine Karriere und seinen Ruf aufs Spiel setzen wollte, wurde entweder verschwiegen oder nicht erkannt. Hätte er nicht immer schon Festlegungen gern gemieden, wäre nicht abwegig, in den Ereignissen des Jahres 1923 die Ursache für seine Entscheidungsschwäche und Festlegungsscheu zu suchen. Zu oft, zu laut und zu stereotyp hatte er vor allem 1923 öffentlich die befreiende politische Tat gefordert und erklärt, daß er sie auslösen werde, sobald die rechte Stunde gekommen sei. Rund 35 000 Personen schlossen sich der NSDAP von Februar bis November 1923 an, weil sie Hitlers Versprechungen glaubten und erwarteten, daß er ihre Hoffnungen erfüllen würde. „Ich habe", so erklärte beispielsweise Wilhelm Brückner, der Führer des SA-Regiments München, „Hitler persönlich gesagt: ‚Es kommt der Tag, da kann ich die Leute nicht mehr halten. Wenn jetzt nichts geschieht, dann petzen die Leute weg. Wir hatten sehr viele Erwerbslose ... Leute, die ihr letztes Gewand, ihre letzten Schuhe, ihr letztes Zehnerl an die (von der bayerischen Reichswehr auch für Angehörige der SA durchgeführte, der Verf.) Ausbildung (an Maschinengewehren, der Verf.) taten ... und sagten, es geht bald los; dann werden wir in die Reichswehr eingestellt und sind aus dem ganzen Schlamassel heraus.'"[115] Und Wolf Graf von Helldorf, der 21 Jahre später zu den Männern des 20. Juli gehörte, bezeugte nach dem Hitler-Ludendorff-Putsch: „Ich sprach mit Scheubner-Richter* noch über die nationalsozialistischen Sturmtrupps. Scheubner-Richter erklärte, es sei schwer, die Leute zusammenzuhalten. Die Leute seien schlecht genährt, schlecht gekleidet und

* Max Erwin von Scheubner-Richter, der beim Putsch ums Leben kam, gehörte zu den einflußreichsten und verbindungsreichsten Männern in Hitlers Umgebung. Er beschaffte Hitler vor allem Geld und half ihm, die NSDAP finanziell über Wasser zu halten.

bekämen für ihre Tätigkeit nichts bezahlt . . . Bloß mit glänzenden Paraden vor einer Reihe von Generalen und schönen Reden ließen sich die Leute nicht mehr abspeisen. Um die Leute zusammenzuhalten, müsse man endlich etwas unternehmen, sonst würden die Leute nach links radikalisiert werden."[116]

Hitler, so unter Druck gesetzt und zur Tat gezwungen, kannte die Situation und beschwor Hans Ritter von Seisser, mit dem er Anfang November 1923 zu einer Besprechung zusammentraf: „Herr Oberst, ich werde noch warten, bis Sie (aus Berlin, der Verf.) zurück sind. Aber handeln Sie dann . . . es ist allerhöchste Zeit, oder unsere Kreise schwenken zu den Kommunisten ab."[117] Nicht auf die exponierten und gegen die Reichsregierung verschworenen Vertreter der bayerischen Staatsgewalt, nicht auf Gustav Ritter von Kahr, Oberst Hans Ritter von Seisser und General Otto von Lossow, war der Blick derjenigen gerichtet, die den „Sturz der Novemberverbrecher" in Berlin und eine „nationale Diktatur" forderten, sondern auf Hitler, der sein Wort verpfändet hatte, daß er weiterkämpfen und sein Ziel „nicht aus den Augen verlieren" werde, „Wegbereiter zu sein der großen deutschen Freiheitsbewegung, die . . . die Einigung nach innen und nach außen bringen"[118] solle.

So sehr Hitler sich auch bemühte, anderen die Verantwortung und Entscheidung für den ersten Schritt zuzuschieben, so sehr sah er sich doch immer erneut mit den zur Realität gewordenen Erwartungen konfrontiert, die er geweckt und unentwegt genährt hatte. „Hitler soll die Leitung des deutschen Vaterlandes in die Hand nehmen",[119] forderten beispielsweise Tausende unter brausendem Jubel, als er am 6. November 1923 in München sprach. Und als er sich dann am 8. November notgedrungen anschickte, endlich sein Wort einzulösen, stellte sich heraus, daß er der Situation, abgesehen von seiner theatralischen Ausrufung der „nationalen Revolution“ und der Bekanntgabe der neuen „Reichsregierung“, nicht gewachsen war. Daß er sich nach dem katastrophalen Scheitern des Putsches, der neunzehn Teilnehmern (sechzehn Hitler-Anhängern und drei Polizisten) das Leben kostete, erschießen wollte und unter einer schweren Schüttelneurose zu leiden begann, hing nicht zuletzt mit der Erkenntnis zusammen, im entscheidenden Augenblick als Führer versagt zu haben.[120] Zwar erklärte er während des Hitlers-Prozesses: „Die Tat des 8. November ist nicht mißlungen. Sie wäre mißlungen dann, wenn eine Mutter gekommen wäre und gesagt hätte, Herr Hitler, Sie haben mein Kind am Gewissen. Aber das darf ich versichern, es ist keine Mutter gekommen“,[121] doch als er dies äußerte, hatte er sich längst wieder gefangen.

Die Wirkung seiner rhetorischen Glanzleistungen vor Gericht und die Treuebekundungen seiner alten Mitstreiter hatten ihn sein altes Selbstbewußtsein relativ rasch wieder zurückgewinnen lassen. So schwerfällig und unpräzise er gewöhnlich Führungsmaßnahmen entschied, so rasch erfaßte er entscheidende Situationen und so sicher und treffend vermochte er sie propagandistisch auszuwerten. Wohl niemand hat 1923 so schnell wie er erkannt, welchen Nutzen er und seine Partei aus der schweren Niederlage ziehen konnten. 1939 kleidete er das Resultat seiner einstigen Propagandastrategie in die Worte: „Es war ein schwerer Entschluß, den ich damals fassen mußte und zur Durchführung brachte. Der scheinbare Fehlschlag ist zur Geburt der großen nationalsozialistischen Freiheitsbewegung geworden, denn in der Folge dieses Fehlschlages kam jener große Prozeß, der es uns ermöglichte, zum ersten Male vor aller Öffentlichkeit für unsere Auffassung, für unsere Ziele und für unseren Entschluß einzutreten, die Verantwortung zu übernehmen und damit große Massen unseres

Volkes mit unserem Gedankengut vertraut zu machen.“[122]

Den Putsch hatte Hitler dilettantisch vorbereitet* und die Aktionen miserabel geführt, was seinem Ansehen als Führer wohl nur deshalb keinen Abbruch tat, weil er sich in dem bald darauf folgenden Prozeß als schnell reagierender, verworrene Zusammenhänge rasch überblickender Agitator und überragender Propagandist zu produzieren verstand. Daß am 9. November 1923 neunzehn Männer vor der Münchener Feldherrnhalle ihr Leben lassen mußten und die zu der Zeit 55 787 Mitglieder[123] zählende NSDAP aufgelöst wurde, hat dem Nimbus des Führers Hitler ebenfalls nicht geschadet. Für seine Anhänger, die ihn auf den Schild gehoben oder aber schließlich als Führer akzeptiert hatten, zählte eine Tatsache mehr als alles andere: für sie war er kein Heuchler, kein Mann leerer Worte. Welcher Zwang ihn zur Einlösung seines Versprechens getrieben hatte, zählte nicht, zumal er seit dem 20. Dezember 1924 wieder auf der politischen Bühne stand, am 25. Februar 1925 vom bayerischen Ministerpräsidenten Heinrich Held empfangen wurde und nun sein Wort gab, fortan auf legale Weise an die Macht kommen zu wollen.

Die wenigen „alten Kämpfer“, die Hitlers Führungsschwäche in den Novembertagen 1923 persönlich erlebt hatten, durchschauten entweder die Lage nicht oder aber – sie schwiegen. Einer von ihnen, Julius Streicher, berichtete erst im Nürnberger Prozeß von seinen Erfahrungen mit Hitlers Unentschlossenheit während des Putsches. „Nach Mitternacht (vom 8. zum 9. November 1923, der Verf.)“, sagte Streicher, „als er (Hitler) von den meisten verlassen worden war, da erschien ich vor ihm und sagte ihm, man müsse jetzt doch die Öffentlichkeit

* Auch die Tatsache, daß er vorsichtshalber die bayerische Reichswehr und Landespolizei zu neutralisieren und sogar auf seine Seite zu ziehen versucht hatte, ändert nichts an diesem Urteil.

aufklären, wenn der nächste Tag komme. Da schaute er mich mit großen Augen an und sagte: ‚Wollen Sie es machen?' Ich sagte, ich mache es."[124] Darauf nahm Hitler, enttäuscht und ratlos, ein Blatt Papier, schrieb: „Streicher ist die gesamte Organisation übertragen" und gab es Streicher, der sich sofort daranmachte, „die Öffentlichkeit ‚aufzuklären'".[125] Daß die hier für die entscheidende Situation bezeugte Ratlosigkeit, Unsicherheit und mangelnde Führungsfähigkeit Hitlers niemals bekannt und diskutiert wurde, hing mit der Erkenntnis der wenigen und an maßgeblichen Stellen sitzenden Insider zusammen, daß die Aufdeckung so gravierender Führungsmängel nicht nur dem seit 1921 systematisch organisierten Mythos Hitlers, sondern auch der weltanschaulich ausgerichteten, mit gesellschaftspolitischen Leitbildern operierenden und ausschließlich auf Hitler als Führer und Programmatiker eingeschworenen NSDAP beträchtlich schaden würde.

Im Gegensatz zu zahlreichen unmittelbar Beteiligten, die Hitlers „Revolution" bereits gegen 20.15 Uhr als „Theater", „Mexiko" und „Südamerika" bezeichneten und überzeugt waren, daß Hitler augenblicklich scheitern würde, glaubte Hitler noch bis kurz nach Mitternacht an den Erfolg seines Putsches. Kurz nach 20 Uhr war er im Gehrock, das Eiserne Kreuz Erster Klasse auf der Brust, mit seinem Leibwächter Ulrich Graf, mit Max Amann, seinem einstigen Feldwebel vom Regiment „List", mit Putzi Hanfstaengl, einem Kommilitonen des US-Präsidenten Franklin D. Roosevelt, mit Rudolf Heß und dem Polizisten Josef Gerum, einem Polizeispitzel in der NSDAP,* bewaffnet in den Bürgerbräukeller eingedrungen, in dem der Generalstaatskommissar Gustav Ritter von Kahr vor einer Versammlung geladener Anhänger darüber sprach, wie er sich die Befreiung der „Massen" von der geistigen Herr-

* Gerum wurde Mitglied der NSDAP.

schaft des Marxismus, die Vernichtung der marxistischen Ausstrahlungen in den bürgerlichen Schichten und die Bindung an die nationale Gemeinschaft vorstelle.[126]

Während SA-Einheiten, mit Stahlhelmen und Armeegewehren ausgerüstet, den Bürgerbräukeller abriegelten und so ein eventuelles polizeiliches Eingreifen unmöglich machten, waren auf Hitlers Befehl am Haupteingang des Hauses SA-Männer mit einem Maschinengewehr in Stellung gegangen, um „moralischen" Druck auf Andersdenkende auszuüben, wie Hitler diese Maßnahme später rechtfertigte. Im Saal war Hitler, eine Pistole in der Hand, mit seiner Begleitung mühsam zur Mitte des Raumes drängend, auf einen Stuhl gestiegen, hatte einen Schuß gegen die Decke abgefeuert und laut erklärt: „Die nationale Revolution ist ausgebrochen ... der Saal ist von 600 Schwerbewaffneten besetzt, niemand darf den Saal verlassen. Die bayerische Regierung und die Reichsregierung sind abgesetzt, eine provisorische Reichsregierung wird gebildet, die Kasernen der Reichswehr und Landespolizei sind besetzt, Reichswehr und Landespolizei rücken bereits unter den Hakenkreuzfahnen heran."[127]

Soweit war Hitlers Rechnung aufgegangen. Einmal zur Tat geschritten, hatten Schneid und Überrumpelungskunst ihn ausgezeichnet. Sein nächster Schritt jedoch kann nur als Schritt zurück bezeichnet werden; denn Gustav Ritter von Kahr, General Otto von Lossow und Oberst Hans Ritter von Seisser, die er unmittelbar danach – in einem am Tage zuvor von Rudolf Heß gemieteten Nebenzimmer – zur Übernahme von Ministerämtern (Kahr sollte Landesverweser werden) „überredet" hatte, folgten ihm nur so lange, wie sie sich angesichts der Pistolen, Maschinenpistolen, Gewehre und Maschinengewehre der SA-Leute dazu gezwungen sahen.

Bereits die Art und Weise, wie Hitler „seine" Minister einsetzte, verrät deutlich, daß er alles andere als der Führer war, für den ihn zumindest seine Anhänger hielten. „Ich weiß", erklärte er Kahr, Seisser und Lossow, „daß den Herren das schwer fällt, man muß es den Herren erleichtern, den Absprung zu finden. Jeder hat den Platz einzunehmen, auf den er gestellt wird. Tut er das nicht, so hat er keine Daseinsberechtigung. Sie müssen mit mir siegen oder mit mir sterben. Wenn die Sache schief geht: vier Schüsse habe ich in meiner Pistole, drei für meine Mitarbeiter, wenn sie mich verlassen, die letzte Kugel für mich."[128] Er „machte" – mit der Pistole in der Hand – Männer zu seinen Ministern,* die sich, was er wissen mußte, später als seine Gegner erweisen würden, obwohl er bereits über genügend eigene und ihm bedingungslos ergebene Leute für derartige Positionen verfügte. Hermann Göring, Ernst Röhm, Alfred Rosenberg, Rudolf Heß und Max Erwin von Scheubner-Richter waren einige von ihnen. Auch Hitlers nächster Schritt, die Bekanntgabe seines „Kabinetts", vollzog sich in einer Weise, die nicht für ihn als Führer und nunmehrigen „Regierungschef" sprach. Nachdem er „seine" drei Minister, von dem mit einer Maschinenpistole bewaffneten Ulrich Graf bewacht, einen Augenblick lang alleine gelassen hatte und in den Versammlungssaal zurückgekehrt war, wo er – auf anfängliche heftige Proteste stoßend – eine kurze und ungewöhnlich zündende Rede hielt,** gestand er den Kahr-Anhängern: „Ich

* Die „Deutsche Nationalregierung" setzte sich nach Hitlers Willen aus folgenden Mitgliedern zusammen: Hitler sollte Reichskanzler, Ludendorff Reichsverweser und Führer der zu bildenden Nationalarmee werden. Lossow war als Reichswehrminister, Seisser als Reichspolizeiminister und Feder als Reichsfinanzminister vorgesehen, während Kahr Landesverweser für Bayern, Pöhner bayerischer Ministerpräsident und Frick Polizeipräsident von München werden sollte.

** Der Münchener Historiker Karl Alexander von Müller, bei dem Hitler im Juni 1919 Vorlesungen über deutsche Geschichte seit der Reformation und über politische Geschichte des Krieges gehört hatte, berichtete als Augenzeuge u. a.: „Eine gefährliche Welle der Erregung brandete ... auf, als er (Hitler) wieder das Podium bestieg. Sie

frage Sie nun: draußen sind drei Männer, Kahr, Lossow und Seisser. Bitterschwer fiel ihnen der Entschluß."[129] Und er, der jahrelang die „nationale Revolution" heraufbeschworen hatte, war sogar noch weitergegangen. „Sind Sie einverstanden mit dieser Lösung der deutschen Frage?" hatte er die Anwesenden gefragt und erklärt: „Aufbauen wollen wir einen Bundesstaat föderativer Art, in dem Bayern das erhält, was ihm gebührt. Der Morgen findet entweder in Deutschland eine nationale Regierung oder uns tot."[130] Daß bis zu dem Zeitpunkt weder Kahr noch Lossow und Seisser ihrer „Berufung" zu Hitler-Ministern zugestimmt hatten, wie Gustav von Kahr fünf Wochen später angab,[131] wußte niemand im Saal. Es paßte jedoch ins Bild.

Erst nach dem Erscheinen des Generals Erich Ludendorff, der zusammen mit Hitler und einigen Hitler-Vertrauten auf Kahr, Lossow und Seisser einredete, fiel deren erlösendes „Ja", das sie jedoch widerriefen, als sie sich kurz danach wieder auf „freiem Fuß" befanden. Kahr tat dies bereits gegen 22.30 Uhr in seiner im Regierungsgebäude liegenden Wohnung,[132] wohin Ludendorff ihn in Abwesenheit Hitlers hatte gehen lassen. Um 2.50 Uhr empfingen die militärischen Funkstationen von Kempten, Nürnberg und Augsburg von der Funkstelle des Münchener 19. Infanterieregiments Kahrs Entscheidung: „Mit Waffengewalt erpreßte Stellungnahme in der

schwoll nicht ab, als er ansetzte zu reden. Ich sehe noch deutlich ... wie er den Browning hinten aus der Tasche zog und ... (noch einmal, der Verf.) einen Schuß gegen die Decke abfeuerte ... Was dann folgte, war ein rednerisches Meisterstück, das jedem Schauspieler Ehre gemacht hätte. Er begann völlig ruhig, ohne Pathos ... Ich kann mich nicht erinnern, je in meinem Leben einen solchen Umschwung der Massenstimmung in wenigen Minuten fast Sekunden erlebt zu haben. Sicher gab es noch viele, die nicht bekehrt waren, aber die Stimmung der Mehrheit hatte völlig umgeschlagen. Hitler hatte sie mit einigen Sätzen umgedreht, wie man einen Handschuh umdreht. Es hatte fast etwas von einem Hokuspokus, von einer Zauberei." Zit. nach Müller, Karl Alexander von: Im Wandel einer Welt, München 1966, S. 162f.

Bürgerbräuversammlung ungültig."[133] Auswärtige Truppeneinheiten wurden mobil gemacht und in Richtung München in Marsch gesetzt. Hitler verfügte – wie Kahr erkannt hatte – nicht über die zur Meisterung der Lage nötigen Führungsfähigkeiten. „Hitler hat durch sein Handeln bewiesen", erklärte er am 12. Dezember 1923, „daß ihm für eine Führerrolle die politische und militärische Einsicht und Urteilskraft fehlt."[134]

Doch Hitler, dem bereits während dieses Unternehmens Zweifel an seinen Führungsfähigkeiten kamen,[135] konnte nicht mehr zurück. „Die Tat", beschwor er wiederholt seine Umgebung, „ist nun geschehen, es gibt kein Zurück mehr."[136] Dennoch redete er nur, ohne zu tun, was unbedingt hätte getan werden müssen. So unternahm er während der ganzen Nacht nach seinem Husarenstreich nicht einmal einen ernsthaften Versuch, die wichtigsten öffentlichen Gebäude in seine Hand zu bekommen. Das Telegrafenamt, das Telefonamt, die Regierungsgebäude, der Hauptbahnhof, die Kasernen der Landespolizei und der Reichswehr,* Machtschaltstellen, die ein umsichtig führender Putschist sofort besetzt oder zu besetzen versucht hätte, lagen außerhalb seines Gesichtskreises.** Daß Hitler, der erfahrene Propagandist, im Gegensatz zu Kahr*** nicht einmal daran dachte, die Zeitungsredaktionen unter seine Kontrolle zu bekommen, zeigt ebenfalls deutlich, wie

* Versuche, sich der Kasernen des Infanterieregiments 19 und des Pionierbataillons 7 zu bemächtigen, schlugen fehl. Lediglich das Wehrkreiskommando-Gebäude fiel durch einen Handstreich Ernst Röhms am Abend des 8. 11. 1923 in die Hand der Hitler-Leute, die der Entscheidung Ludendorffs folgten und die Kasernen der Reichswehr nicht mehr angriffen. Vgl. Röhm, Ernst: Die Geschichte eines Hochverräters, München 1933, S. 254. Fortan zitiert als Röhm.

** Der gegen 1 Uhr nachts von Infanterieschülern unternommene Versuch, das Regierungsgebäude zu besetzen, ging auf einen Befehl Ludendorffs zurück. Vgl. Hauptstaatsarchiv München, MA. 1943, D. R. 473.

*** Kahr veranlaßte auf Betreiben seines Pressechefs nach 1 Uhr früh, daß die Münchener Morgenzeitungen nicht erscheinen durften. Vgl. Hauptstaatsarchiv München, MA. 1943, D. R. 473.

wenig er der Rolle gewachsen war, in die er sich hineinmanövriert hatte.

Er fuhr zur Pionierkaserne, um einen Streit zwischen Offizieren des Pionierbataillons und des Oberlandbataillons von Müller zu schlichten, was schon Ernst Röhm als eine Hitler in der Situation „eigentlich ferne stehende Aufgabe“[137] kritisierte.

Total überfordert, erwog Hitler inmitten der sich überstürzenden Ereignisse sogar, zu dem in Berchtesgaden weilenden und in diesem Augenblick weder ihm noch Ludendorff gewogenen Kronprinzen Rupprecht zu fahren und ihm mitzuteilen, daß das seinem „hochseligen Vater“ angetane Unrecht „wieder gutgemacht“ worden sei.[138]

Führungsanstöße und-maßnahmen gingen von Ludendorff, Röhm und Streicher aus.* Hitler ließ die Zeit – falsch genutzt – verstreichen. Erst eigentlich der in der Mittagszeit des 9. November veranstaltete „Erkundungs- und Demonstrationszug“[139] der Hitler-Ludendorff-Anhänger zur Feldherrnhalle sah[139] ihn wieder als Führer. Doch da brauchte er nur zusammen mit Ludendorff an der Spitze der rund 2000 zum Teil bewaffneten „Demonstranten“ zu marschieren und den Ereignissen ihren Lauf zu lassen, wie er auch zuvor schon – nach seinem zweiten Pistolenschuß im Bürgerbräukeller – nahezu alles einfach hatte „sich entwickeln“ lassen. Der sozialdemokratische Politiker Wilhelm Hoegner war noch 1927 ebenso wie der mit der Untersuchung des Putsches beauftragte Parlamentsausschuß überzeugt, daß nicht Hitler, sondern Ludendorff der Führer der Putschisten gewesen sei,[140] die schließlich von der

* Während Streicher die Propaganda organisierte (vgl. IMT, Bd. VII, S. 340) fuhr Frank mit einem Auto durch München und gab die Bildung einer „neuen Regierung“ bekannt. Vgl. Frank, Hans: Im Angesicht des Galgens, München-Gräfelfing 1953, S. 69.

bayerischen Landespolizei vor der Feldherrnhalle zusammengeschossen wurden und sechzehn Tote auf dem Platz zurücklassen mußten.

„Mein Kampf", Führungsrichtlinien und der Führer-Mythos.

Doch die durch den Putsch bei Freund und Feind entstandene Vorstellung, daß Hitler infolge seines Handelns zum Mittelpunkt der gesamten völkischen Bewegung geworden sei, überdeckte nicht nur den fatalen Ausgang der dilettantisch inszenierten und geführten Aktion, sondern auch, daß Hitler nur unter Zwang gehandelt hatte. Die nationalsozialistische Propaganda, Hitlers legitimes Kind, hatte Früchte getragen, einen Führer-Mythos geschaffen, „Bewußtsein" produziert und spezifische Zielvorstellungen entwickelt und gefestigt.

Der vom Staat vorübergehend aus dem Verkehr gezogene Führer, der nun auch von Märtyrern „seiner" Bewegung sprechen konnte, die „nicht umsonst gestorben" sein dürften, sah sich auf eine höhere Ebene projiziert und durfte sicher sein, von vielen Parteigängern weiterhin als unerschrockener politischer „Erlöser" und Heilbringer herbeigesehnt zu werden. Daß er die Entwicklung außerhalb der Festungsmauern – nach dem psychisch schnell überwundenen Schock und den ebenso bald vergessenen Selbstmordabsichten – zum Schaden der offiziell aufgelösten NSDAP einfach laufen ließ, ohne sich aktiv einzuschalten, wozu er dank der außerordentlich großzügigen Behandlung, der er sich in Landsberg erfreute,[141] nahezu jederzeit in der Lage gewesen wäre, entsprach ebenso seinem Naturell wie seiner klugen Erkenntnis, daß er sich so verhalten müßte, wenn er der Führer bleiben wollte. Ohne ihn, das sollte jedermann erkennen, ginge es nicht, gäbe es keine Zukunft. Entsprechend bereitete er sich denn auch auf den Tag X vor.

Am 18. Juli 1925, rund sechs Monate nach seiner Entlassung aus der Landsberger Festungshaft, erschien der erste Band seines Werkes „Mein Kampf", von dessen erster Auflage in kurzer Zeit 23 000 Exemplare verkauft wurden. Hitler, der das Buch später als „Phantasien hinter Gittern" bezeichnete, bis auf die Betrachtungen über die Syphilis dennoch nichts ändern zu müssen meinte, hatte die Zwangspause genutzt und sich theoretisch auf die Fortsetzung seiner Führer-Karriere vorbereitet.

In der Nacht vom 3. zum 4. Februar 1942 monologisierte er im Kreise alter Kämpfer: „Ohne meine Haftzeit wäre ‚Mein Kampf' nie geschrieben worden. Diese Zeit gab mir Gelegenheit, mir über verschiedene Begriffe klarzuwerden, die ich bis dahin nur instinktiv empfunden hatte . . . Aus dieser Zeit rührt auch die Überzeugung her, daß wir die Macht nicht mehr durch Gewalt erringen konnten, was viele meiner Anhänger nie begriffen haben. Der Staat hatte Zeit gehabt, sich in sich selbst zu festigen, und er hatte die Waffen."[142] Was Hitler nach seiner vorzeitigen Entlassung aus der Haft über seine Personalpolitik, die Auswahl der Führungspersönlichkeiten, über die Propaganda und Beeinflussung der Massen sagte oder schrieb, ließ aufhorchen. So erklärte er am 12. Juni 1925 während der Landesvertretertagung der NSDAP in Plauen: „Vergessen Sie Ihre Person, Ihren Bezirk und Gau und bedenken Sie nur das eine: das ist eine Bewegung, die über ganz Deutschland verbreitet werden muß: sie hat eine Leitung, die über der ganzen Bewegung stehen muß. Erwarten Sie nicht, daß ich mich in kleine Detailstreitigkeiten mische. Zu mir (darf?) jeder das Vertrauen hegen, daß ich mich in meinen Entschlüssen nur leiten lasse von dem Gesichtspunkt: ‚Wie kann die Bewegung Nutzen daraus ziehen?‘ ... In München waren Todfeinde (in der Bewegung). Nur im Gerichtssaal wollten sie einander gegenüberstehen ... Nun arbeitet jeder wieder an seinem Platz. Nur auf Grund seines Wertes für die Bewegung wird jeder geschätzt. Nicht Sympathie für diesen oder jenen Mann ist bei mir ausschlaggebend ... Ich kann nicht jedem ins Herz hineinsehen. In Zweifelsfällen stets fragen: ‚Was scheint mir am meisten der Bewegung nützlich zu sein?‘ ... Auch ich kann mich einmal irren. Das alles liegt in der Natur des Menschen ... So wie Sie dies in Rechnung ziehen und die Größe der Bewegung ... betrachten, werden Sie Ihre Entscheidungen richtig treffen. Dann wird ... der eine den anderen mehr schätzen lernen; scheinbar heterogene Naturen ergänzen sich. Es gibt wenig Universalnaturen ... Die Kunst des Führers besteht darin, daß er die einzelnen Mosaiksteine zusammensetzt, daß er die Menschen ... nimmt, wie sie sind und hinsetzt, wo sie hinzusetzen sind. – Würde ich den Vollendeten suchen, der keine harte Kante besitzt, so würde ich wie Diogenes mit der Laterne herumlaufen und kaum 10 Anhänger finden ... Der Führerstandpunkt muß sein: Man kann nicht das Vollendete bekommen, sondern muß ... den Menschen – wie einen Baustein – so lange drehen und wenden, bis er hineinpaßt in den Bau. Dies ist der einzige Gesichtspunkt, den ein Führer sich immer vor Augen halten muß.“[143]

Daß diese Interpretation weithin als ein verblüffender Exhibitionismus aufgefaßt und mit der Vorstellung verbunden wurde, der Führer-Willkür Adolf Hitlers seien im Rahmen der NSDAP nunmehr vollends Tür und Tor geöffnet, konnte nicht überraschen. Seine Feststellungen, daß er sich „auch“ einmal irren, „nicht jedem ins Herz hineinsehen“ könne und für ihn bei der Besetzung von Führungspositionen nicht persönliche

Sympathien, sondern ausschließlich Zweckmäßigkeitsgesichtspunkte entscheidend seien, lud viele seiner Kritiker ein, ihn des Versuches einer ängstlichen Rückversicherung zu zeihen, zumal er seine Unterführer auch noch gewarnt hatte: „Erwarten Sie nicht, daß ich mich in kleine Detailstreitigkeiten mische."

Tatsächlich bewies Hitler lediglich, daß er genau wußte, was einen idealen Führer auszeichnet. Was er lehrhaft forderte und modellhaft vorzeichnete, mochte er teilweise in Goethes „Wilhelm Meisters Lehrjahren" gelesen haben, in denen es heißt, daß man die Menschen dahin brächte, wohin sie zu bringen seien, wenn sie behandelt würden, als wären sie so, wie sie sein sollten. Doch seine „Lehren" gingen darüber hinaus und stimmten verblüffend mit den Theorien über die Techniken der Menschenführung überein, die heute von Politikwissenschaftlern, Psychologen und Soziologen als Hilfen zur Bewältigung von Führungsproblemen empfohlen werden.

„Effektive, ideale Führungskräfte", heißt es beispielsweise bei Peter F. Drucker, „fragen nie: ‚Wie kommt der Betreffende mit mir aus?' Sie fragen: ‚Was trägt er zur Leistung bei?'"[144] Hitler sagte: „Nicht Sympathie für diesen oder jenen Mann ist bei mir ausschlaggebend ... Ich kann nicht jedem ins Herz hineinsehen. In Zweifelsfällen stets fragen: ‚Was scheint mir am meisten der Bewegung nützlich zu sein?'" Seit sechs Jahrzehnten wird die Frage diskutiert, ob Hitler ein guter Menschenkenner gewesen sei. Die Antworten decken sich nicht. Meist sind sie gegen Hitler gerichtet, der Personen, die ihn persönlich interessierten, durchaus „ins Herz hineinsehen" konnte. Daß er dies als Führer nicht unbedingt auch tat, spricht nach den Erkenntnissen der Psychologen nicht gegen, sondern für ihn als Führer. „Menschenkenntnis und Menschenführung", so folgert Kroeber-Keneth, „sind durchaus nicht das gleiche. In gewissem Sinne sind sie sogar ... Gegensätze, die sich bis zu einem bestimmten Grade ausschließen. Die einfühlende Menschenkenntnis bewirkt eine Schwächung des draufgängerischen Führungswillens."* Daß mitreißende, große Massen bewegende Menschenführer oft überraschend schlechte Menschenkenner waren, beweist die Geschichte. Nicht selten, und das trifft auch bei Hitler zu, haben sie die Menschen, auf die sie angewiesen waren, im buchstäblichen Sinne positiv verkannt und sie eben deshalb von der Sache her richtig eingesetzt.

Für Kroeber-Keneth ist „die Fehleinschätzung der Wirklichkeit", das heißt die falsche Beurteilung der Unterführer durch die obersten Führer, „geradezu ein unerläßlicher Bestandteil des neubildenden ... schöpferischen Aktes."[145] So gut Hitler die Theorien der Menschenführung durchdacht hatte und beherrschte, so wenig war er in der Lage, sie konsequent umzusetzen. Unterführer, die er einsetzte, hielt er in vieler Hinsicht meist nur am langen Zügel. Tatenlos sah er zu, wie nicht wenige von ihnen ihre Stellen nach ihren Anlagen und ihrem Belieben umformten. Daß dies schließlich die gleichen Folgen wie die von ihm stets verbal bekämpfte Vetternwirtschaft haben mußte, wußte er, doch er ließ die Leute gewöhnlich gewähren. Sich seiner künstlerisch angehauchten Anfälligkeit für „sympathische" und verdiente Persönlichkeiten bewußt, versuchte er, der die Organisation als spezifisches Instrument zur Zusammenfassung menschlicher Stärken genial einzusetzen verstand, seine Günstlinge mit Unterführern zu konfrontieren, die ihm persönlich gar nichts bedeuteten, der Sache jedoch in seinem Sinne dienten und die Schwä-

* Kroeber-Keneth: Kroeber Keneths Menschenkunde, Düsseldorf und Wien 1977, S. 279. Ebenda heißt es: „Menschenkenntnis bezieht sich auf das So-sein; Menschenführung auf das Soll-sein."

chen ihrer Konkurrenten nach seiner Auffassung weithin auszugleichen in der Lage waren.*

Überflüssige Reibereien, Querelen, Enttäuschungen und Verärgerungen waren die Folge bei gutgläubig engagierten Führungsgehilfen und relativ selbständigen Unterführern, die in kräfteraubenden Intrigenspielen entweder sich und ihre Kräfte abnutzten oder sogar der totalen Resignation verfielen. Auch dies sprach gegen Hitler als Führer, der – im Prinzip richtig – mehr darauf sah, was die von ihm eingesetzten Funktionäre, Führer, Minister und Militärs konnten, als auf das, was sie nicht zu leisten vermochten. Im Endeffekt unterband er durch seinen Führungsstil eine maximale Entfaltung der Leistungsfähigkeit sowohl derjenigen, die seinen Willen durchsetzen sollten, als auch derjenigen, die dies guten Glaubens zu tun meinten.

In „Mein Kampf" erklärte Hitler zwar programmatisch, daß sowohl der – stets „mit unbeschränkter Vollmacht und Autorität"[146] ausgerüstete – Erste Vorsitzende jeder Organisation der NSDAP (Ortsgruppe, Bezirk, Kreis, Gau) als auch der Führer der Gesamtpartei von den Parteimitgliedern zu wählen seien, was hieß, daß dem obersten Führer der Partei nicht die Vollmacht zustände, die Führerschaft nach seinen Wünschen auszuwählen und einzusetzen, doch nur Eingeweihte wußten, daß dieses Prinzip von Hitler und seinen Unterführern bis 1928 gelegentlich auch praktiziert wurde. Wählten Mitglieder der NSDAP irgendwo einen Ortsgruppenleiter, der sich – was Hitler aus grundsätzlichen Erwägungen wünschte – gegen seine örtlichen Rivalen durchgesetzt hatte, wurde er – mit Hitlers Billigung – normalerweise auch von der Münchener Parteileitung akzeptiert und in seiner Funktion bestätigt. Völlig gleichgültig

* Vgl. dazu beispielsweise die Ausführungen über Rosenberg und Koch im ersten Teil dieses Buches.

war gewöhnlich dabei, wie und mit welchen Mitteln er seine Konkurrenten ausgeschaltet hatte.

Martin Broszats Feststellung, daß der „dezentrale und vielfach zentrifugale Parteiaufbau . . . nach 1925 u. a. dadurch bedingt“ gewesen sei, „daß Hitler infolge von Redeverboten z. T. noch bis 1927 in verschiedenen Ländern nicht öffentlich auftreten konnte,“[147] ist wenig überzeugend. Zu belegen ist sie gar nicht, zumal Hitler nicht nur „zum Teil noch bis 1927“, sondern sogar bis Ende 1928 (in Preußen bis Oktober und in Anhalt bis November 1928) nicht reden durfte. Hitler ließ den obersten Parteirichter Walter Buch später erklären,[148] daß er während seiner Festungshaft weder über die Bestimmungen des Vereinsgesetzes noch des Bürgerlichen Gesetzbuches hinreichend informiert gewesen sei. Daher habe er geglaubt, das Gesetz ließe nur die demokratische Verfahrensweise zu. Im September 1929 indes belehrte der Völkische Beobachter seine Leser, daß „gemäß dem autoritativen Aufbau der Bewegung die Ortsgruppenführer nicht mehr gewählt, sondern vom Gauleiter eingesetzt“ würden.[149] Entsprechend hieß es seit 1930 auch in allen Ausgaben von „Mein Kampf“: „Der erste Vorsitzende einer Ortsgruppe wird durch den nächsthöchsten Führer eingesetzt, er ist der verantwortliche Leiter der Ortsgruppe . . . Der gleiche Grundsatz gilt für die nächsthöhere Organisation, den Bezirk, den Kreis oder den Gau. Immer wird der Führer von oben eingesetzt und gleichzeitig mit unbeschränkter Vollmacht und Autorität bekleidet. Nur der Führer der Gesamtpartei wird aus vereinsgesetzlichen Gründen in der Generalmitgliederversammlung gewählt.“[150]

Die Übertragung des militärischen Führungsprinzips (Verantwortung nach oben, Autorität nach unten) auf die Partei- und Staatsführung* erschien dem größten Teil der vom Front-

* „Es ist“, schrieb Hitler in „Mein Kampf“ (S. 379), „eine der obersten Aufgaben der

erlebnis des Ersten Weltkrieges geprägten Hitler-Anhänger als Selbstverständlichkeit.[151] Daß die an herkömmliche parteipolitische Vorstellungen und Modelle orientierten Zeitgenossen dagegen darin eine nicht zu übersehende Aufforderung zur Vorsicht erblickten,* erwies sich zwar als störend, doch damit wurden die Nationalsozialisten fertig. Hitler, der Verfechter des soldatischen Führungsprinzips und „neue Typ des politischen Soldaten", wie Gregor Strasser ihn im Juli 1932 nannte, folgte zunächst weniger seinen (anfänglich gar nicht auf das Selbst-Führen-Wollen ausgerichteten) weltanschaulichen Vorstellungen als seinen persönlichen Erfahrungen und Selbsterkenntnissen. Vier Jahre hatte er, der bis zum Kriegsbeginn in den Tag hineinlebende österreichische Bohemien, sich in der straff organisierten Armee wohlgefühlt. Sie war ihm, dem Mann ohne Elternhaus, eine Heimat gewesen und hatte ihm jede Entscheidung größeren Umfanges abgenommen. Der Apparat hatte selbst in schwierigsten Lagen funktioniert und war stets überschaubar gewesen. Wer und was sonst hätten Vergleichbares zu bieten vermocht? Wo sonst wurde nicht nach der sozialen Herkunft gefragt, und wo gab es eine solche Einhelligkeit hinsichtlich der Frage der Nation, einen so ausgeprägten Gemeinschaftssinn und soviel Disziplin, Festigkeit, Kampfkraft und jederzeit abrufbare Energie?[152] Niemand konnte ungestraft „aus dem Ruder" laufen und sich dem Zugriff der Führung entziehen, ohne daß sich die oberen Füh-

Bewegung, dieses Prinzip zum bestimmenden nicht nur innerhalb ihrer eigenen Reihen, sondern auch für den gesamten Staat zu machen".

* Unwillig reagierte auf die Ausrichtung der NSDAP zur Führer-Partei und die Identifizierung von Führer und Idee schließlich auch der klassenkämpferische (allerdings nicht große) Otto-Strasser-Kreis, der (gemeinhin und ungenau als besonders artikulierter Sozialismusflügel im Rahmen der NSDAP eingeordnet) eine strikt antikapitalistische, revolutionär sozialreformerische Konzeption verfocht und in nationalen Fragen auf seiten der Deutschnationalen und in „wirtschaftlichen und sozialen Fragen an der Seite der Sozialdemokraten und der Kommunisten" stand (vgl. Nationale Sozialisten vom 10.4.1930).

rungsinstanzen stets um alle Einzelheiten zu kümmern brauchten. Der Führungsapparat verantwortete von unten nach oben, was geschehen war und was zu geschehen hatte, kontrollierte die Realisierung der von oben nach unten gegebenen Befehle und Weisungen und garantierte dafür, daß der ganze Apparat intakt blieb. Die Männer der Kriegsgeneration waren nahezu ausnahmslos durch diese „Schule“ gegangen. Wie sehr das Fronterlebnis vor allem diejenigen geprägt hatte, die Hitler als Führer akzeptierten und dafür sorgten, daß die NSDAP als Führer-Partei funktionsfähig wurde und blieb, drückte Gregor Strasser am 19. Dezember 1927 in einer Rede im Münchener Hofbräuhaus treffend aus. „Vor dem Krieg haben wir uns“, erklärte der bayerische Apotheker, „um Politik nicht gekümmert. Aufgewachsen als ... Sohn einer kleinen Beamtenfamilie, kannte ich kein anderes Bestreben, als durch Fleiß vorwärts zu kommen. Im Krieg sind wir Nationalisten geworden, d. h. aus jenem dumpfen Gefühl, daß das Vaterland geschützt werden muß ... etwas Hohes, Heiliges ist ... aus diesem dumpfen ... Begriff wurde man im Feld Nationalist ... Kompagnien und Batterien, von 250 Mann auf 60 Mann zusammengeschlossen ... wußten: wenn wir nicht einig sind, kommen die Schwarzen über uns ... das Primärste jeden Mannstum ist, sich zu verteidigen und das zweite: alles muß zusammenhalten, das gleicher Muttersprache ist, muß sich organisieren ... Weil wir Nationalisten geworden ... mußten wir im Schützengraben Sozialisten werden, heimkommen mit dem brutalen Willen, alle im Volke um uns zu scharen und ... zu lehren, daß die Größe einer Nation abhängt von dem Willen des einzelnen, für diese Nation einzutreten ... Wir mußten aus diesem Krieg heimkommen mit dem Willen: Derjenige, der mit uns gekämpft hat ... soll gleichberechtigt werden, damit Deutschland in Zukunft stark sei und Herr werde über seine Feinde.“[153]

Daß der Schützengrabengeist des Ersten Weltkrieges jedoch nicht nur in den ersten Jahren nach Kriegsende Früchte trug, die Hitler pflücken konnte, sondern auch später von großer Bedeutung war, bezeugte der Generalfeldmarschall Wilhelm Keitel am 25. Januar 1945 in Nürnberg.

„Nicht das Parteiprogramm der NSDAP", notierte er für seinen Verteidiger, „zog mich in die Gedankenwelt Adolf Hitlers, sondern die vielfachen soldatischen Analogien, die Ableitung zahlreicher, besonders immer politischer Zielsetzungen aus dem Fronterleben und dem Geiste der Weltkriegskämpfer."*

Militärisches Führungsprinzip bewahrt vor Entscheidungen

Es war kein Zufall, daß nicht nur demobilisierte, sondern auch aktive Offiziere, Unteroffiziere und Soldaten,[154] Freikorpsführer und bündische Anführer entsprechender Herkunft schließlich anfänglich zu den Aktivisten zählten, auf die Hitler zumindest im Rahmen seiner aktivistischen SA setzen konnte, in der ganz allgemein weder die „Weltanschauung" des obersten Führers noch die Agitation in Wort und Schrift die entscheidende Rolle spielten. Ordentliche Mitglieder der NSDAP wurden dagegen zunächst nur auffallend wenige Armeeangehörige. Bis Ende 1920 waren es 5,2 % in München, bis einschließlich 1922 nicht einmal 2 % in Rosenheim, Passau, Landshut und Mannheim.[155]

Das überzogene und meist ostentativ zur Schau gestellte

* Vgl. die Feststellungen Wilhelm Keitels im ersten Teil dieses Buches.

Selbstbewußtsein vieler SA-Führer, unter ihnen vor allem Walter Stennes, Edmund Heines, Graf Helldorf, Manfred von Killinger, August Schneidhuber und Freiherr Karl von Eberstein, resultierte nicht aus der Identifizierung mit Hitlers Weltanschauung. Der pervertierte Geist der Gewalt, des Ehrgeizes, des Geltungsbedürfnisses, des Hasses und des Neides gegen andere Völker und gegen die vom Schicksal verschonten Schichten des eigenen Volkes ersetzte weithin die Ideologien, die das durch die Niederlage und ihre Folgen belastete deutsche Nationalgefühl durch neurotisch artikulierte Ausflüchte zu restaurieren suchten.

Nicht durch Hitlers Weltanschauung wurden sie auf ein „System" und Ziel eingeschworen und als ansprech- und dirigierbare Aktionsgemeinschaft zusammengehalten; denn sie war bis 1925 weder differenziert ausgereift und unverwechselbar festgelegt,[156] noch lag sie als verbindliche „Richtlinie" publiziert vor. Integrierend wirkten der in dem politischen Terrain vorherrschende extreme Antisemitismus und eine konstante, aus traditionellen Hintergründen immer wieder hektisch genährte Unzufriedenheit. Hitler, der über eine in dieser Hinsicht feinnervige Antenne verfügte, erkannte dies sofort und zog die für ihn typischen Konsequenzen. Die „junge Bewegung", schrieb er 1925 in „Mein Kampf", „soll nicht eine Organisation der Zufriedenen, Satten bilden, sondern sie soll die Leidgequälten und Friedlosen, die Unglücklichen und Unzufriedenen zusammenfassen".[157] Sicherstes Magnetfeld waren (neben dem Antisemitismus als tragender Grundhaltung) vor allem aggressive Negativreaktionen auf den Vertrag von Versailles, der alte territoriale Wunschträume alldeutscher Programmatiker,* bestimmte außenpolitische Hoffnungen

* So sollten nach den Forderungen des deutschen Alldeutschen Verbandes, dessen Programm in einigen Punkten von den Vorstellungen der österreichischen Alldeutschen

und wirtschaftspolitische Erwartungen selbst gemäßigter bürgerlicher Kreise zunichte gemacht hatte. Die Forderungen des Vertrages von Versailles, der am 28. Juni 1919 von Hermann Müller und Johannes Bell unterzeichnet worden war, erschienen sowohl den Rechtsradikalen und Konservativen als auch einem Großteil der deutschen Bevölkerung nach 1918 derart ungeheuerlich, daß sie die Politiker für die Retter aus der Not hielten, die das laut und rücksichtslos aussprachen und ständig gegen die Siegermächte protestierten.

Hitler tat das immer wieder so drastisch und so erfolgreich, daß später die Rede umging, er sei nicht eigentlich in Braunau, sondern in Versailles geboren. Daß er dabei nicht den in radikalen Rechtskreisen besonders verhaßten George Clemenceau angriff, dessen Forderungen weitgehend den Inhalt des Vertrages („Clemenceau-Frieden") bestimmten, sondern Lloyd George, der zusammen mit Thomas Woodrow Wilson die Linderung von Maßnahmen durchsetzte, die das Deutsche Reich nach dem Willen Clemenceaus hart treffen sollten – wie beispielsweise die Forderungen nach der Abtretung von Gebieten westlich des Rheins –, verstanden viele Kritiker nicht. In seinen Reden, in denen er prinzipiell die Auffassung verfocht, daß Frankreich niemals einen Wiederaufstieg Deutschlands dulden würde, so daß alle Erfüllungspolitik unsinnig sei und der Vertrag annulliert werden müsse, bevorzugte er besonders die propagandistische Behandlung folgender Zusammen-

abwich (vgl. Maser, Der Sturm auf die Republik, 91 ff.), in ein zu schaffendes „Großdeutschland" eingegliedert werden: das „kleindeutsche Kaiserreich nebst Luxemburg ... Holland und Belgien ... der deutsche Teil der schweizer Eidgenossenschaft (und) ... das österreichische Kaiserreich" (vgl. Hamann, Otto: Der neue Kurs, Berlin 1918, S. 165). 1895 hatte der Alldeutsche Ernst Hasse gefordert, „Großdeutschland" bis zum Persischen Golf auszudehnen (vgl. Schreiner, Albert: Zur Geschichte der deutschen Außenpolitik 1871–1945; Ost-Berlin 1952, S. 172), was für die Alldeutschen hieß, daß auch die ganze Schweiz, die Balkanhalbinsel, Kleinasien und die sieben östlichen französischen Departements zu „Großdeutschland" zu gehören hätten.

hänge und Details: Besetzung und Abtrennung deutscher Gebiete, Abrüstung, rigorose Verminderung der Truppenstärke, Schleifung von Festungen, Behinderung des Verkehrs- und Transportwesens durch die Ablieferung von Verkehrsmitteln und der Handelsflotte und die im Artikel 231 des Vertragstextes (Teil VIII) enthaltene Erklärung, daß Deutschland und seine Verbündeten als Urheber für alle Verluste und Schäden verantwortlich seien, die die alliierten und assoziierten Regierungen und deren Angehörige durch den Krieg erlitten hatten.

Die im Reich einschneidend spürbaren Forderungen des Versailler Vertrages hatten zur Folge, daß der Sozialismus auch von den sozialen Schichten als politische Erlösungsformel propagiert wurde, die ihn bis dahin infolge ihrer bürgerlichen Herkunft und Positionen entschieden abgelehnt hatten. Als positiver Begriff erschien er nach 1918 in Namen und Programmen neuer politischer Parteien und Organisationen, die eindeutig bürgerliche und zum Teil selbst reaktionäre Interessen verfochten. Dieser betont „deutsch“, „nationalistisch“ und extrem „völkisch“ artikulierte Modesozialismus, eine besonders gefühlsbetonte und aggressive Ideologie, wurde zum verheißungsvollen politischen Leitbild für zahlreiche Angehörige des Mittel- und Kleinbürgertums, die im Laufe des Krieges zur pazifistischen Demokratie bekehrt, durch den Ausgang des Krieges enttäuscht und nicht zuletzt dadurch in vielen Fällen parteipolitisch aktiv geworden waren. Und er wurde zugleich auch zu einer politischen Heimat für die durch die Auflösungsbestimmungen des Versailler Vertrages in ihrer Existenz bedrohten Wehrverbände und Freikorps. Besonders diese beiden Gruppen sahen in Hitler bald den besten Kondottiere und daher im Nationalsozialismus die attraktivste politische „Weltanschauung“ für ihre Zukunft. Angesichts der Bedingungen und Folgen des Vertrages fand Hitler stets aktuelle

Anlässe, ihn engagiert zu kritisieren, und die von ihm geschickt Angesprochenen sahen sich ständig unmittelbar betroffen. Hitler, der sich in diesen Reden zwar an einige Fakten hielt, die jedermann kontrollieren konnte, aber nicht nach Ursache und Wirkung fragte, sondern nur die Lasten schilderte, die Deutschland zu tragen hatte, stellte die Unterzeichnung des Vertrages und die Bereitschaft der Regierung zur Übernahme der Verantwortung als verhängnisvoll und politisch falsch hin, was ihn in den Augen mancher Zeitgenossen bereits als wünschenswerten Führer erscheinen ließ.

Die vor und während des Weltkrieges in der Armee und im Rahmen von Freikorps und anderen paramilitärischen Organisationen nach dem Kriege erworbenen Führungserfahrungen derjenigen, die Hitler folgten, ließen „chaotische Zustände" nur schwerlich aufkommen. So bot die nach militärischem Muster – dank ihres Engagements – weitgehend „von selbst" funktionierende „Bewegung" dem Führer Hitler den Spielraum, den er infolge seiner spezifischen Führungsauffassung und -anlagen brauchte. Auf eine solche Grundlage gestützt, konnte er die NSDAP und ihre Organisationen sich entwickeln und den „Notwendigkeiten des Tageskampfes"[158] anpassen lassen, ohne die Ziele der Bewegung aus den Augen zu verlieren – und ohne ständig Entscheidungen fällen und sich auf lange Sicht festlegen zu müssen. Nicht zufällig hieß es in der „Dienstvorschrift" für die Politische Organisation der NSDAP vom 15. Juli 1932: „Wer Nationalsozialist wird, tritt nicht irgendeiner Partei bei, sondern er wird damit Soldat der Freiheitsbewegung Deutschlands." Obwohl damit eigentlich die Konsequenz verbunden war, daß jedermann jederzeit klar umrissene Weisungen erwarten könnte, ist kaum jemandem aufgefallen, daß sie von Hitler, dem obersten Führer, nicht kamen. Die Feststellung Gregor Strassers von 1932, zu der Zeit

Reichsorganisationsleiter der NSDAP, daß die „Organisationsformen nicht am grünen Tisch erdacht, von oben her befohlen ... sondern ... organisch aus den Notwendigkeiten des Tageskampfes und des Zieles der Bewegung von unten her herausgewachsen“[159] seien, umschreibt vorsichtig, wie Hitler führte: er ließ die Dinge laufen und legalisierte durch Gesetze und Führer-Befehle „unten“ getroffene Entscheidungen und praktizierte Maßnahmen gewöhnlich erst, bevor sie, was er sich als „starker Führer“ nicht leisten konnte, den Zustand gesetzloser Zustände offenbar werden ließen.

Hatten die Unterführer erst einmal eine Position inne, konnten sie nahezu tun und lassen, was sie wollten, solange sie nur Hitlers einmal gefällten Entscheidungen nicht offen widersprachen und seine Anordnungen nicht prinzipiell verletzten. Kein Ausschuß war befugt, ihnen Weisungen zu erteilen, kein rang- oder stellungsmäßig unter ihnen stehendes Mitglied berechtigt, sie und ihre Handlungen zu kritisieren. Hitler deckte mit seinem Namen dann gewöhnlich auch die Maßnahmen, die er selbst nicht offiziell gewollt und nicht angeordnet hatte.

Schnelle Entscheidungen nicht einmal gegen Rebellen. Die Röhm-Affäre.

Als beispielsweise Ernst Röhm und einige Dutzend seiner Unterführer nach dem 30. Juni 1934 umgebracht worden waren, mußte Hitler feststellen, daß sich unter den Toten auch Leute befanden, deren „Liquidierung“ er nicht befohlen hatte. Selbst Ernst Röhm hat er, wie Alfred Rosenberg berichtet, nicht umbringen lassen wollen. Seinem Tagebuch vertraute Rosenberg am 7. Juli 1934 an: „Hitler wollte Röhm nicht erschießen lassen. ‚Er stand doch einst neben mir vor dem Volksgerichtshof',* sagte er zu (Max) Amann. Amann aber: ‚Das große Schwein muß weg.' Und zu Heß: ‚Ich werde den Röhm selbst erschießen.' Heß entgegen: ‚Nein, das ist meine Pflicht, auch wenn ich nachher erschossen werden sollte.'"** Ob Hitler Röhms Leben zunächst tatsächlich schonen wollte, ist nicht sicher. Jedenfalls wurde niemand wegen der Erschießung des SA-Stabschefs zur Rechenschaft gezogen, dessen letzte Stunden Rosenberg in seinem Tagebuch wie folgt schilderte: „In München steht S. A. vollbewaffnet in Karrees a.(uf) d.(em) Königsplatz. Reichswehr mit M(aschinen)-G(ewehren) u.(nd) Panzerwagen auf Oberwiesenfeld. Es hätte nicht viel gefehlt, u.(nd) ... Grau und Braun hätten auf einander geschossen. Unterdes aber war der Spuk von Wiessee erledigt worden. Mit einem SS-Begleitkommando war der Führer nach Wiessee gefahren u.(nd) hatte zart an Röhms Tür geklopft: Meldung aus München, sagte er mit verstellter Stimme. ‚Komm doch rein', rief Röhm der vermeintlichen Ordonnanz zu ... Da riß Hitler die Tür auf, stürzte auf den im Bett liegenden Röhm ... packte ihn an der Gurgel und schrie: ‚Sie sind verhaftet, Sie Schwein!' ... Röhm weigerte sich zunächst, sich anzuziehen. Da schlug die SS dem ‚Stabschef' seine Kleider ins Gesicht ... Im Nebenzimmer war Heines in homosexueller Betätigung ... Im Korridor kommt dem Führer eine hagere Gestalt entgegen mit rot geschminkten Wangen. ‚Wer sind Sie?' ‚Der Zivildiener des Stabschefs.' Da packt den Führer eine Wut ohnegleichen ... er befielt die Lustknaben samt

* Gemeint war der Volksgerichtshof, der 1924 über den Hitler-Ludendorff-Putsch (vgl. S. 285 ff.) zu urteilen hatte.

** Rosenberg, S. 46. Die bei Rosenberg teilweise abgekürzten Namen wurden hier ausgeschrieben.

u.(nd) sonders in den Keller zu packen u.(nd) zu erschießen ... Röhm bestellt aus der Zelle ein großes Frühstück und verzehrt es bis zum letzten Brocken. Er verlangt einen Teppich und will den Führer sprechen. Das ist jetzt umsonst ... Man läßt ihm eine Pistole. Kommt wieder. Gibt ihm nochmals eine Möglichkeit. Er tut nichts. Da wird er in der Zelle erschossen."[160]

Auch im Fall Röhm hat Hitler, wie zuverlässige Unterlagen beweisen, keineswegs spontan entschlossen gehandelt. Die Illusion, daß sich alles von selbst einrenken und Röhm sich der gemeinsamen Kampfzeit seit 1920 erinnern werde, verstellte seinen Blick auf die Realität. „Meldungen über einen Putsch", so notierte beispielsweise Alfred Rosenberg am 7. Juli 1934 in sein Tagebuch, „waren von allen Seiten gekommen ... MacDonald hatte im ganz vertrauten Kreise dem Violinisten Kreisler erklärt: nun würden sich in den nächsten Wochen die Dinge in D.(eutschland) ja gewaltsam ändern. Die Frau Kreisler – eine Nichtjüdin – hat das ‚vertraulich' mitgeteilt – und so erfuhren auch wir davon. Im übrigen hatte ... Lutze[161] den Führer gewarnt."[162] Bereits in den ersten Junitagen hatte Hitler den SA-Stabschef zu sich befohlen und mit ihm ein sehr „ernstes Wort" gesprochen, wie eindeutig bezeugt ist. Zu mehr als zu einer – die „Affäre" nur hinauszögernden – Beurlaubung Röhms hatte er sich jedoch nicht entschließen können. Der Stabschef der SA ging, wie die deutsche Presse am 7. Juni 1934 berichtete, „auf Anraten seiner Ärzte" nur in Urlaub. Dabei lagen Hitler seit mindestens zehn Jahren Informationen über Röhms Privatleben vor, die er – seit Ende Januar 1933 nicht mehr nur Führer der NSDAP, sondern auch Reichskanzler – infolge des Bekanntheitsgrades und der Position Röhms nicht länger schadlos ignorieren konnte.* Schon 1924 hatte Röhm,

* So hatte Röhm am 15.2.1929 beispielsweise einem Freund gegenüber schriftlich

der Hitler seit 1920 immer wieder allzu selbstbewußt die Zähne zeigte,* gegenüber Freunden bekannt, homosexuell veranlagt zu sein,[163] was Hitler zweifellos wußte. Und ihm, Hitler, der seine „Pappenheimer" und deren Lebensweise genau kannte, kann auch nicht verborgen geblieben sein, daß Röhm in Erpressungen und Bestechungen verwickelt und in finanzielle Abhängigkeiten von Konzernen[164] geraten war. Sein kostspielig-aufwendiger Lebenswandel hatte selbst Hitler zuweilen in Verlegenheit gebracht. So hatten Röhm und einige seiner Freunde während einer Gruppenführertagung in Heidelberg beispielsweise über 9000 Mark Spesen gemacht, was besonders unangenehm auffallen mußte, weil unmittelbar zuvor von der SA Straßensammlungen veranstaltet worden waren.

Anders als im Zusammenhang mit der Erschießung Röhms verhielt sich Hitler, nachdem bekannt geworden war, daß sich unter den Toten auch Gregor Strasser befand. Der Tod des alten Widersachers und Räsoneurs, der am 8. Dezember 1932 zwar seine Ämter in der Partei niedergelegt hatte,[165] von Hitler kurz vor der Röhm-Affäre jedoch mit dem Ehrenzeichen (Nr. 7) der Partei ausgezeichnet worden war, mußte die immer noch zahlreichen Strasser-Anhänger erschrecken, woran Hitler nichts liegen konnte. So befriedigt er über die Liquidierung des Mannes gewesen sein mag, der ihm viele schlaflose Nächte bereitet hatte, so sehr mußte er befürchten, sich plötzlich erneut mit der Opposition der Strasser-„Fraktion" konfrontiert zu sehen. So ordnete er zunächst eine Untersuchung an,[166] unter-

bekannt: „Ich bilde mir ein, gleichgeschlechtlich zu sein, habe dies aber richtig erst 1924 ‚entdeckt'. Ich kann mich vorher an eine Reihe gleichgeschlechtlicher Gefühle und Akte bis in meine Kindheit erinnern, habe aber auch mit vielen Frauen verkehrt ... Heute sind mir alle Frauen ein Greuel, insbesondere die, die mich mit ihrer Liebe verfolgen." Maser, Werner/Höhne, Heinz: Adolf Hitler. Aufriß über meine Person. „Der Spiegel" vom 30. 4. 1973, S. 148.

* Vgl. Maser, Der Sturm auf die Republik, u. a. S. 291 und 388 ff.

nahm jedoch nichts weiter, nachdem sich herausgestellt hatte, daß mit Strasser offenbar auch der Strasser-Flügel liquidiert worden war. Hitler hatte Glück. „Gregor Strasser“, so konnte er am 13. Juli 1934 im Reichstag widerspruchslos erklären, „wurde zugezogen“,[167] nur in die „Affäre“ hineingezogen. Hätte er die Verantwortlichen bestrafen wollen, hätte er sich selbst auch anklagen und vor allem Göring und Goebbels, Strassers schärfsten Gegnern, den Prozeß machen müssen, die die Röhm-Affäre zur Begleichung einiger persönlicher und privater Rechnungen zu nutzen verstanden hatten.* Drastisch zeigte sich während der Röhm-Affäre, wie selbständig und weitreichend einzelne Chargen infolge der schwachen obersten Führungsspitze Befehle und Weisungen erteilen konnten. So erschien am 30. Juni 1934 bei dem SS-Gruppenführer Karl von Eberstein, der in München als Führer des SS-Oberabschnitts Mitte fungierte, ein SS-Obersturmführer namens Beutel „mit einem Sonderauftrag“, wie Eberstein sich in Nürnberg erinnerte. Er hielt einen Zettel in der Hand, auf dem „ungefähr 28 Namen“ standen. Ein Teil der da genannten Personen sollte „verhaftet und ein anderer Teil exekutiert werden“. Da der Befehl keine Unterschrift trug, war Beutel ratlos. Er begehrte von dem älteren Kameraden, der überdies erst drei Jahre zuvor Reinhard Heydrich mit Heinrich Himmler bekannt gemacht hatte,** zu erfahren, wie er sich verhalten sollte.

* Am 12.7.1934 erklärte Göring den Oberstaatsanwälten Preußens (Bundesarchiv Koblenz, R 22/4277) u.a.: „... der Gesetzgeber hat ... schon gesprochen und die Handlungen rechtens erklärt ... die Todesurteile ... werden gedeckt vom Führer und in Verfolg seiner Vollmacht von mir ... Sie, meine Herren, geht es nicht an, ob wir hier richtig gehandelt haben ... Die Sache ist schon deshalb einfach, weil wir genau diejenigen wissen, die wir beseitigen wollten ... Nehmen wir an, Herr Müller hat Herrn Mayer erschossen, und zwar auftragsgemäß ... Es ist möglich, daß hier Redereien entstehen und man sagt, es sei eine persönliche Angelegenheit gewesen. Steht der Name Mayer auf der Liste, dann ist dieser Fall nicht zu untersuchen und geht Sie nichts an ...“

** Reinhard Heydrich war 1931 als Oberleutnant zur See aus der Marine entlassen

Eberstein, der Sohn von Heydrichs Patentante Baronin von Eberstein, riet dem unsicheren Fragesteller, sich vor einer eventuellen Ausführung des Befehls genau zu vergewissern, woher die Weisung stamme und wer sie letztlich verantworte. „Es ist dann“, erklärte der SS-Baron, „ein Kurier nach Berlin geschickt worden, und dieser . . . hat dann auch Exekutionsbefehle mitgebracht, und zwar von Heydrich . . . Und auf Grund dieser Urkunde* sind acht Angehörige der SA und auch der Partei . . . in Dresden von der politischen Bereitschaft Sachsen erschossen worden. Außerdem ist in Plauen ein HJ-Führer erschossen worden und noch eine weitere Person in Chemnitz.“[168] 11 124 Personen wurden allein auf Görings Befehl in Schutzhaft genommen.[169] „Ungnädig“ und konsequent reagierte Hitler nur in einem Fall: im Fall des Paters Bernhard Stempfle. „Diese Schweine“, wütete er nach Heinrich Hoffmanns Angaben, „haben meinen guten Pater Stempfle auch umgebracht.“[170] Wer für den Tod des rechtsradikalen und eifrig publizistisch tätigen Paters verantwortlich war, der Hitler 1925 bei der Formulierung des zweiten Bandes von „Mein Kampf“ besonders aktiv behilflich gewesen sein soll,** wurde niemals offiziell bekanntgegeben. Hitler selbst sprach nur von den „Schweinen“, die seinen „guten Pater . . . auch umge-

worden. Auf Betreiben seiner Verlobten und späteren Ehefrau Nina von Osten hatte er sich an Karl von Eberstein mit der Bitte gewandt, ihm bei der Suche nach einer Stelle behilflich zu sein. Im Juni 1931 brachte dieser ihn mit Heinrich Himmler zusammen, der Heydrich sofort (mit einem Monatsgehalt von 180 Mark) engagierte, obwohl er weder Mitglied der NSDAP noch der SS war; ihr schloß er sich unmittelbar nach seiner Einstellung bei Himmler an. Vgl. Heydrich, Nina: Leben mit einem Kriegsverbrecher, Pfaffenhofen 1976, S. 26.

* Eberstein sprach von einer „Urkunde“, weil der Befehl Heydrichs Unterschrift trug und mit einem „beigedruckten Dienststempel der betreffenden Dienststelle“ versehen war.

** Vgl. dazu Hermann Hammer in: Vierteljahrshefte für Zeitgeschichte, Heft 2, April 1956, Jg. 4, S. 161–178. Vgl. dazu auch Maser, Adolf Hitler. Mein Kampf, S. 31 ff., wo Ilse Heß’ Mitteilung zitiert wird, daß Stempfles diesbezügliche Rolle in den Publikationen maßlos überbewertet worden sei.

bracht“ hätten. Daß er danach drei SS-Männer wegen „schändlicher Mißhandlung von Schutzhäftlingen“ erschießen ließ,* könnte bedeuten, daß namhafte Parteifunktionäre mit Stempfles Tod nichts zu tun hatten. Wahrscheinlicher ist jedoch, daß Hitler seine Unterführer warnen wollte, künftig ohne sein Wissen und auf eigene Faust so gravierende Maßnahmen zu veranlassen. „So wie ich vor anderthalb Jahren unseren damaligen Gegnern die Versöhnung angeboten habe“, erklärte er, sich zwar an die überlebenden Anhänger Röhms wendend, jedoch von niemandem zu überhören, „so möchte ich auch all denen, die mitschuldig waren an dieser Wahnsinnshandlung, von jetzt ab ebenfalls das Vergessen ansagen. Mögen sie alle . . . jetzt sicherer als früher die große Aufgabe erkennen . . . die nicht gelöst wird durch Bürgerkrieg und Chaos.“[171] In Zukunft werde er, so drohte Hitler, alle „Männer totschießen“ lassen, die sich heimlich zum Beispiel mit ausländischen Politikern träfen, „auch wenn es zutreffend sein sollte, daß bei einer . . . so verborgenen Beratung nur über Witterung, alte Münzen und dergleichen gesprochen worden sein soll.“[172]

So weit sollten seine Führungsexponenten, die nur „nach oben hin“ zu verantworten hatten, was sie taten, um der Unantastbarkeit seiner Führungsrolle willen denn doch nicht gehen dürfen. Auch wenn er gemeinhin akzeptierte, daß sie den – meist großen – Freiraum eigenmächtig ausfüllten, den sein Führungsstil nicht abdeckte, eines befand sich außerhalb der von ihm tolerierten Grenzen: die Preisgabe seiner Führungsschwächen. Röhm und sein engster Kreis hatten dies getan. Röhm hatte, sich selbst überschätzend und die ihm seit Jahr

* In seiner Rede vom 13.7.1934 erwähnte Hitler die Exekution der SS-Leute mit den Worten: „Endlich wurden noch erschossen drei SS-Angehörige, die sich eine schändliche Mißhandlung gegenüber Schutzhäftlingen zuschulden kommen ließen.“

und Tag vertrauten Mängel in Hitlers Führungsmentalität falsch beurteilend, seine eigenen Vorstellungen durchsetzen wollen, dabei jedoch die Grenzen übersehen, die von Hitler schon am Beginn seiner Führer-Karriere als unüberschreitbar proklamiert worden waren. Daß auch sein Versprechen von Anfang 1925, nur noch legal an die Macht kommen und damit die Gesetze und Spielregeln der parlamentarischen Demokratie achten und befolgen zu wollen, nichts daran änderte, beweisen die seitdem von ihm formulierten – und in seinem Auftrage publizierten – Richtlinien. „Hitlers Entscheid ist endgültig“,[173] lautete zum Beispiel das am 15. Juli 1925 proklamierte erste Gebot der „10 Gebote für den Nationalsozialisten“. Kein Nationalsozialist, selbst kein hoher Funktionär, durfte ungestraft das Prinzip unterlaufen, das nach jahrelangen Erfahrungen als unumstößliche Grundlage vorbereitet und etabliert worden war. „Ich versichere ausdrücklich“, hatten beispielsweise schon die nationalsozialistischen Wahlkandidaten für die Münchener Gemeindewahl im Dezember 1924 schriftlich erklären müssen, „daß ich ein etwa mir zufallendes Mandat lediglich als das Mandat Adolf Hitlers ansehe und bereit bin, auf dessen Wunsch oder Befehl bedingungslos mein Mandat niederzulegen.“

Die Röhm-Affäre ließ Hitler in der Öffentlichkeit als starken und entscheidungsfreudigen Führer erscheinen. Blomberg rühmte seine soldatische Entschlossenheit, und Hindenburg bedankte sich für sein „entschlossenes Zugreifen“.* Doch der Eindruck täuschte. Hitler war auch da nicht über seinen Schat-

* Blomberg erklärte am 1.7.1934 u.a.: „Der Führer hat mit soldatischer Entschlossenheit und vorbildlichem Mut die Verräter und Meuterer selbst angegriffen und niedergeschmettert.“ Und Hindenburg stellte in einem Telegramm an Hitler u.a. fest: „Aus den mir erstatteten Berichten ersehe ich, daß Sie durch Ihr entschlossenes Zugreifen und die tapfere Einsetzung Ihrer Person alle hochverräterischen Umtriebe im Keime erstickt haben ... Hierfür spreche ich Ihnen meinen tiefempfundenen Dank und meine aufrichtige Anerkennung aus.“ Zit. nach Domarus, Bd. I/1, S. 405.

ten gesprungen. Er hatte gezaudert, gewartet, hatte die Verwirklichung seiner Absichten buchstäblich bis zur letzten Stunde hinausgeschoben und war sich bis zur Tat selbst über die gravierendsten Einzelheiten noch im unklaren gewesen, als die Entwicklung nicht mehr gestoppt werden konnte. Wie nahezu immer und überall, hatte er auch hierbei „die Sache" laufen und sich selbst zum Schluß zu Entscheidungen zwingen lassen, die erst durch ein nachträgliches Gesetz legalisiert wurden. Alle Maßnahmen vom 30. Juni, 1. und 2. Juli 1934, so hieß es im Reichsgesetzblatt lakonisch, „sind als Staatsnotwehr rechtens".* Später legalisierten nachträglich nicht nur Gesetz, sondern auch Führer-Befehle und Führer-Weisungen ungesetzliche „Maßnahmen" verschiedenster Art.

In Hitlers Interpretation erscheint nur der als starker Führer, der fähig ist, sich über rechtliche und gesetzliche Bindungen hinwegzusetzen. „Ein Mann, der von der Vorsehung ... zum Führer bestimmt ist", schrieb er 1929, „wird sich ... sein Handeln niemals durch die lächerlichen Kompetenz-Grenzen einer Verfassung vorschreiben ... lassen ... Sollte aber ein im öffentlichen Leben stehender politischer Führer von anderer, also dritter Seite aus zur ‚Diktatur' ausersehen sein und nun die Erfüllung dieses Wunsches von der Erweiterung der verfassungmäßig festgesetzten Rechte abhängig machen, dann soll man den nur gleich zum Teufel jagen und sich nicht von solch einem Schwächling blenden lassen; denn der beweist damit klar und eindeutig, daß ihm die höhere, ihn selbst zwingende Befähigung für diese Mission vollkommen fehlt. Niemals wird ein nicht zum höchsten berufener Mann, nur durch eine von

* RGBl. 1934, I, S. 529. Bemerkenswert erscheint in dem Zusammenhang, daß Hitler am 2. Juli 1934 der Presse erklärte, die „Säuberungsaktionen" seien am 1. Juli abgeschlossen worden und würden „in dieser Richtung" nicht fortgesetzt. Das Gesetz bezog Maßnahmen vom 2. Juli jedoch noch ein.

anderer Seite vorgenommene Erleichterung seines Weges, zu höchsten Entschlüssen und Taten kommen."[175]

Als er sich während der Röhm-Affäre über Recht und Gesetz hinwegsetzte, wußte er, daß Hindenburg die Aktion billigen würde. Später tat er es aus „eigener Machtvollkommenheit"; aber es geschah meist erst, wenn ihm keine andere Wahl mehr blieb. Ehe er zugab, daß unter seiner Führung und Regierung illegale Maßnahmen an der Tagesordnung sein konnten, ignorierte er bestehende Gesetze oder schuf einfach neue – nach „der Tat". Ein Eingeständnis, gesetzwidrige Zustände geduldet und durch seine Autorität gedeckt zu haben, hätte dem Bild vom „starken" Führer und dessen Führungsprinzipien geschadet, das seine wichtigsten „Mitkämpfer" – und er schließlich auch – systematisch vorbereitet und etabliert hatten. Da diese Gesetzesübertretungen jedoch in nahezu allen Fällen seinen Vorstellungen entsprachen, ist die Frage nicht einfach zu beantworten, wie er reagiert hätte, wenn dies nicht der Fall gewesen wäre. Daß einige der „Mit-Väter" und Verteidiger des Führer-Prinzips offensichtlich davon ausgegangen waren, nötigenfalls auf Hitler einwirken zu können, blieb bedeutungslos, soweit es um die Position und das Ansehen des Führers ging. Wie kraß dabei auch politisch versierte, mit Hitler distanziert verkehrende und eigenwillige Köpfe sich selbst überschätzten und Hitler und den Mechanismus des Führer-Prinzips verkannten, verrät die Äußerung Gregor Strassers von 1930, daß „Hitler . . . der Mann sei, der einmal die Geschichte Deutschlands zu regeln hätte, wenn auch nicht in nach außen sichtbarer Weise, so doch durch seine vorgeschobenen Männer".[176]

Redner-Talent als wichtigstes Führer-Kapital.

Ohne den überragenden Redner und genialen Propagandisten Hitler wäre die NSDAP niemals geworden, was sie schließlich war. Als er im Herbst 1919 zur Partei stieß, war sie ein armseliger Verein von Handwerkern, hauptsächlich von Eisenbahnern, zu denen sich einige Intellektuelle als politische Regisseure gesellt hatten. Hitler, der nicht berufstätig war und die Hauptlast der Versammlungstätigkeit nahezu allein trug,* führte ihr durch seine Reden rasch Kaufleute, Beamte und Angestellte (1922 z. B. 31 % der Mitglieder), Geschäftsinhaber und Intellektuelle als Mitglieder und Soldaten und bemerkenswert viele Frauen als Anhänger zu.** Wie groß sein Anteil am „Aufbau der Bewegung" war, die ihre Mitglieder und Anhänger primär nicht durch das geschriebene, sondern durch das gesprochene Wort gewann, bezeugt schon die Tatsache, daß er beispielsweise in der Zeit vom 13. November 1919 bis zum 24. November 1920 31 der insgesamt 48 Parteiversammlungen allein als Redner bestritten hatte.[177] In München waren 62 371 Personen schon zwischen dem 24. Februar 1920 und dem 21. Januar 1921 Besucher nationalsozialistischer Versammlungen gewesen,[178] deren Hauptredner in den weitaus meisten Fällen Adolf Hitler geheißen hatte.

* Gelegentlich sprachen bis November 1923 zur Entlastung Hitlers vor allem Gottfried Feder, Hermann Esser, Dietrich Eckart, Dr. Erich Kühn, Karl Wiegand, Anton Drexler, Dr. Johannes Dingfelder, Max Weber, Oskar Körner und seit Ende 1922 auch Julius Streicher.

** Bereits 1920 befanden sich 20 bis 30 % Frauen unter den Teilnehmern der Hitler-Versammlungen. So wurden beispielsweise am 20. September 1920 rund 400 bis 500 Frauen (von 2000 Teilnehmern), am 22. September 1920 600 bis 800 Frauen (von 3000 bis 4000 Teilnehmern) und am 24. September 1920 900 bis 1200 Frauen (von 3000 bis 4000 Teilnehmern) in Hitler-Versammlungen über die Themen „Macht und Rechte, „Versöhnung oder Gewalt" und „Internationale Solidarität oder Selbsthilfe" gezählt. Versammlungsbericht der Abt. I b/P, Hauptstaatsarchiv München, Abt. II, Gruppenkommando 4, 46/6.

Kein Nationalsozialist – oder Beobachter der politischen Szene – hätte Hitlers Verdienste schmälern können, ohne die Tatsachen zu verfälschen. Hitler war der Mann, der durch seine Reden die Öffentlichkeit auf die Partei aufmerksam machte, der ihr Mitglieder und Gönner zuführte und nach Ansicht des überwiegenden Teiles der Mitglieder und Anhänger der NSDAP daher zwangsläufig auch ihr Führer sein mußte. Wer Hitler-Versammlugen besuchte, wollte gewöhnlich nicht primär hören, was Hitler sagte, sondern „erleben", wie er „es" tat.[179] Er wollte seine Stimme, seinen Sprechrhythmus, seine Suggestivkraft und Dynamik auf sich wirken lassen und durch Hitlers Redegewalt begeistert, fasziniert und emotionell aufgerührt werden.

In Bierschänken und Sälen, auf offenen Plätzen, in Zirkuszelten und Stadien, wo Hitler gern Reden hielt, hatte er schon früh erfahren, daß wenig differenzierte, radikale Formulierungen, apodiktische Behauptungen und häufige Wiederholungen ihre Wirkung auf die „Masse" hinterließen. Daß bestimmte Instinkte wirkungsvoller durch das in einem besonders vorbereiteten Rahmen effektvoll gesprochene als durch das geschriebene Wort entfesselt werden können, hat er schon 1919 als „V-Mann" der Bayerischen Reichswehr und bald danach auch als Parteiredner und Führer der NSDAP erfahren.

Hitler, dessen Sprache stets ein bestimmtes Reservoir logisch-begrifflicher Formen und Inhalte „auf Abruf" bereithielt, hatte rasch erkannt, daß bestimmte Begriffe und Namen durch stereotype Verknüpfungen mit gewünschten Vorstellungen und Gefühlswerten die angestrebten Änderungen in der allgemeinen Gefühls- und Wertassoziation erzeugen konnten. Schon als „Bildungsoffizier" hatte er bemerkt, wie zum Beispiel das von ihm stets durch bestimmte Kontextbeziehungen zur negativsten Wertassoziation überhaupt „aufgebotene" Wort „Jude" bei vielen seiner Zuhörer Gefühle und Vorstellungen wie Haß und Empörung erzeugte. So erschien das Wort „Jude" denn auch propagandistisch als Achse der sprachlich-gedanklichen Absicherungen in den Reden Hitlers und der nationalsozialistischen Propagandisten.

Wie in „Mein Kampf" vorgezeichnet, wurden kritische einzelne und Gruppen, die Hitler als Opponenten, Gegner und Feinde ansah, mit Superlativen negativer Prägung beschimpft, Intellektuelle pauschal als „überzüchtet", „blutleer" und „weltfremd",* als „Hohlköpfe", „Strohköpfe" und „dummes Hühnervolk" diffamiert, was bei seinen Anhängern auf offene Ohren und Herzen traf. Die von der nationalsozialistischen Propaganda ganz allgemein bündelweise mißbrauchten Superlative gingen zum größten Teil zwar ebenfalls auf Hitler zurück, resultierten jedoch aus einem Mißverständnis. Die Propagandisten wußten nicht, daß Hitler gern Superlative wie „größte Menschheitszerrüttung aller Zeiten", „größter Wortbruch aller Zeiten", „das grausamste Diktat aller Zeiten" und „schandbarste Unterwerfung und Ausplünderung aller Zeiten"[180] und aggressiv artikuliert beeindruckende Fakten- und Zahlenkolonnen[181] verwendete, um sich vor allem an ihnen bewußt zu orientieren, wenn er sich als Redner emotionell abreagierte.** Nicht ohne Grund ließ er sich seit 1922 seine Reden vor der Veröffentlichung meist noch einmal vorlegen, und nicht selten änderte er dann Textstellen, die ihm bei der nüchternen Lektüre nicht behagten, grob übertrieben oder gar irreal erschienen.

* Solche Formulierungen finden sich bereits in Hitlers Notizen aus der Zeit vor der Niederschrift von „Mein Kampf". Vgl. Maser, Hitlers Briefe und Notizen, u. a. S. 292 ff.

** Superlative in „Mein Kampf" haben den gleichen Ursprung.

Hätte Hitler allerdings nur in der Art und Weise als Propagandist aufzutreten vermocht, wäre er ganz gewiß nicht zum Führer der Führer-Partei avanciert, deren Mitglieder schließlich in allen Ständen, Schichten und sozialen Gruppierungen zu finden waren. Hätte er tatsächlich ein so schlechtes Deutsch gesprochen, wie „Mein Kampf" es als möglich – und teilweise als erwiesen – erscheinen läßt, hätten die zahlreichen Gönner ihn nicht schon seit Dezember 1920 so wirkungsvoll unterstützt. Bereits vor der Niederschrift von „Mein Kampf" waren es deutsche Politiker, ausländische Diplomaten, deutsche Industrielle, Generale und Dienststellen der Reichswehr, Verleger, Ärzte, vermögende Frauen und andere Angehörige des Besitzbürgertums und des Adels.[182] Rund 28 100 Selbständige, Land- und Forstwirte, Handwerker und Gewerbetreibende, 9900 Kaufleute, 3600 Angehörige freier Berufe, 2000 Lehrer, 8000 andere Beamte und 31 000 Angestellte gehörten der insgesamt 129 000 Mitglieder zählenden NSDAP im Sommer 1930 an, als es noch niemandem nützte, eingeschriebenes Mitglied der Hitler-Partei zu sein. Mehr als 195 000 Selbständige (wie oben), 20 000 Angehörige freier Berufe, 11 000 Lehrer, 36 000 Beamte anderer Tätigkeitsbereiche und 148 000 Angestellte waren es am 30. Januar 1933, als die Partei 849 000 Mitglieder zählte.*

Max Domarus, der Hitlers Reden aus der Zeit von 1932 bis 1945 zusammentrug und veröffentlichte, charakterisierte den Redner Hitler wie folgt: „Hitler stimmte seine Reden fast unmerklich auf die jeweilige Zuhörerschaft ab . . . er liebte es, den Jargon nach der Landschaft oder dem Kreis der Versam-

* Die Anzahl der Mitglieder schwankt in den Statistiken zwischen 121 000 und 129 000 für 1930 und zwischen 670 000 und 849 000 im Jahre 1933. Nach Schäfer, Wolfgang: Die NSDAP, Hannover 1956, S. 17, zählte die Partei am 30. 1. 1933 insgesamt 719 446 Mitglieder. Davon waren (nach Schäfer) 28,1 % Arbeiter, 25,6 % Angestellte, 20,7 % Selbständige, 8,3 % Beamte, 14,0 % Bauern und 3,3 % Sonstige.

melten zu wechseln. Sprach er z. B. vor Intellektuellen, Universitätsprofessoren oder Studenten, dann entwickelte er im ersten Teil der Ansprache einen ... abstrakten Stil, wie man ihn in ... akademischen Hörsälen vernehmen kann. In allen Reden verwandte Hitler mit Vorliebe Fremdwörter, und er gebrauchte sie stets richtig ... Auch schwierige Titulaturen und hochzeremonielle Anreden konnte er so einwandfrei wie ein diplomatischer Protokollchef anwenden. In den Jahren 1932 und 1933 sprach Hitler in vielen seiner Reden das anlautende ‚st' buchstäblich ‚s-t' aus, als sei er ein Hannoveraner oder Hamburger ... Er versprach sich von solchen Floskeln ... eine günstige Wirkung auf die norddeutschen Zuhörer, und es scheint, er hatte recht damit."[183]

Hitlers Reden wirkten – im Rahmen der meist nach dem Muster kirchlicher Feiern sorgfältig vorbereiteten Umgebung – jedoch primär durch den Rhythmus, die Melodik, die rhythmisch-melodische Gliederung und Betonungsstruktur, sowie durch das Sprechtempo, die Dynamik, Stimmlage und Stimmfarbe Hitlers. Viele hörten nicht, *was* er sagte, sondern *wie* er es sagte. Nicht die Ratio, sondern die emotionalen Bereiche der Zuhörer sprach er an. Während es ihm als Redner möglich war, sehr vielen seiner Zuhörer bestimmte Ziele und Veränderungen so aufzudrängen, daß sie mindestens emotional nicht mehr von ihm loskamen, erzielte „Mein Kampf" derartige Folgen nicht. Seine Leser konnte er weder durch gespielten Zorn noch durch theatralische Entrüstung oder durch die Steigerung der Klangfarbe seiner Stimme von Tatsachen ablenken, die ihm nicht paßten, oder an die er nicht glaubte.

Ein beträchtlicher Teil seiner Erfolge als Redner – und schließlich auch als Führer – beruhte auf der außergewöhnlichen Modulationsfähigkeit seiner Sprechweise, die es ihm ermöglichte, die Hirnfunktionen seiner Zuhörer gezielt zu beeinflussen. Durch den 2½ Oktaven umfassenden Frequenzbereich seiner Sprechweise vermochte er die logischen Denkfunktionen zu hemmen, und zugleich die emotionalen Bereiche zu aktivieren. So war er, was exakt meßbar ist, stets in der Lage, die Töne, die sich aus den rhythmischen Hervorhebungen ergeben, zwischen 200 und 300 Hertz (Hz) auszusprechen, obwohl seine normale Tonlage zwischen 170 und mindestens 160 Hz aufwies und damit in der unteren Hälfte eines gesanglich bestimmten Baritons lag (Baritonbereich: 95 Hz bis 390 Hz). Dennoch war es ihm möglich, melodisch ohne Registerwechsel in das obere Drittel eines Tenorbereiches (130 Hz bis 523 Hz, einschließlich Falsettregister) vorzudringen: bis zu der Stelle zwischen f' und g', an der viele Tenorstimmen bereits einen Registerwechsel in den Falsettbereich vornehmen müssen. Seine „Führtöne" (die Töne, die sich aus den rhythmischen Hervorhebungssilben ergeben) lagen in einem Frequenzumfang von ca. 140 bis maximal 355 Hz, was nach der allgemein gültigen Grundtonbereichstabelle einem muskalischen Tonumfang von etwas unter d^0 bis etwas über f' (etwa einer Undezime) entspricht. Bei unbetonten Silben war ein Tonabfall bis zu 60 Hz feststellbar, so daß seine Sprechmelodik einen (sehr seltenen) Intervallumfang von ca. 2½ Oktaven hatte.*

Hitler, dessen Sprecheigenarten habituell verankert waren und von ihm zielgerecht eingesetzt wurden, gelang „es mit Hilfe von Rhythmus, Gliederungseigenart und Melodik, die logischen Denkfunktionen der Großhirnrinde weitgehend zu paralysieren und je nach Absicht die emotionalen Bereiche ... stärker zu aktivieren. Diese ... Einflußmöglichkeiten benutzte

* Wertungsgrundlage war hierbei Hitlers Rede zum Ermächtigungsgesetz, in der er z. B. die Hervorhebungssilben „blitz" und „zu" in dem Satz „Nur durch ihr blitzschnelles Zuschlagen" in Höhen von 355 Hz aussprach, ohne einen Registerwechsel vorzunehmen.

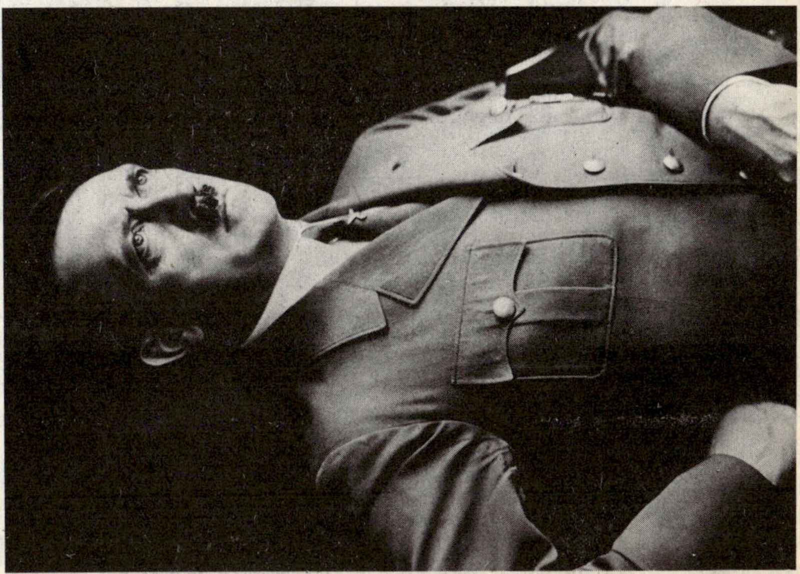

Porträtstudie von Heinrich Hoffmann: der Führer vor dem Kriege. *Foto: DPA*

Mit diesem Posen-Foto von 1936, das Hitler auch später bevorzugt signierte, wurden vom Führer besondere Leistungen belohnt. *Foto: Bildarchiv Preußischer Kulturbesitz, Berlin*

Gespräche mit fremden Staatsmännern führte Hitler nur, wenn es nicht zu umgehen war: Hitler mit Chamberlain, Mussolini und Daladier vor der Münchener Konferenz – Ende September 1938. *Foto: Bildarchiv Preußischer Kulturbesitz, Berlin*

Der Feldherr im Juni 1944 bei einer Lagebesprechung mit Göring, Keitel, Jodl, Warlimont und Ribbentrop. *Foto: Bildarchiv Preußischer Kulturbesitz, Berlin*

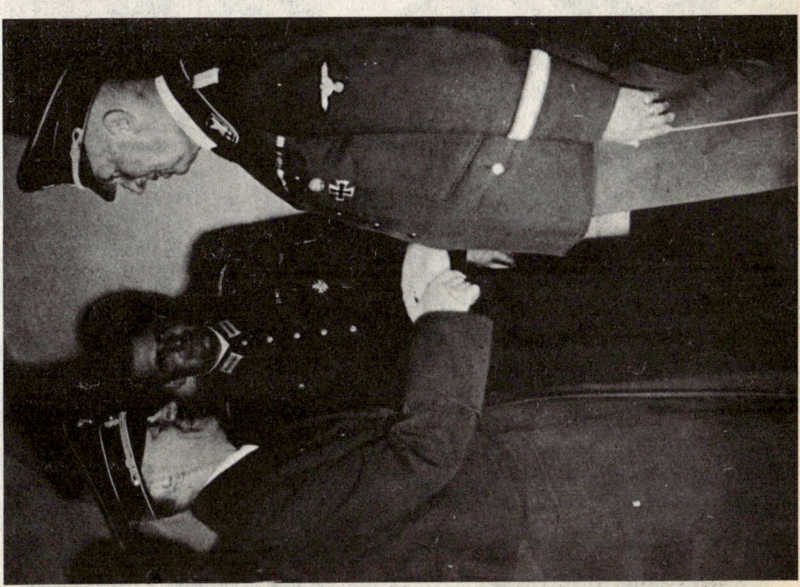

Kein Foto für die Öffentlichkeit. Der fünfzigjährige Hitler trägt seit drei Jahren heimlich eine Brille. *Foto: Bildarchiv Preußischer Kulturbesitz, Berlin*

27. Mai 1944: ein Glückwunsch an den entscheidungsfreudigen Reichsminister, der auf eigene Faust zahlreiche „Führer-Befehle“ formulierte. Lammers' 65. Geburtstag. *Foto: Bildarchiv Preußischer Kulturbesitz, Berlin*

So sah die Öffentlichkeit den Führer niemals: der kranke, ausgemergelte, früh verbrauchte und körperlich total vergreiste Hitler im Jahre 1943 mit seiner Schäferhündin „Blondi“ auf dem Obersalzberg. *Foto: Bildarchiv Preußischer Kulturbesitz, Berlin*

er vor allem dann, wenn er ganz bestimmte Absichten, absurde oder auch unmenschliche Forderungen, entscheidende Wahrheits- und Geschichtsfälschungen oder notwendige Rechtfertigungen für unerwartete oder gar verbrecherische Taten dem Zuhörer aufzwingen wollte."[184] Nicht zufällig sind seine Feststellungen in „Mein Kampf" über die Bedeutung und Wirkungsmöglichkeiten eines Redners (nicht nur für Politiker) aufschlußreicher als beispielsweise die Lehren über die Psychologie der Massen von Le Bon und McDougall, weil er Erfahrungen mitteilte und sowohl eine Wirkungsbestimmung der Propaganda als auch eine Apologie des gesprochenen Wortes vorlegte. „Mein Kampf" beweist, daß er seine rednerischen Möglichkeiten kausal-psychologisch begriff. So schrieb er: „Wie schwer es ist, gefühlsmäßige Vorurteile, Stimmungen, Empfindungen usw. umzustoßen und durch andere zu ersetzen, von wie vielen kaum ermeßbaren Einflüssen und Bedingungen der Erfolg abhängt, das kann der feinfühlige Redner daran ermessen, daß selbst die Tageszeit, in welcher der Vortrag stattfindet, von ausschlaggebendem Einfluß auf dessen Wirkung sein kann. Der gleiche Vortrag, der gleiche Redner, das gleiche Thema wirken ganz verschieden um zehn Uhr vormittags, um drei Uhr nachmittags oder am Abend. Ich selbst habe als Anfänger . . . Versammlungen für den Vormittag angesetzt und erinnere mich . . . an eine Kundgebung . . . Um den Anhängern der Bewegung . . . den Besuch . . . zu erleichtern, setzte ich die Versammlung auf einen Sonntagvormittag, zehn Uhr, an. Das Ergebnis war niederdrückend, doch zugleich außerordentlich belehrend: Der Saal voll, der Eindruck ein wahrhaft überwältigender, die Stimmung aber eisig kalt; niemand wurde warm, und ich selbst . . . fühlte mich tief unglücklich, keine Verbindung, nicht den leisesten Kontakt mit meinen Zuhörern . . . Ich glaubte nicht schlechter gesprochen zu haben als sonst; allein die Wirkung schien gleich Null zu sein. Völlig unbefriedigt ... verließ ich die Versammlung. Proben, die ich später in gleicher Art unternahm, führten zu demselben Ergebnis.

Dies darf einen nicht wundernehmen. Man gehe in eine Theatervorstellung ... nachmittags drei Uhr ... und ... abends acht Uhr, und man wird erstaunt sein über die Verschiedenartigkeit der Wirkung ... Ein Mensch mit ... der Fähigkeit, sich ... über diese Stimmung Klarheit zu verschaffen, wird ohne weiteres feststellen können, daß der Eindruck der Vorführung nachmittags kein so großer ist als der abends. Selbst für ein Kinostück gilt die gleiche Feststellung ... die Zeit ... übt hier eine bestimmte Wirkung aus, genau so wie auf mich der Raum. Es gibt Räume, die auch kalt lassen aus Gründen ... die jeder Erzeugung von Stimmung irgendwie heftigsten Widerstand entgegensetzen. Auch traditionelle Erinnerungen ... vermögen einen Eindruck maßgebend zu bestimmen ... In allen ... Fällen handelt es sich um Beeinträchtigungen der Willensfreiheit des Menschen. Am meisten gilt dies natürlich für Versammlungen, in die ... Menschen von gegenteiliger Willenseinstellung kommen, und die ... einem neuen Wollen gewonnen werden müssen. Morgens und selbst tagsüber scheinen die willensmäßigen Kräfte der Menschen sich noch in höchster Energie gegen den Versuch der Aufzwingung eines fremden Willens und einer fremden Meinung zu sträuben. Abends dagegen unterliegen sie leichter der beherrschenden Kraft eines stärkeren Wollens ... Der überragenden Redekunst einer beherrschenden Apostelnatur wird es nun leichter gelingen, Menschen dem neuen Wollen zu gewinnen, die ... bereits eine Schwächung ihrer Widerstandskraft in natürlichster Weise erfahren haben ... In diesem Ringkampf des Redners mit den zu bekehrenden Gegnern wird dieser allmählich jene wundervolle Feinfühligkeit für die psychologischen Bedingungen der Propaganda bekommen, die dem Schreibenden fast stets fehlen ... Alle wirklich großen historischen Umwälzungen sind nicht durch das geschriebene Wort herbeigeführt, sondern höchstens von ihm begleitet worden ... Das Volk der Analphabeten ist ... nicht durch die theoretische Lektüre eines Karl Marx zur kommunistischen Revolution begeistert worden, sondern nur durch den gleißenden Himmel, den Tausende von Agitatoren ... dem Volke vorredete."[185]

Hitler baute darauf, daß die Teilnahme an großen „Kundgebungen" mit ihrer „gewaltigen Wirkung des suggestiven Rausches" nicht „nur den einzelnen stärken" und Korpsgeist und Gemeinsamkeit erzeugt, sondern auch Zweifel „an der Wahrheit"[186] der Überzeugung ersticken würde. Daß demjenigen, der die Massensuggestionen zu inszenieren vermochte, automatisch auch die Rolle des Massen-Führers zufallen mußte, hielten infolge der Erfahrungen bald alle NSDAP-Mitglieder und -Anhänger für selbstverständlich. Die Hitler auferlegten Redeverbote* in Bayern (März 1925 bis März 1927), Baden (April 1925 bis April 1927), Preußen (September 1925 bis September 1928), Hamburg (Oktober 1925 bis März 1927), Anhalt (Oktober 1925 bis November 1928), Sachsen (Februar 1926 bis Januar 1927), Oldenburg (Februar 1926 bis Mai 1926) und Lübeck (März 1926 bis Mai 1927) bestätigen dies überzeugend. 1,8 % der Wähler entschieden sich bei den preußischen Landtagswahlen vom 20. Mai 1928, vor denen Hitler nicht als Wahlredner hatte auftreten dürfen, für die NSDAP; 36,3 % waren es – mit Hitler als Wahlredner – am 24. April 1932. In Bayern, wo die NSDAP ihre Zentrale hatte, wo Hitler „zu

* Die Redeverbote wurden jeweils im Laufe der oben genannten Monate aufgehoben.

Hause“ war und seit dem 5. März 1927 wieder öffentlich reden durfte, gaben der NSDAP am 20. Mai 1928 32,5 % der Wähler ihre Stimme; genau 32,5 % taten dies am 24. April 1932 wieder. 1928, als die NSDAP den Wahlkampf für die Reichstagswahlen in Preußen und Anhalt noch ohne Hitler als Redner führen mußte, entschieden sich 2,6 % der Wähler für die NSDAP; 18,3 % waren es am 14. September 1930 und 37,3 % am 31. Juli 1932.[187]

Zwanzig Jahre später, am 8. April 1942, als er den Höhepunkt seiner Macht bereits überschritten hatte und im Führer-Hauptquartier in Erinnerungen an „die alte Zeit“ schwelgte, breitete er einige der von ihm mehr als zwanzig Jahre zuvor entwickelten Führungs -„Tricks“ aus, die ihm und seiner Partei schließlich zur Macht verholfen hatten. Alle Anhänger der „Bewegung“, so sagte er, hätten während der „Kampfzeit“ ohne Schlips und Kragen zu seinen Versammlungen erscheinen müssen, um „bei der handarbeitenden Bevölkerung“ Vertrauen zu erwecken. Bürgerliche Elemente, die sich der NSDAP anzuschließen gedachten, jedoch keinerlei Fanatismus verrieten, seien durch schreiende Propaganda und unkorrekte Kleidung davon abgeschreckt worden; denn „Angsthasen“ habe er „von vornherein“ nicht in seinen Reihen haben wollen. Gegner und Störenfriede hätten stets so „unsanft“ aus den Versammlungen hinausbefördert werden müssen, daß die gegnerische Presse darüber berichtet und damit auf die nationalsozialistischen Versammlungen aufmerksam gemacht habe.

Systematisch seien Redner der NSDAP von ihm in die „Rednerschulungskurse der anderen Parteien“ geschickt worden, um sich vorweg über die Themen zu informieren, die die politischen Gegner in seinen Versammlungen zur Diskussion stellen wollten. Diskutierende „Frauen aus dem marxistischen

Lager" hätte er – da er weibliche Personen schlecht durch den Saalschutz aus den Versammlungslokalen habe hinauswerfen lassen können – dadurch lächerlich gemacht, wie er berichtete, daß er sie auf „Löcher" in ihren „Strümpfen" oder auf ihre verlausten Kinder hingewiesen habe. Parteigenossen seien angewiesen worden, während seiner Reden Zwischenrufe zu machen und sie so zu formulieren, daß sie als spontane „Meinung der Zuhörerschaft" erschienen seien und bekräftigt hätten, was er sagte.

Seien Räumungskommandos der Polizei eingetroffen, hätten zuvor instruierte Frauen die Polizisten auf „einige am Eingang des Saals befindliche Gegner oder sogar auf Unbekannte aufmerksam" machen müssen, „da die Polizei wie ein losgelassener Schlächterhund in solch einem Fall ohne Sinn und Verstand darauflosh andele und man sie auf diese Weise am bequemsten ablenken oder gar loswerden" könne. Versammlungen anderer Parteien habe er durch eigene Leute sprengen lassen, die sich dort zum Schein als „Ruhestifter" und Ordner betätigten und in der Funktion Streitigkeiten und Raufereien anzettelten. „Mit diesen Mitteln", so schloß er, sei es ihm gelungen, „so viele gute Elemente der Arbeiterbevölkerung für die Bewegung zu gewinnen", daß er kurz vor der Machtübernahme geradezu unglaublich viele Versammlungen[188] habe organisieren können.

Zwei Zitate sollen wenigstens einen Eindruck von dem vermitteln, was durch Hitler-Reden und deren Inszenierung zunächst spontan hervorgerufen werden konnte. So schrieb ein an nüchterne Berichterstattung gewöhnter Korrespondent der „New York Times" am 12. September 1936 über die Einspielung auf eine Hitler-Veranstaltung: „Als er erschien, strahlten von einem verborgenen Kreis von Suchscheinwerfern hinter den Tribünen 150 Lichtspeere auf die Stelle im Mittelpunkt . . . In diesem hellen Licht schritt Hitler die Stufen durch die wartende Gruppe hinunter, und langsam marschierte eine Prozession mit ihm an der Spitze über das Feld zur Tribüne. Die donnernden Heilrufe übertönten die massierten Musikkapellen . . . Er bestieg die Tribüne und verharrte, bis völliges Schweigen eingetreten war. Dann erschien . . . in der Ferne eine näherkommende Masse von roter Farbe. Es waren die 25 000 Banner nationalsozialistischer Organisationen aus allen Teilen Deutschlands. Die Fahnenträger marschierten . . . hinter den braunen Kolonnen auf dem Feld. Dann kamen sie nach vorne, sechs nebeneinander in den engeren Gassen und zwanzig nebeneinander in der Mittelbahn, so daß es aussah, als flute eine gewaltige Woge von Rot durch die . . . Blöcke aus Braun. Gleichzeitig wurden die kleineren Scheinwerfer entlang der Säulenreihe über den Tribünen hinuntergerichtet auf das Feld, wo sie die goldenen Adler auf den Standarten aufleuchten ließen, so daß die rote Flut gesprenkelt war mit Gold. Die Wirkung war von unbeschreiblicher Schönheit."

Auch wenn die Reden, die Hitler nach solchen Zeremoniellen hielt, nur durch seinen Tonfall, sein Engagement und seine Gestik usw. wirkten, läßt der Text einer seiner Reden vom 11. September 1936 doch mehr als nur ahnen, wie total er bestimmte Gefühle wachzurufen und zu mobilisieren verstand. Die Bereitschaft der meist schon hingebungsvoll harrenden Zuhörer voraussetzend, ließ er sie fühlen, daß sie an der Schaffung einer großen Vision mitwirkten und teilhatten. Wenn er es für nötig hielt, bediente er sich dabei, sich selbst messianisch dramatisierend und das Neue Testament bemühend, eines Deklamationsstiles, den er in die intim persönliche Sprache der Lutherschen Bibelübersetzung[189] kleidete.

„Wie fühlen wir", sagte er, „nicht wieder in dieser Stunde das Wunder, das uns zusammenführte! Ihr habt erst die

Stimme eines Mannes vernommen, und sie schlug an eure Herzen, sie hat euch geweckt, und ihr seid dieser Stimme gefolgt. Ihr seid ihr jahrelang nachgegangen, ohne den Träger der Stimme auch nur gesehen zu haben, ihr habt nur eine Stimme gehört und seid ihr gefolgt. Wenn wir uns hier treffen, dann erfüllt uns alle das Wundersame dieses Zusammenkommens. Nicht jeder von euch sieht mich und nicht jeden von euch sehe ich. Aber ich fühle euch, und ihr fühlt mich! Es ist der Glaube an unser Volk, der uns kleine Menschen groß gemacht hat, der uns arme Menschen reich gemacht hat, der uns wankende, mutlose, ängstliche Menschen tapfer und mutig gemacht hat; der uns Irrende sehend machte und der uns zusammenfügte! So kommt ihr aus euren kleinen Dörfern, aus euren Marktflekken, aus euren Städten, aus Gruben und Fabriken, vom Pflug hinweg an einem Tag in diese Stadt. Ihr kommt, um aus der kleinen Umwelt eures täglichen Lebenskampfes und eures Kampfes um Deutschland und für unser Volk einmal das Gefühl zu bekommen: Nun sind wir beisammen, sind bei ihm und er bei uns, und wir sind jetzt Deutschland."*

Welcher Politische Leiter hätte danach wohl zu sagen vermocht, er sei fähig, sich dem charismatisch wirkenden Schauspiel zu entziehen und diesem Führer die Gefolgschaft zu verweigern? Wochenlang, so berichteten einige später, hätten sie sich nicht mehr die Hände gewaschen, die sie dem Führer an diesem Tage hatten reichen dürfen. Was sie von ihm als Führer wußten, war reine Fiktion. Von solcher Choreographie manipuliert, mußten sie glauben, daß Hitler tatsächlich so sei, wie er gezeigt wurde und wie er sich selbst – wortgewaltig und ohne intellektuelle und moralische Skrupel – darstellte. Und noch

* Domarus, Bd. I/2, S. 641. Wie bereits von anderen Autoren zutreffend festgestellt, lehnte Hitler sich (der Reihe nach) an folgenden Bibelstellen an: Lukas 3,4; Johannes 20, 19–31 und 16, 16f; Lukas 7, 22; Micha 5, 1; Matthäus 2, 6 und Johannes 14, 3.

etwas gesellte sich, durch Hitlers Reden ausgelöst, dem verführerischen Trugschluß hinzu. Hitler wollte durch seine Rede, was er offen zugab, nicht eigentlich informieren, sondern unter vorsätzlich schematisierender Heraufbeschwörung angeblicher Gefahren von innen und außen (wie beispielsweise Judentum und Bolschewismus) verbal politisch-ideologische Einigkeit und Macht, verschwörerische Solidarität und Beweise allgemeiner Zustimmung demonstrieren und zu Taten im Sinne seiner Weltanschauung mobilisieren. Wie kaum ein anderer verstand er es, in seinen Reden komplizierte Zusammenhänge zu vereinfachen und bedenkenlos Fakten und Tatsachen, auch wenn sie nichts miteinander zu tun hatten, so zusammenzufügen, daß sie – zumindest für unkritische Geister – auch gedruckt noch als einleuchtende Argumente erschienen. Niemals vor ihm hat ein deutscher Politiker oder Staatsmann so durch Reden geführt und verbal Politik gemacht, wie Hitler es tat, und niemals hätte es den Politiker und Staatsmann Hitler ohne den Redner Hitler gegeben. Stalin, um ihn an dieser Stelle noch einmal mit Hitler zu vergleichen, war ein nicht einmal mittelmäßiger Redner; für die Politik allerdings, wie er sie praktizierte, hätte er durchaus auch stumm sein können.

Führer-Qualitäten unter Beweis gestellt.

Der Hitler-Ludendorff-Putsch vom 8./9. November 1923 und der dann folgende Hitler-Ludendorff-Prozeß hatten Hitler und die NSDAP zwar weltweit bekannt gemacht, aber sie hatten beide zunächst auch als „unwiederholbare" Episoden von der politischen Bühne verschwinden lassen. Daß sie dennoch nicht nur wiederkamen und schließlich mehr als die 1923 propagierten Ziele erreichten, die zu der Zeit nur als utopisch bezeichnet werden konnten, sprach ausschließlich für Hitler als Führer. „Der scheinbare Fehlschlag“, sagte er am 8. November 1939, „ist zur Geburt der großen nationalsozialistischen Freiheitsbewegung geworden, denn in der Folge dieses Fehlschlages kam jener große Prozeß, der es uns ermöglichte, zum ersten Male vor aller Öffentlichkeit für unsere Auffassung, für unsere Ziele und für unseren Entschluß einzutreten, die Verantwortung zu übernehmen und damit große Massen unseres Volkes mit unserem Gedankengut vertraut zu machen.“[190]

Niemand konnte Hitler streitig machen, die Hauptlast sowohl programmatisch und propagandistisch als auch führungsmäßig getragen zu haben. Obwohl er zunächst mehr als ein Jahr als Führer und dann rund fünf Jahre auch als Redner noch verloren hatte, erreichte er sein Ziel dennoch – was bestätigt, daß er nicht nur wußte, wie ein Führer zu führen hatte, sondern zumindest auch die wesentlichen Aspekte in die Praxis umsetzte. Seine Anhänger haben dies zu würdigen gewußt. „Die überragenden Führereigenschaften Adolf Hitlers“, heißt es beispielsweise in einer nationalsozialistischen Dokumentation, „zeigen sich am deutlichsten in der Zeit, in der man ihm die Möglichkeit nahm, die nationalsozialistische Bewegung persönlich zu leiten. Schon in den ersten Wochen der Gefangenschaft des Führers fiel die vor kurzem noch so kampfesfreudige Bewegung vollkommen auseinander. Alle erdenklichen völkischen Gruppen und Parteien wurden ins Leben gerufen, die aber alle versuchten, eigene Wege zu gehen . . . lediglich die ‚Großdeutsche Volksgemeinschaft‘ (blieb) dem alten Programm des Führers treu. Diese bedauerliche Entwicklung innerhalb der Anhängerschaft der früheren NSDAP veranlaßte den Führer während seiner Gefangenschaft im Juni

1924, die Leitung der nationalsozialistischen Bewegung niederzulegen."[191]

Hitlers Entscheidung, sich während seiner Haft nicht nur aus der Führung der NS-Bewegung herauszuhalten, sondern ganz auf sie zu verzichten,* läßt ihn als Führer erscheinen, der einen Teil seiner Studien klug und weitblickend in die Praxis umsetzte. Er, der nach der Auflösung der NSDAP durch das Münchener Justizurteil nicht öffentlich auftreten konnte, ließ seine umstrittenen und untereinander zerstrittenen Unterführer weiterhin gewähren – und im Endeffekt jeweils zwangsläufig scheitern. Er wußte, daß die auf ihn als obersten Führer eingeschworene Führer-Partei nicht in der Lage war, ohne ihn zu bestehen, zumal juristische Schranken den Existenzkampf der von rivalisierenden Unterführern mühsam zusammengehaltenen NSDAP als (zunächst) Untergrundbewegung einengten. Tatsache aber ist auch, und das relativiert Hitlers Abstinenz hinsichtlich seiner Führung, daß er sich trotz aller Informationen, die er in Landsberg täglich und uneingeschränkt erhielt, bis zu seiner vorzeitigen Entlassung Ende 1924 nicht sicher war, wie er als Parteiführer weitermachen sollte. Die Arbeit an seinem Buch „Mein Kampf" und die Vorstellung, bestenfalls einmal so etwas wie der Intimus eines deutschen Staatsoberhauptes werden zu können, hatten seine Energie so in Anspruch genommen und seine Interessen so umgepolt, daß er froh war, nicht auch noch parteipolitische Entscheidungen

* „Der Rücktritt Herrn Adolf Hitlers von der Führung der Bewegung", erklärte Hermann Esser am 29. Juli 1924 in einem Rundschreiben, „brachte die Notwendigkeit, durch eine außerordentliche Mitgliederversammlung der Großdeutschen Volksgemeinschaft eine neue Führung bzw. Vorstandschaft zu geben. Die Versammlung fand am 9. Juli 1924 statt". Bundesarchiv Koblenz, NS 26/857. Gewählt wurden Julius Streicher (1. Vorsitzender), Hermann Esser (2. Vorsitzender), Franz Xaver Schwarz (1. Kassierer), Heinrich Hoffmann (2. Kassierer), Friedrich Schneider (1. Schriftführer) und Andreas Reuter (2. Schriftführer). Hitler entschied sich jedoch für Gregor Strasser als Vertreter.

treffen zu müssen. Daß dadurch einem Zerfall der NS-Bewegung und Diadochenkämpfen Vorschub geleistet werden mußte, lag offenbar außerhalb seiner Überlegungen, in die er allerdings die Tatsache einbeziehen mußte, daß er zu fünf Jahren Haft verurteilt worden war.

Hitlers Entscheidung gegen den von den führerlosen Führern im Juli 1924 gewählten Julius Streicher beruhte auf Überlegungen, die für seinen Führungsstil bezeichnend waren. Streicher, der rüde und rabaukenhafte Volksschullehrer, dem selbst Nötigungen und Vergewaltigungen nachgesagt wurden, war eine mutige landsknechthafte Führer-Gestalt. Seine Übersicht, Entschlußkraft, Entscheidungsfreudigkeit und Durchsetzungsfähigkeit waren auch Hitler nicht verborgen geblieben, der seine Umgebung stets sorgfältig und mißtrauisch auf Persönlichkeiten abtastete, die ihm eventuell gefährlich werden könnten. Streicher, der sich Hitler im Oktober 1922 mit seiner Nürnberger Ortsgruppe der Deutschsozialistischen Partei unterworfen hatte,[192] während des Putsches einen Augenblick lang eine der wichtigsten Stützen des konfusen und überforderten Führers gewesen war und beim Marsch zur Feldherrnhalle an der Spitze des „Demonstrationszuges" vor aller Augen mutig vor Hitler und Ludendorff „in die Gewehre" der bayerischen Polizei hineinmarschiert war, konnte ein solcher Mann sein.

Für Hermann Esser, Franz Xaver Schwarz und andere alte Mitkämpfer Hitlers in Führungspositionen war Streicher eine Alternative, was das Ergebnis ihrer Wahl vom 8. Juli 1924 bewies. Hitler jedenfalls hatte sich für den theoretisierenden Apotheker Gregor Strasser aus Landshut entschieden,[193] der von 1921 bis 1923 Gauleiter und SA-Führer von Niederbayern gewesen war und eine „sozialistische" Politik verfocht, die Hitler ablehnte. Ihm schwebte so etwas wie ein Ständestaat mit einer „nationalen Diktatur" unter dem Reichspräsidenten im Rahmen der zu schaffenden Vereinigten Staaten von Europa vor. Daß Strasser sich nach der Neugründung der NSDAP im Februar 1925, nachdem Hitler am 4. Januar vom bayerischen Ministerpräsidenten Heinrich Held empfangen und für jedermann wieder salonfähig gemacht worden war, mit einer Reihe Gleichgesinnter gegen den alten und erneut „amtierenden" Führer stellte, sprach zunächst nicht für Hitler als Führer. Die Entwicklung der Dinge rückte die Antwort auf diese Frage jedoch bald in ein anderes Licht.

Obwohl Strasser in Norddeutschland weitgehend selbständig und selbstbewußt agierte, auf die sozialen Schichtungen, auf die konjunkturelle Lage und die im Norden – mehr als in Bayern – industriell strukturierten wirtschaftlichen Verhältnisse besonders einging, die Rechtsverbände zusammenzuschließen versuchte und sogar das über Hitler verhängte Redeverbot als seinen Vorteil nutzte, ließ Hitler ihn relativ lange gewähren. Erst als ihm von Gottfried Feder zugetragen wurde, daß Strasser ihn als ungebildet, zu wenig sozialistisch, zu katholisch und zu korrumpierbar bezeichnet habe und ihm vorwerfe, General Ludendorff verdrängt und während des Putsches als Führer versagt zu haben, schritt er ein. Er tat es erst, als er einer Entscheidung nicht mehr ausweichen konnte. Doch auch sie fiel anders aus, als seine Münchener Getreuen es erwartet hatten. Im Rahmen einer von ihm rasch einberufenen Führer-Tagung in Bamberg erklärte er am 14. Februar 1926 in einer vierstündigen Rede lediglich energisch, daß ein Abweichen von den 25 Punkten des von ihm 1920 verkündeten Programms der NSDAP einen Verrat an der nationalsozialistischen „Weltanschauung" darstelle und nicht geduldet werden könne.

Die Folgen eventueller öffentlicher Diskussionen über gravierende Streitigkeiten in der Parteispitze* und die einstigen Verdienste Strassers und dessen politische Anziehungskraft vor Augen, verzichtete er trotz der ihm von seinen Anhängern aus dem Süden des Reiches gewährten Rückendeckung auf negative Maßnahmen gegen den „Rebellen" und dessen Anhang. Mit lukrativen Posten und Positionen bestach und köderte er sie. Gregor Strasser machte er, nachdem die Generalmitgliederversammlung seine eigene Führer-Position im Mai 1926 überzeugend bestätigt hatte, Ende Juli 1926 zum Propagandaleiter der NSDAP, Franz von Pfeffer im September zum „Obersten SA-Führer Großdeutschlands"[194] und Joseph Goebbels am 1. Oktober zum Gauleiter von Berlin. Was diese „linken Leute von rechts" anfänglich ausgezeichnet hatte, kritischer Verstand und nüchterne Überlegungen, gehörte – nach außen hin jedenfalls – augenblicklich der Vergangenheit an, seit Hitler auf diese Weise ihr „unantastbarer" Führer geworden war. „Der gefühlsmäßige ‚Wahrheitsbeweis'", erklärte beispielsweise Franz von Pfeffer am 3. November 1926 in einem SA-Befehl, „wird durch gleichzeitige Beigabe von logischen Beweisen und Werbemitteln nicht unterstrichen, sondern gestört und abgelenkt."[195] Und Gregor Strasser stellte am 8. Oktober 1928 in einem an Gauleiter und Abgeordnete der NSDAP gerichteten Schreiben kategorisch fest, daß „vor ... der Öffentlichkeit ... insbesondere aber den eigenen Parteigenossen gegenüber klar zum Ausdruck kommen" müsse, „daß jeder Versuch ... auch nur die kleinste Meinungsverschiedenheit zwischen Adolf Hitler und seinen Mitarbeitern festzustellen, eine Unmöglichkeit"** sei. Goebbels, der wohl intelligente-

* So ließ er den Völkischen Beobachter denn auch am 25. 2. 1926 berichten, daß in der Parteispitze eine „völlige Einmütigkeit der Auffassungen" herrsche.

** Bundesarchiv Koblenz, Sammlung Schumacher. Zit. des vollständigen Befehls bei Tyrell, Führer befiehl, S. 236. Im Herbst 1930 trat von Pfeffer von seinem Posten

ste Vertreter dieses Kreises, erwies sich als totaler Opportunist. Als Teilnehmer an der Sitzung vom 14. Februar 1926 in Bamberg, in der er dafür eingetreten war, den „Kleinbürger Hitler“ auszuschließen, hatte er noch notiert: „Hitler redet 2 Stunden. Ich bin wie geschlagen. Welch ein Hitler? Fabelhaft ungeschickt und unsicher . . . grauenhaft . . . Feder nickt. Ley nickt. Streicher nickt. Esser nickt. Kurze Diskussion. Strasser spricht. Stockend, zitternd, ungeschickt, der gute ehrliche Strasser, ach Gott, wie wenig sind wir diesen Schweinen da unten gewachsen!“ Ein paar Wochen später sah er Hitler gänzlich anders. „Ich erkenne ihn bedingungslos an“, notierte er und erklärte: „Ich beuge mich dem größeren Mann! Dem politischen Genie . . . Man muß ihn als Mensch schon gern haben, und dazu diese überragende geistige Persönlichkeit. Man lernt nie bei diesem eigenwilligen Kopf aus.“[196]

Zwar waren nicht alle ideologischen Differenzen, programmatischen Widersprüche, persönlichen Zwistigkeiten, finanziellen Probleme und Angriffe auf Hitler als Führer sofort aus der Welt geschafft,* aber nach außen hin sah es so aus, und Hitler, der geschickt die Propaganda steuerte und lavierend führte, zeigte sich letztlich als Herr der Lage, obwohl er die Folgen des Putsches von 1923 noch nicht ganz überwunden hatte

zurück, nachdem er verschiedentlich insgeheim gegen Hitler polemisiert hatte und von Hitlers Getreuen verstoßen worden war. Bundesarchiv Koblenz, NS 26/1374 (u. a. ein aufschlußreicher Brief von Walter Buch vom 13. 9. 1930 an von Pfeffer).

* So berichtete der Völkische Bobachter am 21. 12. 1927 ironisch-bissig, daß zahlreiche Gegner Hitlers und der NSDAP am 19. 12. 1927 nur zum Münchener Hofbräuhaussaal gekommen seien, um sich „von der ‚Spaltung‘ der nationalsozialistischen Bewegung zu überzeugen“, über die die „Großstadtpresse und ihre Abschreiber“ berichtet hätten. Die Feststellung, daß sie „eine Einheitsfront Hitler-Strasser-Goebbels“ vorgefunden hätten, wie der Völkische Beobachter sich ausdrückte, klang trotz aller starken Worte nicht überzeugend. Eingeweihte wußten, daß die Einhelligkeit nur schöner Schein war. Die seit Sommer 1927 tiefgreifenden Differenzen zwischen Strasser und Goebbels waren nicht aus der Welt geschafft. Vgl. seinen Brief vom 15. 6. 1927 an Rudolf Heß. US-Document-Center, Berlin, OPG-Akte Dr. Goebbels – Gebr. Strasser – Erich Koch (USchla.A.-Akte Nr. 147)

und die Partei unter deprimierendem Geldmangel litt. Er lobte diejenigen, die ihm trotz aller Anfechtungen die Treue gehalten hatten und gab ihnen Schlüsselpositionen. In Thüringen beispielsweise, wo Strasser unter den Nationalsozialisten einen guten Namen hatte, ließ er seit dem 1. Februar 1927 den rabiaten und ihm treu ergebenen Fritz Sauckel als Stellvertretenden Gauleiter für sich und seine Ziele wirken. „Was uns Nationalsozialisten verbindet und zusammenhält", ließ Hitler ihn am 12. Februar 1927 im Völkischen Beobachter erklären, „das ist das grenzenlose Vertrauen zu unserem obersten Führer ... Nationalsozialisten Thüringens! Schaut nicht mehr rückwärts! Kämpft einer für alle, alle für einen! Wir tragen mit das Schicksal und die Zukunft unseres Volkes."

Alle Register seiner Fähigkeiten ziehend, erschien Hitler in seinem Kampf um die erneute Etablierung der Führer-Position, wie er sie vor dem Putsch innegehabt hatte, nahezu kein Schwächebekenntnis als zu würdelos oder zu abträglich für seine Rolle. „Liebwerte (!) Parteigenossen und -genossinnen", so redete er beispielsweise die Generalmitgliederversammlung am 22. Mai 1926 vor der Abstimmung über die Entlastung des Kassierers Franz Xaver Schwarz an und erklärte: „Es ist meine Pflicht, Sie zu bitten, dem Kassierer Entlastung zu erteilen."[197]

Wie nötig Hitler als Führer solche Zugeständnisse zu jener Zeit tatsächlich hatte, beweist nicht zuletzt auch die Tatsache, daß jener Franz Xaver Schwarz rund ein Jahr später Hitler erfolgreich seinen Rücktritt für den Fall androhen konnte, daß ihm nicht größere Vollmachten eingeräumt würden.[198] Während Hitler 1927 mit Rudolf Heß durch Norddeutschland reiste und – relativ erfolglos – neue Geldquellen zu erschließen versuchte,[199] konnten seine Gegner sich weiterhin gelassen formieren und seine ideologischen und politischen Publikationen und Äußerungen öffentlich anfechten.

Allen gutgemeinten Ratschlägen zum Trotz manövrierte Hitler sich in Engpässe und Sackgassen. So hatte er Anfang 1926 das Kapitel über die deutsche Bündnispolitik nach dem Kriege aus dem noch nicht erschienenen zweiten Band von „Mein Kampf“ als Sonderdruck veröffentlicht[200] und einen Sturm der Entrüstung nicht nur bei seinen Gegnern und Feinden ausgelöst. Alle Schwierigkeiten mißachtend, die ihm seine Gegner in den eigenen Reihen bereiteten, plädierte er für die Preisgabe Südtirols und buhlte um Mussolinis Gunst. 1928, als die Südtirol-Frage nach der Einführung der italienischen Sprache als obligatorisch für den Religionsunterricht in Südtirol erneut aufbrandete und Hitler drastisch demonstriert wurde, daß er 1926 zu voreilig gehandelt hatte, versuchte er jenen Schritt im „Vorwort“ zu seinem (erst 1961 erschienenen) Zweiten Buch mit folgenden Argumenten zu rechtfertigen: „Im Jahre 1926 sah ich mich gezwungen“, behauptete er, „diesen Teil des 2. Bandes (von „Mein Kampf“) als Sonderdruck erscheinen zu lassen. Ich glaubte nicht, dadurch jene Gegner zu bekehren, die in der Südtiroler Hetze ein erwünschtes Mittel des Kampfes gegen die verhaßte nationalsozialistische Bewegung überhaupt sahen . . . Ich hatte . . . die Hoffnung, daß wenigstens ein Teil der nicht von vornherein böswilligen Gegner unserer nationalsozialistischen Außenpolitik unsere Auffassung auf diesem Gebiete prüfen und danach erst urteilen würde . . . Freilich wurde mir selbst im Laufe der letzten 2 Jahre immer klarer, daß meine damalige Schrift eigentlich doch schon auf allgemein nationalsozialistischen Erkenntnissen als Voraussetzung aufgebaut ist.“[201] Seine von Alfred Rosenberg 1928 im Völkischen Beobachter leicht abgewandelte Behauptung von 1926, daß das allgemeine Interesse an Südtirol nur als Vorwand zur Verunglimpfung des „Genies Mussolini“ diente,[202] war durchsichtig. Sicher ist: Hitler hatte

– im Gegensatz zu seiner sonstigen Gewohnheit – zu schnell gehandelt und am falschen Ort „richtige“ Politik zu machen versucht. Zu jener Zeit wies sein Führer-Image mehr Kratzer auf, als es ihm und seinen Anhängern lieb sein konnte. „Restauriert“ wurde sein Ansehen durch die geschickte – und unter großen Schwierigkeiten vollzogene – Ausschaltung des Gregor-Strasser-Flügels. Sie erwies sich als eine führungspolitische Leistung, die nicht nur die meisten seiner Gegner überraschte. Das Bild des nationalsozialistischen Führers aus der Zeit vor dem Putsch vor Augen, hatte in dieser Situation kaum jemand mit einer solchen Führungstaktik und Strategie Hitlers gerechnet. Selbst Strasser, der Hitler besonders gut kannte, dürfte überrascht gewesen sein. Zwar hatte Hitler sich auch in diesem Fall relativ viel Zeit gelassen; aber seine Rechnung war aufgegangen, ein beachtlicher Widerpart nicht nur aus dem Weg geräumt, sondern sogar „fugenlos“ in die eigenen Reihen eingegliedert worden.

Hinter Gregor Strasser hatten nicht nur überzeugte und einflußreiche einzelne Gefolgsleute und Anhänger im Ruhrgebiet, in Sachsen, Thüringen, Hamburg und Berlin gestanden, sondern auch verhältnismäßig auflagenstarke Presseorgane. Wie Hitler mit den Publikationen seines Eher-Verlages, so verfügte auch Strasser bis zu seinem Arrangement mit Hitler über eine eigene Presse, nachdem er und sein Bruder Otto im März 1926 den Kampf-Verlag gegründet hatten, der zeitweilig sechs Zeitungen herausgab.[203] Doch schon vorher, seit Oktober 1925, waren seine Nationalsozialistischen Briefe erschienen, die sich zum theoretischen Organ des – von Hitlers Thesen abweichenden – „linken“ Nationalsozialismus entwickelten.[204] Anders als in Hitlers Völkischem Beobachter bildeten in ihnen nicht tagespolitische Ereignisse, sondern politische und ideologische Grundsatzfragen den Schwerpunkt. Diskussionen über den Stellenwert des Sozialismus im Nationalsozialismus dominierten, was den Programmatiker Hitler und dessen Münchener Parteiführung infolge der von Hitler bestimmten Ausrichtung empfindlich stören mußte: Strassers selbstbewußter und aggressiver Anspruch, mit den Nationalsozialistischen Briefen die „letzte Ausgestaltung" der nationalsozialistischen Ziele und Programmpunkte bewirken zu wollen,[205] die am 22. Mai 1926 von der Generalmitgliederversammlung der NSDAP noch einmal als „unabänderlich"[206] und von Hitler wiederholt als grundsätzlich unumstößlich deklariert worden waren, konnte niemand anders als eine offene Herausforderung an Hitler verstehen. Doch nicht nur Strasser bot Hitler die Stirn. Mit ihm teilten die in der oppositionellen „Arbeitsgemeinschaft Nord-West" zusammengeschlossenen[207] Gauleiter West- und Norddeutschlands die offen publizierte Auffassung, daß Hitler und sein Münchener Führungsanhang Programmdiskussionen unterdrückten, die publizistische Öffentlichkeitsarbeit vernachlässigten und den Nationalsozialismus geistig nicht so ausfüllten, wie es nach ihrer Ansicht geschehen müßte.[208]

Auch wenn die „Arbeitsgemeinschaft Nord-West" am 1. Juli 1926 auf Hitlers Veranlassung als „überflüssig" aufgelöst wurde und Strassers Kampf-Verlag-Presse seit April 1927 offiziell als nicht parteiamtlich erschien, existierte sie dank Otto Strassers Beharrungsvermögen weiter. Gelesen wurde sie nicht nur von denen, die gegen Hitler opponierten und der Münchener Parteileitung nicht gewogen waren. Selbst treue Gefolgsleute Hitlers begrüßten zuweilen die (im Vergleich zum Völkischen Beobachter anspruchsvollen) Druckerzeugnisse Strassers. So hatte beispielsweise der sächsische NS-Gauleiter und angesehene Spitzenfabrikant Martin Mutschmann, dem Hitler sich freundschaftlich verbunden fühlte, 1926 unter anderem durchgesetzt, daß der Sächsische Beobachter im Kampf-Verlag erscheinen durfte.

Die von Hitlers Auffassungen abweichenden Thesen der „Linken", das heißt die Überzeugungen vor allem von Franz Stöhr, Ernst Graf von Reventlow, Eugen Mossakowsky, Bode Uhse, Rudolf Jung, Wilhelm Korn und Bruno von Salomon, von denen Korn, Mossakowsky, Salomon und Uhse nach 1930 aus Enttäuschung über Hitler zur KPD gingen, verhallten zum Leidwesen Hitlers bei den zahlreichen und infolge ihrer wirtschaftlichen Situation nicht selten sozialrevolutionär eingestellten arbeitslosen SA-Männern nicht ungehört. Mit Hitlers Formel, „Ich bin Sozialist. Ich sehe vor mir keine Klasse und keinen Stand, sondern jene Gemeinschaft von Menschen, die blutsmäßig verbunden ... sind",[209] konnten viele von ihnen nur wenig beginnen. Und nachdem Gregor Strassers Gegnerschaft zu Hitler einer – nach außen hin – aktiven Loyalität gewichen war, fanden seine Anhänger in Otto Strasser einen (gewöhnlich unter dem Pseudonym Ulrich von Hutten publizierenden) Programmatiker. Zusammen mit sozialistisch orientierten Intellektuellen bastelte er an sozialistisch gefärbten gesellschaftspolitischen Theorien, die er als „nationalsozialistisch" begriffen sehen wollte.

Alles in allem: Hitler, der vor dem Putsch auf „Fraktionen" in der Partei keine Rücksicht nehmen mußte, hatte keinen leichten Stand. Daß sein Führer-Selbstverständnis diese Phase seiner Karriere schadlos überstand, belegt zweierlei: er verfolgte beharrlich seine Ziele auch auf besonderen Umwegen, wenn er sich dazu gezwungen sah, und er paßte sich flexibel den Verhältnissen an, machte Zugeständnisse, akzeptierte Widersprüche und steckte zurück, wenn es nicht anders zu gehen schien. Als der Führer der sächsischen NS-Fraktion, Helmut von Mücke, unter Mißachtung der Bündnispläne Hitlers im Juli 1929 den Landtagsfraktionen der SPD und KPD ein schriftliches Koalitionsangebot unterbreitete und damit scheiterte,[210] stieß Hitler ihn nicht kurzerhand aus der Partei aus, was er jederzeit hätte tun können, sondern ließ seinen Schritt als „Privatsache" deklarieren, was Mücke als Desavouierung empfand und zum Anlaß nahm, von sich aus die NSDAP zu verlassen.*

Auch Otto Strasser, den eigentlichen Vater der Linkstendenzen in der NS-Bewegung, warf Hitler nicht aus der Partei hinaus, obwohl er mit seinem 14-Punkte-Programm, den sogenannten „14 Thesen der deutschen Revolution", herausfordernd gegen die Satzung der NSDAP verstoßen und die Autorität des Führers sichtlich in Frage gestellt hatte. Hitler reiste im Mai 1930 lediglich nach Berlin und forderte Strasser auf, am 21. Mai im „Hotel Sanssouci" zu erscheinen und sich einem Disput zu stellen. Strasser, sich seines überzeugten Anhanges bewußt, attackierte Hitlers Sozialismusvorstellungen bei der Gelegenheit so aggressiv, daß es nicht zu einer vernünftigen Diskussion, sondern zuletzt nur zu „Brüllszenen" kam, in deren Verlauf der Rebell dem Führer vorwarf, das nationalsozialistische Parteiprogramm verfälscht und dessen sozialistische Thesen verraten zu haben. Und als Strasser zuletzt auch noch zu bestreiten wagte, daß Hitler „der Schöpfer des Nationalsozialismus"[211] sei, war die Angelegenheit für Hitler erledigt. Er fuhr nach München zurück und ließ diesen schwelenden Brand einen Monat lang ungelöst weiter an der Substanz der Masse zehren, die er zu hüten hatte.

Erst am 30. Juni hatte Hitler sich zu einem offensiven Schritt durchgerungen. Doch auch ihn ließ er über den Schreibtisch

* Mückes Nachfolger, der Kapitänleutnant a. D. von Killinger, fügte sich den Weisungen Mutschmanns, gehorchte den Münchener Wünschen und stützte die von der Deutschen Volkspartei geführte Regierung.

eines anderen sichtbar werden. Er teilte Goebbels schriftlich mit, daß er „als verantwortlicher Leiter" der NSDAP „seit Monaten" beobachte, wie versucht würde, „in die Reihen der Bewegung Uneinigkeit, Verwirrung und Disziplinlosigkeit" hineinzutragen. „Ich halte es nunmehr für notwendig", schrieb er, „diese destruktiven Elemente rücksichtslos und ausnahmslos aus der Partei hinauszuwerfen . . . Greifen Sie rücksichtslos und scharf zu."[212] Wozu er nicht unmittelbar selbst fähig war, trug er Goebbels auf; der tat, was ihm befohlen war. Er entfesselte eine Kampagne gegen die „Elemente der Dekomposition" in der Berliner Parteiorganisation, verleumdete Otto Strasser auf niederträchtige Weise und untersagte den Mitgliedern der NSDAP die Mitarbeit an den Zeitungen des Kampf-Verlages, dem er damit zugleich die Abbonnentenbasis enzog. Otto Strasser legte seinen Posten als Herausgeber der Kampf-Verlag-Presse am 1. Juli nieder. NS-Funktionäre mit Rang und Namen, die bis dahin zum Kampf-Verlag gestanden hatten, distanzierten sich. Hitlers stärkste ideologische Gegner in den eigenen Reihen hatten kapituliert. Die „Sozialisten" verließen die NSDAP, wie die Leser der Kampf-Verlag-Presse am 4. Juli 1930 lesen konnten.* Doch Hitler mußte bald erkennen, daß auch dies zunächst nur so etwas wie ein Pyrrhussieg war, den Goebbels errungen hatte. Seine anscheinende Führungsabstinenz und sein augenscheinliches persönliches Zaudern für absolute Führungsunfähigkeit haltend, formierten sich rebellierende SA-Funktionäre in Berlin um Walter Stennes, der sogar den Plan faßte, den abwesenden schwachen Parteiführer

* Die aus der NSDAP ausgeschiedenen Sozialisten beklagten, daß die Parteileitung unter Hitler nicht nur „gegen die Idee des Nationalsozialismus" verstoßen, sondern auch eine „Verbonzung des Parteiapparates" betrieben habe. Hitlers These, daß die Zukunft des deutschen Volkes nur durch Landgewinn im Osten zu sichern sei, bezeichneten sie als falsch, forderten jedoch (auch) die „Schaffung des völkischen Großdeutschlands". Vgl. dazu Paetel, K. O.: Versuchung oder Chance, Göttingen und Berlin 1965, S. 211 ff.

Hitler zu entmachten. Hitler sah von München aus schweigend zu, wie die von zahlreichen Arbeitslosen durchsetzte Berliner SA offen Front gegen ihn machte und Flugblätter in Umlauf brachte, in denen es hieß: „Wir schieben ja so gern Kohldampf, damit es unseren lieben ‚Führern' mit ihren 2000 bis 5000 MK. Monatseinkommen recht wohl ergehe. Hocherfreut waren wir auch, als wir hörten, daß sich unser Adolf Hitler auf der Berliner Automobilausstellung einen neuen großen Mercedeswagen für RM 40000 gekauft hat."[213] Hitlers defensives Verhalten zielstrebig nutzend, forderte Stennes als Wortführer der Berliner SA, seiner Organisation für die für September 1930 vorgesehenen Reichstagswahlen weitreichende Zugeständnisse zu machen. Die nicht nur nach seiner Meinung von Hitler vernachlässigte oder gar benachteiligte SA sollte SA-Führer als Kandidaten für den Reichstag und für die Länderparlamente stellen dürfen. Ihr Einfluß in der Parteiorganisation, und das traf einen wunden Punkt bei Hitler, sollte gestärkt und der bis dahin von ihr ehrenamtlich gestellte Saalschutz bei Versammlungen bezahlt werden. Diese Forderungen, die einer massiven Erpressung gleichkamen, wollte und konnte Hitler nicht erfüllen. Vor der aus Berlin angereisten SA-Delegation ließ er sich verleugnen, was die SA-Rebellen zu weiteren offenen Konfrontationen ermunterte.

Die Berliner SA trat in den Streik. Ihre Führer legten ihre Posten nieder und verboten ihren Untergebenen, fortan Parteiversammlungen und Parteiredner zu schützen. Als Goebbels, Hitlers starker Mann in Berlin, die SS zur Hilfe rief, kam es zu wüsten Schlägereien. Die SA überfiel die SS-Wachen in der Berliner Gauleitung und verprügelte sie. Hitler, von Goebbels mündlich informiert, war einem Nervenzusammenbruch nahe. Erst jetzt, als er erkannte, daß er sich nicht einen Schritt weiter in diese Richtung drängen lassen konnte, rang er sich zu einer Entscheidung durch, die längst überfällig war. Er fuhr nach Berlin und stellte sich zum Kampf, dem er nicht mehr ausweichen konnte – es sei denn, er wäre zur Kapitulation bereit gewesen. Die Art und Weise, auf die er die Berliner Angelegenheit dann allerdings erledigte, bescheinigte ihm Instinktsicherheit, Charisma und diplomatisches Geschick. Die Berliner SA-Führer, die auf eine offene Feldschlacht in Form einer Konfrontation warteten, wurden enttäuscht. Nachdem Hitler sich vom Berliner Gaugeschäftsführer Wilke über personelle und lokale Einzelheiten hatte informieren lassen, ging er seinen Weg. Anstatt Stennes, den Kopf der Rebellen, zu sich zum Rapport zu bestellen, was ein offensiver und entscheidungsfreudiger Führer zweifellos zuerst getan hätte, wich er ihm aus und ging zuerst, den „Aufstand" von unten austrocknend, von „Sturm-Lokal" zu „Sturm-Lokal", sprach mit den führerlos herumsitzenden SA-Männern und gewann sie in Abwesenheit ihrer Führer im Handumdrehen wieder für sich. Ihrer Haltung nun einigermaßen sicher, begab er sich zu Goebbels in die Privatwohnung und bestellte zunächst die Sturmführer, dann die Standartenführer und zuletzt den Berliner Oberführer am späten Abend – getrennt zur Vergatterung – zu sich. Die Begegnung mit allen zugleich scheute er ebenso wie die Vermischung der Dienstränge und Dienststellungen. Zu einer Unterredung mit Walter Stennes konnte er sich jedoch erst durchringen, nachdem der SA-Mann Richard Harwardt ihn – gewissermaßen als Abgeordneter des Fußvolkes der SA – über die Haltung seiner Kameraden gegenüber dem Berliner SA-Chef informiert und ihn, Hitler, eindringlich gebeten hatte, Stennes doch unbedingt einmal anzuhören. Erst nachdem er überzeugt war, daß er dies tun müßte, wenn er nicht nur einen Pyrrhussieg davontragen wollte, gab er dem Druck von unten nach. Doch er trat nicht als starker Führer auf. Um 4 Uhr früh des 1. September empfing er den total übermüdeten und verbitterten SA-Führer und beschwor ihn mit lockenden Versprechungen,* die NSDAP nicht zu verlassen. Am selben Tag noch war die komplizierte und für die NSDAP nicht ungefährliche Angelegenheit – zumindest nach außen hin – beigelegt, was die meisten Beobachter überraschte,** Hitler selbst jedoch bewog, eventuellen Wiederholungen vorzubeugen. Er entschloß sich, von nun an auch die Stellung des Obersten SA-Führers selbst zu übernehmen und die SA durch ein Treuegelöbnis auf sich zu verpflichten.

Er setzte den mit Walter Stennes sympathisierenden und bis dahin als sogenannten OSAF (Oberster SA-Führer) nach altem militärischem Muster führenden ehemaligen Hauptmann und Freikorpsführer Franz Pfeffer von Salomon ab und machte schließlich Ernst Röhm, den zwar eigenwilligen und wegen seiner homoerotischen Affären von den meisten Hitler-Mitarbeitern geschnittenen, aber führungsstarken Mitkämpfer aus der Frühzeit seiner Politikerkarriere, zum Stabschef der SA. Der noch „amtierende" Stennes – der von Hitler stets am langen Zügel gehalten worden war und die auf ihn eingeschworene SA immer noch weitgehend selbständig führte – traute Hitler nicht zu, daß er auch ihn absetzen werde, den selbstbewußten SA-Haufen, der zu der Zeit mehr als 60000 Mann umfaßte, bändigen und eine Auseinandersetzung mit ihm (Stennes) überstehen könne. Und so schürte er das Feuer weiter gegen

* Er versprach ihm sogar das Amt des Innenministers in der NS-Regierung von Braunschweig (Hauptarchiv der NSDAP, Institut für Zeitgeschichte, Fasz. Nr. 83–2261/58). Stennes machte die Annahme dieses Angebotes jedoch von der Zusicherung abhängig, auch weiterhin den Befehlsbereich OSAF-Ost behalten zu dürfen, wozu Hitler nicht bereit war.

** So meldete ein V-Mann der Polizei: „Bemerkenswert an der ganzen Angelegenheit bleibt nur, daß es Hitler verhältnismäßig schnell gelungen ist, die . . . sehr um sich greifenden Mißstimmigkeiten innerhalb der SA zu beseitigen." Maser/Höhne: Adolf Hitler. Aufriß über meine Person. „Der Spiegel" vom 30. 4. 1973, S. 146.

Hitler. Am 1. April 1931 schreckte die Münchener Parteiführung in aller Frühe eine Mitteilung auf, die der Berliner SS-Führer Kurt Daluege nach dort leitete. „Ich bekomme soeben“, berichtete er, „ die fernmündliche Mitteilung, daß in der Nacht . . . eine streng vertrauliche Sitzung der Führer des Gausturmes Berlin . . . stattgefunden hat. Es wurde . . . mitgeteilt, daß ab 1. April mittags in einer Sitzung in Weimar der Gruppenführer Ost Stennes durch unseren Führer Adolf Hitler abgesetzt werden solle. Es wurde kein Zweifel gelassen, daß dem Befehl Hitlers nicht Folge geleistet wird. Die anwesenden Führer erklärten sich . . . gegen Hitler.“[214]

Die Stennes-Anhänger machten mobil und besetzten die Räume der Berliner Gauleitung der NSDAP. In Brandenburg, Schlesien, Pommern und Mecklenburg entschieden sich die meisten SA-Führer für Stennes und gegen Hitler, der zwar aufgeregt und wütend, aber tatenlos zusah, wie ihm sein SA-Imperium jenseits der Elbe aus der Hand gewunden wurde. Doch der „Aufstand“ brach von selbst zusammen, nachdem die Stennes-Leute kein Geld mehr hatten und ihr Versuch, eine eigene „Kampforganisation“ ins Leben zu rufen, in den Geburtswehen steckengeblieben war. Wieder hatten Hitler nicht offensive Entscheidungen seinerseits, sondern Umstände „gerettet“, die er nicht beeinflussen konnte. Die Stunde Ernst Röhms, des SA-Führers der ersten Tage, war wiedergekommen, und Hitler ließ ihn gewähren, ließ ihn die Trümmer sammeln und das einzige tatsächliche Machtinstrument neu formieren, über das er zu der Zeit verfügte. Daß die Entscheidung Hitlers für Röhm, der aus seiner widernatürlichen Veranlagung keinen Hehl machte und sich offen mit Strichjungen umgab,* auf massiven Widerspruch stieß, focht

* Vgl. S. 347 ff.

Hitler nicht an. Er schätzte Röhms großes Organisationstalent, seine Erfahrung und Entscheidungsfreudigkeit und setzte vor allem darauf, daß sich mit ihm niemand womöglich gegen ihn verbünden würde.

Im Braunen Haus in München, wo der artikulierte Unwille der besorgten Nationalsozialisten registriert wurde, schrieb Martin Bormann, zu der Zeit noch Leiter der NS-Hilfskasse, an Hitlers Sekretär Rudolf Heß: „Wenn der Führer diesen Mann noch hält, so verstehe auch ich ihn, wie schon zahllose andere, nicht mehr und das ist auch nicht mehr zu verstehen. Es ist sicher, daß Unzählige das Vertrauen zum Führer verlieren werden ... Hier ... handelt es sich um einen schweren Schaden, den die Bewegung durch das Verhalten eines ihrer Angehörigen erleidet."[215] Um nicht immer wieder mit Vorhaltungen und Klagen konfrontiert zu werden, erklärte Hitler kategorisch, daß das Privatleben seines SA-Stabschefs niemanden zu kümmern habe. Außerdem sei die SA „keine moralische Anstalt zur Erziehung von höheren Töchtern, sondern ein Verband rauher Kämpfer."[216]

Für die SA, so zeigte sich bald, hätte Hitler, abgesehen vielleicht von Göring, kaum einen geeigneteren Führer finden können, zumal Röhm jeden Blick und Fingerzeig seines Führers augenblicklich und richtig zu deuten verstand, was gerade in dieser Situation besonders wichtig war. Daß dieses Paar, Hitler und Röhm, allerdings nicht auf die Dauer miteinander auskommen konnte, lag auf der Hand. Schon in den ersten Tagen der Geschichte der NSDAP war Röhm – Hitlers Entscheidungsmentalität zuweilen rigoros ausnutzend – mehr als einmal derart vorgeprescht, daß Hitler, der sich mit ihm duzte, betroffen reagieren mußte.[217] Nachdem Röhm nun wieder festen Boden unter den Füßen und seine neue Position abgesichert hatte, versuchte er bald, Hitler wieder „an die Zügel" zu nehmen und seine Entscheidungsschwächen für seine eigenen Pläne auszunutzen, wie es zehn Jahre zuvor schon der Fall gewesen war. „Der nationalsozialistische Staat“, so erklärte er beispielsweise am 15. Januar 1934 in einem sechsseitigen Rundschreiben mit diversen konkreten Anweisungen im Verfügungsstil (das der bayerische Ministerpräsident, das Innenministerium, das Justizministerium, der Kommandeur der Politischen Polizei, die Leiter der politischen Organisationen und die bayerischen Gauleiter zugeleitet bekamen), „hat durch Beseitigung der Parteien auch jede ‚öffentliche‘ Opposition beseitigt. So wünschenswert dies nach dem Führerprinzip ist, so darf doch die Möglichkeit für Anregungen und notwendige Verbesserungen nicht ausgeschaltet werden. Diese Aufgaben haben als Wächter und Garanten der durch die nat.(ional) soz.(ialistische) Revolution erkämpften Volksgemeinschaft SA-Führer zu erfüllen, die den staatlichen Verwaltungsbehörden zugeteilt werden.“[218]

Röhm probte erstmals wieder, wie weit er sich straflos vorwagen konnte. Die immer noch – auch von Historikern häufig – kolportierte Behauptung, er habe 1934 nicht gegen Hitler putschen wollen, ignoriert die Quellenlage. Die staatlichen Instanzen, neben die sich Röhm 1933 und 1934 gleichrangig und souverän mit seiner SA zu stellen versuchte, sahen sich mit Recht beiseite gedrängt. Bayerns Reichsstatthalter Franz Ritter von Epp, der – wie Röhm auch – seit mehr als einem Jahrzehn Hitlers Vertrauen genoß, reagierte betroffen und verärgert und schrieb – für seine Akten – mit der Hand auf Röhms Rundschreiben: „Die SA-Führung hat ihre Macht konsequent neben die Staatsgewalt gestellt. Im Bereich der Städte und Gemeinden hat sie diese an die Partei-Leiter abgetreten . . . Was soll ein Reichstatthalter noch? Was soll er halten an Reiches statt? Die Regierung braucht er nicht halten im Sinne einer Einsetzung ... die niedergeworfenen Gegner machen keine Schwierigkeiten; die ganze Kraft verbraucht er in den inneren Reibungen und Kämpfen. Welche Minister haben Zeit ... für ihr Amt? Soll* die SA die Staatsführung übernehmen? ... Warum wurde die Regelung ... mir nicht zur Äußerung vorgelegt? Sie setzt die Verfügung des Führers für mich außer Kraft."[219] Jedoch: von 1931 bis 1933 blieb Röhm Hitlers Mann.

Diese Phase der Karriere, in der Hitler nach außen hin am wenigsten als Führer glänzte, offenbarte seine Führungsqualitäten am deutlichsten. Wann immer bremsende und „regulierende" Gegenkräfte im Spiele waren, entfaltete er die Führer-Eigenschaften, die ihn letztlich immer über seine Konkurrenten triumphieren ließen: seine Überzeugungskraft, mitreißende rednerische Faszination und geschickte Personalpolitik. Er, der so gern künsterischen Träumen nachhing, las, Musik hörte, Filme ansah, mit Künstlern plauderte, reiste, Theater- und Opernaufführungen besuchte, sah sich, weil ihm regulärerweise dafür die Muße fehlte, „angekettet wie ein Stück Vieh", wie er sich mehrfach geradezu mitleidheischend ausdrückte. Er konnte sich infolge der Führer-Rolle, die ihm aufgetragen war und voll von ihm aus-„gespielt" werden mußte, nicht etwa ausschließlich mit der Innen- und Außenpolitik beschäftigen oder lediglich die Propaganda überwachen und den Parteiapparat dirigieren. Zwistigkeiten in den eigenen Reihen waren immer wieder auszuräumen, die Parteipresse, der Parteiapparat und die Propaganda wachsam in der Hand zu halten, ideologische Diskussionen abzufangen und Geld herbeizuschaffen. Welches Engagement allein der letzte Punkt erforderte, beweist zum Beispiel die Tatsache, daß 1927

* Dieses Wort ist nicht genau zu entziffern. Es heißt entweder „Soll", „Will" oder so ähnlich.

nach dem Abzug der Ausgaben ganze 2850,15 Mark übrig blieben. 254996,38 Mark hatte die NSDAP eingenommen, 252146,23 Mark ausgegeben.[220] Die Partei „pfiff", um die saloppe Formulierung zu gebrauchen, „auf dem letzten Loch". Große Sprünge waren Hitler nicht möglich. Doch er steuerte „sein" Schiff zielstrebig durch alle Klippen hindurch, und das war es auch, was seine Unterführer – neben seinen beispiellosen rednerischen Leistungen, seinen „welthisotrischen Ausblicken" und seiner besessenen Zielstrebigkeit – für singulär hielten.

Hitler, der alles wie ein Seismograph registrierte, verstand es, die ihm entgegengebrachte Ehrfurcht und Ehrerbietung proportionsgerecht in seine Führungsstrategie einzubeziehen und den im Rahmen der Parteiorganisation seit Beginn seines persönlichen parteipolitischen Engagements systematisch zum Prinzip erhobenen Gehorsam als Zwangsmittel zur Pflichterfüllung zu nutzen. Seine – von ihm in die Praxis umgesetzte – Erkenntnis, daß es unter seinen Gefolgsleuten keine Gleichheit geben dürfe, Macht in ungleichen Dosierungen verteilt werden müsse und eine verläßliche Elite von seinem Charisma als Führer zu partizipieren und ihn mit diesem Ansehen wiederum zu unterstützen habe, spielte hinsichtlich der Auffassung über die Position des Führers nicht nur im Rahmen der Partei eine erhebliche Rolle. Was negativ war, wurde von seinen Anhängern übersehen oder verdrängt.

Immer gespürt, worauf es ankam.

Hitler wußte genau, was die Angehörigen seiner Partei suchten. Er spürte, was „das Volk" brauchte: Ruhe und Ordnung, Ahnungslosigkeit über Verbrechen und Kriminalität, einen

Führer als Rechtsquelle, Unkenntnis von der Welt außerhalb der Reichsgrenzen, eine wenigstens minimale soziale Sicherheit, Ränge und Posten, Orden und Titel, Bedürfnisse und Anlässe, stolz auf die Nation und auf das Reich und seine Führung sein zu können. Und er vermochte wie kein anderer alles das so auszudrücken, daß viele von denen, die den Pferdefuß schon zu spüren und zu sehen glaubten, sich der Selbsttäuschung hingaben, daß sie mit diesem Mann als Führer mehr gewönnen als verlören.

Hitlers spartanische Lebensweise und die schlichte Uniformität seiner Kleidung, die Beschränkung auf zwei Weltkriegsorden auf seinem Rock und der Verzicht auf jeden pompösen Glanz an seinem Äußeren inmitten der farbenprächtig uniformierten und reich dekorierten Umgebung, die Bescheidenheit seines Privatlebens, sein erwiesener persönlicher Mut und seine brutale Offenheit und Rücksichtslosigkeit bei der Anprangerung von Mißständen, wie er sie sah, wurden ebenfalls als positive Eigenschaften bewertet, zumal er sich als absolut unbestechlich und nur seiner Sache dienend zu geben verstand. Daß er trotz seiner oft theatralischen Temperamentsausbrüche durchaus auch über einen nüchtern kalten Kopf verfügte und nicht zuletzt vom Glück geradezu sprichwörtlich begünstigt wurde, rundeten das Gesamtbild von ihm als dem Führer ab, der unter den Politikern eine singuläre Erscheinung zu sein beanspruchte.

Daß Hitler auch zwischen 1925 und 1933 nicht grundsätzlich anders als zuvor führte, bewies vor allem sein Verhalten in Zusammenhang mit der Ausschaltung der Strasser-Gruppen. Offensive Entscheidungen zur Korrektur negativer Verhältnisse fällte er auch da erst, wenn sie nicht mehr länger aufgeschoben werden konnten. Als er Otto Strasser nach jahrelangem Stillhalten, Zaudern und Abwägen zu sich zur Aussprache befahl, hatte der Konflikt bereits so krasse Formen angenommen, daß nicht nur Schwarzseher befürchteten, mit Hitler sei nun nicht mehr zu rechnen, er habe seine Trümpfe aus der Hand gegeben und könne nur noch hinhaltend taktieren. Doch Hitler wußte, daß er als Sieger aus der Auseinandersetzung hervorgehen würde. Daß er Strassers Opposition nicht noch länger dulden könnte, wußte er allerdings auch. Sein Aufruf, den er am 28. Mai, sieben Tage nach der Auseinandersetzung mit Strasser, publizieren ließ, verriet deutlich, daß er froh war, die Affäre hinter sich gebracht zu haben. „Damit ist nunmehr“, erklärte er, „der Augenblick gekommen, in dem an eine Erweiterung der Hauptgeschäftsstelle der Partei herangetreten werden muß. Die Parteileitung hat sich deshalb entschlossen, in München einen großen Bau als Eigentum der Bewegung zu erwerben.“*

Während Otto Strasser seine Getreuen sammelte und zunächst in der „Kampfgemeinschaft Revolutionärer Nationalsozialisten“ und später in der „Schwarzen Front“ zum Kampf gegen den Führer der NSDAP aufrief, ließ Hitler, nun „endlich wieder einmal Bauherr und Architekt“, das Braune Haus umbauen, obwohl die Partei über die dafür nötigen finanziellen Mittel nicht verfügte.

* „Völkischer Beobachter“ vom 28. 5. 1930. Die Parteigenossen (mit Ausnahme der SA- und SS-Mitglieder, der Mitglieder des Frauenordens, des Studentenbundes und der arbeitslosen Parteimitglieder) wurden aufgefordert, jeweils mindestens 2 Mark für diesen Zweck zu stiften. Schon am 5. 7. 1930 besaß die NSDAP ihr Braunes Haus.

Kein Söldnerführer der Wirtschaft und Großindustrie.

Doch finanzielle Probleme gab es für Hitler, der stets in „welthistorischen Maßstäben" dachte, meist nur, wenn er sich bei seinen Planungen zuweilen der Einwände der verantwortlichen Funktionäre, Minister und zuständigen Sachbearbeiter erwehren mußte. Zum Geld hatte er niemals – weder am Beginn noch am Ende seiner Karriere – ein vernünftiges Verhältnis. Entscheidungen, zu denen er sich einmal durchgerungen hatte, ließ er kaum jemals annullieren, solange es um die Finanzierung von Projekten ging, die er, aus welchen Gründen auch immer, für wichtig hielt. Die rapide Multiplizierung der Reichsschuld in der Zeit von 1933 bis 1945 belegt dies so beredt, daß sich ausführlichere Schilderungen als überflüssig erweisen. 8,5 Milliarden Mark betrug sie Ende 1932,* 47,3 Milliarden Mark waren es 1939 und 387 Milliarden Mark bei Kriegsende.[221]

Doch gerade in diesem Zusammenhang erwies sich Hitler – für seine Bewegung – als ein besonders wertvoller Führer. Die finanziellen und materiellen Zuwendungen, ohne die er, seine Unterführer und die NSDAP weder bestehen noch an die Macht hätten kommen können, wurden im wesentlichen ihm, dem faszinierenden Redner, persönlich zugedacht. Von 1920 bis 1924 war dies nahezu ausnahmslos der Fall.** Nach der

* Gemeint ist die Gesamtbelastung des Reiches – ohne Länder und Gemeinden. Einbezogen sind dabei innere und äußere kurz- und langfristige Schulden.

** Als Hitler im September 1919 ohne eigene Initiative in die Partei aufgenommen wurde, befanden sich in der Parteikasse 7,50 Mark. Anfang 1920 waren es dank seines Engagements bereits 700 Mark, und am 20.12.1920 konnte die Parteileitung innerhalb eines Tages 11 000 Mark Spenden verbuchen, was sie wiederum nur dem Redner Hitler verdankte. Am 22. und 24.9.1920, um noch zwei typische Beispiele anzuführen, spendeten Versammlungsteilnehmer nach Hitler-Reden 2500 Mark, und so ging es im Prinzip weiter. HStA. Mü., Abt. II, Gruppenkommando 4, 46/48. Vgl. hierzu die

Neugründung der NSDAP im Jahre 1925 und Hitlers Versicherung, auf legale Weise an die Macht kommen zu wollen, war diese Tendenz nach außen hin zwar nicht mehr so ausgeprägt sichtbar; aber Hitler blieb die Integrationsfigur, ohne die die NS-Bewegung rasch ausgetrocknet wäre. Wann immer die Kassen der Partei leer waren, was nationalsozialistische Publikationen und Chronisten für die Zeit – mit Recht – als Dauerzustand bezeichneten, war Hitler es, der auf irgendeine Weise die nötigen Mittel beschaffte. „Geld für den Aufstieg zur Macht", schrieb ich 1976 im „Vorwort" zu Walter Görlitz' „Geldgeber der Macht", war „und ist nicht immer nur die blanke Münze, die Konten und Kassen füllt und politische Aktionen möglich macht oder absichert. Schon bloße Bürgschaften haben (besonders Adolf Hitler und seiner Partei) geholfen. Häuser, Grundstücke, Schmuck und Kunstwerke, Naturalien für paramilitärische Organisationen und Partei-„Armeen", gesellschaftliche Beziehungen, die Unterstützung staatlicher Behörden, der Presse und der Gerichte, der Polizeien und Armeen, Waffen und Kriegsmaterial sind den Diktatoren auf ihren Wegen zur Macht nicht gerade selten mehr als das nackte Geld wert gewesen. So umranken denn auch nicht zufällig bunte Legenden die finanziellen Zuwendungen, deren sich nicht nur die späteren Diktatoren erfreuen konnten. Meist aus der weit verbreiteten Überzeugung geboren, daß Geld stets auch unmittelbar umsetzbare Macht für den bedeute, der es dem gibt, der die Macht offiziell ausübt oder doch möglichst bald ausüben solle, wird gewöhnlich vorschnell auf Gesinnungsgleichheit und identische Zielvorstellungen geschlossen,

ausführlichen Darstellungen und Nachweise in Maser, Der Sturm auf die Republik, u. a. S. 261 ff, 282 ff und 396 ff. Zur Frage der allgemeinen Finanzierung der NSDAP vgl. auch Görlitz, Walter: Geldgeber der Macht, Düsseldorf und Wien 1976, S. 19 ff. Fortan zit. als Görlitz, Geldgeber.

obwohl nicht selten Welten zwischen den Spendern und Empfängern liegen.

Die Millionen beispielsweise, die der letzte deutsche Kaiser Lenin zustecken ließ, sind ein überzeugendes Beispiel dafür. Auch die seit Jahr und Tag immer erneut kolportierte Behauptung, daß die Schwerindustrie und der Großgrundbesitz sowohl die faschistische Diktatur Mussolinis in Italien als auch Adolf Hitler in Deutschland an die Macht gebracht hätten, um einerseits Dämme gegen die Gefahr einer bolschewistischen Revolution zu errichten und andererseits (den Parteiprogrammen Hitlers und Mussolinis folgend) zugleich Expansionsmöglichkeiten für die eigene Produktion zu schaffen, ist ein Gemeinplatz, der aus unzureichenden Detailkenntnissen resultiert."[222]

Nicht erst seit Thomas Wimmer während der Südtirol-Krise im Auftrage des sozialdemokratischen Vereins München ein Flugblatt verbreiten ließ, auf dem die Großindustriellen, Fabrikanten und Unternehmer Kirdorff, Arthuber, Mutschmann, Hundhausen, Schneider, Duschnitz, Ford, Becker, Bechstein, Bruckmann, Kuhlo* und Wellheim als „Geldgeber" Hitlers aufgezählt wurden (was vor allem die sozialdemokratische bayerische Presse ständig wiederholte), glaubten viele Wähler, deutsche und ausländische Beobachter, Politiker, Journalisten und Hitler-Biographen vor 1933, daß Hitler der bezahlte Söldnerführer der Großindustriellen und Unternehmer wäre. Obwohl niemand beweisen konnte, daß es sich tatsächlich so verhielt, überdauerten die Behauptungen die Weimarer Republik und die Hitler-Herrschaft. Noch heute werden sie nicht nur von marxistisch-leninistisch orientierten Faschismusinterpreten wie Reinhard Kühnl,[223] Gerhard Lozek und Rolf Richter,[224] die für die Darstellung Hitlers und

* Kuhlo war Syndikus des Bayerischen Industriellenverbandes.

seiner Zeit ihr Schablonenraster „Allgemeine Faschismus-Theorie“ empfehlen, kolportiert und für bare Münze genommen. So zitiert Kühnl – als vermeintlich abgesicherte Tatsachenschilderung – beispielsweise die im Sommer und Herbst 1945 unter der Leitung des US-Senators Kilgore im Rahmen eines Ausschusses des US-Senates aufgestellte und durch nichts zu beweisende Behauptung: „Die Unterstützung seitens der deutschen Schwerindustrie und Hochfinanz ermöglichte den Nationalsozialisten die Machtergreifung.“[225]

Nicht wenige Autoren „helfen“ sich über Lücken oder „störende“ Tatsachen hinweg, indem sie kurzerhand Dokumente – je nach Bedürfnis – frei ergänzen,* umdatieren oder sie so zitieren, daß sie als Belege für scheinbar schlüssige Thesen erscheinen. So verwendet Eberhard Czichon[226] beispielsweise ein Dokument aus dem Jahre 1944, das eine Geldüberweisung des Chemiekonzerns IG-Farben an die NSDAP bezeugt, in einer derart irreführenden Weise,[227] daß der Eindruck entsteht, dies sei vor 1933 geschehen. Die an anderer Stelle[228] zitierte Anweisung eines Stahlfabrikanten an seinen Sekretär, „Bitte sagen Sie doch Herrn Hitler, ob wir ihn noch in unsere Liste aufnehmen können“, und seine abschließende Bemerkung auf die verneinende Antwort des Sekretärs, „Reden wir im kommenden Herbst noch einmal darüber“[229], zeigen exemplarisch, wie die Dinge tatsächlich lagen.

Friedrich Flick erklärte nach 1945 vor Gericht, daß die Nationalsozialisten von ihm anteilmäßig nur 2,8 % des Geldes erhalten hätten, das er für politische Zwecke ausgegeben habe.[230] Mit 50 000 Mark von Flick, 250 000 Mark vom IG-Farben-Konzern und einem dazwischenliegenden Betrag, den die

* So erfand beispielsweise Emery Reves, der Herausgeber des Fritz Thyssen zugeschriebenen und von diesem als nicht authentisch bezeichneten Buches „I paid Hitler“, zahlreiche Einzelheiten und Zusammenhänge gerade über diese Fragen.

Ruhrindustrie 1932 spendete,* war nicht viel zu beginnen. Hätten Hitler nicht die monatlichen Beiträge von den zu der Zeit rund 800 000 Mitgliedern zur Verfügung gestanden, wäre er mit Sicherheit im freien Spiel der Kräfte nicht konkurrenzfähig gewesen.

Der IG-Farben-Konzern mit Carl Bosch an der Spitze, der gewiß nicht als Parteigänger Hitlers bezeichnet werden konnte, unterstützte Hitler und die NSDAP ebenso, wie er es mit anderen konservativen politischen Parteien tat. Gustav Krupp galt als ein Hitler besonders gewogener Großindustrieller, doch als es Ende 1932 „zum Schwure" kam, war er nicht einmal bereit, bei Hindenburg auch nur mit seinem Namen für Hitler als Kanzler einzutreten. Und der rheinische „Braunkohlenkönig" Paul Silverberg, ein Gregor Strasser besonders gewogener – protestantisch getaufter – Jude, der ausgerechnet in Hitler den Retter aus der politischen Situation zu erblicken vorgab, hielt den Führer der NSDAP nur mit wohlwollenden Versprechungen hin.** Insgesamt kann unter Berücksichtigung der Gegnerschaften innerhalb der politischen Parteien und Gruppierungen und der Rolle, die Hitler und die NSDAP dabei spielten, als zutreffend gelten, daß sich die Zuwendungen der Industrie und Wirtschaft an politische Parteien zur Zeit der Weimarer Republik im Endeffekt gegen Hitler und die NSDAP richteten.

* Zur gleichen Zeit erhielt von ihr die Regierung Papen, in die Hitler (im April 1932) nicht hatte als Vizekanzler eintreten wollen, 350 000 Mark.

** Silverberg verließ bereits im März 1933 Deutschland, nachdem er seines Posten in der Braunkohlenindustrie enthoben worden war.

Im Jahre 1932, dem strapaziösesten Jahr vor seiner „Machtübernahme",* mußte Hitler einsehen, daß er auf dem Wege war, sich physisch unnatürlich früh zu verschleißen. Seine mit Abstand stärkste Waffe, die große rednerische Fähigkeit, drohte stumpf zu werden. Weil er seine Reden nicht sprach wie ein Sänger oder Schauspieler, sondern meist „hinausschrie", die Halsmuskulatur übermäßig anspannte und dadurch den Kehlkopf so belastete, daß die Wörter guttural herausgepreßt wurden und schmerzhafte Quetschlaute erzeugten, war er 1932 immer häufiger heiser. Muskelkontraktionen machten ihm beim Reden zu schaffen. Nur unter Aufbietung großer Energien brachte er rhetorische Leistungen zustande, die geschulte Redner weitaus müheloser geschafft hätten. Gaumensegel und Zäpfchen berührten, wenn er redete, den hinteren Zungenrand und versperrten dem Atemstrom den Weg durch die Mundhöhle, was nicht nur eine unklare Vokalisation, sondern auch einen spürbaren Kräfteverschleiß zur Folge hatte. Bis zu sieben Pfund Körpergewicht hat er zuweilen, wie er mehrfach berichtete, bei langen Reden verloren. Seine Münchener Wirtschafterin Anny Winter erinnerte sich 1967, daß er ihr erzählt habe, manchmal mit total durchgeschwitzten und gefärbten Hemden von Versammlungen nach Hause gekommen zu sein.** Je mehr er beim Reden spürte, wie seine Mängel und die daraus resultierenden Schwierigkeiten ihm zu schaffen machten, desto mehr strengte er sich an, und um so mehr verbrauchte er sich, was seinem Führer-Image keineswegs zugute

* So redete er in 57 Tagen (im April, Juli und Oktober/November) in 100 Städten des Reiches, wobei er zuweilen drei oder vier Reden innerhalb eines Tages hielt.

** Gefärbt, weil er anfänglich, d. h. 1920 und 1921, zuweilen eingefärbte Militärkleidung trug, deren Farbe in die Hemden eindrang, wenn er stark schwitzte; persönliche Mitteilung von Frau Winter (August 1967).

kam, da er sich auf dem Podium dann wie ein Ertrinkender gebärdete und manchmal geradezu lächerlich wirkte.

„Hitler atmet stoßweise, gewissermaßen explosiv, ähnlich wie beim Kommandoton", registrierte der Opernsänger und Schauspieler Paul Devrient im April 1932 und fuhr fort: „Durch die falsche Führung wird seine Stimme zusätzlich forciert, und die Summe gewaltsamer Anspannungen von Halsmuskeln und Stimmbändern äußert sich immer mehr in einer fast blauroten Verfärbung seines Gesichts. Vor Überanstrengung ... tritt in Hitlers ganzem Körper eine bis zum Krampf sich steigernde Hochspannung ein, die ... jede Bewegung ergreift. Er müht sich, seiner rasch nachlassenden Stimmkraft durch Gebärden zu begegnen, die er bis zum Exzeß steigert: ein geradezu besessenes sich Hin- und Herbewegen, Händefuchteln, Augenrollen – ein wildes ‚Schmierentheater' ... Dazu eine anormal ‚nasse Aussprache', deren Speichelspuren man deutlich ... fliegen sieht ... Podiumshysterie, die man bei dilettantischen Schauspielern und Sängern antrifft, die nicht selten schließlich den Ausfall des Stimmtones zu beklagen haben. Kein Wunder, daß Hitler nach knapp einstündiger Rede schweißbedeckt, erschöpft, verbraucht ist."[231]

Daß Hitler dennoch durchhielt, begründete er 1932 gelegentlich nicht nur mit Hinweisen auf seinen „starken Willen" und auf seine rednerischen Anlagen, sondern auch mit Andeutungen über sein „Geheimrezept". Wie dies aussah, entdeckte der damals gefeierte Paul Devrient im Herbst 1932. „Eines Abends treffe ich ihn (Hitler)", schrieb er in sein Tagebuch, „in einer merkwürdigen Szene an. Nur in Hemd und Hose, ohne Schuhe und Strümpfe, auf dem Rücken am harten Boden liegend, hat er beide Beine an die Wand hochgestemmt und die Augen geschlossen ‚Ich bin ruhig, ganz ruhig', flüstert er vor sich hin. In dieser Lage, erklärt er mir, konzentriere er sich vor jeder Rede, sofern es ihm möglich sei. Den Tip habe er von einem Berliner Nervenarzt bekommen. Es erhöht ... die Gedächtnisleistung. Zwanzig Minuten behält er die Stellung bei. ‚Obendrein beruhigt es Herz, Kreislauf und alle Affekte, von bloßer Unruhe bis zur lähmenden Unlust. Ich hab's oft genug ausprobiert!'"[232]

Dennoch: Hitler blieb nicht „ungeschoren", wenn seine Suggestivität und sein Engagement dies auch weitgehend verdeckten. Wenn er sich während seiner Reden, zuweilen blutrot im Gesicht, mit den Händen an den Kopf oder an die Brust griff und heiser herauspreßte, was auf den hintersten Bänken nicht mehr zu verstehen war, mußte er sich eingestehen, daß er die Redekunst nicht so beherrschte wie den jeweiligen Redetext. Als er schließlich total überfordert war, ließ er sich von dem Hals-, Nasen- und Ohrenarzt Dr. Dermitzel untersuchen. Von ihm, dem erfahrenen Facharzt, erhielt er einen Rat, der ihm zunächst nicht behagte, weil er überzeugt war, daß sein „Zusammenbruch" nur eine Folge bestimmter Krankheiten sei. Da das Innere seiner Nase deformiert[233] und seine Stimmbänder bedenklich strapaziert waren, „verschrieb" Dermitzel ihm unter anderem einen Opernsänger, der ihm Schauspiel- und Sprechunterricht erteilen sollte: den Operntenor Paul Devrient.* Er begleitete Hitler im April, Juli, Oktober und November 1932 auf Wahlreisen durch hundert Städte des Reiches und erteilte ihm in Hotelzimmern, Hinterzimmern von Gasthäusern, in Versammlungslokalen und auf Trockenböden Schauspiel- und Sprechunterricht.** Und dies war eine weitere entscheidende Zäsur in seiner Karriere.

* Persönliche Mitteilung von Dermitzels Kollegen Dr. Erwin Giesing (9.5.1975), der Hitler nach dem 20. Juli 1944 behandelte und mit Dermitzel schon 1932 über diese Angelegenheit gesprochen hatte. Außerdem erzählte Hitler es 1944 selbst auch Giesing.

** Vgl. Maser, Werner: Mein Schüler Hitler. Das Tagebuch seines Lehrers Paul Dev-

Doch wie die weitaus meisten gravierenden Wegmarken, so wurde Hitler auch diese von außen aufgezwungen. Wie er seinen Schulabgang vom Jahre 1905 mit der Feststellung beschrieb, „Da kam mir plötzlich eine Krankheit zu Hilfe und entschied . . . über meine Zukunft“,[234] so hätte er auch über den Beginn seiner äußeren Formung zum Führer mit einer solchen Formulierung berichten können. Daß er dies nicht tat, hing mit den Motiven für die Geheimhaltung jener Aktion zusammen, über die nicht einmal seine Vertrauenspersonen informiert waren, die ihn 1932 auf den Wahlreisen begleiteten. So hörte zum Beispiel der Flugkapitän Hans Baur, mit dem Hitler von 1932 bis 1945 flog, erstmals 1975 von Devrients „Lehrtätigkeit“ bei Hitler.[235] Ernst („Putzi“) Hanfstaengl, 1932 einer der ständigen Wahlreisenbegleiter Hitlers, erinnerte sich nicht mehr,[236] seinerzeit Devrient in der Begleitmannschaft Hitlers bemerkt zu haben. Heinrich Hoffmann jr., der Sohn des „Leibfotografen“ Hitlers, der früh schon das Vertrauen seines „Chefs“ genoß,* was (bis zum Ende Hitlers) nur ganz wenige „alten Kämpfer“ für sich in Anspruch nehmen konnten, erfuhr von seinem Vater nicht einmal nach 1945 etwas darüber,[237] obwohl er Devrient sogar zusammen mit Hitler fotografiert hatte.[238] Seine Entdeckung, daß Hitler seit Herbst 1932 plötzlich ganz besonders „faszinierend und mitreißend“ redete, eine bis dahin nicht an ihm erlebte „suggestive Kraft“ ausstrahlte und seinen Worten eine „Dynamik“ verlieh, der „sich niemand entziehen“ konnte,[239] versuchte er mit einer

rient, Pfaffenhofen 1975. Fortan zitiert als Maser, Mein Schüler Hitler. Devrient hatte sich nach den Begegnungen mit Hitler jeweils die Einzelheiten notiert, die er für wichtig hielt. Später ergänzte er diese Notizen und übertrug sie mit der Schreibmaschine. Als eine Art „Loseblattsammlung“ hinterließ er sie seinem Sohn Hans Stieber, der sie mir zur Prüfung, Bearbeitung und Herausgabe zur Verfügung stellte.

* Hoffmann stand Hitler schon sehr früh persönlich nahe. Bei ihm lernte Hitler 1929 Eva Braun kennen. Hoffmann war es auch, der Hitler 1936 den Arzt Dr. Theo Morell als „Leibarzt“ zuführte.

Vermutung zu erklären, die sich nicht mit den Tatsachen deckte. „Mir schien", mutmaßte er, „als suchte Hitler im Trubel der Versammlung Betäubung von seinem furchtbaren Schmerz."[240] Im September 1931 hatte sich nämlich seine große Liebe, seine Nichte Angela Maria Raubal, in seiner Münchener Wohnung erschossen, was ihn so schwer traf, daß er sich eine Zeitlang sogar mit Selbstmordgedanken trug. Der Schlüssel zur Erklärung seines Wandels war dies jedoch nicht.

Propaganda: Kenner am Werk. Ohne offenen Antisemitismus. Die „Stützen der Gesellschaft" hinter sich.

Mehr als je zuvor hatten Hitlers engste Mitarbeiter es in dieser Zeit darauf angelegt, ihren Führer, der als erster deutscher Politiker Flugzeuge für Wahlreisen benutzte und innerhalb eines Tages in mehreren Städten vor Tausenden von Menschen sprach,[241] als Führer für alle Deutschen erscheinen zu lassen. Flugzeuge, Autostafetten, Funk, Telefon und Presse, eine Schallplattenfirma und den Film setzten sie zur Organisierung und Realisierung ein. „Achtung! Adolf Hitler spricht zu Deutschland", so hatte der VB-Journalist Joseph Berchthold den Beginn des ersten Wahlreise-Fluges vom 3./4. April 1932 im Völkischen Beobachter angekündigt und erklärt, daß der Führer mit dem Flugzeug „über Deutschland" sei. „Ein Wunder ist geschehen. Ein unbekannter Soldat aus dem großen, grausamen Elend des Weltkrieges", so „verkündete" er in Anlehnung an die Sprache des Neuen Testaments und frohlockte verheißungsvoll: „Ein Held aus dem größten Ringen in geschichtlicher Zeit ist uns gesandt worden: Adolf Hitler."[242]

Wer „es" noch nicht wußte, erfuhr „es" jetzt: der Führer der NSDAP „war" bereits größer als Luther, der große Preußenkönig und Bismarck. „Es liegt ein Symbol und ein Programm in diesem Namen", schrieb er und „erläuterte" kühn: „Was einem Hermann dem Befreier, Luther, Gustav Adolf, Friedrich dem Großen und Bismarck nicht gelungen ist, weil die Zeit noch nicht reif war, weil alle Fehler, die sie begingen, davon abhängig waren, daß sie nicht in Rassenfragen aufgeklärt und dadurch in ihrem Handeln gehemmt waren. Weil alle die jetzigen gewaltigen Ergebnisse der Wissenschaft über unsere Vorfahren, nordisches Kulturringen und nordisches Völkerleben der historischen, theologischen, archäologischen und rassenbiologischen Forschung für sie noch verborgen und nicht zugänglich waren, ist ihm gelungen. Keinem anderen Menschen sind diese Tatsachen so klar geworden wie Adolf Hitler. Nur einem Menschen von gottbegnadetem seelischen und geistigen Format konnten alle diese Tatsachen innerlich verständlich werden, nur er konnte sie durchschauen und zum Verteidigungskampf ausnutzen."[243]

Keine Peinlichkeit vermeidend, stilisierte der nationalsozialistische Journalist seinen Arbeitgeber Hitler zum vollkommensten Führer „ohne Furcht und Tadel", Hitler, dessen Pressechef Dr. Otto R. Dietrich, Dr. Ernst Hanfstaengl, Wilhelm Brückner und den englischen Journalisten Sefton Delmer vor sich in der Maschine, fabulierte er sinnestrunken und verblendet: „Er ist ein Kämpfer, ein Held, ein seelisch, moralisch und ethisch hochstehender nordischer Kulturmensch, ein Mann, dessen ganzes Leben, Handeln und Denken ein Programm ist. Seit 1927 habe ich ihn vielmals getroffen und reden gehört, ein Erlebnis von seltsamem Maß. Er ist ein Felsblock von Willen und Kraftkonzentration. Eine strahlende Persönlichkeit voll Klarsicht und feinseelischem, moralischem und ethischem

Gefühl. Ein Führer ohne Furcht und Tadel. Und jetzt verkörpert er in seiner Person und seiner herrlichen Bewegung den organisierten Willen des deutschen Volkes."[244]

Stets auf propagandistische und werbewirksame Effekte bedacht, die der Führer-Stilisierung zugute kämen, agierten die Männer um Hitler erfindungsreich und einfühlsam wie Theaterregisseure. Als er beispielsweise am 20. Juli 1932 nach Bremen flog, um im dortigen „Weserstadion" zu reden, präsentierten sie ihn wie ein überirdisches Wesen, das aus dem All zur Erde herniederschwebt. Während Hans Baur im Dunkel des Abends das „Weserstadion" anflog und über den Wartenden kreiste, löschten die Begleiter Hitlers die Lichter in der Maschine. Nur Hitlers Platz blieb hell erleuchtet: Gespenstisch schwebte er, für jedermann sichtbar, in geringer Höhe über dem Stadion und sah „auf das Volk" herab, das in ihm so etwas wie einen messianischen Heilbringer oder „Herrn der Welt" erblicken sollte.

Wo immer Hitler eintraf, waren von den örtlichen Parteiorganisationen rechtzeitig Vorbereitungen für eindrucksvolle Zeremonien und Auftritte getroffen worden. Per Telefon, Funk und Autostafetten wurde koordiniert und abgesprochen, was jeweils veranlaßt werden sollte. Selbst ein Kurierflugzeug stand zur Verfügung. Nichts sollte dem Zufall überlassen werden, jeder den Führer zumindest hören können. So hatte Hitler, bevor er am 15. Juli 1932 seinen zweiten „Deutschlandflug" antrat, eine Schallplatte mit einer kurzen Rede besprochen. Als „Appell an die Nation"[245] sollte sie in den Parteiorganisationen die Runde machen. Aufwendig bot der Völkische Beobachter sie am 15. Juli als „erste Adolf Hitler-Schallplatte" an. Am 21. Juli, als Hitler bereits in zahlreichen Städten gesprochen hatte, wurde sie von der Partei gewissermaßen als „Abschlußgebet" für nationalsozialistische Versammlungen empfohlen. „Nationalsozialisten", heißt es im Völkischen Beobachter, „sorgt dafür, daß der Appell unseres Führers jeden Deutschen in Stadt und Land erreicht. Jede Versammlung muß mit dem Appell Hitlers geschlossen werden."[246]

Doch nicht genug damit: Hitler ließ seinen zweiten „Deutschlandflug" auch noch filmen. Die Regieanweisungen übernahm er selbst. Vom 15. bis zum 30. Juli war der Kameramann Alfons Brümmer mit seinen Filmkameras (neben dem Schauspiellehrer Paul Devrient) sein zusätzlicher Begleiter. Josef Berchthold, inzwischen als erfindungsreicher Führer-Macher ausgewiesen, schrieb die Filmtexte. Unter dem Titel „Hitler über Deutschland" erlebte das Opus bereits am 23. Oktober, noch während der dritten Wahlreise Hitlers, in den „Luitpold-Lichtspielen" in München seine feierliche Uraufführung. „Der Führer selbst hat den Film gesehen und ihm hohes Lob gespendet", kommentierte der Völkische Beobachter vom 28. Oktober 1932 das „Ereignis". Unmittelbar danach auch „draußen im Lande" aufgeführt, wie es im Völkischen Beobachter hieß, bestätigte die Resonanz die Erwartungen Hitlers und seiner Vertrauten. Ein Ortsgruppenleiter schrieb: „Wir haben noch mit keiner Versammlung einen Erfolg von solcher Breitenwirkung gehabt, wie mit dieser Filmveranstaltung. Die ganze Umgebung spricht von dem ausgezeichneten Film. Wir sind glücklich, die Vorführung recht bald wiederholen zu können."[247]

Hitler und seine Propagandisten hatten den Film als Propagandamittel entdeckt. Dem „Volk" war von nun an möglich, den Führer mit Hilfe der Technik nicht nur reden zu hören, sondern ihn auch zu sehen, seine Gestik und Mimik zu beobachten und das theatralische Zeremoniell mitzuerleben. Fettgedruckt hob der Völkische Beobachter am 28. Oktober hervor: „Mit dem Film ‚Hitler über Deutschland' hat sich der Film als Propagandamittel der Partei glänzend durchgesetzt. Das ist um so höher anzuschlagen, als zu den Filmvorführungen nicht nur Parteigenossen, sondern auch am politischen Leben sonst nicht Interessierte und der nationalsozialistischen Bewegung noch Fernstehende kommen und durch Augenschein von der ihnen noch nicht bekannten Wucht der Bewegung überzeugt werden. Keine größere Ortsgruppe darf es sich entgehen lassen, während der Wahlperiode, aber erst recht auch nach dem 6. November mit diesem ersten Großfilm für die deutsche Freiheitsbewegung Adolf Hitlers zu werben!"

Wie die Wahlreisen im April und im Juli, so war auch der „Deutschlandflug", den Hitler am 11. Oktober 1932 begann, durch aufwendige, propagandistische Kampagnen vorbereitet. Entsprechend wurde er kommentiert. „Beginn der großen Propagandafahrt Adolf Hitlers durch Deutschland", so eröffnete der Völkische Beobachter vom 13. Oktober die Berichterstattung über Hitlers Versuch, „den Sammlungsprozeß unseres Volkes zu vollenden", womit die Reichstagswahlen vom 6. November gemeint waren. Die Öffentlichkeit erfuhr, daß es mit der NSDAP bergauf ginge und Hitler diese Reise sogar, was besonders spektakulär war, mit einer Maschine des Typs „Ju 52" absolvierte.

Hans Baur, der auch diese Junkers flog, schreibt in seinen Erinnerungen: „Nach zwei Monaten Streckendienst zwischen München-Venedig-Rom, München-Berlin und Zürich-Wien, war ich vom 13. Oktober bis zum 5. November wieder mit Hitler unterwegs. Diesmal mit der Ju 52. Bekanntlich war diese Maschine im Jahre 1932 in den Luftverkehr gekommen. In Zürich hatte sie beim internationalen Flugmeeting den ersten Preis erhalten . . . So ohne weiteres . . . gab die Lufthansa die Ju 52 für Hitler nicht her . . . Aber Göring – als Reichstagspräsident – war Hitler behilflich. Er bekam die Ju 52 und (ich) konnte nun sechzehn Gäste mitnehmen, das waren sieben mehr – außerdem war diese Maschine um dreißig Kilometer schneller als die Rohrbach. Wieder hatten wir einen Korrespondenten der Auslandspresse bei uns. Nach Sefton Delmer und Ward Price war es diesmal ein Vertreter des Reuterbüros, James Kingston."[248] Ein gewaltiger Aufwand, der imponieren mußte.

Der Führer der NSDAP erhielt von der Lufthansa ein Flugzeug, das in eine Höhe von 6500 Metern fliegen konnte, zu den modernsten Transportmitteln überhaupt gehörte und außerdem das einzige Exemplar dieser Art war, über das die Lufthansa verfügte.* Die Manager Hitlers verstanden ihr Handwerk. Vom Wahlergebnis her waren ihre Rechnungen allerdings nicht aufgegangen. Hitler hatte sich getäuscht und die tatsächlichen Verhältnisse falsch eingeschätzt. Während sich am 31. Juli 1932 – nach einem Wahlergebnis von 18,2% im Jahre 1930 – 37,3% der Wähler für ihn und die NSDAP entschieden hatten,** waren es am 6. November zur großen Enttäuschung seiner Anhänger nur noch 33,1% gewesen.

Das Jahr 1932 „wird in der Geschichte unserer Bewegung dereinst fortleben als ein Jahr schwerster Opfer und Kämpfe", hatte Hitler, die April-Wahlen und einige positive Landtagswahlergebnisse bereits auf dem „Haben-Konto", am 22. Juni 1932 prophezeit und gemeint, daß es „das Jahr größter Siege und Erfolge"[249] werden müßte. Daß es dies schließlich doch nicht wurde, erfuhr er schon im November. Da er derartige

* Ursprünglich hatte die Lufthansa über zwei dieser Maschinen verfügt. Eine von ihnen war bei einem Flug von Zürich nach München zu Bruch gegangen.

** In Schleswig-Holstein erhielt die NSDAP mit 51% die absolute Mehrheit; in 14 weiteren Wahlkreisen bekam sie mehr als 40%. Unter 25% blieb sie nur in Berlin, Köln-Aachen und Niederbayern. Die relative Mehrheit hatte sie in den Bezirken Breslau, Westfalen-Süd, Düsseldorf-Ost, Franken, Pfalz, Baden und Württemberg. Vgl. Das Ende der Parteien 1933, hrsg. von Erich Matthias und Rudolf Morsey, Düsseldorf 1960, S. 771.

Hoffnungen artikulierte und infolge der Verhältnisse tatsächlich empfinden konnte, an der Schwelle der Macht zu stehen, drängt sich die Frage auf, wen er als Politiker in diesem „Entscheidungsjahr“ ansprach, was er sagte und programmatisch formulierte. Daß er mit dem Parteiprogramm der NSDAP so wenig würde beginnen können wie eine christlich ausgerichtete Staatsregierung mit den zehn Geboten der christlichen Lehre, war selbstverständlich. Hinzu kam, daß er, der Führer der NSDAP, 1932 ja nicht nur Reichskanzler werden sollte, sondern zunächst vor allem Reichspräsident, was ihn zwang, bestimmte Argumente, die seine programmatischen Reden sonst nicht durchwirkten, sondern trugen, aus dem Spiel zu lassen. Ein Reichspräsidentenkandidat, der dem biologischen Antisemitismus offen und aggressiv das Wort redete, konnte keine gute Figur machen, auch wenn der Antisemitismus von der politischen Mitte nach rechts hin erschreckend weit verbreitet war und in bestimmten Kreisen geradezu zum „guten Ton“ gehörte.

Hitler, der zum designierten Reichspräsidenten für möglichst alle Deutschen stilisiert werden sollte, hielt sich in dieser Situation zurück und verzichtete darauf, seine Reden antisemitisch zu artikulieren, und er unterschlug vorübergehend sogar das tragende Grundelement der Weltanschauung seiner Bewegung, den aggressiven Antisemitismus. Um des erhofften Erfolges willen hielt er „sterile“ Reden und achtete sorgsam darauf, daß er bestimmte Wählerkreise nicht in Verlegenheit brachte. Wie die öffentlichen Reaktionen ihrer Exponenten bewiesen, konnten er und die NSDAP mit den Ergebnissen zufrieden sein. Namhafte Exponenten aus dem Kulturleben, Nobelpreisträger wie Philipp Lenard und Johannes Stark, Schriftsteller wie Kurt Aram, Richard Euringer, Hans Grimm, Rudolf Herzog, Hanns Johst, Eberhard König, Rudolf Paulsen, Edgar Schmidt-Paul, Bogislaw von Selchow, Will Vesper, Ernst und Hans von Wolzogen, Verleger, Theaterdirektoren und Komponisten, rühmten ihn als den Kandidaten „der deutschen Geisteswelt“ und warben öffentlich für ihn.[250]

Zahlreiche Wissenschaftler taten es ihnen gleich. „Wir erwarten zuversichtlich von nationalsozialistischer Führung“, erkärten 51 Universitäts- und Hochschullehrer[251] am 29. Juli 1932, „im Staate die Gesundung unseres ganzen öffentlichen Lebens und die Rettung deutschen Volkstums und sind entschlossen, jeder an seinem Teil dafür zu wirken.“[252] Sie, die „berufenen Lehrer der akademischen Jugend“, fühlten sich gedrängt, ihre „Überzeugung durch die Tat zu beweisen“ und die „geistig schaffenden Menschen“ auf die „Verpflichtung“ hinzuweisen, „sich mutig und mit Vertrauen“ für die nationalsozialistische Bewegung zu entscheiden. Nur Hitler und seine „Volksbewegung“ könnten noch die Befreiung „des ganzen deutschen Lebens“ von den „Einflüssen des internationalen Finanzkapitales“ erwirken und die „international gebundenen Kräfte“ aus dem deutschen Kultur- und Wirtschaftsleben ausschalten.[253] Als akademische Lehrer seien sie, wie sie vielsagend und vage bekundeten, „durch alle Bedenken hindurchgegangen, die den intellektuellen Menschen bei einigen Zielgedanken der nationalsozialistischen Bewegung kommen“. Welcher Art ihre Bedenken gewesen seien, erfuhren die Leser allerdings nicht. Daß es sich nicht um etwaige Vorbehalte im Hinblick auf die „von vielen gefürchtete Einschränkung der geistigen Freiheit durch ein engstirniges nationalsozialistisches Schema“ handelte, gaben sie offen zu. Und sie bekannten auch: „Die wesentlichen Gedanken aber, vor allem: die Bekämpfung des fremdrassigen Einflusses in unserem Volksleben, die Einschränkung des Eigennutzes auf allen Gebieten, soweit er dem allgemeinen Nutzen entgegen handelt, der Wille zur Befreiung des Staates und des sozialen Lebens von der materialistischen Fessel des Finanzkapitals, diese wesentlichen Zielgedanken sind durch alle einzelnen Bedenken hindurch von uns als grundsätzlich richtig erkannt."[254]

Bedenken gegenüber „einzelnen Erscheinungen treten für uns zurück",* erklärten sie und begründeten diese Feststellung mit dem Bekenntnis, daß sie „dem Geist der oberen Führer und ihrer erprobten Fähigkeiten zur Reinhaltung der Bewegung vertrauen."[255] Der Großindustrielle Fritz Thyssen hatte (im März) vor der Reichspräsidentenwahl öffentlich erklärt: „Ich wähle Adolf Hitler, weil ich ihn genau kenne und fest überzeugt bin, daß er der einzige ist, der Deutschland vor dem Abgrund und Zerfall zurückreißen kann und wird."[256] Wie kraß er sich von Hitler und dessen Hintermännern hatte täuschen lassen, bewies sein späteres Schicksal. Im September 1939 floh er zunächst in die Schweiz und ging von dort nach Frankreich, wo er 1940, von der Gestapo verhaftet, in die Irrenabteilung des Sanatoriums Babelsberg und schließlich in die Konzentrationslager Oranienburg und Dachau eingewiesen wurde. 1945 befreiten ihn die Amerikaner. 1932 jedenfalls

* Rund ein halbes Jahrzehnt sahen die Nationalsozialisten sich von da an von Hochschullehrern unterstützt. Erste spürbare Distanzierungen lösten vor allem 1937/38 die Aktivitäten des parteihörigen NS-Dozentenbundes aus, der vom Stab Heß getragen wurde und sich bemühte, nationalsozialistisches Gedankengut verstärkt in den Lehrstoff der Hochschulen hineinzutragen und entscheidenden Einfluß auf die Berufung von Hochschullehrern zu nehmen. „Nichtarische" Hochschullehrer waren inzwischen Opfer des Berufsbeamtengesetzes geworden. Beanstandungen und Verbote reglementierten die freie wissenschaftliche Meinungsäußerung, Gestapo und Sicherheitsdienst beobachteten Vorlesungen, Übungen, Seminare, Vorträge und andere Lehrveranstaltungen. Verleger wagten bald nicht mehr, nationalsozialistische Publikationen zu unterbinden, die als „Konjunktur"-Schrifttum von nationalsozialistischen Hochschullehrern stammten und im Volk und im Ausland den Eindruck erweckten, daß sich auch die deutschen Hochschullehrer dem Nationalsozialismus verschrieben hätten. Daß eine Anzahl deutscher Hochschullehrer indes nicht von dem Vorwurf freigesprochen werden kann, aus übertriebener Vorsicht und aus Mangel an Zivilcourage geschwiegen zu haben, wo lange ungestraft gemahnt und gewarnt hätte werden können, ist eine Tatsache, die in diesem Zusammenhang nicht übersehen werden darf.

warb er für Hitler ebenso wie der Hohenzollern-Kronprinz Wilhelm von Preußen, der sich öffentlich für Hitler entschied. „Da ich eine geschlossene Haltung der nationalen Front für unbedingt notwendig halte“, erklärte Wilhelm nach dem gescheiterten ersten Wahlgang, „werde ich im zweiten Wahlgang Adolf Hitler wählen.“[257] Sie blieben nicht allein. Vierzig Hochschullehrer* erklärten im November, daß sie „nur in der Machtübernahme durch Adolf Hitler die Möglichkeit“ sähen, der „wachsenden Not und Verleumdung des deutschen Volkes Einhalt zu gebieten“.[258] Hundert Gemeinden allein aus „der badischen Grenzmark“, wie es im Völkischen Beobachter vom 3. November 1932 hieß, hatten Hitler am 1. November in Karlsruhe Ehrenbürgerbriefe überreicht. Ehrenbürger vieler Städte war er bereits, als er seine erste Wahlreise mit dem Flugzeug antrat. Ständig wurden ihm neue Ehrungen solcher Art zuteil. Die bäuerlichen Gemeinden Hansen v. d. Höhe, Wisper, Watzelhain, Striutzrinitatis, Niederlibbach, Born, Panrod und Wingsbach in Nassau[259] taten dies unmittelbar nach dem Sturz der sozialdemokratischen preußischen Regierung durch Franz von Papen.

Hätte Hitler offen die „Entfernung“ der Juden verlangt, wie er es bis 1930 in seinen Reden und Schriften stets mit Nachdruck getan hatte, wären derartige Ehrungen und Werbekampagnen für ihn kaum so ostentativ möglich gewesen. Die Hochschullehrer hatten zwar in ihrem Aufruf vom 29. Juli von „international gebundenen“ Kräften im Kultur- und Wirtschaftsleben gesprochen; aber das war nur als Antisemitismus zwischen den Zeilen zu verstehen und konnte durchaus auch

* Es waren insgesamt 56 Hochschullehrer. 16 von ihnen hatten jedoch bereits die Resolution vom 29. 7. 1932 unterzeichnet.

anders gedeutet werden.* Hitlers Politik von 1932 – das heißt eigentlich seine von seiner Umgebung systematisch betriebene Hinstilisierung auf das Reichspräsidentenamt – ließ ihn als kommenden Sachwalter verschiedener Gruppeninteressen erscheinen, auch wenn er sich offiziell nur auf die Anhänger der NSDAP und der Deutschnationalen Volkspartei stützen konnte, deren Erwartungen sich nicht unbedingt mit den Hoffnungen deckten, die die Nationalsozialisten an eine Kanzlerschaft Hitlers knüpften. Daß Hitler 1932 „allen alles versprochen" habe, wie oft behauptet wird, trifft nicht zu. Im Gegenteil, 1932, von Drohungen gegenüber den politischen Parteien abgesehen, versprach er eigentlich überhaupt nichts.

Er warf den Regierungen der Weimarer Republik vor, versagt, soziale Hoffnungen und wertvolle materielle und moralische Substanzen zerstört und sozialen Unfrieden erzeugt zu und gefördert zu haben. Gemäßigt auftretend, versprach er für den Fall seiner Wahl zum Reichspräsidenten, daß er so rasch wie möglich Reichstagswahlen ausschreiben und dem Volk zu dem Parlament verhelfen würde, das seinem tatsächlichen Willen entspräche.[260] Selbst den Versailler Vertrag, seit Beginn seiner politischen Laufbahn ein Vehikel zur Entfaltung seiner offensiv artikulierten außenpolitischen Vorstellungen, wollte er 1932, wie er öffentlich erklärte, nicht „zerreißen", sondern durch einen anderen Vertrag ersetzen lassen.**

Den politischen Parteien allerdings drohte er mit ihrer Liquidierung. „Die Überwindung dieser Parteien", so formulierte er es Mitte Juli auf der Schallplatte, „ist . . . Pflicht, weil sie, um selbst zu leben, die Nation immer wieder zerreißen

* Gelegentlich griff Hitler den Hochadel an und warf ihm vor, infolge seiner internationalen Versippung „deutsche" Politik, wie er sie verstand, zu boykottieren.

** Vgl. „Münchener Neueste Nachrichten" vom 13.3.1932. Der „Versailler Vertrag würde", so sagte er (ebenda), „erledigt sein, wenn auf einer neuen Konferenz ein anderer Vertrag abgefaßt würde."

müssen."[261] Überzeugt, dies stets und überall ungestraft sagen zu können, drohte er: „13 Jahre hindurch haben die Machthaber unser Volk mit dem Gedanken erfüllt, fremde Hilfe werde uns zuteil werden. Wir erfüllen unser Volk mit der Idee: außer unserer eigenen Kraft gibt es keine, die uns helfen wird. Solange der Parteiirrsinn möglich ist, ist die Rettung Deutschlands unmöglich. Deshalb will ich diese Parteien aus Deutschland beseitigen."[262]

Am 16. August 1932, drei Tage nach seiner Zusammenkunft mit Hindenburg, Papen und Schleicher, die ihn nicht gerade fair behandelt hatten,* gab er einem Vertreter der rechtsorientierten – und ihn unterstützenden – Rheinisch-Westfälischen Zeitung ein Interview. Auf die Frage, wieso die Parteien, die Papens „Kabinett der Barone" als reaktionär und unsozial bezeichneten, was von seiner Bewegung nicht gesagt werden könne,** die Tatsache begrüßten, daß er nicht Kanzler geworden sei, antwortete er: „Gewisse Rechtskreise bezeichnen uns als Bolschewisten, und die Bolschewisten wiederum behaupten, wir seien Reaktionäre, Barone, Großkapitalisten, Unternehmerknechte, und weiß Gott was noch."[263] Also doch einer, der „allen alles" versprach? Sicher nicht! „Die marxistischen Feinde ... im Inneren wissen, nach ihrem jahrelangen Betrug", erklärte er, „daß die nationalsozialistische Bewegung sich wirklich ehrlich der deutschen schaffenden Menschen annehmen wird. Die bürgerlichen Reaktionäre wissen, daß wir

* Zu Hindenburg (in Anwesenheit von Papen und Schleicher) gebeten, wo mit ihm angeblich über die (eben angeblich) noch nicht geklärte Frage der Kanzlerschaft gesprochen werden sollte, erfuhr er, daß alles längst entschieden war und der Reichspräsident sich nicht in der Lage sähe, ihm den (von Hitler geforderten) Kanzlerposten zu übertragen. Er wurde buchstäblich abgekanzelt und von Hindenburg aufgefordert, seine Opposition ritterlich zu führen. Vgl. dazu u.a. „Kölnische Zeitung" vom 13.8.1932 (Abendausgabe) und WTB-Text vom 14.8.1932.

** Herausgeber der Zeitung war Dr. Reismann-Grone, der Schwiegervater von Hitlers Pressechef Dr. Otto R. Dietrich, der Hitler vermutlich auch „interviewte."

ihre Politik der Schwäche ablösen werden . . . Beide ahnen, daß die Zeit der Klassen- und Standesinteressenkämpfe sich ihrem Ende nähert."[264] Dies und das Versprechen, die politischen Parteien alsbald zu vernichten, gehörten zu den wesentlichsten programmatischen Perspektiven, mit denen Hitler 1932 die „größten Siege und Erfolge"[265] der NSDAP einleiten zu müssen glaubte. Daß er zu der Zeit trotz aller lauten Bekundungen, sich seiner Sache absolut sicher zu sein und nur den Willen des Volkes zu erfüllen, durchaus nicht frei von Skrupeln war, beweist seine Bemerkung, daß er es vor der Geschichte leichter haben werde, „die Vernichtung von 30 Parteien zu verantworten, als die, welche sie gegründet haben."[266]

Hitler hatte die Wahlen und Mandate im Reichstag verloren; aber er hatte auch etwas gewonnen, was ihm als Führer noch wichtiger als das Kanzleramt oder gar das höchste Amt im Staat erschien: er hatte gelernt, sich bühnenreif zu bewegen und ebenso zu sprechen. Ihn selbst drängte es nicht so sehr zur Reichskanzlei, wie es den Anschein hatte. Und diejenigen, die ihn genau kannten, wußten dies. Wenn er öffentlich das Amt des Kanzlers forderte, tat er es, weil er von seinen Anhängern bedrängt wurde. „Ich weiß", entgegnete er einem Industriellen im Oktober 1932, den er vergeblich um Geld für die Partei gebeten hatte, „daß meine Anhänger und Parteigenossen ungeduldig sind – und nicht mehr zuwarten wollen. Sie wollen mich an der Macht sehen."[267]

Alte Mitkämpfer enttäuscht, neue nicht überzeugt, Anhänger verloren.

Hitler fürchtete mehr denn je, von der Zeit schon überholt worden zu sein und nicht nur einige allgemein bekannte Führungsexponenten zu verlieren, sondern auch zahlreiche Parteimitglieder, Anhänger und Wähler einzubüßen, wenn er nicht immer wieder energisch betonte, die Macht übernehmen zu wollen. Alte Gründungsmitglieder – und nach wie vor Prominente – der Partei, die Hitler nicht nur als Redner kannten, sondern aus eigener Erfahrung auch wußten, wie er entschied und führte, säten Pessimismus. So war Hitler beispielsweise 1932 von Martin Bormann zugetragen worden, daß selbst der von ihm ursprünglich sehr geschätzte Ingenieur Gottfried Feder,* der 1920 an der Formulierung des NSDAP-Programms mitgewirkt hatte und eine Zeitlang eine maßgebliche Rolle in der Partei spielte, Hitler und der NSDAP kaum noch eine Chance gab. Die Bewegung habe, so äußerte er hinter Hitlers Rükken** „den Höhepunkt bereits überschritten. Aus dem Wahlkampf werde sie „mit einem großen Mandatsverlust herauskommen."

Ein anderer alter Kämpfer, der einflußreiche und für Hitler sehr schwierige Gregor Strasser, ging sogar noch weiter. Zusammen mit Kurt von Schleicher, der am 2. Dezember 1932 Reichskanzler wurde, unternahm er, obwohl „Reichsorganisationsleiter der NSDAP", am 3. Dezember heimlich und ohne

* Feder gehörte zu den wenigen alten Kämpfern, die Hitler in „Mein Kampf" (S. 228, 232 und 237) namentlich erwähnte.

** Zit. aus einem Bericht des NSDAP-Ortsgruppenleiters Otto Engelbrecht aus Murnau vom 5.1.1933 an die Reichsleitung der NSDAP. Engelbrecht datiert bei der Unterschrift des Berichts, den er auf Weisung Martin Bormanns verfaßt hat: 5. Januar 1932. Aus dem Inhalt geht jedoch eindeutig hervor, daß er Gottfried Feder am 30.12.1932 aufgesucht und sich mit ihm u. a. auch „über die allgemeine politische Lage" unterhalten hat. Dok.: Nationalarchiv Washington.

Hitlers Billigung den Versuch, die NSDAP zu spalten, eine Koalition mit der Regierung Schleicher anzubahnen und als Vertreter der NSDAP selbst in die Regierung einzutreten.*

Wie weit viele Beobachter Hitler, der am 13. August das Amt des Vizekanzlers in einer Regierung Papen abgelehnt und so einen Fuß bereits auf die unterste Schwelle der Reichskanzlei gesetzt hatte, von eben dieser Kanzlei noch entfernt wähnten, bezeugt auf ganz besondere Weise ein „Protokoll", das Paul Devrient Ende Oktober 1932 nach einem „Bettelgang" zu einem Industriellen verfaßte, zu dem Hitler ihn mitgenommen hatte. „Obgleich Hitler angemeldet ist", notierte Devrient, „läßt man ihn schier endlos warten, so daß er – verärgert – bereits wieder gehen will. Doch da öffnet sich die Tür des prunkvollen Warteraums. Ein junger Mann mit geschultem Lächeln bittet uns einzutreten, weist auf zwei Klubsessel, schreitet weiter zu einem gewaltigen Schreibtisch, hinter dem ein hagerer Mann mit graumeliertem Bart ‚throhnt'. ‚Der Führer der Nationalsozialistischen Deutschen Arbeiter-Partei', wird Hitler ihm vorgestellt.

‚Guten Tag, Herr Direktor!' sagt Hitler – für mich fast ein wenig unterwürfig. Man erkennt, daß er als Bittender kommt. ‚Sehr erfreut!' erwidert der hagere Mann hinter dem Schreibtisch. Er steht nicht auf (weil er eine Beinprothese trägt, wie ich später bemerke) . . . ‚Jetzt erkenne ich Sie wieder!' beginnt Hitler. ‚Ich sah Sie . . . bei einer meiner Versammlungen, ohne allerdings Ihren Namen zu wissen!' ‚Ihren Namen kenne ich um so besser!' lächelt der Direktor und lobt Hitlers . . . Sprech-

* Strasser, der infolge seiner Erfahrungen Hitler auch jetzt keine schnelle und offensive Entscheidung zutraute, schrieb am 8. 12. 1932 einen Brief an Hitler, dem er (nach einem scharfen Wortwechsel) seine Parteiämter zur Verfügung stellte. Hitler, deprimiert und zaudernd, ließ sich von Goebbels dazu bewegen, Strasser gehen zu lassen. Am 10. 12. 1932 hieß es im Völkischen Beobachter irreführend: „Gregor Strasser tritt mit Genehmigung des Führers einen Krankheitsurlaub von drei Wochen an. Alle weiteren daran geknüpften Kombinationen sind unzutreffend und entbehren jeder Grundlage.

weise. ‚Warum', fragt Hitler, ‚sind Sie meiner letzten Kundgebung ferngeblieben ...?' ‚Ich schickte meinen Sekretär ... Er hat mir Bericht erstattet!' Hitler reckt sich stolz auf. ‚Dann wissen Sie sicher, welch' unerhörten Beifall ich hatte!' ‚Nein, leider nicht', bedauert der Fabrikant ..., ‚mein Sekretär mußte zu einem Termin und hat Ihre Kundgebung daher früher verlassen müssen! ... Aber er hat mir genau berichtet, was er gehört hat!' ... ‚Dann wissen Sie sicher auch', kommt Hitler zum Zweck seines Besuches, ‚daß mich nur zweierlei Dinge schlagen können: ein schlechtes Wahlergebnis und Geldmangel!' Jetzt verzieht der Fabrikant keine Miene. Hitler aber trumpft auf: ‚Mein Anhängerzuwachs beträgt volle 50 Prozent ...' ‚Die Wirtschaftskrise ist in diesem Jahr noch drückender geworden', bemerkt der Industrielle ..., ‚je schlechter es den Leuten geht, desto mehr neigen sie zu Extremen!' ‚Mag sein', reagiert Hitler so eisig, daß ich mich ... frage, ob er hierhergekommen ist, um zu streiten, oder für seine Partei Geld zu erbitten. – ‚Hätte ich einen solchen Zuwachs mit einem schlechten Programm erzielen können?', fragt er kalt und sagt ebenso frostig: ‚Menschen, denen es schlecht geht, besitzen einen untrüglichen Sinn für Erfolgversprechendes. Deswegen bin ich hier, Sie zu bitten, für meine Partei, den Sieger von morgen, eine bemerkenswerte Summe zu spenden!' ‚Ich halte es für möglich, daß Sie Erfolg haben werden', stimmt der Fabrikant höflich zu und schränkt aber gleich ein: ‚Ich befürchte nur, daß Sie mit Ihrem Wunsch zu spät kommen. Mein Sekretär ist über unsere Spendemöglichkeiten besser informiert als ich, und er wird Ihnen Auskunft geben.' ... ‚Es ist zu spät. Unsere Liste ist bereits komplett', erklärt der Sekretär ... ‚Kommen Sie im nächsten Herbst doch bitte wieder', meint der Fabrikant ... ‚Im nächsten Herbst bin ich ein Jahr älter', reagiert Hitler ungeduldig ... ‚Wie alt sind Sie denn?' fragt der

Fabrikant. ‚Unzählige Wahlreisen, Kundgebungen und Reden alt!', sagt Hitler ironisch. ‚Ich habe lange genug gewartet ... Manchmal wird man ... gar nicht erst fünfzig als Politiker. Darum habe ich es eilig!' ... ‚Warum versuchen Sie es nicht bei anderen Firmen? Die geben doch auch Spenden?' ‚Das sind nicht die Firmen, die ich gewinnen will!', sagt Hitler diplomatisch. ‚Ihr Unternehmen ist die Firma, die mich interessiert' ..."[268] Doch auch das nützte nichts. Hitler mußte sich mit dem vagen Versprechen unterbrechen und vertrösten lassen: „Reden wir im kommenden Jahr noch einmal darüber."[269]

Daß Hitler an Charme, Charisma, Überlegenheit und Sicherheit einbüßte, wenn er (nicht nur vor 1933) Persönlichkeiten begegnete, denen er sich, aus welchen Gründen auch immer, irgendwie unterlegen oder auch nur gleichrangig fühlte, ist verschiedentlich bezeugt. Exemplarisch erscheinen dafür zwei Berichte des Juristen Werner Best, der Ende 1930 unter Strassers Einfluß der NSDAP beitrat, 1931 juristischer Berater der Partei in Hessen und über einige weitere Karrierestationen im November 1942 schließlich Deutscher Reichsbevollmächtigter in Dänemark wurde. Nachdem er mehrfach mit Hitler zusammengetroffen war und ihn 1932 im Rahmen einer der üblichen Hitler-Kundgebungen erstmals hatte sprechen hören, war er überwältigt. „Die suggestive Kraft, der sich fast keiner seiner Hörer entziehen konnte", erinnerte er sich und fuhr fort: „Die eigene Aufgewühltheit und der sittliche Ernst geben seinen Reden den Charakter von Predigten und Prophetien. Jedermann fühlte, daß die Ekstase dieses Mannes keine Schauspielerei war, und es war geradezu der Höhepunkt der gefühlsmäßigen, unterbewußten Einwirkung auf die Hörer, wenn sie sahen, wie Hitler nach seiner Rede völlig verausgabt und ermattet auf seinen Stuhl sank."[270]

Stand er aber vor Hörern, denen er sich nicht überlegen

fühlte, konnte alles das wie weggeblasen sein. Als er im Frühjahr 1932 neben Hugenberg, Duesterberg, Claß und Schacht in Bad Harzburg saß und schließlich auch selbst sprach, war Best betroffen. „Seine Rede", sagte er, „war schlechthin eine Enttäuschung für mich. Aller Zauber, der von dem vor Zehntausenden redenden Hitler ausging, fehlte. Seine an sich wohlformulierten Sätze wirkten als banale Gemeinplätze. Man merkte ihm deutlich seine Befangenheit an, die ihm jeden Schwung nahm."[271] Hier konnte er weder Prophet sein noch sich als Redner hinter den Metaphern des Propheten verbergen. Die Kontinuität zwischen Überredung, Propaganda, Einschüchterung und Terror, die er im Grunde immer brauchte, um beeindrucken zu können, war in diesem Kreis und zu der Zeit unmöglich realisierbar. Neues vermochte er dieser Umgebung, deren Ablehung er physisch spürte, ebenfalls nicht zu vermitteln, was zwangsläufig Langeweile erzeugen mußte. Niemand stimulierte ihn, niemand „betete" ihn an. Mit der nüchternen Realität, der politischen Routine, der formalen Bildung und gesellschaftlichen Einbildung anderer konfrontiert und zur Selbstbeherrschung gezwungen, versagte er. So mied er derartige Situationen und Begegnungen, wo immer es ihm nur möglich war. 1932 konnte er dies jedoch keineswegs in dem Maße, wie er es sich gewünscht hätte. Er mußte, um hier nur einige Namen noch einmal zu erwähnen, mit Papen, Schleicher, Hugenberg, Hindenburg und Meißner reden und verhandeln, mußte zuhören und sich korrigieren lassen. Aber er wußte auch, daß die Massen, um die es ihm seit Anbeginn seiner politischen Laufbahn ging, nicht den „Mumien im Gehrock" folgten, als die er diese Widersacher – schon durch sein Auftreten als Redner – erscheinen zu lassen verstand.

War schon aus dem Devrient-Protokoll deutlich herauszulesen, daß der Stellenwert, der Hitler im Herbst 1932 von der

Schwerindustrie zugeordnet wurde, keineswegs als bemerkenswert bezeichnet werden konnte, obwohl noch nicht feststand, daß sich seit Ende Juli mehr als zwei Millionen Wähler wieder von ihm abgewandt hatten,[272] so zeigten öffentliche Ereignisse dies am Jahresende. Ob und wieweit die Vertreter von Industrie und Wirtschaft – von Ausnahmen abgesehen – ihn überhaupt an der Regierung zu sehen wünschten, ist mit exakten Belegen nicht zu beantworten. Absolut sicher ist jedoch eines: Hitler war weder ihr Agent noch ihr bezahlter Kondottiere, auch wenn voreingenommene, die Geschichte in vorgefertigte Schablonen zwängende, meist marxistisch-leninistisch orientierte Interpreten seit Jahr und Tag das Gegenteil behaupten.[273] Mit einiger Reserve begegneten Hitler das Familienunternehmen Krupp und zahlreiche andere Industrielle, bedeutende Exportunternehmer, wichtige Exponenten der Börse, Inhaber großer Warenhäuser – und natürlich jüdische Unternehmer. Hjalmar Schacht beklagte Mitte November 1932 in einem Brief an Hitler, daß die Schwerindustrie ihren Namen zu Recht träge; denn sie entschlösse sich schwer.[274] Die Unternehmer, von Hjalmar Schacht, Kurt von Schröder und Albert Vögler um ihre Unterschrift unter eine Petition gebeten, die den Reichspräsidenten dazu bewegen sollte, Hitler zum Kanzler zu ernennen, weigerten sich zum größten Teil, dieser Bitte zu entsprechen. Nicht nur Gustav Krupp antwortete den Bittstellern, daß es ihm unmöglich sei, „den Aufruf zu unterzeichnen".[275] Und als abzusehen war, daß Hitler nicht mehr bloß als politischer Redner und Führer ohne Führungsposition im Staat würde fungieren können, sondern bald auch würde regieren dürfen oder müssen, sondierten einige von ihnen die Möglichkeit, ihn so in die Hand zu bekommen, daß er nicht würde „aus dem Ruder laufen" können.[276] In Düsseldorf hatte ihm am 26. Januar 1932 im Industrie-Club zwar ein

Teil seiner Zuhörer begeisterten Beifall gezollt, aber das besagte keineswegs auch, daß er sich ihn als Regierungschef wünschte, zumal derartige Vorstellungen zu der Zeit noch als recht illusorisch angesehen werden mußten. Sicher, Hitler hatte ungefähr einem Drittel seines Auditoriums imponiert;[277] aber als einen der ihren empfanden die Leute ihn gewiß nicht. „Die Meinungen der Zuhörer waren sehr unterschiedlich", protokolliert der Berichterstatter für die Chronik des Industrie-Clubs und fuhr fort: „Während ein Teil begeistert war, verhielt sich ein anderer Teil ablehnend, ein weiterer Teil bemängelte, daß nichts darüber gesagt worden sei, was die Nationalsozialisten, wenn sie ans Ruder kämen, tun würden."[278]

Über diese Hitler-Rede vor dem Düsseldorfer Industrie-Club, von böswilligen oder falsch informierten Autoren zum Grundstein für eine Allianz zwischen Hitler und der Schwerindustrie stilisiert, ist soviel geredet und geschrieben worden, daß die Skala der vom voreingenommenen Domarus-Kommentar[279] über Joachim Fests schillernd wortreiche Darstellung[280] bis zur zwar klugen, aber auf bestimmte Aspekte beschränkten Interpretation J. P. Sterns[281] reichenden Urteile nicht noch um eine weitere Version ergänzt zu werden braucht. Daß Hitler in dieser Rede für die Erhaltung des Privateigentums eintrat, die Demokratie als Prinzip der Zerstörung und die Autorität der Persönlichkeit als „Leistungsprinzip"[282] bezeichnete, vor dem bolschewistischen Rußland warnte, die Arbeitslosigkeit als Quelle zur Bolschewisierung der Arbeitermassen deutete, einen starken Staat als Vorbedingung für die Entwicklung einer bedeutenden Wirtschaft und Industrie forderte und die Stärke im Inneren als Voraussetzung für die äußere Stärke und Macht eines Staates ansprach, war nicht nur angesichts der Zusammensetzung seines Zuhörerkreises eine Selbstverständlichkeit.

Hitler hatte keinen Anlaß, seine Weltanschauung zu verleugnen oder bestimmte Aspekte im Rahmen seiner philosophisch und „welthistorisch“ drapierten Rede herauszuhören, die Gelegenheit zu nutzen und den sehr einflußreichen Zuhörern imponieren und sie gewinnen zu wollen, was als selbstverständlich angesehen werden muß; aber besondere Erkenntnisse und Einsichten offenbarte er auch in diesem Kreis nicht. Wie seit 1930 anderswo auch, so verzichtete er auch in dem Zusammenhang darauf, offen die Juden anzugreifen, und akzeptierte seine Stilisierung zum Führer für alle Deutschen. Gemäß seiner Überzeugung, daß die Innenpolitik den Primat vor der Außenpolitik haben müsse, so daß ihre Gestaltung und Qualität über die Gegenwart und Zukunft eines Volkes entscheide, erklärte er den zum Teil sehr zurückhaltenden Industriellen, von denen die meisten wohl so etwas wie eine laute bayerische „Gaudi“ im Münchener Hofbräuhaus-Stil erwartet hatten: „Im Völkerleben ist Stärke nach außen durch die Stärke der inneren Organisation bedingt, die Stärke der inneren Organisation aber ist abhängig von der Festigkeit gemeinsamer Anschauungen über gewisse grundsätzliche Fragen.“[283]

Aus Hitlers Feststellung, daß dreißig und fünfzig Jahre im Zusammenhang mit Weltanschauungen „gar keine Rolle“[284] spielten und daß er hoffte, die nationalsozialistische Bewegung würde „dereinst“[285] einen vollständig innerlich regenerierten deutschen „Volkskörper zurücklassen“,[286] ließ sich heraushören, daß mit ihm als Regierungschef oder Staatsoberhaupt so bald noch nicht zu rechnen sei. Nicht zufällig kritisierten einige Zuhörer nach seiner Rede denn auch, daß er mit keinem Wort erwähnt habe, was er tun würde, wenn er an die Macht käme.

Daß Hitler erst am 25. Februar 1932 (als Regierungsrat in Braunschweig) deutscher Staatsbürger wurde,[287] was nach der

Verfassung Voraussetzung für seine Präsidentschaftskandidatur war, hat seine Zurückhaltung mit Sicherheit nicht spürbar beeinflußt. Der verbal unwahrscheinlich offensive Propagandist Hitler, dessen Forderungen meist weit über die Grenzen hinausreichten, die jeweils als realisierbar angesehen werden konnten, drückte sich vor Taten, sobald sie verwirklichen sollten, was er versprochen, prophezeit oder angedroht hatte. Je aggressiver er seine Ziele setzte, desto sicherer konnte er sein, nicht in die Lage zu geraten, sie verwirklichen zu müssen. Als er sich entschied, gegen Paul von Hindenburg und Ernst Thälmann anzutreten, war er überzeugt, die Wahlen nicht zu gewinnen, und als er später vom Reichspräsidenten den Kanzlerposten forderte, wußte er auch, daß er ihn nicht bekommen würde. Und als er ihm schließlich doch zugestanden wurde, konnte er nicht mehr zurück. Max Domarus' Behauptung, daß Hitler sich im Februar 1932 bereits als Staatschef gefühlt habe,[288] nimmt Hitlers Äußerungen für bare Münze – und ist daher absurd.[288]

„Meine Anhänger wollen mich an der Macht sehen."

Hitlers Entscheidung vom 2. Februar 1932, sich als Kandidat für das Amt des Reichspräsidenten zur Verfügung zu stellen, mag in gewissem Maße auch von seinem Teilerfolg im Industrie-Club abhängig gewesen sein, den er allerdings – wie manches andere – mehr einem Zufall als seiner eigenen Initiative zu verdanken hatte. Im Club der Schwerindustrie galt als ungeschriebenes Gesetz, aus Vorträgen grundsätzlich die Parteipolitik herauszuhalten. Nachdem dieser Vorsatz von Cohen-

Reuss, einem Mitglied des früheren Wirtschaftsrates, im Rahmen eines Vortrages über das deutsch-französische Verhältnis jedoch mißachtet worden war und im Industrie-Club plötzlich stark linkslastige politische Propagandathesen vorgetragen wurden, suchten die Veranstalter nach einem Ausgleich. Hermann Göring oder Gregor Strasser sollten gebeten werden, vor den Industriellen zu sprechen. Sie aber konnten Hitler nicht umgehen, der die Gelegenheit nutzte und sich bereit erklärte, selbst reden zu wollen.

Daß er hier nicht zögern würde, lag auf der Hand. Reden hielt er sehr gern, und wenn es sein mußte, auch aus dem Stegreif. Zwar lebten die Industriellen in einer Welt, in der er sich nicht unbedingt zu Hause fühlte, aber als Politiker, zumal als Rechter, war er auch auf sie angewiesen. Und als er dann am 26. Januar im zweireihigen dunklen Anzug, korrekt gekleidet und zurückhaltend vornehm, vor den illustren Gastgebern erschien, um in gemessener Tonlage und Artikulierung seinen mehr als zwei Stunden dauernden Vortrag ohne Manuskript und ohne schriftliches Konzept zu halten, mußte er sich damit abfinden, daß nicht der Club-Vorsitzende, sondern der Düsseldorfer Oberbürgermeister Dr. Lehr ihm das Wort mit der Wendung erteilte: „Ich begrüße den Redner des heutigen Abends, Herrn Adolf Hitler, und danke für sein Erscheinen. Ich erteile ihm das Wort.“[289]

Am 30. Januar, ein Jahr vor seiner Machtübernahme, den geteilten Beifall der Indusriellen noch im Ohr, forderte einer seiner Anhänger im Berliner Sportpalast, „Hitler soll Reichspräsident werden“,[290] was der Völkische Beobachter sofort zum Anlaß nahm,[291] Hitler in diese Richtung zu drängen. Zweifellos überzeugt, daß er das Ziel nicht erreichen konnte, wohl aber durch einen solchen Schritt an staatsmännischer Attitüde gewinnen und seine Anhänger beruhigen würde, sagte Hitler nach einiger Überlegung: Ja. Am 2. Februar, so berichtet Goebbels, habe er sich dazu durchgerungen gehabt, eventuell Reichspräsident werden zu wollen. Doch erst am 22. Februar durfte Goebbels die Öffentlichkeit darüber informieren.[292]

Die ungeduldigen Führer-Macher im Hintergrund halfen Ende 1932 – je nach eigenen Zielen und Wünschen – nach. Noch ehe die einflußreichen und finanzstarken Gesinnungsfreunde Hjalmar Schachts, Paul Reusch, Ernst Poensgen, Albert Vögler und Fritz Thyssen, ihre Idee zu verwirklichen vermochten, den Führer der NSDAP durch eine „Arbeitsstelle" Schacht einigermaßen in den Griff zu bekommen,[293] hatte der Ingenieur Wilhelm Keppler, ein treuer und beziehungsreicher Hitler-Anhänger, Hitlers Geschicke bereits in eine andere Richtung gelenkt. Ihm war es gelungen, einen Kreis von westdeutschen adeligen und bürgerlichen Industriellen und Bankiers um sich zu vereinigen, die Hitler finanziell unterstützten und schließlich auch sogar dafür sorgten, daß er schon Ende Januar 1933 Reichskanzler werden konnte.*

Am 19. Dezember 1932 wandte sich Keppler an Hitler und ließ ihn wissen, daß der Boden sondiert und die Ziele der NSDAP – eine Regierung Hitler – nach seiner Auffassung

* Selbstverständlich hat 1932 nicht Kepplers Kreis allein Hitlers Kanzlerschaft vorbereitet und möglich gemacht; aber Keppler und seinen politischen Freunden war es gelungen, die negative Haltung der Industrie gegenüber der NSDAP abzubauen und ein Arrangement zu erzielen. Vgl. dazu auch Vogelsang, Thilo: Der Freundeskreis Himmler, Göttingen, Zürich und Frankfurt/Main 1972, S. 130 f. Der weitaus größte Teil der Unternehmer lehnte den Kurs des Papen-Nachfolgers Schleicher ab, eine forcierte Arbeitsbeschaffung durch die öffentlichen Hände zu betreiben. Außerdem mißbilligten sie seine Kontakte zu den Gewerkschaften und zum linken NS-Führer Strasser. So zogen sie dem „Sozialisten in Uniform" (Schleicher) die Koalition Hitler-Papen vor. Keppler, ein ruhiger, kluger, wenig redegewandter und durchsetzungsschwacher, aber fleißiger und sachlicher Wirtschaftsfachmann, wurde im Frühjahr 1933 von Hitler zum „Beauftragten des Führers und Reichskanzlers für Wirtschaftsfragen" mit Sitz in der Reichskanzlei berufen.

„ohne vorherige Reichstagswahlen“ realisierbar seien. Hitler erfuhr von ihm: „Dieser Tage war ich mit Dr. Schacht und Baron Schröder in Köln zusammen, wobei ich meine Auffassung über die politischen Dinge klarlegte. Dr. Schacht schloß sich meinen Anschauungen an; Baron Schröder stand ungläubig gegenüber.

Soeben hatte ich einen Anruf von letzterem; er berichtete mir, daß er mit Herrn v. Papen zusammen war, und daß dieser meine Darlegungen 100%ig bestätigt habe ... Papen habe selbst langsam die Persönlichkeit seines Nachfolgers erkannt, der ständig seine Mitarbeiter getäuscht und betrogen und sein eigenes Spiel gespielt habe. Bei Ihren Verhandlungen mit dem alten Herrn (von Hindenburg, der Verf.) habe Schleicher stets dazwischen geschossen, und auch sein eigener Sturz sei durch ein Torpedo des Herrn v. Schleicher erfolgt.

Die Stellung des Kanzlers (Kurt von Schleicher, der Verf.) sei recht schwach; denn der alte Herr sei jetzt über die ‚Manieren‘, die zur Anwendung gekommen seien (auch bei dem Sturz v. Papens), aufgeklärt und stehe dem Kanzler sehr ungünstig gegenüber, während v. Papen nach wie vor sein Vertrauen besitze.

Herr v. Papen hält eine baldige Änderung der politischen Dinge für ... erforderlich und tritt voll für Ihre Kanzlerschaft ein. Herr v. Papen wünscht mit Ihnen eine vertrauliche Aussprache zu haben, um Sie über die früheren Vorgänge aufzuklären und mit Ihnen über die weitere politische Gestaltung zu sprechen. Ich würde es außerordentlich begrüßen, wenn diese Besprechung stattfinden würde, und ich bin gerne bereit, das erforderliche zu vermitteln, wenn Sie mir einen Ihnen genehmen Zeitpunkt mitteilen würden. Als Ort wurde das Haus des Kurt Baron Schröder ... vorgeschlagen, über dessen unbedingte Zuverlässigkeit ich mich schon früher geäußert habe.

Wenn die politische Lage von vielen auch als ungünstig angesehen wird, so stehe ich auf dem Standpunkt, daß wir unser Ziel ohne vorherige Reichstagswahlen werden erreichen können ..."[294]

Am 4. Januar 1933, vierzehn Tage später, war es soweit. Während Paul von Hindenburg in Berlin Gregor Strasser empfing, um zu sondieren, ob dieser als Vizekanzler der Regierung Schleicher in Frage käme, erwartete der am 17. November 1932 von seinem Amt als Reichskanzler zurückgetretene Franz von Papen, in dessen Regierung Hitler nicht hatte eintreten wollen, im Hause des Kölner Bankiers Kurt Baron von Schröder die nationalsozialistischen Führer Hitler, Heß und Himmler und Hitlers Wirtschaftsberater Keppler, um mit ihnen die Bildung einer nationalsozialistisch-konservativen Regierung unter umgekehrten Vorzeichen vorzubereiten. Papen, der am 20. Juli 1932 die sozialdemokratische preußische Regierung mit Hilfe einer Notverordnung aus dem Amt entfernt und Hitler damit ungewollt in die Hände gearbeitet hatte, war bereit zu tun, was Hitler im August – unter umgekehrtem Vorzeichen – unmöglich erschienen war: Er erklärte sich bereit, in einer Regierung Hitler das Amt des Vizekanzlers zu übernehmen.

Die Tage des Reichskanzlers Kurt von Schleicher waren damit gezählt, Hitler vor Zeugen so unter Druck gesetzt, daß er die Entscheidung, Regierungschef zu werden, nicht noch länger vor sich herschieben konnte. „Gegenüber unwichtigen Kombinationen, die in der Presse über das Zusammentreffen Adolf Hitlers und des früheren Reichskanzlers von Papen vielfach verbreitet werden", ließen Hitler und von Papen drei Tage später den Völkischen Beobachter erklären, „stellen die Unterzeichner fest, daß die Besprechung sich ausschließlich mit den Fragen der Möglichkeit einer großen nationalen politischen Einheitsfront befaßt hat und daß insbesondere die beiderseitigen Auffassungen über das zur Zeit amtierende Reichskabinett im Rahmen dieser allgemeinen Aussprache überhaupt nicht berührt worden sind."[295] Schon zuvor, am Abend nach dem Gespräch mit von Papen und Baron von Schröder, hatte Hitler öffentlich in Detmold festgestellt: „Behaltet die Regierung, ich greife nach dem Volke! Die Türe zur Wilhelmstraße werde ich mir dann über kurz oder lang mit diesem Volke schon aufsperren ... Und wenn man mir sagt, ich hätte doch in die Regierung gehen sollen, um von hinten herum die Macht zu gewinnen, dann kann ich nur sagen, daß ich dieses Spielen hinter den Kulissen nicht gelernt habe und auch nicht lernen will."[296] Daß keineswegs die Abscheu vor einem „Spielen hinter den Kulissen" es gewsen war, die ihn davon abhielt, „in die Regierung zu gehen", wie er behauptete, bewies er selbst am besten, nachdem er erst einmal zum Reichskanzler ernannt worden war. Nachdem er seit dem 30. Januar 1933 als Regierungschef eines nationalsozialistisch-deutschnationalen Präsidialkabinetts* mit von Papen und Hugenberg fungierte, in der von Papens Mannschaft das Übergewicht hatte,** und eine nationalsozialistische Alleinregierung und Alleinverantwortung unmöglich erschien, demonstrierte er, daß er dieses „Spiel" besser als alle

* Die Gesetze wurden nicht durch den Reichstag verabschiedet, sondern durch eine „Notverordnung" des Reichspräsidenten unter Berufung auf den Artikel 48 der Weimarer Verfassung in Kraft gesetzt. Der Reichskanzler und der jeweilige Ressortminister unterzeichneten die Gesetze. Wie der Teil I des Reichsgesetzblattes 1933 beweist, wurden vom 30. 1. bis 30. 3. 1933 (RGBl. 1933 I, S. 147) alle Gesetze durch die Notverordnung des Reichspräsidenten erlassen und jeweils von Hitler und dem zuständigen Reichsminister unterzeichnet.

** Den Nationalsozialisten Hitler (Reichskanzler), Frick (Reichsinnenminister) und Göring (Reichsminister ohne Geschäftsbereich und später auch Reichsluftfahrtminister) standen gegenüber: von Papen als Vizekanzler und Reichskommissar in Preußen, von Blomberg als Reichswehrminister, Seldte (der sich am 27. 4. 1933 der NSDAP anschloß) als Reichsarbeitsminister, von Neurath als Reichsaußenminister, Graf Schwerin von Krosigk als Reichsfinanzminister, Gürtner als Reichsjustizminister, Eltz-Rübenach als Reichsverkehrsminister und Hugenberg als Reichswirtschaftsminister.

seine Konkurrenten beherrschte. Er hoffte aber, es nicht spielen zu müssen, auch wenn ihm, was er wußte, nicht gegeben werden würde, worauf er öffentlich konsequent beharrte und worauf er sich festgelegt hatte, nämlich „die volle Verantwortung für die deutsche Politik in jeder Beziehung".[297]

So hatte Hitler beharrlich gewartet und im August 1932 angekündigt, daß er „lieber jeden Kampf und jede Verfolgung" auf sich nehmen würde, als sich selbst „und der Bewegung jemals untreu"[298] zu werden. Er wartete darauf, nicht auf parlamentarischer Basis regieren zu müssen, was er seit November 1932 hätte tun können. Dem Zentrum traute er nicht. Das Parlament haßte er. Oppositionen fürchtete er. So blieb er so lange in Lauerstellung, bis Hindenburg meinte, nicht mehr anders zu können, als sich des Mannes bedienen zu müssen, den er einmal geringschätzig den „böhmischen Gefreiten" genannt hatte. Seine Anhänger beruhigend und zugleich sein eigenes Verhalten rechtfertigend, erklärte Hitler acht Tage vor seiner „Machtübernahme" im Berliner Sportpalast: „Beharrlichkeit, das ist in hohem Maße die Aufgabe der Führer."[299] Er war Kanzler geworden, jedoch nicht etwa durch offensives Drängen oder über eine nationale „Revolution", wie Goebbels es bereits unmittelbar danach darzustellen versuchte, sondern durch einen – die politisch verantwortlichen Instanzen irreführenden – Akt am Schreibtisch. Paul von Hindenburg, der ihn seit dem Rücktritt des Präsidialkabinetts von Papen für fähig und würdig hielt, Regierungschef zu werden, hatte ihn dazu ernannt.

Vorausgegangen waren unter anderem zwei Unterredungen zwischen dem Reichspräsidenten und Hitler am 19. und 21. November 1932 und eine Korrespondenz zwischen Hitler und von Hindenburg und Otto Meißner. Mehr als alle seinerzeitigen Pressemeldungen, offiziellen Verlautbarungen und

Darstellungen verrieten Hitlers Briefe, wie er die Dinge sah und wie er als Führer taktierte. Dominierend war die Angst vor Risiken als Folgen offensiven Handelns. Abwarten, die Dinge reifen lassen, defensiv taktieren, auf Sicherheit setzen, Mißverständnissen vorbeugen, mündlichen Aussprachen und Besprechungen über die Lage ausweichen,* selbstbewußte Forderungen für den Fall der Berufung zum Regierungschef stellen, auf eigene Leistungen und auf die Stärke der NSDAP hinweisen und die Leistungen der Gegner herabsetzen, das waren Hitlers Maximen, an die er sich gehalten hatte, bevor der Reichspräsident ihn mit der Regierungsbildung beauftragte. Seine Persönlichkeitsstruktur und Führungsweise erwiesen sich in dieser Situation für die NSDAP als tatsächlich beste Voraussetzungen für die Verwirklichung des Anspruches, die Regierungsgeschäfte zu übernehmen.

Besser als seine politischen Gegner und Berater hatte Hitler erkannt, daß die Zeit für ihn arbeitete, auch wenn die Substanz der Partei durch sein Zaudern zu zerbröckeln schien. Wie immer die Versprechungen der anderen Parteiführer – die ihn zur „Mitarbeit" ermuntern sollten – auch gemeint sein mochten, er wartete im Hintergrund und ließ sich weder von seinen Gegnern noch von seinen Anhängern aus der Reserve locken und war auch nicht bereit, Kompromisse einzugehen. Auflagen, die Paul von Hindenburg im Falle einer Regierungsbildung machen zu müssen meinte, wies er ebenso als unannehmbar zurück, wie er im August abgelehnt hatte, sich der Regierung von Papen als Vizekanzler zur Verfügung zu stellen. Sein Brief vom 23. November 1932 an Hindenburgs Staatssekretär Meißner sprach für sich. „Sie teilen mit", erklärte er unter

* In einem Brief an Papen, der Hitler zu einer Besprechung eingeladen hatte, schrieb Hitler am 16. 11. 1932: „Ich bin nicht in der Lage, zu einer mündlichen Aussprache zu kommen, sondern bitte, daß, wenn überhaupt ein solcher Gedankenaustausch gewünscht wird, dies schriftlich geschieht." Nationalarchiv Washington.

anderem, „daß der Reichspräsident nunmehr eine hundertprozentig parlamentarische Lösung wünsche. Das heißt, ich solle erst mit den Parteien ein Programm vereinbaren, dafür eine Mehrheit suchen und dann die Regierungsbildung rein parlamentarisch . . . in die Wege leiten. Zunächst muß ich . . . bemerken, daß man mir diese Aufgabe vor dem 12. September 1932 hätte stellen sollen . . . Sie kann . . . nicht gelöst werden, wenn die Stellung dieses Auftrags mit Bedingungen verbunden ist, die die Lösung an sich verhindern. Denn wenn schon der nurparlamentarische Weg beschritten werden soll, dann können dafür aber auch keine anderen Voraussetzungen zur Auflage gemacht werden, als die in der Weimarer Verfassung selbst gegebenen.

Danach ist in erster Linie die parlamentarische Mehrheit maßgebend (Artikel 54) sowohl für die Beauftragung mit der Regierungsbildung, als auch für die Zusammensetzung des Kabinetts und für das Regierungsprogramm. Voraussetzungen von anderer Seite können nur insoweit aufgestellt werden, als sie der Verfassung entsprechen. Da der Reichspräsident den Reichskanzler und die Reichsminister ernennt, hat er selbstverständlich die letzte Entscheidung über die Ministerliste. Aber nicht zu vereinbaren mit dem Artikel 53 der Verfassung wäre dann die (von Hindenburg genannte, der Verf.) Voraussetzung, daß die Besetzung des Auswärtigen Amtes und des Reichswehrministeriums Sache der persönlichen Entscheidung des Reichspräsidenten sei. Auch der Reichsaußen- und und der Reichswehrminister können nur auf Vorschlag des Reichskanzlers ernannt werden.

Denn nur so ist es . . . diesem überhaupt möglich, die Richtlinien der inneren und äußeren Politik zu bestimmen, für die er . . . gemäß . . . Artikel 56 dem Reichstag gegenüber die Verantwortung zu tragen hat. Daran würde auch die Tatsache nichts ändern, daß der Reichspräsident das Reich völkerrechtlich vertritt, im Namen des Reichs Bündnisse und andere Verträge mit auswärtigen Mächten schließt, die Gesandten beglaubigt und empfängt (Artikel 45), und daß er den Oberbefehl über die gesamte Wehrmacht des Reiches ausübt (Artikel 47).

Denn alle Anordnungen und Verfügungen des Reichspräsidenten, auch auf dem Gebiet der Wehrmacht, bedürfen nach der Verfassung für ihre Gültigkeit der Gegenzeichnung durch den Reichskanzler oder den zuständigen Reichsminister (Artikel 50). Festlegung des Wirtschaftsprogramms, keine Wiederkehr des Dualismus zwischen Reich und Preußen, keine Einschränkungen des Artikels 48, das sind alles Voraussetzungen, die bei einem parlamentarischen Mehrheitskabinett dem Reichspräsidenten nur nach Maßgabe der Artikel 68 ff über die Reichsgesetzgebung zustehen . . .

Die Folgerungen, die sich daraus für die nationalsozialistische Bewegung . . . ergeben würden, liegen auf der Hand. Ich habe in redlichstem Bemühen Auftrag und Bedingungen immer wieder miteinander verglichen, bin aber genau so, wie meine sämtlichen Mitarbeiter zu der Überzeugung gekommen, daß dieser Auftrag infolge seines inneren Widerspruchs . . . undurchführbar ist. Ich habe daher davon abgesehen . . . mit einer Partei Fühlung zu nehmen und bitte Sie deshalb, Herr Staatssekretär . . . dem hochverehrten Herrn Reichspräsidenten folgende ehrerbietigste Meldung übermitteln zu wollen: Den mir am Montag . . . vom Herrn Reichspräsidenten erteilten Auftrag kann ich infolge seiner inneren Undurchführbarkeit nicht entgegennehmen und lege ihn daher in die Hand des Herrn Reichspräsidenten zurück."[300]

Hitler empfand Hindenburgs Forderungen nicht nur als unbillige Zumutung, ihn bewogen auch andere Überlegungen, den Schritt nach vorne noch nicht zu tun. Im Falle seines Scheiterns, so ließ er Meißner beispielsweise wissen, würde „man einfach mit Recht feststellen . . . die Erfüllung eines übernommenen Auftrags sei mir nicht gelungen".[301] Um nicht in die Lage versetzt zu werden, vom Reichspräsidenten doch noch – und eventuell augenblicklich – herbeizitiert und mit der Bildung einer Regierung beauftragt zu werden, verließ er Berlin und fuhr nach Weimar. Dort hielt er am 27. November eine Rede, in der er unter anderem erklärte: „Ich habe mich den Herren in Berlin nicht aufgedrängt. Wenn sie mich aber rufen, dann bitte ich mir aus, daß man mir nur solche Bedingungen stellt, die eines Mannes absolut würdig sind, der eine neue Verantwortung übernehmen will oder soll."* Die Behauptung der Nationalsozialisten, daß er Gewehr bei Fuß im Hotel „Kaiserhof" in Berlin geblieben sei, „um die weitere Entwicklung abzuwarten",[302] ist in der Form eine Legende. Er blieb zwar ein paar Tage in Berlin, verschwand aber, noch ehe Hindenburg auf seine Vorschläge** vom 23. November reagiert hatte. Am 30. November schrieb er aus Weimar an Meißner und teilte ihm mit, daß er sich außerstande sehe, die über Göring an ihn ergangene neuerliche Einladung des Reichspräsidenten anzunehmen. „Ich glaube", ließ er den Staatssekretär wissen, „auch vor der öffentlichen Meinung nicht mehr verantworten zu kön-

* „Völkischer Beobachter" vom 29. 11. 1932. Von Weimar reiste er nach München und von da aus wieder nach Weimar, wo er am 30. 11. 1932 eintraf. Am 1. 12. war er in Greitz und Altenburg, am 2. 12. in Gotha und Jena und am 3. 12. in Eichsfeld und Sonneberg.

** Er hatte angeboten, innerhalb von 48 Stunden nach seiner Auftragserteilung durch den Reichspräsidenten ein „kurzes Programm über die beabsichtigten innen-, außen- und wirtschaftspolitischen Maßnahmen" vorzulegen, 24 Stunden nach Billigung dieses Programms seine Ministerliste zur Verfügung zu stellen und aus der amtierenden Regierung General von Schleicher zum Reichswehrminister und von Neurath zum Reichsaußenminister vorzuschlagen. Daraufhin sollte der Reichspräsident ihn zum Kanzler ernennen und die von ihm vorgeschlagenen Minister bestätigen.

nen, bei ihr durch neuerliche Besprechungen Hoffnungen zu erwecken, deren Nichterfüllung nur eine schwere Enttäuschung sein müßte."[303]

Lauert „wie eine Spinne im Netz" und läßt sich zum Reichskanzler berufen.

Überzeugt, meistens „schon vorher gerochen" zu haben, was kommen würde,[304] wartete Hitler „wie eine Spinne im Netz" auf die Entwicklung der Ereignisse, in die er nicht eingreifen wollte. Sein Augenmerk war während dieser Zeit vor allem darauf gerichtet, die Partei, die eine Reihe von Reichstagsmandaten eingebüßt hatte, wieder geschlossen hinter sich zu bringen. „Die Spekulationen auf den Verfall der Bewegung sind fehl am Platze",[306] erklärte er äußerst unsicher am 10. Dezember in Berlin und ergänzte einen Tag später in Leipzig im Hinblick auf Strassers vorausgegangene Aktivitäten: „Den Preis für die Bewegung habe ich festgesetzt. Niemand wird sie billiger geben. Sollte sich aber jemals einer finden, so wäre er in der nächsten Stunde schon in der Partei verloren und hätte keine Bewegung hinter sich . . . Die Zeit macht nicht mürbe."[307] Er war noch nicht bereit, die Regierung zu übernehmen, obwohl er die Reichskanzler Groener, Brüning und Papen bereits hinter sich gelassen hatte, Schleichers baldiger Sturz abzusehen war und Hindenburg ihn nicht mehr unbedingt ablehnte. „Wir sind . . . nicht dazu da . . . ruinierte Staaten wieder in Ordnung zu bringen", erklärte er in Halle und rechtfertigte seine Abstinenz hinsichtlich der Übernahme der Regierungsverantwortung mit dem Hinweis darauf, daß er nicht daran dächte, sich und der Bewegung „zum Schluß einen Fußtritt geben zu lassen".[308]

Daß Hitler seine Politik des Lauerns, Zögerns und Forderns nur noch eine kurze Zeit hindurch würde ausdehnen können, wußte er. Die politischen Verhältnisse im Reich entwickelten sich zu einem Kulminationspunkt hin, an dem seine Entscheidung fallen mußte, entweder die Verantwortung für eine Regierung zu übernehmen oder aber diese Chancen zumindest für längere Zeit zu begraben.

Der freiwillige Arbeitsdienst zählte bereits rund eine Viertelmillion Mitglieder. Die obligatorische Zinsverringerung bei landwirtschaftlichen Darlehen, später von Hitler und Darré zu tragenden Aspekten der Wirtschaftspolitik erhoben,[309] war im September eingeführt worden. Am 11. Dezember war Deutschland in Genf die militärische Gleichberechtigung zugestanden worden. Das Reich konnte in einem System allgemeiner Sicherheitsgarantien aufrüsten und die Regierung auch dadurch die Lage auf dem Arbeitsmarkt verbessern. Die Weltwirtschaftskrise ging ihrem Ende entgegen, was dem kommenden Regierungschef in Deutschland ebenso die Politik erleichtern mußte, wie es in den USA der Fall war, wo Ende des Jahres Hitlers späterer Gegenspieler Franklin D. Roosevelt zum Präsidenten gewählt wurde. Als Menetekel hatten nicht nur Gregor Strasser und seine Anhänger schon das Wahlergebnis vom 6. November verstanden, das einen Rückgang der NSDAP-Wähler von 37,3 auf 33,1 % bezeugte und Hitler vor Augen führte, daß ihm seit Juli mehr als zwei Millionen Wähler verlorengegangen waren. So rang er, der ein Jahr zuvor, Ende Januar 1932, vor Industriellen in Düsseldorf noch gesagt hatte: „Es ist nicht wahr, daß unsere Not ihre Ursache in einer Weltkrise . . . hat,“[310] sich denn auch unter dem Druck der Tatsache, daß der Rechtsradikalismus seinen Zenit überschritten hatte und spürbar an Boden verlor, notgedrungen dazu durch, das Amt des Regierungschefs in absehbarer Zeit zu übernehmen.

Die Schwelle war genommen. „Wir gehen in die Regierung in demselben Augenblick", sagte er am 11. Januar 1933 in Lemgo in Anlehnung an seine seit August häufig wiederholten Äußerungen, „in dem wir neben der Verantwortung auch die Führung erhalten."[311] Am 18. Januar traf er sich mit Franz von Papen und am 23. Januar mit Hjalmar Schacht, nachdem er am 22. Januar zusammen mit Hermann Göring und Wilhelm Frick im Hause Joachim von Ribbentrops in Berlin mit Franz von Papen, dem Staatssekretär Hindenburgs und dessen Sohn Oskar von Hindenburg zusammengekommen war, dem er in einem rund einstündigen Gespräch – unter vier Augen – versichert haben dürfte, daß er dem Hause Hindenburg seine Dankbarkeit beweisen würde, sobald er erst einmal zum Kanzler ernannt worden sei.

Alan Bullocks Mutmaßungen über eventuelle Erpressungsversuche Hitlers* sind nicht zu belegen. Hätte er tatsächlich den Versuch unternommen, Hindenburg zu drohen und zu bestimmten Entscheidungen zu zwingen, wäre er kaum so „maßvoll"[312] gewesen, vom Reichspräsidenten nur das Kanzleramt für sich, das Reichsinnenministerium für Frick und ein weiteres Ministerium für Göring zu verlangen. Meißners Behauptung, Oskar von Hindenburg habe während der Heimfahrt von der Besprechung nur geäußert, „es helfe nun alles nichts mehr, die Nazis müßten in die Regierung aufgenommen werden", bestritt Hindenburg 1949 energisch.[313] Max Domarus' Darstellung, daß Hitler sich am 22. Januar 1932 schon so

* Vgl. Bullock, S. 228. Hitler hätte Druck auf Hindenburg ausüben können, dessen Gut Neudeck in den Osthilfeskandal (Sanierung ostpreußischer Güter mit Staatsgeldern) verwickelt war, über den die Regierung Schleicher zu der Zeit Untersuchungen anzustellen begann. Im August 1933 wurden dem Hindenburgischen Gut auf Hitlers Veranlassung 5000 Morgen steuerfreies Land zugeteilt. Oskar von Hindenburg war ein Jahr später nicht mehr Oberst, sondern Generalmajor. Bullocks Version ist sicher unzutreffend.

gegeben hätte, „als habe er die Regierung bereits übernommen“,[314] ist irreführend. „Wenn es gelingt, aus Proletariern und Bürgern wieder Deutsche zu machen“, versprach er Amtswaltern der NSDAP am nächsten Tag in Frankfurt an der Oder ausweichend, „dann ist die deutsche Zukunft gesichert. Wenn ich eine Regierung im Hinblick auf dieses Ziel für zweckmäßig halte, dann mache ich sie, sonst nicht.“[315] Reichskanzler war er noch nicht, und er tat auch noch nicht, als wäre er es bereits.

„Endlich“, so hieß es in den nationalsozialistischen Dokumenten der Zeitgeschichte, „am 28. Januar 1933 erfolgte der Rücktritt des Kabinetts Schleicher,* der noch die Kühnheit besaß, vom Reichspräsidenten die Unterschrift zur Auflösung des Reichstages zu verlangen, ohne eine Ausschreibung von Neuwahlen durchzuführen. Er glaubte, auf diese Weise gegen das Volk weiter regieren zu können. Die Ratgeber des Reichspräsidenten von Hindenburg erkannten nunmehr die ungeheure Gefahr, die jedes weitere Regierungsexperiment gebracht hätte, und waren sich nun endlich darüber klar geworden, daß nur Adolf Hitler noch in der Lage sei, das deutsche Volk vom Abgrund zurückzureißen.“[316]

Am 20. Januar hatte der Ältestenrat des Reichstages mit den Stimmen des Zentrums, der Bayerischen Volkspartei und der NSDAP als stärkster Partei im Parlament die Einberufung des Reichstages für den 31. Januar beschlossen. Dem Kanzler Schleicher, der die Unterstützung auch der Deutschnationalen Volkspartei verloren und am 23. und 28. Januar vergeblich versucht hatte, von Hindenburg eine Order zur Auflösung des Parlaments zu erhalten, drohte infolge eines Mißtrauensvotums der sichere Sturz. Da Hindenburg einer Auflösung des Reichstages nicht zustimmte, demissionierte Schleicher am

* Kurt von Schleicher wurde eineinhalb Jahre später während der Röhm-Affäre in seiner Wohnung erschossen.

28. Januar. Papen, nun vom Reichspräsidenten mit der Klärung der Lage beauftragt, sondierte mit Göring, dem Reichstagspräsidenten und Vertreter Hitlers, wozu sich der Führer der stärksten Partei im Reichstag entscheiden würde. Hitler, nun seiner Berufung sicher, blieb bei seiner alten Entscheidung bezüglich der Ministerliste, soweit es sich um seine Männer handelte. Franz von Papens Vorschläge billigte er und ernannte Walther Funk, der zehn Jahre lang Chefredakteur der konservativen Berliner Börsenzeitung gewesen war und Hindenburgs volles Vertrauen genoß, zum Pressechef seiner Reichsregierung, was sich als äußerst kluger Schachzug erwies.* Widerstände, vor allem seitens des designierten deutschnationalen Reichswirtschaftsministers Alfred Hugenberg gegen die von ihm geforderte Neuwahl des Reichstages, räumte er diplomatisch aus, wohl in der Hoffnung, durch eine Neuwahl die absolute Mehrheit im Parlament zu erhalten, was schließlich jedoch nicht der Fall war.**

In seinem Aufruf vom 30. Januar 1933 verzichtete Hitler darauf, sich selbst als Führer herauszustellen. Den Tatsachen entsprechend, erklärte er, daß er „die Ehre vor der deutschen Geschichte, nunmehr an diesem Werke führend teilnehmen zu dürfen“, vor allem „dem großherzigen Entschluß des Generalfeldmarschalls“ verdanke. „Ein 14jähriges, in der deutschen Geschichte wohl beispielloses Ringen“, verkündete er, „hat nunmehr zu einem großen politischen Erfolg geführt. Herr Reichspräsident von Hindenburg ernannte mich, den Führer der nationalsozialistischen Bewegung, zum Kanzler des Deutschen Reiches. Nationale Verbände und Parteien schlossen

* Als Pressechef hatte Funk dem Reichspräsidenten, mit dem er familiär verkehrte, jeweils über die politische Lage „Vortrag“ zu halten.

** Bei der Neuwahl am 5. 3. 1933 erhielten Hitler und die NSDAP 44 % der abgegebenen gültigen Stimmen und damit 288 der insgesamt 648 Mandate.

sich zum gemeinsamen Kampf für Deutschlands Wiederauferstehung zusammen. Die Ehre vor der deutschen Geschichte, nunmehr an diesem Werke führend teilnehmen zu dürfen, verdanke ich neben dem großherzigen Entschluß des Generalfeldmarschalls Eurer Treue und Anhänglichkeit, meine Parteigenossen ... An Euch, meine Parteigenossen, richte ich nur die eine große Bitte: Gebt mir Euer Vertrauen und Eure Anhänglichkeit in diesem neuen und großen Ringen genau so wie in der Vergangenheit, – dann wird uns auch der Allmächtige seinen Segen zur Wiederaufrichtung eines Deutschen Reiches der Ehre, der Freiheit und des sozialen Friedens nicht versagen."[317]

Der Führer der NSDAP, der zehn Jahre zuvor durch einen Putsch an die Macht hatte kommen wollen und dabei blutig gescheitert war, war nun „an der Macht". Die Nationalsozialisten, allen voran ihre Propagandisten, sahen ihre „deutsche Revolution" endlich in Gang gesetzt. „Es ist fast wie ein Traum", schrieb Goebbels in sein Tagebuch, „die Wilhelmstraße gehört uns. Der Führer arbeitet ... in der Reichskanzlei. Eine vierzehnjährige Arbeit wurde vom Sieg gekrönt. Die deutsche Revolution beginnt."[318]

Teil III

Anstelle eines Nachworts

Speers Antwort auf Alan Bullocks[1] Frage nach der Macht, die es Hitler ermöglichte, auch da noch alles im Griff zu halten, als er schon „zu Boden" ging, traf den Kern der Sache, auch wenn Speer fälschlich behauptete, Hitler habe nach 1941 grundsätzlich anders geführt als zuvor. Es war, so sagte Speer, „wie die ballistische Kraft einer Kugel, wenn sie erst mal aus dem Rohr ist; man macht automatisch weiter, obwohl es gar keinen Zweck mehr hat, etwas zu tun."[2]

Die infolge des Hitlerschen Führungs- und Regierungsstiles auf verschiedenen Ebenen seit Jahr und Tag praktizierten Führungsmethoden und Führungsgewohnheiten der eingeschworenen Führungsexponenten Bormann, Himmler, Goebbels, Lammers und Meißner und der eingespielten Adjutanturen, Apparate und Organisationen, ohne die weder die Parteiführung noch die Regierung funktioniert hätten, sorgten dafür, daß alles weiterlief, auch als Hitler nicht mehr redete und sich persönlich öffentlich kaum noch sehen ließ. Seine – mit relativ weitreichenden Vollmachten ausgerüsteten – Funktionsträger kannten seit jeher die Richtung, und sie wußten, was sie tun und lassen konnten. Philipp Bouhler, einer der Hauptverantwortlichen für das Euthanasieprogramm, sagte schon 1936: Hitler „gibt die große Linie, er weist die Richtung, aber er läßt dem einzelnen weitesten Spielraum . . . Er ist daher auch jederzeit bereit, einen begangenen Fehler zu verzeihen . . . Aber wehe dem, der es wagt, sich am Geiste der Bewegung zu versündigen und das Wesensgefüge ihrer Organisation zu zerstören."[3]

Hitler wußte, warum er sich immer wieder auf bestimmte weltanschauliche Thesen berief und wieso er gezwungen war, immer wieder auf spezifische politische Grundvorstellungen hinzuweisen.* Nur so war zu erreichen, was er anders nicht zu bewältigen vermochte; denn „über das Ob, Wann und Wie bestimmter Maßnahmen konnte der Führer keineswegs souverän entscheiden“.[4]

Wäre Hitler als Führer der NS-Bewegung, Regierungschef und Staatsoberhaupt ein opportunistischer Machtpolitiker ohne eine in sich geschlossene Weltanschauung gewesen, wie bis Mitte der fünfziger Jahre – vor allem von Bullock – behauptet wurde,[5] wäre es ihm bei seinem Führungsstil unmöglich gewesen, sich durch alle Fährnisse hindurch bis zum Ende an der Spitze zu halten. Daß er lange Zeit hindurch gar nicht wußte, wohin „die Fahrt“ ging, was er gelegentlich selbst eingestand, sprach sowohl gegen ihn als auch für ihn als Führer. Obwohl er ganz und gar nicht so führte, wie alle Welt glauben sollte, blieb er stets doch Exponent und Leitfigur zugleich. Im Jahre 1921, so sagte er beispielsweise am 31. Januar 1942, „habe ich zum ersten Male etwas von Faschismus gehört. Die SA war entstanden 1920, ohne daß ich eine Ahnung hatte von Italien. Sie ist etwas geworden, was mir vorher gar nicht vorschwebte. Das kam alles eigentlich, ohne daß es gewollt war.“[6]

Auf ihn, der mit weltanschaulichen Argumenten und Gesellschaftsbildern agierte, war die Gefolgschaft eingeschworen. Während politische Parteien ohne Weltanschauung ihre Führer nicht nach dem Gesichtspunkt der Treue, sondern primär nach der Effizienz auszuwählen pflegen, was es ihren Wählern

* Doch auch auf dem ideologischen Sektor ließ Hitler auffassungsmäßig voneinander abweichende Interpretationen der nationalsozialistischen Politik, „Bewegung“, Weltanschauung und eigenen Äußerungen oft lange gewähren, ehe er eingriff und festlegte, was verbindlich zu sein habe. Vgl. dazu u.a. Werner, Karl Ferdinand: Das NS-Geschichtsbild und die deutsche Geschichtswissenschaft, Stuttgart, Berlin, Köln und Mainz 1967, S. 24ff. Gewöhnlich entschied Hitler auch da immer erst, wenn sein weiteres untätiges Hinhalten spürbare negative Folgen gehabt hätte.

relativ leichtmacht, sich nach unbefriedigenden Erfolgen von ihnen wieder zu trennen, können Führer politischer Bewegungen mit fest umrissenen Ideologien und bürokratisch oder nach militärischem Vorbild funktionierenden Parteiapparaten und Organisationen gewöhnlich mit der Treue ihrer Anhänger auch nach Fehlentscheidungen und Mißerfolgen rechnen.*

Daß herausragende politische Führer weder die Väter der Ideologie noch deren besonders begabte Interpreten zu sein brauchen, beweisen zahlreiche geschichtliche Beispiele. Stalin, um nur eine historische Figur zu nennen, war weder das eine noch das andere. Symbolfiguren dürfen durchaus undeutlich sein. Je deutlicher sie jedoch sind, und niemand war infolge von Propagandaleistungen bis 1945 deutlicher als Hitler, je sicherer ist ihre Position. Selbst Mißerfolge beschädigen nicht die Patina des Respekts. Daß andererseits jedoch auch die Qualität und der Wahrhaftigkeitsgrad der Ideologie nicht unbedingt entscheidend zu sein brauchen, beweisen ebenfalls zahlreiche Beispiele. Jean-Paul Sartres spätes Bekenntnis, „Wir . . . müssen zugeben, daß wir uns geirrt haben“, spricht für sich. „Ich habe immer gesagt“, gestand er, „daß ich anders dachte als die (kommunistische) Partei . . . Ich habe mir in bestimmten Momenten eingeredet, daß die Pseudoideen der Partei Wahrheiten enthalten müßten, daß sie sich auf eine solide Basis stützten – daß ihr törichtes Aussehen nur oberflächlich sei. Ich war wirklich beeindruckt davon, daß die kommunistische Partei sich die Partei der Arbeiter nannte. Das ist

* Der deutsche Sozialdemokrat Willy Brandt beispielsweise scheiterte zweimal (1961 mit 31,8 % und 1965 mit 39,3 % der abgegebenen gültigen Stimmen) als Kanzlerkandidat, und er blieb es dennoch. Und nach seinem Sturz (1969 war er, nachdem die SPD 42,7 % der gültigen Wählerstimmen auf sich vereinigt hatte, Bundeskanzler geworden) blieb er einer der Großen seiner Partei. Anders CDU-Politiker, die sang- und klanglos in der Versenkung verschwanden, nachdem sie die Ziele nicht erreicht hatten, die ihre Partei als Kanzlerwahlverein ihnen und sich selbst gesteckt hatte.

wohl ein Irrtum. Ein Intellektueller muß etwas finden, an das er sich klammern kann, und ich hatte das, wie so viele andere, gefunden.“[7]

Hitlers Weltanschauung, von zum Teil menschenfeindlichen Aspekten getragen, hat Gelehrte und Intellektuelle ebensowenig wie Arbeiter, Angestellte, Beamte und Militärs, Männer, Frauen und Jugendliche gehindert, ihm bis ans Ende der Katastrophe zu folgen. Sein eindringlicher Erfindungsreichtum und seine bedenkenlose Manipulierung von Tatsachen, seine ungewöhnliche rhetorische Begabung* und seine Fähigkeit, als Redner die „Willensfreiheit“ seiner Zuhörer zu beeinträchtigen, ihren kritischen Verstand auszuschalten und sie dazu zu bringen, zu hören, wie er etwas sagt, statt was er sagt, ließ zweifellos viel von dem rational nicht Aufgefaßten verklingen, was banal unsinnig oder pervertiert bösartig war.

Die Erfahrung der Bevölkerung, von Politikern nicht selten „unsinniges Zeug“ zu hören und „angelogen“ zu werden, tat ein übriges. Die von den Nationalsozialisten schon 1932 voll genutzte Technik** „brachte“ Hitler in jedes Haus, und der weitaus größte Teil seiner Zuhörer hat geglaubt, daß Hitler so führen könne, wie er als Propagandist und Staatsmann spreche. Eine der wesentlichsten Grundlagen jedoch, die Hitler zu seinen Erfolgen als Führer verhalf, war seine charismatisch wirkende Überzeugung, von der „Vorsehung“ zunächst zum „Propheten“ und schließlich auch zum Führer berufen zu sein. Daß Hitler zweifellos fest an sich und an seine Rolle als „Beauftragter“ der „Vorsehung“ glaubte, verlieh ihm nicht nur die ungewöhnliche Stoßkraft als Propagandist, sondern auch

* Ihr verdankten, wie bereits gezeigt wurde, sowohl Hitler als auch die NSDAP in entscheidendem Maße ihre Karrieren. Allerdings wäre es falsch, diese Tatsache aus dem Zusammenhang auszuklammern und überzubewerten.

** Schallplatten mit einer Hitler-Rede, Verfilmung einer Wahlkampfreise, Flugzeuge, Autostaffetten usw.

die Gewißheit, stets richtig zu handeln, wenn er in „Erfüllung seiner Mission" passiv auf vermeintliche Anstöße der „Vorsehung" wartete. In dieser Funktion konnte er nahezu alles fordern; denn er tat es nicht für sich, sondern ausschließlich, wie er immer wieder beschwor, „für das deutsche Volk". Und was immer auch dabei herauskam: Verantwortung brauchte er nicht zu tragen, ein schlechtes Gewissen nicht zu haben. Daß er die Rolle des Führers als Bürde ansah, die er nicht hatte tragen wollen, hat er nicht selten eindrucksvoll und glaubwürdig darzustellen verstanden.

Hitler, der wußte, wovon er redete, wurden Führungsmängel kaum jemals als Schwäche ausgelegt, und so griff eines ins andere, und so wuchs die Führer-Gestalt immer mehr aus der Sphäre der kritisierbaren Wirklichkeit heraus. Und noch etwas kam als von breiten Schichten als positiv empfundener Aspekt hinzu: Hitler kam von unten, war einer aus dem Volk. Er, der Begründer der NS-Bewegung, ihr Exponent und Vollender, hatte in der „Stunde Null" begonnen, „unbeirrt" seinen „Heil" verheißenden Weg zu gehen. Die konservativen und einflußreichen Gegner der Weimarer Republik hatten schließlich, wenn gravierend wirksam auch erst relativ spät, mit seiner nationalsozialistischen „Bewegung", die stets mehr als eine Partei sein wollte, am Ende weichenstellend kollaboriert.[8] Wer so erfolgreich, sicher und zielstrebig vorankam und so konstant an der Spitze zu bleiben vermochte wie Hitler, so dachten zwangsläufig Millionen Deutsche, mußte eine Ausnahmeerscheinung sein. Diejenigen, die zu der Zeit geboren wurden, in der Hitler damit begann, sich auf die Münchener Straßen und Plätze zu stellen und zu reden, waren 1933 Schüler und kamen in das „Jungvolk" und in die „Hitler-Jugend". Dann „übernahmen" sie der Reichsarbeitsdienst und die Wehrmacht. Ältere, die 1932 und 1933 bereits gewählt hatten, waren 1939 mindestens 27 Jahre alt, hatten im Frieden ihren Wehrdienst hinter sich gebracht und waren ebenso auf den Führer Adolf Hitler ausgerichtet wie die Jüngeren. Der Rückgang der Arbeitslosenziffern von 4,8 Millionen im Jahre 1933 auf 119 000 im Jahre 1939* wirkte im Zusammenhang mit der Führer-Stilisierung zweifellos nicht weniger mythenbildend als die raffinierte Propaganda, auch wenn die Löhne – trotz teilweise nachlassender Kaufkraft – sanken.** Die – zumindest für die Zeit vor Hitlers Machtübernahme nachgewiesene – Autoritätsgebundenheit beispielsweise der Arbeiter, die 1933 immerhin rund 28 % der Mitgliedschaft der NSDAP ausmachten und zu der Zeit zusammen mit den Angestellten fast 54 % der eingetragenen Mitglieder der Partei stellten, erwies sich als Multiplikationsbasis für Anhänger, die nicht nach detaillierten Ideologiebegründungen und tiefen philosophischen Erklärungen verlangten.

Schon im Sommer 1924 hatten Hitlers Führer-Macher eine außerordentlich werbewirksame Formel gefunden. „Unser Programm“, so hatten sie instinktsicher verkündet, „lautet mit zwei Worten: Adolf Hitler.“[9] Nicht erst seitdem konnten sie den mit Hitler als Galionsfigur spätestens im Juli 1921 beschrittenen Weg nicht mehr schadlos verlassen. Dies Programm erwies sich rasch als sehr viel effektvoller und effektiver als ihr 1920 erstmals publiziertes 25-Punkte-Programm, selbst wenn Hitler es interpretierte, der sich als Autodidakt sicherer und gebildeter als die Akademiker und Intellektuellen gab, die

* Jahresdurchschnitt: 1934 = 2,7 Mill., 1935 = 2,1 Mill., 1936 = 1,6 Mill., 1938 = 429 000.

** Industriefacharbeiter verdienten 1932 = 81,6 Pfennige in der Stunde. 1938 waren es nur noch 78,8 Pfennige. Hilfsarbeiter bekamen 1938 = 62,2 Pfennige je Stunde (1928 = 75,2 Pfennige), Bergleute 1932 je Schicht = 6,58 Mark (1938 = 6,91 Mark). Ein Pfund Kalbfleisch kostete 1932 = 160,4 Pfennige, 1937 = 209,4 Pfennige, ein Pfund Butter 1932 = 278,3 Pfennige, 1937 = 312,4 Pfennige, ein Kilo Zucker 1932 = 74,6 Pfennige, 1937 = 76,7 Pfennige.

ihn als unersetzbaren Führer anpriesen und rühmten. Er, der im Januar 1922 zum Münchener Parteitag der NSDAP im Sinne seiner schriflichen Darlegung vom 14. Juli 1921 noch einmal beschwörend erklärt hatte, daß „München . . . Vorbild . . . Schule“ und „granitenes Postament“ werden müßte und daß „die Bewegung eine Leitung hätte,[10] deren Platz ausschließlich München sei, betrachtete sich verhältnismäßig lange mehr als „Trommler“ denn als Führer. „Das ist das Gewaltigste“ sagte er, der anfänglich von seiner „Berufung“ zum Führer keineswegs so beglückt war, wie es den Anschein hatte, „das unsere Bewegung schaffen soll, für diese breiten, suchenden und irrenden Massen einen neuen Glauben, der sie in dieser Zeit der Wirrnis nicht verläßt, auf den sie schwören und bauen, auf daß sie wenigstens irgendwo wieder eine Stelle finden, die ihren Herzen Ruhe gibt.“[11] Am liebsten hätte er darüber immer nur geredet.

Zeitlebens zu Entscheidungen und Festlegungen gezwungen, wäre Hitler, wenn er „nun schon einmal“ Politiker sein „mußte“, wie er sich oft ausdrückte, ja am liebsten nur „Intimus“ eines Staatsoberhauptes geworden, was er nach seiner Machtübernahme nicht nur einmal eingestand. Eine solche Position hätte ihn davor bewahrt, Entscheidungen treffen und verantworten zu müssen, die aus seinen aggressiven programmatischen Aktivitäten resultierten. Er schätzte sich, seine Anlagen, Fähigkeiten und Gewohnheiten durchaus richtig ein, auch wenn sein Verhältnis zur Wirklichkeit in vieler Hinsicht gebrochen war und seine meist offensiven Artikulierungen gerade dies verdecken sollten.

Die Behauptung Albert Speers, daß schließlich das „Ausschlaggebende“ an Hitler „der fahrlässige Mut zum Risiko“[12] gewesen sei, ist so falsch wie seine Version über Hitlers Krankheiten, deren Behandlung durch Theo Morell und die Folgen der Behandlung.* Nicht „Mut zum Risiko“ trieb Hitler, sondern immer nur die Alternativen aus den Zwangslagen, in die er sich selbst hineinmanöveriert hatte. Daß die Entscheidungen, die er dann jeweils traf, schließlich immer im letzten Augenblick von den Ereignissen erzwungene Entschlüsse waren, die infolge des Zögerns dann zuweilen wie wahnwitzige Wagnisse erschienen, irritierte die meisten Beobachter in seiner Umgebung.

Für Joachim Fest resultierten sowohl der Sinn als auch die Konsequenz des „rasch“ angestrebten „großen Eroberungszuges“ des nationalsozialistischen Regimes aus Hitlers „monströsem“, pervertiert gigantischem „Macht- und Einsatzwillen“,[13] der ihn „in einem wohl beispiellosen Grad alles aus sich und alles in einem“[14] habe sein lassen: „Lehrer seiner selbst, Organisator einer Partei und Schöpfer ihrer Ideologie, Taktiker und demagogische Heilsgestalt, Führer, Staatsmann und, während eines Jahrzehnts, Bewegungszentrum der Welt.“[15] Und: „Die Eruption, die er entfesselte, verriet in fast jedem Stadium, bis in die Wochen des Untergangs, seinen lenkenden Willen.“[16]

Als alles beherrschende und aggressiv vorwärtstreibende Elemente im Rahmen des Hitlerschen Lebens und Handelns erscheinen in Fests Interpretation die Angst, die Identifizierung „mit der Rolle des Retters“ und eine „Tendenz zur Zerstörung“. „So vage“ Hitlers „politisches Engagement sich

* Als Bullock Ende 1979 im Rahmen einer Diskussion über Hitler („Die Zeit“ vom 2. 11. 1979) die Frage stellte, wieso Hitler denn wohl von 1933 bis Ende 1941 ein vermeintlich anderer Führer als der von 1942 bis zum Ende gewesen sei, gab Speer eine Antwort, die mit den eindeutig abgesicherten Tatsachen nichts gemein hat. Morell habe Hitler, so behauptete er, Amphetamine verordnet und in Form von Tabletten und Spritzen verabreicht, die Hitlers Charakter „in Richtung Starrheit und Unentschlossenheit“ verändert hätten. Tatsache ist: Hitler war am Ende seines Lebens noch ebenso „entschlossen“ und flexibel, wie er es in der Zeit bis Ende 1941 immer gewesen ist. Zur Behandlung Hitlers durch Morell vgl. die ausführliche Darstellung in Maser, Adolf Hitler, S. 326 ff.

äußerte", behauptet Fest, „so dumpf und unartikuliert die Person im ganzen bleibt: Angst hatte sicherlich schon frühzeitig Besitz von ihm ergriffen. Er kam nie mehr frei davon."[17] Wie Fest von einem vagen politischen Engagement bei Hitler reden kann, ist unverständlich. Ebenso irritiert seine fatale „Beweisführung", die von der bloßen Vermutung „sicherlich schon" ausgeht, die im nächsten Satz bereits zur Tatsache umgemünzt wird. So indiskutabel wie dies, so paradox ist die Behauptung, Hitler habe sich seit dem mißlungenen Putsch im November 1923 „mit der Rolle des Retters" identifiziert, die „wie eine Zauberformel der Gleichung seiner Persönlichkeit" entsprach: „eben der Angst".[18] Hitler sah sich nach dem Putsch, anders als Fest behauptet, nicht in „der Rolle des Retters", sondern in der des Versagers, der nur mühsam daran gehindert werden konnte, sich selbst zu erschießen. Wenn Angst in Hitlers Leben tatsächlich eine entscheidende Rolle gespielt hat, dann war es eine bremsend wirkende Angst vor offensiven Entscheidungen und Festlegungen, niemals jedoch eine Angst, die „als ... Antrieb seines Lebens" wirkte und ihn „vorwärts trieb".[19]

Sebastian Haffner behauptet in seinen geistvoll schillernden „Anmerkungen zu Hitler": „Die Vernichtung Deutschlands war das letzte Ziel, das Hitler sich setzte."[20] Daß davon nicht die Rede sein kann, bedarf keines Kommentars. Hitlers vielzitierte Verwünschungsformel, die er in den letzten Tagen seines Lebens ausstieß, kann nur gewaltsam als sein „letztes Ziel" bezeichnet werden. Sein Ziel war zu der Zeit die Erfüllung der – allerdings illusorischen – Hoffnung, den Feind zu stoppen und doch noch irgendwie davonkommen zu können. Außerdem: Ein sterbender Erblasser, der im letzten Augenblick seines Daseins seine Erben verflucht, weil sie nach seiner Ansicht versäumten, ihm rechtzeitig die notwendige Hilfe angedeihen zu lassen, kann schwerlich ernsthaft als ein Mensch charakterisiert werden, der als Preis für sein vermeintlich zu frühes oder von anderen verschuldetes Hinscheiden den augenblicklichen Tod auch seiner Nachkommen gefordert hat. Daß Hitler seine programmatischen Wunschvorstellungen nicht zu verwirklichen vermochte, lag nicht ausschließlich in der Tatsache begründet, daß sie zum Teil wahnwitzig waren, sondern auch in seinen Führerqualitäten und in seiner Entscheidungsmentalität.

Manche seiner Ziele, die er nur von ferne sah, so beispielsweise eine totale weltanschauliche Ummodelung der Wehrmacht, der Justiz und der Bürokratie, hätte er vermutlich erreicht, wenn er anders geführt hätte, und einiges von dem, was die Geschichte verhunzte und ihn zu einem der am meisten verfluchten, gehaßten und verachteten Menschen gemacht hat, wäre unterblieben. Wäre er der brachial festlegungs- und entscheidungsfreudige Führer gewesen, der in der Literatur und Publizistik „lebt", hätte niemand gewagt, seine Befehle und Weisungen zu ignorieren oder gar zu boykottieren. Und mehr noch: Die selbstzerstörerische progressive Radikalisierung, die das Hitler-Reich kennzeichnete, wäre mit einiger Sicherheit nicht zum tragenden Element geworden.

Obwohl Hitler schon 1933/34 richtig erkannte, daß die „Bewegung" sich auf dem Wege befand, wieder so etwas wie die Kampfbewegung zu werden, die sie am Anfang gewesen war, was nicht nur die Existenz des Staates gefährden mußte, war er nicht in der Lage, der verheerenden Entwicklung Einhalt zu gebieten. Das Hitler-Reich, das er nicht ohne Grund schon vor Beginn des Zweiten Weltkrieges nicht mehr als Drittes Reich bezeichnet sehen wollte, was jedoch kaum beachtet wurde, endete so in der Katastrophe, nicht weil Hitler womöglich unkontrollierbar und unbeeinflußbar souverän entschied und erzwang, was immer er wollte, sondern weil er im Endeffekt als Führer zu labil war. Wäre er in der Lage gewesen, den Verfassungszustand von 1937 zu stabilisieren, sein Regime statisch zu bürokratisieren und zu normieren und die Entwicklung in ein traditionell konservativ-autoritäres Ordnungssystem münden zu lassen,* hätte es das Ende wahrscheinlich nicht gegeben. Daß durch die Rückkehr zu einem so strukturierten autoritären Ordnungsstaat zwangsläufig die Stellung des charismatischen Führers in Frage gestellt worden wäre, wie Martin Broszat mutmaßt,[21] ist eine äußerst fragwürdige Hypothese.

Fest und Haffner ignorieren bei ihrer „Zerstörungssucht"-These** die wesentliche Tatsache, daß Hitler sich seit 1939 in einem Krieg befand, in dem auf beiden Seiten schließlich die Vernichtung des Gegners proklamiert worden war. Und sie haben sich offenbar auch nicht gefragt, ob ein Mensch, der sich zeitlebens nichts sehnlicher wünscht, als Architekt zu sein, auf Zerstörung „programmiert" sein kann. Hitlers Bilder und Architekturzeichnungen, die dem Psychiater und Psychologen manchen Aufschluß geben,[22] verraten alles andere als den Willen zur Zerstörung. In seinen Bildern von Gehöften, Dörfern, Städten und Landschaften gibt es zwar nichts, was sich bewegen könnte; denn es sind „stille" Bilder, Exponate eines Archi-

* 1933/34 hatte Hitler sich in einer schwierigen Situation befunden. Er brauchte zu der Zeit noch die SA und konnte sie deshalb schwerlich nicht einfach „festsetzen" und aus der „nationalen Revolution" ausschalten. 1937/38 sahen die Verhältnisse indes nicht nur hinsichtlich der SA anders aus.

** J. P. Stern, der Hitler zum beispiellosen Willensmenschen stilisiert, den sein eigener Mythos („der Mythos vom Willensmenschen) gefangenhielt, übernimmt nicht nur Fests und Haffners Hypothese, sondern spitzt sie noch zu und unterstellt Hitler grundsätzlich „selbstmörderische" (S. 208) Erwägungen. „Nicht Eroberung", behauptet er, alle nachweisbaren Tatsachen ignorierend, „sondern blinde Vernichtung war sein Ziel" (S. 209). Und damit noch nicht genug: „Dies . . . war", so konstruiert er, „das Geheimnis, das seine Anhänger an ihn band; und nicht nur seine Anhänger. Auf diesem heimlichen Einverständnis beruhte seine Karriere" (ebenda).

tekten, der die Natur und die Schöpfungen des Menschen mehr als den Menschen selbst liebte. Der Beschauer blickt auf Städte und Dörfer, die wirken, als wären sie von den Einwohnern gerade verlassen worden. Wo einmal in den Darstellungen Personen erscheinen, sind sie wie Puppen oder Schachfiguren ohne Leben in die Landschaften oder Ortschaften hineingestellt, obwohl Hitler Menschen schon als Schüler bildlich gut darzustellen und treffsicher zu charakterisieren verstand. In den gemalten Häusern und Ortschaften, wären sie Wirklichkeit, würde allerdings auch kaum jemand leben wollen. Doch das rechtfertigt den Vorwand der Zerstörungssucht nicht. Im Gegenteil: die Landschaften,Häuser, Dörfer und Städteausschnitte sehen aus, als stünden sie in Glasvitrinen, die sie jedem Zugriff von außen entziehen sollten. Vielfach herrscht in den Bildern braun vor, die Farbe der Depression. Sie verrät Passivität, bestätigt statisches Verhalten und Scheu vor offensivem Handeln. Was Fest und Haffner effektvoll als „Zerstörungssucht“ bezeichnen, war etwas ganz anderes: von Enttäuschungen gezeichneter Ausdruck eines infantilen oder greisenhaften Eigensinns.[23]

Für Karl Dietrich Bracher befand Hitler sich seit seiner frühesten Jugend auf der „Flucht“ vor einem geregelten Arbeitsleben.[24] „Alle großen ‚Entscheidungen‘ Hitlers“, so schrieb er 1969, „waren ‚Flucht‘: der Schulabgang . . . der Weg nach Wien, in den Krieg, in die Politik, erneut in den Krieg und schließlich in den egoistischen Untergang.“[25] Tatsächlich aber bewies schon der für Hitlers Entscheidungsmentalität charakteristische Abgang von der Schule, daß der Sechzehnjährige nicht „floh“, sondern sich zwingen ließ, das zu tun, was ihm seit Jahr und Tag vorschwebte und als Ziel seiner Wünsche erschien. Andere, der Arzt und seine Mutter, entschieden für ihn. Seine Übersiedelung nach Wien und seinen Eintritt in den

Krieg als Flucht zu bezeichnen, heißt zweifellos ebenso den Tatsachen Gewalt anzutun, wie dies bei Karl Dietrich Bracher im Zusammenhang mit Hitlers Engagement für die Politik geschieht.

Nach Wien ging Hitler, weil er nach seiner Meinung nur dort eine seinen Anlagen und Fertigkeiten gemäße Ausbildung erhalten konnte, zu der er sich nach sehr langem Zaudern im Spätsommer 1907 mit seiner Studienbewerbung sichtbar entschlossen hatte, und Flucht war auch seine Meldung zum Kriegsdienst im August 1914 nicht. Politiker wurde er, weil andere für ihn entschieden hatten und er die Weichenstellung als vollendete Tatsache nahm und die Dinge widerspruchslos laufen ließ, nachdem sie einmal von anderer Seite in Gang gesetzt worden waren.

Veit Valentin sah in Hitler kurz nach dessen Tod den Führer, der durch sein starkes Führertum die „Macht des Individuellen in der Geschichte“[26] bewies. Für Golo Mann wurde Hitler Diktator, „weil er es wollte“,[27] und Ph. W. Fabry reimte hymnisch: „Ein Mann taucht auf aus dem Dunkeln . . . setzt sich in einem Aufstieg ohnegleichen an die Spitze eines . . . Reiches, macht dieses Reich zum mächtigsten Staat eines Kontinents und unterwirft in raschen Eroberungszügen den größten Teil Europas.“[28] Ein Kommentar erübrigt sich an dieser Stelle ebenso wie eine weitere Aufzählung solcher Interpretationen.

Kein Zufall ist, daß die am wenigsten authentischen und wissenschaftlich diskutablen Hitler-Darstellungen und -Deutungen aus den Federn marxistisch-leninistischer Historiker und Biographen stammen. Mit der schablonenhaft aufgepfropften „Würdigung“ der dialektischen Beziehungen zwischen Ökonomie, Politik und Ideologie ist im Zusammenhang mit der Themadarstellung dieses Buches nur sehr wenig anzufangen, auch wenn die marxistisch-leninistisch argumentierenden

Historiker stets das Gegenteil behaupten.* In jenem Prisma, das sein Augenmerk bei der Beurteilung von Entscheidungen und Maßnahmen nicht primär auf die jeweiligen Aktivitäten der Führer (auch Stalin wurde als „Führer“ bezeichnet) lenkt, können Führer-Persönlichkeiten nicht proportionsgerecht beurteilt werden. Im Rahmen kommunistischer Diktaturen, die ebenfalls Einmannherrschaften und Personenkulte kennen, gelten die kommunistischen Parteien – in politisch anders strukturierten Räumen die herrschenden Klassen und deren Einflüsse – als allein entscheidende Faktoren. „Die realen politischen Bedingungen“, erklärt zum Beispiel Kühnl, „die Interessenlage der herrschenden Klasse, die ideologischen Bedürfnisse bestimmter Bevölkerungsteile – enthielten . . . für die speziellen Talente Hitlers einen Bedarf.“[29] Wie fatal historische Ereignisse aus der Sicht manipuliert werden müssen, um die Gültigkeit der Schablonen und Formeln „beweisen“ zu können, zeigen zahlreiche Beispiele. Eines genügt an dieser Stelle. Zunächst die unbestreitbare Tatsache: Hitler verzichtete aus taktischen Erwägungen von 1930 bis zu seiner Machtübernahme (und auch kurz danach noch) darauf, seinen per-

* Vgl. u.a. Lozek, Gerhard, und Richter, Rolf: Zur Kritik der bürgerlichen Ideologie, Ost-Berlin 1979, S. 72. Vgl. auch Kühnl, Reinhard: Faschismustheorien. Texte zur Faschismusdiskussion 2, Reinbek bei Hamburg 1979, u.a. S. 281 f. Fortan zit. als Kühnl, Faschismustheorien. Kühnl geht noch weiter als Lotzek und Richter und denunziert nichtkommunistische Historiker der Nachkriegszeit vorsätzlicher Falschdarstellungen. „Die Historiker . . . die an den Universitäten lehrten und die fachwissenschaftliche Diskussion bestimmten“, behauptet er (ebenda, S. 281), „hatten in ihrer großen Mehrheit den Faschismus ideologisch unterstützt. Und sie hatten nun natürlich das Bedürfnis, Interpretationen zu verbreiten, die ihre eigene Unschuld bewiesen – und die Unschuld der bürgerlichen Gesellschaft insgesamt, der sie sich verpflichtet fühlen. Dabei bot sich die Führertheorie an, die alle Verantwortung auf Adolf Hitler . . . schob . . . Diese Führertheorie hatte den Vorzug, daß sie an die Selbstdarstellung des Faschismus anknüpfen konnte und damit scheinbar direkt der Wirklichkeit und dem Erfahrungshorizont vieler Mitläufer entnommen war. Sie hatte weiter den Vorzug, daß sie an alte Traditionen der deutschen Geschichtswissenschaft anknüpfen konnte, die ja schon immer gelehrt hatte, daß es die großen Führungspersönlichkeiten sind, die ‚Geschichte machen‘.“

vertiert biologischen Antisemitismus zu propagieren und ihn als tragendes Element seiner Weltanschauung erscheinen zu lassen.[30] Kühnl, dem dies schwer unbekannt sein kann, behauptet jedoch: seit 1929 „suchten die Massen erneut nach einer Alternative zum Bestehenden, und Hitler bot ihnen – scheinbar – den ‚Ausweg' aus ihren Nöten ... und er zeigte ihnen den ‚Feind' in Gestalt des ... Judentums."[31] Daß es richtiger gewesen wäre, nicht zuerst Deutungen und Einordnungen vorzunehmen, sondern differenziert festzustellen, was tatsächlich geschah, wodurch Hitlers Entscheidungen beeinflußt wurden und wie sie zustande kamen,[32] ist logisch. Wie wenig der umgekehrte Weg getaugt hat, braucht hier nicht mehr belegt zu werden.

Die inzwischen schier uferlosen und einander widersprechenden Veröffentlichungen über Faschismustheorien sind zwangsläufig alle Antworten auf jene Fragen schuldig geblieben, die Hitlers tatsächliche Rolle und seine Führungsweise betreffen.[33]

Warum sich der Nationalsozialismus gerade in Deutschland und nicht beispielsweise in England, in Frankreich oder in den USA entwickelte, wird von ihnen ebensowenig erklärt wie die Rassenideologie und der Antisemitismus, deren Priorität in der nationalsozialistischen Weltanschauung nicht bestritten werden kann, mit dem total zweckgerichteten kapitalistischen Wirtschaftssystem und dessen spezifischen Erfordernissen in ursächlichen – oder einander zwangsläufig bedingenden – Einklang zu bringen sind.

So sehr die marxistisch-leninistisch argumentierenden Historiker gegen die „bürgerlichen" Historiker und Biographen polemisieren, die Hitlers Rolle als Führer aus der Sicht traditioneller deutscher Geschichtsschreibung zu deuten versuchen, und so gewaltsam sie die Geschichte und die Ergebnisse der „bürgerlichen" Geschichtsschreibung* in vorgegebene Formeln und Schablonen zu zwängen sich bemühen: auch für sie war Hitler der jederzeit sprungbereite, offensive Führer, der aggressiv und rücksichtslos seine Chancen nutzte und durchsetzte. In diesem Punkt waren unser aller Urteile einhellig.

Wir alle haben Hitler im Zusammenhang mit seiner Führungs- und Entscheidungsmentalität bislang so gesehen, wie er sich selbst sah oder wie er erscheinen sollte. Als Otto Wagner, der Generalstabsoffizier des Ersten Weltkrieges, Stabschef der SA, Leiter der Wirtschaftsabteilung der NSDAP und spätere Reichskommissar für die Wirtschaft, ihm vor der Machtübernahme einmal vorschlug, doch „die besten Köpfe, die größten Persönlichkeiten" um sich zu versammeln und sie zur Mitarbeit heranzuziehen, gab er ihm eine Antwort, die verriet, was ihm als Führer offenbar vorschwebte und was er als disziplinierende Drohung kolportiert zu sehen wünschte. „Viele Köche", sagte er, „verderben den Brei. Diese besten Köpfe . . . haben alle ihre eigene Einstellung zu den Dingen, ihren eigenen Willen und ihre eigenen Ziele." Und dann offenbarte er dem nachmaligen Wehrmachtsgeneral, wie er als Führer erscheinen wollte. „Ich halte es da", erklärte er, „mit Ptolemäus, ich glaube dem Ersten oder dem Zweiten, der einmal gefragt wurde, wie er es fertiggebracht habe, gegen all die Gegner, mit denen er habe rechnen müssen, sich zu behaupten und mit ihnen fertig zu werden. Er befand sich gerade auf einem Spaziergang und kam an einem Mohnfeld vorüber. Da nahm er

* „Sofern diese Darstellungsweise überhaupt begründet wird", heißt es generalisierend beispielsweise bei Kühnl, Faschismustheorien, S. 48, „beruht sie auf der These des Historismus, daß der Gegenstand der Geschichtswissenschaft das Einmalige, Individuelle, die außergewöhnliche Persönlichkeit sei und daß es die ‚großen Männer' seien, die ‚die Geschichte machen'."

seine Gerte oder seinen Reitstock und haute alle Mohnköpfe ab, die über das sonst sehr gleichmäßig gewachsene Feld hinausragten. ‚So', sagte er dem Frager, ‚so habe ich es gemacht.'"[34]

Anmerkungen

Teil I

1 Goebbels, Joseph: *Tagebücher 1945. Die letzten Aufzeichnungen,* Hamburg 1977, S. 533. Fortan zit. als Goebbels, *Tagebücher 1945*
2 Goebbels, *Tagebücher 1945,* S. 434.
3 Ebenda, S. 433.
4 Persönliche Mitteilung von Heinz Linge (7. 1. 1979), der diesem Gespräch beiwohnte.
5 Goebbels, *Tagebücher 1945,* S. 415 f.
6 Ebenda, S. 414 f.
7 Ebenda, S. 413 f.
8 Ebenda, S. 56 f.
9 Ebenda, S. 206.
10 Ebenda, S. 412.
11 Murawski, Erich: *Der deutsche Wehrmachtsbericht 1939–1945,* Boppard/Rhein 1962, S. 141.
12 Goebbels, *Tagebücher 1945,* S. 433.
13 Nationalarchiv Washington, Microcopy No. T-84, S. 44552.
14 Handschriftliche Aufzeichnungen Keitels vom 9. 2. 1946. Original im Besitz von Ernst Wilhelm Keitel.
15 Heeresadjutant bei Hitler 1938–1943. Aufzeichnungen des Majors Gerhard Engel, Stuttgart 1974, S. 82 f. Fortan zit. als Engel
16 Der Prozeß gegen die Hauptkriegsverbrecher vor dem Internationalen Militärgerichtshof. Amtliche Ausgabe in deutscher, englischer und französischer Sprache, 42 Bde. (Blaue Serie), Nürnberg 1947–1949, Bd. XV, S. 331. Fortan zit. als *IMT,* Bd ...
17 Weisung Nr. 45, 23. 7. 1942. Geheime Kommandosache. Chefsache! Vollständig zit. in: *Hitlers Weisungen für die Kriegführung,* Frankfurt/Main 1962. In der Taschenbuchausgabe (dtv): München 1965, S. 227 ff. Fortan zit. als *Hitlers Weisungen für die Kriegführung*
18 Vgl. Speidel, Hans: *Aus unserer Zeit.* Erinnerungen, Berlin, Frankfurt/Main und Wien 1977, u. a. S. 132. Fortan zit. als Speidel
19 Engel, S. 128.
20 Engel, S. 126.
21 Ebenda.
22 Ebenda, S. 127.

23 Ebenda, S. 114f.
24 Ebenda.
25 Ebenda. S. 115f.
26 Ebenda, S. 127.
27 Ebenda, S. 128. Halder wurde am 24. 9. 1942 entlassen. An seine Stelle trat Kurt Zeitzler.
28 Vgl. Seite 331 ff.
29 Engel, S. 125.
30 Vgl. *IMT*, Bd. XV, S. 331.
31 Vgl. Kluges Abschiedsbrief vom 18. 8. 1944 an Hitler. Kriegstagebuch des Oberkommandos der Wehrmacht, Bd. IV, 2. Halbband, S. 1574ff.
32 Persönliche Auskunft von Heinz Linge vom 6. 1. 1979.
33 Ebenda. Vgl. hierzu auch Blomberg, Fritsch und Hoßbach, S. 144 Ms.
34 Speidel, S. 143.
35 Persönliche Auskunft von Heinz Linge vom 8. 1. 1979. Nach der Entlassung aus der Kriegsgefangenschaft war Schaub als Vertreter für Bohnerwachs tätig.
36 Vgl. Engel, S. 52ff.
37 *Das politische Tagebuch Alfred Rosenbergs 1934/35 und 1939/40*, hrsg. von Hans-Günther Seraphim, München, 1964 (Taschenbuch-Ausgabe), S. 126. Fortan zitiert als *Alfred Rosenbergs Tagebuch*
38 Ebenda, S. 82
39 Ebenda, S. 80
40 Ebenda.
41 Engel, S. 98.
42 Vgl. Kempner, Robert M. W.: *SS im Kreuzverhör*, München 1964, S. 210. Fortan zit. als Kempner, *SS im Kreuzverhör*
43 Ebenda.
44 Ebenda, S. 209.
45 Darunter von Brauchitsch und auch von Leeb.
46 Darunter von Fritsch, von Hammerstein und Guderian.
47 Lindemann und Frießner sind bei den 21 Generalobersten mitgezählt worden.
48 Domarus, Max: *Hitler. Reden und Proklamationen 1932–1945*, 4 Bde., München 1965, Bd. II/4, S. 1753. Fortan zit. als Domarus.
49 Hitler am 15. 7. 1941 in einer Unterredung mit Oshima im Führer-Hauptquartier. Protokoll zit. bei Hillgruber, Andreas: *Staatsmänner und Diplomaten bei Hitler*. Vertrauliche Aufzeichnungen über Unterredungen mit Vertretern des Auslandes 1939–1941, Frankfurt/Main 1967, S. 603. Fortan zit. als Hillgruber, *Staatsmänner*
50 Ebenda, S. 608.
51 Ebenda, S. 605.
52 Veröffentlicht im *Völkischen Beobachter* vom 10. 11. 1942.
53 Vgl. u. a. Engel, S. 134f.
54 Vgl. ebenda, S. 131.
55 Hitler-Äußerung vom 18. 10. 1942. Zit. bei Engel, S. 131.
56 Vgl.: *Das Kriegstagebuch des Oberkommandos der Wehrmacht* (Wehrmachtsführungsstab), Bd. 1, bearbeitet von Hans Adolf Jacobsen, Frankfurt/Main, S. 341.

57 Hitler am 30. 3. 1941. Vgl. dazu auch Greiner, Hellmuth: *Die Oberste Wehrmachtsführung 1939–1943,* Wiesbaden, S. 371.

58 Dok. zit. in Maser, Werner: *Nürnberg. Tribunal der Sieger,* Düsseldorf und Wien 1977, S. 294. Fortan zit. als Maser, *Nürnberg*

59 Dok. vollständig zit. in Maser, *Nürnberg,* S. 295 ff.

60 Zit. nach Maser, *Nürnberg,* S. 320. Zit. des vollständigen Kommandobefehls in *Hitlers Weisungen für die Kriegführung,* S. 237 ff.

61 Zit. nach *Hitlers Weisungen für die Kriegführung,* S. 239.

62 Engel, S. 130.

63 Ebenda.

64 Bis Ende 1942. Lehrregiment Brandenburg z. b. V. 800.

65 Vgl. dazu auch Engel, S. 191.

66 Warlimont, Walter: *Im Hauptquartier der deutschen Wehrmacht 1939–1945,* Frankfurt/Main und Bonn 1964, S. 95. Fortan zit. als Warlimont, *Im Hauptquartier der Wehrmacht*

67 Vgl. z. B. Warlimont, *Im Hauptquartier der Wehrmacht,* S. 97.

68 Ebenda, S. 96.

69 Vgl. ebenda, S. 94. Dietl befehligte die Landegruppe Narvik.

70 Vgl. ebenda, S. 86.

71 Ebenda, S. 87.

72 Zit. nach *Hitlers Weisungen für die Kriegführung,* S. 55.

73 Vgl. Warlimont, *Im Hauptquartier der Wehrmacht,* S. 88.

74 Zit. nach *Hitlers Weisungen für die Kriegführung,* S. 54 ff.

75 Vgl. dazu Clausewitz, Carl: *Vom Kriege,* Leipzig 1935, S. 74 ff.

76 *Das politische Tagebuch Alfred Rosenbergs 1934/35 und 1939/40,* München 1964, S. 81.

77 *Alfred Rosenbergs Tagebuch,* S. 133.

78 *Hitlers Lagebesprechungen,* hrsg. von Helmut Heiber, Stuttgart 1962, S. 615 f.

79 Vgl. dazu auch Stern, J.P.: *Hitler. Der Führer und das Volk,* München und Wien 1978, S. 55 ff. Fortan zit. als Stern, *Der Führer und das Volk*

80 Kriegstagebuch OKW, IV 2, S. 1721 (1962, S. 154).

81 Manstein, Erich von: *Verlorene Siege,* Bonn 1955, S. 305 ff.

82 Guderian, Heinz: *Erinnerungen eines Soldaten,* Heidelberg 1957, S. 401 f.

83 Fromm, Erich: *Anatomie der menschlichen Destruktivität,* Stuttgart 1974, S. 388. Fortan zit. als Fromm.

84 Engel, S. 137 f., 138 und 140 f.

85 Persönliche Mitteilung von Eva Brauns Schwester Ilse F.-M. (mehrfach zwischen 1970 und 1977).

86 Persönliche Mitteilung von Heinz Linge vom 7. 1. 1979.

87 Persönliche Mitteilung von Ernst („Putzi“) Hanfstaengl (Oktober 1969).

88 Zeller, A.: *Hitler privat,* Düsseldorf 1949, S. 30

89 Vgl. Maser, Werner: *Adolf Hitler. Legende – Mythos – Wirklichkeit,* München 1971 ff., S. 326 ff. Fortan zit. als Maser, *Adolf Hitler*

90 Persönliche Auskunft von Robert M. W. Kempner vom 22. 4. 1980.

91 *Hitler aus nächster Nähe.* Aufzeichnungen eines Vertrauten 1929–1932, hrsg. von Thurner jr., Frankfurt/Main, Berlin und Wien 1978, S. 266. Fortan zit. als Thurner, *Hitler aus nächster Nähe.*

92 Ebenda.
93 Ebenda.
94 Persönliche Auskunft von Heinz Linge vom 6. 1. 1979.
95 Thurner, *Hitler aus nächster Nähe*, S. 269.
96 Ebenda, S. 271.
97 Koeppen-Protokoll vom 7. 10. 1941. Nationalarchiv Washington, EAP 105/44.
98 Ebenda.
99 Ebenda.
100 Vgl. u. a. Heydrich, Nina: *Leben mit einem Kriegsverbrecher*, Pfaffenhofen 1976, S. 105.
101 Koeppen-Protokoll vom 23. 9. 1941. Nationalarchiv Washington, EAP/05/44.
102 Ebenda, Koeppen-Protokoll vom 19. 9. 1941.
103 Ebenda.
104 Ebenda, Koeppen-Protokoll vom 18. 9. 1941.
105 Ebenda, Koeppen-Protokoll vom 21. 9. 1941.
106 Ebenda, Koeppen-Protokoll vom 18. 10. 1941.
107 Ebenda, Koeppen-Protokoll vom 8. 10. 1941.
108 Ebenda.
109 Vgl. ebenda, Eintragung vom 7. 11. 1941.
110 Haffner, Sebastian: *Anmerkungen zu Hitler*. München 1978, S. 59. Fortan zit. als Haffner, *Anmerkungen zu Hitler*
111 DBN-Text vom 8. 11. 1941.
112 Haffner, *Anmerkungen zu Hitler*, S. 138 f.
113 Hillgruber, *Staatsmänner*, S. 260.
114 Ebenda.
115 Ebenda.
116 Ebenda.
117 Ebenda, S. 263.
118 Ebenda.
119 Ebenda, S. 277.
120 Ebenda.
121 Ebenda.
122 Ebenda.
123 Vgl. Churchill, Winston: *Reden 1938–1945*, Zürich 1946 ff., Bd. I, S. 211. Fortan zit. als Churchill, *Reden*
124 Reuter-Bericht vom 3. 10. 1939. Vgl. auch *Die Tat*, Zürich, 5. 10. 1939.
125 Churchill, *Reden*, Bd. I, S. 359.
126 DNB-Text vom 19. 7. 1940.
127 DNB-Text vom 4. 9. 1940.
128 Ebenda.
129 Reuter-Meldung vom 22. 7. 1940.
130 Engel, S. 87.
131 *Hitlers Weisungen für die Kriegführung*, S. 77.
132 Vgl. Hitlers Weisung Nr. 19 („Unternehmen Attila") vom 10. 12. 1940, in: *Hitlers Weisungen für die Kriegführung*, S. 91 ff.
133 Vgl. ebenda.
134 Vgl. Warlimont, *Im Hauptquartier der Wehrmacht*, S. 140 f.

135 Akte über die Chefbesprechung im Reichswirtschaftsministerium vom 22. 7. 1940. Bundesarchiv Koblenz, Akte Wi I F 5/2088.
136 Akten zur deutschen auswärtigen Politik, Serie DX, Dok. 103, Anlage (S. 96), Schreiben Görings an Funk vom 22. 6. 1940.
137 Vgl. Giesler, Hermann: *Ein anderer Hitler*, Leoni 1977, S. 24.
138 Vgl. dazu Akten zur deutschen auswärtigen Politik, Serie DX, Dok. 142. Vgl. auch Jäckel, Eberhard: *Die deutsche Frankreich-Politik im Zweiten Weltkrieg*. Vom Waffenstillstand bis zur Totalbesetzung (Juni 1940 – November 1942), Habil.-Schrift (Masch.-Text), Kiel 1961, S. 46 ff., und Baum, W.: Vollziehende Gewalt und Kriegsverwaltung im „Dritten Reich“, in: *Wehrwissenschaftliche Rundschau 1956*, S. 475 ff.
139 Akten zur deutschen Außenpolitik, Serie DX, Dok. 103, Anm. 4.
140 Persönliche Auskunft von Karl Wolff vom 17. 1. 1979.
141 Entsprach dem Range eines Oberleutnants der Wehrmacht.
142 Persönliche Mitteilung von Heinz Linge vom 8. 1. 1979.
143 Persönliche Mitteilung von Heinz Linge vom 7. 1. 1979.
144 *IMT*, Bd. XVII, S. 107.
145 Dönitz, Karl: *Zehn Jahre und zwanzig Tage*, Frankfurt/Main und Bonn 1964, S. 302 ff. Fortan zit. als Dönitz, *Zehn Jahre und zwanzig Tage*
146 Vgl. ebenda, S. 304 f.
147 Vgl. ebenda, S. 305.
148 Vgl. die Aussagen Keitels in Nürnberg. *IMT*, Bd. X, S. 545.
149 Vgl. Dönitz, *Zehn Jahre und zwanzig Tage*, S. 306.
150 Vgl. die Aussagen von Konstantin von Neurath in Nürnberg. *IMT*, Bd. XVII, S. 107.
151 Vgl. dazu den Bericht Hans Kehrls über ein Gespräch mit Speers „Vorgänger“, Reichsminister Erich Todt, in: Kehrl, Hans: *Krisenmanager im Dritten Reich*, Düsseldorf 1973, S. 214 f.
152 Wiedemann, Fritz: *Der Mann, der Feldherr werden wollte*. Erlebnisse und Erfahrungen des Vorgesetzten Hitlers im Ersten Weltkrieg und seines späteren persönlichen Adjutanten, Velbert und Kettwig 1964, S. 189. Fortan zit. als Wiedemann
153 Ebenda.
154 *Bayern in der NS-Zeit*. Soziale Lage und politisches Verhalten der Bevölkerung im Spiegel vertraulicher Berichte, hrsg. von Martin Broszat, Elke Fröhlich und Falk Wiesemann, München und Wien 1977, S. 471. Fortan zit. als *Bayern in der NS-Zeit*
155 *Bayern in der NS-Zeit*, S. 471.
156 Ebenda.
157 Heydrich-Nachlaß. Vgl. auch *IMT*, Bd. XXXII, Dok. 3058.
158 Ebenda.
159 Persönliche Mitteilung von Karl Wolff vom 9. 2. 1979. Vgl. auch *IMT*, Bd. XLII, S. 512.
160 Heydrich-Nachlaß, Kopie im Besitz des Autors. Vgl. auch *IMT*, Bd. XXXI, Dok. 3051-PS.
161 Vgl. *IMT*, Bd. XXVIII, 499 f., Dok. 1816-PS.
162 Ebenda und Heydrich-Nachlaß.

163 *Alfred Rosenbergs Tagebuch,* S. 140.
164 Ebenda, S. 141.
165 Vgl. Irving, David: *Rommel. Eine Biographie,* Hamburg 1978, S. 300. Fortan zit. als Irving, *Rommel*
166 Irving, *Rommel,* S. 295.
167 Engel, S. 108.
168 Ebenda, S. 113 f.
169 *IMT,* Bd. XV, S. 333.
170 Ebenda.
171 Ebenda, S. 603.
172 Ebenda, S. 411.
173 Ebenda, S. 355.
174 *Kriegstagebuch des Oberkommandos der Wehrmacht,* Bd. IV, 2. Halbband, S. 1582.
175 Goebbels, *Tagebuch 1945,* S. 367.
176 Ebenda, S. 415.
177 Persönliche Mitteilung von Erich Kempka vom 11. 7. 1969.
178 Persönliche Mitteilung von Heinz Linge vom 8. 1. 1979.
179 Persönliche Mitteilung von Karl Wolff vom 9. 2. 1979.
180 Ebenda.
181 Vgl. Maser, Werner: *Hitlers Briefe und Notizen. Sein Weltbild in handschriftlichen Dokumenten,* Düsseldorf und Wien 1973, S. 368 f. Fortan zit. als Maser, *Hitlers Briefe und Notizen*
182 Ebenda, S. 370 f.
183 Ebenda, S. 368 f.
184 Vgl. ebenda, S. 356 ff.
185 Persönliche Mitteilung von Karl Wolff vom 9. 2. 1979.
186 Ebenda.
187 Persönliche Mitteilung von Werner Best vom 5. 2. 1980.
188 Himmler-Information an Best. Persönliche Mitteilung von Werner Best vom 5. 2. 1980.
189 *Linge-Tagebuch.* Nationalarchiv Washington, EAP 105/19.
190 Ebenda.
191 Ebenda.
192 Am 27. 8. 1943. *Linge-Tagebuch.* Nationalarchiv Washington, EAP 105/19.
193 Am 28. 8. 1943. Ebenda.
194 Persönliche Mitteilung von Werner Best vom 5. 2. 1980.
195 Aufzeichnungen Werner Bests vom 18. 9. 1949. Kopie im Besitz des Autors.
196 Persönliche Mitteilung von Werner Best vom 5. 2. 1980.
197 Zit. nach Höhne, Heinz: *Der Orden unter dem Totenkopf. Die Geschichte der SS,* Gütersloh 1967, S. 366. Fortan zit. als Höhne, *Der Orden unter dem Totenkopf*
198 Zit. nach Höhne, *Der Orden unter dem Totenkopf,* S. 366.
199 Aufzeichnungen von Werner Best vom 18. 9. 1949. Kopie im Besitz des Autors.
200 Ebenda.
201 Persönliche Mitteilung von Werner Best vom 5. 2. 1980.
202 Aufzeichnungen von Werner Best vom 18. 9. 1949. Kopie im Besitz des Autors.

203 Vgl. die letzte Anmerkung.
204 Persönliche Mitteilung von Leo Raubal vom 11. 3. 1967.
205 Vgl. Picker, Henry: *Hitlers Tischgespräche im Führerhauptquartier 1941–1942,* Stuttgart 1965 (2. Aufl.), S. 232. Fortan zit. als Picker, *Hitlers Tischgespräche*
206 Ebenda, S. 233.
207 Persönliche Auskunft von Heinz Linge vom 7. 1. 1979.
208 *Kriegstagebuch des Oberkommandos der Wehrmacht,* Bd. IV, 2. Halbband, S. 1565 ff.
209 Engel, S. 37.
210 Handschriftliche Aufzeichnungen Keitels vom 9. 2. 1946.
211 Vgl. z. B. Haffner, *Anmerkungen zu Hitler,* u. a. S. 204.
212 Vgl. Bracher, Karl Dietrich: *Die deutsche Diktatur. Entstehung – Struktur – Folgen des Nationalsozialismus,* Köln und Berlin 1969, S. 379. Fortan zit. als Bracher, *Die deutsche Diktatur*
213 Vgl. Gesth, Hans: *The Nazi Party,* in: *American Journal of Sociology,* 45 (1940), S. 534 ff.
214 Handschriftliche Aufzeichnungen Keitels vom 9. 2. 1946.
215 Ebenda.
216 Ebenda.
217 Maschinenschriftlicher Text Keitels vom 16. 2. 1946.
218 Handschriftliche Notiz Keitels vom 23. 2. 1946.
219 Maschinenschriftlicher Text Keitels vom 16. 2. 1946.
220 Ebenda.
221 Ebenda.
222 Vgl. Wiedemann, S. 197 f.
223 Handschriftliche Aufzeichnungen Keitels vom 26. 12. 1945.
224 Nationalarchiv Washington, EAP 105/4. Box 1287.
225 Abschrift mit handschriftlichen Anmerkungen Alfred Jodls. Geheime Reichssache. Auf dem Briefkopf: 1. 8. 1944, bei der Unterschrift: 2. 8. 1944. Nationalarchiv Washington, EAP 105/4. Box 1287.
226 Persönliche Auskunft von Heinz Linge vom 7. 1. 1979.
227 Kehrl, Hans: *Krisenmanager im Dritten Reich,* Düsseldorf 1973, S. 285.
228 Handschriftliche Aufzeichnungen Keitels vom 25. 1. 1946.
229 Handschriftliche Aufzeichnungen Keitels vom 15. 11. 1945.
230 Ebenda.
231 Ebenda.
232 Handschriftliche Aufzeichnungen Keitels vom 25. 1. 1946.
233 Handschriftliche Aufzeichnungen Keitels vom 15. 11. 1945.
234 Ebenda.
235 Persönliche Mitteilung von Joseph Popp, bei dem Hitler vom 26. 5. 1913 bis zum Ausbruch des Ersten Weltkrieges in München gewohnt hatte (1966/1967).
236 Handschriftliche Aufzeichnungen Keitels vom 15. 11. 1945.
237 Wiedemann, S. 112.
238 Zit. nach Höhne, *Der Orden unter dem Totenkopf,* S. 226.
239 Toland, John: *Adolf Hitler,* Bergisch-Gladbach 1977, S. 564.
240 Vgl. Wiedemann, S. 109 f.
241 Ebenda, S. 112.

242 Ebenda, S. 113.
243 Einzelheiten dazu bei Höhne, *Der Orden unter dem Totenkopf*, S. 221 ff.
244 So u. a. Broszat, Martin: *Der Staat Hitlers. Grundlegung und Entwicklung seiner inneren Verfassung*, Taschenbuch-Ausgabe, München 1969, S. 364. Fortan zit. als Broszat, *Der Staat Hitlers*
245 Vgl. Wiedemann, S. 117.
246 Ebenda, S. 117 f.
247 Zit. nach Höhne, *Der Orden unter dem Totenkopf*, S. 228.
248 Schacht-Äußerung gegenüber Wiedemann. Zit. bei Wiedemann, S. 115.
249 Ebenda.
250 Handschriftliche Aufzeichnungen Keitels vom 15. 11. 1945.
251 Vgl. Jacobsen, Hans Adolf: *Nationalsozialistische Außenpolitik 1933–1938*, Frankfurt/Main und Berlin 1968, S. 358. Fortan zit. als Jacobsen.
252 Wiedemann, S. 122.
253 Vgl. ebenda.
254 Vgl. Maser, Werner: *Adolf Hitler. Mein Kampf*, München und Esslingen 1974 ff., u. a. S. 231 ff. Fortan zit. als Maser, *Adolf Hitler. Mein Kampf;* Moewig-Taschenbuch Bd. 4329, Rastatt 1983
255 Maschinentext vom 10. 11. 1937. Nationalarchiv Washington, EAP 105/43. Zur Hoßbach-Niederschrift vgl. u. a. auch Bußmann, Walter: Zur Entstehung und Überlieferung der Hoßbach-Niederschrift, in: *Vierteljahrshefte für Zeitgeschichte 16* (1968), S. 373–384.
256 Maschinentext vom 10. 11. 1937. Nationalarchiv Washington, EAP 105/43.
257 Vgl. ebenda.
258 Anwesenheitsliste (Maschinentext) zum Bericht über die „Besprechung" vom 23. 5. 1939. Nationalarchiv Washington, EAP 105/16.
259 Handschriftliches Protokoll von Oberstleutnant Schmundt über die „Besprechung" vom 23. 5. 1939. Nationalarchiv Washington, EAP 105/16.
260 Ebenda.
261 Ebenda.
262 Ebenda.
263 Zur Frage der deutschen Aufrüstung vgl. u. a.: Milward, Alan S.: *The German Economy at War*, London 1965, Klein, Burton, H.: *Germany's Economic Preparations for War*, Cambrigde/Mass., 1959, und Stübel, Heinrich: *Die Finanzierung der Aufrüstung im Dritten Reich*, in: Europa-Archiv, Jg. 6/1951, S. 4128 ff. Vgl. auch Barkai, Avraham: *Das Wirtschaftssystem des Nationalsozialismus*, Köln 1977.
264 Vgl. Bullock, Alan: *Hitler and the Origins of the Second World War, Raleigh Lecture on History*, Reed 22. November 1967, S. 259–287, London, Oxford University Press, published for the British Academy, 1968. Zit. aus Bullock, *Second World War*.
265 Hitlers Auftrag an Göring. Die Unterlagen fanden sich nach dem Krieg unter Speers Papieren. Vgl. *Documents on German Foreign Policy, Ser. C. vol. 5, Nr. 490*, Meinck, Gerhard: *Hitler und die deutsche Aufrüstung*, Wiesbaden 1959, S. 164, und Tessing, Georg: *Formationsgeschichte der Wehrmacht 1933–39, Schriften des Bundesarchivs*, Bd. 7, Boppard/Rhein, 1959.

266 Vgl. Kehrl, Hans: *Kriegswirtschaft und Rüstungsindustrie,* in: *Bilanz des Zweiten Weltkrieges,* S. 272.

267 Speer, Albert: *Erinnerungen,* Frankfurt/Main und Berlin 1969. S. 560. Fortan zit. als Speer, *Erinnerungen*

268 Hitler während seiner Reichstagsrede. Zit. bei Domarus, Bd. II/3, S. 1112 ff.

269 Hillgruber, Andreas: *Hitlers Strategie, Politik und Kriegsführung 1940/41,* Frankfurt/Main 1965, S. 31. Fortan zit. als Hillgruber, *Hitlers Strategie.*

270 *IMT,* Bd. XV, S. 379–386. Vgl. dazu auch Maser, *Nürnberg,* S. 237 ff.

271 Vgl. Bullock, *Second World War,* S. 267. Vgl. auch Manstein, Erich: *Verlorene Siege,* Bonn 1955, S. 69.

272 Nationalarchiv Washington, EAP 105/41.

273 Ebenda.

274 Ebenda.

275 Ebenda.

276 Handschriftliche Aufzeichnungen Keitels vom 15. 11. 1945.

277 So Wilhelm Keitel am 9. 2. 1946, in: Handschriftliche Aufzeichnungen.

278 *Kriegstagebuch des Oberkommandos der Wehrmacht,* Bd. IV, 2. Halbband, Frankfurt/Main 1961, S. 1536.

279 Ebenda, S. 1536.

280 Ebenda, S. 1561.

281 Ebenda.

282 Tagebuch der Dienststelle Bormann. Nationalarchiv Washington, EAP 105/18. Antonescu war bereits am 22./23. 11. 1940 von Hitler empfangen worden.

283 Persönliche Mitteilung von Heinz Linge vom 8. 1. 1979. Karl Wolff bestätigte diese Angaben am 9. 2. 1979.

284 Persönliche Mitteilung von Karl Wolff am 9. 1. 1979.

285 Persönliche Mitteilung von Karl Wolff vom 9. 2. 1979.

286 Ebenda.

287 Vertraulicher Brief Heinrich Himmlers vom 21. 11. 1941. US-Document-Center, Berlin.

288 Hitler, Adolf: *Mein Kampf,* S. 469–473, Aufl. München 1939, S. 531 f. Benutzt wurden die „Mein Kampf"-Ausgaben von 1925 (I. Bd.), 1927 (II. Bd.), 1930 und 1939 (2 Bde. in einem Band, ungekürzte Volksausgaben). Sie wurden mit den Ausgaben von 1928, 1933 und 1943 verglichen. Zit. wird durchgehend die Ausgabe von 1939. Wo sie Abweichungen von den Ausgaben von 1925 (I. Bd.) und 1927 (II. Bd.) aufweist, wird im Text oder in den Fußnoten darauf hingewiesen. Fortan zit. als Hitler

289 Zit. nach Bullock, Allan: *Hitler. Eine Studie über Tyrannei,* Düsseldorf 1953, S. 763. Fortan zit. als Bullock, *Hitler*

290 *Die Zeit* vom 2. 11. 1979.

291 Persönliche Mitteilung von Karl Dönitz vom 10. 1. 1967.

292 *Die Zeit* vom 2. 11. 1979.

293 Persönliche Auskunft von Hans Wiesinger vom 12. 3. 1978. Entsprechend äußerten sich Hitlers Mitschüler Josef Keplinger, Josef Wiesinger, Josef Mayrhofer und Gustav Tomaschko (im November 1973) in persönlichen Gesprächen.

294 Persönliche Auskunft von Anton Schmidt (Okt. 1977).

295 Vgl. S. 281 ff.

296 Vgl. S. 280 ff.
297 Josef Keplinger im persönlichen Gespräch (Nov. 1973).
298 Vgl. Kubizek, August: *Adolf Hitler – Mein Jugendfreund*, Graz und Göttingen, 3. Aufl. 1966.
299 Persönliche Auskunft von Heinz Linge vom 8. 1. 1978.
300 Vgl. Röhrs, Hans-Dietrich: *Hitler – die Zerstörung einer Persönlichkeit*, Neckargemünd 1965, S. 53 ff.
301 Persönliche Auskunft von Heinz Linge vom 8. 1. 1979.
302 Vgl. Tagebuch der Dienststelle Bormann. Nationalarchiv Washington, EAP 105/18.
303 Ebenda.
304 Vgl. ebenda.
305 Vgl. Besymenski, Lew: *Die letzten Notizen von Martin Bormann*, Stuttgart 1974, S. 307.
306 Zit. nach Lang, Jochen v.: *Der Sekretär. Martin Bormann. Der Mann, der Hitler beherrschte*, Stuttgart 1977, S. 499 ff. Fortan zit. als Lang, *Der Sekretär*
307 US-Document-Center, Berlin.
308 Zit. nach Lang, *Der Sekretär*, S. 472 (Dok. dort Faks.).
309 Vgl. ebenda, S. 473.
310 Persönliche Mitteilung von Heinz Linge vom 7. 1. 1979.
311 Zit. nach Lang, *Der Sekretär*, S. 461.
312 Ebenda.
313 Bormann in einem Schreiben vom 15. 5. 1941 an alle Reichsleiter, Gauleiter und Verbändeführer. Zit. in Lang, *Der Sekretär*, S. 464.
314 Persönliche Auskunft von Heinrich Heim (mehrfach zwischen 1969 und 1978).
315 Vollständiger Text abgedruckt bei Lang, *Der Sekretär*, S. 466 ff.
316 Ebenda.
317 Nationalarchiv Washington, EAP/18.
318 Vgl. Lang, *Der Sekretär*, S. 295.
319 Ebenda, S. 479.
320 Ebenda.
321 Ebenda, S. 480.
322 Ebenda, S. 481 f.
323 Zit. der Verhöre des Prinzen durch Robert M. W. Kempner vom 1. und 6. 5. 1947 und vom 4. 3. 1948, in: Kempner, *Das Dritte Reich im Kreuzverhör*, S. 135 ff., München (Jahr?) Fortan zit. als Kempner, *Das Dritte Reich im Kreuzverhör*
324 US-Document-Center, Berlin.
325 Ausgabe A, Anordnung 170/44. US-Document-Center, Berlin.
326 *Alfred Rosenbergs Tagebuch*, S. 108.
327 Picker, *Hitlers Tischgespräche*, S. 270.
328 Ebenda.
329 Ebenda, S. 468.
330 *Der Spiegel* vom 24. 12. 1979, S. 99.
331 *Der Spiegel* vom 31. 12. 1979, S. 94.
332 Speer, Albert: *Technik und Macht*, Esslingen 1979. S. 190.
333 Ebenda, S. 191.
334 *Völkischer Beobachter* vom 3. 2. 1933.

335 Vgl. Börsenblatt des Deutschen Buchhandels vom 9. 4. 1980, S. 885.
336 Hoegner, Wilhelm: *Flucht vor Hitler.* Erinnerungen an die Kapitulation der ersten deutschen Republik 1933, München 1977, S. 126 f.
337 Ebenda, S. 127 f.
338 *Völkischer Beobachter* vom 6. 2. 1933.
339 Vgl. *Dokumente zur Gleichschaltung des Landes Hamburg,* hrsg. von Henning Timpke, Frankfurt/Main 1964.
340 Vgl. Schwarzwälder, Herbert: *Die Machtergreifung der NSDAP in Bremen,* Bremen 1966.
341 Persönliche Auskünfte von Dr. Adolf Wenz (Bruder von Dr. Dr. Fritz Wenz) und Frau Liesl Wenz (Witwe von Dr. Dr. Fritz Wenz) vom 29. 2. 1980.
342 Aussagen des Prinzen Philipp von Hessen vom 6. 5. 1947 und 4. 3. 1948 im Kreuzverhör durch Robert M. W. Kempner in Nürnberg.
343 *Völkischer Beobachter* vom 11./12. 3. 1933.
344 Zit. der Rede bei Domarus, Bd. I/1, S. 242 ff.
345 Ebenda, S. 245.
346 Vgl. *Völkischer Beobachter* vom 13. 11. 1933.
347 Ebenda, 6. 2. 1933.
348 Persönliche Mitteilung von Ernst Niekisch vom 10. 3. 1951.
349 *Schwäbischer Merkur* vom 12. 3. 1933.
350 Persönliche Mitteilung von Fritz Wiedemann (September 1964).
351 Akten der Reichskanzlei. Bundesarchiv Koblenz, R 43 II/1309.
352 *Völkischer Beobachter* vom 8. 7. 1933.
353 Ebenda.
354 Ebenda.
355 Ebenda.
356 Ebenda.
357 Ebenda, 30. 6. 1933.
358 Ebenda.
359 Ebenda, 11. 7. 1933.
360 Ebenda.
361 Ebenda.
362 Hitler, S. 644.
363 Vgl. S. 163 ff.
364 Vgl. Hitler, S. 644 f.
365 Vgl. Broszat, *Der Staat Hitlers,* S. 152.
366 Akten der Reichskanzlei. Bundesarchiv Koblenz, R II/1376.
367 Bundesarchiv Koblenz, R II/495.
368 Ebenda.
369 RGBl. 1934, I, S. 75.
370 *Völkischer Beobachter* vom 31. 1. 1934.
371 Ebenda.
372 Ebenda, 8. 8. 1934.
373 Ebenda, 1./2. 11. 1934.
374 Ebenda, 9. 11. 1934.
375 Vgl. dazu ein Schreiben des bayerischen Innenministers Wagner vom 23. 6. 1934 an Frick. Bundesarchiv Koblenz, R 43 II/495.

376 Vgl. die Vernehmungsunterlagen des Hauptberaters von Hermann Göring in Fragen der Reichsreform, Friedrich Gramsch (15. 7. 1947). Institut für Zeitgeschichte, ZS 717.

377 In Preußen z. B. gab es 12 Provinzen und rund doppelt soviel Gaue und Gauleiter, von denen zwangsläufig nur ein Teil mit Staatsämtern betraut werden konnte. Görings Ausweg, die bei der Berufung zu staatlichen Oberpräsidenten (anstelle der Reichsstatthalter in den außerpreußischen Ländern) nicht berücksichtigten Gauleiter zu Staatsräten (ohne Weisungsbefugnisse gegenüber der Exekutive) zu machen, erwies sich nur als Trost. Die Staatsräte fungierten als „Aufpasser" und machten den Oberpräsidenten das Leben schwer. Frick und Göring sahen in der Zusammenlegung der preußischen Ressorts mit den Reichsressorts einen ersten Schritt der Reichsreform. Sie strebten u. a. eine gleichmäßige Unterteilung des Reiches in Reichsprovinzen (Reichsgaue) und die einheitliche Zusammenfassung der Mittelinstanz der Reichsverwaltung, der Provinzialselbstverwaltung und der Gauverwaltung an. Noch nach Kriegsbeginn hatten maßgebliche Funktionsträger ihre Hoffnungen auf die (von Hitler selbst bald als nicht mehr wünschenswert empfundene) Fortführung der im Januar 1934 verkündeten Reichsreform nicht aufgegeben. Zur Fortsetzung ermunternd, zählten einige von ihnen (so z. B. der SS-Brigadeführer und Staatssekretär im Reichsinnenministerium, Wilhelm Stuckart, in: Die gesetzlichen Grundlagen des Staatsaufbaus. Staat und Verwaltung. Der organisatorische Aufbau, Teil III, Berlin 1939, S. 9 ff.), alle Mängel und Halbheiten, positiv ummünzend, neben der Einrichtung der Institution der Reichsstatthalter und der Neuregelung der Vollmachten der Länder, ihrer Regierungen und Ministerien, alles auf, was sich aus ihrer Sicht als positives Ergebnis der Reichsreform buchen ließ: so z. B. die Arbeitsdienstpflicht im Reichsarbeitsdienst, die Ernennung Schirachs zum Reichsjugendführer und Himmlers zum Chef der Deutschen Polizei, das Wehrgesetz vom 21. 5. 1935, die Schaffung neuer Verwaltungszweige und neuer Reichsministerien, die Vereinigung des Reichsinnenministeriums mit dem preußischen Innenministerium, die Aufhebung des Reichsrats (14. 2. 1934), den Vierjahresplan (als „besonders bedeutsame Stelle" für „den staatsrechlichen Aufbau des neuen Reiches"), die Ausschaltung der „Juden . . . aus dem öffentlichen Leben" (ebenda, S. 174 ff.), die Weisungsgebundenheit der Minister, die Funktion des Führers auch als oberster Richter und oberster Gesetzgeber, die „Verreichlichung" aller Justizbehörden und die Politisierung der Rechtspflege.

378 Vgl. dazu u. a. Ritthaler, Anton: *Eine Etappe auf Hitlers Weg zur ungeteilten Macht – Hugenbergs Rücktritt als Reichsminister, Vierteljahrshefte für Zeitgeschichte,* 8/1960, S. 193 ff.

379 *Das Archiv,* 1933, S. 1027 (vor Beginn der Tagesordnung).

380 Vgl. Heß, Rudolf: *Reden,* München 1940, S. 10 ff.

381 Vgl. Politisches Archiv des Auswärtigen Amtes, Büro Reichsminister RM 6, Bd. 7.

382 Veröffentlicht im *Völkischen Beobachter* vom 4. 4. 1934.

383 Vgl. Bundesarchiv Koblenz, R. 43 I/1475, Kabinettprotokoll vom 6. 3. 1936.

384 Vgl. RGBl, 1934, S. 75.

385 RGBl. I, S. 529.

386 Ebenda, S. 773.

387 Bundesarchiv Koblenz, R 43 II/467.
388 Ebenda.
389 Vom 1. 10. bis zum 14. 10. 1938 war Hitler u. a. in Berlin, Hof, Asch, Eger, Karlsbad, Annaberg, Berlin, Löbau, Schluckenau, Friedland, Jägerndorf, Freudenthal, Saarbrücken, St. Ingbert, Blieskastel, Zweibrücken, Steinfeld, Mainz, Bad Godesberg, Essen und München. Vgl. Tagebuch der Dienststelle Bormann, Nationalarchiv Washington (dort ungenau als „Führer's Tagebuch" bezeichnet), EAP 105/18. Am 19. 10. 1938 fuhr er von Berchtesgaden nach Linz und war vom 20. 10. bis zum 24. 10. 1938 wiederum auf dem Obersalzberg.
390 Vgl. Wiedemann, S. 69.
391 Vgl. ebenda.
392 RGBl. I, S. 1539.
393 Führer-Erlaß vom 5. 6. 1940. Bundesarchiv Koblenz, R II/694a.
394 Bundesarchiv Koblenz, R 43 II/694a.
395 Ebenda.
396 Kempner, *SS im Kreuzverhör,* S. 213.
397 Vgl. Broszat, *Der Staat Hitlers,* S. 385 f.
398 Koeppen-Protokoll vom 23. 9. 1941.
399 Geheime Reichssache, Nr. 843/43 g.R.-R/H. vom 31. 3. 1943. US-Document-Center, Berlin.
400 Ebenda.
401 Persönliche Auskunft von Heinz Linge vom 7. 1. 1979.
402 Ebenda.
403 Zit. bei Kempner, *SS im Kreuzverhör,* S. 217.
404 Vgl. ebenda.
405 Bundesarchiv Koblenz, LXIV B 22, folg. 1–72, S. 11.
406 Zit. nach *Der Spiegel,* Nr. 6/79, S. 32.
407 Eidesstattliche Erklärung von Viktor Hermann Brack vom 12. 10. 1946. Bundesarchiv Koblenz, LXIV B 22, folg. 1–72. Brack, Oberdienstleiter und Stellvertreter Philipp Bouhlers und eigentlicher Akteur im Rahmen der Euthanasie-Aktionen, gab an, „Ende 1942 oder Anfang 1943" festgestellt zu haben, „daß diese Leute bei der Massenvernichtung der Juden mitverwendet wurden".
408 Maser, *Hitlers Briefe und Notizen,* S. 362 f.
409 Hitler, S. 772.
410 Zit. nach Domarus, Bd. II/4, S. 1844.
411 Zit nach *Der Spiegel,* Nr. 6/79, S. 32.
412 Bericht des Arztes Dr. Hans Holzamer in der *FAZ* vom 8. 12. 1979.
413 Zit. nach *Der Spiegel* vom 26. 11. 1979, S. 256.
414 Vgl. Artzt, Heinz: *Mörder in Uniform,* München 1979, S. 64.
415 Am 23. 9. 1939.
416 Schnellbrief der Stapoleitstelle Stuttgart an die Landräte (7. 9. 1939), StAnw. Hechingen, KLs 23–27/47, Bd. 1.
417 Rundschreiben der Abt. innere Verwaltung im Amt des Generalgouverneurs vom 6. 4. 1940. *Faschismus – Getto – Massenmord,* Dok. über Ausrottung und Widerstand in Polen während des Zweiten Weltkrieges, hrsg. vom Jüd. Hist. Institut Warschau, 2. Aufl., Ost-Berlin 1961, S. 55, Dok. 16.

418 Vgl. Adam, Uwe Dietrich: *Judenpolitik im Dritten Reich,* Düsseldorf 1972, S. 191. Fortan zitiert als Adam, *Judenpolitik*
419 Vgl. ebenda.
420 Vgl. ebenda, S.453.
421 Vgl. Maser, Werner: *Der Sturm auf die Republik,* Stuttgart 1974, u.a. S. 305 ff. und 389 ff. Fortan zit. als Maser, *Der Sturm auf die Republik*
422 Vgl. Adam, *Judenpolitik,* S. 453.
423 Vgl. ebenda.
424 Vgl. ebenda.
425 Vgl. ebenda, S. 440
426 Vgl. ebenda.
427 Ebenda, S. 461.
428 Ebenda, S. 463.
429 Vgl. *Bayern in der NS-Zeit,* S. 441 ff.
430 *Bayern in der NS-Zeit,* S. 462.
431 RGBl. I, S. 547.
432 *Bayern in der NS-Zeit,* S. 483.
433 Vgl. Adam, *Judenpolitik,* S. 191 f.
434 *Völkische Beobachter* vom 10. 4. 1933.
435 Mitteilung der Reichspressestelle der NSDAP vom 28. 4. 1933.
436 Zit. nach *Bayern in der NS-Zeit,* S. 459 f.
437 Bayerisches Hauptstaatsarchiv, MA 106 670.
438 Zit. nach *Bayern in der NS-Zeit,* S. 480.
439 Hitler befand sich seit dem 5. 10. 1941 in der „Wolfsschanze". Nationalarchiv Washington, EAP 105/18 und EAP 105/19.
440 Persönliche Mitteilung von Robert M. W. Kempner vom 8. 4. 1980. Vgl. auch Kempner, *Das Dritte Reich im Kreuzverhör,* S. 161 f.
441 *IMT,* Bd. XXVIII, Dok. 1916-PS.
442 Aktennotiz Heinrich Himmlers vom 10. 5. 1943. Geheime Reichssache, US-Document-Center, Berlin.
443 Bundesarchiv Koblenz, LXIV B 25, fol. 1–175, S. 41.
444 Ebenda.
445 Vgl. Hitlers Äußerungen vom 2. 2. 1941 in Engel, S. 94 f. Vgl. dazu auch *Der Spiegel,* 4/79, S. 130.
446 Vgl. Engel, S. 97.
447 Dok. vollständig abgebildet in Maser, *Nürnberg,* nach S. 345.
448 Handschriftliche Aufzeichnungen Keitels vor allem vom 16. und 23. 2. 1946.
449 Kopien-Sammlung im Münchener Institut für Zeitgeschichte, Archiv F. 37/2.
450 Repro des Tischkalenderblattes, in: Irving, David: *Hitler's War,* London 1977, S. 505.
451 Tagebucheintragung der Dienststelle Martin Bormann vom 28. 11. 1941, Nationalarchiv Washington. Eine 1945 von Bormanns Mitarbeiter Heinrich Heim vom Original angefertigte Kopie befindet sich im Besitz des Autors.
452 Vgl. dazu Broszat, Martin: Hitler und die Genesis der ‚Endlösung', in: *Beiträge aus dem Institut für Zeitgeschichte,* 25. Jg., Okt. 1977, S. 760.
453 Vgl. ebenda, S. 761.
454 Aufzeichnungen Keitels aus dem Jahr 1946.

455 Persönliche Auskunft von Frau Hoffmann von Schirach (1969).
456 Zit. nach Picker, *Hitlers Tischgespräche*, S. 152 f.
457 Engel, S. 111.
458 Persönliche Mitteilung von G. Engel (Nov. 1968).
459 Ebenda.
460 Wiedemann, S. 69 f.
461 Ebenda, S. 71
462 Ebenda, S. 73.
463 Ebenda, S. 73.
464 Nationalarchiv Washington, EAP 105/13.
465 Ebenda.
466 Ebenda.
467 Ebenda.
468 Ebenda.
469 Ebenda.
470 Ebenda.
471 Ebenda.
472 Ebenda.
473 Ebenda.
474 Vgl. u.a. Eden, Anthony: *Angesichts der Diktatoren. Memoiren 1923–1938*, Köln und Berlin 1964, S. 87 ff.
475 Persönliche Mitteilung des (bei der Besprechung anwesenden) Gesandten Dr. Paul Schmidt (-Carell) vom 18. 3. 1969.
476 Wiedemann, S. 77.
477 Vgl. Hillgruber, *Staatsmänner*
478 Persönliche Auskunft von Heinz Linge vom 8. 1. 1979.
479 Jacobsen, S. 365 ff.
480 Nationalarchiv Washington, EAP 105/18.
481 Vgl. Craig, G: *Krieg, Politik und Diplomatie*, Wien und Hamburg 1968, S. 289.
482 Bundesarchiv Koblenz, R 43 II/474. Dort z. B. 24. 7. und 3. 8. 1934 und 18. 3. 1935. Vgl. auch Price, G. Ward: *Führer und Duce wie ich sie kenne*, Berlin 1939.
483 Mit Hitler sprach Lord Allen of Hurtwood am 25. 1. 1935. Vgl. Politisches Archiv des Auswärtigen Amtes, Abt. III, Pol. 2, England, Bd. 13, und die Londoner Meldung vom 28. 1. 1935. Bundesarchiv Koblenz, R 43 II/1433.
484 Bundesarchiv Koblenz, R 43 II/1431. 28./29. 9. 1933 und Hitlers Brief vom 20. 10. 1933 an Moore.
485 Hitler, S. 229.
486 Ebenda, S. 231.
487 Ebenda, S. 230.
488 Hitler in einer Rede im Berliner Sportpalast. Zit. im *Völkischen Beobachter* vom 11./12. 2. 1933. Die Rede wurde auch vom Rundfunk übertragen.
489 Veröffentlicht im *Völkischen Beobachter* vom 4. 4. 1934.
490 Vgl. Strasser-Stennes, II. Teil.
491 Persönliche Mitteilung von Hermann Esser (Juli und August 1951)
492 Vgl. Maser, *Der Sturm auf die Republik*, S. 213 ff.
493 Vgl. Kempner, *Das Dritte Reich im Kreuzverhör*, S. 168.
494 Zit. nach Domarus, Bd. I/1, S. 53.

495 Vgl. das Protokoll über die Unterredung in Hillgruber, *Staatsmänner,* S. 336 ff.
496 Ebenda, S. 302.
497 Kempner, *Das Dritte Reich im Kreuzverhör,* S. 247 f.
498 Ebenda, S. 248.
499 Friedrich Wilhelm, Prinz von Preußen, als Zeuge im Verhör durch Robert M. W. Kempner am 17. 6. 1947. Kempner, *Das Dritte Reich im Kreuzverhör,* S. 118.
500 Weizsäcker am 23. 8. 1947 in Nürnberg. Kempner, *Das Dritte Reich im Kreuzverhör,* S. 212.
501 Ebenda, S. 213.
502 Wiedemann, S. 175.
503 Zit. des Chamberlain-Briefes bei Domarus, Bd. II/3, S. 1242 ff. Zu der Begegnung Hitler–Henderson vgl. auch Henderson, Sir Nevile: *Failure of a Mission,* London 1940.
504 Kempner, *Das Dritte Reich im Kreuzverhör,* S. 213.
505 Domarus, Bd. II/3, S. 1244 ff.
506 Ebenda, S. 1248.
507 Ebenda, S. 1247.
508 DNB-Text vom 24. 8. 1939. Vgl. auch RGBl, 1939, II, S. 968 f.
509 Vgl. auch Benz, Wolfgang, und Graml, Hermann (Hrsg.): *Sommer 1939. Die Großmächte und der Europäische Krieg,* Stuttgart 1979. Beiträge von Gerhard L. Weinberg, Fritz Blaich, Jürgen Runzheimer, Jerzy W. Borejsza, Masaki Miyake, Lothar Kettnacker, Jean-Pierre Azèma und Andreas Hillgruber.
510 Churchill, *Reden,* Bd. I, S. 211.
511 Weizsäcker, Ernst Frh. v.: *Erinnerungen,* München, Leipzig und Freiburg/Br. 1950, S. 258.
512 Hitler-Äußerung gegenüber seinem Dolmetscher Paul Schmidt. Vgl. Schmidt, Paul: *Statist auf diplomatischer Bühne 1923–1945,* Bonn 1954, S. 469.
513 Persönliche Mitteilung von Heinz Linge (7. 1. 1979). Dahlerus, mit dem Hitler am Vormittag des 1. September sprach, bezeugte dies nach 1945 ebenfalls. Vgl. Dahlerus, Birger: *Der letzte Versuch,* München 1948, S. 125 f.
514 Hitler, S. 230.
515 *Völkischer Beobachter* vom 24. 3. 1933.
516 Hitler, S. 742.
517 *Völkischer Beobachter* vom 19. 2. 1934.
518 Ebenda.
519 Vgl. Picker, *Hitlers Tischgespräche,* S. 428.
520 Vgl. ebenda.
521 Vgl. dazu u. a. Herzfeld, Hans: *Geschichte und Gegenwartsbewußtsein.* Festschrift für Hans Rothfels zum 70. Geburtstag, Göttingen 1963, S. 161–197.
522 Hitler erzählte dies seinen Tischgästen am 4. 7. 1942 im Führer-Hauptquartier. Vgl. Picker, *Hitlers Tischgespräche,* S. 428.
523 Ebenda.
524 Vgl. ebenda, S. 71.

Teil II

1 Fromm, S. 387. Auch Fromms Behauptung (ebenda), daß der junge Hitler „ein Faulenzer ohne Selbstdisziplin war, der keine Lust hatte, sich anzustrengen", ist eine Konstruktion, die die Tatsachen verzerrt und verfälscht. Vgl. dazu Maser, *Der Sturm auf die Republik,* S. 53 ff., und Maser, *Adolf Hitler,* S. 62 ff.

2 Vgl. Maser, *Der Sturm auf die Republik,* S. 62 ff., und Maser, *Adolf Hitler,* S. 75 ff., vgl. aber auch ebenda, S. 51 ff.

3 Fromm, S. 387.

4 Hitler, S. 7.

5 Ebenda.

6 Ebenda.

7 Ebenda, S. 8.

8 Ebenda.

9 Zit. nach Kubizek, August: *Adolf Hitler – Mein Jugendfreund,* Graz und Göttingen 1953, S. 69 f. Fortan zitiert als Kubizek.

10 So u. a. Alois Lebeda, Emil Heythmann, Leopold Poetsch, König, Bernhard Batscha und Gregor Goldbacher.

11 Vgl. auch Maser, *Der Sturm auf die Republik,* S. 53 ff., und vor allem Maser, *Adolf Hitler,* S. 63 ff.

12 Vgl. Maser, *Der Sturm auf die Republik,* u. a. S. 59.

13 Hitler, S. 16.

14 Ebenda.

15 Ebenda.

16 Persönliche Auskunft von Hans Wiesinger vom 12. 3. 1978. Auch August Kubizek und andere frühe Weggefährten Hitlers bestätigten dies ausnahmslos.

17 Hitler, S. 16.

18 Ebenda.

19 Persönliche Mitteilung von Hitlers Cousin Anton Schmidt (August 1977).

20 Vgl. die letzte Anmerkung.

21 Vgl. Kubizek, S. 75.

22 Protokoll einer Erklärung von Prewatzky-Wendt. Bundesarchiv Koblenz, NS 26/17a.

23 Hitler, S. 20.

24 Ebenda.

25 Kubizek, S. 158.

26 Schriftliche Mitteilung der Wiener Akademie der Bildenden Künste vom 6. 9. 1969.

27 Hitler, S. 19.

28 Schriftliche Mitteilung des Rektoratsdirektors der Wiener Akademie der Bildenden Künste (Dr. Alfred Sammer) vom 24. 2. 1971.

29 Hitler, S. 19.

30 Vgl. Maser, *Adolf Hitler,* S. 79 ff.

31 Hitler, S. 18.

32 Vgl. Maser, *Der Sturm auf die Republik,* u. a. S. 65.

33 Vgl. ebenda, S. 69.

34 Ebenda, S. 179.
35 Ebenda.
36 Vermerk der Münchener Polizei vom 8. 1. 1914 auf dem Schreiben des Linzer Magistrats vom 29. 12. 1913.
37 Bundesarchiv Koblenz, NS 26/17a.
38 Vgl. Maser, *Der Sturm auf die Republik,* S. 127 f.
39 Hitler, S. 221 ff.
40 Vgl. Maser, *Adolf Hitler,* S. 127 ff.
41 Brief abgedruckt in Maser, *Hitlers Briefe und Notizen.*
42 Kempner, *Das Dritte Reich im Kreuzverhör,* S. 74.
43 Vgl. Hitler, S. 3.
44 Schriftliche Mitteilung von Ernst Schmidt (August 1964).
45 Hitler, S. 226.
46 Ebenda, S. 182 (über sein diesbezügliches Verhalten während des Krieges).
47 Schriftliche Mitteilung von Ernst Schmidt (1965).
48 Abgedruckt in: *Appelle einer Revolution,* München 1968, Anlage 35.
49 Vgl. ebenda, Anlage 67 (Plakat).
50 Vgl. Maser, *Der Sturm auf die Republik,* u. a. S. 53.
51 Hitler, S. 227.
52 Ebenda.
53 Vgl. Maser, *Der Sturm auf die Republik,* S. 133.
54 Vgl. Hitler, S. 227.
55 Ebenda.
56 Zit. nach Deuerlein, Ernst: *Der Aufstieg der NSDAP, 1919–1923,* Düsseldorf 1968, S. 85.
57 Vgl. Hitler, S. 235.
58 Generalleutnant Möhl war Oberbefehlshaber der Reichswehrgruppenkommandos 4.
59 Vgl. Hitler, S. 235.
60 Abschrift vom 26. 8. 1941. Bundesarchiv Koblenz, NS 26/17a.
61 HStA. Mü., Abt. II, Gruppen-Kdo. 4, Bd. 50/3 (handschriftlicher Bericht von Hans Knochen vom 24. 8. 1919).
62 Ebenda. Bericht von Ewald Bolle vom 24. 8. 1919.
63 Ebenda. Bericht von Lorenz Frank vom 23. 8. 1919.
64 Ebenda. Bericht von Oberleutnant Bendt.
65 Ebenda. Bd. 50/8.
66 Ebenda. Bd. 50/3 (handschriftlicher Bericht von Karl Eichler vom 24. 8. 1919).
67 Ebenda. Bericht von Lorenz Frank vom 23. 8. 1919.
68 Vgl. Hitler, u. a. S. 3 und S. 192.
69 *Münchener Post* Nr. 188 vom 14./15. 8. 1920.
70 Zur Geschichte der Deutschen Arbeiterpartei vgl. Maser, *Der Sturm auf die Republik,* S. 144 ff.
71 Vgl. ebenda, S. 185 ff.
72 Vgl. ebenda, S. 159.
73 Hitler, S. 237.
74 Vgl. ebenda, S. 238.
75 Ebenda, S. 239 f.

76 Ebenda, S. 240 ff.
77 Ebenda, S. 242 ff.
78 Vgl. ebenda, S. 237–244.
79 Ebenda, S. 242.
80 Ebenda.
81 Ebenda.
82 *Der Hitler-Prozeß,* Auszüge aus den Verhandlungsberichten, München 1924, S. 267. Fortan zit. als *Hitler-Prozeß.*
83 HStA. Mü., Abt. II, Gruppen-Kdo. 4, Bd. 46/8 (handschriftlich).
84 Eintragung im Partei-Tagebuch 1920/21. Repro in: Maser, Werner: *Die Frühgeschichte der NSDAP.* Hitlers Weg bis 1924, Frankfurt/Main und Bonn 1965, neben S. 195 (Tafel 7).
85 Vgl. Maser, *Der Sturm auf die Republik,* u. a. S. 235 f.
86 Vgl. ebenda, S. 87 ff., 147, 149, 178–182, 184, 193, 201 f., 207, 214–217, 220, 231, 254, 257, 259 f., 265 f., 268 f., 279 f., 284, 297, 318, 329, 334, 351, 357, 363, 376, 379 f., 382, 397 f., 408, 460 und 487.
87 Vgl. Hitler, S. 241.
88 Vgl. *Münchener Post* vom 4./5. 1922 und vom 11. 2. 1922. Vgl. auch Röhm, Ernst: *Die Geschichte eines Hochverräters,* München 1933, 2. Aufl., S. 139.
89 HStA. Mü., Abt. II, Gruppen-Kdo. 4, Bd. 39/4.
90 HStA. Mü., Abt. II, Gruppen-Kdo. 4, Bd. 46/8. Vgl. auch die VB-Berichte im oben genannten Zeitraum.
91 Briefwechsel der NSDAP und entsprechende Eintragungen im Partei-Tagebuch der NSDAP. Vgl. Maser, *Der Sturm auf die Republik,* S. 235 ff.
92 Vgl. ebenda.
93 Ebenda.
94 Zit. nach Maser, *Der Sturm auf die Republik,* S. 264.
95 Persönliche Auskunft von Hermann Esser (1953).
96 Vgl. *Münchener Post* vom 7. 12. 1921.
97 Unveröffentlichte Aufzeichnungen des seinerzeitigen Gesandten Dr. Franz von Sonnleithner.
98 Vgl. Maser, *Der Sturm auf die Republik,* u. a. S. 267 f.
99 Persönliche Auskunft von Hermann Esser, der (zu der Zeit aus der NSDAP ausgeschlossen) Hitler regelmäßig über die Vorgänge in München informierte.
100 Zit. nach Maser, *Der Sturm auf die Republik,* S. 269 f.
101 Fotokopie des (von Anton Drexler, Josef Mayer, Fritz Michel, Franz Emmer, Benedikt Angermeir, Josef Berchthold und Karl Riedl unterschriebenen) Briefe in der Akte „NSDAP 1921–1923“ der Polizeidirektion München.
102 Persönliche Mitteilung von Hermann Esser.
103 Polizeibericht Nr. 1406, Abt. VI aF.
104 *Völkischer Beobachter* vom 11. 8. 1921.
105 Vgl. *IMT,* Bd. XIII, S. 334.
106 Vgl. *IMT,* Bd. IX, S. 413.
107 Ebenda.
108 Ebenda.
109 Vgl. ebenda, S. 684.
110 *IMT,* Bd. XII, S. 492.

111 Ebenda.
112 Hitler, S. 650.
113 Ebenda, S. 650 f.
114 Dreßler, Adolf, und Maier-Hartmann, F.: *Dokumente der Zeitgeschichte,* München 1938, S. 155.
115 Bayerisches Hauptstaatsarchiv, Abt. II, Ma 103 476, S. 1020.
116 Ebenda, S. 750 f.
117 Ebenda, S. 691.
118 Ebenda, GStK, Nr. 93.
119 *Frankfurter Zeitung* vom 7. 11. 1923.
120 Hitler-Äußerung gegenüber Hermann Esser. Persönliche Mitteilung von Hermann Esser (1953).
121 *Hitler-Prozeß,* S. 268.
122 DNB-Text vom 8. 11. 1939.
123 Mitgliedslisten der DAP und NSDAP im Bundesarchiv Koblenz, u. a. NS 26/230.
124 *IMT,* Bd. VII, S. 340.
125 Ebenda.
126 Vgl. u. a. *Münchener Neueste Nachrichten* vom 9. 11. 1923.
127 *Hitler-Prozeß,* S. 8.
128 Ebenda.
129 Ebenda, S. 9.
130 Ebenda.
131 Vgl. Gustav von Kahrs Denkschrift vom 12. 12. 1923 an den Ministerpräsidenten Eugen Ritter von Knilling. *Der Putsch am 8. November 1923. Vorgeschichte und Verlauf,* Hauptstaatsarchiv München, Abt. II., Geheimes Staatsarchiv, MA. 1943. D.R. 473. Dok. zit. auch in: *Der Hitler-Putsch.* Bayerische Dokumente zum 8. November 1923, hrsg. von Ernst Deuerlein, Stuttgart 1962, S. 487 ff.
132 Ebenda (bei Deuerlein, S. 500).
133 Vgl. Maser, *Der Sturm auf die Republik,* S. 450.
134 Hauptstaatsarchiv München, Geheimes Staatsarchiv, MA. 1943, D.R. 473. Fortan zit. als Hauptstaatsarchiv München.
135 Persönliche Mitteilung von Hermann Esser (1953).
136 Hauptstaatsarchiv München, MA. 1943, D.R. 473.
137 Röhm, Ernst: *Die Geschichte eines Hochverräters,* München 1933, 2. Aufl., S. 236.
138 *Hitler-Prozeß,* S. 25.
139 Vgl. ebenda, S. 27 und 458.
140 Mitteilung Wilhelm Hoegners vom 9. 8. 1966 an Harold J. Gordon jr. Vgl. Gordon: *Hitlerputsch 1923.* Machtkampf in Bayern 1923–1924. Frankfurt/Main 1971, S. 360.
141 Vgl. dazu Maser, *Adolf Hitler. Mein Kampf,* S. 21 ff.
142 Shirer, William L. *Aufstieg und Fall des Dritten Reiches,* München und Zürich 1963, Bd. 1, S. 648, Anm. 131.
143 Vollständiger Text der Rede: Bundesarchiv Koblenz, NS 26–59. Auszug zit. bei Tyrell, Albrecht: *Führer befiehl.* Selbstzeugnisse aus der Kampfzeit der NSDAP, Düsseldorf 1969, S. 108 f. Fortan zit. als Tyrell, *Führer befiehl.*

144 Drucker, Peter F.: *Die ideale Führungskraft,* Düsseldorf und Wien 1967, S. 121.
145 Kroeber-Keneth, ebenda, S. 280.
146 Hitler, 1. Bd., 1. Aufl., S. 364 f.
147 Broszat, *Der Staat Hitlers,* S. 54.
148 Vgl. z. B. ein Schreiben Walter Buchs vom 5. 8. 1931 an Kurt Rink. US-Document-Center, Berlin, Akte Martin Mutschmann.
149 *Völkischer Beobachter* vom 12. 9. 1929.
150 Hitler, zit. nach der Volksausgabe von 1939, S. 378.
151 Vgl. u. a. *Völkischer Beobachter* vom 21. 12. 1927.
152 Vgl. dazu eine Rede Hitlers vor der Generalmitgliederversammlung der NSDAP, zit. in: *Völkischer Beobachter* vom 2./3. 9. 1928.
153 *Völkischer Beobachter* vom 21. 12. 1927.
154 Vgl. Maser, *Der Sturm auf die Republik,* S. 254 ff., und Broszat, *Der Staat Hitlers,* S. 53.
155 Vgl. Maser, *Der Sturm auf die Republik,* S. 255.
156 Vgl. Maser, *Hitlers Briefe und Notizen,* S. 109 ff.
157 Hitler, S. 364.
158 Vgl. Gregor Strassers Geleitwort zur *„Dienstvorschrift für die Politische Organisation der NSDAP“.* Vgl. dazu auch Hitlers Vorwort (ebenda) vom 15. 7. 1932.
159 Siehe Gregor Strassers Geleitwort zur *„Dienstvorschrift für die Politische Organisation der NSDAP“* vom 15. 7. 1932.
160 Ebenda, S. 44 ff.
161 Viktor Lutze, zu der Zeit SA-Gruppenführer, wurde Röhms Nachfolger.
162 *Alfred Rosenbergs Tagebuch,* S. 44.
163 Vgl. ebenda, S. 46.
164 Vgl. ebenda.
165 Vgl. S. 309 ff.
166 Vgl. ebenda.
167 Zit. der Rede bei Domarus, Bd. I/1, S. 410 ff.
168 Zit. aus dem Heydrich-Nachlaß (im Besitz des Autors).
169 DNB-Text vom 18. 7. 1934.
170 Heinrich Hoffmann in: *Münchener Illustrierte,* Nr. 60/1954.
171 Zit. der Rede bei Domarus, Bd. I/1, S. 410 ff. Zit. dieser Stelle, S. 424.
172 Ebenda, S. 422.
173 *Dienstvorschrift für die Politische Organisation der NSDAP* vom 15. 7. 1925.
174 Dok. in: *Dokumente der Zeitgeschichte* (Sammlung Rhese), München 1940, S. 176.
175 Zit. nach Tyrell, *Führer befiehl,* S. 320 f.
176 Württembergischer Polizeibericht Nr. 8 vom 7. 5. 1930. Bayerisches Hauptstaatsarchiv, Abt. I, Sonderabgabe 1740.
177 Vgl. Maser, *Der Sturm auf die Republik,* S. 257.
178 Vgl. ebenda.
179 Von November 1919 bis November 1920 redete Hitler, seit September 1919 Mitglied der Partei, in 31 von insgesamt 48 Versammlungen der DAP/NSDAP über folgende Themen: „Brest-Litowsk“, „Deutschland vor seiner tiefsten Erniedrigung“, „Über die politischen Vorgänge“, „Judentum“, „Programm der NSDAP“, „National“, „Politik“, „Der Schandfrieden von Brest-Litowsk und der

Versöhnungsfrieden von Versailles?" (Hitlers erster Auftritt als NSDAP-Redner außerhalb Münchens, am 19. 6. 1920 in Kolbermoor; am 4. 3. 1920 und am 13. 8. 1920 angekündigt als „Die Wahrheit über den ‚Gewaltfrieden von Brest-Litowsk?' und den sogenannten ‚Frieden der Versöhnung und Verständigung von Versailles'"), „Versailles – Deutschlands Vernichtung", „Versöhnung oder Gewalt", „Internationale Solidarität oder Selbsthilfe", „Volkswohl und Nationalgedanke", „Über das Alltagsleben", „Spa und Moskau", „Finanzwesen", „Warum sind wir Antisemiten?", „Deutschland als Freistaat" und „Macht und Recht". Vgl. die Akten des Gruppenkommandos 4 und die Versammlungsankündigungen der Partei. Zwölfmal wurden die Themen „Judenfragen", „Ariertum und Judentum", „Arbeiter und Jude", „Judentum" und „Warum sind wir Antisemiten?" behandelt. Fünfmal war Hitler der Redner. Wie die „Brechung der Zinsknechtschaft" (fünfmal), so wurde auch der Kampf gegen Schieber, Wucherer und Kriegsgewinnler als Kampf gegen das Judentum bezeichnet. Mit der gleichen Intensität, wenn auch nicht so häufig (viermal in der gleichen Zeit) griffen die Nationalsozialisten die Verträge von Brest-Litowsk (durch den die Bolschewiki vom Deutschen Reich anerkannt und nicht mehr bekämpft wurden), Versailles und von St. Germain an (der hauptsächlich Österreich und Ungarn betraf). Der Kampf gegen den Marxismus rangierte in der Skala der hauptsächlichen Themen erst an 3. Stelle, der Kampf gegen den Separatismus an 4. Stelle und der Kampf gegen das internationale Leihkapital und gegen den „Mammonismus" an 5. Stelle. Das Programm der NSDAP wurde in der Zeit vom 13. November 1919 bis zum 24. November 1920 nach der Themenankündigung nur dreimal ausführlich erläutert. Eine differenziertere Aufschlüsselung und Frequentierungsnorm der jeweiligen Thematik ist allerdings unmöglich, da jedes Thema durch das Prisma der militant antisemitischen Redner gesehen wurde und stets eine Kampagne gegen das Judentum und zugleich auch eine Programmerläuterung war. Vgl. Maser, *Der Sturm auf die Republik,* S. 255 ff.

180 Hitler in seiner gegen Roosevelt gerichteten Rede vom 28. 4. 1939. Vgl. den Text der Rede bei Domarus, Bd. II/3, S. 1148 ff.

181 So zählte Hitler z. B. am 28. 4. 1939 in seiner Anti-Roosevelt-Rede auf: „Es wurden (zwischen 1919–1923, der Verf.) zerstört im Heer: 1. 59 000 Geschütze und Rohre; 2. 130 000 Maschinengewehre; 3. 31 000 Minenwerfer und Rohre; 4. 6 007 000 Gewehre und Karabiner; 5. 243 000 MG-Läufe; 6. 28 000 Lafetten; 7. 4390 MW-Lafetten; 8. 38 750 000 Geschosse; 9. 16 550 000 Hand- und Gewehrgranaten; 10. 60 400 000 scharfe Zünder; 11. 491 000 000 Schuß Handwaffenmunition; 12. 335 000 t Geschoßhülsen; 13. 23 515 t Kartusch- und Partonenhülsen; 14. 37 600 t Pulver; 15. 79 000 Munitionsleeren; 16. 212 000 Fernsprecher; 17. 1072 Flammenwerfer usw. Es wurden weiter zerstört: Schlitten, fahrbare Werkstätten, Flak-Geschützwagen, Protzen, Stahlhelme, Gasmasken; Maschinen der ehemaligen Kriegsindustrie, Gewehrläufe. Es wurden weiter zerstört in der Luft: 1. 15 714 Jagd- und Bombenflugzeuge; 2. 27 757 Flugzeugmotoren. Und zur See wurden zerstört: 26 Großkampfschiffe; 4 Küstenpanzer; 4 Panzerkreuzer; 19 kleine Kreuzer; 21 Schul- und Spezialschiffe; 83 Tropedoboote; 315 U-Boote." Text der Rede bei Domarus, Bd. II/3, S. 1148 ff. Zu Hitlers Methode, seit jeher mit Fakten- und Zahlenkolonnen aufzuwarten, vgl. auch Maser, *Hitlers Briefe und Notizen,* S. 344 f.

182 Vgl. Maser, *Der Sturm auf die Republik,* S. 235 f., 272 ff. und 396 ff.
183 Domarus, Bd. I/1, S. 47.
184 Schnauber, Conrelius: *Wie Hitler sprach und schrieb,* Frankfurt/Main 1972, S. 29 ff.
185 Hitler, S. 530 ff.
186 Vgl. ebenda.
187 Vgl. *Statistisches Jahrbuch für das Deutsche Reich,* Jg. 46–52, 1927–1933, und Jg. 47–52, 1928–1933.
188 Vgl. Picker, *Tischgespräche,* S. 261.
189 Vgl. Stern, *Der Führer und das Volk,* S. 83 ff.
190 Hitler in seiner Rede vom 8. 11. 1939 im Münchener Bürgerbräukeller. DNB-Text vom 8. 11. 1939.
191 *Dokumente der Zeitgeschichte,* S. 187.
192 Vgl. dazu Maser, *Der Sturm auf die Republik,* S. 355 f.
193 Mit Hitlers Einverständnis hatte General Ludendorff nach Hitlers Inhaftierung Gregor Strasser zum Vertreter Hitlers ernannt. Bundesarchiv Koblenz, NS 26/895 (Brief vom 18. 7. 1924 von Hermann Fobke an Adalbert Folk).
194 Vgl. II/106 d.
195 Zit. nach Tyrell, *Führer befiehl,* S. 236.
196 Maser, Werner, und Höhne, Heinz: *Adolf Hitler. Aufriß über meine Person. Der Spiegel* vom 30. 4. 1973, S. 137. Fortan zit. als Maser/Höhne: *Aufriß über meine Person. Der Spiegel . . .*
197 *Dokumente der Zeitgeschichte,* S. 202.
198 Münchener Polizeibericht vom 23. 7. 1927. Bayerisches Hauptstaatsarchiv, Abt. I, Sonderabgabe 1509.
199 Vgl. ebenda.
200 „Die Südtiroler Frage und das deutsche Bündnisproblem“, Vorwort vom 12. 2. 1926, Auflage: 10 000 Exemplare.
201 Hitlers Zweites Buch, Stuttgart 1961, S. 44.
202 Vgl. *Völkischer Beobachter* vom 3., 6., 9. und 14. 3. und 11. 4. 1928.
203 U. a. *Der nationale Sozialist,* die *Berliner Abendzeitung,* der *Sächsische Beobachter* und die (Wochenzeitschrift) *Die Faust.* Vgl. dazu auch Hale, O. J.: *The Captive Press in the Third Reich,* Princetown 1964, S. 40 ff.
204 Vgl. Krebs, A.: *Tendenzen und Gestalten der NSDAP,* Stuttgart 1959, S. 235.
205 Strasser, Gregor: Geleitwort in der 1. Ausgabe der *NS-Briefe* (1. 10. 1925).
206 *Dokumente der Zeitgeschichte,* S. 199.
207 Vgl. Schildt, G.: *Die Arbeitsgemeinschaft Nord-West,* Diss., Freiburg/Br. 1964.
208 Vgl. dazu u. a. Schapke, R.: *Die schwarze Front,* Leipzig 1932, S. 38.
209 Hitlers Zweites Buch, Stuttgart 1961, S. 78.
210 Vgl. *Vossische Zeitung* vom 4. 7. 1929.
211 Vgl. Maser/Höhne, *Aufriß über meine Person, Der Spiegel* vom 30. 4. 1973, S. 145. Vgl. auch dazu Strasser, Otto: *Hitler und ich,* Buenos Aires 1940, S. 111.
212 Maser/Höhne: *Aufriß über meine Person. Der Spiegel* vom 30. 4. 1973, S. 145.
213 Ebenda, S. 146.
214 Ebenda, S. 148.
215 Ebenda.
216 Ebenda.

217 Vgl. z. B. Maser, *Der Sturm auf die Republik,* u. a. S. 291 und 388 ff.
218 US-Document-Center, Berlin.
219 Ebenda.
220 Rechenschaftsbericht des Reichsschatzmeisters Franz Xaver Schwarz auf der Generalmitgliederversammlung vom 31. 8. bis 2. 9. 1928. Vgl. *Dokumente der Zeitgeschichte,* S. 225.
221 Vgl. Schwerin von Krosigk, Graf Lutz: *Wie wurde der zweite Weltkrieg finanziert?* In: *Bilanz des zweiten Weltkrieges,* Oldenburg 1953, S. 324.
222 Maser im Vorwort zu: Görlitz, Walter: *Geldgeber der Macht,* Düsseldorf und Wien 1976, S. 9 f.
223 Kühnl, Reinhard: *Faschismustheorien.* Texte zur Faschismusdiskussion 2, Reinbek bei Hamburg 1979, S. 46. Fortan zit. als Kühnl, *Faschismustheorien.*
224 Lozek, Gerhard, und Richter, Rolf (Forschungsbereichsleiter an der Akademie für Gesellschaftswissenschaften beim ZK der SED in Ost-Berlin): *Zur Kritik der bürgerlichen Ideologie,* Ost-Berlin 1979.
225 Kühnl, *Faschismustheorien,* S. 46.
226 Czichon, Eberhard: *Wer verhalf Hitler zur Macht?,* Köln 1967.
227 Vgl. Nolte, Ernst: *Der Nationalsozialismus,* Berlin 1970, S. 190.
228 Vgl. S. 368 f.
229 Ebenda.
230 Vgl. Turner, Henry Ashby: *Faschismus und Kapitalismus in Deutschland,* Göttingen 1972, S. 20.
231 Der Opernsänger Paul Devrient in: Maser, Werner: *Mein Schüler Hitler.* Das Tagebuch seines Lehrers Paul Devrient, Pfaffenhofen 1975, S. 26 und 28. Fortan zit. als Maser, *Mein Schüler Hitler*
232 Ebenda, S. 147 f.
233 Beschreibung und Abbildung, ebenda, S. 27.
234 Vgl. S. 281 und Hitler, S. 16.
235 Während der Vorbereitung meines Buches „Mein Schüler Hitler. Das Tagebuch seines Lehrers Paul Devrient" (Pfaffenhofen 1975) fragte ich Hans Baur, ob er gemerkt habe, daß sich unter seinen Fluggästen neben Hitler eine Zeitlang auch Paul Devrient befunden habe, was er (am 24. 4. 1975 schriftlich) verneinte.
236 Vgl. *Der Spiegel* vom 3. 2. 1975.
237 Schriftliche Mitteilung vom 28. 4. 1975
238 Vgl. Maser, *Mein Schüler Hitler,* 3. Abb. nach S. 15.
239 Hoffmann, Heinrich: *Hitler, wie ich ihn sah.* Aufzeichnungen seines Leibfotografen, München 1974, S. 133.
240 Ebenda.
241 Die Daten und die wichtigsten Orte, in denen Hitler 1932 während seiner drei „Deutschlandflüge" sprach: Erster „Deutschlandflug": 3. 4. Dresden und Leipzig, 4. 4.: Berlin und Potsdam, 5. 4.: Danzig, Elbing und Königsberg/Ostpr., 6. 4.: Berlin, Würzburg, Nürnberg und Regensburg, 7. 4.: Frankfurt/M., Darmstadt und Ludwigshafen, 8. 4.: Düsseldorf, Essen und Münster, 10. 4.: München (Wahltag), 18. 4.: Beuthen, Görlitz und Breslau, 19. 4.: Allenstein, Willenberg und Lyk, 20. 4.: Königsberg/Ostpr., Halle, Kassel und Marburg, 21. 4.: Bad Kreuznach, Koblenz und Trier, 22. 4.: Frankfurt/O., Neuruppin und Berlin. Zweiter „Deutschlandflug": 15. 7.: Tilsit und Gumbinnen, 16. 7.: Lötzen, Ortels-

burg, Osterode und Riesenburg, 17. 7.: Königsberg, 19. 7.: Schneidemühl und Cottbus, 20. 7.: Kiel, Hamburg, Lüneburg und Bremen, 21. 7.: Hannover, Braunschweig und Göttingen, 22. 7.: Liegnitz, Waldenburg, Neisse und Gleiwitz, 23. 7.: Zittau, Bautzen, Dresden, Leipzig und Dessau, 24. 7.: Elberfeld, Duisburg, Gladbeck, Bochum und Osnabrück, 26. 7.: am Kyffhäuserdenkmal, Erfurt, Gera und Hildburghausen, 27. 7.: Eberswalde, Brandenburg und Berlin, 28. 7.: Aachen, Köln, Frankfurt/M. und Wiesbaden, 29. 7.: Reutlingen, Neustadt a. d. Hardt, Freiburg/Br. und Radolfszell, 30. 7.: Kempten, Bayreuth, Nürnberg und München. Dritter „Deutschlandflug": 11. 10.: Günzburg und Nördlingen, 12. 10.: Pocki (Inntal), 13. 10.: Gunzenhausen, Nürnberg und Weiden, 14. 10.: Hof und Selb, 15. 10.: Coburg, 16. 10. Schweinfurt und Würzburg, 17. 10.: Königsberg/Ostpr., Tilsit und Insterburg, 18. 10.: Elbing, 19. 10.: Oppeln und Breslau, 20. 10.: Sonnefeld, 22. 10.: Halle, Magdeburg und Stendal, 23. 10.: Zwickau, Eisenach und Weimar, 24. 10.: Köslin und Stettin, 25. 10.: Pasewalk, Anklam und Rostock, 26. 10.: Schwerin und Bad Schwartau, 28. 10.: Bremervörde und Altona, 29. 10.: Oldenburg und Aurich, 30. 10.: Dortmund, Essen und Köln, 1. 11.: Pirmasens, Karlsruhe und Berlin, 3. 11.: Hannover und Kassel, 4. 11.: Ulm, 5. 11.: München, Augsburg und Regensburg.

242 *Völkischer Beobachter* vom 10./11. 4. 1932.

243 Ebenda.

244 Ebenda.

245 Werbetext im *Völkischen Beobachter* vom 15. 7. 1932. Weitere Werbeanzeigen folgten u. a. am 21. 7. und am 11. 10. 1932.

246 Ebenda, 15. 7. 1932.

247 *Völkischer Beobachter* vom 28. 10. 1932.

248 Baur, Hans: *Ich flog Mächtige der Erde,* Kempten 1962, S. 92.

249 *Völkischer Beobachter* vom 23. 6. 1932.

250 Vgl. ebenda vom 10./11. 4. 1932.

251 Em. Prof. Dr. Johannes Haller, Tübingen; Prof. Dr. Stortz, Stuttgart; Prof. Dr. e. h. Paul Schmitthenner, Stuttgart; Prof. Dr. Helmut Göring, Stuttgart; Prof. Dr. Dr. C. A. Emge, Jena; Prof. Hans F. K. Günther, Jena; Geheimrat Prof. P. Lenard, Heidelberg; Prof. Dr. v. Regelein, Erlangen; Prof. Dr. h. c. Ernst Krieck, Frankfurt; Geheimrat Prof. F. Endemann, Heidelberg; Prof. Dr. Beck, Hohenheim; Prof. Dr. Dr. Walther, Hohenheim; Prof. Dr. Rudolf Herzog, Gießen; Prof. Dr. Rudolf Franke, Charlottenburg; Prof. Dr.-Ing. Stauber, Charlottenburg; Prof. Dr. Philalethes Kuhn, Gießen; Prof. Dr. Fabricius, Berlin; Prof. Dr. Erich Rothacker, Bonn; Prof. Hoepiner, Danzig; Prof. Dr. A. von Aniropoff, Bonn; Prof. Dr. Bodo Spiethoff, Jena; Prof. Dr. Anrold Pöschl, Graz; Prof. Dr. H. Vogt, Jena; Prof. Hans Kurtzahn, Königsberg; Prof. Dr. Arved Schultz, Königsberg; Prof. Dr. V. Franz, Jena; Prof. Erich Jaensch, Marburg; Prof. Koellreuter, Jena; Prof. Dr. E. Högg, Dresden; Prof. Wilhelm Jost, Dresden; Prof. Dr. A. Baeumler, Dresden; Prof. Fritz Beckert, Dresden; Prof. Dr. Fichtner, Dresden; Prof. Heiser, Dresden; Prof. Dr. O. Kirschmer, Dresden; Prof. Dr. A. Lottermoser, Dresden; Prof. Dr. R. Scholl, Dresden; Prof. Dr. B. Struck, Dresden; Prof. Dr. H. Wislicenus, Dresden; Prof. Dr. Brill, Jena; Prof. Dr. Hans Reiter, Rostock; Prof. Otto Kloeppel, Danzig; Prof. Dr. Hans Naumann, Bonn; Prof. Dr. C. Mühlhausen, Hamburg; Prof. Dr. Herwart Fischer, Würzburg; Prof. Dr.

Freiherr von Dungern, Graz; Prof. Dr. Ernst Stracke, Tübingen; Prof. Dr. F. P. Stegmann von Pritzwald, Jena; Prof. Dr. Haberland, Köln; Prof. Dr. Carl Mez, Königsberg; Prof. Ewald Banse, Braunschweig.

252 *Völkischer Beobachter* vom 29. 7. 1932.

253 Ebenda.

254 Ebenda.

255 Ebenda.

256 Ebenda, 13./14. 3. 1932.

257 WTB-Meldung vom 4. 4. 1932.

258 *Völkischer Beobachter* vom 5. 11. 1932.

259 Vgl. ebenda, 24./25. 7. 1932.

260 Dem „Willen des Volkes", Vgl. *Münchener Neueste Nachrichten* vom 13. 3. 1932.

261 Vgl. *Völkischer Beobachter* vom 15. 7. 1932.

262 Ebenda, 19. 7. 1932.

263 Das Interview wurde am 17. 8. 1932 auch im *Völkischen Beobachter* veröffentlicht.

264 Ebenda.

265 Vgl. z. B. *Völkischer Beobachter* vom 23. 6. 1932.

266 *Völkischer Beobachter* vom 22. 7. 1932.

267 Maser, *Mein Schüler Hitler*, S. 197.

268 Ebenda, S. 194 ff.

269 Ebenda, S. 197.

270 Persönliche Mitteilungen von Dr. Best (Nov. 1978) und Best-Manuskript vom 17. 3. 1949. Kopie im Besitz des Autors.

271 Ebenda.

272 Vgl. u. a. S. 366 ff.

273 Vgl. z. B. Kühnl, *Faschismustheorien*, und Lozek, Gerhard, und Richter, Rolf: *Legende oder Rechtfertigung?* Zur Kritik der Faschismustheorien in der bürgerlichen Geschichtsschreibung, Ost-Berlin 1979. Fortan zit. als Lozek/Richter, *Legende oder Rechtfertigung?* Vgl. auch Czichon, Eberhard: *Wer verhalf Hitler zur Macht?*, Köln 1967.

274 Vgl. *IMT*, 773/PS.

275 Hallgarten, George W. F.: *Hitler, Reichswehr und Industrie*, Frankfurt/Main 1955, S. 125.

276 Vgl. u. a. S. 375 ff.

277 Vgl. die nächste Anmerkung.

278 Von Konrad Henkel anläßlich eines Vortrages von Joachim Fest im Düsseldorfer Industrie-Club (22. 11. 1979) zitiert. Vervielfältigter Maschinentext mit dem Text des Fest-Vortrages im Besitz des Autors. Fortan zit. als *Fest-Vortrag vom 22. 11. 1979*.

279 Vgl. Domarus, Bd. I/1, S. 68.

280 Vgl. Fest, Joachim: *Hitler*. Eine Biographie, Frankfurt/Main, Berlin und Wien 1973, S. 428 ff. Fortan zit. als Fest, *Hitler*.

281 Vgl. Stern, Der Führer und das Volk, S. 124 f.

282 Zit. der Rede bei Domarus, Bd. I/1, S. 68 ff. Zum obigen Hinweis vgl. S. 74.

283 Ebenda, S. 81.

284 Ebenda, S. 77.

285 Ebenda, S. 90.

286 Ebenda.
287 Vgl. Maser, *Mein Schüler Hitler,* dort u. a. die Dok. zwischen S. 48 und 49 und zwischen 80 und 81.
288 Vgl. Domarus, Bd. I/1, S. 94.
289 Konrad Henkel in seinem „Vorwort" zum *Fest-Vortrag vom 22. 11. 1979.* Der Club-Vorsitzende war zum Hitler-Vortrag nicht erschienen.
290 *Völkischer Beobachter* vom 31. 1. 1932.
291 Ebenda.
292 Ebenda, 24. 2. 1932.
293 Vgl. die Memoiren von Treviranus, Gottfried: *Das Ende von Weimar. Heinrich Brüning und seine Zeit,* Düsseldorf 1968. Dort zu Paul Reusch: S. 116, 194 und 310, zu Albert Vögler: S. 121 und 298, zu Fritz Thyssen: S. 31, 212, 309 f., 337 und 342, und Hjalmar Schacht: S. 66 f., 102, 110 f; 190, 201, 208, 227, 233, 314. Zu Schacht vgl. auch: *Heinrich Brüning. Briefe und Gespräche 1934–1945,* hrsg. von Claire Nix, Stuttgart 1974, S. 33 f., 77, 81, 97, 107, 109, 112, 114, 119 f., 125 f., 129, 142, 155, 182, 192, 201 f., 269, 406, 468, 474, 476, 539 f. und 542.
294 Dok.: Nationalarchiv Washington.
295 *Völkischer Beobachter* vom 7./8. 1. 1933.
296 Ebenda.
297 Hitler am 13. 8. 1932. Zit. nach Domarus, Bad. I/1, S. 124.
298 Ebenda, S. 127.
299 *Völkischer Beobachter* vom 23. 1. 1933.
300 Nationalarchiv Washington.
301 Ebenda.
302 *Dokumente der Zeitgeschichte,* S. 350.
303 Nationalarchiv Washington.
304 Hitler am 20. 5. 1943. Vgl. Warlimont, *Im Hauptquartier der Wehrmacht,* S. 342.
305 Ebenda.
306 *Völkischer Beobachter* vom 13. 12. 1932.
307 Ebenda, 13. 12. 1932.
308 Ebenda, 20. 12. 1932.
309 Vgl. Childs, H.: *Germany since 1918,* London 1971, S. 59.
310 Hitler am 27. 1. 1932 vor dem Industrie-Club in Düsseldorf. Zit. nach Domarus, Bd. I/1, S. 69.
311 *Völkischer Beobachter* vom 13. 1. 1933.
312 So Otto Meißner nach der Unterredung. Vgl. Meißner, Hans Otto, und Wilde, Harry: *Die Machtergreifung,* Stuttgart 1958, S. 162 f.
313 Vgl. das Protokoll der mündlichen Verhandlung in dem Entnazifizierungsverfahren gegen den Generalleutnant Oskar von Hindenburg, Spruchkammer Uelzen, März 1949.
314 Domarus, Bd. I/1, S. 181.
315 *Völkischer Beobachter* vom 24. 1. 1933.
316 *Dokumente der Zeitgeschichte,* S. 369 f.
317 *Völkischer Beobachter* vom 1. 2. 1933.
318 Goebbels, Joseph: *Vom Kaiserhof zum Reichskanzlei,* München 1942, S. 251.

Teil III

1 Zit. im Vorwort dieses Buches. Vgl. dazu *Die Zeit* vom 2. 11. 1979.
2 Ebenda.
3 Bouhler, Philipp: *Der Führer und die nationalsozialistische Bewegung. Adolf Hitler. Bilder aus dem Leben des Führers,* Hamburg/Bahrenfeld 1936, S. 119.
4 Broszat, *Der Staat Hitlers,* S. 440.
5 Vgl. Maser, Werner: *Die Organisierung der Führer-Legende,* Phil. Diss., Erlangen 1954.
6 Heim-Protokoll. Zit. in: *Der Spiegel* vom 24. 3. 1980, S. 184.
7 Zit. nach *FAZ* vom 15. 4. 1980.
8 Vgl. u. a. Broszat, *Der Staat Hitlers,* u. a. S. 423 ff.
9 Jochmann, Werner: *Nationalsozialismus und Revolution. Ursprung und Geschichte der NSDAP in Hamburg 1922–1933,* Frankfurt/Main 1963, S. 96.
10 Zit. nach Heiden, Konrad: *Geschichte des Nationalsozialismus,* Hamburg 1932, S. 103.
11 Hasselbach, Ullrich v.: *Die Entstehung der nationalsozialistischen Arbeiterpartei 1919–1923,* Diss., Leipzig 1931, S. 50.
12 *Die Zeit* vom 2. 11. 1979.
13 Fest, *Hitler,* S. 593.
14 Ebenda, S. 18.
15 Ebenda.
16 Ebenda, S. 17.
17 *Fest-Vortrag vom 22. 11. 1979.*
18 Ebenda.
19 Ebenda.
20 Haffner, *Anmerkungen zu Hitler,* S. 204.
21 Vgl. Broszat, *Der Staat Hitlers,* S. 440.
22 An dieser Stelle danke ich dem Psychiater Roland Henke und dem Psychologen Klaus Steinborn für ihre fachlichen Hinweise.
23 Vgl. S. 50 ff.
24 Bracher, *Die deutsche Diktatur,* S. 71.
25 Ebenda, S. 69.
26 Valentin, Veit: *Geschichte der Deutschen,* Berlin und Stuttgart 1947, S. 688.
27 Golo Mann im Vorwort zu E. Calic: *Ohne Maske. Hitler–Breiting Geheimgespräche 1931,* Frankfurt/Main 1968, S. 8. Vgl. auch ebenda, S. 5.
28 Fabry, Ph. W.: *Mutmaßungen über Hitler,* Düsseldorf 1968.
29 Kühnl, *Faschismustheorien,* S. 57.
30 Vgl. S. II/122. Vgl. auch Golo Manns Beitrag im Sammelband *Deutschland und die Juden,* Frankfurt/Main 1967, S. 61 f.
31 Kühnl, *Faschismustheorien,* S. 58.
32 Als nützliches Hilfsmittel bei der Beurteilung der Hitlerschen Führungsweise erweist sich dagegen Albrecht Tyrells Dokumenten-Edition *Führer befiehl. Selbstzeugnisse aus der Kampfzeit der NSDAP.*
33 Vgl. u. a. Kühnl, *Faschismustheorien,* und Lozek/Richter, *Legende oder Rechtfertigung?* Siehe Anmerkung 273, II. Teil.
34 Turner, *Hitler aus nächster Nähe,* S. 233.

Personenregister